民法总则

崔文星 著

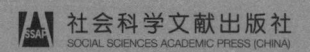

GENERAL PROVISIONS
OF
CIVIL
LAW

社会科学文献出版社
SOCIAL SCIENCES ACADEMIC PRESS (CHINA)

目 录

第一章 民法概述 / 1
    第一节 民法的概念和调整对象 / 1
    第二节 民法的产生和发展 / 11
    第三节 民法的性质 / 25
    第四节 民法的渊源 / 38
    第五节 民法的适用范围与适用规则 / 49
    第六节 《民法典》体现了鲜明的中国特色和时代要求 / 53

第二章 民法的基本原则 / 72
    第一节 民法的基本原则概述 / 72
    第二节 合法民事权益受法律保护原则 / 76
    第三节 平等原则 / 86
    第四节 意思自治原则 / 94
    第五节 公平原则 / 100
    第六节 诚实信用原则 / 108
    第七节 符合法律和公序良俗原则 / 119
    第八节 禁止权利滥用原则 / 134

第三章 民事法律关系的一般原理 / 141
    第一节 民事法律关系概述 / 141
    第二节 民事权利 / 154

第三节 民事义务 /192

第四节 民事责任的一般问题 /202

第五节 泛化民事义务和民事责任的倾向应予矫正 /205

第四章 自然人 /214

第一节 自然人概述 /214

第二节 监护制度 /232

第三节 宣告失踪和宣告死亡 /260

第四节 个体工商户和农村承包经营户 /266

第五章 法人 /269

第一节 法人概述 /269

第二节 营利法人 /304

第三节 非营利法人 /323

第四节 特别法人 /332

第六章 非法人组织 /343

第一节 非法人组织概述 /343

第二节 非法人组织的设立 /351

第三节 非法人组织的解散 /352

第七章 民事权利的法定类型 /354

第一节 民事权利的法定类型概述 /354

第二节 人身权 /359

第四节 物权 /402

第五节 债权 /423

第六节 知识产权 /451

第七节 继承权、股权和其他投资性权利 /454

第八节 数据和网络虚拟财产权 /455

目 录

　　第九节　其他合法权益 /459

第八章　民事法律行为 /460
　　第一节　民事法律行为概述 /460
　　第二节　意思表示 /480
　　第三节　民事法律行为的分类 /493
　　第四节　民事法律行为的形式 /510
　　第五节　民事法律行为的成立和生效 /515
　　第六节　附条件和附期限的民事法律行为 /525
　　第七节　效力待定的民事法律行为 /532
　　第八节　无效的民事法律行为 /537
　　第九节　可撤销的民事法律行为 /594
　　第十节　民事法律行为无效、被撤销、确定不发生效力
　　　　　 及不成立的法律后果 /616

第九章　代理 /625
　　第一节　代理概述 /625
　　第二节　代理权 /646
　　第三节　委托代理 /653
　　第四节　无权代理 /667
　　第五节　表见代理 /677
　　第六节　代理终止 /694

第十章　民事责任 /696
　　第一节　民事责任的一般原理 /696
　　第二节　民事责任的分类 /716
　　第三节　损害赔偿 /731
　　第四节　民事责任的减免事由 /749
　　第五节　侵害英雄烈士等人格利益的民事责任 /762

第六节　民事责任竞合　/ 768
第七节　责任聚合和民事责任优位规则　/ 772

第十一章　诉讼时效　/ 776
第一节　诉讼时效概述　/ 776
第二节　诉讼时效的客体　/ 788
第三节　诉讼时效期间　/ 797
第四节　诉讼时效的中止、中断和延长　/ 803
第五节　诉讼时效与除斥期间的关系　/ 809

后　记　/ 811
批判的武器当然不能代替武器的批判　/ 811

第一章　民法概述

第一节　民法的概念和调整对象

一　民法的概念

民法具有波澜壮阔的历史，其有文字可考的历史可以追溯到四千多年前的《汉谟拉比法典》，该法典共282条，其中民法条文有237条，占全部条文的84%。[①] 具有几千年历史的民法是人类文明的"活化石"，是社会生活的百科全书，是法律文化百花园中的绮丽瑰宝。她辉煌灿烂，卓尔不群，有着深厚的历史底蕴和丰富的思想内涵。民法理论恢宏浩瀚如沧海，承前启后，继往开来。"民法是万法之母"的观点恰如其分地揭示了民法的深沉与厚重。贯穿于民法中的基本理念是民法文化的"筋骨"，凝聚着民法文化的"精气神"，亘古亘今，亦旧亦新。

（一）民法调整平等主体之间的人身关系和财产关系

民法是调整平等主体之间的人身关系和财产关系的法律规范的总称。《中华人民共和国民法典》（以下简称《民法典》）第2条规定："民法调整平等主体的自然人、法人和非法人组织之间的人身关系和财产关系。"民法贯彻平等原则，平等是民法最本质的属性。孟德斯鸠在《论法的精神》中写道："专制主义自身就具备了一切；在它的周围全是一片空虚。

---

① 参见梁慧星《民法总论》，法律出版社2021年版，第2页。

所以当旅行家向我们描述专制主义统治着的国家时，他们很少谈到民法。""在民法的慈母般的眼里，每一个个人就是整个的国家。"①

民法作为中国特色社会主义法律体系的重要组成部分，是民事领域的基础性、综合性法律，被称为社会生活的百科全书，它规范平等主体之间的人身关系和财产关系，涉及社会和经济生活的方方面面，同每个民事主体都密切相关。从衣食住行到生老病死，从婚丧嫁娶到生儿育女，民法始终与我们相伴。民法就在我们的生活中，如影随形，感悟民法就是感悟生活。民法是调整市民社会的基本法律规则。"民法作为市民社会的法，具有限制国家权力的功能。保障一个自生自发的秩序，一个自主自在的空间，乃民法之宗旨。"②

（二）形式意义上的民法

形式意义上的民法是指民法典。大陆法系国家自19世纪法典化运动以来，基本上都制定了民法典，这也是大陆法系国家法律体系的主要标志。英美法系国家没有形式意义上的民法典，关于民法的规范分别规定在财产法、合同法、侵权法和继承法等法律规范中。自清末改制以来，我国沿袭了大陆法系的法典化传统，具有制定法典的内在要求。

（三）实质意义上的民法

实质意义上的民法，是指所有调整民事关系的法律规范的总称，它包括民法典和其他民事法律规范。"实质意义上的民法，是指所有调整民事关系的法律规范的总称，包括《民法典》和其他民事法律、法规等规范性文件中所包含的民事法律规范。"③凡是调整平等主体之间的人身关系和财产关系的法律规范都属于实质意义的民法。形式意义的民法并不能涵盖民事生活的全部，即使有形式意义的民法，也会有大量的民事规范存在于其他法律规范之中。因此，实质意义的民法范围总是大于形式意义的民法范围。实质意义的民法不仅包括民法典，也包括民法典以外的民法规范；不

---

① 〔法〕孟德斯鸠：《论法的精神》（上册），张雁深译，商务印书馆1961年版，第74、190页。
② 梁慧星：《民法总论》，法律出版社2021年版，第32~33页。
③ 王利明：《民法总则》，中国人民大学出版社2022年版，第5页。

仅包括成文法，也包括习惯法；不仅包括一般民法，也包括特别民法。

二　民法的调整对象

（一）民法调整对象的基本内容

民法的调整对象就是民法所调整的各种社会关系。尽管各国的法律体系各具特点，但大体上以调整对象或调整方法划分各个法律部门，我国法律体系的建构也不例外。民法的调整对象是平等主体之间的社会关系，包括平等主体之间的人身关系和平等主体之间的财产关系。"民法反映社会主义市场经济和婚姻家庭关系的本质特征和要求，通过对财产关系的民法调整，建立和维护竞争、公平、健康有序的市场经济法律秩序，通过对身份关系的民法调整，建立和维护和睦、健康、亲情的婚姻家庭生活秩序。"① 民法主要调整平等主体之间的社会关系，但这种关系也存在例外。一方面，在身份法领域，当事人之间的关系可能不完全平等，如父母子女之间的亲权关系、监护人与被监护人之间的监护关系等。另一方面，随着现代民法对实质正义的强化，在形式平等之外，民法已开始强调对消费者、劳动者等弱势群体的保护，以实现形式平等与实质平等、机会平等与结果平等之间的协调。②

（二）民法调整平等主体之间的人身关系

1. 民法调整的人身关系的内容

平等主体之间的人身关系由民法调整。所谓人身关系，是指没有直接的财产内容但具有人身属性的社会关系，包括人格关系和身份关系。③

（1）人格关系

人格关系是指基于自然人和法人的人格权产生的人身关系。人格权包括一般人格权和具体人格权。一般人格权，是指法律赋予自然人基于人身

---

① 梁慧星：《民法总论》，法律出版社2021年版，第38页。
② 参见王利明《民法总则》，中国人民大学出版社2022年版，第7页。
③ 参见王利明《民法总则》，中国人民大学出版社2022年版，第7页；陈甦主编《民法总则评注》，法律出版社2017年版，第16页；杨立新《民法总则》，法律出版社2020年版，第52页。

自由、人格尊严所享有的人格权益。① 《民法典》第109条规定："自然人的人身自由、人格尊严受法律保护。"具体人格权，是指由法律具体列举的由民事主体享有的各项人格权，如生命权、姓名权、名称权、名誉权等。② 《民法典》第110条规定："自然人享有生命权、身体权、健康权、姓名权、肖像权、名誉权、荣誉权、隐私权、婚姻自主权等权利。法人、非法人组织享有名称权、名誉权和荣誉权。"

（2）身份关系

身份关系，是指基于民事主体的特定身份产生的人身关系。身份权，"是指为法律所保护的基于民事主体某种行为、关系所产生的与其身份有关的人身权利。"③ 身份权是民事主体基于特定身份而享有的民事权利，它主要包括亲属关系中的身份权、基于知识产权获得的身份权等。第一，亲属关系中的身份权是基于亲属关系而享有的权利。"身份权乃存在于一定身份（尤其是亲属）关系上的权利，如配偶间的权利、亲权等。"④ "亲属权是具有一定的亲属关系（自然的亲属关系和拟制的亲属关系）的人之间享有的权利。"⑤ 亲属权包括亲权、配偶间的亲属权和其他亲属间的亲属权。《民法典》第1001条规定："对自然人因婚姻家庭关系等产生的身份权利的保护，适用本法第一编、第五编和其他法律的相关规定；没有规定的，可以根据其性质参照适用本编人格权保护的有关规定。"据此，对自然人因婚姻关系等产生的身份权利的保护，适用《民法典》总则和婚姻家庭编以及其他法律的相关规定；没有规定的，可以根据其性质参照适用《民法典》人格权编关于人格权保护的有关规定。例如，离婚后没有和未成年子女共同生活的父亲或母亲享有探望权，该权利的性质是身份权，可参照民法典人格权编规定的人格权请求权规范主张保护。⑥ 第二，基于知识产权获得的身份权。如自然人、法人和非法人组织通过智力创作活动取

---

① 参见王利明《人格权法》，中国人民大学出版社2022年版，第71页。
② 参见王利明《人格权法》，中国人民大学出版社2022年版，第76页。
③ 王利明：《民法总则新论》，法律出版社2023年版，第374页。
④ 王泽鉴：《民法总则》，北京大学出版社2022年重排版，第150页。
⑤ 谢怀栻：《谢怀栻法学文选》，中国法制出版社2002年版，第351页。
⑥ 张红：《人格权总论》，法律出版社2022年版，第128页。

得著作权、专利权、商标权而享有的身份权。①

2. 民法调整的人身关系的特征

民法调整的人身关系具有如下特征。第一，非财产性。人身关系不能直接表现为一种财产利益，它体现的是人们精神上和道德上的利益。尽管在市场经济条件下，某些人身关系也可以转化为财产利益，或者在受到侵害时可以采用财产补偿的方式，但是人身关系本身不以财产为客体，也不以财产为内容。第二，专属性。人身关系中所体现的利益与人身很难分离。尽管有一些人身权的内容可以由权利主体转让，但与财产权相比，其专属性更为突出。从总体上说，人身权作为一个整体性的权利是不能转让的。第三，人格关系的固有性。人格关系中的利益大多是民事主体必备的利益，如生命健康等利益是民事主体必备的利益，是民事主体与生俱来、终身享有的。否则，民事主体就很难享有人格独立与自由，甚至难以作为主体而存在。②

（三）民法调整平等主体之间的财产关系

1. 民法调整的财产关系的内容

民法调整平等主体之间的财产关系。所谓财产关系，是指人们在商品的生产、分配、交换和消费过程中形成的具有经济内容的社会关系。③ 财产关系是以社会生产关系为基础的，涉及生产和再生产的各个环节，包括各类性质不同的关系。平等主体之间的财产关系包括财产归属关系和财产流转关系。

2. 平等主体之间的财产关系的特征

平等主体之间的财产关系具有如下特点。第一，财产关系是一种以经济利益的计算为核心的关系，在市民社会中，民事主体能够从自身利益出发，设立、变更或终止财产关系，最终实现其个人利益的最大化。第二，财产关系充分体现了主体的自由意志，主体享有对其财产的处分权，有权依据其意志移转财产所有权。第三，财产关系具有很强的变动性。在市场经济社

---

① 参见王利明《民法总则》，中国人民大学出版社 2022 年版，第 8 页。
② 参见王利明《民法总则》，中国人民大学出版社 2022 年版，第 8~9 页。
③ 参见王利明《民法总则》，中国人民大学出版社 2022 年版，第 10 页。

会里，财产往往通过流转才能实现资源的合理配置，充分实现其价值。

（四）民法以调整财产关系为主、调整人身关系为辅

无论是《法国民法典》还是《德国民法典》，其对物或财产之关注均奉行个人主义原则，重人必须重物，重物必须重人。极言之，《法国民法典》之体系构造正是通过"物法"以反衬"人法"，从而为权利主体实现权利提供更大的空间及更为便捷的方法，其立法价值是"人文主义"，而不是"物文主义"。①"近现代法律与人文精神有着密不可分的联系。人文精神是近现代法律产生和不断改革的强大动因，权利本位，契约自由，法律面前人人平等，法无明文规定不为罪，凡是法律没有禁止的都是允许的，以及以'自然法'、'自然权利'观念为核心的人权理念，都是人文精神的伟大体现。"② 从法典化国家民法的内容来看，民法上的问题以涉及财产关系者居多，为了因应这一实际情况，各国民法之规定也偏重于财产法。最重要的是，民法的调整手段本为规范财产关系而打造，也从根本上制约着民法向外扩张的势头。民法武器库里的武器主要是损害赔偿和预防措施。民法的武器，其射程所止处，民法的范围亦当止于此。所以，民法主要调整财产关系，这不是民法的过错。③"近代民法之所以以财产法为中心，或者说出现'泛财产化'倾向，除受传统民法制度的影响，更与其特定时期的社会经济背景密切关联。"④

由于法律的调整对象和调整方法不同，法律规范内部存在不同的分工。民法侧重于调整财产关系，但并没有否定人的价值，也没有否定人格尊严。财产权与人格权本是内在的统一，人为地割裂二者的关系并不妥当。恩格斯指出："历史从哪里开始，思想进程也应当从哪里开始，而思想进程的进一步发展不过是历史过程在抽象的、理论上前后一贯的形式上的反映；这种反映是经过修正的，然而是按照现实的历史过程本身的规律

---

① 参见刘云生《道德祛魅与人性张扬：民法人格价值论纲》，载《西南民族大学学报（人文社科版）》2004年第3期。
② 张文显：《权利与人权》，法律出版社2011年版，第93页。
③ 参见张谷《质疑民法典起草中的"新人文主义"——评徐国栋〈两种民法典起草思路：新人文主义对物文主义〉》，载《上海师范大学学报（哲学社会科学版）》2007年第4期。
④ 王利明：《民法的人文关怀》，载《中国社会科学》2011年第4期。

修正的,这时,每一个要素可以在它完全成熟而具有典型性的发展点上加以考察。"[1] 人文关怀内在地包含物质关怀和精神关怀的内容,因此,民法主要调整财产关系并不否认其人文关怀的本质。如果民法抽去了"财产关系"这一调整对象,民法也就不是本来意义上的民法了。

三 民商合一抑或民商分立

(一)民商合一与民商分立的不同立法例

商法,可分为形式意义上的商法和实质意义上的商法。形式意义上的商法,是指商法典以及公司法、证券法、保险法、票据法、破产法、海商法、信托法等单行法;实质意义上的商法,是指一切有关商事的法则。民商合一,是指制定一部民法典并将其统一适用于各种民商事活动,不再单独制定一部商法典;而民商分立则意味着严格区分民法与商法,在民法典之外还要制定一部单独的商法典。民商分立,"系将民事行为与商事行为分开,个别立法,分别给予不同的法律效果,在体制上同时有民法与商法两个体系,如德国、日本等采此制度。"[2] 民商合一,"系不区分民事与商事行为,在立法体例上只有民法而无商法,采此制度者可以瑞士为例。"[3]

从19世纪开始,大多数大陆法系国家将商法作为一个独立的法律部门,并逐步法典化。1804年和1807年,法国分别颁布了《法国民法典》和《法国商法典》,这两个法典的制定标志着民商分立体系的形成。目前,大约有40多个国家有自己独立的商法典。"专门的商法典之存在,充其量只能证明商法在形式上有可能独立存在(即商法的形式上的独立性,或曰外在独立性),至于能否证明商法在内容上、基本特征上也可以舍民法而自主自足,尚有未足。"[4]

20世纪初,瑞士制定了民法典,于1912年施行,在其民法典中包括

---

[1] 《马克思恩格斯选集》(第2卷),人民出版社1995年版,第43页。
[2] 施启扬:《民法总则》,中国法制出版社2010年版,第15页。
[3] 施启扬:《民法总则》,中国法制出版社2010年版,第15页。
[4] 张谷:《商法,这只寄居蟹——兼论商法的独立性及其特点》,载《清华法治论衡》2005年第2期。

了公司法、商业登记法等商法内容,从而出现了民商合一的立法体例。商品经济的发展使商业职能与生产职能密切结合,导致商人企业化,生产者亦成为商人,商人的特殊利益逐步消失,这一变化大大动摇了民商分立的经济基础;同时,为了立法技术的科学性,现代和当代许多国家和地区开始推行民商法的统一。中华民国时期采用民商合一体例。"1901年公布之瑞士债务法,已开民商法合一之端。近如苏俄民法、泰国民法亦均实行合一,诚以商事亦属民事。商法之与民法对立,在理论上殊无根据可言。我民法总则编公布以后,经提议,请订民商统一法典。经审查,旋即决议,认为可行。是为我民商法统一之经过。"[1] "从旧中国到新中国,我国的民事立法都是在'民商合一'的大原则之下进行的。民商合一的原则是受瑞士民法的启示而确立的。""应该说,当时采用民商合一的体制,虽然是在并未经过争论,几乎大家一致同意的情况下决定的。但当时参与立法的人们确实经过了深思熟虑,从理论和实务双方都进行过研究,并参酌了一些已制定民商合一法典的国家的先例,最后根据我国的情况决定的。我们可以说,在这一点,中国这部民法典之继受外国的民商合一体系,完全不是盲目的,是自觉的。"[2]

(二) 民商合一的妥当性

在我国,多数民法学者主张民商合一,即民法是民商法的一般法,商法是民商法的特别法。主张民商合一的理由如下。第一,商法独立于民法主要是历史形成的,并非基于科学的理论研究。所以,自民商分立体制产生之初,民法与商法的范围就没有严格区分,一些学者曾经采用所谓的主体标准,即商人与非商人的区分标准;或采用客体标准,即商事行为与民事行为的标准,或采用主体与客体相结合的双重标准加以区分,但是这些标准都只能解决个别的规则或制度上的差异,而无法从整体上厘清民法与商法的分工。民法与商法都是规范和调整市场交易活动的法律规则,本质上无差异,在立法上是无法作出区分的。第二,商法独立于民法的经济原

---

[1] 史尚宽:《民法总论》,中国政法大学出版社2000年版,第61页。
[2] 谢怀栻:《谢怀栻法学文选》,中国法制出版社2002年版,第425、459页。

因，是由于中世纪存在商人这样一个独立的社会阶层，以及商人协会组织对商事纠纷的管辖权力，但随着市场经济的发展，商人已经不是特殊的阶层，所有的商事纠纷、民事纠纷都应当提交给法院或者仲裁机构统一解决，所以商法已经失去了独立存在的经济基础。第三，民商合一适应了市场经济发展的需要，反映了社会化大生产的要求，因而具有一定的进步意义。第四，民商合一的实质是将民事生活和整个市场所适用的共同规则和共同制度集中规定于民法典，而将适用于局部市场或个别市场的规则，规定于各个民事特别法。因此，采用民商合一体例，意味着在民法典之外不再单独制定商法典，也就是说，不再单独制定商法总则。①"民商合一绝不是轻视商法。其实质不过是将民事生活和整个市场适用的共同规则集中规定于民法典，而将适用于特定类型主体、局部市场或个别市场关系的规则，规定于各民事特别法。民商合一所反映的正好是现代化市场经济条件下的所谓'民法的商法化'。毫无疑问，应继续坚持民商合一主义的立法体例。"② 在民法和商法现代化过程中，瑞士、意大利、荷兰、俄罗斯、泰国等国家将商法融入了民法典，形成了所谓的民商合一体例。但自20世纪以来，大量商事单行法的颁布，民法典已经难以包容全部商法内容。③ 因此，在民法典之外，存在商事单行法，民法典与商事单行法构成一般与特别的关系。

（三）我国立法采取民商合一体例

根据《民法典》第2条的规定，平等主体之间的人身关系和财产关系由民法调整，由此确立了我国的民商合一体例。全国人大常委会副委员长李建国在第十二届全国人民代表大会第五次会议上《关于〈中华人民共和国民法总则（草案）〉的说明》指出："我国民事立法秉持民商合一的传统，通过编纂民法典，完善我国民商事领域的基本规则，为民商事活动提供基本遵循，就是要健全市场秩序，维护交易安全，促进社会主义市场经济健康发展。"《民法典》并未根据主体或行为的性质区分普通民事主体和

---

① 参见王利明《民法总则研究》，中国人民大学出版社2003年版，第42~45页。
② 梁慧星：《民法总论》，法律出版社2021年版，第12~13页。
③ 参见赵万一主编《商法》，中国人民大学出版社2023年版，第8页。

商事主体，并在此基础上规定不同的行为规则，即我国民法不区分民商事关系。在《民法典》确定的体制下，商法是作为民法的特别法而存在的，并未与民法相分立。"民商合一体例并不一定追求法典意义上的合一，其核心在于强调以民事规则统一适用于民商事关系，统辖商事特别法。我国民法典的编纂坚持民商合一的体制，即从民法典总则到分则，再到商事特别法，从而形成一个完整的民商合一的内在逻辑体系。"① "我们选择民商合一，并不是根本否认民法和商法之间的区别，也不是基于现实的无奈或一时的理论冲动，而是基于民法和商法在调整内容和调整方法上存在大量相同点，在理论上和实践上存在的密切逻辑联系。"②

商法学界一般认为，相对于以制定商法典为基础的形式商法主义而言，实质商法主义的民商分立则不以制定独立的商法典作为民商分立的基础，只是主张商法的相对独立性。在这一层面的民商分立并不主张商法完全独立于民法，只是强调了商法作为私法的特别法，也存在一个独立的体系。这一观点符合我国立法实际和司法需求。③ "民法作为基本法或普通法，调整的范围广泛，它适用于各类民事主体所实施的民事行为。商法调整范围有限，仅适用于民事主体中从事商事经营活动那一部分，或仅适用于民事行为中与营利相关的那一部分行为，即商行为。民商法并行但不完全兼容，民法的内容不全部在商法之中，商法的内容很大一部分民法中未涉及。"④

从具体制度的角度来看，《民法典》确立了民商合一的立法体例。例如，《民法典》第三章关于法人制度的规定，不仅规定了法人的一般制度，而且针对营利法人进行了比较详细的规定。《民法典》合同编不仅规定了民事合同性质的保管合同，而且规定了商事合同性质的仓储合同。根据《民法典》第 918 条规定，《民法典》关于仓储合同没有规定时适用保管合同的有关规定，体现了一般法与特别法的关系。⑤ 我国《民法典》第 448

---

① 王利明：《民法总则》，中国人民大学出版社 2022 年版，第 34 页。
② 赵万一：《商法基本问题研究》（第 2 版），法律出版社 2013 年版，第 113~114 页。
③ 参见赵万一主编《商法》，中国人民大学出版社 2023 年版，第 10 页。
④ 范健、王建文：《商法学》，法律出版社 2021 年版，第 19 页。
⑤ 参见谢鸿飞、朱广新主编《民法典评注·合同编·典型合同与准合同》（4），中国法制出版社 2020 年版，第 203 页。

条规定:"债权人留置的动产,应当与债权属于同一法律关系,但是企业之间留置的除外。"据此,在《民法典》中规定了商法特别规范,即将民事留置权与商事留置权区别开来,从而确立了为德国、日本等国商法典所普遍规定的商事留置权。[1] 从本条规定来看,民事留置权的适用要求留置的动产与债权属于同一法律关系,而商事留置权的适用不受同一法律关系的限制。

民商合一体例的核心在于,民法对民商事关系进行一般性规定,该一般性规定统一适用于所有的民商事关系。在民法的一般规定之外,制定商事特别法,如公司法、证券法、保险法、票据法、企业破产法、海商法等,民法与商事特别法是一般法与特别法的关系,商事特别法没有规定的,应当适用民法的一般规定。"当民法典与商事法律对同一法律关系都有规定时,优先适用商事特别法;而当商事法律对某事项未为规定时,则应当适用民法典。"[2] 需要明确的是,商法的确有其特殊之处,例如经营自由、保护营利和加重责任等理念在商法中普遍存在,而在民法中属于特别规定。就加重责任理念而言,商事合同一般适用严格责任,而民事合同一般不适用严格责任,这在《民法典》合同编也有所体现。例如,在广告代言行为的法律规制方面,若能按照加重责任理念对代言人规定严格的义务与责任,无疑将有利于代言人认真履行对其代言对象的审查义务。当存在明星的虚假广告现象时,责令其对受害人承担相应的损害赔偿责任。[3]

第二节 民法的产生和发展

一 民法的历史演进

(一) 法是随着国家的出现而出现的

马克思主义认为,随着社会分工和私有制的出现,社会出现了阶级分

---

[1] 参见范健、王建文《商法学》,法律出版社2021年版,第54~55页。
[2] 陈甦主编《民法总则评注》,法律出版社2017年版,第81页。
[3] 参见范健、王建文《商法学》,法律出版社2021年版,第11页。

化。氏族制度被国家代替，调整社会分工的规则上升为法律。马克思在《哲学的贫困》中指出："在宗法制度、种姓制度、封建制度和行会制度下，整个社会的分工都是按照一定的规则进行的。这些规则是由哪个立法者确定的吗？不是。它们最初来自物质生产条件，只是过了很久以后才上升为法律。"① 恩格斯在《家庭、私有制和国家的起源》中指出："国家是社会在一定发展阶段上的产物；国家是承认：这个社会陷入了不可解决的自我矛盾，分裂为不可调和的对立面而又无力摆脱这些对立面。而为了使这些对立面，这些经济利益互相冲突的阶级，不致在无谓的斗争中把自己和社会消灭，就需要有一种表面上凌驾于社会之上的力量，这种力量应当缓和冲突，把冲突保持在'秩序'的范围以内，这种从社会中产生但又自居于社会之上并且日益同社会相异化的力量，就是国家。"② "国家不是从来就有的。曾经有过不需要国家、而且根本不知国家和国家权力为何物的社会。在经济发展到一定阶段而必然使社会分裂为阶级时，国家就由于这种分裂而成为必要了。"③ "文明时代所由以开始的商品生产阶段，在经济上有下列特征：（1）出现了金属货币，从而出现了货币资本、利息和高利贷；（2）出现了作为生产者之间的中间阶级的商人；（3）出现了土地私有制和抵押；（4）出现了作为占统治地位的生产形式的奴隶劳动。"④

  人类社会发展到奴隶制阶段，出现了私有制、阶级和国家，出现了物物交换，此后出现了以货币为媒介的商品交换，这种交换关系需要遵循一定的规则，而这种交易规则就是民法规则，是平等主体之间的交易规则。从这个角度看，民法早于其它法律规则产生，"民法是万法之母"的观点反映了历史发展进程。虽然说宪法是一个国家的根本大法，但宪法最早诞生于资本主义国家，是近代文明的产物。因此，可以说宪法是其他法律规则发展成熟后的产物。

---

① 《马克思恩格斯选集》（第1卷），人民出版社1995年版，第163页。
② 《马克思恩格斯选集》（第4卷），人民出版社1995年版，第170页。
③ 《马克思恩格斯选集》（第4卷），人民出版社1995年版，第174页。
④ 《马克思恩格斯选集》（第4卷），人民出版社1995年版，第176页。

(二) 从罗马法到近现代民法

罗马法一般是指从公元前753年罗马建国到尤士丁尼皇帝止的这一段历史时期的罗马法律。[①] 罗马私法的体系以《法学阶梯》为代表,分为人法、物法、诉讼法三大部分。在人法部分,主要规定了人格、家庭、婚姻和监护等内容;在物法部分,规定了调整财产关系的法律制度。由于罗马法内容丰富、体系完整且适合商品经济发展的需要,故其虽然经历了中世纪时期的衰落,但在西欧封建社会中后期,通过"罗马法复兴"运动,重新为欧洲社会所接受,并成为近代资本主义法律体系的基础。[②]"罗马法反映商品生产的要求,对商品生产和商品交换中一切主要的法律关系,如买主与卖主、债权人与债务人,以及所有权、契约、侵权行为等作了明确的规定。现代民法的主要法律概念、原则和制度,在罗马法中都有规定。"[③]

《法国民法典》的编纂方式称为"法学阶梯式",也称"罗马式",其特点在于人、财产及财产的取得方法的三分法。《德国民法典》以《学说汇纂》为基础,其编纂方式称为"潘德克顿式",其特点在于区分物权和债权以及将总则和分则层次化。[④] 具体而言,《法国民法典》的体系以《法学阶梯》为蓝本,剔除了非实体法的诉讼法,除序编外,由人、财产及取得财产的各种方法等三编构成。《德国民法典》以《学说汇纂》的体系为基础,采取总则加分则的五编制,即总则、债的关系法、物权法、亲属法和继承法。20世纪以后颁布的《瑞士民法典》《意大利民法典》《荷兰民法典》等大多借鉴《德国民法典》模式,分别规定人身权和财产权。[⑤] 德国式民法与法国式民法的主要区别在于:一是设立总则编,抽象出民法制度共同适用的原则,称为提取公因式;二是区分物权与债权、财产法与身份法。一般认为,德国式民法较法国式民法更为合理和科学,故为嗣后各

[①] 参见陈朝壁《罗马法原理》,法律出版社2006年版,第3页。
[②] 参见尹田主编《民法学总论》,北京师范大学出版社2010年版,第9页。
[③] 梁慧星:《民法总论》,法律出版社2021年版,第3页。
[④] 参见〔日〕大村敦治《民法总论》,江溯、张立艳译,北京大学出版社2004年版,第19~20页。
[⑤] 参见梁慧星《民法总论》,法律出版社2021年版,第13~14页;尹田主编《民法学总论》,北京师范大学出版社2010年版,第9~11页。

国民法典所效仿。① "《德国民法典》与《法国民法典》在民法的发展史上的地位，各有千秋。在开创近代民法历史、为资本主义社会开辟道路这一点，德国民法典无法与法国民法典相比，但是在其他一些方面，德国民法典确有胜过法国民法典的地方。有的比较法学家将由法国民法典形成的法系称为'罗马法系'，将由德国民法典形成的法系称为'德意志法系'，从而使德国民法典取得了与法国民法典并肩而立的地位。"②

二　民法在中国的发展

（一）民法在中国的发展脉络

我国古代并没有现代意义上的"民法"一词。在近代法制意义上使用的汉字单词"民法"，始于明治时代的日本人。清末变法，日语汉字"民法"一词进入中国。中国在戊戌变法时开始引进这一日语汉字。1905年3月，修订法律大臣沈家本、伍廷芳会奏请求设立法律学堂，已提到"各国民法"如何如何。但清廷在立法时，则借鉴"民法"一词，结合"唐律"、"明律"、"清律"的传统，自创新名词"民律"。清末民初曾有两部民律草案。1929年上半年，南京国民政府制定公布《中华民国民法·总则》，同年10月10日施行，中国近代立法从此正式在法律意义上使用"民法"一词。③

中华法律文化博大精深，亘亘五千年，独树一帜。在她世罕其匹的文化宝藏中，不但有法典化的公法文化，其中不乏间接反映商品交换的规范，而且在习惯法层面上，也有独具特色的财产法、交易法、亲属法和继承法。然而，不可否认的事实是，我国固有法律文化中没有发育出如同罗马法的人格、权利、契约自由等概念，不妥协的"非私法"传统，贯彻到社会生活的方方面面。④ "中国传统民法，就成文法而言，指的是清末法制改革以前的中国民法。就法制实况而言，则要延续到民国时期，乃至更

---

① 参见刘凯湘《民法总论》，北京大学出版社2011年版，第11页。
② 谢怀栻：《谢怀栻法学文选》，中国法制出版社2002年版，第395页。
③ 参见叶孝信主编《中国民法史》，复旦大学出版社2021年版，第1~2页。
④ 参见张俊浩主编《民法学原理》，中国政法大学出版社1991年版，第62~63页。

第一章 民法概述

后。先秦时期的民法，被包含在国家综合大法——'礼'之中，秦汉以后，民法主要也被收在主要是行政法的综合性法典'令'之中。所以说，在成文法方面，传统民法从来没有一部独立专门的民法典，不像刑法那样有独立专门的刑法典'律'。"①

我国在长期的奴隶社会和封建社会里，没有独立的成文的民法典，只是在刑律中附有关于户籍、婚姻、田宅、钱债等条款。"我国历代法制，在刑事法及行政法方面有相当完备的法典，如唐律、唐六典等；在民事法律方面则仅散见于各种律令中，缺少有系统的民法法典，至满清末年为变法图强，改革司法制度，乃开始起草民律草案。"②"清之律令，渊源于明。明之律令，渊源于唐。唐出于隋。隋本于北齐后周。卒皆形式稍变，而用意不变。偏重公法之制度，而私法关系，大抵包括于礼制之中。然亦有以私法关系为法书规定之内容者。如所谓户律、婚律、户婚、户役、田宅、婚姻、钱债等篇目是也。此种法条之规定，且有随时代而增详之趋势，可谓皆民法也。不过混杂于公法之中，且未见其发达耳。谓我无形式的完善民法则可，若谓无实质的民法，则厚诬矣。"③"中国古代虽然有包含民事法律内容的'礼'、'令'等形式的成文法，但相对于古代发达的刑事立法，民事成文法就显得非常苍白微弱。而且，由于长期处于锁闭的自然经济状态，加之君主专制主义统治的日益强化，民法的发达缺乏适宜的环境，统治者在法制上也更注目于直接影响政权稳定程度的刑法、行政法，对民事立法越来越趋于采取放任态度。"④

中国传统民法发展迟缓的主要原因如下。第一，专制政治对民法发展的制约。专制国家所关注的重点，在于政权的稳定以及与之相关的国家经济收益，因此，国家更习惯于以刑法、行政法手段调整民事法律关系。在"家天下"的政治体制下，统治者无视百姓的权利义务问题，使得民法的发展步履艰难。第二，长期的自然经济状态抑制民法的发展。中国社会主

---

① 叶孝信主编《中国民法史》，复旦大学出版社2021年版，第27~28页。
② 施启扬：《民法总则》，中国法制出版社2010年版，第11页。
③ 史尚宽：《民法总论》，中国政法大学出版社2000年版，第58页。
④ 叶孝信主编《中国民法史》，复旦大学出版社2021年版，第5~6页。

体长期停滞在自给自足的自然经济状态，农业生产主要用于满足从业者的自我消费，能够提供市场的只是部分"余粮"，交换获得有限的商品。历代统治者采取"以农立国"的基本国策，从而产生根深蒂固的"重农抑商"政策。商品经济不发达，与此相关的民事立法也就不可能发达。第三，民事法律关系的发展受制于儒家"重义轻利"思想。儒家思想主张"重义轻利"，这就成为中国知识分子鄙视从商谋利的思想根源。汉代大儒董仲舒提出的"正其谊不谋其利，明其道不计其功"，为后代儒者所津津乐道。宋代以后流行的理学，甚至还将人们追求物质利益的欲望视为最大的罪恶。因此，一般大众对于物质利益的追求欲望被压抑，财产权利难以成为法律重点保护的对象。第四，"礼"的宗法原则影响民法的发展。"礼"的内在精神就是区分人们的贵贱上下、尊卑长幼亲疏，也就是尊法等级原则。这一原则造就了家族本位主义，家长的权利竞合了家族成员的个人利益，个人本位缺乏成长发展的土壤。"礼"所倡导的"男女有别"原则，也造就了男女在权利义务方面的严重不平等。"礼"的等级原则，与近代民法强调的平等主体原则有着很大的冲突。中国传统民法在发展过程中一直受到身份制、等级制原则的强烈约束，形成鲜明的自身特色。[①]

由于列强入侵，1840年后中国沦为半殖民地、半封建社会，领事裁判权和会审公廨制度的确立，标志着中国完全丧失了司法主权。晚清政府为了适应列强的要求，不得不改变法律体系，以大陆法系为蓝本，进行系统修律，并先后颁布了《大清刑律草案》《大清民律草案》等法律草案，从而实现了法律体系的转轨，沿袭了大陆法系模式。晚清政府制定的系列法典未及实施，辛亥革命爆发，清政府被推翻，废除了封建帝制，建立了中华民国。中华民国政府对清政府制定的法律草案进行相应修改后予以颁布实施，称为中华民国六法全书。1929年至1931年，国民党南京政府分编通过了民法典的各个部分，其结构和内容主要沿袭德国、日本等几个资本主义国家的民法制度。[②]"清末变法，学习西方法制，开始制定民法，但未

---

① 参见叶孝信主编《中国民法史》，复旦大学出版社2021年版，第32~36页。
② 参见佟柔主编《中国民法学·民法总则》，中国人民公安大学出版社1990年版，第9页。

及成功而清朝亡。民国成立后，战乱频繁，政局动荡，迄未进行正规的立法工作。北洋政府虽也草拟过民律草案，也未将之制定为法律。直到民国成立将近20年，南京国民政府设立立法院，积极从事立法工作，在前后3年的时间里，制定出民法五编，次第公布施行。这就是我国有史以来的第一部民法——中华民国民法。""总则编于1929年5月23日公布，同年10月10日施行。债编于1929年11月22日公布，1930年5月5日施行。物权编于1929年11月30日公布，1930年5月5日施行。亲属编和继承编同于1930年12月26日公布，同于1931年5月5日施行。"①

1949年2月，中共中央发布《关于废除国民党的六法全书与确定解放区的司法原则的指示》，连同这部《民法典》在内的六法全书被明令废除。之所以废除六法全书，是因为社会制度发生了变化，半殖民地半封建社会转化为新民主主义社会，并将通过社会主义革命转化为社会主义社会。根据马克思主义原理，经济基础决定上层建筑，当经济基础发生变化时，作为上层建筑的法律也应当相应地变化。新中国成立之初，因为苏联的社会主义制度是新中国社会制度的目标模式，所以，学习和借鉴苏联法学和法律制度是必要且合理的。根据马克思主义原理，法是由一定社会的物质生活条件决定的，因此，物质决定性是法的本质规定性，是事物的主要矛盾，而法的继承性是从属于物质决定性的，是事物的次要矛盾。因肯定法的继承性而否定法的本质规定性，是舍本逐末。

法的继承性并不是一般如财产意义上的继承，不是照搬照抄，而是一种特殊意义的继承。法律是统治阶级意志的体现，新法律对旧法律的继承，不是接受旧法的统治意志和统治内容。这是因为旧法所体现的生产方式和旧的统治事实已经不存在了，也就是说，对旧法的本质不能继承。恩格斯在《英国工人阶级状况》中指出："趁这个机会来谈谈在英国是怎样神圣地看待法律的。对资产者来说，法律当然是神圣的，因为法律是资产者本身的创造物，是经过他的同意并且是为了保护他和他的利益而颁布的。资产者懂得，即使个别的法律对他特别不利，但是整个立法毕竟是保

---

① 谢怀栻：《谢怀栻法学文选》，中国法制出版社2002年版，第452、454页。

护他的利益的,而最重要的是,法律的神圣性,由社会上一部分人积极地按自己的意志规定下来并由另一部分人消极地接受下来的秩序的不可侵犯性,是资产者的社会地位的最强有力的支柱。"①

(二) 新中国成立以来民法的发展

1. 法律是对社会生活的表达

中华人民共和国的成立,开辟了人类历史的新纪元。劳动人民当家作主,成为国家的主人。1949年6月15日,毛泽东同志指出:"中国人民将会看到,中国的命运一经操在人民自己的手里,中国就将如太阳升起在东方那样,以自己的辉煌的光焰普照大地,迅速地荡涤反动政府留下来的污泥浊水,治好战争的创伤,建设起一个崭新的强盛的名副其实的人民共和国。"②

在新中国成立初期三十年,国家政治生活和国家制度的各个方面都处于深刻的变革中,如"一化三改造"的进行、人民公社制度的确立以及此后的"文化大革命"。而作为上层建筑的法律制度需要与经济基础相适应,也就是说,经济基础的变动需要上层建筑的相应变动,因此,在那样的历史条件下,颁布民事基本法的条件并不成熟。虽然有关部门也曾几次组织起草民法典,但因为物质条件没有成就,颁布民法典的条件也没有成就。有人将新中国成立初期的三十年没有民法典的原因归结为领导人的个人意志,这种观点带有明显的主观唯心主义色彩,并不符合辩证唯物主义和历史唯物主义观点。法律终究是由物质生活条件决定的,是对社会经济基础的反映,当社会经济制度还处在变动或者调整时期,法律很难制定出来。任何法律制度都不能脱离当时的社会条件。

老一辈民法学者对这一问题的解释具有说服力。孙亚明先生认为:"我国从1954年全国人大常委会一成立,就着手组织民法的起草工作。可是,一方面由于五十年代第一次起草工作和六十年代第二次起草工作,都因受政治运动的冲击而被中断,另一方面还由于1956年对生产资料私有制

---

① 《马克思恩格斯文集》(第1卷),人民出版社2009年版,第462页。
② 《毛泽东选集》(第4卷),人民出版社1991年版,第1467页。

的社会主义改造基本完成以后，多年来我国实行的是高度集中的计划经济体制下的产品经济而不是商品经济，在这种商品经济不被重视的情况下，民法起草工作就必然陷于搁浅状态。"① 佟柔先生认为："长期以来，我国不承认社会主义经济具有商品经济性质，也不承认民法在社会生活尤其是经济生活中的重要作用，关于民法的调整对象，理论上仅仅承认'两个一定说'，即民法只调整一定的财产关系和一定的人身关系。经济体制改革以来，我党依据马克思主义原理，提出了社会主义社会仍然广泛存在着商品生产和商品交换，从根本上讲社会主义经济依然是商品经济的论断，明确指出经济体制改革的目的就是要改革旧的僵化体制，以建立我国新的经济机制——社会主义有计划的商品经济机制。这就为解决我国民法调整对象问题提供了坚实的理论基础和依据。"②

20世纪50年代初，时值新中国刚刚成立，在一种特殊的国际政治氛围下，我国引进了苏联法学，包括民法的概念体系和制度体系。苏联的计划经济体制大体上在第二次世界大战之后完全建成，其法学思想、制度以及体系也随着经济体制的变化而形成了完全不同于西方民法的模式。在学习苏联的过程中，有些人对苏联经验不加分析，全盘接受，导致这种现象的根本原因是不独立思考，忘记了历史上教条主义的教训。③ 1958年6月，毛泽东同志在一份文件中的批语中写道："自力更生为主，争取外援为辅，破除迷信，独立自主地干工业、干农业、干技术革命和文化革命，打倒奴隶思想，埋葬教条主义，认真学习外国的好经验，也一定要研究外国的坏经验——引以为戒，这就是我们的路线。"④ 毛泽东同志认为，在中国建设强大的社会主义经济，"五十年不行，会要一百年，或者更多的时间。"⑤ 新中国成立初期三十年，建立了中国特色社会主义的基本架构，形成了独立的、比较完整的工业体系和国民经济体系，形成了具有中国特色的社会

---

① 孙亚明主编《民法通则要论》，法律出版社1991年版，第2页。
② 佟柔：《佟柔文集》，中国政法大学出版社1996年版，第256页。
③ 参见《毛泽东文集》（第7卷），人民出版社1999年版，第366页。
④ 《毛泽东文集》（第7卷），人民出版社1999年版，第380页。
⑤ 《毛泽东文集》（第8卷），人民出版社1999年版，第301页。

主义政治制度和法律制度等制度体系。

2."法律万能论"是错误的

社会治理的本质不在于法律的多少，而在于社会治理的有效性。法治是必要的，但法律不是万能的。社会治理还有道德、纪律、宗教等多种手段，因此，"法律万能论"是错误的。"有的实证主义法学家认为，法制或法治固然有很大价值，但这种价值是消极的，即限制专横地行使权力，而且这种专横本身也是法律造成的；也有人认为，法制或法治只是使法取得实效的手段，符合法制也可能使法服务于邪恶的目的。总之，对法制的作用不应夸大，因为法制本身毕竟不是一个最终目的。"[①] "当一些法学家热衷于'依法治国'并积极投身于构建一套宏大的法律体系与规范时，却发现自己陷入了重重困境。譬如，伴随着国家制定的法律、法规急剧增加，以及公检法机关的渐趋完备，法律的现实有效性和实际运用却呈相对下降的趋势，规避以及违反法律的现象越来越多，特别是在农村更是如此。这说明，关于建设中国特色社会主义法治的探索，仍有着在理论与实践方面进行极其艰巨的分析和探索的历史使命。"[②] 法治并不排斥人的因素，法治社会离不开人的能动性，不能把法治和人的能动性对立起来。中国特色社会主义法治道路按照"科学立法、严格执法、公正司法、全民守法"的原则，推进法治国家、法治政府、法治社会一体建设。法律也好，法治也好，都是办事的准则和方式，都是手段和武器。当人发生变化，武器的效用也会变化。[③]

历史已经证明，综合运用法律和其他措施进行治理是行之有效的方式。"科勒的理论始于假定，任何一种形式的文明都要利用法律，而真正的法律是一个很特定的社会管制方略，它在一切形式的人类文明中还没有实现。没有法律，人类的社会生活是完全不可思议的。这是不正确的。这种见解导致一种法律相对论，后者常常掩蔽了法律的意义和特征。在某一社会里面，社会管制的通行工具可以是权力、行政、道德或习惯，它无须

[①] 沈宗灵：《现代西方法理学》，北京大学出版社1992年版，第26页。
[②] 张冠梓：《论法的成长》，社会科学文献出版社2007年版，第2页。
[③] 参见祁金利《法治离不开人的能动作用》，载《历史评论》2024年第2期。

必然的是法律。更有甚者，在社会秩序里，即使有某种形式的法律被承认，它可能也是一种未发展的或微弱发展的法律形式。"[1] 王夫之说："使天下而可徒以法治而术制焉，裁其车服而风俗即壹，修其文辞而廉耻即敦，削夺诸侯而政即咸统于上，则夏、商法在，而桀、纣又何以亡？"[2]

3. 从民法规则到《民法典》

新中国成立前三十年，虽然没有民法典，但有调整社会生活的各类民法性质的规则，例如《农村人民公社工作条例（草案）》（通称"农业六十条"）、《国营工业企业工作条例（草案）》（通称"工业七十条"）等法律规范中包含很多实质意义的民法规范。当时各行各业都制定了相应的规范性文件，实际上具有法律性质，具有普遍约束力，因此，看问题不能仅停留于表面，仅在形式上苛求，而无视各种规范性文件的实际运行效果。1962年1月30日，毛泽东同志在扩大的中央工作会议上的讲话中指出："我们已经制定或者正在制定、或者将要制定各个方面的具体政策。已经制定了的，例如农村公社六十条，工业企业七十条，高等教育六十条，科学研究工作十四条，这些条例草案已经在实行或者试行，以后还要修改，有些还可能大改。正在制定的，例如商业工作条例。将要制定的，例如中小学教育条例。我们的党政机关和群众团体的工作，也应当制定一些条例。军队已经制定了一些条例。总之，工、农、商、学、兵、政、党这七个方面的工作，都应当好好地总结经验，制定一整套的方针、政策和办法，使它们在正确的轨道上前进。"[3] 当时的这些条例其实就是法律，具有规范性文件的性质，具有普遍约束力。"新中国成立后，我国相继制定实施了婚姻法、土地改革法等重要法律和有关户籍、工商业、合作社、城市房屋、合同等方面的一批法令。"[4]

1978年，我国开始改革开放，开始进行大规模的经济建设，民法的地

---

[1] 〔美〕博登海默：《博登海默法理学》，潘汉典译，法律出版社2015年版，第248页。
[2] （清）王夫之：《读通鉴论》，中华书局2013年版，第32页。
[3] 中共中央党史和文献研究院编：《建国以来毛泽东文稿》（第16册），中央文献出版社2023年版，第225页。
[4] 习近平：《充分认识颁布实施民法典重大意义 依法更好保障人民合法权益》，载《求是》2020年第12期。

位和作用开始受到重视。因多方面的原因,民法典的起草工作暂时搁浅。为了满足经济生活的需要,立法机关在 1980 年前后先颁布了争议不大的《中华人民共和国婚姻法》(以下简称《婚姻法》)和《中华人民共和国继承法》(以下简称《继承法》),之后在 1982 年颁布了当时急需的《中华人民共和国经济合同法》(以下简称《经济合同法》),又于 1986 年制定了民法基本法《中华人民共和国民法通则》(以下简称《民法通则》),此后陆续颁布了《中华人民共和国收养法》(以下简称《收养法》)、《中华人民共和国合同法》(以下简称《合同法》)、《中华人民共和国担保法》(以下简称《担保法》)、《中华人民共和国专利法》(以下简称《专利法》)、《中华人民共和国商标法》(以下简称《商标法》)、《中华人民共和国著作权法》(以下简称《著作权法》)、《中华人民共和国物权法》(以下简称《物权法》)、《中华人民共和国侵权责任法》(以下简称《侵权责任法》)等一系列民事法律,加上其他各种有关的法律和法规,我国的民法体系显然已经构成了最基本的法律规范的框架。[1] 自 2017 年颁布《中华人民共和国民法总则》(以下简称《民法总则》)始,《民法典》的编纂顺利推进,至 2020 年 5 月 28 日颁布《民法典》。习近平总书记指出:"民法典在中国特色社会主义法律体系中具有重要地位,是一部固根本、稳预期、利长远的基础性法律,对推进全面依法治国、加快建设社会主义法治国家,对发展社会主义市场经济、巩固社会主义基本经济制度,对坚持以人民为中心的发展思想、依法维护人民权益、推动我国人权事业发展,对推进国家治理体系和治理能力现代化,都具有重大意义。"[2]

三 法律是由一定社会物质生活条件决定的

以萨维尼代表的历史法学派认为,法律是民族精神发展的结果。萨维尼认为,各个民族都在历史长河中形成了一些具有本民族特色的传统和习惯,而这些传统和习惯的反复使用就成为法律规则。"历史法学派是 18 世

---

[1] 参见孙宪忠《我国民法立法的体系化与科学化问题》,载《清华法学》2012 年第 6 期。
[2] 习近平:《充分认识颁布实施民法典重大意义 依法更好保障人民合法权益》,载《求是》2020 年第 12 期。

纪末在德国兴起的一个法学流派。其特征是反对古典自然法学派,强调法律应体现民族精神和历史传统;反对1789年法国资产阶级革命中的资产阶级民主主义思想;重视习惯法;反对制定普遍适用的法典。该派的代表人物是古·胡果、冯·卡·萨维尼等人。他们借口保持历史传统的稳定性,极力维护贵族和封建制度的各种特权。该派以后逐步演变成19世纪资产阶级法学中的一个重要流派。1842年,萨维尼被任命为修订普鲁士法律的大臣,这样,历史法学派的理论和方法就成了修订普鲁士法律的依据。"[1] 历史法学派认为:"法律随着民族的成长而成长,随着民族的加强而加强,最后随着民族个性的消亡而消亡。"[2]

历史法学派的哲学基础是唯心主义,它把法制史作为法律的发展基础,法的发展乃是一种理性观念的发展、民族精神的发展。马克思主义不赞同历史法学派的观点,马克思主义认为,法律没有自己的历史。马克思、恩格斯在《德意志意识形态》中指出:"不应忘记,法也和宗教一样是没有自己的历史的。"[3] 马克思主义认为,法是由一定物质生活条件决定的统治阶级意志的体现,而不是民族精神发展的结果。马克思在《〈政治经济学批判〉序言》中写道:"我的研究得出这样一个结果:法的关系正像国家的形式一样,既不能从它们本身来理解,也不能从所谓人类精神的一般发展来理解,相反,它们根源于物质的生活关系,这种物质的生活关系的总和,黑格尔按照18世纪的英国人和法国人的先例,概括为'市民社会',而对市民社会的解剖应该到政治经济学中去寻求。"[4]

马克思主义认为,物质决定意识,经济基础决定上层建筑。法律等上层建筑终究是由经济基础决定的,法律不是个人的主观臆断。历史唯物主义从物质生产出发来考察现实的生产过程,并把各个不同阶段上的市民社会,理解为整个历史的基础;然后在国家生活的范围内描述市民社会的活

---

[1] 《马克思恩格斯选集》(第1卷),人民出版社1995年版,第778页。
[2] 〔美〕博登海默:《法理学——法哲学及其方法》,邓正来译,华夏出版社1987年版,第83页。
[3] 《马克思恩格斯选集》(第1卷),人民出版社1995年版,第133页。
[4] 《马克思恩格斯选集》(第2卷),人民出版社1995年版,第32页。

动，同时从市民社会出发来阐明各种不同的理论产物和意识形式，如宗教、哲学、道德等等，并在这个基础上追溯它们产生的过程。马克思主义认为，应当把法看作是从人们的物质关系以及由此而产生的互相斗争中产生，而不应该把脱离现实经济关系的"自由意志"或者抽象权力看作是法的基础。马克思主义经典作家对上述观点进行了系列阐述，摘录如下。

马克思、恩格斯在《共产党宣言》中写道："你们的观念本身是资产阶级的生产关系和所有制关系的产物，正像你们的法不过是被奉为法律的你们这个阶级的意志一样，而这种意志的内容是由你们这个阶级的物质生活条件决定的。"①

马克思在《黑格尔法哲学批判》中写道："立法权并不创立法律，它只披露和表述法律。"②

马克思在《哲学的贫困》中写道："其实，只有毫无历史知识的人才不知道：君主们在任何时候都不得不服从经济条件，并且从来不能向经济条件发号施令。无论是政治的立法或市民的立法，都只是表明和记载经济关系的要求而已。"③

恩格斯在《反杜林论》中写道："以往的全部历史，都是阶级斗争的历史；这些相互斗争的社会阶级在任何时候都是生产关系和交换关系的产物，一句话，都是自己时代的经济关系的产物；因而每一时代的社会经济结构形成现实基础，每一个历史时期由法律设施和政治设施以及宗教的、哲学的和其他的观点所构成的全部上层建筑，归根到底都是由这个基础来说明的。"④

恩格斯在《在马克思墓前的讲话》中指出："正像达尔文发现有机界的发展规律一样，马克思发现了人类历史的发展规律，即历来为繁茂芜杂的意识形态所掩盖着的一个简单事实：人们首先必须吃、喝、住、穿，然后才能从事政治、科学、艺术、宗教等等。所以，直接的物质的生活资料

---

① 《马克思恩格斯选集》（第1卷），人民出版社1995年版，第289页。
② 《马克思恩格斯全集》（第3卷），人民出版社2002年版，第74页。
③ 《马克思恩格斯全集》（第4卷），人民出版社1958年版，第121~122页。
④ 《马克思恩格斯选集》（第3卷），人民出版社1995年版，第365页。

的生产，因而一个民族或一个时代的一定的经济发展阶段，便构成为基础；人们的国家制度，法的观点，艺术以至宗教观念，就是从这个基础上发展起来的。因而，也必须由这个基础来解释，而不是像过去那样做得相反。"①

恩格斯在《路德维希·费尔巴哈和德国古典哲学的终结》中指出："在现代历史中，国家的意志总的说来是由市民社会的不断变化的需要，是由某个阶级的优势地位，归根到底，是由生产力和交换关系的发展决定的。""如果说民法准则只是以法的形式表现了社会的经济生活条件，那么这种准则就可以依情况的不同而把这些条件有时表现得好，有时表现得坏。"②

根据马克思主义的观点，法律归根到底是由社会物质生活条件决定的，是对社会现实的反映，是社会生活的法律表达，而不是立法者随心所欲地创造。有什么样的社会生活状态，就会有什么样的法律规则与之相适应。例如，在没有互联网的时代，就没有调整网络虚拟财产或网络侵权的法律规则；当出现了人脸识别技术之后，就会制定与人脸识别技术相关的法律规则。从根本上说，法律规则是对社会生活的表达，经济基础决定上层建筑。法律随着社会生活的发展而发展，在社会发展过程中，法律随着社会生活的发展而不断更新、充实和完善。

第三节 民法的性质

一 民法是私法

（一）大陆法系国家继受了罗马法关于公法与私法的划分

公法与私法的划分最初由罗马法学家乌尔比安提出，并为《学说汇纂》所采纳。公法是造福于公共利益的法，见之于宗教事务、宗教机构和国家管理机构之中；私法则是造福于私人利益的法。③ 最初的罗马法私法区分为市民法和万民法，市民法调整罗马公民之间的关系，而万民法调整

---

① 《马克思恩格斯选集》（第3卷），人民出版社1995年版，第776页。
② 《马克思恩格斯选集》（第4卷），人民出版社1995年版，第251、253页。
③ 参见〔意〕彭梵得《罗马法教科书》，黄风译，中国政法大学出版社1992年版，第9页。

罗马人与外国人之间的关系。公元212年，市民法与万民法合为一体，后世法学家仍然将市民法称为罗马私法。公私法划分的理论表明罗马法中的私法内容相当发达，是罗马法的主要内容。大陆法系国家继受罗马法中的私法内容，制定了各自的民法典。[①] 马克思、恩格斯在《德意志意识形态》中指出："当工业和商业——起初在意大利，随后在其他国家——进一步发展了私有制的时候，详细拟定的罗马私法便又立即得到恢复并取得威信。后来，资产阶级力量壮大起来，君主们开始照顾它的利益，以便借助资产阶级来摧毁封建贵族，这时候法便在所有国家中——法国是在16世纪——开始真正地发展起来了，除了英国以外，这种发展在所有国家中都是以罗马法典为基础的。即使在英国，为了私法（特别是其中关于动产的那一部分）的进一步完善，也不得不参照罗马法的原则。"[②]

长期以来，关于公法和私法的分类标准极不统一。主要形成了以下三种代表性观点。第一，利益说，即根据法律保护的利益涉及的是公共利益还是私人利益区分公法和私法。这种学说曾经是公法和私法划分的重要标准，但20世纪以来，随着国家干预经济的发展和福利国家概念的流行，公共利益和私人利益往往很难区分，此种分类已经走向衰落。第二，隶属说，即根据调整对象是隶属关系还是平等关系来区分公法和私法，公法的根本特征在于调整隶属关系，私法的根本特征在于调整平等关系。第三，主体说，即应当以参与法律关系的各个主体为标准来区分公法和私法，如果这些主体中有一个是公权主体，即法律关系中有一方是国家或国家授予公权的组织，则构成公法关系。[③] 此外还有应用说、权性说、行为说、规则区分说、规范性质区别说、自由决策说、渊源区别说等不同学说。[④] 上述各种分类标准都具有其合理性，从不同角度力图揭示公法和私法的区别，也基本能够揭示问题的本质。但是，法律关系本身的复杂性，导致法律规范的调整也存在复杂性，比如"公法私法化"和"私法公法化"现象

---

① 参见韩松《民法总论》，法律出版社2020年版，第4页。
② 《马克思恩格斯选集》（第1卷），人民出版社1995年版，第133页。
③ 参见〔德〕梅迪库斯《德国民法总论》，邵建东译，法律出版社2001年版，第11~12页。
④ 参见徐国栋《民法总论》，高等教育出版社2019年版，第33~34页。

便表明一般性之外还有特殊性,因此,公私法的划分不可能存在一个绝对的划分标准。比较而言,隶属说更能清晰地揭示公法和私法的本质区别。"从原则上说,凡是平等主体之间的财产关系和人身关系都属于私法关系,而具有等级和隶属性质的关系属于公法关系。"① "凡是调整横向关系的都是私法,调整纵向关系的都是公法。"② 在此基础上,可以考虑参与法律关系的主体地位,凡是公法关系,必然有一方是公权主体。虽然民法中也包含强制性规范,如物权法定、背俗行为无效等规范,但这些强制性规范是以意思自治为前提的,它不过是对意思自治的限制,是法律规则的题中应有之义。这些强制性规范归根结底是调整平等主体之间的社会关系的,并不能因其具有强制性规范的特点而将其纳入纵向管理关系,因此不能称其为公法规范。

(二) 市民社会与政治国家适用不同的法律规则

马克思、恩格斯在《德意志意识形态》中指出:"'市民社会'这一用语是在18世纪产生的,当时财产关系已经摆脱了古典古代的和中世纪的共同体[Gemein-Wesen]。真正的市民社会只是随同资产阶级发展起来的;但是市民社会这一名称始终标志着直接从生产和交往中发展起来的社会组织,这种社会组织在一切时代都构成国家的基础以及任何其他的观念的上层建筑的基础。"③ 欧洲各国在18世纪末19世纪初,发生了政治国家与市民社会的彻底分离,集中了一切政治要素的国家与作为纯粹经济社会的市民社会彻底分离。继法兰西革命之后,德意志也进行了一般的农民解放,破坏了既得权体系。一方面,一切政治权力集中于国家之手;另一方面,市民社会从政治国家获得解放,成为纯粹的经济社会。至现代,市民社会的含义更日益丰富,已不以经济社会为限;市民社会的主角,亦不限于个人与企业,举凡消费者保护组织、环境保护组织、人权保护组织、动物保护组织等非营利组织或非政府组织,皆为重要力量。市民社会乃是私人自由活动的方式,实现普遍的公共利益。政治国家则是借助政治权力的行

---

① 王利明:《民法总则》,中国人民大学出版社2022年版,第12页。
② 傅鼎生:《民法总论授课实录》,法律出版社2023年版,第24页。
③ 《马克思恩格斯选集》(第1卷),人民出版社1995年版,第130~131页。

使，服务于公共利益。两者可谓殊途同归。①

马克思在大学期间是一个青年黑格尔派，按照黑格尔的法哲学，国家和法决定市民社会，也就是决定生产关系。但是，马克思在《莱茵报》当编辑时，遇到了关于"林木盗窃法"的讨论。"林木盗窃法"涉及农民和地主的利益问题，马克思从中看到了农民和地主利益的冲突。马克思在思考这些涉及经济利益问题的事实时产生了一个疑问：黑格尔说国家和法决定市民社会，这个观点对不对？因为在现实生活中，法律受到市民社会中人和人之间的利益冲突的影响，它不是凌驾于社会之上的，而是体现着某个阶级的利益。到哪里去寻找答案？只能到市民社会里寻找，通过研究市民社会即生产关系来解决。而市民社会应该如何研究呢？通过政治经济学来研究。得出的结论是：市民社会决定国家和法，而不是相反，也即生产力决定生产关系，经济基础决定上层建筑，而不是相反。②

在《法哲学原理》中，黑格尔关于国家问题的论述是其理论的核心部分。黑格尔认为，国家是社会生活各个领域的决定力量，相对于国家而言，家庭和市民社会缺乏应有的独立性，它们是从属于国家的，国家是家庭和市民社会发展的内在动力。国家是社会生活各个领域的决定力量，有了国家，才有市民社会。"市民社会是处在家庭和国家之间的差别阶段，虽然它的形成比国家晚。其实，作为差别的阶段，它必须以国家为前提，而为了巩固地存在，它也必须有一个国家作为独立的东西在它前面。"③马克思批判了黑格尔的上述观点，认为其观点是手足倒置，市民社会是政治国家的基础，而不是相反。黑格尔完全颠倒了家庭、市民社会和国家的关系，把作为上层建筑的国家当作人类社会的基础，而把社会经济关系当作国家的派生物。不是市民社会决定国家和法，而是国家和法决定市民社会。从实质上看，家庭和市民社会是国家存在的形式，是国家的前提和基础，家庭和市民社会使自身成为国家，它们是国家的原动力。如

---

① 参见梁慧星《民法总论》，法律出版社2021年版，第31~32页。
② 参见安启念《马克思的新唯物主义》，载藏峰宇主编《哲学的殿堂：新唯物主义与哲学的未来》，中国人民大学出版社2024年版，第20页。
③ 〔德〕黑格尔：《法哲学原理》，范扬、张企泰译，商务印书馆1961年版，第224页。

果没有家庭的"天然基础"和市民社会的"人为基础",国家就不可能存在。马克思认为,国家自身并不构成目的性,国家依附于市民社会,是以市民社会为基础的。马克思在《黑格尔法哲学批判》中指出:"观念变成了主体,而家庭和市民社会对国家的现实的关系被理解为观念的内在想像活动。家庭和市民社会都是国家的前提,它们才是真正活动着的;而在思辨的思维中这一切却是颠倒的。"[1] "家庭和市民社会是国家的现实的构成部分,是意志的现实的精神存在,它们是国家的存在方式。家庭和市民社会使自身成为国家。它们是动力。可是,在黑格尔看来又相反,它们是由现实的观念产生的。"[2] 马克思、恩格斯在《德意志意识形态》中指出:"从这里已经可以看出,这个市民社会是全部历史的真正发源地和舞台,可以看出过去那种轻视现实关系而局限于言过其实的历史事件的历史观何等荒谬。"[3]

市民社会与政治国家适用不同的法律规则,调整市民社会的法是私法,调整政治国家的法是公法。市民社会是指民事生活领域,涵盖了全部经济社会生活和家庭生活。政治国家是指政治生活领域,包括国家的组织以及国家的活动,即立法、司法、行政以及公民政治权利的行使等。[4] "民法是私法的一部分。私法是整个法律制度中的一个组成部分,它以个人与个人之间的平等和自决(私法自治)为基础,规定个人与个人之间的关系。与私法相对,公法是法律制度中的另外一个部分,它规定国家同其他被赋予公权的团体相互之间、它们同它们的成员之间的组织结构。"[5] 第一,调整市民社会的法是私法,由私法调整的社会关系是私法关系。调整政治国家的法是公法,由公法调整的社会关系是公法关系。[6] 市民社会为私人活动提供了舞台,其特征体现为自治、自为、自我决定和自我负责。[7]

---

[1] 《马克思恩格斯全集》(第3卷),人民出版社2002年版,第10页。
[2] 《马克思恩格斯全集》(第3卷),人民出版社2002年版,第11页。
[3] 《马克思恩格斯选集》(第1卷),人民出版社1995年版,第88页。
[4] 参见梁慧星《民法总则讲义》,法律出版社2021年版,第4~5页。
[5] 〔德〕拉伦茨:《德国民法通论》(上册),王晓晔等译,法律出版社2003年版,第1页。
[6] 参见赵万一《商法基本问题研究》,法律出版社2013年版,第16页。
[7] 参见申卫星《民法基本范畴研究》,清华大学出版社2015年版,第4页。

政治国家承认市民社会的独立性，为市民社会提供制度性的法律保障，并对市民社会进行必要的干预和调节。① 第二，私法关系是关于私人利益的法律关系，一般不涉及公共利益，如所有权关系、合同关系、婚姻家庭关系等。公法关系是关于公共利益的法律关系，如国家机关行使公权力的纵向管理关系、选举关系等。第三，在私法领域，遵循"法不禁止即自由"原则，只要法律没有禁止的，则应是当事人意思自治的范畴。在公法领域，遵循"法无授权即禁止"原则。因此，私法规范多为任意性规范，而公法规范多为强制性规范。诚如学者所言，"法无授权即禁止"是对公权力的限制，"法不禁止即自由"是对私权利的保障。② 在没有法律的强制性规定时，当事人的约定优先于法律规定。"如果要求对私法上的行为强制说明理由，那么家庭主妇就必须说明，她为什么在某个特定的面包师那里购买小面包，而不是在另一个面包师那里购买；摩托车的所有人必须说明，他为什么非要驾驶摩托车出行不可，而为什么不步行，为什么不搭乘公共交通车辆，或者为什么他非要出行不可；在订立婚约、结婚，或者在非婚姻生活共同体之情形，有关主体必须说明其为何选择了某个特定的伙伴，而可能因此得罪了另一个有兴趣者。"③

民法作为市民社会的基本法，具有超越时空的限权与护权功能，这是民法典最核心、固有的宪法功能。晚近以来，民法典虽遭遇了特别法的侵蚀，但并未动摇其作为市民社会基本法的地位，民法典通过确认和保护民事权利，依然可以保有其内生的宪法功能。④ "民法作为市民社会的基本法，其功能旨在通过对市民社会成员之间的权利、义务、责任以及风险的分配来确定他们之间的法律关系和法律地位，进而实现市民社会私法秩序的构建。"⑤

---

① 参见邓正来《市民社会理论的研究》，中国政法大学出版社2002年版，第14页。
② 参见杨立新《民法总则》，法律出版社2020年版，第63页。
③ 〔德〕梅迪库斯：《德国民法总论》，邵建东译，法律出版社2001年版，第8页。
④ 参见谢鸿飞《中国民法典的宪法功能——超越宪法施行法与民法帝国主义》，载《国家检察官学院学报》2016年第6期。
⑤ 姚辉：《民法适用中的价值判断》，载《中国法律评论》2019年第3期。

(三) 在公法和私法之间出现了社会法

有些法律规范既具有私法的属性,也具有公法的属性,其性质并不明显,比如劳动合同法、消费者权益保护法等。"公法与私法在许多方面相互交错一起,其中历史上的原因起着一定的作用。今天,在劳动法中,公法与私法的交错最为明显,劳动法中既有公法的成分,也有私法的成分。经济法也是这样,无论经济法包括哪些具体内容。"[1] 因此有学者想以三分法来取代传统的两分法。帕夫洛夫斯基把实体法分为私法、社会法和公法。他认为,在私法领域,个人在对全体成员都适用的法律的范围内,根据自己的利益判断来决定法律关系的形成。在公法领域,国家或其他依公法组织的团体通过其公务员决定法律关系的形成;公务员必须严格遵循其上司的指示,上司又必须严格遵守法律和宪法。而在社会法领域,某些自愿组合而成的团体或通过选举产生的利益代表机构也在参与着决定法律关系的形成。拉伦茨虽然不赞成上述三分法,但也认为公法和私法的二分法也确实面临着挑战,他认为,区分公法和私法是否能够适当地把握所有的法律关系,这的确是很成问题的。[2] 梅迪库斯不同意上述三分法,他认为在私法中也存在着对权利滥用行为的监督审查,而这种审查与帕夫洛夫斯基所称的扩大化、制度化的监督审查之间很难作出区分。这里涉及的差异与其说是质量方面的,还不如说是数量方面的。但他也承认,这方面的法律发展正在使私法与公法之间的界限变得越来越模糊。[3]

史尚宽认为,介于公法和私法之间的法,称为社会法。"于统制经济之阶段,渐有公私法混合之法域,即为社会法,包括经济法与劳动法。"[4] 我国法学界一般认为存在社会法,它区别于单纯的公法和私法。"社会法是调整由个人基本生活权利保障而衍生的相关社会关系的法律规范的总称。社会法是近几十年来发展起来的、跨越公法和私法的法律部门",其内

---

[1] 〔德〕拉伦茨:《德国民法通论》(上册),王晓晔等译,法律出版社2003年版,第7页。
[2] 参见〔德〕拉伦茨《德国民法通论》(上册),王晓晔等译,法律出版社2003年版,第7页。
[3] 参见〔德〕梅迪库斯《德国民法总论》,邵建东译,法律出版社2001年版,第11页。
[4] 史尚宽:《民法总论》,中国政法大学出版社2000年版,第57页。

容主要包括劳动法、社会保障法、社会救助法等法律。"[1] 就雇用关系而言，存在形式平等而实质不平等的现象，因此需要劳动法解决这个问题。"在法国，劳动者的团结和劳动运动并不是自由的，法律也不得不与此相应。在此形成的各种法律被称为'劳动法'，该法从正面承认了上面提到过的经营者和劳务者之间在经济上、社会上的力量不平等，想要纠正由此产生的不正当结果，以本稿的观点来看，是把人分为经营者和劳务者的具体的类型加以对待。"[2] 伴随着经济发展、科技进步带来的机遇、挑战和社会负效应，出现了贫困、失业、垄断等社会现象，导致弱势群体的出现，公权力应采取相应措施进行适度干预，以维护弱势群体的相关权益。[3] 调整这些社会关系的法律被称为社会法，如劳动合同法、消费者权益保护法、反不正当竞争法等。

二 民法是权利法

（一）权利本位是民法的基石

法律上的本位，是指法律的中心观念或法律的立足点。[4] 民法的私法性质要求坚持权利本位，排斥任意剥夺或限制民事主体权利的恣意妄为。"权利本位是民法私法属性的具体体现，民法的一切制度都以权利为核心而构成，而民事义务只是实现权利的手段。"[5] "贯穿其间而作为其核心概念的，系权利及法律行为。"[6] 社会存在的首要问题是人的生存问题，人的生存需要两个条件：一是人格权，二是财产权。无人格权之人无异于动物，无财产权之人则沦为乞丐，不能体面地生活。作为民法制度的核心，一是规定人格权，二是规定财产权。民法不仅普遍授予各种民事主体取得民事权利的主体资格，还庄严宣告了民事主体可以依法取得的各种民事权

---

[1] 王利明：《民法总则》，中国人民大学出版社2022年版，第41页。
[2] 〔日〕星野英一：《现代民法基本问题》，段匡、杨永庄译，上海三联书店2012年版，第83页。
[3] 参见江必新《〈民法典〉的颁行与营商环境的优化改善》，载《求索》2020年第6期。
[4] 参见胡长清《中国民法总论》，中国政法大学出版社1997年版，第43页。
[5] 江平、张楚：《民法的本质特征是私法》，载《中国法学》1998年第6期。
[6] 王泽鉴：《民法思维》，北京大学出版社2009年版，第51页。

利。民法为保护民事主体依法取得各种民事权利,还建立了完善的权利救济制度。民法为民事主体取得权利、实现权利提供法律规则,建立起了一个以权利为中心层层演绎的宝塔型规范体系。处于宝塔尖的是一个总概念——民事权利。在权利与义务这个统一体内,是权利决定义务,而不是义务决定权利。由此决定了民法必然以权利为本位,将规范的重心放在权利的取得、行使和保护等问题上。[1]

《民法典》第3条规定:"民事主体的人身权利、财产权利以及其他合法权益受法律保护,任何组织或者个人不得侵犯。"可见,民事权利受保护的理念成为我国民法颇具导向性的理念,凸显我国民法保护民事权利的核心价值,以贯彻和落实权利本位的民法宗旨。[2]"民法之所以为权利法,在于它的规范多为授权性规范,这类法律规范规定具有肯定内容的权利,如人格权、身份权、物权、债权等,被授权者有完成这样或那样的积极行为的能力。授权性规范不同于禁止性规范,后者规定主体不为一定行为的义务,刑法规范多属此类。"[3]

民法注重人文关怀,它主要规定了民事主体的各项民事权利,彰显了权利的重要地位,与其他部门法相比,民法更注重个人的发展,更关注"人"本身。这些都是由民法的私法性质决定的,私法强调对私人的保护,强调权利是第一位的,义务是第二位的,因此,一般认为民法奉行权利本位主义。人文关怀的宗旨是以人为本,应关注人的生存和安全,关注人们的生活追求和经济活动。人文关怀就现实层面上讲,就是满足人们的物质欲求,培养人们树立开拓进取的积极人生态度,高尚的道德感和社会责任感,健康开放的文化心态和精神风貌。物质关怀和精神关怀是从不同角度对人的关怀,其目的都是实现人的自由和全面发展。

(二) 以权利本位为主,以社会本位为辅

1. 权利本位是与义务本位相对应的范畴

权利本位,是指权利成为法律的中心的观念,个人权利之保护,成为

---

[1] 参见李开国《民法总则研究》,法律出版社2003年版,第20~22页。
[2] 参见邹海林《民法总则》,法律出版社2018年版,第213页。
[3] 徐国栋:《民法总论》,高等教育出版社2019年版,第30页。

法律最高使命。义务本位，是指以义务为法律的中心观念，义务本位的立法主要是禁止性规定和义务性规定。从义务本位到权利本位的转变，是社会进步的结果，即梅因所谓的由身份到契约之进步。此一进步，实为近代文明建立之基础，亦为现代法制与古代法制本质区别之所在。① 近现代民法主要规定民事主体的权利，所以近现代民法奉行权利本位主义。甚至可以说，私法主要规定权利，因此私法是以权利为其本位的。"权利是传统民法的伟大创造，它对于个人生活和社会文明具有重要意义。历史已经证明，一个社会欲实现个人幸福，应以完善的民法为中心构建法律体系。真正的民法应当以权利为本位。"②

2. 社会本位是与个人本位相对应的范畴

个人本位，是指着重对个人权利的保护，个人利益优于社会利益，对个人的权利限制较少。社会本位着重对社会利益的保护，为了社会利益可以依法限制或剥夺个人利益。罗马法体现了个人本位主义的思想，法律的着眼点在于保护个人利益，后世所谓私权神圣的思想，实胚胎于此。日耳曼法体现了团体主义思想，属于超个人主义的法律思想，认为个人权利乃为全体之利益而存在。十四五世纪以后，欧陆各国因继受罗马法之结果，致罗马法势力大涨，而日耳曼法除在英伦独树一帜外，几一蹶不振。尤其十七八世纪，个人主义极占优势，资本主义正攀高峰，而罗马法之法律思想，恰与此种潮流相应合，故能独步世界。但到19世纪后半叶，极端个人主义与资本主义之弊端，陆续显现，于是日耳曼法的团体主义思想，乃有兼备重用之势。③ "法律对于所有权之保护，非保障财货之分配而使其固定，乃在使其利用，以发挥物资之完全的效用。故法律之使命，非在保护所有人个人利益，而在保护信托个人分配财货之社会的福祉。故所有权之行使必须顾及社会全体的利益，且于社会生活之必要上，所有人必须利用其所有物，不得放置，始得谓为发挥所有权之最高效率也。是为所有权社会化之理论。他如权利滥用之法律，亦系对于所有权绝对性之修正，出于

---

① 参见梁慧星《民法总论》，法律出版社2021年版，第41页。
② 龙卫球：《民法总论》，中国法制出版社2002年版，第120页。
③ 参见郑玉波《民法总则》，中国政法大学出版社2003年版，第10~11页。

同样之旨趣者也。"①

3. 现代民法应以权利本位为主，以社会本位为辅

近代民法曾经是以个人为本位，集中表现为私有财产的绝对权、契约自由、过错责任。个人本位立法曾经有效地保护了私人财产权和商品、劳务交换的自由，推动了资本主义经济的飞跃。但是，极端的个人本位也加剧了资本主义社会各种利益的冲突和对抗，造成了严重的社会问题。19 世纪后半叶，资产阶级国家开始对个人与社会的关系加以局部调整，并在民法中推行所谓"社会本位"原则，即在维护私有财产权、契约自由和坚持过错责任的同时，根据资产阶级的普遍利益和长远利益，对这些原则加以适当限制。②"为解决社会问题，自 19 世纪末以至今日，法律生莫大之变化。废去自由放任主义，而代以国家干预主义。法律由个人主义渐趋于社会主义，由权利本位渐趋于社会本位。此种新趋势，名为法律之社会化。"③"个人主义发达之结果，于不知不觉中酿成种种之流弊，于是学者主张，法律最终之目的不在于权利之保护，而在于社会生活之安全与健全，法律之中心观念亦随之而变，此即所谓社会本位者是也。"④

现代民法应以权利本位为主，以社会本位为辅。"中国《民法典》，是从中国的国情、社会主义市场经济体制即社会生活实际出发，要贯彻权利本位立法思想，强调对人民和企业私权的切实保护，并着重于限制公权力的滥用，即使出于真正公共利益之目的，须对人民私权有所限制，亦设有严格程序和救济措施，在切实保护人民私权的基础上兼顾对社会公益的保护。换言之，中国民法坚持权利本位兼顾社会公益的立法思想。"⑤ 权利本位是主线，一以贯之，这是私法本质的要求；而社会本位是策应，仅适用于特殊环节，这是社会化大生产的要求。从两个角度对民法本位进行描述，遵循一般性与特殊性相结合原则，偏重一般性而非特殊性，避免喧宾

---

① 李宜琛：《民法总则》，中国方正出版社 2004 年版，第 26 页。
② 参见张文显《权利与人权》，法律出版社 2011 年版，第 187 页。
③ 史尚宽：《民法总论》，中国政法大学出版社 2000 年版，第 68 页。
④ 胡长清：《中国民法总论》，中国政法大学出版社 1997 年版，第 43 页。
⑤ 梁慧星：《民法总论》，法律出版社 2021 年版，第 44~45 页。

夺主。现代民法应张扬个人权利，但与近代民法相比，现代民法应对个人权利进行较多限制。为了社会利益而对权利进行限制的规范与民法固有的权利规范相比，不可等量齐观。因此，对个人权利进行必要的限制，丝毫无损于民法权利本位的理念。"我国民法的本位是突出权利本位、兼采社会本位，以权利本位为主、社会本位为辅的立法思想。"①

三 民法是市场经济的基本法

民法调整对象的主要部分是市场经济关系，即平等主体之间的财产关系，如物权关系、债权关系等，民法为市场经济活动确立基本的行为准则。从一定程度上说，民法是调整市场经济关系的基本法。"《民法典》所确立的私权保护和市场交易规则是社会主义市场经济的基本规则。《民法典》包括民事活动平等、自愿、公平、诚信等基本原则，关于私法自治和保障人格尊严等基本价值的规定，既是市场经济的基本准则，也是市场主体的基本行为准则。同时，《民法典》所确立的有关物权、合同、担保等法律制度，也旨在维护交易安全和秩序，为市场经济的发展提供基本的法律框架和制度保障。"②

马克思在《资本论》中指出："商品不能自己到市场去，不能自己去交换。因此，我们必须寻找它的监护人，商品所有者。商品是物，所以不能反抗人。如果它不乐意，人可以使用强力，换句话说，把它拿走。为了使这些物作为商品彼此发生关系，商品监护人必须作为有自己的意志体现在这些物中的人彼此发生关系，因此，一方只有符合另一方的意志，就是说每一方只有通过双方共同一致的意志行为，才能让渡自己的商品，占有别人的商品。可见，他们必须彼此承认对方是私有者。这种具有契约形式的（不管这种契约是不是用法律规定下来的）法的关系，是一种反映着经济关系的意志关系。这种法的关系或意志关系的内容是由这种经济关系本身决定的。在这里，人们彼此只是作为商品的代表即商品占有者而存在。

---

① 杨立新：《民法总则》，法律出版社 2020 年版，第 7 页。
② 王利明：《民法总则新论》，法律出版社 2023 年版，第 8 页。

在研究过程中我们会看到，人们扮演的经济角色不过是经济关系的人格化，人们是作为这种关系的承担者而彼此对立着的。"① 马克思的上述精辟论述，深刻揭示了民法制度的基本内容，即民事主体制度、所有权制度及合同制度，勾画出民法制度的基本框架。

民事主体从事各种民事活动，应当遵循民法所确立的基本规则，例如意思自治、诚实信用、禁止权利滥用等市场经济的基本规则。《民法典》所确立的平等保护财产权、人身权等规则，也激活了市场主体活力，保障了市场经济的正常运转。《民法典》还构建了完善的物权制度、合同制度等基本民事制度，这既是市场交易的基本准则，也是市场经济有序发展的根本保障。市场经济的成熟在很大程度上是以民商事规则的成熟为标志的。②"在市场经济体制下，社会资源必须按照市场规则流通，因此社会主要的经济活动都要纳入到民法的调整范围。"③

民法最本质的属性是其私法性质，它调整平等主体之间的法律关系，因此民法应贯彻私法自治原则，即法不禁止即自由。《民法典》第206条规定："国家坚持和完善公有制为主体、多种所有制经济共同发展，按劳分配为主体、多种分配方式并存，社会主义市场经济体制等社会主义基本经济制度。"据此，《民法典》根据《中华人民共和国宪法》（以下简称《宪法》）的规定，确立了社会主义市场经济体制的基础地位，促进经济社会良性运转。"民法典把我国多年来实行社会主义市场经济体制和加强社会主义法治建设取得的一系列重要制度成果用法典的形式确定下来，规范经济生活和经济活动赖以依托的财产关系、交易关系，对坚持和完善社会主义基本经济制度、促进社会主义市场经济繁荣发展具有十分重要的意义。"④ "之所以说是社会主义市场经济，就是要坚持我们的制度优越性，有效防范资本主义市场经济的弊端。我们要坚持辩证法、两点论，继续在

---

① 马克思：《资本论》（第1卷），人民出版社2004年版，第103~104页。
② 王利明《民法总则》，中国人民大学出版社2022年版，第14页。
③ 孙宪忠：《我动议——孙宪忠民法典和民法总则议案、建议文集》，北京大学出版社2018年版，第139页。
④ 习近平：《充分认识颁布实施民法典重大意义 依法更好保障人民合法权益》，载《求是》2020年第12期。

社会主义基本制度与市场经济的结合上下功夫，把两方面优势都发挥好，既要'有效的市场'，也要'有为的政府'，努力在实践中破解这道经济学上的世界性难题。"①

第四节 民法的渊源

一 宪法

宪法是国家的根本大法，由全国人民代表大会制定，并具有最高的法律效力。宪法文本中关于民事法律关系的规定，是调整民事法律关系的重要法律规范，是民事立法必须遵循的法律依据。宪法中的民法规范属于行为规范，对于人们的行为具有指导作用。一般认为，宪法作为民法的渊源，主要是就立法意义而言的。在司法实践中，宪法一般不宜作为裁判的依据。实践中曾经出现依据宪法裁判民事案件的司法解释，但该司法解释已被废止。②

宪法所规定的权利是一种公法上的权利，与民法所规定的权利应当分开。宪法规定的权利要获得民法的保护，首先需要转化为民事权利。原则上法官应当以具体的民法规则或类推适用有关的规则来裁判案件，而不能直接援引宪法的规定来裁判案件。2009年最高人民法院发布的《最高人民法院关于裁判文书引用法律、法规等规范性法律文件的规定》第4条规定："民事裁判文书应当引用法律、法律解释或者司法解释。对于应当适用的行政法规、地方性法规或者自治条例和单行条例，可以直接引用。"据此，法官不得直接援引宪法裁判案件。但是，在特殊情况下，宪法可以

---

① 习近平：《不断开拓当代中国马克思主义政治经济学新境界》，载《十八大以来重要文献选编》（下），中央文献出版社2018年版，第6页。
② 最高人民法院《关于以侵犯姓名权的手段侵犯宪法保护的公民受教育的基本权利是否应承担民事责任的批复》全文为："你院【1999】鲁民终字第258号关于《齐玉苓与陈晓琪、陈克功、山东省济宁市商业学校、山东省滕州市第八中学、山东省滕州市教育委员会姓名权纠纷一案的请示》收悉。经研究，我们认为，根据本案事实，陈晓琪等以侵犯姓名权的手段，侵犯了齐玉苓依据宪法所享有的受教育的基本权利，并造成了具体的损害后果，应承担相应的民事责任。"

成为裁判中说理论证的重要依据,也是对法律规则进行合宪性解释的重要依据,因此,宪法是民法的重要渊源。[①]

二 民事法律

民事法律是由全国人民代表大会及其常委会制定和颁布的民事立法文件,是我国民事立法的主要表现形式。目前我国的民事法律主要是指以《民法典》为中心的民事法律体系。鉴于我国民事立法采取民商合一的立法体例,因此,民事法律不仅包括《民法典》,还包括《专利法》《商标法》《著作权法》《中华人民共和国公司法》(以下简称《公司法》)《中华人民共和国证券法》(以下简称《证券法》)《中华人民共和国保险法》(以下简称《保险法》)《中华人民共和国海商法》(以下简称《海商法》)等民事法律。

三 行政法规

行政法规是由国务院制定的规范性文件。《中华人民共和国立法法》(以下简称《立法法》)第72条第3款规定:"应当由全国人民代表大会及其常务委员会制定法律的事项,国务院根据全国人民代表大会及其常务委员会的授权决定先制定的行政法规,经过实践检验,制定法律的条件成熟时,国务院应当及时提请全国人民代表大会及其常务委员会制定法律。"据此,国务院根据全国人民代表大会及其常务委员会的授权,制定、批准和发布法规、决议和命令,其中有关民事部分的法规、决议和命令,是民法的重要表现形式,其效力仅次于宪法和民事法律。例如,2011年1月21日国务院颁布的《国有土地上房屋征收与补偿条例》是重要的民法渊源,可以作为裁判依据。

四 地方性法规、自治条例和单行条例

根据《最高人民法院关于裁判文书引用法律、法规等规范性文件的规

[①] 参见王利明《民法总则》,中国人民大学出版社2022年版,第44页。

定》第 4 条规定，地方性法规可以作为裁判依据。《立法法》第 80 条规定："省、自治区、直辖市的人民代表大会及其常务委员会根据本行政区域的具体情况和实际需要，在不同宪法、法律、行政法规相抵触的前提下，可以制定地方性法规。"《立法法》第 81 条第 1 款规定："设区的市的人民代表大会及其常务委员会根据本市的具体情况和实际需要，在不同宪法、法律、行政法规和本省、自治区的地方性法规相抵触的前提下，可以对城乡建设与管理、生态文明建设、历史文化保护、基层治理等方面的事项制定地方性法规，法律对设区的市制定地方性法规的事项另有规定的，从其规定。"地方性法规具有地域局限性，在本辖区范围内具有法律效力，其中关于民事法律关系的规范属于民法的渊源。

根据《最高人民法院关于裁判文书引用法律、法规等规范性文件的规定》第 4 条的规定，自治条例和单行条例可以作为裁判依据。《立法法》第 85 条规定："民族自治地方的人民代表大会有权依照当地民族的政治、经济和文化的特点，制定自治条例和单行条例。自治区的自治条例和单行条例，报全国人民代表大会常务委员会批准后生效。自治州、自治县的自治条例和单行条例，报省、自治区、直辖市的人民代表大会常务委员会批准后生效。自治条例和单行条例可以依照当地民族的特点，对法律和行政法规的规定作出变通规定，但不得违背法律或者行政法规的基本原则，不得对宪法和民族区域自治法的规定以及其他有关法律、行政法规专门就民族自治地方所作的规定作出变通规定。"

五 司法解释

司法解释是最高人民法院和最高人民检察院依法作出的属于审判、检察工作中具体应用法律的解释。《立法法》第 119 条第 1 款规定："最高人民法院、最高人民检察院作出的属于审判、检察工作中具体应用法律的解释，应当主要针对具体的法律条文，并符合立法的目的、原则和原意。遇有本法第四十八条第二款规定情况的，应当向全国人民代表大会常务委员会提出法律解释的要求或者提出制定、修改有关法律的议案。"

最高人民法院是我国的最高审判机关，依法享有监督地方各级人民法院和各专门人民法院的审判工作的职权。全国人民代表大会常务委员会《关于加强法律解释工作的决议》第2条规定:"凡属于法院审判工作中具体应用法律、法令的问题,由最高人民法院进行解释。"为了在审判工作中正确贯彻执行法律,最高人民法院可以在总结审判实践经验的基础上发布司法解释。《最高人民法院关于司法解释工作的规定》第6条规定:"司法解释的形式分为'解释'、'规定'、'规则'、'批复'和'决定'五种。对在审判工作中如何具体应用某一法律或者对某一类案件、某一类问题如何应用法律制定的司法解释,采用'解释'的形式。根据立法精神对审判工作中需要制定的规范、意见等司法解释,采用'规定'的形式。对规范人民法院审判执行活动等方面的司法解释,可以采用'规则'的形式。对高级人民法院、解放军军事法院就审判工作中具体应用法律问题的请示制定的司法解释,采用'批复'的形式。修改或者废止司法解释,采用'决定'的形式。"第27条规定:"司法解释施行后,人民法院作为裁判依据的,应当在司法文书中援引。人民法院同时引用法律和司法解释作为裁判依据的,应当先援引法律,后援引司法解释。"我国最高人民法院制定了很多司法解释,司法解释具有相当于法律的效力,在裁判中可以被援引为裁判依据,法庭可以直接依据某一个司法解释的某一解释条文对案件作出裁判。

一般认为,最高人民法院发布的指导性案例不是法律渊源,只能作为说理部分的参考。最高人民法院《关于案例指导工作的规定》第7条规定:"最高人民法院发布的指导性案例,各级人民法院审判类似案例时应当参照。"据此,指导性案例可以作为审理案件的参考,而不可作为裁判依据。《关于案例指导工作的规定实施细则》第10条规定:"各级人民法院审理类似案件参照指导性案例的,应当将指导性案例作为裁判理由引述,但不作为裁判依据引用。"《关于案例指导工作的规定实施细则》第11条第1款规定:"在办理案件过程中,案件承办人员应当查询相关指导性案例。在裁判文书中引述相关指导性案例的,应在裁判理由部分引述指导性案例的编号和裁判要点。"据此,法官对于指导性案例只能参照适用,而不能直接适用。法庭对于与指导性案例类似的案件,可以按照指导性案例的裁判方案进行裁判,也可以不按照指导性案例的裁判方案进行裁判。当法官选择不按照指导性案例的裁判方案进行裁判,作出与指导性案例不同甚至相反的判决时,应当在裁判文书中说明理由;如果法庭选择按照指导性案例的裁判方案进行裁判,应当在判决书的裁判理由部分引述指导性案例的编号和裁判要点,但不能直接引用指导性案例作为判决依据,而应当引用指导性案例的同一判决依据,作为本案的判决依据。例如,辽宁省高级人民法院(2021)辽民申 5273 号民事裁定认为,本院经审查认为,根据《最高人民法院关于统一法律适用加强类案检索的指导意见(试行)》第 9 条"检索到的类案为指导性案例的,人民法院应当参照作出裁判,但与新的法律、行政法规、司法解释相冲突或者为新的指导性案例所取代的除外。检索到其他类案的,人民法院可以作为作出裁判的参考。"之规定,对于再审申请人提出本案与最高人民法院颁布的第 24 号指导案例案件基本事实、争议焦点及法律适用具有高度相似性,应同案同判的理由,原一、二审法院未予论述说理,应参照该指导意见重新予以审理。

六 行政规章

行政规章是指国务院各部委以及各省、自治区、直辖市的人民政府和设区的市、自治州的人民政府根据宪法、法律和行政法规等制定和发布的规范性文件。《立法法》第 91 条第 1 款规定:"国务院各部、委员会、中国人民银行、审计署和具有行政管理职能的直属机构以及法律规定的机构,可以根据法律和国务院的行政法规、决定、命令,在本部门的权限范围内,制定规章。"《立法法》第 93 条第 1 款规定:"省、自治区、直辖市和设区的市、自治州的人民政府,可以根据法律、行政法规和本省、自治区、直辖市的地方性法规,制定规章。"据此,行政规章包括国务院部门规章和地方政府规章。一些行政规章包含调整民事法律关系的内容,可以成为民法渊源。根据《最高人民法院关于裁判文书引用法律、法规等规范性文件的规定》第 6 条,行政规章不能作为裁判依据,可以作为裁判说理的依据。"在民事裁判中,行政规章并不能直接作为裁判依据,而需要经过法院的审查认定。如果法律对行政规章的适用作出了明确规定,则其也可以成为民事裁判的依据。"①

七 国际条约和国际惯例

在涉外民事关系的适用方面，我国批准或加入的国际条约以及国际惯例也可以成为我国民法的渊源。

国际条约是两个或两个以上的国家就政治、经济、贸易、军事、法律、文化等方面的问题确定其相互权利义务关系的协议。我国签订或加入的国际条约也是我国法的渊源之一。在处理涉外民事关系时，我国参加的国际条约优先于国内法而适用，但如果该条约中我国作出了保留的声明，则保留的条款不得适用。

国际惯例也称为国际习惯，分为两类：一类为属于法律范畴的国际习惯，具有法律效力；另一类为属于非法律范畴的国际惯例，不具有法律效力。国际惯例的适用只限于中国法律和中国缔结或者参加的国际条约没有规定的情况。显然，其效力低于中国法律，只有在不违背我国法律规定的前提下，才可适用。②

八 习惯

（一）习惯作为法律渊源

无论成文法多么完备，习惯规则都是不断发生的。作为民法的法源，除成文民法之外，还存在习惯民法。③ 在立法中首次明确规定习惯为法律渊源的法典是《瑞士民法典》，该法第1条第2项规定："法律无规定之事项，法院应依习惯法裁判之。"该条规定开创了大陆法系国家确认习惯法为民法渊源的先河，确认习惯法具有补充法律的效力。根据该条规定，适用习惯法裁判案件应当具备一定条件：一是没有法律规定时才能适用习惯法；二是并非所有的事实上的习惯都可以作为裁判依据，只有习惯法才能够作为裁判依据。借鉴《瑞士民法典》第1条第2项的规定，一些国家或

---

① 王利明：《合同法通则》，北京大学出版社2022年版，第69页。
② 参见王利明《民法总则》，中国人民大学出版社2022年版，第47页。
③ 参见〔日〕我妻荣《新订民法总则》，于敏译，中国法制出版社2008年版，第16页。

地区的民法也将习惯规定为法律渊源。例如，我国台湾地区"民法"第1条规定了习惯法和法理，《意大利民法典》第1条规定了条例、行业规则和惯例，《日本民法典》第92条赋予与公共秩序无关的习惯以法律效力，《奥地利民法典》第7条规定了"自然的法律原则"等。

《民法典》第10条规定："处理民事纠纷，应当依照法律；法律没有规定的，可以适用习惯，但是不得违背公序良俗。"据此，本条明确规定了习惯的法源地位。这里的习惯是指事实上的习惯，而非习惯法。"所谓习惯，是指多数人对同一事项，经过长时间，反复而为同一行为。因此，习惯是一种事实上的惯例。"[①] 作为法源的习惯应当具备以下两个条件：第一，习惯具有长期性、恒定性和内心确信性；第二，具有具体行为的规则属性，能够具体引导人们的行为。[②] 作为法源的习惯不得违反法律、行政法规的强制性规定，不得违背公序良俗。[③] "民事习惯，是在社会生活中经过长期实践而形成的不成文的民事行为规范，它须符合统治阶级法律意识，不能违反社会公德，并为人们共同信守。由道德而习惯法，由习惯法而成文法，是法律产生的一般过程。"[④]

（二）习惯不得违反法律的强制性规定和公序良俗

1. 习惯不得违反法律的强制性规定

作为法源的习惯，不得违反法律和行政法规的强制性规定。因为习惯作为法律渊源的目的是填补法律漏洞，在有法律明确规定的前提下，没有习惯的适用空间。只有在法无明文规定时，才可以援引习惯作为处理民事纠纷的依据。因此，作为处理民事纠纷的依据的习惯必须经过"合法性"判断，即不得违反法律和行政法规的强制性规定。例如，根据苗族习惯，只有儿子享有财产继承权，无子的由妻子继承，妻子死后，由丈夫的同胞弟兄平分。即使大姑娘未出嫁而在家养私生子，如果是男的，而此女又不

[①] 梁慧星：《民法总论》，法律出版社2021年版，第27页。
[②] 参见王利明《论习惯作为民法渊源》，载《法学杂志》2016年第11期。
[③] 参见梁慧星《民法总论》，法律出版社2021年版，第28页；王利明《民法总则》，中国人民大学出版社2022年版，第48页。
[④] 叶孝信主编《中国民法史》，复旦大学出版社2021年版，第5页。

再出嫁，与私生子同住娘家，私生子同样有继承权。① 上述习惯是建立在父权家长制基础上的规则，违反《民法典》关于继承权男女平等和法定继承的规定，不应认可其效力。

2. 习惯不得违背公序良俗

作为法源的习惯，其内容不得违背公序良俗。因为公序良俗是从民族共同的道德感和道德意识中抽象出来的，如果承认与该公序良俗相悖的习惯具有法的确信，则会产生损害法秩序的后果。习惯不得违背公序良俗，有力遏制了不符合社会公共利益的习惯无限制地进入民法中，为习惯法提供了过滤器，同时为有益于社会的习惯进入民法中提供了通道。② "交易习惯能否在人民法院审理具体案件中予以适用，也要依照公序良俗原则和社会主义核心价值观进行审查。由此引申，结合交易领域的特点，有关诚信原则、公平原则的遵循对于交易习惯能否适用的问题也是重要的考量标尺。"③ 例如，有些地方的习惯不允许寡妇改嫁，禁止嫁出去的女儿享有继承权，允许买卖婚姻，对宗族械斗者予以奖励，对违反族规者实行肉体惩罚甚至加以杀害等，这些陈规陋习不仅不能成为法律渊源，而且应当被法律所禁止。因此，法官在适用这些习惯时，应当根据法律规定和公序良俗原则对其效力进行审查。

（三）当事人主张适用习惯的，应当承担举证责任

《最高人民法院关于适用〈中华人民共和国民法典〉总则编若干问题的解释》（以下简称《民法典总则编司法解释》）第2条规定："在一定地域、行业范围内长期为一般人从事民事活动时普遍遵守的民间习俗、惯常做法等，可以认定为民法典第十条规定的习惯。当事人主张适用习惯的，应当就习惯及其具体内容提供相应证据；必要时，人民法院可以依职权查明。"据此，司法解释确立了事实习惯具有法源地位，但当事人应当

---

① 参见张冠梓《论法的成长》，社会科学文献出版社2007年版，第200页。
② 参见梁慧星主编《中国民法典草案建议稿附理由·总则编》，法律出版社2013年版，第20页。
③ 陈龙业：《交易习惯的具体认定与细化适用——以〈民法典合同编通则解释〉第2条为中心》，载《中国应用法学》2024年第1期。

负举证责任,只有在必要时,人民法院可以依职权查明。作出上述规定的理由在于:"调研中有意见认为,习惯作为法源,应当由法官依职权查明。我们经研究未采纳上述意见,主要是考虑到我国幅员辽阔、风俗多样,人员流动情况复杂,法官事实上难以真正了解掌握当地习惯的情况。采取由当事人主张并提供证据为主、人民法院依职权查明为辅的方式,不仅符合《民事诉讼法》第67条第2款的规定精神,也是立足我国国情,确保《民法典》第10条规定有效施行的可行做法。"①

《最高人民法院关于适用〈中华人民共和国民法典〉合同编通则若干问题的解释》(以下简称《民法典合同编通则司法解释》)第2条规定:"下列情形,不违反法律、行政法规的强制性规定且不违背公序良俗的,人民法院可以认定为民法典所称的'交易习惯':(一)当事人之间在交易活动中的惯常做法;(二)在交易行为当地或者某一领域、某一行业通常采用并为交易对方订立合同时所知道或者应当知道的做法。对于交易习惯,由提出主张的当事人一方承担举证责任。"本条明确了《民法典》所称的"交易习惯"应当在合法的基础上不得违背公序良俗,同时延续了交易习惯是事实问题的基本思路,遵循"谁主张,谁举证"的原则,明确交易习惯由提出主张的当事人一方承担举证责任。②

(四)作为法源的习惯是事实上的习惯,而不是习惯法

经过国家认可的习惯,可以上升为习惯法。"习惯法来源于习惯,但并不是所有的习惯都是习惯法,只有经相应国家机关承认其法律效力的习惯才是习惯法。习惯是法律渊源之一是指习惯法来源于习惯。"③ 事实上的习惯,经法院采用作为裁判依据因而具有法律约束力,该项事实上的习惯才成为习惯法。故《民法典》第10条所称"习惯",应指事实上的习惯,不得解释为"习惯法"。《民法典》第142条所称"习惯"及《民法典》

---

① 贺荣主编《最高人民法院民法典总则编司法解释理解与适用》,人民法院出版社2022年版,第32页。
② 参见最高人民法院民事审判第二庭、研究室编著《最高人民法院民法典合同编通则司法解释理解与适用》,人民法院出版社2023年版,第52页。
③ 沈宗灵:《比较法研究》,北京大学出版社1998年版,第174页。

合同编所称"交易习惯"亦应作同一解释。①"有的认为所谓习惯就是指习惯法，是经国家认可的习惯。实际上，习惯不等同于习惯法。经国家认可已由法律确认的习惯即习惯法，属于法律规范。而这里所谓的习惯恰恰是法律未予以规定的事项。"②

习惯上升为习惯法需要通过法定程序予以实现，主要途径是司法认可。所谓司法认可，是指在司法实践中，由法官针对具体案件，根据一定标准对特定的习惯予以认可，使之成为裁判案件的依据。依据德国通说，"对于习惯法的确认一般只能以法院适用的方式体现出来，并为人所认识。"③ 与制定法的适用不同，习惯法系以习惯事实作为基础，法院既可以依当事人之主张而予以适用，也可以依职权而予以适用。如要完成向习惯法的转变，从日耳曼法制史的早期阶段可以看出，一方面通过法律成员的实践，另一方面还要通过法律成员都表示同意的法院裁判逐渐形成。④ 也就是说，事实上的习惯上升为习惯法一般应当通过司法程序予以确认，否则，便不具备习惯法的规格或地位。"一项长期判例还是可以促使某种习惯法的形成或使之明确化。条件是：该判例中表明的某项规则被交易实践所接受，并且它符合一般的法律意识，为人们所普遍遵循；而它之所以被遵循，并不是因为人们担忧否则就会败诉，而是人们认为这条规则是一项毋庸置疑的法律要求。"⑤ 已经作为裁判依据的习惯法，应当具有内容的明确性、说理的充分性和可重复适用性等特征，使之具有法律规则的一般属性，以便为此后裁判相同性质的案件提供参考，尽量避免互相矛盾的判决，以增强司法裁判的权威性。

（五）关于《民法典》第10条第1款所规定的"法律"的范围界定

值得探讨的是，《民法典》第10条第1款所规定的"法律"的具体范

---

① 参见梁慧星《民法总论》，法律出版社2021年版，第28页。
② 郭明瑞：《民法总则通义》，商务印书馆2018年版，第33页。
③ 〔德〕魏德士：《法理学》，丁晓春、吴越译，法律出版社2005年版，第103页。
④ 参见〔德〕拉伦茨《德国民法通论》（上册），王晓晔等译，法律出版社2003年版，第12页。
⑤ 〔德〕拉伦茨：《德国民法通论》（上册），王晓晔等译，法律出版社2003年版，第16~17页。

围是什么？有观点认为，此处的"法律"包括由立法机关制定的法律，也应包括国务院所制定的行政法规，并不包括省、自治区、直辖市所制定的地方性法规，避免民事主体的民事权利义务由地方性法规确认而造成统一市场的分割和不必要的地区法律差异。① 上述观点似乎不妥。一般认为，《民法典》第10条第1款所规定的"法律"应当是指广义的法律规范，包括全国人大及其常委会制定的法律、国务院制定的行政法规以及地方性法规、自治条例和单行条例等。②

《民法典》第10条第1款所规定的"法律"是指广义的法律规范，包括全部制定法。这里的"法律"不仅包括法律和行政法规，也包括地方性法规、自治条例和单行条例等规范性法律文件。之所以认为《民法典》第10条第1款所规定的"法律"是指广义的法律规范，是因为第1款所规定的"法律"是与第2款所规定的"习惯"相对而言的，这里的习惯是指习惯法，是没有成为制定法的习惯。也就是说，这里的"法律"是针对制定法没有吸收的"习惯"而言的，因此，它应当包括所有的制定法。习惯被制定法吸收的主要途径是通过自治条例和单行条例等规范性法律文件完成的。这些规范性法律文件比事实上的习惯更为明确、具体，而且经过法定程序制定和颁布，是调整民事法律关系的主要依据，可以作为裁判依据。根据《立法法》第85条的规定，自治条例和单行条例可以通过立法形式对本地区本民族的习惯进行确认，并具有法律效力。一经立法确认，此前的习惯就已经成为法律规范的一部分内容，习惯已经转化为法律，属于制定法的一部分，无需再通过司法程序予以认可。如果说地方性法规、自治条例和单行条例等规范性法律文件对习惯的确认不能作为处理民事纠纷的依据，那么其结果就是否定了《立法法》第85条的规定，因此是讲不通

---

① 参见石佳友《民法典的法律渊源体系——以〈民法总则〉第10条为例》，载《中国人民大学学报》2017年第4期。
② 参见石宏主编《〈中华人民共和国民法总则〉条文说明、立法理由及相关规定》，北京大学出版社2017年版，第23页；黄薇主编《中华人民共和国民法典总则编释义》，法律出版社2020年版，第36页；最高人民法院民法典贯彻实施工作领导小组主编《中华人民共和国民法典总则编理解与适用》（上），人民法院出版社2020年版，第85页；陈甦主编《民法总则评注》，法律出版社2017年版，第72页。

的。也就是说，经过地方性法规、自治条例和单行条例等规范性法律文件确认的习惯已经成为制定法的组成部分，可以作为处理民事纠纷的依据，没有必要舍近求远而通过司法程序予以确认为习惯法，否则就是舍本逐末。综上，《民法典》第10条第1款所规定的法律不仅包括法律和行政法规，而且应当包括地方性法规、自治条例和单行条例等规范性法律文件。

第五节　民法的适用范围与适用规则

一　民法的适用范围

（一）民法在时间上的适用范围

民法在时间上的适用范围，也称为民法的时间效力，是指民法在时间上所具有的法律效力。它包括民法的生效时间、失效时间和有无溯及力三个方面的内容。[①] 一般来说，民法的效力自实施之日发生，至废止之日停止。具体的民法规范的生效时间一般由法律规定，但失效时间一般不予规定。如果法律没有规定失效时间，则应认为法律一直有效，直至法律明文废止或修改时才失效。民法规范原则上无溯及力。

民法对其实施前发生的民事关系有无溯及力，是民法时间效力的一个重要问题。法律的溯及力，是指新的法律颁布实施后，对它生效之前发生的法律事实是否适用。如果适用，即具有溯及力；如果不适用，即不具有溯及力。一般的原则是"法不溯及既往"，也就是新法一般不适用于其生效以前发生的法律事实。特殊情形，可以根据实际需要采取具有溯及力的原则。"法不溯及既往"原则，为罗马法以来世所公认。[②] "法律制度一般是适用于将来的。一个溯及既往的法律，的确像是一个怪物。因为法律是指以规则来治理人们的行为，如果说以明天制定的法律来治理今天的行为，那完全是一句空话。但从法律一般是适用于未来的这一角度而论，可

[①] 参见刘凯湘《民法总论》，北京大学出版社2011年版，第34页。
[②] 参见郑玉波《民法总则》，中国政法大学出版社2003年版，第26页。

能在有的情况下，溯及既往的法律是一个不可或缺的补救办法。"①

"法不溯及既往"的法理基础在于：法律生效前，人们只能根据当时的法律实施一定行为，因此，该行为的法律评价应以当时的法律为准；如果以新法评价人们以往的行为，则会打破人们的合理预期，导致人们无所适从，法律也会失去其作为行为准则的存在价值。"封建社会的法律，由帝王制定，可以任意追究过去的事情，可以侵犯或剥夺人民的既得权利，可以肆意改变人民的已有的法律关系。近代法律以不溯及既往为原则（当然有例外），不仅民法如此，刑法也如此。这一原则的首要作用在于维护人民的既有权利与原有的法律地位，使人民在行为时只需注意并遵守当时有效的法律，不需顾虑行为后法律的变动，从而有安全感。"②"法律为社会生活的客观规范，假如法律具有溯及既往的效力，使某种行为发生当事人所不能预期的法律效果，势必破坏法律的安定性，动摇对既存法律秩序的信赖保护，引起无止境的纠纷。但不溯及既往并非绝对的原则，在民事领域内，一般认为，只是适用法律的原则，而不是制定法律的原则；在例外的情形下，立法者得基于政策考虑，通常在不影响当事人既得权益的前提下，明文规定法律具有溯及效力，使较后制定的法律适用于公布施行前的事实。"③《立法法》第104条规定："法律、行政法规、地方性法规、自治条例和单行条例、规章不溯及既往，但为了更好地保护公民、法人和其他组织的权利和利益而作的特别规定除外。"最高人民法院《关于适用〈中华人民共和国民法典〉时间效力的若干规定》第1条第2款规定："民法典施行前的法律事实引起的民事纠纷案件，适用当时的法律、司法解释的规定，但是法律、司法解释另有规定的除外。"

（二）民法在空间上的适用范围

民法在空间上的适用范围，也称为民法的空间效力，是指民法在什么范围内生效，或者说在什么地域内生效。一般地说，各国法律都采纳属地原则，即法律在本国领域内适用。《民法典》第12条规定："中华人民共

---

① 沈宗灵：《现代西方法理学》，北京大学出版社1992年版，第46页。
② 谢怀栻：《谢怀栻法学文选》，中国法制出版社2002年版，第386页。
③ 施启扬：《民法总则》，中国法制出版社2010年版，第7页。

和国领域内的民事活动,适用中华人民共和国法律。法律另有规定的,依照其规定。"据此,在我国领域内进行的民事活动,都适用我国民法,除非法律另有规定。这是国家主权的绝对性和排他性所决定的。法律另有规定的除外情形主要有以下两种:一是依据法律规定,香港特别行政区和澳门特别行政区以及台湾地区适用其法律;二是依据国际私法的规定,适用他国的法律。①

(三) 民法对人的适用范围

民法对人的适用范围,也称为民法的对人效力,是指民法对哪些人具有法律效力。一般地说,包括民法在内的法律对人的适用范围采取属地主义,即适用于一国领域内的所有主体。"在中古以前,专行属人主义。近世渐生属地主义,与前者为并立的原则。故今之法律,以其人民主权之结果,不问所住地如何,适用于其一切所属之人,又以其领土主权之结果,原则上支配其域内所住之一切外国人。"②法律冲突的解决,适用国际私法的规则。对于居留在外国的我国公民,原则上适用所在国的民法,但是,依照我国法律的特别规定和我国缔结或参加的国际条约以及我国认可的国际惯例,应当适用我国民法的,仍然适用我国民法。

二 民法的适用规则

(一) 上位法优于下位法

《立法法》第98条规定:"宪法具有最高的法律效力,一切法律、行政法规、地方性法规、自治条例和单行条例、规章都不得同宪法相抵触。"《立法法》第99条规定:"法律的效力高于行政法规、地方性法规、规章。行政法规的效力高于地方性法规、规章。"《立法法》第100条规定:"地方性法规的效力高于本级和下级地方政府规章。省、自治区的人民政府制定的规章的效力高于本行政区域内的设区的市、自治州的人民政府制定的规章。"据此,宪法具有最高法律效力,其次则是法律,再次则是行政法

---

① 参见郭明瑞《民法总则通义》,商务印书馆2018年版,第39页。
② 史尚宽:《民法总论》,中国政法大学出版社2000年版,第16页。

规，地方性法规高于本级和下级地方政府规章，上级政府规章高于下级政府规章。

（二）特别法优于一般法、新法优于旧法原则

《立法法》第103条规定："同一机关制定的法律、行政法规、地方性法规、自治条例和单行条例、规章，特别规定与一般规定不一致的，适用特别规定；新的规定与旧的规定不一致的，适用新的规定。"据此，在一般法与特别法之间，采取特别法优于一般法的原则；在新法与旧法之间，采取新法优于旧法的原则。采取上述原则的前提条件是"同一机关制定的"法律、行政法规等规范性法律文件。也就是说，处于同一位阶的、由同一机关制定的规范性文件适用特别法优于一般法、新法优于旧法原则，而不同位阶的规范性法律文件之间不适用上述原则。"如果是不同位阶的规范性文件，则必须优先适用'上位法优先于下位法'规则。否则，下位法就可以利用其'特别法'地位任意修改上位法，一国统一的法秩序就不存在了。"[1]《民法典》第11条规定："其他法律对民事关系有特别规定的，依照其规定。"本条确立了特别法优先原则。"对于待决案件有特别法时，应适用特别法，而不适用一般法；只有在无特别法时才适用一般法，一般法起补充特别法的作用。"[2]《民法典总则编司法解释》第1条第2款规定："就同一民事关系，其他民事法律的规定属于对民法典相应规定的细化的，应当适用该民事法律的规定。民法典规定适用其他法律的，适用该法律的规定。"例如，《民法典》第1165条第2款规定："依照法律规定推定行为人有过错，其不能证明自己没有过错的，应当承担侵权责任。"《中华人民共和国个人信息保护法》（以下简称《个人信息保护法》）第69条第1款规定："处理个人信息侵害个人信息权益造成损害，个人信息处理者不能证明自己没有过错的，应当承担损害赔偿等侵权责任。"对于此类纠纷就应当适用《个人信息保护法》的规定。[3]

---

[1] 陈甦主编《民法总则评注》，法律出版社2017年版，第80页。
[2] 梁慧星：《民法总则讲义》，法律出版社2021年版，第33页。
[3] 参见贺荣主编《最高人民法院民法典总则编司法解释理解与适用》，人民法院出版社2022年版，第30页。

就《民法典》与单行法之间的关系而言,如果《民法典》修改了相关规则,而相关单行法还没有进行修改,则应当按照新法优于旧法的原则,应当适用《民法典》的规定。[1] 例如,《民法通则》规定的普通诉讼时效期间为2年,而《民法典》将其修改为3年,如果单行法将普通诉讼时效规定为2年的,应当适用《民法典》关于普通诉讼时效为3年的规定。

第六节 《民法典》体现了鲜明的中国特色和时代要求

一 社会主义核心价值观融入《民法典》

(一)《民法典》确立了社会主义核心价值观的指导地位

我国民法是中国特色社会主义发展历史和现实的反映,体现了鲜明的中国特色和时代要求,这是我国《民法典》不同于历史上各国民法典的本质特征。《民法典》第1条规定:"为了保护民事主体的合法权益,调整民事关系,维护社会和经济秩序,适应中国特色社会主义发展要求,弘扬社会主义核心价值观,根据宪法,制定本法。"将社会主义核心价值观融入民法典,具有鲜明的中国特色,代表了民法文化的前进方向。社会主义核心价值观包括富强、民主、文明、和谐、自由、平等、公正、法治、爱国、敬业、诚信、友善。"民法典系统整合了新中国成立70多年来长期实践形成的民事法律规范,汲取了中华民族5000多年优秀法律文化,借鉴了人类法治文明建设有益成果,是一部体现我国社会主义性质、符合人民利益和愿望、顺应时代发展要求的民法典,是一部体现对生命健康、财产安全、交易便利、生活幸福、人格尊严等各方面权利平等保护的民法典,是一部具有鲜明中国特色、实践特色、时代特色的民法典。"[2]

爱国、敬业、诚信、友善是社会主义核心价值观从公民个人层面提出的价值准则,是公民的基本道德规范。它涵盖了公民道德行为的各个环

---

[1] 参见王利明《民法总则》,中国人民大学出版社2022年版,第59页。
[2] 习近平:《充分认识颁布实施民法典重大意义 依法更好保障人民合法权益》,载《求是》2020年第12期。

节，贯穿了社会公德、职业道德、家庭美德、个人品德等各个方面，是每一位公民都应当树立的道德规范和价值追求。只要将其内化于心、外化于行，就有利于建成富强、民主、文明、和谐的社会主义现代化国家，就有利于形成自由、平等、公正、法治的现代社会。民法典所规定的意思自治、平等保护、诚实信用、公序良俗和禁止权利滥用等理念和原则，是社会主义核心价值观的应有之义，[1] 与社会主义核心价值观高度契合。国家治理是以法治为基础建立的规范体系和权力运行机制，民法典在其中发挥着基础性的保障作用。[2]《民法典》第1条立法宗旨中规定了"弘扬社会主义核心价值观"，将社会主义核心价值观融入民法典，是完善弘扬社会主义核心价值观的法律政策体系的有力措施。这树立了民事立法正确的价值观导向，具有很强的示范价值，体现了鲜明的中国特色，是民族精神和时代精神的高度凝结，对于引领社会风尚、维护公共秩序具有重大意义。[3] "社会主义核心价值观体现社会主义意识形态的本质要求，体现社会主义制度在思想和精神层面的质的规定性，凝结着社会主义先进文化的精髓。"[4] 弘扬社会主义核心价值观，体现了法治与德治并重的治国理念。

(二) 具体条文中融入了社会主义核心价值观

1.《民法典》规定的绿色原则是社会主义核心价值观的具体体现

绿色原则，是指民事主体从事民事活动，应当遵循节约资源、保护生态环境的原则。《民法典》第9条规定："民事主体从事民事活动，应当有利于节约资源、保护生态环境。"绿色原则是和谐价值观的体现，体现了天人合一、人与自然协调发展的理念。将绿色原则确认为民法的基本原则，也是对讲求和谐的文化传统的传承。[5] 习近平总书记指出："人因自然而生，人与自然是一种共生关系，对自然的伤害最终会伤及人类自身。只

---

[1] 参见梁慧星《民法总论》，法律出版社2021年版，第39页。
[2] 参见王利明《民法典：国家治理体系现代化的保障》，载《中外法学》2020年第4期。
[3] 参见贺荣主编《最高人民法院民法典总则编司法解释理解与适用》，人民法院出版社2022年版，第78页。
[4] 韩松：《民法总论》，法律出版社2020年版，第64页。
[5] 参见郭明瑞《民法总则通义》，商务印书馆2018年版，第29页。

有尊重自然规律,才能有效防止在开发利用自然上走弯路。"①"环境就是民生,青山就是美丽,蓝天也是幸福,绿水青山就是金山银山;保护环境就是保护生产力,改善环境就是发展生产力。在生态环境保护上,一定要树立大局观、长远观、整体观,不能因小失大、顾此失彼、寅吃卯粮、急功近利。我们要坚持节约资源和保护环境的基本国策,像保护眼睛一样保护生态环境,像对待生命一样对待生态环境,推动形成绿色发展方式和生活方式,协同推进人民富裕、国家强盛、中国美丽。"②

我国《宪法》第26条规定:"国家保护和改善生活环境和生态环境,防治污染和其他公害。"上述规定表明保护和改善环境是一项基本国策,同时宪法文本以"国家保护和改善"来加以叙述,亦可理解为国家在环境保护和改善方面主动的职责担当,自然也由此可以推衍出人们享有法律上的环境权。国家的保护就是法律的保护,人们的权利就是法定的权利。从民生的角度而言,自然环境对于人的生命、健康来说极为重要,从根本上决定着社会成员生存、生活的质量,因而生态保护成为民生保障中至关重要的一项内容。③如果市场主体短暂的、局部的收益可能导致生态环境长期的、整体的恶化,自然就应当对市场主体的运作逻辑进行适当的修正,从这个角度上说,绿色原则以生态理性弥补了理性经济人的生态伦理缺失,扩展了市场主体的人性标准。④

2. 《民法典》规定了保护英雄烈士人格利益

《民法典》第185条规定:"侵害英雄烈士等的姓名、肖像、名誉、荣誉,损害社会公共利益的,应当承担民事责任。"据此,英雄烈士的人格利益受法律保护。"本条是《民法总则(草案)提交第十二届全国人民代表大会第五次会议审议后,在大会审议阶段新增加的一个条文。本条规定体现了《民法典》鲜明的政治导向,也是弘扬社会主义核心价值观的具体

---

① 习近平:《深入理解新发展理念》,载《十八大以来重要文献选编》(下),中央文献出版社2018年版,第164页。
② 习近平:《深入理解新发展理念》,载《十八大以来重要文献选编》(下),中央文献出版社2018年版,第164~165页。
③ 参见胡玉鸿《民生权内含权能的法理分析》,载《中外法学》2024年第1期。
④ 参见吕忠梅《〈民法典〉"绿色规则"的环境法透视》,载《法学杂志》2020年第10期。

体现。"① 近代以来，英雄烈士为了国家独立、民族解放和人民自由幸福而牺牲或者无私奉献、终生奋斗，他们的英明万古流芳，他们的业绩彪炳千秋。遗憾的是，在某些历史阶段，历史虚无主义甚嚣尘上，侮辱、丑化、谩骂、戏说等侵害英雄烈士等人格利益的现象屡见不鲜。"近一个时期以来，侵害英雄烈士之人格利益的案件时有发生，诋毁革命领袖的思潮有所抬头，在全社会造成了极为恶劣的影响。"② 在《民法典》颁布前，我国司法实践中出现了一些侵害英雄烈士人格利益的纠纷，如"狼牙山五壮士案"、"邱少云案"。③

就"狼牙山五壮士案"而言，被告洪某发表的两篇文章，对狼牙山五壮士在抗日战争中所表现的英勇抗敌事迹和精神这一主要事实没有作出评价，而是以考证在何处跳崖，是怎么跳崖的，敌我双方战斗伤亡，以及五壮士是否拔了群众的萝卜等细节为主要线索，断章取义地援引不同时期的材料，以及相关当事者不同时期的言论，全然不顾基本历史事实。在无充分证据的情况下，多处作出似是而非的推测、质疑乃至评价。文章虽然未使用侮辱性语言，但被告采取的行为方式却是通过强调与主要事实无关或者关联不大的细节，引导读者对狼牙山五壮士这一英雄人物群体及其事迹产生质疑，从而否定主要事实的真实性，进而降低他们的英雄形象和精神价值。案涉两篇文章经由互联网传播产生了较大影响，伤害了原告的个人感情，属于侵害他人名誉、荣誉的加害行为；同时也伤害了社会公众的民族和历史情感，损害了社会公共利益，因而法院判决构成侵权。④

法院判决认为："几十年中，'狼牙山五壮士'这一称号在全军、全国人民中广泛传播，获得了普遍的公众认同，成为全军、全国人民学习的榜

---

① 张新宝：《〈中华人民共和国民法典·总则〉释义》，中国人民大学出版社 2020 年版，第 395 页。

② 张新宝：《〈中华人民共和国民法典·总则〉释义》，中国人民大学出版社 2020 年版，第 395 页。

③ 参见"邱少华与孙杰等一般人格权纠纷案"，北京市大兴区人民法院（2015）大民初 10012 号民事判决书；"洪振快诉葛长生名誉权纠纷案"，北京市第二中级人民法院（2016）京 02 民终 6272 号民事判决书。

④ 参见韩松《民法总论》，法律出版社 2020 年版，第 485 页。

样和楷模。从这些英雄人物的角度看,他们的英雄事迹反映了他们不怕牺牲、宁死不屈、英勇抗敌的精神;'狼牙山五壮士'的英雄称号,既是国家及公众对他们作为中华民族的优秀儿女在反抗侵略、保家卫国作出的巨大牺牲的褒奖,也是他们应当获得的个人名誉和个人荣誉。同时,'狼牙山五壮士'是中国共产党领导的八路军在抵抗日本帝国主义侵略伟大斗争中涌现出来的英雄群体,是中国共产党领导的全民抗战并取得最终胜利的重要事件载体。这一系列英雄人物及其事迹,经由广泛传播,在抗日战争时期,成为激励无数中华儿女反抗侵略、英勇抗敌的精神动力;成为人民军队誓死捍卫国家利益、保卫国家安全的军魂的来源;在和平年代,狼牙山五壮士的精神,仍然是我国公众树立不畏艰辛、不怕困难、为国为民奋斗终身的精神指引。这些英雄人物及其精神,已经获得全民族的广泛认同,是中华民族共同记忆的一部分,是中华民族精神的内核之一,是社会主义核心价值观的重要内容。而民族的共同记忆、民族精神以及社会主义核心价值观,应当视为社会公共利益。""'狼牙山五壮士'及其事迹所凝聚的民族感情和历史记忆以及所展现的民族精神,是当代中国社会主义核心价值观的重要来源和组成部分,具有巨大的精神价值,也是我国作为一个民族国家所不可或缺的精神内核。对'狼牙山五壮士'名誉的损害,也是对中华民族的精神价值的损害。被告完全可以在不损害他人合法权益和社会公共利益的前提下进行学术研究和自由发表言论,但被告却未采用这种方式,而是采用了侵害他人名誉、荣誉权益和社会公共利益的方式进行所谓'学术研究',行使言论自由,否认'狼牙山五壮士'英勇抗敌的事实和所表现的大无畏精神,其所主张的言论自由明显不足以抗辩其侵权责任的成立。"①

一审法院主审法官答记者问时说:"根据我国《民法通则》《侵权责任法》及最高院有关司法解释的规定,侵权的客体范围应当包括权利和利益。自然人死亡后,其生前的人格利益,包括姓名、肖像、名誉、荣誉等,仍然受到法律保护。根据《最高人民法院关于审理名誉权案件若干问

---

① 新华社北京 2016 年 6 月 27 日电:"'狼牙山五壮士'后人起诉洪振快侵害名誉案宣判。"

题的解答》的相关规定，死者名誉受到损害的，其近亲属有权向人民法院起诉。具体到本案，葛振林、宋学义均已去世，葛长生作为葛振林之子，宋福保作为宋学义之子，均有权向侵犯'狼牙山五壮士'的名誉及荣誉的行为人提起民事诉讼。""需要指出的是，近年来质疑甚至抹黑英雄的言论甚嚣尘上，并通过网络得以广泛传播，影响不断扩大。这其中不乏有些人打着言论自由、学术自由的幌子，利用历史渐行渐远，利用历史资料之间记载的细节差别，片面强调所谓的人性和本能，进而歪曲、否定革命先烈的英雄事迹。这些行为不仅侵犯了革命先烈及其后人的人格尊严，也严重的伤害了社会公众的民族和历史感情。作为中华人民共和国的公民，应当具有民族尊严、民族自豪感，应当正视历史，铭记中华民族抗击外来侵略的不屈精神，人民军队的不朽功绩，这些都是实现中华民族伟大复兴的精神源泉。"① 习近平总书记指出："对中华民族的英雄，要心怀崇敬，浓墨重彩记录英雄、塑造英雄，让英雄在文艺作品中得到传扬，引导人民树立正确的历史观、民族观、国家观、文化观，绝不做亵渎祖先、亵渎经典、亵渎英雄的事情。"②

3. 《民法典》规定了见义勇为等条款，旨在弘扬社会主义核心价值观

《民法典》183条规定："因保护他人民事权益使自己受到损害的，由侵权人承担民事责任，受益人可以给予适当补偿。没有侵权人、侵权人逃逸或者无力承担民事责任，受害人请求补偿的，受益人应当给予适当补偿。"据此，见义勇为者应当得到赔偿、补偿。见义勇为是为了保护他人民事权益而实施的行为，应当得到奖赏和鼓励，以弘扬正气、抵制歪风邪气，形成良好的社会风尚。

《民法典》第1043条规定："家庭应当树立优良家风，弘扬家庭美德，重视家庭文明建设。夫妻应当互相忠实，互相尊重，互相关爱；家庭成员应当敬老爱幼，互相帮助，维护平等、和睦、文明的婚姻家庭关系。"据此，本条规定了婚姻家庭的伦理道德观。法律和伦理道德是两种相互区别

---

① 新华社北京2016年6月27日电："'狼牙山五壮士'名誉侵权案主审法官答记者问。"
② 《习近平谈治国理政》（第2卷），外文出版社2017年版，第351页。

又密不可分的社会规范。"法律规范大都起源于伦理道德规范，它们原是伦理道德中最重要、最基本的内容。唯其最重要、最基本，国家才将其上升为法律规范，借助国家强制力予以保障。"① 法律的实施需要道德支持，道德的实践需要法律保驾护航。本条规定是倡导性规范，它宣示出我国婚姻家庭法的伦理价值取向，体现了依法治国与以德治国相结合，是将社会主义核心价值观融入民法典的具体实践。②

（三）关于贯彻社会主义核心价值观的具体措施

最高人民法院印发《关于深入推进社会主义核心价值观融入裁判文书释法说理的指导意见》第1条规定："深入推进社会主义核心价值观融入裁判文书释法说理，应当坚持以下基本原则：（一）法治与德治相结合。以习近平新时代中国特色社会主义思想为指导，贯彻落实习近平法治思想，忠于宪法法律，将法律评价与道德评价有机结合，深入阐释法律法规所体现的国家价值目标、社会价值取向和公民价值准则，实现法治和德治相辅相成、相得益彰。（二）以人民为中心。裁判文书释法说理应积极回应人民群众对公正司法的新要求和新期待，准确阐明事理，详细释明法理，积极讲明情理，力求讲究文理，不断提升人民群众对司法裁判的满意度，以司法公正引领社会公平正义。（三）政治效果、法律效果和社会效果的有机统一。立足时代、国情、文化，综合考量法、理、情等因素，加强社会主义核心价值观的导向作用，不断提升司法裁判的法律认同、社会认同和情理认同。"《关于深入推进社会主义核心价值观融入裁判文书释法说理的指导意见》第6条规定："民商事案件无规范性法律文件作为裁判直接依据的，除了可以适用习惯以外，法官还应当以社会主义核心价值观为指引，以最相类似的法律规定作为裁判依据；如无最相类似的法律规定，法官应当根据立法精神、立法目的和法律原则等作出司法裁判，并在裁判文书中充分运用社会主义核心价值观阐述裁判依据和裁判理由。"据此，应将社会主义核心价值观融入裁判文书，实现依法治国与以德治国的

---

① 赵万一：《民法的伦理分析》，法律出版社2003年版，第50页。
② 参见薛宁兰、谢鸿飞主编《民法典评注·婚姻家庭编》，中国法制出版社2020年版，第34页。

政策目标。

实践中具体案件的裁判体现了社会主义核心价值观的要求。例如，游某某与长安责任保险股份有限公司长沙中心支公司财产保险合同纠纷一案，湖南省长沙市雨花区人民法院一审判决认为，游某某、长安保险公司签订的保险合同系双方的真实意思表示，内容不违反国家法律、行政法规的强制性规定，双方的保险合同关系合法有效。保险合同利益双方的权利义务均应通过保险合同约定，应以保险合同条款及《中华人民共和国保险法》（以下简称《保险法》）等相关法律的规定作为认定双方民事责任的依据。交警部门出具的《道路交通事故认定书》，内容真实，程序合法，本院予以采信。游某某承担全部责任，应当承担相应赔偿责任。根据相应法律规定，游某某为伤者龚某某支付的相应赔偿款等损失，由长安保险公司在商业第三者责任险限额内根据保险合同按责任比例予以赔偿，故作出（2021）湘0111民初6820号民事判决：判决长安责任保险股份有限公司长沙中心支公司在商业三者险限额内支付游某某保险金500000元。湖南省长沙市中级人民法院二审判决认为，禁止交通事故后逃逸属于每一个驾驶员应当知晓的基本常识，如果对此种交通事故逃逸犯罪行为仍然支持在商业第三者责任险范围内赔偿，则无异于鼓励违法犯罪行为的存在，且与社会主义核心价值观不符。禁止交通事故后逃逸属于每一个驾驶员应当知晓的基本常识，且长安保险长沙公司在其商业第三者责任保险条款中对肇事逃逸的免赔情形进行了明确约定，适用逃逸不赔条款时不应再苛求保险人履行明确的说明义务。另外，如果对此种交通事故逃逸犯罪行为仍然支持在商业第三者责任险范围内赔偿，则无异于鼓励违法犯罪行为的存在，且与社会主义核心价值观不符。因此，长安保险公司主张在商业第三者保险责任范围内免除赔偿责任的上诉主张，理由正当，本院依法予以支持。故作出（2021）湘01民终10389号民事判决：撤销一审民事判决，改判驳回游某某的全部诉讼请求。

2023年1月12日，最高人民法院发布人民法院贯彻实施民法典典型案例（第二批），在李某良、钟某梅诉吴某闲等生命权纠纷案中，生效裁判认为，因保护他人民事权益使自己受到损害，没有侵权人、侵权人逃逸或者无力承担民事责任,受害人请求补偿的,受益人应当给予适当补偿。本案中,李某林在没有法定或约定义务的前提下,下水救助吴某闲而不幸溺亡,属于见义勇为。综合考虑李某林救助行为及所起的作用、原告受损情况等,判令吴某闲补偿李某良、钟某梅40000元。本案的典型意义在于,见义勇为是中华民族的传统美德,是社会主义核心价值观的内在要求。新时代新征程,更需要榜样的力量、榜样的激励。本案中,李某林在突发情况下毫不犹豫跳水救人后不幸溺亡,其英勇救人的行为值得肯定、褒扬和尊重。审理法院适用民法典"见义勇为损害救济规则",肯定李某林的见义勇为精神,通过以案释法树立是非标杆,积极倡导了崇德向善的社会风尚。

二 民法典体现了以人民为中心的指导思想

(一) 文明社会应当以最广大人民的根本利益为核心

几千年的中国文明史,政治清明时期比较少见,在大多数历史阶段,吏治腐败,民不聊生。东汉李固在给黄琼的信中写道:"自生民以来,善政少而乱俗多,必待尧舜之君,此为志士终无时矣。"[1] "衙门口朝南开,有理没钱莫进来""一任清知府,十万雪花银"便是其真实写照。《三国志》记载了后汉时期的社会黑暗。"三公倾邪,皆希世见用,货赂并行,强者为怨,不见举奏,弱者守道,多被陷毁。太祖疾之。"[2] 在评价汉灵帝时期的朝政混乱时,司马光说:"叔向有言:'国将亡,必多制。'明王之政,谨择忠贤而任之,凡中外之臣,有功则赏,有罪则诛,无所阿私,法制不烦而天下大治。所以然者何哉?执其本故也。及其衰也,百官之任不能择人,而禁令益多,防闲益密,有功者以阂文不赏,为奸者以巧法免诛,上下劳扰而天下大乱。所以然者何哉?逐其末故也。孝灵之时,刺史、二千石贪如豺虎,暴殄烝民,而朝廷方守三互之禁。以今视之,岂不适足为笑而深可为戒哉!"[3] "中国仕宦的做官发财思想是中国特殊的官僚

---

[1] (南朝宋) 范晔:《后汉书》,中华书局2000年版,第1372页。
[2] (晋) 陈寿:《三国志》,中华书局2000年版,第3页。
[3] (宋) 司马光:《资治通鉴》(第3册),中华书局2013年版,第1535页。

封建社会的产物。做官被看成发财的手段，做大官发大财，做小官发小财，甚至没有正式取得官阶官衔，而在乡村以似官非官的身份，利用任一机会发混财，那就会在中国整个社会经济的发展上引起莫大的不利影响。"①

五代十国时期可以称得上是中国历史上最黑暗、最悲惨的时期之一（与之比肩的可能就是西晋末年的八王之乱和东晋初年的五胡乱华）。在不到六十年内，经历了五个朝代，即后梁、后唐、后晋、后汉、后周，皇帝像走马灯一样频繁更换，你方唱罢我登场。以冯道为代表的官吏历仕数朝，不忠不义，气节尽失，表现出了历史上少有的麻木。对于他们而言，谁当皇帝都一样，个人利益才是最重要的。欧阳修在《新五代史》中写道："传曰：'礼义廉耻，国之四维。四维不张，国乃灭亡。'善乎，管生之能言也！礼义，治人之大法；廉耻，立人之大节。盖不廉，则无所不取；不耻，则无所不为。人而如此，则祸乱败亡，亦无所不至，况为大臣而无所不取不为，则天下其有不乱、国家其有不亡者乎！予读冯道《长乐老叙》，见其自述以为荣，其可谓无廉耻者矣，则天下国家可从而知也。"②司马光在《资治通鉴》中写道："道之为相，历五朝、八姓，若逆旅之视过客，朝为仇敌，暮为君臣，易面变辞，曾无愧怍，大节如此，虽有小善，庸足称乎！"③"抑此非特道之愆也，时君亦有责焉，何则？不正之女，中士羞以为家；不忠之人，中君羞以为臣。彼相前朝，语其忠则反君事仇，语其智则社稷为墟。后来之君，不诛不弃，乃复用以为相，彼又安肯尽忠于我而能获其用乎！故曰：非特道之愆，亦时君之责也！"④

只有人民当家作主才能跳出历史周期率。中国的历史周期率问题，是1945年黄炎培先生在延安向毛泽东同志提出的问题。黄炎培先生问毛泽东同志，中国共产党能不能跳出历史上"其兴也勃焉，其亡也忽焉"的历史周期率。毛泽东同志回答说：能，这就是民主。1945年7月，"在近几天与黄炎培的交谈中，有一次毛泽东问黄炎培的感想怎样？黄炎培说：我生

---

① 王亚南：《中国官僚政治研究》，中国社会科学出版社2005年版，第106页。
② （宋）欧阳修：《新五代史》，中华书局2000年版，第401页。
③ （宋）司马光：《资治通鉴》（第12册），中华书局2013年版，第7937页。
④ （宋）司马光：《资治通鉴》（第12册），中华书局2013年版，第7938页。

六十多年，耳闻的不说，所亲眼看到的，真所谓'其兴也勃焉'，'其亡也忽焉'，一人，一家，一团体，一地方，乃至一国，不少单位都没有能跳出这周期率的支配力。一部历史，'政怠宦成'的也有，'人亡政息'的也有，'求荣取辱'的也有。总之没有能跳出这周期率。中共诸君从过去到现在，我略略了解的了，就是希望找出一条新路，来跳出这周期率的支配。毛泽东说：我们已经找到新路，我们能跳出这周期率。这条新路，就是民主。只有让人民来监督政府，政府才不敢松懈。只有人人起来负责，才不会人亡政息。"[1] 经过历史的曲折发展，先进的人们越来越认识到，尊重人民群众的主人翁地位是中国共产党的历史使命，是历史发展的必然趋势，顺之者昌，逆之者亡。

如果背离了为人民服务的宗旨，只能重新走上封建社会官僚政治的老路，历史总是惊人的相似。经济基础决定上层建筑在这里体现得淋漓尽致。"中国的官僚政治，必得在作为其社会基础的封建体制清除了，必得在作为其官与民对立的社会身份关系洗脱了，从而必得让人民，让一般工农大众，普遍地自觉行动起来，参加并主导着政治革新运动，那才是它（官僚政治）真正寿终正寝的时候。"[2] 习近平总书记指出："要坚持把实现好、维护好最广大人民根本利益作为一切工作的出发点和落脚点，我们的重大工作和重大决策必须识民情、接地气。要以人民群众利益为重、以人民群众期盼为念，真诚倾听群众呼声，真实反映群众愿望，真情关心群众疾苦。"[3] "坚持人民至上、以人民为中心，坚持法治为了人民、依靠人民、造福人民、保护人民，把实现好、维护好、发展好最广大人民根本利益作为法治建设的核心价值，是中国特色社会主义法治区别于资本主义法治的根本所在，也是习近平法治思想区别于资产阶级法治理论的根本标志。"[4]

《民法典》体现了以人民为中心的基本理念，将其演化为民法典中的

---

[1] 《毛泽东年谱（1893-1949）（修订本）》（中卷），中央文献出版社2013年版，第610~611页。
[2] 王亚南：《中国官僚政治研究》，中国社会科学出版社2005年版，第179页。
[3] 《习近平谈治国理政》（第2卷），外文出版社2017年版，第296页。
[4] 张文显：《习近平法治思想研究的方法论》，载《法制与社会发展》2024年第1期。

法思想，主要表现在以下几个方面：第一，依法治国，建设社会主义法治国家，依据民法典的基本法律地位，确立人民权利保障的指导思想；第二，对于民事主体的自决权利予以充分承认和保障；第三，对于民事活动予以积极规范引导。我国民法典编纂从一开始就确定了贯彻社会主义核心价值观、加强人民权利保护、维护社会公平正义、维护以社会主义公有制为基础的经济秩序、反映新时代发展要求的法思想。这些重要思想集中体现在《民法典》第1条立法根据和立法目的之中，体现在《民法典》第3条到第9条规定的基本原则之中，也体现在《民法典》的全部条文之中。①

（二）管理国家的权利是劳动者最根本的权利

自1959年12月10日至1960年2月9日，毛泽东同志在读苏联《政治经济学教科书》时，曾有针对性地发表了一些评论，其中有很多真知灼见。在论述社会主义民主和人民权利问题时，他说："我们不能够把人民的权利问题，理解为国家只由一部分人管理，人民在这些人的管理下享受劳动、教育、社会保险等等权利。"②"劳动者管理国家、管理军队、管理各种企业、管理文化教育的权利，实际上，这是社会主义制度下劳动者最大的权利，最根本的权利。没有这种权利，劳动者的工作权、休息权、受教育权等等权利，就没有保证。""社会主义民主的问题，首先就是劳动者有没有权利克服各种敌对势力和他们的影响的问题。像报纸刊物、广播、电影这类东西，掌握在谁手里，由谁来发议论，都是属于权利的问题。人民内部有各个派别，有党派性。一切国家机关、一切部队、一切企业、一切文化教育事业掌握在哪一派手里，对于保证人民的权利问题，关系极大。掌握在马克思列宁主义者手里，绝大多数人民的权利就有保证了；掌握在右倾机会主义分子或者右派分子手里，它们就可能变质，人民的权利就不能保证。总之，人民必须自己管理上层建筑，不管理上层建筑是不行的。"③ 中国社会的发展轨迹已经形成清晰的历史线索，人民的权利如何保

---

① 参见孙宪忠《民法典实施要进一步贯彻以人民为中心的思想》，载《学术前沿》2021年1月（上）。
② 《毛泽东年谱》（1949—1976）（第四卷），中央文献出版社2013年版，第267页。
③ 邓力群：《和毛泽东一起读苏联〈政治经济学教科书〉》，载《党的文献》2011年第5期。

障？是一个值得关注的历史追问。

习近平总书记指出："全面依法治国最广泛、最深厚的基础是人民，必须坚持为了人民、依靠人民。要把体现人民利益、反映人民愿望、维护人民权益、增进人民福祉落实到全面依法治国各领域全过程，保证人民在党的领导下通过各种途径和形式管理国家事务、管理经济文化事业、管理社会事务，保证人民依法享有广泛的权利和自由、承担应尽的义务。"[1]

三 贯彻实施《民法典》应坚定文化自信

（一）"古为今用"与"洋为中用"的辩证统一

法律规则万变不离其宗。法律是调整人类社会的规则，法律规则的价值目标是公平正义。王夫之说："天下有定理而无定法。定理者，知人知己矣，安民而已矣，进贤远奸而已矣；无定法者，一兴一废一繁一简之间，因乎时而不可执也。"[2] 变与不变之间有其辩证法，变的是时空环境，不变的是天理人情。崇尚真善美，鞭挞假恶丑，古今一也。民事立法应当高度重视中国固有的法律传统和法律文化，坚持以我为主，兼收并蓄，古为今用，洋为中用。就民事立法的借鉴而言，"洋为中用"做得比较好，"古为今用"有待强化。在"洋为中用"的借鉴过程中，应避免法律规则的水土不服现象，切忌不顾其文化背景的生搬硬套、食洋不化。"从法人类学的观点而言，无论这些西方社会的法律哲学体系和价值观念在多大范围内具有普遍意义，也无论它们曾在非西方社会的近代化过程中充当了多么重要的示范性角色，它们从根本上说都是西方社会的'地方性知识'，或已变成不适当地演化了的西方'法律帝国主义'。这些'地方性知识'并不必然对其他社会具有文化上的适应性，但其他国家或社会对它们盲目或生硬地套用势必导致陷入理论或现实的困境。"[3]

贯彻实施《民法典》，应坚定文化自信，弘扬中华优秀传统文化。毛

---

[1] 习近平：《坚定不移走中国特色社会主义法治道路 为全面建设社会主义现代化国家提供有力法治保障》，载《求是》2021年第5期。

[2] （清）王夫之：《读通鉴论》，中华书局2013年版，第137页。

[3] 张冠梓：《论法的成长》，社会科学文献出版社2007年版，第8页。

泽东同志指出:"中国的长期封建社会中,创造了灿烂的古代文化。清理古代文化的发展过程,剔除其封建性的糟粕,吸收其民主性的精华,是发展民族新文化提高民族自信心的必要条件;但是决不能无批判地兼收并蓄。"①习近平总书记指出:"中华法系凝聚了中华民族的精神和智慧,有很多优秀的思想和理念值得我们传承。出礼入刑、隆礼重法的治国策略,民惟邦本、本固邦宁的民本理念,天下无讼、以和为贵的价值追求,德主刑辅、明德慎罚的慎刑思想,援法断罪、罚当其罪的平等观念,保护鳏寡孤独、老幼妇残的恤刑原则,等等,都彰显了中华优秀传统法律文化的智慧。近代以后,不少人试图在中国照搬西方法治模式,但最终都归于失败。历史和现实告诉我们,只有传承中华优秀传统法律文化,从我国革命、建设、改革的实践中探索适合自己的法治道路,同时借鉴国外法治有益成果,才能为全面建设社会主义现代化国家、实现中华民族伟大复兴夯实法治基础。"②"深入挖掘和阐发中华优秀传统文化讲仁爱、重民本、守诚信、崇正义、尚和合、求大同的时代价值,使中华优秀传统文化成为涵养社会主义核心价值观的重要源泉。"③

习近平总书记关于中华优秀传统法律文化的重要论述和传承中华优秀传统法律文化的重要指示,坚持解放思想、实事求是,拨乱反正、正本清源,彻底破除了近代以来由于西方法治文化冲击而出现的对中华传统法律文化的"历史虚无主义"态度和"妄自菲薄""数典忘祖"的怪现象,让我们对数千年中华优秀传统法律文化有了充足的历史自信和文化自信。中华民族在几千年历史中创造和延续的中华优秀传统文化,是中华民族的根脉。中华优秀传统法律文化是中华优秀传统文化的重要组成部分。我们应当十分珍惜这些文化精华,切实加以传承,并要根据时代精神加以转化,加强研究阐发、公共普及、传承运用,使中华优秀传统法律文化焕发出新

---

① 《毛泽东选集》(第2卷),人民出版社1991年版,第707~708页。
② 习近平:《坚定不移走中国特色社会主义法治道路 为全面建设社会主义现代化国家提供有力法治保障》,载《求是》2021年第5期。
③ 《习近平谈治国理政》,外文出版社2014年版,第164页。

的生命力。①

(二) 发扬光大德法共治的优秀传统文化

一般认为，礼法并用、德主刑辅是中国历史上主要的社会治理模式，其实质是德法共治。"从某种角度而言，中华法系的本质特征就是'德治'与'法治'相结合。纵观古代法律实践活动的经验教训，可以发现，凡是'德治'与'法治'相结合得比较好的时期，社会就稳定和繁荣，否则就会产生动乱。"②"中国古代统治者很早就推行德法共治，在其影响下中华民族形成了遵守道德和遵守法律相统一的敬德重法的民族精神。这种民族精神转而又促进了德主刑辅共同治国的法律传统延续三千年之久，这是构成独具特色的中华法系的重要元素。""周朝立国以后，提出亡殷'重刑辟'之戒，提出'明德慎罚'的政策。至汉代发展为'德主刑辅'的治国方略，再到唐律所规定的'德礼为政教之本，刑罚为政教之用，尤昏晓阳秋相须而成者也'，表现了德法互补的发展的阶段性和连贯性，并且以昏晓阳秋的自然现象来比喻德礼刑罚的内在联系和永恒不变。"③"自汉武帝'罢黜百家，独尊儒术'之后，历代王朝皆采'礼法并用''德主刑辅'之策，'仁'的文化基因被重新激活，且得到大力呵护，到唐朝形成礼法合一的施运模式，凡是道德所反对的，法律必给予制裁；道德所赞扬的，法律则予以维护。"④

仅有法律是不能从根本上解决问题的，法律是对人的底线要求，是起码要求，是最低限度的道德，而道德是较高要求。法律调整人们的行为，道德调整人们的品行。法是他律，德是自律。习近平总书记指出："法律是成文的道德，道德是内心的法律。法律和道德都具有规范社会行为、调节社会关系、维护社会秩序的作用，在国家治理中都有其地位和功能。法安天下，德润人心。法律有效实施有赖于道德支持，道德践行也离不开法律约束。法治和德治不可分离、不可偏废，国家治理需要法律和道德协同

---

① 参见张文显《习近平法治思想研究的方法论》，载《法制与社会发展》2024年第1期。
② 武树臣：《法家法律文化通论》，商务印书馆2017年版，第687页。
③ 张晋藩：《中华民族精神与传统法律》，载《比较法研究》2018年第1期。
④ 龙大轩：《重新认识中华法系》，中国人民大学出版社2023年版，第7页。

发力。"① "尽管古人对德法的地位和作用认识不尽相同，但绝大多数都主张德法并用。通观我国古代历史，法治和德治运用得当的时期，大多能出现较好的治理和发展局面。"②

"霸王道杂之"的优秀传统文化是德法共治的典型形态，应予发扬光大。雄才大略的汉武帝曾确立"霸王道杂之"的制度框架和治国之策，使国家与社会实现了各有分际的良性互动，开创了中国历史上空前的鼎盛时期。汉武帝时期虽然被称为"罢黜百家，独尊儒术"，但当时儒家并没有一枝独秀。史家一般认为，汉武帝时期的治国之策是"外儒内法"，即"霸王道杂之"。汉宣帝是汉武帝的曾孙，受"巫蛊之祸"的影响，襁褓中的汉宣帝几乎丧命，被狱吏丙吉秘密保护下来，后来在其外祖父家长大，久处民间，对社会现实有深刻的感悟和理解。据史书记载，"受诗于东海澓中翁，高材好学，然亦喜游侠，斗鸡走马，具知闾里奸邪，吏治得失。数上下诸陵，周遍三辅，常困于莲勺卤中。尤乐杜、鄠之间，率常在下杜。"③ 大将军霍光效法伊尹行废立事，废昌邑王（海昏侯）刘贺，迎请汉宣帝即位。汉宣帝将汉武帝治国之策总结为"霸王道杂之"，并继续贯彻实施。汉宣帝励精图治，整顿吏治，任用贤能，贤相循吏辈出，开创了"昭宣中兴"的盛世局面。"赞曰：孝宣之治，信赏必罚，综核名实，政事文学法理之士咸精其能，至于技巧工匠器械，自元、成间鲜能及之，亦足以知吏称其职，民安其业也。遭值匈奴乖乱，推亡固存，信威北夷，单于慕义，稽首称藩。功光祖宗，业垂后嗣，可谓中兴，侔德殷宗、周宣矣。"④

汉宣帝之后，汉元帝改变"霸王道杂之"的治国之策，导致西汉衰败。汉元帝刘奭（公元前76~公元前33年），在位16年，爱好儒术，任用宦官。统治期间，赋役繁重，西汉开始由盛而衰。西汉自元帝以后的55年（公元前48~公元7年），历经元、成、哀、平及孺子婴五帝，而后被外戚王莽所篡。公元前53年，时为太子的汉元帝曾建议其父汉宣帝重用儒

---

① 《习近平谈治国理政》（第2卷），外文出版社2017年版，第133页。
② 习近平：《论坚持全面依法治国》，中央文献出版社2020年版，第178页。
③ （汉）班固：《汉书》，中华书局2000年版，第166页。
④ （汉）班固：《汉书》，中华书局2000年版，第192页。

生，而汉宣帝不予认可，认为应当采"霸王道杂之"的治国方略。"孝元皇帝，宣帝太子也。母曰共哀许皇后，宣帝微时生民间。年二岁，宣帝即位。八岁，立为太子。壮大，柔仁好儒，见宣帝所用多文法吏，以刑绳下，大臣杨恽、盖宽饶等坐刺讥辞语为罪而诛，尝侍燕从容言：'陛下持刑太深，宜用儒生。'宣帝作色曰：'汉家自有制度，本以霸王道杂之。奈何纯任德教，用周政乎！且俗儒不达时宜，好是古非今，使人眩于名实，不知所守，何足委任！'乃叹曰：'乱我家者，太子也！'"① 从汉宣帝这段话可以得到这样的信息，所谓"罢黜百家，独尊儒术"的建议，即便汉武帝以后也没有完全采纳，儒家远没有达到一家独大。"霸王道杂之"仍然是汉家治国的主导思想，即教化、法治并重。自汉元帝开始，独尊儒术，柔仁好儒，西汉逐渐走向衰落。历史的发展基本证明了汉宣帝的判断。"赞曰：臣外祖兄弟为元帝侍中，语臣曰：'元帝多材艺，善史书，鼓琴瑟，吹洞箫，自度曲，被歌声，分切节度，穷极幼眇。少而好儒，及即位，征用儒生，委之以政，贡、薛、韦、匡迭为宰相。而上牵制文义，优游不断，孝宣之业衰焉。然宽弘尽下，出于恭俭，号令温雅，有古之风烈。'"②

历史的发展脉络清晰可见，"鉴于往事，以资于治道"的文化传统值得重视。依法治国与以德治国相结合，不可偏废。德治未病，法治已病；法治标，德治本。孔子说："道之以政，齐之以刑，民免而无耻；道之以德，齐之以礼，有耻且格。"贾谊在《治安策》中写道："凡人之智，能见已然，不能见将然。夫礼者禁于将然之前，而法者禁于已然之后。是故法之所用易见，而礼之所为生难知也。若夫庆赏以劝善，刑罚以惩恶，先王执此之政，坚如金石，行此之令，信如四时，据此之公，无私如天地耳，岂顾不用哉？然而曰礼云礼云者，贵绝恶于未萌，而起教于微眇，使民日迁善远罪而不自知也。"③ 司马迁在《史记·太史公自序》中写道："夫礼禁未然之前，法施已然之后；法之所为用者易见，而礼之所为禁者难知。"④

---

① （汉）班固：《汉书》，中华书局2000年版，第195页。
② （汉）班固：《汉书》，中华书局2000年版，第209页。
③ （汉）班固：《汉书》，中华书局2000年版，第1729页。
④ （汉）司马迁：《史记》，中华书局2000年版，第2492页。

在《民法典》的贯彻实施过程中应综合运用"德治未病，法治已病"的治理措施，宽严相济，标本兼治，实现法治与德治相辅相成、相得益彰。《民法典》的许多规则与德法共治密切联系，举其要者，分述如下。第一，诚实信用原则、公序良俗原则的适用，需要法治与德治的有机结合。就诚实信用原则而言，不仅诚实信用是对民事主体的道德要求，而且可以适用诚实信用原则作为裁判依据处理民事纠纷。"诚实信用原则所表达的显然是一种公平正义理念，它是一种具体化的道德准则，同时又以利益平衡来体现公平的要求。由此，一般认为，诚实信用原则是道德化的强行法，其判断标准就是社会伦理观念，因此是道德的法律技术化，是道德化的法。"[①] 就公序良俗原则而言，不仅民事主体的行为应符合善良风俗的要求，而且可以适用公序良俗原则作为裁判依据处理民事纠纷。"与公共秩序不同，善良风俗的判断标准来自道德规范。因此，在立法上，通常只存在对善良风俗的一般性规定而无具体规定，故其具体内容只能由法官在司法诉讼过程中加以具体确定。"[②] 第二，调解制度的适用，需要德治与法治的有机结合。既要发挥德治的作用，使人心悦诚服，也要遵循法律规则，避免法外开恩。以和为贵，调纷息争。例如，根据《民法典》第179条规定，赔礼道歉是承担民事责任的方式之一。赔礼道歉制度可以说是古已有之，赔礼道歉的法律化是因袭中国传统文化的当然结果。赔礼道歉有利于修复受害人所受到的精神性、人格性损害，在修复人格尊严损害方面具有不可替代的功能作用。[③] 第三，构建和维系良好的婚姻家庭关系，需要德治与法治的有机结合。既需要崇尚美德，也需要践行法治。中华民族自古以来就注重家庭团结、亲子和睦、怜病恤疾，并将这种人伦思想贯彻于法律之中。《民法典》的部分规则体现了上述优秀传统文化，例如，《民法典》第1043条规定："家庭应当树立优良家风，弘扬家庭美德，重视家庭文明建设。夫妻应当互相忠实，互相尊重，互相关爱；家庭成员应当敬老爱幼，互相帮助，维护平等、和睦、文明的婚姻家庭关系。"在倡导

[①] 尹田：《民法典总则之理论与立法研究》，法律出版社2018年版，第145页。
[②] 尹田：《民法典总则之理论与立法研究》，法律出版社2018年版，第153页。
[③] 参见周青松、谢天宇《赔礼道歉的强制执行规则》，载《人民司法》2024年第2期。

"重视家庭文明建设"的同时,《民法典》的相关规则也体现了法律的严厉性。《民法典》第 1091 条规定:"有下列情形之一,导致离婚的,无过错方有权请求损害赔偿:(一)重婚;(二)与他人同居;(三)实施家庭暴力;(四)虐待、遗弃家庭成员;(五)有其他重大过错。"

第二章 民法的基本原则

第一节 民法的基本原则概述

一 民法的基本原则的概念

民法的基本原则，是指效力贯穿民法始终，体现民法的基本价值，集中反映民事立法的目的和方针，对各项民法制度和民法规范起统率和指导作用的原则。根据《民法典》的相关规定，结合学理解释，可将我国民法的基本原则概括为：平等原则、意思自治原则、保护合法民事权益原则、公平原则、诚实信用原则、禁止违反法律和公序良俗原则和禁止权利滥用原则。《民法典》总则编第一章"基本规定"主要是关于基本原则的规定。从立法史来看，法国、德国、日本等大陆法系国家的民法典并没有规定"基本原则"，平等、自愿、公平等基本理念一般不在民法典中明文规定。以"基本原则"为民法典首章的立法体例来源于社会主义国家。1922 年《苏俄民法典》第一章即规定了"基本原则"，1964 年《苏俄民法典》第一章沿袭之，并影响了众多社会主义民法典。可以说，将基本原则与立法目的、调整对象规定在第一章，是社会主义民法典的重要"体系标识"之一。我国《民法通则》首章规定了"基本原则"，《民法典》沿袭之。[1]

---

[1] 参见陈甦主编《民法总则评注》，法律出版社 2017 年版，第 24 页。

二 民法基本原则的意义

（一）民法基本原则是民事立法的准则

民法的基本原则，蕴含着民法调控社会生活所欲实现的目标，其所欲达致的理想，是民法调整的社会关系本质特征的集中反映，集中体现了民法区别于其他法律的特征。它贯穿于整个民事立法，确定了民事立法的基本价值取向，是制定具体民法制度和规范的基础。

（二）民法基本原则是民事主体进行民事活动的基本准则

民事主体所进行的各项民事活动，不仅要遵循具体的民法规范，还要遵循民法的基本原则。现行法对于民事主体的民事活动欠缺相应的民法规范进行调整时，民事主体应依民法基本原则的要求进行民事活动。也就是说，民法基本原则是民事主体的行为准则。

（三）民法基本原则是法院解释法律、补充法律漏洞的基本依据

民法的基本原则是法院对民事法律、法规进行解释的基本依据。在民事法律规范没有具体规定的情况下，民法的基本原则对民事法律规范起补充作用。由于立法者的认识有局限性以及社会关系不断发展，立法不可能穷尽一切，因此现行法规往往不能完全适应社会实际的需要。在民事法律规范存在漏洞的情况下，需要法院补充法律漏洞。"通过适用基本原则解释法律和填补漏洞，有助于克服审判的机械性，并进行创造性司法活动。"[1]

三 民法的基本原则可以作为裁判依据

关于民法的基本原则能否作为裁判依据，存在三种的观点。（1）肯定说认为，民法的基本原则可以作为裁判依据。当没有具体法律规则时，可以根据民法的基本原则裁判。[2]（2）否定说认为，民法的基本原则是抽象

---

[1] 王利明：《民法总则》，中国人民大学出版社2022年版，第63页。

[2] 参见王利明《民法总则》，中国人民大学出版社2022年版，第63页；孙宪忠《中国民法典总则与分则之间的统辖遵从关系》，载《法学研究》2020年第3期。郭明瑞《民法总则通义》，商务印书馆2018年版，第18页；尹田主编《民法学总论》，北京师范大学出版社2010年版，第29页。韩松《民法总论》，法律出版社2020年版，第68页；姚辉《论民事法律渊源的扩张》，载《北方法学》2008年第1期；邹海林《民法总则》，法律出版社2018年版，第33页；崔建远等《民法总论》，清华大学出版社2019年版，第38页。

指导原则,不能作为裁判依据,但可以在法律解释和漏洞补充中发挥作用。[1]（3）折中说认为,民法基本原则的部分原则可以作为裁判依据,只有授权性条款性质的诚实信用原则、禁止权利滥用原则可以作为裁判依据,其他则不可。[2]"需要指出的是,在《民法总则》所规定的基本原则当中,唯有诚实信用原则以及禁止权利滥用原则（第132条）可以作为裁判依据,其他基本原则都不能作为裁判依据。"[3]

本书赞成肯定说。当民法规范缺乏相应规定时,当事人即应以民法基本原则作为其行为准则。"法律上的行为规范与审判规范具有同一性。在民法基本原则作为行为准则被遵循时,它同时是司法机关就民法规范未作具体规定的社会关系所发生的争讼进行裁判的审判规则。"[4] 当没有具体的法律规则适用于个案时,应当发挥基本原则填补法律漏洞的功能,通过对基本原则的解释,适用于个案裁判。"应当规定在法律无具体规定时,如何从中推演出规范以能够适用于具体案件,即授权法官利用基本原则'造法',发挥基本原则的功能——填补法律漏洞。"[5]

《民法典总则编司法解释》第1条第3款规定:"民法典及其他法律对民事关系没有具体规定的,可以遵循民法典关于基本原则的规定。"据此,民法基本原则可以作为裁判依据。本款在梳理有关学术成果、实务做法、各方意见的基础上,明确了法律有具体规定的,"应当"适用该具体规定;法律没有具体规定时"可以遵循"基本原则。采用"可以遵循"基本原则的表述,使得条文内容更具包容性,也与法律没有具体规定时运用法律解释方法确定适用或者参照适用其他具体规定的做法相一致。通常而言,基本原则的适用可以与有关法律解释和漏洞填补方法相结合,在没有可以适用或者参照适用的具体条文的情况下,可以遵循基本原则的规定。有学者

---

[1] 参见陈甦主编《民法总则评注》,法律出版社2017年版,第39页;龙卫球《民法总论》,中国法制出版社2001年版,第57页。
[2] 参见梁慧星《民法总论》,法律出版社2021年版,第47页。
[3] 梁慧星:《〈民法总则〉重要条文的理解与适用》,载《四川大学学报（哲学社会科学版）》2017年第4期。
[4] 徐国栋:《民法总论》,高等教育出版社2019年版,第57页。
[5] 李永军:《民法总论》,中国政法大学出版社2018年版,第27页。

认为，对于纠纷的处理缺乏具体法律规定的情况下，可以结合习惯、法律原则等创造尚未由立法计划所预测或者完成的法律规则，进而填补漏洞。这一见解较有道理，值得在审判实践中紧密结合民法典的制度体系和规定精神进行有益探索。因此，有必要注意的是，在审判实践中对于法律没有具体规定的情形，并非当然直接适用基本原则。①

四　禁止向一般条款逃逸

所谓向一般条款逃逸，是指在存在法律具体规定情况下，法官不援引具体法律规定，而直接援引抽象的一般条款或法律原则进行裁判。民法的基本原则属于一般性规定，又称为一般条款、弹性条款。一般条款可以适用于各种民事活动，但是，如果法律对某一民事法律关系有具体规定的，则应适用该具体规则，而不能适用一般规定。只有在法律没有具体规定时，为弥补法律漏洞，才能适用一般规定。②"在存在具体法律规则的情形下，如果法官按照一般条款进行裁判，将有违立法目的，会赋予法官较大的自由裁量权，影响法律秩序的稳定。还要看到，'向一般条款逃逸'也会导致裁判的不统一，影响法律的准确适用，甚至使具体的法律规则虚化。"③

司法实践中，以违反诚实信用原则等民法基本原则为由，否定具体的法律规则似乎并不妥当。例如，最高人民法院（2017）最高法行申6998号行政裁定认为，根据原审查明的事实，李某要求确认《房屋及宅基地转让协议》无效的民事诉讼是在村拆迁指挥部与张某某签订《拆迁补偿安置协议》以后提起的。基于张某某在此长期实际使用居住及拆迁改造时的房屋也为其重新改建的事实，中原区政府根据张某某提供的《房屋及宅基地转让协议》、《集体土地使用证》原件、《某某村附属物普查表》、《承诺书》、《空房验收单》等材料，与房屋的实际使用人张某某签订涉案《拆迁补偿安置协议》，已履行了审慎审查的职责，并无不当。另外，李某与张

---

① 参见贺荣主编《最高人民法院民法典总则编司法解释理解与适用》，人民法院出版社2022年版，第64页。
② 参见郭明瑞《民法总则通义》，商务印书馆2018年版，第38页。
③ 王利明：《民法总则新论》，法律出版社2023年版，第121页。

某某签订的《房屋及宅基地转让协议》中专门约定了如遇国家、政府征收，出让方必须无条件协助受让方领取全部补偿款及房屋等内容。该约定意味着双方在签订协议时已经预见到涉案房屋被征收、征用的可能，也是协议双方对拆迁安置中所涉经济利益作出的自由处分。虽然双方签订的转让协议已经司法程序确认无效，但李某在已将房屋及宅基地转让交付多年并已取得对价的情况下，要求确认中原区政府与张某某签订的《拆迁补偿安置协议》无效并对其进行安置补偿，有违诚信和合理原则，亦不符合法律规定，本院不予支持。目前，涉案宅基地及房屋因被拆迁已丧失了居住和使用功能，已转化为拆迁利益，如李某对拆迁安置补偿利益分配有异议，可通过民事诉讼途径另行解决。裁定驳回李某的再审申请。上述裁判值得商榷，以诚信原则否定关于法律行为无效的司法确认效果，不仅可能导致司法程序空转，而且可能导致向一般条款逃逸。

值得注意的是，最高人民法院的相关判例认定将宅基地转让给集体成员以外的人的转让协议无效，并依法产生相应的法律后果，避免司法程序空转，这一观点值得赞同。最高人民法院（2019）最高法行申368号行政裁定认为，根据我国法律法规的有关规定，农民将其宅基地上的房屋出售给本集体经济组织以外的个人，该房屋买卖合同一般应认定为无效。当事人并非本村村民，其与该村村民签订的以房屋抵还借款的协议，违反了法律法规的规定，应当认定为无效。当事人基于以房屋抵还借款的协议而与征收部门签订的房屋征收补偿协议因缺乏合法的前提基础，故亦应归于无效。

第二节　合法民事权益受法律保护原则

一　合法民事权益受法律保护的内涵

（一）权利本位

《民法典》第3条规定："民事主体的人身权利、财产权利以及其他合法权益受法律保护，任何组织或者个人不得侵犯。"根据本条规定，民法不仅保护民事权利,而且保护其他合法权益,对新型民事权益的保护预留了空间,体现了权利本位的基本理念。"民事权利及其他合法权益受法律保护是民法的基本精神,也是民事立法的出发点和落脚点。民法总则草案曾将本条内容规定在第9条中,在审议过程中,普遍认为,民事权利及其他合法权益受法律保护是民法的基本精神,统领整部民法典和各民商事特别法,应当进一步突出民事权利受法律保护的理念,将本条的内容规定在前面,以充分体现权利本位、权利导向的立法宗旨。经研究,最终将本条内容移至第3条,以突出强调民事权利及其他合法权益受法律保护的基本精神和重要地位。总则编对该条规定仍保持不变。"[1]

通说认为,民事权利是特定的利益和法律上之力相结合。[2] 并非所有的利益都能够表现为权利,在权利之外还存在一些受法律保护的利益。例如,占有的利益、死者的人格利益等。这些合法的民事权益也受法律保护。随着社会的发展,一些民事利益也可能上升为民事权利。例如,从我国立法来看,隐私早期体现为一种民事利益,通过名誉权保护,后来被我国立法确认为独立的隐私权。因此,民事权利是一个动态的、变动体系。[3]

有观点认为,法益有广义和狭义两种理解,广义的法益是指一切受法律保护的利益,狭义的法益是指权利以外受法律保护的利益。[4] 以下观点从广义角度界定法益。法益,是指法律所保护的利益。[5] 权利属于法律保护的核心部分。法益分为权利性法益和非权利性法益,无论是权利性法益还是非权利性法益被侵害,主体均可以获得救济。[6] "生活利益本来很广泛,其中受法律保护者,称为法律利益,简称法益。"[7] 法益不完全是基于权利享有,有时可能是因法律的反射作用而取得。例如,法律要求人们遵

---

[1] 黄薇主编《中华人民共和国民法典总则编释义》,法律出版社2020年版,第20页。
[2] 参见梁慧星《民法总论》,法律出版社2021年版,第73页;王利明《民法总则》,中国人民大学出版社2022年版,第257页。
[3] 参见王利明《民法总则》,中国人民大学出版社2022年版,第261页。
[4] 参见孙维飞《弹性的法学移植——以侵权行为法学中"法益"学说之发展为个案的考察》,载《中外法学》2009年第6期。
[5] 参见李宜琛《民法总则》,中国方正出版社2004年版,第37页。
[6] 参见林诚二《民法总则》(上册),法律出版社2008年版,第102页。
[7] 梁慧星:《民法总论》,法律出版社2021年版,第74页。

守交通规则,其结果是大家均享有交通安全的反射利益。这种反射利益并非权利,享有者无权向他人请求履行。① 一般认为,民事权益包括民事权利和狭义的法益。

在民事权益受到侵害时,民事主体有权请求救济,获得法律保护。民法是权利法,奉行权利本位主义。"私权保护作为第一项民法基本原则,其强调私权保护之立法者意思,突出了中国民法之权利本位色彩。"② "民商法是一种以权利为本位的法,其着眼点主要应放在如何通过授权性规范赋予人们以更多的权利,以及通过何种手段保证这些权利的实现上。"③ "'权利本位说'强调权利优先的价值取向,它所针对的是整个社会大环境,是为防止公权力过于膨胀压倒私权利而作出的理性选择。"④ 民法主要规定了民事主体的各项民事权利,彰显了权利的重要地位,与其他部门法相比,民法更注重个人的发展,更关注"人"本身。这些都是由民法的私法性质决定的,私法强调对私人的保护,强调权利是第一位的,义务是第二位的,即权利本位。

(二) 防范公权力越界

现实生活中,民事权利介入公法关系的情形并不多见,而权力介入私法关系的情形却比较多见,因此,重点应是防范权力越界,也就是防范权力对私法关系的介入甚至非法干预。权力机构借社会公共利益之名干预个人权利,未必都是正当的。权力机构没有超越法律权限的特权,其行为本身并不代表公共利益。行使公权力应遵循"法无授权即禁止"原则。"关键在于限制和防范公权的滥用,亦即公权力的行使应以存在法律规定为前提,以按正当程序进行为必要,否则均可认定为侵权。"⑤

实践中普遍存在公权力越界侵害私权利的现象。如城管执法时随意掀翻无证商贩所卖物品,甚至随意销毁其物品,没收商贩的三轮车、天平等

---

① 参见郑玉波《民法总则》,中国政法大学出版社2003年版,第61页。
② 梁慧星:《民法总则讲义》,法律出版社2021年版,第9页。
③ 赵万一:《商法基本问题研究》,法律出版社2013年版,第17页。
④ 何勤华、张陶然:《建构中国自主法学知识体系之法理学创新——以"权利本位说"的完善为中心》,载《东南学术》2024年第2期。
⑤ 张弛:《民法总则专论》,法律出版社2021年版,第57页。

售卖工具的行为。虽然无证商贩随意摆摊设点的行为不妥甚至违法，但其对所售卖的物品和售卖工具等物享有所有权或其他民事权利，具有直接支配权和排他权，非经法律程序不得剥夺或限制。执法人员可以依据相关规范性文件对无证商贩进行行政处理或行政处罚，但无权销毁其物品，也就是说应当依法行政。例如，暴力拆迁中普遍存在的非依法定程序任意损毁他人物品的行为，是严重侵害公民财产权利的行为。因此，执法机关应当树立起码的权利意识，尊重民事权利。《民法典》明文规定民事主体合法私有财产不受侵犯，而且针对侵犯公民私有财产的违法行为，创设了各种法律对策。如关于物权效力的规定，可以划分行为违法与合法财产的界限。行为违法但财产并不违法，对所谓"黑出租"不能没收汽车、摩托车，对流动摊贩，不能毁损、没收其商品和工具，没有搜查证就不能强行进入居民房屋，切实保障公民的人身安全、财产安全和精神安宁。①

二　权利本位并不等同于私权神圣

（一）权利受到限制

权利是有边界的。权利应受必要的限制，因为权利的冲突是客观存在的。所谓权利限制，无非就是为了避免权利主体在权利行使时出现冲突，也为了使法院在裁判中具有裁量和权衡的依据。在具体的法律中由权力机关对权利的行使及其范围作出限制性规定。"一个国家根据某种特定的理由取消或限制权利之前，势必要问清楚这些限制性理由是否适当。而在所有理由当中，权利冲突是最为充分的理由。换言之，如果涉及的权利不受到限制，那么与之冲突的权利就会受到破坏。所以，我们必须承认，如果政府有理由相信对立的权利中有一方是更为重要的，那就有理由限制另一些权利。"②

为了反对封建特权，资产阶级启蒙思想家曾提出"天赋人权"和"私

---

① 参见梁慧星《制定和实施〈物权法〉的若干问题》，载赵秉志主编《京师法学名家讲坛》（第一辑），北京师范大学出版社2011年版，第65~67页。
② 〔美〕德沃金：《认真对待权利》，信春鹰、吴玉章译，中国大百科全书出版社1998年版，第255页。

权神圣"等口号,法国《人权宣言》第17条规定的"财产是神圣不可侵犯的权利"无疑是财产权绝对观念最为著名的口号,这些思想在资本主义初期的民法典中都有相应的体现。所以,"私权神圣"或"所有权绝对"曾成为近代"民法三原则"之一。近代民法上的"私权神圣"又被解释为"所有权绝对",甚至有人主张对于土地的所有权,上至天空无限高,下至地心。"在近代的个人主义的法思想中有一种倾向,即认为私权、特别是对个人的自由与财产的私权构成高于国家的、绝对不可侵犯的存在,并将其看作比法更早的、天赋的且不可改变的存在的倾向。这种思想为打破封建制度、确认个人的尊严,建立了无限巨大的功绩,但其不仅在理论上是不能予以认可的,也不符合现在的法思想。"[1]

近代民法强调绝对的意思自治,随着社会化大生产的需要,绝对的意思自治开始受到限制。与此相适应,为了公共利益的需要,绝对的契约自由受到限制。"法不禁止即自由"内在地包含法律的限制因素,片面地强调自由,并不符合其内在逻辑。"私法自治,乃法国大革命后,自由主义(个人主义)盛行下之私法上之原则,现因时代不同,立法政策随之而异。除纯系个人私益之私法律关系,乃立法政策上认为无须限制者外,凡与社会公益有关之私法律关系之法律,或立法政策上认为具有重要性之法律,已对私法自治原则,尤其对于契约自由原则,加以必要之修正。"[2] 随着社会的发展,所谓绝对的个人自由和私权神圣越来越暴露出某些弊端,因此,权利受到限制成为现代社会的选择。"权利并不是无限制的,权利本身即蕴含界限。借助于某项权利可以追求什么利益,鉴于什么损害应当对之加以保护以及应当保护到什么限度,只能从法律制度中得出结论。因此,在私人之间的关系当中,权利的限制问题从根本上说就是一个权利的内容问题。权利的内容和限制首先由制定法规定,而界限问题则留给司法判例和法学界去解决。此外,权利还要让位于根本性的、受到优先保护的他人的生活需要。"[3]

---

[1] 〔日〕我妻荣:《新订民法总则》,于敏译,中国法制出版社2008年版,第31页。
[2] 姚瑞光:《民法总则论》,中国政法大学出版社2011年版,第175页。
[3] 〔德〕施瓦布:《民法导论》,郑冲译,法律出版社2006年版,第175页。

在现代社会，弱者的现代生存环境恶化，僵化的人格平等不能给予这些弱者以特殊而必要的照顾；自然环境问题和社会环境问题日益突出，私有权的绝对性只能导致这些问题进一步恶化；垄断企业力量强大，大企业对工人形成不公平的地位，使得所谓的契约自由可能是对广大消费者或工人的优势利用。如果仍然坚持所谓的绝对自由和私权神圣原则，将可能引发更多的社会不公，甚至带来社会动荡。"19世纪中期以后，出现了各种严重的社会问题，如劳资对立，贫富悬殊等，均与三大原则有关。因此，民法思想为之一变，由极端尊重个人自由变为重视社会公共福利，并对三大原则有所修正。于是形成社会本位的立法思想。"① 为了公共利益的需要，对私权利进行必要的限制成为必然，近代民法三原则也被逐渐修正和完善，不再成其为现代民法的原则。"这些修正，简单说来，就是社会加强了对个人的限制。这一过程被称为从个人本位到社会本位。"②

（二）"私权神圣"演化为"权利本位"

1919年《德国魏玛宪法》第153条第3项规定："所有权负有义务，对其行使应同时有益于公共福利。"此规定相应地体现在民法上，表现为对所有权的限制。"一般来说，权利并不授予同社会的文化上与政治上的基本意识不相符合的权能。同时根据德国法规定，所有权负有义务并同时应当服务于公共福祉，当所有权自由与公共利益发生冲突时，为有利于公共福祉而使所有人承担义务。"③

所有权承担社会义务的重要表现形式是征收制度。为了公共利益的需要，对私人所有的财产进行征收时，个人的财产所有权应当受到征收制度的限制，个人的民事权利服从于行政权力，也就是说，此时的私人财产权不是"神圣"的，它必须服从于公共利益的需要，服从于社会的需要，服从于行政权力。从世界各国法律规定来看，即使是对私有财产的保护非常全面和完备的国家，也认为私有财产权并不是绝对不受限制的。国家出于公共利益的需要，可以对私有财产进行征收。所以，征收制度是各国法律

---

① 梁慧星：《民法总论》，法律出版社2021年版，第42页。
② 李锡鹤：《民法基本理论若干问题》，人民出版社2007年版，第63页。
③ 〔德〕施瓦布：《民法导论》，郑冲译，法律出版社2006年版，第175页。

普遍认可的制度。鉴于征收是对个人财产权的重大限制，征收行为的实施对个人财产利益关系巨大，其将导致个人财产权被限制，甚至剥夺。所以，各国大多对征收制度作出规定。征收制度设立的目的就是实现社会公共利益。① "我们必须明了，只有有限度地承认契约和财产权才是法治的保证。法律必须约束这些权利的专擅、放肆和明显反社会的行使。为着一个有秩序的和平社会生活的利益，它必须限制个人权力膨胀的范围。它必须防止或处罚一个人专擅地侵犯他人法益。缔约权和财产权，为着公共福利起见，必须加以限制，其程度因时代之不同而异，因为它是按照变迁中的社会机构而定的；这个问题必须由每个时代更新解决。"②

在现代民法，所有权行使与不行使以及如何行使，还须兼顾社会全体利益，无完全绝对的自由。"自由的保障并非绝对的，相反，个人在行使其所有权时应当顾及社会公共利益。社会尊重所有权，国家也对它提供保护。但是，个人在行使其所有权时不得损害国家的公共利益。"③ 由此，基于实现社会公正的考虑，现代民法对所有权绝对原则规定了若干限制，将私有权由绝对转为适当，"私有权神圣"转为"私有权受尊重"。④ 限制所有权的方法有二：其一是限制所有权的客体，即禁止流通物增加，公用物、无主物可归共有；其二是限制所有权的效力，法律规定禁止权利滥用，并在相邻关系等方面规定若干限制规则。⑤ "民事主体行使民事权利要受到法律、公序良俗的约束，民事主体不得滥用民事权利，且国家基于公共利益的需要，在法律权限范围内经法定程序，在给予公平合理补偿的前提下，可以对民事主体的财产予以征收或者征用。"⑥ 对所有权的限制因素因来自公法或私法而有别。私法上，所有权的限制可以基于法律的直接规定，也可以基于当事人之间的约定即所谓债法上的约束，还可以受到来自第三人权利的限制。原则上，公法对所有权的限制，旨在保护社会公共利

---

① 参见王利明《物权法论》，中国政法大学出版社2008年版，第125页。
② 〔美〕博登海默：《博登海默法理学》，潘汉典译，法律出版社2015年版，第20~21页。
③ 〔德〕沃尔夫：《物权法》，吴越、李大雪译，法律出版社2002年版，第11~12页。
④ 参见龙卫球《民法总论》，中国法制出版社2002年版，第55页。
⑤ 参见胡长清《中国民法总论》，中国政法大学出版社1997年版，第4页。
⑥ 黄薇主编《中华人民共和国民法典总则编释义》，法律出版社2020年版，第20页。

益，多由行政法规加以完成。具体到受限制的标的，既可以是不动产（如土地征收），也可以是动产（如机动车分单双号限制使用）。限制的内容通常就是以所有权承担相应的义务为实现条件，至于所有人应负何种义务，往往散见于与物权行使相关的法律条款之中，该种条款往往是从权利主体、客体、内容和效力等角度对物权进行限制。其内容有的为应负一定不作为义务，有的为负一定作为义务，也有的为对于他人干涉或侵害的容忍义务等，不一而足。[1]

既然所有权是受到限制的，则不可称其为"私权神圣"，没有必要生搬硬套资本主义初期的法律观念，因此，以"权利本位"替换"私权神圣"符合历史发展的逻辑。从具有代表性的法国民法典和德国民法典所强调的重心的演变考察，也能清晰地窥见这一历史脉络。"产生于自由资本主义初期的法国民法典以保护个人权利为宗旨；产生于社会化大生产背景下的德国民法典则相当偏重整个社会利益之维持。"[2] 根据《民法典》第3条规定，合法民事权益受法律保护，但是权利是有边界的，应受到法律限制。"《民法典》第3条是对全部民事权益受法律保护的一种宣示，是全面的动态发展的这样一种概念内涵，包括人身、财产权利以及其他民事合法权益，且顺应现代民法以来权利必受限制的观念，不再高举私权神圣，只说受法律保护，隐含了私权得受合理限制的必要内涵，其中包括各种义务的限制。"[3]

（三）私权神圣的观点未被立法采纳

在修改宪法时，曾有人提出应当增加规定"私有财产神圣不可侵犯"。该观点主张："修改现行宪法，承认财产权是公民个人神圣不可剥夺的权利，并以此作为构建政治体制的出发点"。[4] 此建议未被采纳。时任全国人大常委会委员长李鹏在1998年6月16日的日记中写道："许崇德在授课中还对法律是1/2多数通过，宪法是2/3多数通过，是否有不协调

---

[1] 参见姚辉《单双号限行中的所有权限制》，载《法学家》2008年第5期。
[2] 刘得宽：《民法总则》，中国政法大学出版社2006年版，第12页。
[3] 龙卫球主编《中华人民共和国民法典总则编释义》，中国法制出版社2020年版，第10页。
[4] 刘军宁：《产权保护与有限政府》，载董郁玉、施滨海主编《政治中国——面向新体制选择的时代》，今日中国出版社1998年版，第47页。

之处的问题，做了回答。许崇德不赞成在修宪中把私有财产写为'神圣不可侵犯'"。① 我国《宪法》第13条规定："公民的合法的私有财产不受侵犯。国家依照法律规定保护公民的私有财产权和继承权。国家为了公共利益的需要，可以依照法律规定对公民的私有财产实行征收或者征用并给予补偿。"

私有财产与国有财产都是权利客体，其作为所有权的属性相同，然而，在制度设计上，二者是有区别的。私有财产并不能与国有财产一样"神圣"不可侵犯，因为私人财产权应受特殊的限制，当个人权利与社会利益发生冲突时，个人权利应当服从于社会利益，个人权利应受到必要的限制。这是历史发展的必然，是人类文明的产物。有观点认为，宪法规定了"社会主义的公共财产神圣不可侵犯"，而对私有财产却没有这样的规定，由此带来公私财产在保护范围、保护条件、保护理念等多方面的不同；宪法对公私财产的不同保护妨碍了民法理念的贯彻。为解决这一冲突，不应根据宪法精神去解释民法，而是应该以民法反向影响宪法：为了彰显平等保护，应该期待"私有财产神圣不可侵犯"原则在我国宪法和民法典中共同确立。② 上述观点似乎并不妥当。"就大体言之，所有权乃对于所有物为全面的支配之权利，应具有完全性与绝对性。唯在现代社会，所有权绝对自由之理论，已无学者支持。盖因社会物资，若绝对地任由个人自由支配，势必影响国家社会之公共利益。因此，权衡轻重，遂不得不对所有权加以种种限制，使其与国家社会之公共利益相一致，是为所有权之社会化。然若完全废除所有权，则又不免违反人性。国家财富，在国民毫无所有欲而不思积蓄时，反而无形减少。故在不危及国家社会公共利益之前提下，仍承认所有权之存在，并加以保障。"③ 我们反对不分具体条件地奢谈"绝对平等"，反对所谓私人财产与国家财产同样"神圣"的观点，这种观点并不符合历史的真实。

---

① 李鹏：《立法与监督：李鹏人大日记》，新华出版社、中国民主法制出版社2006年版，第45页。
② 参见彭诚信《宪法规范理念在民法典中的体现》，载《中国法律评论》2020年第3期。
③ 姚瑞光：《民法物权论》，中国政法大学出版社2011年版，第26页。

三 为权利而斗争，就是为法律而斗争

权利承载着人格尊严和民族尊严，承载着道统和法统。维护权利就是维护人格尊严，维护法律权威，维护人间正道。为权利而斗争，就是为法律而斗争！这是耶林于1872年在维也纳法律协会的讲演中所揭示的真理。耶林首先提出了法的目标与手段问题。法的目标是和平，而达到目标的手段则是斗争。为权利而斗争，这是权利人对自己的义务。自己生存的主张，是一切生物的最高法则。对人类来说，不仅有肉体的生命，同时还有精神的生存问题。为权利而斗争，也是权利人对社会的义务。权利人主张自己的权利，不仅履行了对自己的义务，同时也履行了对国家、社会的义务，维护了法律的权威和国家的法律秩序。国家和全体国民，应有抵抗权利侵害的法感情与法意识。世上不法之事，莫过于执法之人自己破坏法律。法律的看守人变成法律的杀人犯。①

王泽鉴先生对于权利精髓的阐述鞭辟入里，发人深省。"甲国侵略乙国，虽然不过为荒地数里，而乙国往往不惜对之宣战。为数里之荒地，而竟牺牲数万人之生命，数亿元之巨款，有时国家命运且因之发生危险。此种斗争有什么意义？盖乙国国民若沉默不作抗争，则今天甲国可夺取数里荒地，明天将得寸进尺，夺取其他土地，弄到最后，乙国将失掉一切领土，而国家亦灭亡了。由此可知，国家因数里荒地所以不惜流血，乃是为生存而战，为名誉而战，牺牲如何，结果如何，他们是不考虑的……国民须保护其领土，则农民土地若为豪强侵占数丈，自可起来反抗，而提起诉讼。被害人提起诉讼，往往不是因为实际上的利益，而是基于权利感情。他们对于不法行为，精神上感觉痛苦。即不是单单要讨还标的物，而是要主张自己应有的权利。他的心声告诉他说：你不要退缩，这不是关系毫无价值的物，而是关系你的人格、你的自尊、你的权利感情。简单言之，诉讼对你，不单单是利益问题，而是名誉问题，即人格问题。"② "自己的权

---

① 参见耶林《为权利而斗争》，胡宝海译，载梁慧星主编《民商法论丛》（第2卷），法律出版社1994年版，第12~59页。
② 王泽鉴：《民法总则》，北京大学出版社2022年重排版，第4页。

利受到侵害，而乃坐听加害人的横行，不敢起来反抗，则法律将为之毁灭。故凡劝告被害人忍受侵害，无异于劝告被害人破坏法律。不法行为遇到权利人坚决反抗，往往会因之中止。是则法律的毁灭，责任不在于侵害法律的人，而在于被害人缺乏勇气。我敢大胆主张：'勿为不法'固然可嘉，'勿宽容不法'尤为可贵。"① "凡沉于安乐，怯于抗斗，不能勇敢保护自己权利的人，哪肯为国家的名誉，为民族的利益，牺牲自己的生命。至于名誉或人格也会因而受到损害，此辈是不了解的。此辈关于权利，只知其为物质上的利益，我们何能希望他们另用别的尺度以考虑国民的权利及名誉。"②

第三节 平等原则

一 民事主体地位平等是民法的本质规定性

（一）从身份到契约的运动

人类在告别野蛮状态之后，即建立城邦公社（国家），那里的居民就是市民。古代市民社会是人类文明的早期形态。在当时的文明中，市民的交往关系获得了法律上的表现，发育出了市民法。在罗马，私法自治的理念深入人心，市民的交往因而得到得天独厚的发展，罗马市民法成为古代最完善的私法。罗马市民法在其发展中又融合了万民法（即国际普通市民法）。欧洲中世纪，获得自由的农奴重新建立了城市，从而复兴了市民社会。市民等级要求推翻那些使人成为受屈辱、被奴役、被遗弃和被蔑视的东西的一切关系，特别是宗教和身份，要求把人变成人，自由和平等的人。人正是通过市民，才获得了自己的本质，真正成为人。③ 诚如梅因所指出的那样："如果我们依照最优秀著者的用法，把'身份'这个名词用来仅仅表示这一些人格状态，并避免把这个名词适用于作为合意的直接或

---

① 王泽鉴：《民法总则》，北京大学出版社2022年重排版，第6页。
② 王泽鉴：《民法总则》，北京大学出版社2022年重排版，第8页。
③ 参见张俊浩主编《民法学原理》，中国政法大学出版社1991年版，第10~13页。

间接结果的那种状态,则我们可以说,所有进步社会的运动,到此处为止,是一个'从身份到契约'的运动。"① 真正使平等原则走进社会的方方面面的是近代民法发展的结果,其典型代表就是1804年的《法国民法典》第8条宣示性地规定了人格平等原则。法律中的平等规定推动了西方国家市场经济的发展。因为市场经济是交换经济,在交换中,只有在当事人互不隶属的条件下,才能自主地表达自己的意志,作出合理的选择。因此,平等是意思自治的必要前提,而意思自治又是市场经济的必要前提。所以说,平等是市场经济的前提和基础。

民法是市民社会的基本法,也是保障私权的基本规则。民事主体地位平等充分体现了民法的人文关怀,每一个个人在民法面前都是平等的民事主体。"在民法的慈母般的眼里,每一个个人就是整个的国家。"② 平等对于自由来说,只是实现自由的手段,平等本身不是目的。另外,平等只能是在自由前提之下的平等。靠牺牲自由换取的平等,不是真正的平等。资本主义发展到垄断阶段以后,由于社会化大生产的客观要求,为了公共利益的需要,法律对个人权利和自由作出适当限制,但对于民事主体的平等地位却没有丝毫动摇。因此,人人平等仍然是现代民法的基本原则,是现代民法的灵魂。

(二) 平等原则的具体表现形式

《民法典》第4条规定:"民事主体在民事活动中的法律地位一律平等。"平等性主要表现在以下几个方面。第一,平等地参与民事法律关系。当事人在民事活动中地位平等,遵循自愿原则处理民事权利义务关系,任何一方不得把自己的意志强加给对方。第二,平等地适用法律规则。任何民事主体参与民事活动都要平等地受法律调整,没有凌驾于法律之上的特权。民事主体在民事法律关系中享有的权利和承担的义务具有对等性。没有无权利的义务,也没有无义务的权利。第三,平等地受法律保护。不论是国家权利、集体权利,还是个人权利,都平等地受法律保护,因为国

---

① 〔英〕梅因:《古代法》,沈景一译,商务印书馆1984年版,第191页。
② 〔法〕孟德斯鸠:《论法的精神》(上册),张雁深译,商务印书馆1982年版,第362页。

家、集体和个人在民事法律关系中地位平等，没有高低贵贱之分。在任何一方的民事权利受到侵害后，都应当平等地受到民法保护和救济。[①] 民法上所说的平等只是地位平等和机会平等，而不是结果的等值或均等。民法只提供当事人进行平等活动的平台，而不能对活动的结果是否等值或均等做出强制性的要求。"在与公平原则的关系上，两者完全不同；平等原则是指形式平等和机会平等，公平原则是指实质公平和结果公平。"[②]

（三）平等原则是民法区别于其他部门法的主要标志

平等原则最集中地反映了民法所调整的社会关系的本质特征，是民法区别于其他部门法（尤其是经济法和行政法）的主要标志。大陆法系国家或地区的民法没有明文规定平等原则，学者称之为无须明文规定的公理性原则。[③] 它表明民法只调整并且应全部调整具有平等特征的横向经济关系，其调整对象与具有行政隶属性质的纵向经济关系根本不同。"平等乃民法的基本品格。法律地位平等，既是民事法律关系及其运行的起点，又是其终点。平等原则决定着民法的调整对象及调整方法，决定着民法与行政法、经济法、劳动法的区别。"[④] 通过民法与行政法的比较可以凸显民法的平等性属性。民法调整平等主体之间的法律关系，即横向的法律关系；行政法调整行政管理关系，即纵向的法律关系。凡是民法所调整的法律关系，其主体地位一律平等，凡是行政法所调整的法律关系，其主体地位一律不平等。也就是说，民事法律关系中的当事人地位平等，不存在管理与被管理的关系。

二 民事主体地位平等的基本要求

（一）反对特权

特权是平等的对立物，特权享有者在法律地位上自然优越于其他主体。因此，要贯彻平等原则，就要旗帜鲜明地反对特权。在改革开放过程

---

① 参见王利明《民法总则新论》，法律出版社2023年版，第13页。
② 陈甦主编《民法总则评注》，法律出版社2017年版，第28页。
③ 参见梁慧星《民法总论》，法律出版社2021年版，第48页。
④ 崔建远：《关于制定〈民法总则〉的建议》，载《财经法学》2015年第4期。

中，在个别领域存在特权现象，应予坚决反对。例如，国有企业股份化改制过程中，能够取得国有企业股权的，并不是一般的平民百姓，甚至不是一般的企业员工，而是企业的管理层，这就是国有企业的管理层收购（MBO）。在这些过程中，大量的国有资产流失，滋生了腐败，败坏了党和政府的形象，产生了极坏的影响。利益集团总是打着各种各样的旗号谋取私利，为富不仁。王夫之曾对富人特权进行如下评论："文帝除盗铸钱令，使民得自铸，固自以为利民也。夫能铸者之非贫民，贫民之不能铸，明矣。奸富者益以富，朴贫者益以贫，多其钱以敛布帛、菽粟、纻漆、鱼盐、果蓏，居赢以持贫民之缓急，而贫者何弗日以贫邪！耕而食，桑苎而衣，洿池而鱼鳖，圈牢而牛豕，伐木艺竹而材，贫者力以致之，而获无几；富者虽多其隶佣，而什取其六七焉。以视铸钱之利，相千万而无算。即或贷力于贫民，而雇值之资亦仅耳，抑且仰求而后可分其波润焉。是驱人听豪右之役也。"①

（二）向弱势群体倾斜

在某些领域，存在着形式平等而实质不平等的客观现象，因此立法应向弱势群体倾斜，以维护实质的公平和正义。"弱势的一方对于缔约的内容常常没有参与决定的可能，法律为了保护经济上的弱者，有时必须限制私法自治之形成权，干预契约内容的自由……"②典型者如法律对劳动者和消费者等弱势群体的特殊保护。"如果实质上的平等没有得到保障却主张形式上的平等，结果就会造成弱肉强食的局面。如果对等的个人所缔结的契约在原则上是有效的话，含有难以说是公正之内容的劳动契约和佃权契约，也很难认为其有效。"③"一个离乡背井之劳工，赖出卖劳动力维持生活，如何能与企业主讨价还价磋商劳动条件？一个无资力的市民，通常只能购买最低廉之物品，买卖契约之自由，徒具虚名，无多大意义可言。一般消费者，零散孤立，欠缺必要资讯，如何对抗在市场上具有优势地位之企业厂商？在此情形，国家法律必须介入，通过制定和实施保护劳动

---

① （清）王夫之：《读通鉴论》，中华书局2013年版，第29页。
② 黄立：《民法总则》，中国政法大学出版社2002年版，第187页。
③ 〔日〕大村敦治：《民法总论》，江溯、张立艳译，北京大学出版社2004年版，第45页。

者、消费者的特别法,以维护社会正义。"①

就劳动关系而言,用人单位和劳动者之间的主体地位是平等的,这是形式上的平等,但实质上,劳动者与用人单位之间存在一定程度的管理关系,劳动者需要遵守用人单位的劳动纪律和规章制度等内部规定,因此,在签订劳动合同时,劳动者的自由意志受到客观条件的限制;用人单位利用优势地位订立违约金条款,以限制劳动者正常辞职、限制劳动力的正常流动,诸如此类的情形都体现了用人单位和劳动者实质上的不平等,所以劳动合同法有必要对用人单位的意思自治进行必要的限制,以维护实质的公平正义。"在签订劳动合同时,虽然雇员与雇主在形式上处于平等的地位,但实际上劳动合同却常常表现为雇主的单方面的强制。因此,人们将合同自由称为雇员的'鸟自由'。因此,在《民法典》之外存在若干有利雇员的保护条款。这样一来,与资方处于大体平等地位的工会就可以在劳资协定中与资方商定劳动条件,这些劳动条件作为最低条件适用于与工会成员签订的劳动合同,《工作时间法》和《联邦休假法》对最高工时和最低休假时间作出了规定。"②

1994 年颁布的《中华人民共和国劳动法》(以下简称《劳动法》)关于劳动合同的规定,充分体现了合同自由原则和意思自治原则,集中体现在《劳动法》第 19 条第 7 项规定的允许当事人约定违反合同的责任和第 20 条对劳动合同的期限选择上没有干预,这两个条款实施的直接后果是劳动者辞职权难以实现和劳动合同短期化。如果劳动者提前辞职,所缴纳的违约金竟然是工作两年所得工资的十倍。③ 上述规定仅仅体现了劳动关系表面上的平等,而忽视了劳动关系本质上的不平等,强化了用人单位的强势地位,使得本来处于弱势地位的劳动者的合法权益更加没有保障。2008 年颁布的《中华人民共和国劳动合同法》(以下简称《劳动合同法》)改

---

① 梁慧星:《民法总论》,法律出版社 2021 年版,第 40 页。
② 〔德〕布洛克斯、瓦尔克:《德国民法总论》,张艳译,中国人民大学出版社 2019 年版,第 20 页。
③ 参见郑爱青主编《劳动合同法十大热点评析》,中国劳动社会保障出版社 2008 年版,第 11 页。

变了上述立法指导思想，确立了向弱者倾斜的立法指导思想，在劳资利益冲突中立场鲜明，突出保护劳动者的合法权益，主要表现在以下两点：第一，只有在订立培训条款和竞业限制条款的情况下才能约定违约金条款；[①]第二，同一用人单位和劳动者只能订立两次固定期限劳动合同，两次后继续保持劳动关系的要订立无固定期限劳动合同。[②] 上述规定通过限制契约自由来实现向弱者倾斜的目的。

三 社会主义历史阶段仍然存在形式上平等而实质上不平等的情况

（一）社会主义条件下的权利也是不平等的

马克思主义认为，在共产主义的初级阶段，即社会主义阶段，真正的自由和平等也不能彻底实现。虽然建立了社会主义公有制，即全民所有制和集体所有制，但是还存在着一定程度的私有制，还存在着资产阶级权利。分配原则是"各尽所能，按劳分配"，多劳多得，少劳少得，不劳不得。社会主义社会还带着它脱胎出来的那个旧社会的痕迹，生产力的发展水平还不够高，还不能提供极其丰富的产品对全体社会成员实行按需分配，旧的社会分工对人们的束缚还没有消失，不同劳动者之间所从事的劳动还有差别。所有这些，决定了社会主义社会只能用劳动作为尺度进行分配，即承认和反映客观存在的劳动差别。马克思在《哥达纲领批判》中指

[①]《劳动合同法》第22条第2款规定："劳动者违反服务期约定的，应当按照约定向用人单位支付违约金。违约金的数额不得超过用人单位提供的培训费用。用人单位要求劳动者支付的违约金不得超过服务期尚未履行部分所应分摊的培训费用。"《劳动合同法》第23条第2款规定："对负有保密义务的劳动者，用人单位可以在劳动合同或者保密协议中与劳动者约定竞业限制条款，并约定在解除或者终止劳动合同后，在竞业限制期限内按月给予劳动者经济补偿。劳动者违反竞业限制约定的，应当按照约定向用人单位支付违约金。"

[②]《劳动合同法》第14条规定："无固定期限劳动合同，是指用人单位与劳动者约定无确定终止时间的劳动合同。用人单位与劳动者协商一致，可以订立无固定期限劳动合同。有下列情形之一，劳动者提出或者同意续订、订立劳动合同的，除劳动者提出订立固定期限劳动合同外，应当订立无固定期限劳动合同：（一）劳动者在该用人单位连续工作满十年的；（二）用人单位初次实行劳动合同制度或者国有企业改制重新订立劳动合同时，劳动者在该用人单位连续工作满十年且距法定退休年龄不足十年的；（三）连续订立二次固定期限劳动合同，且劳动者没有本法第三十九条和第四十条第一项、第二项规定的情形，续订劳动合同的。用人单位自用工之日起满一年不与劳动者订立书面劳动合同的，视为用人单位与劳动者已订立无固定期限劳动合同。"

出:"在这里平等的权利按照原则仍然是资产阶级权利,虽然原则和实践在这里已不再互相矛盾,而在商品交换中,等价物的交换只是平均来说才存在,不是存在于每个个别场合。虽然有这种进步,但这个平等的权利总还是被限制在一个资产阶级的框框里。生产者的权利是同他们提供的劳动成比例的;平等就在于以同一尺度——劳动——来计量。"①

马克思主义认为,在社会主义条件下,以公有制为主体,其他经济成分并存。它虽然在一定程度上剔除了资本主义制度下的资本剥削,但是,以劳动为同一尺度进行分配,不同的劳动所获得的报酬不同。就分配原则而言,大家都以劳动这个同一尺度来计量,就这一点来说,是平等的。但是,每个劳动者的具体情况各不相同,他们的劳动能力(体力和智力)有强有弱,家庭负担有轻有重,养活人口有多有少,居住地区有穷有富,因此,把劳动这个同一尺度应用到不同的人身上,就必然出现事实上的不平等,即劳动者实际收入水平的差别。马克思在《哥达纲领批判》中指出:"权利,就它的本性来讲,只在于使用同一尺度;但是不同等的个人(而如果他们不是不同等的,他们就不成其为不同的个人)要用同一尺度去计量,就只有从同一个角度去看待他们,从一个特定的方面去对待他们,例如在现在所讲的这个场合,把他们只当作劳动者,再不把他们看作别的什么,把其他一切都撇开了。其次,一个劳动者已经结婚,另一个则没有;一个劳动者的子女较多,另一个的子女较少,如此等等。因此,在提供的劳动相同、从而由社会消费基金中分得的份额相同的条件下,某一个人事实上所得到的比另一个人多些,也就比另一个人富些,如此等等。要避免所有这些弊病,权利就不应当是平等的,而应当是不平等的。但是这些弊病,在经过长久阵痛刚刚从资本主义社会产生出来的共产主义社会第一阶段,是不可避免的。权利决不能超出社会的经济结构以及由经济结构制约的社会的文化发展。"② 也就是说,在社会主义阶段,由于实行按劳分配制度,还存在着类似资本主义社会那种形式上平等而实质上不平等的情况。

---

① 《马克思恩格斯选集》(第3卷),人民出版社1995年版,第304页。
② 《马克思恩格斯选集》(第3卷),人民出版社1995年版,第305页。

"根据上述论述，我们大体可以得出两点认识：（1）马克思讲的资产阶级权利，其实质并不是资产阶级性质的东西，而只是体现了在资本主义社会曾经支配过一切的等价交换原则的平等权利；（2）马克思提出资产阶级权利的问题，目的和重点在于说明，在社会主义历史阶段，由于经济文化发展水平的限制，消费品分配只能和必须实行按劳分配原则，还不可能做到事实上的完全平等。"[1]

我国实行人民公社制度的历史阶段，曾经采取相应的分配制度以弥补形式上平等而实质上不平等的弊端，其中重要举措是生产队采取人口和劳动工分各占一定比例的分配制度。例如，采取人七劳三的分配制度，就是指生产队收入按人头分配70%，按劳动工分分配30%。还有的采取人六劳四或者人五劳五的分配制度。这种分配制度既包含着社会主义"按劳分配"的原则，也兼顾到了五保户、困难户、军烈属、病残户的实际需要，具有共产主义成分。[2]

（二）只有在共产主义社会才能真正实现实质平等

马克思主义认为，在私有制社会和共产主义的初级阶段，都不可能实现真正的权利和自由的平等，在这样的阶段，权利和自由的平等都是抽象的平等，只有完全废除私有制，实现共产主义，才能实现真正的自由和平等。只有到了共产主义阶段，消灭了私有制，消灭了三大差别，生产力高度发达，人们的思想觉悟空前高尚，社会生活其乐融融，劳动本身成为人们生活的第一需要，才能真正实现实质平等。马克思在《哥达纲领批判》中指出："在劳动已经不仅仅是谋生的手段，而且本身成了生活的第一需要之后；在随着个人的全面发展，他们的生产力也增长起来，而集体财富的一切源泉都充分涌流之后，——只有在那个时候，才能完全超出资产阶级权利的狭隘眼界，社会才能在自己的旗帜上写上：各尽所能，按需分配！"[3] 马克思、恩格斯在《共产党宣言》中指出："代替那存在着阶级和

---

[1] 薄一波：《若干重大决策与事件的回顾》，中共中央党校出版社1993年版，第770~771页。
[2] 参见徐卫国、黄英伟《人民公社社员的活命"工资"：粮食》，载《经济学家茶座》2015年第1期。
[3] 《马克思恩格斯选集》（第3卷），人民出版社1995年版，第305~306页。

阶级对立的资产阶级旧社会的，将是这样一个联合体，在那里，每个人的自由发展是一切人的自由发展的条件。"①

（三）适当矫正实质上的不平等

虽然在民法上主体地位平等，但实质上存在不平等现象，例如，管理者和普通百姓之间存在地位不平等，高级官员和低级官员之间存在权力不平等，富人和穷人之间存在财富不平等，类似的不平等现象普遍存在。有鉴于此，应当采取适当措施矫正实质上的不平等，比较可行的办法是：对高位者采取较高要求，遵守道德规范；对低位者采取较低要求，遵守法律规范。这种要求使得"形式平等而实质不平等"的现象得到最大限度的矫正，使之趋于平衡。

第四节　意思自治原则

一　意思自治原则的内涵

（一）意思自治植根于民事主体地位平等

意思自治原则，也称为私法自治原则、自愿原则，是指民事主体在法律规定范围内按照自己的意志设立、变更、终止民事法律关系。《民法典》第5条规定："民事主体从事民事活动，应当遵循自愿原则，按照自己的意思设立、变更、终止民事法律关系。"意思自治原则的提出，主要针对的是封建制度下的等级身份制以及强权政治制度。意思自治原则首先是针对公共权力而提出的，它要求公共权力承认民法社会存在的独立性，从而实现民法社会的基本正义即形式正义，否定封建社会的等级身份制。从身份到契约意味着人的独立主体地位的确立，意味着对作为主体的人的尊重。在人本主义精神的支配下，每个人都有平等的人格，每个人都应该有权利决定自己参与的权利义务关系的性质和内容，并按照自己的意愿承受其后果。《法国民法典》第1134条规定："依法成立的契约，在缔结契约的当

---

① 《马克思恩格斯选集》（第1卷），人民出版社1995年版，第294页。

事人之间有相当于法律的效力。"这一规定确立了私法自治原则,当事人之间的约定,具有法律效力,除非该约定违反法律或公序良俗。"意思自治原则在法律上的要求有两个方面:其一,是它对宪法、整体法律制度以及政治制度的要求,即从支持这些制度建设的道德和伦理的角度承认民众自我决定自己法律事务的正当性;其二,是它对民法制度建设的要求,即从法律行为理论的角度,从当事人内心真实意思表示的角度,确定民事主体关于设立、变更和消灭民事权利义务关系的法律效果。"[1]

意思自治原则根源于民事主体地位平等,任何人有权按照自己的意志决定自己的事务,实施法律行为。任何人不得把自己的意志强加于对方,而应当是尊重对方当事人的意志。意思自治强调在平等主体之间,在不违反法律的禁止性规定的前提下,充分尊重当事人的自主性,由当事人对民事行为进行设定,从而激发民事主体活动的积极性并适应社会发展的需要。意思自治是民法体系中高位阶的根本性原则,其主要精神在于个人自主和自我负责。为了实现意思自治原则的功能,立法者通过法律行为赋予行为人以意思表示创设、变更或消灭权利义务关系的能力,并在民法外部体系中建构类型化的契约以及遗嘱、婚姻等与法定主义体系相并列的设权行为规则(具体的民事法律行为),从而形成了民法体系化之主干。"法律行为之实施,不必向任何人宣示理由。私人实施法律行为,单凭一己意志……在私法自治的框架内,效果由本人承担的私人行为,不必自证正当性。"[2] 反之,在欺诈、胁迫等状况下实施的民事法律行为,因当事人一方意思表示不自由,民事法律行为的效力会产生瑕疵,从而不能产生当事人预期的效果。

(二)意思自治原则蕴含着"法不禁止即自由"的理念

意思自治的实质就是允许当事人在法律规定的范围内,自主决定自己的事务,自由从事各种民事行为。这种自由在为国家和社会划定权力行使界限的同时,也为自己划定了界限。这种对自由的限定,恰恰是每个社会

---

[1] 孙宪忠:《权利体系与科学规范:民法典立法笔记》,社会科学文献出版社2018年版,第258页。

[2] 朱庆育:《民法总论》,北京大学出版社2016年版,第112页。

主体得以实现意思自治的前提。意思自治表明，一切法律关系由独立、自由、平等的个人通过协商决定，国家不作干预。从这个意义上说，"法不禁止即自由"的理念仅仅适用于私法领域，它不能适用于公法领域，因为公法领域存在命令与服从的关系或者行政管理关系，适用"法无授权即禁止"原则。

意思自治包括合同自由、所有权自由、遗嘱自由，还包括亲属法中的婚姻自由以及商事特别法中的营业自由，其中以合同自由原则最为典型。①（1）合同自由，是指民事主体对于是否缔结合同、何时何地缔结合同、与谁缔结合同、缔结什么性质的合同、合同的内容如何、以什么方式解决合同争议等问题，均享有自己决定的权利。（2）所有权自由，是指民事主体对其所有物有权独立自主地享有占有、使用、收益和处分的权利，有权直接支配其物并排除他人干涉。所有权是绝对权、支配权，所有权人有权在法律规定的范围内自由行使权利，排除公权力的干涉，也排除其他私法主体的干涉。（3）遗嘱自由，是指民事主体有权依法订立遗嘱以处分自己的财产，只要没有违反法律或公序良俗，其遗嘱应当依法产生相应的法律效力。（4）婚姻自由，是指结婚自由和离婚自由，这种自由也是在法律范围内的自由，不得违反法律和公序良俗。（5）营业自由，是指商事主体在市场经济中进行商事活动的自由，包括开业自由、交易自由、停业自由等。

二 意思自治原则的限制

（一）自由不是绝对的

自由不是绝对的，而是受到限制的，如果某人具有绝对的自由，那么他就是不自由的，因为每个人的绝对自由是互相冲突的，因此绝对的自由是不存在的。一个人的自由是另一个人的不自由。自由意味着可以从事某项行为，自由的边界应该是确定的，否则人们将无所适从。自由需要法律的保障，但自由同时需要法律的约束。孟德斯鸠认为："自由是做法律所许可的一切事情的权利；如果一个公民能够做法律所禁止的事情，他就不

---

① 参见梁慧星《民法总论》，法律出版社2021年版，第49页。

再有自由了，因为其他的人也同样会有这个权利。"① 费希特认为："在应当相互并存的人们中间，每个人都必须限制自己的自由，使自己的自由也能与其他人的自由并存，这就是法权规律的内容。"② 任何一种自由本身都包含着某种限制，没有限制便无所谓自由。没有限制，自由不过是一种任性，或者是一种主观愿望，在现实生活中是不存在的，自由必须是为国家法律所认可所保护的自由。

19世纪以后，伴随工业和商业的高度发达，社会经济的发展出现前所未有的突飞猛进，不平等问题日渐深刻，并具有新的特点：不平等不仅存在于个人之间，而且存在于经济实力相互悬殊的社会组织及各种类型的合同当事人之间。当事人间进行协商的不可能性，成为资本主义社会日益突出的问题。此外，就合同自由与社会利益之间的关系而言，两者之间也存在着发生矛盾的可能性，即合同自由的结果不一定总是与社会利益保持一致。自20世纪以来，随着垄断的加强，国家加强了对经济领域的干预，意思自治原则受到了越来越多的限制。例如，在德国民法中，意思自治只被认为是当事人的一种相对的权利，当事人只能在法律规定的范围内行使自治权。③

各种自由都必须有一个明确的边界，在这个边界所指明的范围之内，权利主体可以从事他想做的一切事情，别人的干涉是违法的。如果超出这个范围，自由就失去了权利的性质，他的行为就是违法的。马克思在《论犹太人问题》中指出："自由是可以做和可以从事任何不损害他人的事情的权利。每个人能够不损害他人而进行活动的界限是由法律规定的，正像两块田地之间的界限是由界桩确定的一样。"④ 自由是一种权利，而限制则是一种必要手段。限制是对自由的制约，又是对自由的保障，它要求个人在行使自由权利时要对他人负责，对社会负责。法律在确定权利的同时，也就确定了各种权利的范围，使之有可能在自由的法律通则之下互相协

---

① 〔法〕孟德斯鸠：《论法的精神》（上册），张雁深译，商务印书馆1982年版，第154页。
② 〔德〕费希特：《自然法权基础》，谢地坤、程志民译，商务印书馆2004年版，第13页。
③ 参见徐国建《德国民法总论》，经济科学出版社1993年版，第77页。
④ 《马克思恩格斯文集》（第1卷），人民出版社2009年版，第40页。

调。"虽然私法自治有其必要性与可行性，私法自治之功能可以预期，但其所藉助之基因乃人类丑陋之自私心。本诸玩火或有被焚之危险，私法自治所或有之危险，当在意料之中。自私心如运用至相当程度，可能危及人类社会生活资源之合理分配，甚或影响他人生存，此即所以私法自治原则虽经确立，然一再出现各种限制自治尺寸之主张，而且此类主张迅即被认同而成制度。"①

（二）法律对意思自治的限制

一般来说，民法上的诚实信用原则、公序良俗原则、禁止权利滥用原则等都是对意思自治的限制。此外，在具体制度上，民法和其他法律也对意思自治进行了限制。20世纪以降，各国经济与政治条件发生了深刻变化，现代民法为了因应这种变化，在立法理念和具体制度上也出现了一些修正，主要表现在以下几个方面。第一，具体的人格。传统民法所规定的抽象的人格，对一切民事主体作抽象的对待，于是在企业主与劳动者、生产者与消费者的法律关系中，造成了经济上的强者对经济上的弱者在实质上的支配。因此，现代民法在维持民法典关于抽象的人格的规定的同时，又从抽象的法人格中分化出若干具体的法人格。在劳动法上，形成劳动者的具体人格，使雇用契约的主体成为服从团体法理的劳动法主体。此外，消费者以及公害的受害者，也成为一定的法人格类型，出现在特别法上。第二，财产所有权的限制。现代民法对财产所有权的保护不像近代民法那样绝对化。现代民法思想认为，财产所有权应受一定的限制，财产所有权具有社会性。基于这样的思想，各国对土地所有权和使用权设有公法规制措施，对重要生活物资实行统制，在民法上要求权利的行使应遵循诚实信用原则，禁止权利滥用。第三，对私法自治或契约自由的限制。近代民法对私法自治或契约自由不加限制，反映经济政策上的放任主义，其结果在促进近代社会经济发展的同时，也造成许多严重的社会问题。在现代民法上，私法自治或契约自由受到多方面的限制。包括公法上对交易的规制，即所谓"私法的公法化"，在民法上则通过诚实信用原则、公序良俗原则

---

① 曾世雄：《民法总则之现在与未来》，中国政法大学出版社2001年版，第20页。

对私法自治或契约自由进行限制,以及由法律直接规定某些契约条款无效等。第四,社会责任。近代民法坚持过失责任原则,现代民法对于许多特殊侵权行为规定了无过失责任即严格责任,此外还引入了与民事责任无关的损害补偿制度。① 在产品责任、医疗损害责任等情形,越来越多的国家采取无过错责任,并通过责任保险机制,将支付损害赔偿金的负担分散给所有缔结了同种责任保险的投保人,这种情况被称为责任的社会化。法律的关注点已经开始由对个人过错的惩罚,转向不幸损害的合理分担,开始由个人责任转向社会责任。②

法律对意思自治限制的典型形态是对合同自由的限制。自20世纪以来,由于社会经济条件的变化,绝对的合同自由并不一定体现合同的正义。为了维护社会秩序、协调社会矛盾和冲突,西方国家的法律加强了对合同的干预,并出现了合同正义的概念。维护合同正义与维护合同自由是密切联系在一起的,两者相辅相成、缺一不可。③"在现代法上,为实践合同正义,自愿或曰自由时常受到限制,如强制缔约、格式合同、劳动合同的社会化等,为其著例。"④ 就合同自由的限制而言,主要表现在以下几个方面。第一,缔约自由及相对人自由的限制。法律规定了强制缔约规则。所谓强制缔约,是指合同的订立不以双方当事人的合意为要件,只要一方当事人提出缔结合同的请求,另一方当事人就负有法定的、与之缔结合同的义务。⑤ 强制缔约包括强制要约和强制承诺。《民法典》第494条第2款规定:"依照法律、行政法规的规定负有发出要约义务的当事人,应当及时发出合理的要约。"这是关于强制要约的规定。《民法典》第494条第3款规定:"依照法律、行政法规的规定负有作出承诺义务的当事人,不得拒绝对方合理的订立合同要求。"这是关于强制承诺的规定。强制缔约规则使从事特定行业者负有与相对人缔约的义务,典型者是公用事业的缔约义务和医疗

---

① 参见梁慧星主编《从近代民法到现代民法》,中国法制出版社2000年版,第181~182页。
② 参见韩世远《合同法学》,高等教育出版社2022年版,第13页。
③ 参见王利明《合同法通则》,北京大学出版社2022年版,第83~84页。
④ 崔建远主编《合同法》,法律出版社2021年版,第2页。
⑤ 参见〔德〕梅迪库斯《德国债法总论》,杜景林、卢谌译,法律出版社2004年版,第70页。

契约的缔约义务。①《民法典》第648条规定："供用电合同是供电人向用电人供电，用电人支付电费的合同。向社会公众供电的供电人，不得拒绝用电人合理的订立合同要求。"《民法典》第656条规定："供用水、供用气、供用热力合同，参照适用供用电合同的有关规定。"第二，合同内容自由的限制。合同内容不得违反法律的强制性规定，不得违背公序良俗，否则合同无效。《民法典》第153条规定："违反法律、行政法规的强制性规定的民事法律行为无效。但是，该强制性规定不导致该民事法律行为无效的除外。违背公序良俗的民事法律行为无效。"第三，形式自由的限制。法律对合同形式有特别规定的，应当依照法律规定，例如法律关于要式合同的规定。②第四，对格式条款的规制。"近代法上的合同自由已经演变为一方当事人滥用优势地位的自由，实为合同自由的异化。针对这种情况，现代各国，大多采取一些措施，或为立法手段，或为行政手段，或为司法手段，或为借助社会团体力量，规制不公平合同条款，通过限制合同自由以求实现合同正义。"③《民法典》第497条规定："有下列情形之一的，该格式条款无效：（一）具有本法第一编第六章第三节和本法第五百零六条规定的无效情形；（二）提供格式条款一方不合理地免除或者减轻其责任、加重对方责任、限制对方主要权利；（三）提供格式条款一方排除对方主要权利。"

第五节　公平原则

一　公平原则的内涵

公平原则，是指法律行为的内容应当公平合理，民事活动应当遵循公平的理念。公平是民商法精神的精髓，公平原则是民商法的活的灵魂。④《民法典》第6条规定："民事主体从事民事活动，应当遵循公平原则，合

---

① 参见王泽鉴《民法总则》，北京大学出版社2022年重排版，第244~245页。
② 参见王泽鉴《民法总则》，北京大学出版社2022年重排版，第245页。
③ 韩世远：《合同法学》，高等教育出版社2022年版，第13页。
④ 参见赵万一《商法基本问题研究》，法律出版社2013年版，第19页。

理确定各方的权利和义务。"公平原则可以成为司法机关审理民事案件的裁判依据。① 将公平原则作为民法的基本原则具有合理性,至少能够赋予法官自由裁量权。可以对公平原则的适用进行适当限制,把它作为赋予法官裁判案件的衡平工具。② 公平原则是对私法自治原则的有益补充,当民事主体之间的利益关系非自愿地失去均衡时,应依据公平原则给予特定当事人调整利益关系的机会。例如,根据《民法典》第496条规定,采用格式条款的,提供格式条款的一方应当遵循公平原则确定当事人之间的权利和义务。根据《民法典》第1186条规定,受害人和行为人对损害的发生都没有过错的,依照法律的规定由双方分担损失。

有人主张公平原则可以包含在平等原则之中,这种认识并不妥当。平等原则是指形式上的平等、地位的平等,而公平原则是指实质上的平等、结果的平等。正是在这一点上,公平原则与平等原则有了明确区分,否则,公平原则就没有独立存在的余地。"一方面,平等原则注重的是地位的平等,而公平原则注重的是结果的公平。另一方面,平等注重的是形式上的平等,而公平注重的是实质上的公平。"③

二 公平原则在《民法典》中的体现

(一) 公平原则在《民法典》总则编的体现

公平原则在《民法典》总则编的体现,举其要者,列举如下。第一,显失公平规则。根据《民法典》第151条规定,乘人之危致使民事法律行为成立时显失公平的,受损害方有权请求人民法院或者仲裁机构予以撤销。第二,禁止滥用代理权。根据《民法典》第168条规定,禁止自己代理和双方代理,其目的在于维护公平原则。第三,见义勇为的公平补偿责任。根据《民法典》第183条规定,在侵权人承担民事责任的情形下,受益人可以给予适当补偿;在没有侵权人、侵权人逃逸或者无力承担民事责

---

① 最高人民法院民法典贯彻实施工作领导小组主编《中华人民共和国民法典总则编理解与适用》,人民法院出版社2020年版,第61页。
② 参见李永军《民法总则》,中国法制出版社2018年版,第71页。
③ 王利明:《民法总则研究》,中国人民大学出版社2003年版,第117页。

任的情形下，受害人请求补偿的，受益人应当给予适当补偿。据此确立了见义勇为的公平补偿责任，实际上是公平原则的具体化。①

（二）公平原则在《民法典》物权编的体现

公平原则在《民法典》物权编的体现，举其要者，列举如下。第一，添附的补偿规则。根据《民法典》第322条规定，因当事人一方的过错或者确定物的归属造成另一方当事人损害的，应当给予赔偿或者补偿。第二，相邻关系中的公平原则。根据《民法典》第288条规定，在相邻关系中，一方应当容忍另一方不动产所有人或使用人权利的必要延伸，为其行使权利提供必要的便利。其存在基础实际上是公平原则。② 在处理相邻关系上要公平合理，一方权利的扩张和另一方权利的限制须在合理必要的限度内，并且一方因其权利扩张或限制他人权利而给他人造成损失的，应给予适当补偿。③ 第三，留置权体现的公平原则。根据《民法典》第447条规定，债务人不履行到期债务的，债权人对合法占有的债务人的动产享有留置权，有权就该动产优先受偿。理论上，人们自始就认为留置权是公平原则发生作用的结果。在债权未受清偿前，允许债权人留置债务人的财产以迫使债务人履行其债务，是符合公平原则的，即使在经过法定期间而债务人仍不履行其债务的情形下，使债权人有机会就留置的财产受偿而满足其债权的清偿要求，也是公平的。④

（三）公平原则在《民法典》合同编的体现

公平原则在《民法典》合同编的体现，举其要者，列举如下。第一，格式条款的规制。根据《民法典》第496条第2款规定，提供格式条款的一方应当遵循公平原则确定当事人之间的权利和义务，并采取合理方式提示对方注意免除或者减轻其责任等与对方有重大利害关系的条款，按照对方要求，对该条款予以说明。否则，对方可以主张该条款不成为合同的内

---

① 参见王利明《民法总则》，中国人民大学出版社2022年版，第75页。
② 参见王利明《民法总则》，中国人民大学出版社2022年版，第75~76页。
③ 参见郭明瑞《民法总则通义》，商务印书馆2018年版，第24页。
④ 参见孙宪忠、朱广新主编《民法典分则评注·物权编》（4），中国法制出版社2020年版，第411页。

容。根据《民法典》第497条规定，提供格式条款一方不合理地减免其责任、加重对方责任、限制或者排除对方主要权利等情形的格式条款无效。"格式条款无效的各种情形实际上都在一定程度上违反了公平原则，因此，应当依法被宣告无效。"[1]《民法典》第498条规定："对格式条款的理解发生争议的，应当按照通常理解予以解释。对格式条款有两种以上解释的，应当作出不利于提供格式条款一方的解释。格式条款和非格式条款不一致的，应当采用非格式条款。"按照社会生活经验，制定格式条款的一方往往侧重于自己一方利益的考虑，易于导致格式条款内容有失公平，甚至制定格式条款的当事人滥用合同自由，通过格式条款损害相对方合法权益。因此，法律通过相关规定对格式条款进行规制，以贯彻公平原则。[2] 第二，情势变更原则。《民法典》第533条规定："合同成立后，合同的基础条件发生了当事人在订立合同时无法预见的、不属于商业风险的重大变化，继续履行合同对于当事人一方明显不公平的，受不利影响的当事人可以与对方重新协商；在合理期限内协商不成的，当事人可以请求人民法院或者仲裁机构变更或者解除合同。人民法院或者仲裁机构应当结合案件的实际情况，根据公平原则变更或者解除合同。"引入情势变更原则的价值在于，当合同原有的利益平衡因社会经济的激烈动荡而导致不公正结果时，进行法律救济，调整因不可归责于合同当事人的事由，合同订立的客观基础动摇或丧失带来合同当事人利益失衡的问题。[3] 所谓重大变化，是指合同正常成立、履行所依托的社会经济形势、周围环境和客观条件等发生了剧烈变动，具有某种突发性和异常性，从而导致当事人之间出现了对价关系障碍，进而动摇了合同基础。例如，承租人租赁某处商铺，但受疫情影响，商场停止营业，在此情形下，承租人已无法利用商铺进行经营，此时租金与租赁物使用之间即出现对价关系障碍。[4] 第三，同时履行抗辩权规则。

---

[1] 王利明：《民法总则》，中国人民大学出版社2022年版，第76页。
[2] 参见梁慧星《民法总则讲义》，法律出版社2021年版，第14页。
[3] 参见朱广新、谢鸿飞主编《民法典评注·合同编·通则》（1），中国法制出版社2020年版，第525页。
[4] 参见江必新、夏道虎主编《中华人民共和国民法典重点条文实务详解》，人民法院出版社2020年版，第278页。

《民法典》第 525 条规定："当事人互负债务，没有先后履行顺序的，应当同时履行。一方在对方履行之前有权拒绝其履行请求。一方在对方履行债务不符合约定时，有权拒绝其相应的履行请求。"同时履行抗辩权规则的根本目的在于维护合同当事人利益关系上的公平，是公平原则的具体体现。① 第四，无偿保管合同的归责原则。就无偿保管合同而言，当无偿保管人没有故意或重大过失的，不承担赔偿责任。《民法典》第 897 条规定："保管期内，因保管人保管不善造成保管物毁损、灭失的，保管人应当承担赔偿责任。但是，无偿保管人证明自己没有故意或者重大过失的，不承担赔偿责任。"据此，无偿保管人只有在故意或者重大过失时，才对保管物的毁损灭失承担赔偿责任。"无偿保管合同下，保管人仅负担义务，而不享有权利，要求其负担过重的责任对其过于苛刻。保管人并没有获得报酬作为对价，若要求其负有过高的注意义务，其可能为此额外付出金钱或劳力成本，显然有失公平。法律不应苛责一个因好意为他人免费提供保管的善良之人。"② 比较法上，保管人之注意程度，因有偿和无偿而不同，此为德、瑞、法、日所共同，无偿保管人仅尽到善良管理人的注意程度即可。③

（四）公平原则在《民法典》婚姻家庭编的体现

公平原则在《民法典》婚姻家庭编的体现，举其要者，列举如下。第一，离婚家务劳动补偿。《民法典》第 1088 条规定："夫妻一方因抚育子女、照料老年人、协助另一方工作等负担较多义务的，离婚时有权向另一方请求补偿，另一方应当给予补偿。具体办法由双方协议；协议不成的，由人民法院判决。"本条旨在承认家务劳动的价值，使经济地位较弱而承担较多家务的夫妻一方在离婚时就家务劳动获得补偿。④ 当夫妻双方离婚，

---

① 参见王利明《民法总则》，中国人民大学出版社 2022 年版，第 76 页；朱广新、谢鸿飞主编《民法典评注·合同编·通则》(1)，中国法制出版社 2020 年版，第 493 页。
② 谢鸿飞、朱广新主编《民法典评注·合同编·典型合同与准合同》(4)，中国法制出版社 2020 年版，第 57 页。
③ 参见史尚宽《债法各论》，中国政法大学出版社 2000 年版，第 521~522 页。
④ 参见薛宁兰、谢鸿飞主编《民法典评注·婚姻家庭编》，中国法制出版社 2020 年版，第 434 页。

负担了更多的家庭义务,给另一方提供了更多无形支持的一方反而会因自身经济能力弱或缺乏经济能力而面临权益不能得到保障的困境,显然有悖公平。因此,本条规定投入家务劳动,承担家庭义务的人,理应获得相应的补偿。[1] 第二,离婚经济帮助制度。《民法典》第1090条规定:"离婚时,如果一方生活困难,有负担能力的另一方应当给予适当帮助。具体办法由双方协议;协议不成的,由人民法院判决。"离婚经济帮助制度的根本目的是保障因离婚而生活困难一方的基本生存权益,是对经济弱势一方的生活保障,[2] 体现了公平原则。第三,离婚损害赔偿制度。《民法典》第1091条规定:"有下列情形之一,导致离婚的,无过错方有权请求损害赔偿:(一)重婚;(二)与他人同居;(三)实施家庭暴力;(四)虐待、遗弃家庭成员;(五)有其他重大过错。"据此,在夫妻一方有重婚、与他人同居等重大过错导致离婚的情形,无过错方有权请求损害赔偿。本条通过概括式规定作为兜底,当一方存在如通奸、卖淫、嫖娼、赌博、吸毒等其他重大过错行为时,无过错方也有权请求损害赔偿。[3] 离婚损害赔偿制度能够弥补无过错方遭受的损害、抚慰无过错方,是公平原则、保护弱者理念在婚姻法的体现。[4]

(五)公平原则在《民法典》继承编的体现

公平原则在《民法典》继承编的体现,举其要者,列举如下。第一,丧偶儿媳女婿的继承权。《民法典》第1129条规定:"丧偶儿媳对公婆,丧偶女婿对岳父母,尽了主要赡养义务的,作为第一顺序继承人。"上述规定将对公婆、岳父母尽了主要赡养义务的丧偶儿媳、女婿作为第一顺序继承人,体现了公平原则和社会主义核心价值观,旨在确保主动承担赡养

---

[1] 参见最高人民法院民法典贯彻实施工作领导小组主编《中华人民共和国民法典婚姻家庭继承编理解与适用》,人民法院出版社2020年版,第313页。

[2] 参见最高人民法院民法典贯彻实施工作领导小组主编《中华人民共和国民法典婚姻家庭继承编理解与适用》,人民法院出版社2020年版,第326页。

[3] 参见最高人民法院民法典贯彻实施工作领导小组主编《中华人民共和国民法典婚姻家庭继承编理解与适用》,人民法院出版社2020年版,第332页。

[4] 参见薛宁兰、谢鸿飞主编《民法典评注·婚姻家庭编》,中国法制出版社2020年版,第450页。

义务的丧偶儿媳、女婿能够因其善举而获得合理回报，体现了权利义务相一致原则。① 第二，分配遗产时遵循权利义务相一致原则。《民法典》第1130条第3款、第4款规定："对被继承人尽了主要扶养义务或者与被继承人共同生活的继承人，分配遗产时，可以多分。有扶养能力和有扶养条件的继承人，不尽扶养义务的，分配遗产时，应当不分或者少分。"上述规定体现了抚养与继承的权利义务相一致原则，旨在实现遗产分配结果的公平与合理，体现了法律对于公平、公正的价值追求。② 第三，遗产酌给请求权。《民法典》第1131条规定："对继承人以外的依靠被继承人扶养的人，或者继承人以外的对被继承人扶养较多的人，可以分给适当的遗产。"本条规定了非继承人的酌给请求权，体现了公平原则。"通过将继承人以外的与被继承人存在事实扶养关系的人纳入遗产分配环节，并赋予法官一定的自由裁量权，有助于实现遗产分配结果的实质公平。一方面，避免被扶养人因被继承人的去世而突然失去生活来源；另一方面，则通过对无继承关系扶养人给予适当报偿，展现立法者对于此等美德行为的褒扬和鼓励。"③

（六）公平原则在《民法典》侵权责任编的体现

公平原则在《民法典》侵权责任编的体现，举其要者，列举如下。第一，规定了公平责任，在《侵权责任法》中也称为公平分担损失责任，是指加害人和受害人对损害的发生都没有过错，以公平作为标准，依照法律规定，由双方当事人公平地分担损失的侵权责任形态。④《民法典》第1186条规定："受害人和行为人对损害的发生都没有过错的，依照法律的规定由双方分担损失。"本条规定改变了原《侵权责任法》第24条的规定，将"根据实际情况分担民事责任"修改为"依照法律的规定由双方分担损失"。公平分担损失的规定，最初产生于未成年人和精神病人的赔偿案件。因为未成年人或者精神病人不具备意思能力，不能被确定为有过

---

① 参见陈甦、谢鸿飞主编《民法典评注·继承编》，中国法制出版社2020年版，第72页。
② 参见陈甦、谢鸿飞主编《民法典评注·继承编》，中国法制出版社2020年版，第78页。
③ 陈甦、谢鸿飞主编《民法典评注·继承编》，中国法制出版社2020年版，第81页。
④ 参见杨立新《侵权责任法》，法律出版社2021年版，第259页。

错，因此根据过错责任原则其无需承担责任，但完全免责对受害人明显不公平，公平分担损失规则也就应运而生。公平分担损失规则是公平原则在《民法典》侵权责任编的具体化，是《民法典》内在总分有机体系的典型表现。① 本条规定的规范功能已经由一般裁判规范变化为将法律适用指向法律具体规定的转制规范，将公平责任的适用限制在法律规定的范围内。② "从文义和沿革变化上看，《民法典》第1186条明确要求依照法律的规定适用公平责任，严格限定了公平责任的适用空间，也使得这一规定不再具有单独作为裁判规范的功能，而是具有指引规范的作用。"③ 在侵权法领域，作为具体规范的公平责任，体现为结果公平与实质公平，且只能属于例外规范地位。因此，公平责任不能被视为普遍适用的归责原则。《民法典》侵权责任编明确区分归责原则与损害分担的属性，过错责任与无过错责任规定于"一般规定"章，而公平责任被置于"损害赔偿"章。这说明立法上是要将公平责任与归责原则区分对待的。在法律解释上，应将公平责任定位为民法基本原则在侵权法领域的适用，而不应视其为侵权法上的归责原则。行为人和受害人无过错是公平责任适用的基本要件，此与无过错责任中，受害人有过错并非责任排除的当然要件不同。毕竟公平责任属于权利救济的例外条款，是考虑到受害人独自承受损害后果有失公允的情况下才适用的条款，如果受害人的损失有其他途径获得救济，这将对公平责任的适用产生影响。④ 第二，完全民事行为能力人暂时没有意识或者失去控制致人损害。《民法典》第1190条规定："完全民事行为能力人对自己的行为暂时没有意识或者失去控制造成他人损害有过错的，应当承担侵权责任；没有过错的，根据行为人的经济状况对受害人适当补偿。"据此，

---

① 参见陈龙业《民法典侵权责任编的创新发展与规则适用》，人民法院出版社2023年版，第149~151页。
② 参见邹海林、朱广新主编《民法典评注·侵权责任编》（1），中国法制出版社2020年版，第259页。
③ 陈龙业：《民法典侵权责任编的创新发展与规则适用》，人民法院出版社2023年版，第150页。
④ 参见尹志强《〈民法典〉背景下公平责任的规范体系与理解适用》，载《贵州省党校学报》2020年第5期。

对于造成他人损害，完全民事行为能力人没有过错的，应当对受害人适当补偿，即承担公平补偿责任。①第三，建筑物中抛物或坠物致人损害。《民法典》第1254条第1款规定："禁止从建筑物中抛掷物品。从建筑物中抛掷物品或者从建筑物上坠落的物品造成他人损害的，由侵权人依法承担侵权责任；经调查难以确定具体侵权人的，除能够证明自己不是侵权人的外，由可能加害的建筑物使用人给予补偿。可能加害的建筑物使用人补偿后，有权向侵权人追偿。"据此，"由可能加害的建筑物使用人给予补偿，这种补偿制度也是基于公平原则予以确定的。"②

第六节　诚实信用原则

一　诚实信用原则的内涵

诚实信用原则，简称诚信原则，是指民事主体从事民事活动时，应当讲究信用，诚实不欺，信守诺言，不损害他人利益。③"将此诚彼信，互不尔虞我诈之高难度良心上之要求，以法律而为规定，应无逾越、滥用之可言。故应专门规定诚实信用，使其有'帝王条款'之架势，以济法律规定之穷。"④诚实信用原则被称为民法的"帝王条款"。⑤《民法典》第7条规定："民事主体从事民事活动，应当遵循诚信原则，秉持诚实，恪守承诺。"该规定赋予司法者根据这一适用性很强的原则条款创建一定的自由裁量权，以适应协调各种复杂多变的社会矛盾和调节纷繁多样的社会经济关系的需

---

① 参见邹海林、朱广新主编《民法典评注·侵权责任编》（1），中国法制出版社2020年版，第295页。
② 王利明：《民法总则》，中国人民大学出版社2022年版，第77页。
③ 参见王利明《合同法通则》，北京大学出版社2022年版，第102页。
④ 姚瑞光：《民法总则论》，中国政法大学出版社2011年版，第370页。
⑤ 参见史尚宽《民法总论》，中国政法大学出版社2000年版，第334页；王泽鉴《民法总则》，北京大学出版社2022年重排版，第441页；梁慧星《民法总论》，法律出版社2021年版，第51页；王利明《民法总则》，中国人民大学出版社2022年版，第78页；孙宪忠《我动议——孙宪忠民法典和民法总则议案、建议文集》，北京大学出版社2018年版，第104页。

要。"诚实信用原则,性质上属于一般条款(授权条款),其实质在于,当出现立法当时未预见、未设具体法律规定的新案型时,授权法院依诚实信用原则,行使公平裁量权,直接调整当事人之间的权利义务关系,实现当事人之间利益关系的'衡平'。现代民法理论称之为'帝王规则'。"①

二 诚实信用原则的起源和发展

(一)诚实信用原则在我国的起源和发展

在中国传统道德中,"诚"和"信"作为做人做事的最基本的道德原则和规范,为历代思想家所重视,其中尤以儒家为最。孔子在《论语·为政》中说:"人而无信,不知其可。"又在《论语·颜渊》说:"民无信不立。"王夫之说:"子曰:'自古皆有死,民无信不立。'信者,礼之干也;礼者,信之资也。有一日之生,立一日之国,唯此大礼之序、大乐之和、不容息而已。死者何以必葬?伤者何以必恤?此敬爱之心不容昧焉耳。敬焉而序有必顺,爱焉而和有必浃,动之于无形声之微,而发起其庄肃乐易之情,则民知非苟于得生者之可以生,苟于得利者之可以利,相恤相亲,不相背弃,而后生养以遂。故晏子曰:'唯礼可以已乱。'"② 魏征曾上书唐太宗:"臣闻为国基于德礼,保于诚信。诚信立,则下无二情;德礼形,则远者来格。故德礼诚信,国之大纲,不可斯须废也。传曰:'君使臣以礼,臣事君以忠。''自古皆有死,民无信不立。'又曰:'同言而信,信在言前;同令而行,诚在令外。'然则言而不行,言不信也;令而不从,令无诚也。不信之言,不诚之令,君子弗为也。"③

据史书记载,商鞅曾经"徙木立信"。"令既具未布,恐民之不信,乃立三丈之木于国都市南门,募民有能徙置北门者予十金。民怪之,莫敢徙。复曰:'能徙者予五十金!'有一人徙之,辄予五十金。乃下令。"④ 司马光评论道:"夫信者,人君之大宝也。国保于民,民保于信;非信无以

---

① 参见梁慧星《民法总论》,法律出版社2021年版,第51页。
② (清)王夫之:《读通鉴论》,中华书局2013年版,第16页。
③ (宋)欧阳修、宋祁:《新唐书》,中华书局2000年版,第3118页。
④ (宋)司马光:《资治通鉴》(第1册),中华书局2013年版,第38页。

使民，非民无以守国。是故古之王者不欺四海，霸者不欺四邻，善为国者不欺其民，善为家者不欺其亲。不善者反之，欺其邻国，欺其百姓，甚者欺其兄弟，欺其父子。上不信下，下不信上，上下离心，以至于败。所利不能药其所伤，所获不能补其所亡，岂不哀哉！昔齐桓公不背曹沫之盟，晋文公不贪伐原之利，魏文侯不弃虞人之期，秦孝公不废徙木之赏。此四君者，道非粹白，而商君尤称刻薄，又处战攻之世，天下趋于诈力，犹且不敢忘信以畜其民，况为四海治平之政者哉！"① 王安石写作《商鞅》一诗赞曰："自古驱民在信诚，一言为重百金轻。今人未可非商鞅，商鞅能令政必行。"1912 年 6 月，青年毛泽东在《商鞅徙木立信论》中写道："商鞅之法，良法也。今试一披吾国四千余年之纪载，而求其利国福民伟大之政治家，商鞅不首屈一指乎？鞅当孝公之世，中原鼎沸，战事正殷，举国疲劳，不堪言状。于是而欲战胜诸国，统一中原，不綦难哉？于是而变法之令出，其法惩奸宄以保人民之权利，务耕织以增进国民之富力，尚军功以树国威，孥贫怠以绝消耗。此诚我国从来未有之大政策，民何惮而不信？乃必徙木以立信者，吾于是知执政者之具费苦心也，吾于是知吾国国民之愚也，吾于是知数千年来民智黑暗国几蹈于沦亡之惨境有由来也。"②

中国传统道德中这种以言行一致，表里如一，真实、好善为内容的诚信规范，正是中华民族传统美德的体现。"中华民族在复杂的社会交往中形成了诚实守信待人接物的民族精神。凡是诚实守信的人称为'君子'，狡诈行骗之徒则被视为'小人'。重君子而卑小人，是一种道德风尚。"③诸葛亮被称为中华民族智慧的化身，被称为"千古一相"。在评价诸葛亮时，洪迈写道："二十余年之间，君信之，士大夫仰之，夷夏服之，敌人畏之。上有以取信于主，故玄德临终，至云'嗣子不才，君可自取'；后主虽庸懦无立，亦举国听之而不疑。下有以见信于人，故废廖立而立垂泣，废李严而严致死。后主左右奸辟侧佞，充塞于中，而无一人有心害疾者。"④

----

① （宋）司马光：《资治通鉴》（第 1 册），中华书局 2013 年版，第 39 页。
② 《毛泽东早期文稿》，湖南人民出版社 2013 年版，第 1 页。
③ 张晋藩：《中华民族精神与传统法律》，载《比较法研究》2018 年第 1 期。
④ （宋）洪迈：《容斋随笔》，中华书局 2015 年版，第 78 页。

(二) 诚实信用原则在域外的起源和发展

诚信原则起源于罗马法。"法律之吸收道德观念，始于罗马法。在罗马法上，诚实信用观念体现在一般恶意抗辩诉权中。学者认为，诚实信用原则与一般恶意抗辩同出一源，具有同一意义。"① 1804 年的《法国民法典》第 1134 条第 3 款规定："契约应以善意履行之。"至 19 世纪后期，由于社会生活之巨变，法律思想从个人本位主义转变为社会本位主义。立法者需要规定伸缩性更大因而适应性更强的原则条款，以便使法官拥有较大的自由裁量权，可以更好地协调各种矛盾和调节社会经济关系。为此，《德国民法典》明文规定诚实信用为履行债的基本原则。《瑞士民法典》将诚实信用原则的适用范围扩大到一切权利的行使和义务的履行。二战后，诚实信用原则的地位一再提高，成为君临全法域之基本原则。②《德国民法典》第 242 条规定："债务人应依诚实信用之要求，并顾及交易习惯，履行其给付。"《瑞士民法典》第 2 条规定："任何人行使权利履行义务，均应依诚实信用为之。"《日本民法典》第 1 条第 2 款规定："权利之行使及义务之履行，应遵从信义，诚实为之。"从诚信原则的发展历程来看，其经历了几个发展阶段：一是诚信原则主要适用于债的关系；二是至 20 世纪，西方国家日益借助于诚信原则解释法律和契约，诚信原则的适用范围不断拓宽，突破了债的关系而扩展到民法各个法域，包括物权法、亲属法、继承法，任何人在行使权利、履行义务时都应当依诚信原则而为之，因而其被称为民法中的"帝王规则"。可以说，自 20 世纪以来，诚信原则在民法中得以普遍运用，是民法发展的重要标志。③

三　导致诚信危机的原因及其矫治

(一) 导致诚信危机的原因

1. 封建社会的金钱崇拜

在中国封建社会，凡是政治清明时期，则国泰民安，风调雨顺，百姓

---

① 梁慧星：《民法总论》，法律出版社 2021 年版，第 281 页。
② 梁慧星：《民法总论》，法律出版社 2021 年版，第 281 页。
③ 参见王利明《合同法通则》，北京大学出版社 2022 年版，第 78 页。

其乐融融；凡是政治昏暗时期，则金钱至上，卖官鬻爵，百姓苦不堪言。"邹人孟轲见魏惠王，王曰：'叟，不远千里而来，亦有以利吾国乎？'孟子曰：'君何必曰利，仁义而已矣！君曰何以利吾国，大夫曰何以利吾家，士庶人曰何以利吾身，上下交征利而国危矣。未有仁而遗其亲者也，未有义而后其君者也。'"① 晋惠帝元康（291~299）年间，纲纪大坏，世风日下。晋惠帝昏聩无知，朝纲旁落，政出多门，卖官鬻爵，贿赂成风，"惟钱是求"成为当时的社会风气。针对这种社会现状，鲁褒写作《钱神论》以讥讽世风："钱之为体，有乾、坤之象，亲之如兄，字曰孔方。无德而尊，无势而热，排金门，入紫闼，危可使安，死可使活，贵可使贱，生可使杀。是故忿争非钱不胜，幽滞非钱不拔，怨雠非钱不解，令闻非钱不发。洛中朱衣、当途之士，爱我家兄，皆无已已，执我之手，抱我终始。凡今之人，惟钱而已。"② 王夫之说："怀利以孝于亲、忠于君、信于友，利尽而去之若驰，利在他人，则弃君亲、背然诺，不旋踵矣，此必然之券也。故慈父不以利畜其子，明君不以利饵其臣，贞士不以利结其友。"③ "以利动天下而天下动，动而不可复止，有涯之金粟，不足以填无涯之溪壑，故唐之乱也无已期。利在此而此为主矣，鬻权卖爵之柄，天子操之，且足以乱，庶人操之，则立乎其上者之岌岌何如也？"④

2. 市场经济条件下的金钱崇拜

曾几何时，对货币的垂涎三尺动摇和瓦解了人性所凭借的基本价值和共同生活所倚仗的基本原则，以至像诚实信用这一亘延数千年而且只要人不甘堕落就必须一直亘延下去的人性法则也遭遇了冷落甚至嘲讽，人们面临着人格涣散的危机。马克思在《资本论》中引用英国经济学家托·约·邓宁的话说："资本害怕没有利润或利润太少，就像自然界害怕真空一样。一旦有适当的利润，资本就胆大起来。如果有10%的利润，它就保证到处被使用；有20%的利润，它就活跃起来；有50%的利润，资本就铤而走

---

① （宋）司马光：《资治通鉴》（第1册），中华书局2013年版，第51页。
② （宋）司马光：《资治通鉴》（第4册），中华书局2013年版，第2200页。
③ （清）王夫之：《读通鉴论》，中华书局2013年版，第596页。
④ （清）王夫之：《读通鉴论》，中华书局2013年版，第706页。

险；为了100%的利润，它就敢践踏一切人间法律；有300%的利润，它就敢犯任何罪行，甚至冒绞首的危险。如果动乱和纷争能带来利润，它就会鼓励动乱和纷争。走私和贩卖奴隶就是证明。"① 马克思主义的经典论述对资本主义社会的尔虞我诈、巧取豪夺等违背诚实信用原则的伎俩进行了淋漓尽致的描述，明确提出人的异化的理论，迄今还没有发现比之更为深刻的文字。马克思在《论犹太人问题》中指出："实际需要、利己主义是市民社会的原则；只要市民社会完全从自身产生出政治国家，这个原则就赤裸裸地显现出来。实际需要和自私自利的神就是金钱。"② 马克思在《1844年经济学哲学手稿》中指出："因为货币作为现存的和起作用的价值概念把一切事物都混淆了、替换了，所以它是一切事物的普遍的混淆和替换，从而是颠倒的世界，是一切自然的品质和人的品质的混淆和替换。"③ 恩格斯在《英国状况》中指出："这样一来，财产，这个同人的、精神的要素相对立的自然的、无精神内容的要素，就被捧上宝座，最后，完成这种外在化，金钱，这个财产的外在化了的空洞抽象物，就成了世界的统治者。人已经不再是人的奴隶，而变成了物的奴隶；人的关系的颠倒完成了；现代生意经世界的奴役，即一种完善、发达而普遍的出卖，比封建时代的农奴制更不合乎人性、更无所不包；卖淫比初夜权更不道德、更残暴。"④ 恩格斯在《英国工人阶级状况》中写道："我从来没有看到过一个阶级像英国资产阶级那样堕落，那样自私自利到不可救药的地步，那样内部腐败，那样无力再前进一步。在这里我指的首先是本来意义上的资产阶级，特别是反对谷物法的自由资产阶级。在资产阶级看来，世界上没有一样东西不是为了金钱而存在的，连他们本身也不例外，因为他们活着就是为了赚钱，除了快快发财，他们不知道还有别的幸福，除了金钱的损失，不知道有别的痛苦。在这种贪得无厌和利欲熏心的情况下，人的任何观

---

① 《马克思恩格斯选集》（第2卷），人民出版社1995年版，第266页。
② 《马克思恩格斯文集》（第1卷），人民出版社2009年版，第52页。
③ 《马克思1844年经济学哲学手稿》，人民出版社2014年版，第141页。
④ 《马克思恩格斯文集》（第1卷），人民出版社2009年版，第94~95页。

点都不可能不受到污染。"① "由于资产阶级的统治,金钱使资产者所处的那种可怜的奴隶状态甚至在语言上都留下了痕迹。金钱确定人的价值:这个人值一万英镑(he is worth ten thousand pounds),就是说,他拥有这样一笔钱。谁有钱,谁就'值得尊敬',就属于'上等人'(the better sort of people),就'有势力'(influential),而他所做的,在他那个圈子里就是举足轻重的。牟利精神渗透了全部语言,一切关系都用商业术语、经济范畴来表现。需求和供应,需要和提供,supply and demand,这就是英国人用来判断整个人生的逻辑公式。"②

改革开放后,出现了一些极端的口号,强化金钱的统治地位,蔑视人的主体地位,消解人的价值。典型的口号是:"时间就是金钱,效率就是生命。""低头向钱看,抬头向前看;只有向钱看,才能向前看。"这些极端蔑视人权的观念竟然没有被质疑,反而被当作主流价值观念予以推进,思想理论之混乱,由此可见一斑。导致这种现象的原因,主要是因为有些观点背离了马克思主义,甚至是对马克思主义的反动。"夫事未有不生于微而成于著,圣人之虑远,故能谨其微而治之,众人之识近,故必待其著而后救之;治其微则用力寡而功多,救其著则竭力而不能及也。"③

(二) 社会现实迫切需要重建诚实信用

市场经济本身如同一把双刃剑,具有其经济和道德上的两面性:一方面,它既是激活效率的自由之源,可以创造空前丰富的物质财富,也可能造成资源和财富的巨大浪费;既具有原始的市场公正的天然性格,也可能因为这种天然性格而导致日益扩大的弱肉强食和贫富差距。另一方面,市场经济的目标模式虽然具有其经济合理性,却同时也蕴含着一定的社会风险和道德风险。如果缺乏必要的社会调控和道德约束,单纯的经济利益驱动和效益最大化追求,也会导致整个社会的实用主义风气和个人利己主义冲动,并最终使人类社会单极化,人自身也异化为真正

---

① 《马克思恩格斯文集》(第1卷),人民出版社2009年版,第476页。
② 《马克思恩格斯文集》(第1卷),人民出版社2009年版,第477~478页。
③ (宋) 司马光:《资治通鉴》(第1册),中华书局2013年版,第4页。

的"单面人"。市场经济所具有的缺陷和风险，表明市场经济本身需要必要的社会规范和限制，合理健康的道德观念和规范构成了市场经济健康发展的必要条件。

从根本上说，西方社会的基督教等宗教信仰就是道德教化的范畴，宗教信仰作为德治状态对社会治理有重要作用，比如基督教强调的诚实信用等观念对净化社会风气是功不可没的。西方社会在强调法治的同时，以宗教予以平衡，实际上就是德治与法治的结合。在介绍西方文明时，人们大多热衷于强调其法治状态，而有意无意地忽视了其德治状态，这种状况应当引起必要的警醒和关注。

我国在推行法治的过程中，由于没有宗教予以平衡，加之信仰迷失，道德层面如脱缰野马、决堤洪水，无法进行有效调整。只有正视问题，才能解决问题，掩耳盗铃犹如养痈为患，实事求是弥足珍贵。针对信仰迷失问题，也许从思想道德建设方面作为突破口是可行的路径选择。在青年毛泽东看来，大本大源乃是宇宙真理，具体到人心，就体现为人生观、价值观、思想道德等，也就是人们常说的理想人格。他认为，人类社会极其复杂，想要彻底改变中国社会的面貌，不能从枝节处入手，而要把握大本大源。1917年8月23日，毛泽东同志在给黎锦熙先生的信中写道："夫本源者，宇宙之真理，天下之生民，各为宇宙之一体，即宇宙之真理，各具于人人之心中，虽有偏全之不同，而总有几分之存在。今吾以大本大源为号召，天下之心其有不动者乎？天下之心皆动，天下之事有不能为者乎？天下之事可为，国家有不富强幸福者乎？""当今之世，宜有大气量人，从哲学、伦理学入手，改造哲学，改造伦理学，根本上改变全国之思想。如此大蠹一张，万夫走集；雷电一震，阴曀皆开，则沛乎不可御矣！……觉吾国人积弊甚深，思想太旧，道德太坏。夫思想主人之心，道德范人之行，二者不洁，遍地皆污。盖二者之势力，无在不为所弥漫也。思想道德必真必实。吾国思想与道德，可以伪而不真、虚而不实之两言括之，五千年流传至今，种根甚深，结蒂甚固，非有大力不易摧陷廓清。"[①] 一百年前，年

---

① 《毛泽东早期文稿》，湖南人民出版社2013年版，第73页。

轻的毛泽东同志即思考如何推进社会进步，并找到了答案，即主张从思想上改造国人灵魂，真正抓住了事物的根本。"他认为，变革中国的方子开了不少，但都是头痛医头、脚痛医脚的做法，'俱从枝节入手'而'本源未得'，没有抓住病根。对于当时的军阀政客，毛泽东认为他们'胸中茫然无有'，'如秋潦无源，浮萍无根'，只剩'手腕智计'。这样的政客与古代奸雄无异，无补于中国世事。只有学有本源、有雄才大略的政治家，才是中国之所需，才能求得中国面貌之根本改变。"[1]

四 诚实信用成为民法基本原则

（一）道德观念上升为法律原则

诚实信用原则在各国法律上基本都有规定。例如，《法国民法典》第1134条第3款规定："契约应依善意履行之。"《德国民法典》第242条规定："债务人须依诚实信用，并参照交易惯例，履行其给付。"《瑞士民法典》第2条规定："无论任何人行使权利履行义务，均应依诚实及信用方法。"《日本民法典》第1条第2款规定："行使权利及履行义务，应恪守信义，诚实履行。"《韩国民法典》第2条规定："权利的行使及义务的履行，应恪守信义，诚实履行。"我国台湾地区"民法"第148条第2款规定："行使权利，履行义务，应依诚实及信用方法。"在立法将诚实信用原则规定为民法典的一个条文后，它就不再是单纯的道德规则，已经成为一项法律规范。诚实信用原则是将道德规则与法律规则合为一体，因而同时具有法律调节和道德调节的双重功能，使法律获得更大的弹性，法官因而享有更大的公平裁量权。[2]

社会生活是不断发展变化的，新情况、新问题总是层出不穷，在一定时期制定的成文法，无论怎样完备、周详，相对于不断变化的社会生活实际而言，总难免存在某些滞后性。这表现为已有的法律条文在适用复杂多样的案件时，往往处于捉襟见肘的窘境。走出这种窘境的最佳途

---

[1] 戚义明：《领导干部应该"学有本源"——从青年毛泽东的一封信说起》，载《党的文献》2016年第2期。

[2] 参见梁慧星《民法总论》，法律出版社2021年版，第283页。

径是：立法赋予司法者在现有成文法条文的基础上具有不失社会公平、公正的一定自由裁量权。将具有普遍意义的道德准则——诚实信用，列为民法的一项一般性指导原则。"立法机关考虑到法律不能包容诸多难以预料的情况，不得不把补充和发展法律的部分权力授予司法者，以模糊规定或不确定规定的方式把相当大的自由裁量权交给了法官。因此，诚实信用原则意味着承认司法活动的创造性与能动性。"[1] 当司法者（法官）在遇到现有法律条文不能充分适用案情的条件下，可以贯彻这一指导原则而具有一定的自由裁量权，以保证裁决的结果能够符合社会公平、公正的宗旨。在这里，诚实信用原则既是成文法进行必要延伸、扩展的法定依据，又是这种延伸、扩展的合理界限。在贯彻诚实信用原则的司法过程中，应当把克服成文法的滞后性，与维护法律的权威性和排除司法的随意性结合起来。

（二）诚实信用原则的功能

1. 指导当事人正确行使权利、履行义务的功能

诚实信用原则树立了一个"诚实商人"的形象，确立了一种商业人道主义。它为市场交易主体提供了一种普遍的信赖：即相信他人与自己一样是诚实、善良的、恪守信用的。这种信赖是商品交换所必需的资源之一。另外，诚实信用还要求当事人在行为时，不损及公共利益和他人利益。[2] 诚信对人们的生活至关重要，没有诚信，人们则会没有安全感。德国社会学家卢曼曾对信任的重要性作了这样的描述，"在其最广泛的含义上，信任指的是对某人期望的信心，它是社会生活的基本事实。若完全没有信任的话，他甚至会在次日早晨卧床不起。他将会深受一种模糊的恐惧感折磨，为平息这种恐惧而苦恼。在其最极端的情况下，这种与世界复杂性的突然遭遇超出了人的承受力。"[3]

2. 确立附随义务的功能

依据诚实信用原则可以产生附随义务，包括前合同义务、合同履行

---

[1] 梁慧星：《民法总论》，法律出版社2021年版，第284页。
[2] 梁慧星《民法总论》，法律出版社2021年版，第284页。
[3] 〔德〕卢曼：《信任》，翟铁鹏、李强译，上海人民出版社2005年版，第3页。

中的附随义务和后合同义务。《民法典》第 500 条确立了前合同义务，《民法典》第 509 条第 2 款确立了合同履行中的附随义务，《民法典》第 558 条确立了后合同义务。可见，诚信原则的适用贯穿了合同关系的全过程，当事人应当依法履行其附随义务，违反其附随义务的，应当承担相应的责任。[①]

3. 补充法律漏洞的功能

相对于不断发展变化的社会生活而言，已有的成文法律难免存在漏洞。对法律尚未有规定的地方，可以按诚实信用原则的要求加以补充，以便对具体案件进行恰当处理，这就是司法者造法的表现。对法律漏洞的补充，为日后的立法、修法提供了依据和条件，这对法律制定的健全、完善有重要的意义。

一般认为，诚实信用原则仅具有补充法律漏洞的功能，而没有修正现行法的功能。其主要理由在于：在现代法治国家，立法机关根据人民意志而制定法律，因此应当维护法律权威，不允许法官以法律规定违背诚信原则为由而排除其适用，否则将无异于允许法官个人意志凌驾于人民意志之上，借诚信原则之名曲解法律，必将损害法律的权威。[②]

4. 解释的功能

一般而言，法律条文都是抽象的，适用于具体案件时，必须加以解释。在进行法律解释时，必须受诚实信用原则的支配，才能维持公平正义。这是诚实信用原则在法律解释上的功能。"诚实信用原则适用的结果，可创造、变更、消灭、扩张、限制约定之权利义务，亦可发生履行拒绝权及请求返还之拒绝权，更得以之为增减给付之依据，或成立一般恶意之抗辩。"[③] "诚实信用原则要求在法律与合同缺乏规定或规定不明确时，司法审判人员应依据诚信、公平的理念，准确解释法律和合同。"[④]

---

① 参见王利明《合同法通则》，北京大学出版社 2022 年版，第 80 页。
② 参见梁慧星《民法总论》，法律出版社 2021 年版，第 285 页。
③ 梁慧星：《民法总论》，法律出版社 2021 年版，第 284 页。
④ 王利明：《合同法通则》，北京大学出版社 2022 年版，第 80~81 页。

第七节 符合法律和公序良俗原则

一 符合法律和公序良俗原则的含义

（一）民事活动应当符合法律和公序良俗

《民法典》第8条规定："民事主体从事民事活动，不得违反法律，不得违背公序良俗。"据此，本条规定了符合法律和公序良俗原则。民事活动不得违反法律，称为合法原则，是指民事活动不得违反法律的强制性规定。[1] 本条所说的法律是指广义的法律，不仅包括法律、行政法规，而且包括地方性法规、规章、自治条例和单行条例等规范性法律文件。民事活动不得违背公序良俗，称为公序良俗原则。公序良俗是指公共秩序和善良风俗。鉴于合法原则清晰明了，本书重点探讨公序良俗原则。

（二）公序良俗原则的内涵

公序良俗原则，是指民事法律行为的内容及目的不得违反公共秩序或善良风俗。公共秩序，是指法律所维护的正常社会秩序。善良风俗，是指人们普遍认可的风俗习惯。"所谓公共秩序，指社会生活之公安与公益。所谓善良风俗，指民众一般之道德观念。"[2] 一般认为，公共秩序与善良风俗大部分是一致的，很难明确地加以区分。"公共秩序是指国家社会的一般利益，善良风俗是指国民的一般道德观念。公序良俗大体之区别如此，然如严格言之，二者之范畴又常相一致。"[3] "公共秩序与善良风俗，不仅其范围大部分是一致的，而且理论上也不可能明了地加以区别。只是一个着眼于国家社会的秩序，一个着眼于道德观念之差。"[4]

善良风俗，是指国家社会繁荣存在及其发展所必需的一般道德。有观点认为，"善良风俗是指法律的基础价值理念和公平合理思考者的正当感

---

[1] 参见王利明《民法总则》，中国人民大学出版社2022年版，第81页。
[2] 杨与龄编著《民法概要》，中国政法大学出版社2002年版，第22页。
[3] 胡长清：《中国民法总论》，中国政法大学出版社1997年版，第201页。
[4] 〔日〕我妻荣：《新订民法总则》，于敏译，中国法制出版社2008年版，第254页。

受",① 或者说"其既包括了法制本身内在的伦理道德价值和原则,也包括了现今社会占统治地位的道德的行为准则"。② 所谓风俗,是一种历代相沿、积久而成的风尚和习俗。风俗,不同程度地影响着我们的思想、行动和言论。风俗要求人们应当按风俗行事,而不应当违反风俗。只有为大多数人普遍接受的风俗,才能升华为道德。而作为民法基本原则的善良风俗,其含义不应等同于一般的道德,而是具有法律意义的道德。

总体来看,各国在对"违反公序良俗将导致法律行为无效"的问题上所采取的立场是一致的。在现代市场经济条件下,具有维护国家利益、社会公益和一般道德观念的功能。"立法者在制定法律时,不可能预见一切损害国家利益、社会公益和道德秩序的行为,并设置详尽的禁止性规定,故以公序良俗原则弥补禁止性规定之不足。公序良俗原则在性质上为授权性规定,授权法院(法官)遇有损害国家利益、社会公益和社会道德秩序的行为,而又缺乏相应的禁止性法律规定时,以违反公序良俗原则为由判决该行为无效。"③ 公序良俗原本是道德准则,但它一经被法律所确认,便演变成法律原则。如果此时仍然根据法律和道德的区分,而认定公序良俗属于道德范畴,则是不妥当的。

二 公序良俗成为民法基本原则

(一) 公序良俗原则是对意思自治的限制

公序良俗作为法律规则起源于罗马法,并为大陆法系民法沿袭。"优帝《学说汇编》认为下列诸项均属不正当,如以杀人、侮辱人、行窃等为标的,这是行为的不法;如使人勿控告盗贼,预约不负刑事责任,这是庇护和鼓励犯罪;如约定终身不结婚、不离婚、必离婚、必信奉某教、不信奉某教、不立某人为继承人、必立某人为继承人等,则为限制婚姻、宗教和遗嘱的自由;如以赌博、为娼为标的,这是伤风败俗,以上行为,均属

---

① 黄立:《民法总则》,中国政法大学出版社2002年版,第335页。
② 〔德〕拉伦茨:《德国民法通论》(下册),王晓晔等译,法律出版社2003年版,第600页。
③ 梁慧星:《民法总论》,法律出版社2021年版,第52页。

无效。"① "公共秩序、善良风俗,以此观念限制法律行为之内容,为罗马法以来所认之法则,为法、德、意民法及其他近代民法所采。"②

近代立法史上,公序良俗作为对契约自由的限制,最先明确见诸于1804年的《法国民法典》,随后被《德国民法典》、《日本民法典》提升为判定法律行为效力的一般依据,并为大陆法系其他国家或地区的立法所借鉴,最终成为现代民法的一项基本原则。例如,《法国民法典》第6条规定:"个人不得以特别约定违反有关公共秩序和善良风俗的法律。"《德国民法典》第138条第1款规定:"违反善良风俗的行为,无效。"《日本民法典》第90条规定:"违反公共秩序或善良风俗之法律行为,无效。"我国台湾地区"民法"第72条规定:"法律行为,有背于公共秩序或善良风俗者,无效。"

公序良俗原则的性质为一般条款,鉴于立法者不可能就损害国家一般利益和违反社会一般道德准则的行为作出具体的禁止性规定,因而通过规定公序良俗这样一般条款,授权法官针对具体案件进行价值补充,以求获得判决的社会妥当性。因此,公序良俗规定相对于法律强制性规定而言,具有补充规定的性质。设立公序良俗原则的一个重要目的就是对意思自治进行必要的限制。事实上,民事主体依法享有意思自治,其真正的含义是在不违反强行法和公序良俗的前提下而实现意思自治。"善良风俗只起到一种消极的作用,即限制当事人的私法自治。当然,这绝不意味着法律要积极地强制某种道德行为的实施,不管哪种道德行为是占统治地位的道德,或者是严格伦理学的要求,这是做不到的,它只是意味着法律不承认那些在法制社会中严重违反被大家公认的社会公共道德的法律行为。"③ 公序良俗原则的功能在于以公共秩序和善良风俗对当事人的自由范围加以必要的限制和约束,为行为自由提供边界,对于越过边界之行为,依照这一原则确定其构成对自由的滥用,法律不承认其效力。在我国,一方面必须强化对个人权利、个人自由进行保护;另一方面,又必须对个人自由的边

---

① 周枏:《罗马法原论》(下册),商务印书馆1996年版,第599页。
② 史尚宽:《民法总论》,中国政法大学出版社2000年版,第334页。
③ 〔德〕拉伦茨:《德国民法通论》(下册),王晓晔等译,法律出版社2003年版,第603页。

界设定不得逾越的标志。这样才能防止人们滥用权利和自由损害他人的权利和自由，才能建立和维护社会生活的和谐秩序。考虑到立法预见能力的有限性以及社会生活的复杂性，对未在法律秩序内部予以限制，而权利的行使违背公共秩序或社会基本道德之底线的情形，由公序良俗原则加以外部约束，使该权利行使无效。①

(二) 公序良俗原则具有裁判功能

公序良俗原则将道德理念上升为具有裁判功能的法律原则。"民事活动应当尊重社会公德"这一规定的背后，是一个法律演化的漫长过程，从绝对排斥社会道德到重新肯定道德的地位，从严格规则主义到法官自由裁量，从法律实证主义到法律现实主义。它表明立法者对公序良俗的最终认同，表明法律对道德的包容。当我们竭力驱赶道德，以便建立纯粹的法律世界的时候，道德已偷偷地溜进了法律的殿堂。随着法典肯定了它的位置，道德更是堂皇地端坐在法律殿堂上。②"善良风俗，只是从道德秩序仲裁剪下来的、在很大程度上被烙上了法律印记的那部分。"③ 也就是说，适用公序良俗原则进行裁判，并不是依据道德进行裁判，而是"依法判案"，因为公序良俗原则本身就是裁判规范，而不再是简单的道德规范。

(三) 诚实信用原则与公序良俗原则的区别

诚实信用原则与公序良俗原则的区别如下。第一，适用范围不同。诚实信用原则一般适用于当事人之间存在一定关联关系的情形，而善良风俗原则一般适用于当事人之间不存在特殊关联的情形。④ 第二，法律效果不同。诚实信用与权利滥用是事物的一体两面，违反诚信原则并不否认权利本身，后果较轻，一般仅限制权利的行使或产生损害赔偿。公序良俗原则是对法律行为进行审查，违反的无效，不产生权利，后果较重。⑤ 第三，

---

① 参见尹田主编《民法学总论》，北京师范大学出版社2010年版，第37页。
② 参见何海波《何以合法？——对"二奶继承案"的追问》，载《中外法学》2009年第3期。
③ 〔德〕梅迪库斯：《德国民法总论》，邵建东译，法律出版社2000年版，第515页。
④ 参见于飞《公序良俗原则与诚实信用原则的区分》，载《中国社会科学》2015年第11期。
⑤ 参见姚辉主编《民法总则基本理论研究》，中国人民大学出版社2019年版，第173～174页。

功能不同。诚实信用原则经常用于填补法律漏洞，在诚实信用原则的基础上产生了许多新的规则，如合同正义原则、缔约过失责任规则等。公序良俗原则的功能主要是认定法律行为的效力，违反公序良俗将导致法律行为无效。[①] 第四，审查角度不同。诚实信用原则针对权利的行使行为进行"形式审查"，如果行使方式不合适，可以改采其他方式。公序良俗原则针对法律行为的内容进行"内容审查"，违法公序良俗的法律行为无效。第五，设立的标准不同。诚实信用原则是一个较高的行为标准，通常针对特殊、非典型的情形适用。公序良俗原则是一个较低的行为标准，通常针对一般、典型情形适用。第六，与公共利益的关联性不同。当事人违反诚实信用原则一般只是损害对方当事人的利益，而通常不会损害公共利益。当事人违反公序良俗原则的行为一般会损害公共利益。[②]

三 关于违反公序良俗行为的类型化

（一）违反公序良俗行为的类型化的法理基础

公序良俗是一个十分抽象的概念，为了维护法律的权威和尊严，避免滥用公序良俗条款，应当对违反公序良俗的认定设立若干判断标准，以指导人们的实践活动，否则，法官在判断公序良俗过程中可能有太多随意性。

学者对违反公序良俗的行为进行了基本的类型化归纳，概要如下。第一，拉伦茨先生对违反公序良俗的行为作如下类型化：束缚性合同、暴利行为、违反善良风俗造成第三人损失、高度人身性行为的商业化、违反道德的赠与或遗赠、违反家庭秩序或职业道德的行为。[③] 第二，我妻荣先生对违反公序良俗的行为作如下类型化：反人伦的行为、违反正义观念的行为、乘人之危牟取暴利的行为、极度限制个人自由的行为、限制营业自由的行为、处分作为生存基础的财产的行为、显著的射幸行为。[④] 第三，史

---

① 参见王利明《合同法通则》，北京大学出版社2022年版，第81页。
② 参见于飞《公序良俗原则与诚实信用原则的区分》，载《中国社会科学》2015年第11期。
③ 参见〔德〕拉伦茨《德国民法通论》（下册），王晓晔等译，法律出版社2003年版，第604~616页。
④ 参见〔日〕我妻荣《新订民法总则》，于敏译，中国法制出版社2008年版，第255~265页。

尚宽先生对违反公序良俗的行为作如下类型化：违反人伦的行为、违反正义观念的行为、剥夺或极端限制个人自由的行为、侥幸行为（赌博行为）、违反现代社会制度或妨害公共团体的政治作用的行为、具有反社会性质的行为。① 第四，王泽鉴先生对违反公序良俗的行为作如下类型化：违反宪法上基本权利的保护（如合同不得约定女工结婚即行辞退，因其违反宪法关于男女平等的规定）、违反契约上危险的合理分配（如不得约定人身伤害的免责条款）、违反婚姻制度的维护、违反家庭伦理、经济秩序以及性之关系（支付对价从事性行为的契约有背公序良俗，故应无效）。② 第五，梁慧星先生对违反公序良俗的行为作如下类型化：危害国家公序行为、危害家庭关系行为、违反性道德行为、射幸行为、违反人权和人格尊重的行为、限制经济自由的行为、违反公平竞争行为、违反消费者保护的行为、违反劳动者保护的行为。③

随着时代的变迁和法律制度的完善，公序良俗的类型也应有所增减并予以适度完善。例如，上述类型化归纳的交集很多，基本都将暴利行为或侥幸行为纳入其中，但根据我国《民法典》第151条的规定，暴利行为是可撤销的民事法律行为，因此，不应再将其列入违反公序良俗的情形。此外，高度人身性行为的商业化、限制营业自由的行为、违反契约上危险的合理分配、违反公平竞争的行为、违反消费者保护的行为、违反劳动者保护的行为等均有具体的法律制度予以规范，无须再将其纳入违反公序良俗的行为类型，否则可能构成向一般条款逃逸，不符合法律适用的一般原则。

（二）关于违反公序良俗的行为类型化整理

1. 极度限制个人自由的行为

个人自由是宪法规定的公民的基本权利，如果法律行为违反了个人自由的基本权利，则法律行为无效。极度限制个人自由的合同限制了另一方当事人的人身或经济自由，并使合同一方在事实上或多或少地受制于另一

---

① 参见史尚宽《民法总论》，中国政法大学出版社2000年版，第336~340页。
② 参见王泽鉴《民法总则》，中国政法大学出版社2022年重排版，第295~302页。
③ 参见梁慧星《民法总则讲义》，法律出版社2021年版，第267~269页。

方，被称为"束缚性合同"，法院宣布此类合同或合同的某些条款无效。[①]例如，雇用契约约定，在契约存续期间，受雇人不得结婚或怀孕，该契约因违反公序良俗而无效。[②] "即使当事人是善意的，只要法律行为的后果表现为不可忍受，该法律行为也可能违反善良风俗。兹举帝国法院的一项判例为例说明。在本案中，一位妻子提起离婚诉讼。在其丈夫做出下列承诺以后，妻子撤回了她的诉讼：'丈夫承诺在今后不单独进行业务旅行或娱乐旅行的义务。'此项承诺旨在防止丈夫实施有害婚姻的进一步行为，以维护婚姻。这即是说，双方当事人的意图在道德上是无可厚非的。尽管如此，帝国法院正确地认为，这一承诺是违反善良风俗的。帝国法院认为，对丈夫的行动自由作出这样的限制，违背了婚姻的道德本质。"[③]

财产自由是人身自由的重要组成部分，限制财产自由的行为应为无效。"财产为个人自由活动手段不可缺乏之条件，将来全部财产之处分，限制个人自由过甚，应为无效。"[④] 例如，签订终身不准任意退伙的合伙协议无效，永久禁止所有物处分的协议无效，终身不得在任何场所为一定营业的协议无效。[⑤] "赠与他人财产，并永久禁止受赠与人处分，该禁止行为无效（但赠与行为本身仍为有效）。"[⑥]

实践中，经常出现夫妻在婚姻关系存续期间签署忠诚协议的情形，如夫妻双方约定："双方应互敬互爱，对家庭、配偶、子女要有道德感和责任感。若一方在婚姻期间由于道德品质的问题，出现了背叛另一方的不道德行为（婚外情），要赔偿对方名誉损失及精神损失费 100 万元。"在忠诚协议签署后，如果一方发现另一方有出轨行为的，能否以另一方违反忠诚协议要求为由向人民法院起诉请求判令另一方支付名誉损失及精神损失费 100 万元？一般认为，夫妻之间签订忠诚协议，应由当事人本着诚信原则

---

① 参见〔德〕拉伦茨《德国民法通论》（下册），王晓晔等译，法律出版社 2003 年版，第 604~605 页。
② 参见黄立《民法总则》，中国政法大学出版社 2002 年版，第 337 页。
③ 〔德〕梅迪库斯：《德国民法总论》，邵建东译，法律出版社 2001 年版，第 515 页。
④ 史尚宽：《民法总论》，中国政法大学出版社 2000 年版，第 338 页。
⑤ 参见史尚宽《民法总论》，中国政法大学出版社 2000 年版，第 338 页。
⑥ 刘得宽：《民法总则》，中国政法大学出版社 2006 年版，第 203 页。

自觉自愿履行，法律并不禁止夫妻之间签订此类协议，但也不赋予此类协议强制执行力，从整体社会效果考虑，法院对夫妻之间的忠诚协议纠纷以不受理为宜。理由如下。第一，如果法院受理此类忠诚协议纠纷，主张按忠诚协议赔偿的一方当事人，既要证明协议内容是真实的，没有欺诈、胁迫的情形，又要证明对方具有违反忠诚协议的行为，可能导致为了举证而去捉奸，为获取证据窃听电话、私拆信件，甚至对个人隐私权更为恶劣的侵犯情形都可能发生，夫妻之间的感情纠葛可能演变为刑事犯罪案件，其负面效应不可低估。第二，赋予忠诚协议法律强制力的后果之一，就是鼓励当事人在婚前签订一个可以"拴住"对方的忠诚协议，这不仅会加大婚姻成本，而且也会使建立在双方情感和信任基础上的婚姻关系变质。第三，忠诚协议实质上属于情感、道德范畴，当事人自觉自愿履行当然更好，如违反忠诚协议一方心甘情愿净身出户或赔偿若干金钱，为自己的出轨行为付出经济上的代价。但是如果一方不愿履行，不应强迫其履行忠诚协议。① 江苏省高级人民法院2019年印发的《家事纠纷案件审理指南（婚姻家庭部分）》规定："夫妻忠诚协议是夫妻双方在结婚前后，为保证双方在婚姻关系存续期间不违反夫妻忠诚义务而以书面形式约定违约金或者赔偿金责任的协议。夫妻是否忠诚属于情感道德领域的范畴，夫妻双方订立的忠诚协议应当自觉履行。夫妻一方起诉主张确认忠诚协议的效力或者以夫妻另一方违反忠诚协议为由主张其承担责任的，裁定不予受理，已经受理的，裁定驳回起诉。"

实践中出现了关于"分手费"的纠纷，法院判决认定其性质为自然债，不具有强制执行效力。广东省广州市中级人民法院（2021）粤01民终24943号民事判决认为，从协议性质来看，男女之间基于"分手"而约定"分手费"并由此产生的债实际为法理上的"自然之债"，自然之债源自罗马法，根据一般学理通说，该债性质上属于不可强制执行之债，法律不赋予强制执行的效力。而且用"分手费"、"补偿费"的方式解决男女分

---

① 参见最高人民法院民法典贯彻实施工作领导小组主编《中华人民共和国民法典婚姻家庭编继承编理解与适用》，人民法院出版社2020年版，第39页。

手所产生的纠纷，实属社会"陋习"，与社会主义核心价值观相违背，不应受到法律保护。鉴于此，双方于2020年5月24日签订的《分手协议书》及《借条》均属无效。至于魏某玉结婚已否、汤某英对此是否知情，并不影响上述认定。对于魏某玉诉请要求汤某英返还相应款项的意见，经查，该款项部分支付于协议签订之前，部分支付于协议签订之后。对于协议签订之前部分，系双方在维系感情期间所自愿支出的费用，其主张返还理据不足；而对于协议签订之后部分，根据上述"自然之债"的法理，虽该债不受法律所保护，但基于魏某玉自愿履行，故其不得以不当得利等理由主张返还。

2. 违反宪法关于基本权利的保护

宪法规定了公民的基本权利，比如男女平等、同工同酬，人格尊严和人身自由，受教育权等。宪法上的基本权利有些在《民法典》上具体化为民事权利，可以依据《民法典》规定进行处理；有些没有具体化为民事权利，如有违反，应以违反公序良俗原则为由予以处理。"公共秩序，指在实证法中存在的概括性原则，包括'宪法'上的基本权利，这些原则是法律的基础价值准据。"[1]"公共秩序并非指具体法律规范，而是指向法律的价值体系，尤其是宪法上基本权利价值体系；善良风俗则指向法律外的伦理秩序。公序良俗原则的核心功能在于发挥转介作用，将民法外的规范引入民法之中。"[2]

3. 具有反社会性

法律行为具有反社会性的，无效。表现在以下几个方面。第一，凡是犯罪行为都具有反社会性，因此，不论犯罪行为是否自愿、有无对价，都不能产生民法上的效力。"劝诱犯罪及其他不正行为或者约定参与那些活动的契约为无效是当然的。"[3] 第二，法律行为的中心目的具有反社会性，则法律行为无效。"与其条件如何、对价的有无等无关，原则上恒常无效。例如，以进行私通、实施犯罪、进行赌博等为目的的契约即为其例。"[4] 第

---

[1] 黄立：《民法总则》，中国政法大学出版社2002年版，第334页。
[2] 陈甦主编《民法总则评注》，法律出版社2017年版，第58页。
[3] 〔日〕我妻荣：《新订民法总则》，于敏译，中国法制出版社2008年版，第256页。
[4] 〔日〕我妻荣：《新订民法总则》，于敏译，中国法制出版社2008年版，第265页。

三，法律行为的中心目的，因受到法律上的强制而带有反社会性，亦为无效。例如收养、离婚、不结婚、不营业或为酒女，其本身并非违法，然如订立契约，使支付违约金或受法律上之拘束，则为限制个人之基本自由，带有反社会性。① 第四，因所附条件而具有反社会性而无效。违法条件作为附条件的，民事法律行为无效。"原则上说，条件必须合法，附违法条件的民事法律行为一般应当宣告无效。"②《日本民法典》第132条规定："附不法条件的法律行为无效，以不实施不法条件为条件者，亦同。"

4. 违反家庭伦理秩序的行为

家庭伦理秩序，是指调整家庭成员之间关系的原则和规范，例如，夫妻之间的权利义务关系、父母和子女之间的权利义务关系等。有些违反家庭伦理秩序的行为因违反法律的强制性规定而无效，有些违反家庭伦理秩序的行为因违反公序良俗而无效。"亲权人无论单独或以契约抛弃或限制亲权为无效，盖一方面因违反亲权行使之义务为违法，他方面为违背公序良俗也。"③ 例如，夫妻离婚后订约，使其所生子女与其父或母断绝关系，此种法律行为，违反亲属间基本伦理秩序，故因违反公序良俗而无效。④ 一般而言，断绝父母子女关系协议和代孕协议，因违反家庭伦理秩序而无效。⑤ "通过法律行为设立性交义务的行为，是违反善良风俗的。对于性交，不应当有法律上的强制。特别是有偿从事性交行为的合同，即卖淫行为，是违反善良风俗的。"⑥ 借腹生子合同，是指"一名妇女承担为另外一个人（大多是无子女的夫妻）怀孕、生子并将该孩子交付其收养的义务。""由于此类合同以孩子作为交易行为的客体，因此在大多数情况下被认为是违反善良风俗的。"⑦

---

① 参见〔日〕我妻荣《新订民法总则》，于敏译，中国法制出版社2008年版，第265页。史尚宽：《民法总论》，中国政法大学出版社2000年版，第340页。
② 王利明：《民法总则》，中国人民大学出版社2022年版，第365页。
③ 史尚宽：《民法总论》，中国政法大学出版社2000年版，第339页。
④ 参见黄立《民法总则》，中国政法大学出版社2002年版，第341页。
⑤ 参见梁慧星《民法总论》，法律出版社2021年版，第212页。
⑥ 〔德〕梅迪库斯：《德国民法总论》，邵建东译，法律出版社2001年版，第526页。
⑦ 〔德〕梅迪库斯：《德国民法总论》，邵建东译，法律出版社2001年版，第531页。

关于公公和儿媳妇、继母与继子等具有亲属关系的人可否结婚的问题，历史资料可资借鉴。最高人民法院中南分院关于"公公与媳妇""继母与儿子"等可否结婚问题的复函（53）法行字第487号（本复函已于2012年9月29日废止）写道：湖南省院（53）行秘字第143号报告及江西省本年4月10日函悉。关于没有婚姻关系存在的"公公与媳妇""继母与儿子""叔母与侄""子与父妾""女婿与岳母""养子与养母""养女与养父"等可否结婚问题，经我们拟具初步意见，报请中央司法部以（53）司普民字12/989号函复同意。认为婚姻法对于这些人之间虽无禁止结婚的明文规定，为了照顾群众影响，以及防止群众思想不通，因而引起意外事件的发生，最好尽量说服他们不要结婚；但如双方态度异常坚决，经说服无效时，为免发生意外，当地政府也可斟酌具体情况适当处理（如劝令他们迁居等）。对于这些个别特殊问题，你院并嘱所属法院可多根据实际情况就地加以具体处理。特别是要照顾群众的影响，一般不需作统一规定。

5. 违反道德的赠与或遗赠

一般认为，违反道德的赠与或遗赠是典型的违反公序良俗的行为，例如，对婚外同居者所作出的赠与和遗赠等因违反性道德，故其因违反公序良俗而无效。① "如果无偿资助是为了鼓励合同另一方从事某种违反道德的行为，或者是对合同另一方实施这种行为的一种奖励，则这种无偿资助根据判例是违反善良风俗的。这里特别值得考虑的是对通奸行为的奖励。"② 在为赌博者提供贷款的合同中，"合同双方的目的都是使接受贷款者能够继续赌博，这一目的就使这种行为在这种特定的情况下属于违反善良风俗的行为。"③

四 公序良俗的判断标准

（一）依据行为的内容、目的和动机等因素综合进行判断

在判断是否构成公序良俗时，应综合考虑法律行为的内容、当事人的

---

① 参见崔建远主编《合同法》，法律出版社2021年版，第78页。
② 参见〔德〕拉伦茨《德国民法通论》（下册），王晓晔等译，法律出版社2003年版，第614页。
③ 〔德〕拉伦茨：《德国民法通论》（下册），王晓晔等译，法律出版社2003年版，第613页。

目的和动机等因素。如果只从行为的内容进行判断，则有失偏颇，也是对事物本质的割裂，是不妥当的。有些法律行为本身并不违反公序良俗，但其目的或动机违反公序良俗，因而具有反社会性，该法律行为应为无效。"例如为赌博而贷与金钱，其消费借贷为有助长赌博的危险之行为，自其消费借贷本身可以窥知，则其法律行为不得不谓有反社会的内容。"① 如果将财产赠与情人的目的"旨在酬谢其满足自己的性欲或旨在决定或加强这种两性关系的继续"，那么这种行为通常被认为是违反善良风俗的。在类似的案件中，当事人的目的（宗旨）以及当事人的行为，对法律行为的内容产生直接影响。就支付金钱的行为而言，支付金钱行为本身是中性的，只能通过动机才能变成有伤风化的行为。②

被称为公序良俗第一案的"泸州遗赠案"具有典型意义。③ 有观点认为，判断遗嘱行为是否有效，应当针对遗嘱行为本身，即应当认定遗嘱行为本身是否违反公序良俗，而不应当针对遗赠人和受遗赠人的同居行为进行评判，而法院的判决却认定同居行为违反公序良俗，进而认定遗赠行为无效，因此，法院的判决是错误的。④ 在遗嘱中遗赠自己的遗产给他人，是自己的真实意思表示，且经过公证，具有法律效力。法院应当尊重死者的遗嘱，保障遗嘱自由。⑤ "向婚外同居者遗赠法律行为，若不涉及金钱和

---

① 史尚宽：《民法总论》，中国政法大学出版社2000年版，第341页。
② 参见〔德〕梅迪库斯《德国民法总论》，邵建东译，法律出版社2001年版，第516~517页。
③ 被称为中国公序良俗第一案的案情大体是：四川省某市居民黄某，与其妻蒋某1963年结婚，无婚生子女，有较长时间分居的经历。1990年因居住地拆迁，夫妻共同得到一处拆迁房。1996年，黄某与张某（女）相识并在外租房同居，生有一子。2001年初，黄因患肝癌晚期住院治疗，4月18日立下遗嘱：死后将其所得的住房补贴金、公积金、抚恤金及与蒋共同拥有住房的一半共计价值6万余元的财物全部赠送给张某。公证处对黄某的遗嘱进行了公证。两天后，黄某去世。张某要求获得遗嘱指定的财产被蒋某拒绝后，向法院提起了诉讼。此案经四次审理，被炒作为"二奶状告大奶案"。最后法院以违反公序良俗为由，否定了黄某遗嘱的效力，将全部遗产判归蒋某拥有。参见孙宪忠主编《民法总论》，社会科学文献出版社2004年版，第52页；尹田《民法学总论》，北京师范大学出版社2010年版，第41~42页；郭明瑞《民法总则通义》，商务印书馆2018年版，第18页。
④ 参见易军《民法上公序良俗条款的政治哲学思考——以私人自治的维护为中心》，载《法商研究》2005年第6期。
⑤ 参见杨立新《民法总则》，法律出版社2020年版，第59页。

婚外同居的交换——如与婚外同居者订立遗赠扶养协议——不应以违反公序良俗为由认定其无效。婚外同居者违反夫妻忠实义务可在夫妻关系的法律规定中寻求解决之道。"① 上述观点似乎并不妥当。判断某一法律行为是否有效，应当结合行为的内容、目的和动机综合进行判断。如果行为目的违反法律和社会公德，则导致行为本身存在瑕疵。泸州遗赠案之所以发生遗赠行为，是因为遗赠人和受遗赠人曾有同居行为，同居行为在先，遗赠行为在后，二者有必然的联系，这是符合生活常识的判断。而同居行为违反公序良俗原则，导致遗赠行为违反公序良俗原则，因此，应当认定遗赠行为无效。"人们不得通过法律行为，使不道德的行为变成法律上可强制要求履行的行为。简言之，法律秩序拒绝给不道德的行为提供履行强制。"② 丈夫临终前将全部财产遗赠给情人，此项遗嘱不符合基本的家庭伦理，违背公序良俗，应认定为无效。③

（二）关于公序良俗的判断时间

关于公序良俗的判断时间，存在争议，即法律行为成立时间、法律行为实施时间和折中说三种观点。第一，主张以法律行为成立的时间进行判断的观点认为，原则上应以合同签订的时间为准，遗嘱则以遗嘱存放的时间为准。如果合同成立和履行的时间间隔较长，而此后公序良俗发生变化，如果继续履行违反公序良俗的，则不应当要求债务人继续履行合同。④第二，主张以法律行为实施时间为判断标准的观点认为，"在通常情况下，一项法律行为的有效性是根据其实施时的时间来评价的……司法判例大多也是以类似的方式，根据实施有关行为时存在的实际关系和价值评判，来判断行为是否违反善良风俗。"⑤ "评价的准据点为法律行为的实施时点，而不是法律行为的发生时点。"⑥ 第三，折中说认为，凡是价值观念总可能

---

① 孙维飞：《遗赠、婚外同居与公序良俗》，载《交大法学》2024年第1期。
② 〔德〕梅迪库斯：《德国民法总论》，邵建东译，法律出版社2001年版，第511页。
③ 参见杨代雄《民法总论》，北京大学出版社2022年版，第383页。
④ 参见〔德〕拉伦茨《德国民法通论》（下册），王晓晔等译，法律出版社2003年版，第618页。
⑤ 〔德〕梅迪库斯：《德国民法总论》，邵建东译，法律出版社2001年版，第518页。
⑥ 杜景林、卢谌：《德国民法典评注》，法律出版社2011年版，第53页。

因为时间而有差异,以德国为例,在性道德方面远较过去自由。如果价值标准出现了变迁,已经履行的行为,应当以履行时公认的观点为准据。如果尚未履行,而在此期间公认的观点发生变化的,应当以发生变化后的观点为准据。① "一般条款的一个优越性就是其解释可以随社会意识的变化而变化;今天还是善良风俗的东西,明天未必就是,而今天没人认为有失体面的事,明天却可能为人所不齿。"② 如果该民事法律行为已经履行,则应以法律行为成立时间为判断标准;如果该民事法律行为尚未履行,而公序良俗发生变化,则当事人可以违反公序良俗为由而主张民事法律行为无效。③ 相比较而言,折中说值得赞同。

(三) 依据绝大多数人的标准进行判断

关于公序良俗的判断标准,不同国家或地区,不同阶级、阶层或群体,一般具有不同的判断标准。"国家社会之秩序及国民之道德观念,常因时代之变迁而不同,其内容如何,殊难具体决定。"④ "必须牢记,时代改变了,公共政策也必定随着改变。今天被相信为与公共福利相一致的一项判决或一项规则,明天可能与之不相一致。人们的道德观念,那些一般最通行的惯例,以及关于什么促进福利及生存的意见也会慢慢得随着时间、环境而逐渐改变。"⑤

道德是有阶级性的,因此公序良俗也是有阶级性的。恩格斯在《反杜林论》中指出:"我们拒绝想把任何道德教条当作永恒的、终极的、从此不变的伦理规律强加给我们的一切无理要求,这种要求的借口是,道德世界也有凌驾于历史和民族差别之上的不变的原则。相反地,我们断定,一切以往的道德论归根到底都是当时的社会经济状况的产物。而社会直到现在是在阶级对立中运动的,所以道德始终是阶级的道德;它或者为统治阶级的统治和利益辩护,或者当被压迫阶级变得足够强大时,代表被压迫者

---

① 参见黄立《民法总则》,中国政法大学出版社2002年版,第337~338页。
② 〔德〕施瓦布:《民法导论》,郑冲译,法律出版社2006年版,第487页。
③ 参见马俊驹、余延满《民法原论》,法律出版社2011年版,第45~46页。
④ 胡长清:《中国民法总论》,中国政法大学出版社1997年版,第201页。
⑤ 〔美〕科宾:《科宾论合同》,王卫国等译,中国政法大学出版社1998年版,第723页。

对这个统治的反抗和他们的未来利益。"① 因此，作为影响法律行为效力的公序良俗的判断标准，应当是一般人的标准，是社会绝大多数人的标准，即"占统治地位的道德"。② 根据《德国民法典》第138条规定，违反公序良俗的法律行为无效。"实际上《德国民法典》第138条既包括了法制本身内在的伦理道德价值和原则，也包括了现今社会'占统治地位的道德'的行为准则。""违背公序良俗既不取决于特定人群道德上特别高水平的见解，也不取决于特别无原则的见解。确切地说，当一个行为违反'所有持公平和正义思想的人的体面感'时，该行为就是违反善良风俗的。也就是说必须合乎'体面的普通人'的观点。"③ 德国立法和判例关于公序良俗的解释很值得借鉴。德国民法典第一草案的"立法理由书"、《帝国最高法院民事裁判集》和《联邦普通法院民事裁判集》里的司法判例把善良风俗解释为"一切公平和正直的思考者的礼仪感"或"一切公平和正直者的正义感和礼仪感"。④

法律行为是否违反公序良俗，原则上与当事人从事民事行为时的主观意识无关，也就是说，并不以当事人意识到其行为违反公序良俗为必要。"要确认一法律行为，有无违反公序良俗，乃是法律共同体的价值判断，而非行为人的价值判断。"⑤ 那些依据其客观内容既违背了道德和法律的基本原则的法律行为，不论从事该行为的当事人的想法如何，均属无效。⑥ 在此情形下，即使当事人是善意的，只要法律行为的后果表现为不可忍受，其法律行为也可能违反公序良俗。

中华民族作为礼仪之邦，曾为人类楷模。无数的圣贤哲人，以身作则、率先垂范，留下了多少感天动地的历史故事，诸如管鲍之交、孟母三

---

① 《马克思恩格斯选集》（第3卷），人民出版社1995年版，第435页。
② 参见〔德〕拉伦茨《德国民法通论》（下册），王晓晔等译，法律出版社2003年版，第599页。
③ 〔德〕布洛克斯、瓦尔克：《德国民法总论》，张艳译，中国人民大学出版社2019年版，第7页。
④ 参见陈卫佐《德国民法总论》，法律出版社2007年版，第286页。
⑤ 黄立：《民法总则》，中国政法大学出版社2002年版，第339页。
⑥ 参见〔德〕梅迪库斯《德国民法总论》，邵建东译，法律出版社2001年版，第515页。

迁、孔融让梨、岳母刺字，如此等等，不一而足。在中国历史上的相当长的时间内，人们对仁义礼智信有基本的赞同和认可，仁义礼智信也因此成为社会的公序良俗。司马光在《资治通鉴》中写道："夫为国家者，任官以才，立政以礼，怀民以仁，交邻以信；是以官得其人，政得其节，百姓怀其德，四邻亲其义。夫如是，则国家安如磐石，炽如焱火，触之者碎，犯之者焦，虽有强暴之国，尚何足畏哉！"① 班固在《幽通赋》中写道："所贵圣人至论兮，顺天性而断谊。物有欲而不居兮，亦有恶而不避。守孔约而不贰兮，乃辂德而无累。三仁殊于一致兮，夷惠舛而齐声。木偃息以蕃魏兮，申重茧以存荆。纪焚躬以卫上兮，皓颐志而弗倾。侯草木之区别兮，苟能实其必荣。要没世而不朽兮，乃先民之所程。"②

第八节　禁止权利滥用原则

一　禁止权利滥用原则可以作为一般条款

（一）禁止权利滥用原则的内涵

禁止权利滥用原则，是指民事权利之行使，不得超过其正当界限，否则构成权利滥用，应承担侵权责任或其他法律后果。"禁止权利滥用原则是诚实信用原则的下位原则，性质上属于授权条款、裁判规范。因立法者难以预见并对一切损害国家利益、社会公共利益和第三人利益的行为设置禁止性强制规定，故设禁止权利滥用原则，作为法院禁止权利滥用行为、确认其行为无效的法律根据。"③ 民事主体在行使权利时，不得违反法律和公序良俗，不得滥用民事权利损害他人利益，典型者如所有权承担社会义务。"禁止权利滥用的规则，不是对个别权利的限制性规则，而是对一切民事权利行使之限制的一般条款，反映了人类生存及人类社会可持续发展之根本利益，高于个人自由的现代民法思想，在民法的基本价值体系中具

---

① （宋）司马光：《资治通鉴》（第1册），中华书局2013年版，第188页。
② （汉）班固：《汉书》，中华书局2000年版，第3096页。
③ 梁慧星：《民法总论》，法律出版社2021年版，第54页。

有越来越重要的地位。"① 禁止权利滥用原则的本意是民事主体在行使民事权利时，不得滥用自己的民事权利，否则应依法承担相应的民事责任。"现代民法关于权利之行使，从正面规定须遵循诚实信用原则，复于反面规定禁止权利滥用原则。"② "禁止权利滥用原则，实质上是法律对权利行使的限制，而不是对权利成立的否定。现代各国法律大多对权利滥用原则有明确规定。我国亦不例外。"③ 我国《民法典》第132条规定："民事主体不得滥用民事权利损害国家利益、社会公共利益或者他人合法权益。"上述规定确立了禁止权利滥用原则。

除《民法典》总则规定了禁止权利滥用原则外，《民法典》分则和《公司法》等也规定了具体的禁止权利滥用规则。例如，《民法典》第272条2款规定："业主行使权利不得危及建筑物的安全，不得损害其他业主的合法权益。"据此，业主不得滥用民事权利，不得危及建筑物的安全，不得损害其他业主的合法权益。上述规定是《民法典》第132条的特殊条款，针对业主滥用民事权利进行规范。《公司法》第21条规定："公司股东应当遵守法律、行政法规和公司章程，依法行使股东权利，不得滥用股东权利损害公司或者其他股东的利益。公司股东滥用股东权利给公司或者其他股东造成损失的，应当承担赔偿责任。"据此，公司股东滥用股东权利损害公司或者其他股东利益的，应当依法承担相应的民事责任。

权利的行使是有限度的，权利的行使不应违反法律的规定。权利的行使侵害了国家、集体、私人利益及社会利益时，便是不法行为，是滥用民事权利的行为，因此，法律应对其作出否定性评价。如果某人在自己的住房门口安装摄像监控装置，直接对准邻居的家门口，监视邻居的往来客人等情况，则侵害邻居的隐私权，构成权利滥用。④ 例如，潘某房屋与姚某房屋相邻，姚某安装的可视门铃位于潘某入户门左前方，可覆盖潘某入户

---

① 尹田：《论民法基本原则之立法表达》，载《河南省政法管理干部学院学报》2008年第1期。
② 梁慧星：《民法总论》，法律出版社2021年版，第286页。
③ 赵旭东主编《新公司法条文释解》，法律出版社2024年版，第49页。
④ 参见王利明《民法总则》，中国人民大学出版社2022年版，第286页。

门门口位置，对潘某进出其住宅的情况等活动信息进行自动记录、存储。如潘某入户门打开，潘某房屋内部门口位置的物品陈设情况及人员活动信息也在该可视门铃的监控及摄录范围内。潘某诉请人民法院判令姚某拆除可视门铃、删除门铃存储的影视资料。江苏省无锡市梁溪区人民法院（2019）苏0213民初6264号民事判决（生效判决）认为，姚某在现有位置安装可视门铃，对潘某的生活安宁造成侵扰，侵害潘某隐私权和个人信息权益，潘某的诉讼请求于法有据，判决支持其诉讼请求。

比较法上，日本民法和德国民法将禁止权利滥用规定为一般条款。在《日本民法典》中，禁止权利滥用是和诚实信用原则一起被规定为一般条款的，也可以称为民法的基本原则。《日本民法典》第1条第2项规定："权利的行使及义务的履行应遵从信义。必须诚实地实施之。"第1条第3项规定："权利的滥用不得允许。"日本通说认为，权利滥用包含主客观要件。"必须从客观的立场出发，将权利人试图由此得到的利益与由此给他人造成的损害进行比较考量，并对照该权利的存在意义进行判断。"[①] "在德国民法，最早由联邦上议会将此禁止权利滥用的条文加进民法，且只限于所有权的行使，帝国议会委员会则将此规定扩充为一般原则，而改列于总则编中，但其意义远不如诚信原则及违反善良风俗加害行为之禁止。德判例上认为此一原则应适用于全部私法领域，尤其是在商法及工商业财产权之保障方面……"[②]

（二）禁止权利滥用原则的功能

禁止权利滥用原则具有如下功能。第一，作为侵权行为的判断基准。即以是否构成权利滥用作为侵权行为的认定标准。第二，使民事权利的范围明确化。在因法律过分概括或抽象，或存在漏洞，致使权利范围界限不明的情形中，以是否构成权利滥用作为权利范围之界限。第三，据以缩小民事权利的范围。因时代变迁，为了满足某些立法当时未预见到的社会需要，而以权利滥用作为缩小权利范围的根据。第四，强制调停权利人与他

---

① 〔日〕我妻荣：《新订民法总则》，于敏译，中国法制出版社2008年版，第33页。
② 黄立：《民法总则》，中国政法大学出版社2002年版，第504页。

人的利益冲突。指以权利滥用为根据，强行调停权利人与他人的利益冲突。①

二 权利滥用的构成要件和表现形态及其后果

（一）权利滥用的构成要件

权利滥用的构成要件如下。第一，须有正当权利存在或与权利行使有关。如不存在正当权利，而加害于他人，属于侵权行为，与权利滥用无关。第二，须行使权利损害他人或社会利益。例如，对于定做之物，因为极小的瑕疵而拒绝受领。② 有正当权利存在而行使权利的行为，未损害他人利益或社会利益的，属于权利之正当行使，应受法律保护，当然不构成权利滥用。第三，不以故意为要件。关于权利滥用是否以具有加害故意为构成要件，学说有分歧。通说认为应有故意。但新近判例学说的发展，表现为否定此要件的趋势，值得重视。③ 第四，行为人的行为侵害了他人的合法权益。从《民法典》第132条的规定来看，造成他人合法权益损害应当成为权利滥用的构成要件。④ 第五，权利滥用，既包括积极行为，也包括消极行为。消极不作为有害公共利益时，也构成权利滥用。"权利以不妨害社会秩序公共利益为前提，故应解释有为公共利益利用之责任，权利人无正当理由之不行使，亦得构成滥用。"⑤

由于滥用权利的形态多种多样，因此，应采取动态系统论的方法进行合理判断。《民法典总则编司法解释》第3条第1款规定："对于民法典第一百三十二条所称的滥用民事权利，人民法院可以根据权利行使的对象、目的、时间、方式、造成当事人之间利益失衡的程度等因素作出认定。"上述规定从动态系统论出发，确定影响权利人和相对人或公共利益范围确定的各种因素，通过动态系统进行综合考量，以弥补构成要件过于抽象的不足，也对法官的自由裁量权作出了一定程度的限制。⑥

---

① 参见梁慧星《民法总论》，法律出版社2021年版，第288~289页。
② 参见郑玉波《民法总则》，中国政法大学出版社2003年版，第570页。
③ 参见梁慧星《民法总论》，法律出版社2021年版，第289页。
④ 参见王利明《民法总则》，中国人民大学出版社2022年版，第288页。
⑤ 史尚宽：《民法总论》，中国政法大学出版社2000年版，第717页。
⑥ 参见王利明《民法总则》，中国人民大学出版社2022年版，第289页。

（二）权利滥用的表现形态

《民法典总则编司法解释》第3条第2款规定："行为人以损害国家、社会公共利益、他人合法权益为主要目的行使民事权利的，人民法院应当认定构成滥用民事权利。"据此，认定滥用民事权利需要以损害他人合法权益"为主要目的"，其理由为："本条中'主要目的'的认定也需要采取主客观相结合的思路，根据客观现象来认定行为人的主观心理状态，本身会有一定难度。同时，也有利于将一部分模糊不清、难以认定的情形排除，避免权利滥用的认定过于泛化。"[①] 然而，上述司法解释规定极大限缩了禁止权利滥用原则的适用范围，可能并不符合《民法典》第132条的立法本意。事实上，许多滥用民事权利的情形并不以损害他人合法权益"为主要目的"，其本质在于"滥用民事权利"，比如将厨房改为厕所案件，改装者的主要目的并不是损害邻居的合法权益，而是为了自己行使权利的方便。基本案情如下：2014年，刘某装修房屋并入住。装修时，刘某改变房屋原户型，将客厅的公卫拆除，拓宽客厅面积，又将厨房改为公卫，导致公卫正对楼下厨房。2016年，李某购买刘某楼下的房屋，装修后于2019年入住。装修中，李某发现有一根管道从楼上的401房穿透楼板、进入其厨房顶部区域，并一路拐入其主卫卫生间后接入卫生间主管完成排水。入住后，李某在厨房做饭时经常听见该管道的排水声音，内心十分膈应。李某遂将楼上邻居起诉至法院，要求邻居将改为公卫的厨房恢复原状。江西省赣州市中级人民法院（2021）赣07民终4047号民事判决认为，厨房和卫生间的功能明确，对其建造有一定的特殊要求。《住宅设计规范》（GB 50096-2011）5.4.4明确规定了："卫生间不应直接布置在下层住户的卧室、起居室（厅）、厨房、餐厅的上层"。住房和城乡建设部在发布《住宅设计规范》（GB50096-2011）时明确规定该条为强制标准，必须严格执行。根据上述规定，刘某不应将卫生间设置在下层厨房的上方。刘某将厨房改造成公共卫生间，不仅违反了国家强制标准的要求，亦有违公序良

[①] 贺荣主编《最高人民法院民法典总则编司法解释理解与适用》，人民法院出版社2022年版，第98页。

俗，给下层住户造成心理不适，对其居住生活亦会造成不良影响，其权利行使方式明显不当，刘某应恢复原状。

一般认为，滥用民事权利包括以下几种情形。第一，行使权利对自己无实益，却给他人带来不利益。例如，父亲不让儿子进家门吊唁去世的母亲，作为房屋所有权人的父亲有权阻止儿子进入房屋，但这对他没有任何益处，同时却妨碍儿子吊唁，显然不当。第二，行使权利对自己有实益，但其远小于给他人带来的不利益。例如，甲在盖房时，不知房屋越过与邻居乙的土地边界，乙有权请求甲拆除越界建筑，拆除越界建筑会导致建筑物整体丧失效用或导致巨额的改造费用，这种损失远大于乙不能使用被甲占用的土地的损失，因此，应当限制乙的请求权。第三，权利人行使权利违背权利人此前通过意思表示或其他行为显示的意愿。例如，基于特别情境的考量，形式瑕疵的运用违背诚信的，即为滥用权利。第四，权利人在取得或行使权利时，以损害他人为主要目的。[1] 上述观点表明，滥用民事权利可能表现为多种情形，以损害他人合法权益"为主要目的"只是其中之一，因此，对滥用民事权利的界定应当进行扩张解释。

(三) 权利滥用的后果

《民法典总则编司法解释》第3条第3款规定："构成滥用民事权利的，人民法院应当认定该滥用行为不发生相应的法律效力。滥用民事权利造成损害的，依照民法典第七编等有关规定处理。"据此，滥用民事权利将产生以下两方面的法律后果。第一，权利行使超过合理界限的部分不具有法律效力。滥用民事权利不应当产生行为人追求的后果，也就是说，在当事人合理行使权利的范围内，仍然可以产生相应的法律后果，只是超出部分无法产生法律约束力。[2] 典型者如物权法定要求民事主体必须遵循物权种类设定物权，但如果民事主体约定了法定种类以外的"物权"，则该"物权"不能发生物权效力。第二，如果滥用民事权利造成他人损害，已经构成侵权的，应承担侵权责任。滥用民事权利可能产生损害后果，也可

---

[1] 参见陈甦主编《民法总则评注》，法律出版社2017年版，第911页。
[2] 参见王利明《民法总则》，中国人民大学出版社2022年版，第289页。

能没有产生损害后果,是否构成侵权,需要依据侵权责任编的规定予以判断。如果权利人的行为符合侵权责任的成立要件,则应适用侵权责任编的规范,受害人可以请求行为人承担侵权责任,其中既包括侵权损害赔偿,也包括其他侵权责任的承担方式。①

---

① 参见王利明《民法总则》,中国人民大学出版社2022年版,第289页。

第三章 民事法律关系的一般原理

第一节 民事法律关系概述

一 民事法律关系的概念

(一) 法律关系是社会关系

法律关系,是指具有权利义务内容的社会关系。社会关系,是指人与人之间的关系,而不是人与物之间的关系。马克思在《〈政治经济学批判〉导言》中指出:"人是最名副其实的政治动物,不仅是一种合群的动物,而且是只有在社会中才能独立的动物。孤立的个人在社会之外进行生产——这是罕见的事,在已经内在地具有社会力量的文明人偶然落到荒野时,可能会发生这种事情——就像许多个人不在一起生活和彼此交谈而竟有语言发展一样,是不可思议的。"① 漂流到荒岛上的鲁滨逊只是孤立的个人存在,没有其他人与其形成社会关系,因此也不存在权利义务关系。"像鲁滨逊一样漂流到无人岛上的人,只要他仍然是一个人在他的孤岛上,他就没有什么所有权(他也不需要所有权);因为在那个岛上,没有人和他就物的使用发生纠纷。只有当岛上来了第二个人时,才会发生此类问题,即他们之中谁可以拥有该特定物。当然,这个问题一经提出,就涉及到了法律的根本。随着这个问题,人对物的事实关系,就变为人——以他

---

① 《马克思恩格斯选集》(第2卷),人民出版社1995年版,第2页。

作为权利承担者身份——对其他人的相互关系，即法律关系。"[1] 人类社会的本质是社会实践，社会的存在和发展都是人类行为的结果。

马克思在《关于费尔巴哈的提纲》中指出："从前的一切唯物主义（包括费尔巴哈的唯物主义）的主要缺点是：对对象、现实、感性，只是从客体的或者直观的形式去理解，而不是把它们当作感性的人的活动，当作实践去理解，不是从主体方面去理解……环境的改变和人的活动或自我改变的一致，只能被看作是并合理地理解为革命的实践。"[2] 法律调整社会关系，规范人们的行为，从而形成一种法律秩序。

（二）法律关系是权利义务关系

法律关系具有权利义务的内容，因此法律关系区别于没有权利义务内容的社会关系，比如友情、爱情和宗教信仰等社会关系。"从现在所取得的立场出发，对于我们而言，所有的具体法律关系就是通过法规则而界定的人与人之间的联系。但这种通过法规则而进行的界定在于向个人意志指定了一个领域，在此领域之中，个人意志独立于所有其他人的意志而居于支配地位。"[3] "所有的法律关系是一种作为权利主体的人与人之间的法律关系，其实质要素是权利以及与此相关的义务或法律约束，那么我们还可以说，法律关系是有时间上的开始和结束的。"[4] 有些友情行为，看起来具有权利义务的内容，实质上在当事人之间没有建立起法律关系。"在日常生活中，人们不应将同意实施某一普通友情行为的行为视为基于法律行为而接受委托的行为。即使友情行为的当事人在法律行为意义上'愿意受到拘束'，该友情行为也不构成委托的内容。法律秩序对这类'拘束'未予以认可。例如，乘坐火车的 A 请求 B 在某一车站叫醒他的约定不构成'委托'，因此也不能因此而产生委托的法律效果。进言之，当 B 忘记叫醒 A 时，他无须承担损害赔偿责任……与此相反，如果列车卧铺车厢的旅客要

---

[1] 〔德〕拉伦茨：《德国民法通论》（上册），王晓晔等译，法律出版社 2003 年版，第 257 页。
[2] 《马克思恩格斯选集》（第 1 卷），人民出版社 1995 年版，第 54~55 页。
[3] 〔德〕萨维尼：《当代罗马法体系》（第Ⅰ卷），朱虎译，中国法制出版社 2010 年版，第 258 页。
[4] 〔德〕拉伦茨：《德国民法通论》（上册），王晓晔等译，法律出版社 2003 年版，第 259 页。

求本车厢的乘务员在某一车站叫醒自己,那么,当乘务员未按照他的要求叫醒他时,客运公司应该根据第 278 条的规定承担责任,这是因为,按照旅客的要求,该叫醒服务属于客运公司依据卧铺车厢运输合同所承担的义务。"①

通说认为,法律关系基本分类如下。第一,依据是否适用法律制裁,法律关系可以划分为调整性法律关系和保护性法律关系。调整性法律关系是不需要适用法律制裁,主体权利就能够正常实现的法律关系,它建立在主体的合法行为的基础上,是法的实现的正常形式。保护性法律关系是在主体的权利和义务不能正常实现的情况下,通过法律制裁而形成的法律关系,它是在违法行为的基础上产生的,是法的实现的非正常形式。② 调整性法律关系实现的是法律规范的行为规范的内容,保护性法律关系实现的是法律规范的保护规范的内容。第二,按照法律关系主体的具体化程度不同,法律关系可分为一般法律关系和具体法律关系。一般法律关系不根据某一具体事实而产生,它是由某种长久的事实状态引起的。一般法律关系中的权利与义务通过具体主体之间的法律关系而具体化。具体法律关系的主体是具体的,它不但要有法律规定,而且要有具体事实的发生。③

法律关系中的权利义务内容是具体的、现实的,而不是抽象的、空洞的,权利义务内容是由长久的法律事实或具体的法律事实引起的。即使在调整性法律关系或一般性法律关系中也是这样,其权利义务内容是由长久的法律事实引起的,其表现形态一般为绝对权法律关系。例如,在调整性法律关系或一般法律关系中,权利主体是特定的,义务主体是不特定的多数人,权利主体所享有的权利是绝对权,如所有权、人格权等,在此情形下,义务主体负有不侵害绝对权的义务,因此,这种法律关系仍然是具体的、现实的法律关系,具有权利义务内容。如果义务主体违反了自己的义务而侵害了绝对权,则调整性法律关系转化为保护性法律关系,一般法律关系转化为具体法律关系,权利人有权要求义务人承担相应的民事责任。

---

① 〔德〕弗卢梅:《法律行为论》,迟颖译,法律出版社 2013 年版,第 102 页。
② 孙国华、朱景文主编《法理学》,中国人民大学出版社 2010 年版,第 317 页。
③ 孙国华、朱景文主编《法理学》,中国人民大学出版社 2010 年版,第 316~317 页。

（三）民事法律关系是平等主体之间的权利义务关系

民事法律关系，是指平等主体之间的权利义务关系。民法所调整的社会关系是平等主体之间的社会关系，包括平等主体之间的人身关系和平等主体之间的财产关系。平等主体之间的人身关系和财产关系具体包括人格权关系、物权关系、债权关系、亲属关系和继承关系等内容。"任何法律关系起码都要包括至少一个人的权利以及与这个人权利相应的他人的义务或其他法律约束，这里他人或是一个人、几个人，或是所有的人。"[1] 民法调整的社会关系是平等主体之间的财产关系和人身关系，按民法规范确立的法律关系也就只能是平等主体之间的关系。同时，民事法律关系不仅符合国家的意志，更体现着当事人的意志，一般是由当事人依自己的意思自愿设立的。只要当事人依其意思实施的行为不违反法律规定和公序良俗，所设立的法律关系就受法律保护。"民事法律关系的主要特征是，当事人相互独立，法律地位平等，大多数情形民事法律关系的发生取决于当事人的意思，且民事法律关系由民事法律责任作为保障。"[2] 民法调整的社会关系是平等主体之间的财产关系和人身关系，按民法规范确立的法律关系也就只能是平等主体之间的关系。同时，民事法律关系不仅符合国家的意志，更体现着当事人的意志，一般是由当事人依自己的意思自愿设立的。只要当事人依其意思实施的行为不违反法律规定，所设立的法律关系就受法律保护。

有观点认为，责任也是法律关系的构成要素。"按照现代大陆法系民法思想，民事责任为民事法律关系之构成要素。民事法律关系是由民事权利、民事义务和民事责任三者结合而成。权利、义务为法律关系之内容，责任则是权利、义务实现的法律保障。民事权利、民事义务唯有与民事责任结合，民事权利才受到责任关系的保护。"[3] 相反的观点认为，责任不是法律关系的构成要素。"民事责任在性质上是违反民事义务的法律后果，因此责任是法律关系遭到破坏、违反而产生的新的法律关系。例如，合同

---

[1] 〔德〕拉伦茨：《德国民法通论》（上册），王晓晔等译，法律出版社2003年版，第258页。
[2] 梁慧星：《民法总论》，法律出版社2021年版，第61页。
[3] 梁慧星：《民法总论》，法律出版社2021年版，第88页。

法律关系被违反后就产生了违约责任,而违约责任本身就是一种法律关系。同理,因侵权行为而引发的侵权责任就是侵权法律关系。所以,民事责任本身就是法律关系的一种,是原有的法律关系的变异形态,而非法律关系的要素。"[1] 上述观点各有其道理。第一,就调整性法律关系而言,权利和义务是其构成要素,没有责任参与其中,如买卖合同按照约定履行完毕,这是形成法律关系的正常状态,民事权利正常实现。第二,就保护性法律关系而言,需要民事责任介入其中,如当事人一方违约时应承担相应的违约责任,这是形成法律关系的非正常状态,此时,原权利转化为救济权,义务转化为责任。也就是说,调整性法律关系转化为保护性法律关系。"在法律调整的过程中,调整性法律关系和保护性法律关系处于有机的联系中。调整性法律关系有时又称第一性法律关系,是法律规范在发挥其指导作用的过程中,在人们合法行为的基础上形成的法律关系;而保护性法律关系有时又称第二性法律关系,是在第一性法律关系受到干扰、破坏的情况下,对第一性法律关系起补救、保护作用的法律关系。"[2]

二 法律关系理论是民法典的理论基础

(一)法律关系理论是《德国民法典》体系的理论基础

一般认为,萨维尼最早系统提出以法律关系构建整个民法体系,其代表作《当代罗马法体系》详细探讨了法律关系。萨维尼的法律关系理论是《德国民法典》体系的理论基础,《德国民法典》区分总则与分则的五编制就是根据萨维尼设计的民法体系构建的。[3] 萨维尼对法、法律关系和权利的论述都是从个人自由和意志出发的,他认为,确定人们活动安全和自由空间的界限和规则就是法;法律关系是人与人个人联系中个人意志独立支配的领域;权利是个人的意志所支配的领域。[4] 潘德克顿学派最伟大的贡

---

[1] 王利明:《民法总则新论》,法律出版社2023年版,第157页。
[2] 朱景文主编《法理学》,中国人民大学出版社2021年版,第332页。
[3] 参见王利明《民法总则的立法思路》,载《求是学刊》2015年第5期。
[4] 参见〔德〕萨维尼《当代罗马法体系》(第Ⅰ卷),朱虎译,中国法制出版社2010年版,第257~258页。

献就在于，以法律关系的要素作为构建民法典总则体系的框架，在总则中确立了主体、行为和客体制度，在分则中确立法律关系的内容，该内容主要是民事权利，具体包括债权、物权、亲属权和继承权，当总则中确立的主体、行为、客体与分则中的权利结合在一起时，就构成一个完整的法律关系。[1] 潘德克顿法学派将整个法律关系的理论运用到法典里面去，构建了一个完整的民法典的体系结构，奠定了《德国民法典》五编制体例之基础。[2]

需要明确的是，温德沙伊德是《德国民法典》第一编纂委员会的首脑人物，他一直自认为是萨维尼的学生、历史法学者。与萨维尼不同的是，他突出强调的是权利，而不是法律关系。从形式上看，在他那里，法律关系已经完全被权利所取代。[3] 一般认为，无论以法律关系为线索构建民法典体系，还是以权利为线索构建民法体系，二者并无本质不同。"民法以权利为本位，民事权利是民事法律关系内容的核心，权利的实现是民事法律关系的根本目的。因此可以说，民事法律关系理论也就是民事权利理论。"[4] "将民法体系作为研究的对象，而法律关系正是贯穿始终的一根红线，它将民事主体、客体、行为、各种民事权利等诸要素整合为一体，形成清晰的脉络。"[5]

（二）法律关系理论是我国《民法典》体系的理论基础

我国多数民法学者认为，法律关系理论是我国《民法典》体系的理论基础。"我国《民法典》以民事法律关系为民法典体系构建的骨架，整合原有的零散的民事法规，建立了逻辑清晰、结构严密、体系完整的民事权利体系。"[6] "民法典的编纂都是以民事法律关系为线索的，民法学理论的

---

[1] 参见〔德〕霍恩等《德国民商法导论》，楚建译，中国大百科全书出版社1996年版，第70~71页。
[2] 参见郑玉波《民法总则》，中国政法大学出版社2003年版，第95页。
[3] 参见朱虎《法律关系与私法体系——以萨维尼为中心的研究》，中国法制出版社2010年版，第169页。
[4] 温世扬主编《中国民法》，北京大学出版社2023年版，第15页。
[5] 王利明：《民法总则》，中国人民大学出版社2022年版，第92页。
[6] 王利明：《民法总则》，中国人民大学出版社2022年版，第92页。

建立也都是以民事法律关系理论为基础的。"① "只有民事法律关系才能够统领全部民法和市民社会的内容。不仅民法分则的所有内容都是关于民事法律关系的规定，民法总则的规定也都是民事法律关系的规则。其区别在于，分则规定的是民事法律关系的具体规则，总则规定的是民事法律关系的一般性规则。"②

民事法律关系是处理民事纠纷的基础，是核心抓手，是分析民事权利、义务、责任关系的切入点。"从方法论上看，民事法律关系是指导理论研究人员与司法实务工作者解决实践问题的基本思维模式与思考方法。司法审判人员在处理民事纠纷时，都需要将当事人置放在具体的民事法律关系中，分析该具体法律关系的主体、客体以及当事人的权利义务关系，把握权利的产生、变更、消灭，这样才能公正裁判，正确地解决各种民事纠纷。"③ "法律关系逻辑是民法上一个基本的分析问题的工具，也是学习法律的基本功。学法律的人与非学法的人最大的区别，就是看是否知道法律关系的逻辑。比如在合同相对性、夫妻关系等方面，学法的人知道权利义务关系和主体都是明确肯定的，能够清晰地分析法律上的权利、义务、责任，不牵扯别人……我们学习民法科学，必须坚持在法律关系的逻辑基础上分析和裁判，这个要点必须要掌握。"④ "当法官裁判民事纠纷案件时，其基本方法也是分析当事人之间民事法律关系的性质，据此确定解决纠纷应当适用的法律。因此，民事法律关系也是裁判民事纠纷案件的基本方法。"⑤ 所谓法律关系的方法，是指识别并确定特定的民事权利和民事义务处于哪个法律关系之中，进而寻觅与之相适应或类似的法律规范，以确定民事权利和民事义务及其相互关联，妥当地处理民事纠纷。应当确立并运用法律关系的方法，源自民法及民事法律关系的内在要求，而非外力强加于人的结果。审视当事人的诉讼请求或仲裁请求有无事实根据和法律根

---

① 韩松：《民法总论》，法律出版社2020年版，第84页。
② 杨立新：《民法总论》，法律出版社2020年版，第31页。
③ 王利明：《民法总则》，中国人民大学出版社2022年版，第93页。
④ 孙宪忠：《仲裁涉及〈民法典〉实施的十个问题》，载《商事仲裁与调解》2024年第1期。
⑤ 杨立新：《民法总论》，法律出版社2020年版，第36页。

据，必须先行确定其请求权处于哪个法律关系之中。①

（三）请求权基础分析方法与法律关系分析方法是相容的

1. 请求权基础分析方法以法律关系分析方法为基础

请求权概念，由温德沙伊德所创，他认为，在诉权之外，存在请求权。请求权存在于平等的当事人之间，属于私权，而诉权是私人请求国家予以保护的诉讼权利，存在于私人与国家之间，属于公权。所谓请求权基础，又称为请求权规范基础，是指足以支持某项特定请求权之法律规范。②也就是说，当事人行使请求权所依据的具体法律规范，就是请求权基础。请求权是由基础权利而发生，先有基础权利，而后有请求权。基于基础权利的请求权可以分为债权上请求权、物上请求权、知识产权上请求权、人格权上请求权和身份权上请求权。债权上请求权从债权成立时当然发生，而其余的请求权一般在基础权利受侵害时发生。③ 承认权、选择权、撤销权、解除权等形成权与请求权密切相关，可谓请求权发生的前提。④ 抗辩权是对抗请求权之权利，是请求权的对立面。

请求权基础分析方法，为德国潘德克顿法学所首倡，即原告起诉时应当明确说明请求权基础何在，被告可以进行否认和抗辩，法官则保持中立。《德国民法典》第194条第一次规定了请求权基础，该条第1款规定："请求他人作为或者不作为的权利（请求权），受时效的约束。"据此，请求权可以指向特定的一个人或者数个人。

可以认为，请求权基础分析方法与法律关系分析方法并不排斥，甚至可以说二者相辅相成，密切联系。请求权基础分析方法以法律关系分析方法为基础，请求权基础的分析离不开法律关系的分析。例如，原告选择违约责任作为请求权基础，前提是原被告之间有合同关系，应当分析合同的成立与生效、合同权利义务的内容、合同履行方式、有无关于违约责任的约定以及如何承担违约责任等因素，如果没有法律关系的分析，请求权基

---

① 参见崔建远《论法律关系的方法及其意义》，载《甘肃政法学院学报》2019年第3期。
② 参见梁慧星《民法总论》，法律出版社2021年版，第77页。
③ 参见梁慧星《民法总论》，法律出版社2021年版，第76~77页。
④ 参见王泽鉴《法律思维与民法实例》，中国政法大学出版社2001年版，第64页。

础的分析方法并不能圆满处理案件。① 因此，不应把请求权基础过分拔高，甚至可以说，法律关系分析方法已经包含了请求权基础分析方法。"法书万卷，法典千条，头绪纷繁，莫可究诘，然一言以蔽之，其所研究和所规定者，不外法律关系而已。"②

2. 请求权基础分析方法无法取代法律关系分析方法

目前，关于请求权基础分析方法与法律关系分析方法之间的关系存在争议。反对观点认为，请求权基础思维无法解决所有案例，不可完全替代法律关系分析法，本科教学不应也不可能讲授请求权基础的相关理论与案例；赞成观点认为，我国民法教学应借鉴德国模式，系统设置请求权基础方法的案例课程，民事诉讼亦不例外。③ 反对观点值得赞同，也就是说，请求权基础分析方法无法取代法律关系分析方法。

一般来说，判断法律关系性质是解决问题的关键，请求权基础则在其次。例如，父母在儿子结婚后为其提供部分购房款购买房屋，由儿子儿媳共同居住，如果父母没有明确的赠与意思表示的，其性质是赠与还是借款？可否要求儿子儿媳偿还购房款？关于此类案件的处理，应首先明确该法律关系的性质是赠与还是借款，否则无法适用法律进行裁判，也就是说，法律关系分析方法是基础，请求权基础分析方法则在其次。北京市高级人民法院（2019）京民申 2635 号民事裁定（生效裁定）认为，被告应提供足以反驳的证据予以证明，但其并未提供足以反驳的相应证据如赠与合同或者协议，因此应认定借款关系成立。本院认为，"虽然在当前高房价背景下，部分子女经济条件有限，父母在其购房时给予资助属于常态，但不能将此视为理所当然，也绝非法律所倡导，否则严重违背法律公平正义之理念。子女成年后，父母已经尽到了抚养义务，并无继续提供供养的义务。子女买房是父母出资，除明确表示赠与外，应当视为以帮助为目的

---

① 参见孙宪忠、朱广新主编《民法典评注·物权编》（1），中国法制出版社 2020 年版，第262 页。
② 郑玉波：《民法总则》，中国政法大学出版社 2003 年版，第 95 页。
③ 参见金晶《请求权基础思维：案例研习的法教义学"引擎"》，载《政治与法律》2021 年第 3 期。

的临时性资金出借,子女负有偿还义务。"

另一个案例也能够佐证,法律关系分析方法是处理民事纠纷的根本方法。最高人民检察院 2023 年 12 月 19 日发布《贯彻实施民法典典型案例(第二批)》案例九,洪某与某经济适用房开发公司房屋买卖合同纠纷抗诉案,浙江省人民检察院经审查认为,在《竞买须知》《商品房买卖合同》未作出约定情况下,交纳物业费并非洪某与某经济适用房开发公司房屋买卖合同中的合同义务。物业公司取得钥匙控制权也是基于某经济适用房开发公司委托交房,并非同洪某之间的物业服务关系。物业公司以洪某未预缴物业费为由拒绝交房,相应《商品房买卖合同》的违约责任应由委托人某经济适用房开发公司承担。原审判决适用法律确有错误,浙江省人民检察院于 2020 年 12 月 21 日向浙江省高级人民法院提出抗诉。浙江省高级人民法院采纳检察机关抗诉意见,再审判决某经济适用房开发公司向洪某交付案涉房屋钥匙,并支付洪某延期交房违约金 8000 元。开发商交房和物业公司收费基于不同的法律关系,牵涉到不同的法律主体。基于商品房买卖合同,开发商负有交付房屋的义务,在其将该项义务委托给物业公司后,物业公司应当根据房屋买卖合同的约定履行交房义务,其外在表现主要是将房屋的钥匙交付给购房者,由购房者实现对房屋的实际管控使用。基于物业服务合同,业主负有交纳物业费的义务,然物业费支付并非交房的附加条件和前置程序。在未明确约定物业费需在交房时交纳的情况下,开发商委托交付钥匙的物业公司将购房者预先支付物业费附加为交房条件,侵犯了购房者依约接收房屋的权利。物业公司拒不交付钥匙导致购房者未能在合同约定的交房期内受领房屋的,开发商作为委托人,应当承担相应的逾期交房责任。浙江省高级人民法院采纳检察机关抗诉意见,再审判决某经济适用房开发公司向洪某交付案涉房屋钥匙,并支付洪某延期交房违约金 8000 元。

三 民事法律关系的要素

民事法律关系的要素,是指构成民事法律关系的必要因素或条件。民事法律关系的主体、客体和内容为民事法律关系的要素,因为缺少其中的任何一个要素都不能成立民事法律关系，其中任何一个发生变化，民事法律关系也就发生变化。

（一）民事法律关系的主体

民事法律关系的主体，简称为民事主体，是指参与民事法律关系、享受民事权利和承担民事义务的人。凡法律规定可成为民事主体的，不论其为自然人还是组织，都属于民法上的人。因此，自然人、法人和非法人组织都为民事主体。国家也可以成为民事主体，例如，国家是国有财产的所有人，是国债的债务人。

主体是权利义务的享有者和承担者，是法律效果的承载者。谁具有了主体资格，谁才能成为法律关系的主体。"法律上的人的概念是在陈述实在法时所使用并且同法律义务与法律权利概念密切联系着的另一个一般概念。法律上的人（按定义来说，他是法律义务与法律权利的主体）的概念，符合一种想象，需要有一个权利与义务持有者。法学思想不满足于只看到某种人的行为或不行为组成义务或权利的内容，必须还存在着某个'具有'义务或权利的人物。"[1]

民法上的"人"，"指有享受权利、承担义务资格之人格者而言。有此资格之'人'，有自然人及法人之别。自然人，指从母体出生，有生理的身体，生活于自然界之人类而言。法人，指依法律组织而成，无生理的身体，由其代表机关在社会上活动，除性质上受限制外，得与自然人同样享受权利、负担义务之组织体而言。"[2] 在具体的法律关系中，民事主体因所参与的法律关系的不同而可能具有不同的身份，如所有人、债权人、债务人等。

（二）民事法律关系的客体

民事法律关系的客体，是指民事法律关系中的权利和义务共同指向的对象。一般认为，法律关系的客体与标的是同一的，即权利、义务所指向的对象。[3] 民事法律关系因其性质不同，客体也不同。一般来说，物权的

---

[1] 〔奥〕凯尔森：《法与国家的一般理论》，沈宗灵译，商务印书馆2013年版，第151页。
[2] 姚瑞光：《民法总则论》，中国政法大学出版社2011年版，第23页。
[3] 参见王利明《民法总则》，中国人民大学出版社2022年版，第101页。

客体是物，在法律规定的特殊情形，权利也可以成为物权客体；债权的客体是行为，即给付；人格权的客体是人格利益；知识产权的客体是智力成果；等等。

（三）民事法律关系的内容

民事法律关系的内容是民事主体在民事法律关系中享有的权利和承担的义务。民事法律关系的内容包括权利和义务两个方面，权利和义务相互对立，又相互联系。权利的内容是通过相应的义务来表现的，义务的内容是由相应的权利来限定的。一般而言，民事权利与民事义务是相对应而存在的，有民事权利，就有民事义务，反之亦然。"权利与义务作为法学的一对基本范畴，权利与义务的关系是法的基本矛盾关系，一方面，二者具有法律关系中的对应关系、社会生活中的对等关系、功能发挥中的互动关系，所以'没有无权利的义务，也没有无义务的权利'，权利主体往往同时也是义务主体，法律的精神是要求权利与义务的对应或对等。"[1] 在特殊情形，"亦有无对应义务之权利，如形成权，又有无对应权利之义务，如监督义务是也。"[2] "在某些情形，也有无义务的权利和无权利的义务。如形成权，即属于无义务的权利。合同当事人于发生不可抗力时的通知义务，即属于无权利的义务。"[3] 另一方面，在民事权利和民事义务的对立统一中，民事权利属于矛盾的主要方面，而民事义务属于矛盾的次要方面。

四　民事法律事实

（一）民事法律事实的概念

民事法律事实，是指依法引起民事法律关系发生、变更和消灭的客观现象，包括事件和行为。民事法律事实分为单一法律事实和事实构成。单一法律事实，是指单一的事件或行为就能够导致民事法律关系的发生、变更或消灭，比如一般的动产买卖只需要双方的买卖行为即可。事实构成，是指需要两个或两个以上的事件或行为才能导致民事法律关系的发生、变

---

[1] 付子堂主编《法理学高阶》，高等教育出版社2008年版，第222页。
[2] 郑玉波：《民法总则》，中国政法大学出版社2003年版，第75页。
[3] 梁慧星：《民法总论》，法律出版社2021年版，第85页。

更或消灭,比如房屋买卖不仅需要买卖合同,还需要办理不动产登记。

(二)民事法律事实的类型

法律事实的种类繁多,民法上根据事实是否与人的意志有关,将其分为自然事实和人的行为两种类型。[1]

1. 自然事实

自然事实,是指人的行为之外的,能够引起民事法律关系发生、变更或消灭的一切客观情况。自然事实包括事件和状态。第一,事件。事件是与人的意志无关的客观情况。例如,人的出生、死亡、自然灾害的发生和战争爆发等情形。第二,状态。状态是指客观情况的持续。例如,时间的经过、人的下落不明等情形。[2] "所谓状态,如一定时间之经过,人之成年,继续占有等。"[3]

2. 人的行为

行为是与人的意志有关的法律事实。行为虽与人的意志有关,但根据意志是否需明确对外作意思表示,行为又可划分为表意行为和非表意行为。第一,表意行为。表意行为是行为人通过意思表示,旨在设立、变更或消灭民事法律关系的行为。第二,非表意行为。非表意行为是行为人主观上没有产生民事法律关系效果的意思表示,客观上引起法律效果发生的行为。如侵权行为,行为人主观上并没有效果意思,但客观上却导致赔偿的发生。

(三)民事法律关系的发生、变更和消灭

民事法律关系的发生,是指因一定的民事法律事实出现,民事主体之间形成民事权利义务关系。民事法律关系的变更,是指因一定的民事法律事实出现,原有的民事法律关系发生了变化,包括主体变更,客体变更和内容变更。民事法律关系的消灭,是指因一定的民事法律事实出现,原有的民事法律关系的终结。

---

[1] 参见梁慧星《民法总论》,法律出版社2021年版,第66页;傅鼎生《民法总论授课实录》,法律出版社2023年版,第57页。
[2] 参见梁慧星《民法总论》,法律出版社2021年版,第66页。
[3] 刘凯湘:《民法总论》,北京大学出版社2011年版,第76页。

第二节 民事权利

一 权利的概念

(一) 权利概念的不同表达

关于权利概念的理论探讨,应该是 17 世纪以后的事,此前一直没有系统探讨权利概念。根据学者考证,古希腊思想家和罗马法学家还没有关于权利概念的讨论,但有权利概念的雏形。中世纪末期,资本主义商品经济的发展使各种利益独立化,权利观念逐渐成为普遍的社会意识。到了 17 世纪,资产阶级在反对封建统治的斗争中发明了"自然权利"武器,举起了"天赋人权"的旗帜。格老秀斯(Grotius)把权利看作人作为理性动物所固有的"资格"。这种观念在法国《人权宣言》、美国《独立宣言》等资产阶级政治法律文献中得到肯定,被宣布为不可转让的权利。[1] 为了反对封建特权,资产阶级启蒙思想家提出天赋人权、人民主权、社会契约论等自然法学说,针对权利的基本理论进行了比较系统的探讨。此后,关于权利概念的表达呈现出多元化状态。

由于权利包含的内容过于庞杂,以至于很难对其进行准确的界定。权利的内涵是多维度、多侧面的,"主体的行为从内容上讲一般是寻求利益或者自由,从方式上讲一般是主张,从结果上讲一般是使之具有某种资格。"[2] 关于权利的界定,法学界存在不同的解说,从不同角度进行阐释。有学者根据界定权利时所选择的参照系,即各自的权利定义中的核心词或指称范畴不同,将权利学说归纳为资格说、主张说、自由说、利益说、法力说、可能说、规范说和选择说等八种。资格说认为,权利就是有权行动、有权存在、有权享有、有权要求。主张说认为,权利是指主体可以针对别人作出肯定的主张,特别是向他人提出停止侵害的要求。自由说认

---

[1] 参见吕世伦、文正帮主编《法哲学论》,西安交通大学出版社、北京理工大学出版社 2016 年版,第 437 页。

[2] 何志鹏:《权利基本理论:反思与构建》,北京大学出版社 2012 年版,第 28 页。

为，权利是法律允许的自由。利益说认为，权利是法律所承认和保障的利益。法力说认为，权利是法律赋予权利主体的一种用以享有和维护特定利益的力量。可能说认为，权利是法律规范规定的有权人为一定行为或不为一定行为的可能性。规范说认为，权利是权利人为了满足他的利益而采取的，并由其他人的法律义务所保证的被允许的行为的尺度。选择说认为，权利是法律规则承认权利主体的选择或意志优越于他人的选择或意志。①

上述分类有其合理性，但分类标准也有些模糊，因为不同类型的学说可能本质上是一致的，区别是比较小的。大体来说，关于权利概念的上述几种学说可以概括为"自由说"和"利益说"。资格说与自由说、可能说、主张说、规范说和选择说比较近似，都以"自由"为其核心内容，可以统称为"自由说"。"意志说"由德国民法学家萨维尼提出，从"意志说"的表述来看，"意志说"也应归属于"自由说"。利益说和法力说基本相同，都以利益为其核心内容，主张权利是指法律所保护的利益，可以统称为"利益说"。

第二次世界大战后，权利学说的两派争论在新分析法学中继续下来。"自由说"的代表是哈特，"利益说"的代表是麦考密克。哈特认为，存在以下几种权利。第一种权利是有相应义务的权利，它的要素是法律授予某人放弃或要求强制执行他人义务的权力。第二种权利是自由权之类的权利，这种权利是指法律没有禁止的，我就有权这样做。第三种权利是所谓豁免权，它是指他人没有权力的一种权利，即某人的法律地位。麦考密克认为，权利是法律上（或道德上）对一个人的利益的保护和促进，并对他人设定义务。在这一基础上，权利人有权选择是否需要他人尊重他的主要权利，在主要权利被侵犯时是否需要强制执行补救权利。②

目前，我国法学界关于权利理论的探讨基本围绕"自由"和"利益"展开。"自从晚清修律，将'right'翻译为'权利'之后，中国法学界绝大多数人对'权利'的认识的思维是在'利益'和'自由'之间游荡。"③

---

① 参见张文显《法律与人权》，法律出版社 2011 年版，第 21~29 页。
② 参见沈宗灵《现代西方法理学》，北京大学出版社 1992 年版，第 183~185 页。
③ 张恒山：《义务乃人类文明维系之根》，载《光明日报》2017 年 3 月 16 日，第 13 版。

(二) 权利理论"自由说"的核心内容是行为自由

1. 权利理论的"自由说"由抽象的自由发展为具体的、历史的自由

从时间顺序来看，系统的权利理论始于资产阶级启蒙思想家的论述，卢梭、洛克、孟德斯鸠等对权利理论进行了深入的探讨。他们认为，权利就是法律规定范围内的自由，由此形成了"自然法学派"。以康德和黑格尔为代表的"哲理法学派"沿袭了"自然法学派"关于权利就是自由的思想，这种自由不是绝对的自由，而是受到法律限制的自由。马克思主义法学对"自然法学派"和"哲理法学派"的权利理论的"自由说"进行了批判的继承，并吸收了"权利是自由"的基本观点，在此基础上提出了历史唯物主义的权利观：自由不是抽象的自由，而是由一定物质生活条件决定的、具体的、历史的自由，是法律规定范围内的自由。

2. 自然法学派的权利理论的"自由说"是指抽象的行为自由

（1）权利就是行为自由

自然法学派提出自然权利的命题，并以此为基础去论证和探寻人们与生俱来的权利，即自然权利。自然法学派认为，自然权利来自自然法，而自然法来自人的理性。自然权利是每一个人生而有之、不可剥夺的，自然权利是依靠自然法和人的本性而不是依靠国家制定法来认定和维持的权利，自然权利是人所固有的权利，与制定法无关。洛克认为："法律的目的不是废除或限制自由而是保护和扩大自由。这是因为在一切能够接受法律支配的人类的状态中，哪里没有法律，哪里就没有自由。这是因为自由意味着不受他人的束缚和强暴，而哪里没有法律，哪里就不能有这种自由。"[①]"人的自由和依据自己的意志来行动的自由，是以他具有理性为基础的，理性能教导他了解他用以支配自己行动的法律，并使他知道他对自己的自由意志听从到什么程度。"[②] 卢梭提出了社会契约论，他说："既然任何人对于自己的同类都没有任何天然的权威，既然强力并不能产生任何权利，于是便只剩下来约定才可以成为人间一切合法权威的基础。"[③] 潘恩

---

① 〔英〕洛克：《政府论》（下篇），叶启芳、瞿菊农译，商务印书馆1996年版，第35~36页。
② 〔英〕洛克：《政府论》（下篇），叶启芳、瞿菊农译，商务印书馆1996年版，第39页。
③ 〔法〕卢梭：《社会契约论》，何兆武译，商务印书馆1980年版，第14页。

认为:"许多个人以他自己的自主权利互相订立一种契约以产生政府;这是政府有权利由此产生的唯一方式,也是政府有权利赖以存在的唯一原则。"① 根据社会契约论的观点,人是生而自由平等的,但在自然状态下却难以维护,因此需要通过协议组成社会或国家,以保障个人的自由和平等。在此过程中,个人让渡了自己的部分权利,社会或国家就应当保障个人的人身权利和财产权利,否则,个人有权收回让渡出去的权利。

(2) 自由不是绝对的

自然法学派认为,自由不是绝对的,而是受到限制的,如果某人具有绝对的自由,那么他就是不自由的,因为每个人的绝对自由是互相冲突的,因此绝对的自由是不存在的。一个人的自由是另一个人的不自由。自由意味着可以从事某项行为,自由的边界应该是确定的,否则人们将无所适从。自由需要法律的保障,但自由同时需要法律的约束。孟德斯鸠认为:"自由是做法律所许可的一切事情的权利;如果一个公民能够做法律所禁止的事情,他就不再有自由了,因为其他的人也同样会有这个权利。"② 费希特认为:"在应当相互并存的人们中间,每个人都必须限制自己的自由,使自己的自由也能与其他人的自由并存,这就是法权规律的内容。"③ 霍菲尔德认为,狭义的权利同狭义的义务相关联,前者是指人们迫使他人这样行为或不行为,后者是指人们应当行为或不行为。特权是指人们能不受他人法律上的干涉而行为或不行为。特权与自由的含义是相似的。在英美法学中,自由泛指所有人的合法行为,而特权则泛指仅在特定情况下对所有人或对特定的人才是可容许的行为。④

综上,自然法学派主张的自由包括以下几方面的内容。第一,自由是天赋的,人生来就有自由。第二,自由是由自由意志支配的自由行为,其实质是行为自由。第二,自由不是绝对的、不受限制的自由。由此可见,自然法学派所主张的自由有其特定内涵,不是漫无边际的自由自在,而是

---

① 〔美〕潘恩:《潘恩选集》,冯清槐译,商务印书馆1981年版,第145页。
② 〔法〕孟德斯鸠:《论法的精神》(上册),张雁深译,商务印书馆1982年版,第154页。
③ 〔德〕费希特:《自然法权基础》,谢地坤、程志民译,商务印书馆2004年版,第13页。
④ 参见沈宗灵《现代西方法理学》,北京大学出版社1992年版,第115页。

在法律规定范围内的行为自由。

不可否认，自然法学说粉碎了"君权神授"和"王权至上"等陈旧观念，促进了资产阶级民主和法制的诞生和发展。然而，自然法学派的理论是建立在抽象人性论基础上的，因此，不可避免地带有虚幻的痕迹。①"自然状态以及这种状态下的自然权利仅仅是一些思想家的假设，缺乏历史的证据。个人的权利并不是天赋的或与生俱来的，而是具体的社会关系的产物。"②

3. 哲理法学派的权利"自由说"依然是抽象的行为自由

哲理法学派以康德和黑格尔为代表。他们对自然法学派的社会契约论、分权制衡理论等许多理论都有所保留，甚至持批判态度。但是，哲理法学派的政治法律思想与自然法学派有许多相似之处，比如以抽象的人性作为切入点进行假设和逻辑推理。哲理学派关于权利概念的表述与自然法学派基本一致，即权利本质的"自由说"。康德认为，权利就是行为自由。权利就是人们有意识的行为，这种有意识的行为是自由的。"它只表示他的自由行为与别人行为的自由关系。"③ 黑格尔说："任何定在，只要是自由意志的定在，就叫做法。所以一般说来，法就是作为理念的自由。"④"自由是意志的根本规定，正如重量是物体的根本规定一样。"⑤

法律规范人们的行为，但行为的前提是意志自由，其结果是行为自由。"即使我们不承认权利自由论者关于权利即自由的论断，我们也必须承认，权利是标示人们在社会生活中的行为自由的目标、方向、程度及范围的法学范畴。在这种意义上说，康德所言权利就是'意志的自由行使'，黑格尔所说'每一个真正的权利就是一种自由'等则有其内在的合理性。"⑥

4. "意思说"属于权利理论的"自由说"范畴

康德和黑格尔都认为权利就是自由，就是根据自己的意志从事某种行

---

① 参见王人博、程燎原《法治论》，广西师范大学出版社2014年版，第260页。
② 沈宗灵：《现代西方法理学》，北京大学出版社1992年版，第190页。
③ 〔德〕康德：《法的形而上学原理》，沈叔平译，商务印书馆1991年版，第40页。
④ 〔德〕黑格尔：《法哲学原理》，范扬、张企泰译，商务印书馆1979年版，第14页。
⑤ 〔德〕黑格尔：《法哲学原理》，范扬、张企泰译，商务印书馆1979年版，第11页。
⑥ 参见吕世伦、文正帮主编《法哲学论》，西安交通大学出版社、北京理工大学出版社2016年版，第345页。

为的自由,他们认为"法律是'自由意志'的体现。自由与意志是同义语。"① 受康德和黑格尔哲理法学派影响,以萨维尼和温德沙伊德为代表的潘德克顿法学家将权利的本质归结为自由意志,② 称为"意志说"。该学说主张权利的本质是意思自由或意思支配。意思是权利的基础,没有意思就没有权利。③ "萨维尼及温德沙伊德两位伟大法学家首先提出了意思力或意思支配说,认为权利系为个人意思自由活动或个人意思所能支配的范围。"④ 可见,"意思说"与哲理法学派的权利观一脉相承,仍然属于权利理论的"自由说"范畴。"这种学说显然受到了早期思想家们'权利即是自由'观念的深刻影响。"⑤ 有些德国当代民法学者仍然坚持"意思说",值得重视。"权利是一种意思力。它赋予权利人决定权,为其提供意思决定的空间。因此,权利保障了个人自由。"⑥

5. 马克思主义权利观是对抽象"自由说"的扬弃

无论是自然法学派的权利理论,还是哲理法学派的权利理论,其基础是先验论和唯心主义,他们关于权利理论的"自由说"都是抽象的自由,而不是具体的、历史的自由,他们没有认识到,决定自由的最终基础是物质生活条件。"由于它们是建立在先验的、唯心主义的人性观、理性观、历史观的基础之上,因而存在着无法克服的难题。"⑦ 马克思主义权利观对自然法学派的权利理论和哲理法学派权利理论进行了批判的继承,在坚持权利理论的"自由说"基础上,引入了唯物主义观点,提出自由是由一定物质生活条件决定的、具体的、历史的自由。马克思在《〈政治经济学批判〉序言》中指出:"法的关系正像国家的形式一样,既不能从它们本身来理解,也不能从所谓人类精神的一般发展来理解,相反,它们根源于物

---

① 沈宗灵:《现代西方法理学》,北京大学出版社1992年版,第17页。
② 参见朱庆育《民法总论》,北京大学出版社2016年版,第499页。
③ 参见郑玉波《民法总则》,中国政法大学出版社2003年版,第60页。
④ 王泽鉴:《民法总则》,北京大学出版社2022年重排版,第99页。
⑤ 申卫星:《民法基本范畴研究》,法律出版社2015年版,第110页。
⑥ 〔德〕布洛克斯、瓦尔克:《德国民法总论》,张艳译,中国人民大学出版社2019年版,第276页。
⑦ 张文显:《法律与人权》,法律出版社2011年版,第68页。

质的生活关系。"① 马克思在《论犹太人问题》中指出："自由是可以做和可以从事任何不损害他人的事情的权利。每个人能够不损害他人而进行活动的界限是由法律规定的，正像两块地之间的界限是由界桩确定的一样。"②"任何解放都是使人的世界即各种关系回归于人自身。"③可见，马克思主义权利观是对自然法学派和哲理法学派权利理论的"自由说"的扬弃，在坚持权利的核心是行为自由的基础上，剔除了原有的唯心主义成分，以唯物主义的观点对权利进行阐述，认为权利不是抽象的行为自由，而是由一定物质生活条件决定的、具体的、历史的行为自由，这种行为自由的界限是由法律规定的。马克思、恩格斯在《共产党宣言》中指出："代替那存在着阶级和阶级对立的资产阶级旧社会的，将是这样一个联合体，在那里，每个人的自由发展是一切人的自由发展的条件。"④

6. 苏联法学界对权利界定的"可能说"实质是"自由说"

苏联法学界关于权利理论的论述最具代表性的观点是行为可能性，即"可能说"。"可能说"认为："权利是指法律规范所规定的有权人做出一定行为和做出一定行为的可能性。"⑤"受国家保障的、有权人做出一定行为的可能性，包括要求他人做出一定行为的可能性，叫做权利。"⑥ "可能说"是苏联法学界的通说，该学说主张权利是为一定行为或不为一定行为的可能性。"民事权利是一种由国家法律保障的可能性，依这种可能性，权利主体可以进行一定的行为，或要求他人为一定的行为，以满足自身的利益需要。这种意见，是苏联法学界在40年代以后经过多年的讨论逐步形成的。"⑦

与"可能说"类似的是"规范说"，可以说二者并无本质区别，都在

---

① 《马克思恩格斯选集》（第2卷），人民出版社1995年版，第32页。
② 《马克思恩格斯文集》（第1卷），人民出版社2009年版，第40页。
③ 《马克思恩格斯文集》（第1卷），人民出版社2009年版，第46页。
④ 《马克思恩格斯选集》（第1卷），人民出版社1995年版，第294页。
⑤ 〔苏〕罗马什金、斯特罗果维奇、图曼诺夫主编《国家和法的理论》，中国社会科学院法学研究所译，法律出版社1963年版，第468页。
⑥ 〔苏〕卡列娃、凯契克扬、费道谢也夫、费其金：《国家和法的理论》（下册），李嘉恩译，中国人民大学出版社1956年版，第450页。
⑦ 佟柔主编《中国民法学·民法总则》，中国人民公安大学出版社1990年版，第66~67页。

强调行为的可能性，或者行为自由的限度。"规范说"认为："权利是一个人得到法律保证的能做行为的尺度，它保证在现有的生产和交换关系基础上的自主性、选择自由和对物质和精神福利的享用。"[①]

"可能说"已经涵盖了主客观两个方面的内容。第一，主观上享有权利的可能性。这是权利的主要内容，权利主体根据法律规定或当事人约定为一定行为或不为一定行为。第二，客观上享有权利的可能性。有些权利是法定权利，民事主体在客观上具有享有权利的可能性，其来源是法律规定，比如法律规定的民事主体的继承权，即使没有行为能力的权利主体也可以通过监护制度和代理制度等方式享有权利。"不过也有这样的情况，一定的权利主体之间的法律关系，并没有通过他们的意志表示，而是直接由于法律或其他法律文件的规定，或由于某一事件的发生而产生的。但是，即使在这种情况下，要使这一法律关系的参加者行使权利或履行义务，也必须通过他们的意志行为。"[②]

(三) 权利理论"利益说"的核心是法律保护的利益

1. "利益说"的确立

反对权利理论的"自由说"的观点认为，权利并不总是与意思相联系，没有意思时也可能有权利，比如无民事行为能力人没有意思能力，但可以成为权利主体；而且，并非所有的权利都与意思相关，比如法定权利的取得。"意思说以意思自由为基础，属于形式上的定义，并未说明权利的本质，而且无法说明无行为能力人何以也得享有权利，以及不基于意思而取得权利的事实行为，如先占而取得所有权等。意思说已为学者所不采。"[③] 随着权利理论的"自由说"受到质疑和批评，权利理论的"利益说"逐渐确立。

利益问题真正走上历史前台，得益于功利主义的哲学构建。英国功利

---

① 〔苏〕雅维茨：《法的一般理论——哲学和社会问题》，朱景文译，辽宁人民出版社1986年版，第159页。
② 〔苏〕卡列娃、凯契克扬、费道谢也夫、费其金：《国家和法的理论》（下册），李嘉恩译，中国人民大学出版社1956年版，第439页。
③ 施启扬：《民法总则》，中国法制出版社2010年版，第25页。

主义法学家边沁明确指出，法律一般的和最终的目的，不过是整个社会的最大利益而已。他提倡个人利益第一。社会公共利益是许多私人利益的相加，增进私人利益，就增进了整个社会的利益。耶林继承了边沁的功利主义传统，把权利作为法律的目的和法律的根本标志，而权利就是法律保护的利益。他同边沁的区别在于，不着重强调个人利益，而强调社会利益或社会利益与个人利益的结合，力求平衡个人原则与功利原则，因而被称为新功利主义法学派的创始人和早期社会法学派的代表。[1]"19世纪末，以实用主义和功利主义哲学为指导的德国法学家耶林通过使人们注意权利背后的利益，而改变了自然法学家和哲理法学家的权利观念，也部分否定了分析法学家在权利分析上的形式主义。他说，权利就是受到法律保护的一种利益，当然不是所有的利益都是权利，只有法律所承认和保障的利益才是权利。"[2] 耶林反对以自由意志为核心内容的权利观，他认为权利的本质是利益。

耶林最初沿袭了"意思说"，只不过在其权利定义中加入了"利益"的因素，到1877年的《法律：作为实现目的的一种手段》时，他已经完全放弃了主观的"意思说"，而改采客观的"利益说"，将权利的本质归结为受法律保护的客观利益。[3] 耶林认为："权利的获得、利用和实现在纯客观不法的情况中，是一个纯利益问题——据我自己的定义，权利自身不外是一个在法律上受保护的利益。"[4] 拉伦茨认为："根据鲁道夫·冯·耶林的观点，权利是一种'法律保护的利益'。这种观点首先强调的是，权利是为了保护权利人的某种利益的；但它本身并不是这种利益，只是一种法律的形式，可以依此形式主张利益。此外，这种观点特别强调法律的保护。"[5]

2. "法力说"完善了"利益说"

批评"利益说"的观点认为，"法律所保护的利益，未必都表现为权

---

[1] 参见李步云、高全喜主编《马克思主义法学原理》，社会科学文献出版社2014年版，第289页。
[2] 张文显：《法律与人权》，法律出版社2011年版，第11页。
[3] 参见李永军主编《民事权利体系研究》，中国政法大学出版社2008年版，第5页。
[4] 〔德〕耶林：《为权利而斗争》，郑永流译，商务印书馆2018年版，第24页。
[5] 〔德〕拉伦茨：《德国民法通论》（上册），王晓晔等译，法律出版社2003年版，第279页。

利。例如，交通安全无疑是一种重大利益，但并未表现为个人的权利；反之，所表现出来的是要求人人遵守交通规则的义务。人人遵守交通规则，也就享有交通安全的利益。此即所谓反射利益。"① 利益说的缺陷在于将权利的目的当作权利的本质，使权利的本质受到权利目的限制，而且法律保护的公共利益未必表现为权利，如违章建筑的拆除导致附近土地和房屋的升值，仅仅是一种反射利益而不是权利。② 凯尔森认为权利理论的"利益说"并不妥当，其理由是：一方面，一个人可能享有权利，但却不利用这种权利，此时就不存在任何利益；另一方面，虽然一个人有利益但并无权利。③

在耶林的权利理论的"利益说"基础上，梅克尔提出了权利理论的"法力说"，主张权利的本质是权利主体享有的特定利益在法律上之力。④"权利是法律为了满足某人的需要而赋予的一种'意思的力'或'法律的力'，是'一个确定的、对这个人来说合适的权力关系'。"⑤"权利指享受特定利益，法律所赋予之力。"⑥"我们姑且将民法上的私权作为享受一般的社会生活利益的法律上的力。"⑦"法力说"的核心要点在于，并非所有法律保护的利益都是权利，有些反射利益就不是权利，不能诉请强制履行。只有特定利益结合法律上之力才是权利。"这种学说认为，权利的本质表现为法律上之力，权利是由特定的利益和法律上之力两种因素构成的：特定利益为权利的内容，法律上之力为权利的外形。"⑧ 一般认为，"法力说"克服了"利益说"的不足，是对"利益说"的完善，因此值得赞同。⑨ 王泽鉴先生认为，"萨维尼及温德沙伊德两位伟大法学家首先提出

---

① 梁慧星：《民法总论》，法律出版社2021年版，第73页。
② 参见施启扬《民法总则》，中国法制出版社2010年版，第25页。
③ 参见〔奥〕凯尔森《法与国家的一般理论》，沈宗灵译，商务印书馆2013年版，第134页。
④ 参见郑玉波《民法总则》，中国政法大学出版社2003年版，第62页。
⑤ 〔德〕拉伦茨：《德国民法通论》（上册），王晓晔等译，法律出版社2003年版，第276~277页。
⑥ 王泽鉴：《民法思维》，北京大学出版社2009年版，第51页。
⑦ 〔日〕我妻荣：《新订民法总则》，于敏译，中国法制出版社2008年版，第30页。
⑧ 王利明：《民法总则》，中国人民大学出版社2022年版，第258页。
⑨ 参见梁慧星《民法总论》，法律出版社2021年版，第73页。

了意思力或意思支配说,认为权利系为个人意思自由活动或个人意思所能支配的范围。耶林氏继而强调此项意思力的赋予旨在满足特定的利益,认为权利系法律所保护的利益(利益说)。通说结合此两项观点,肯定权利乃享受特定利益的法律之力。"① 与权利理论的"自由说"相比较,"法力说"仍然属于权利理论的"利益说"范畴。

(四)权利理论的"利益说"具有正当性

1. 我国法学界从赞同权利理论的"自由说"转向"利益说"

我国封建社会的法律以刑法为主,私法处于依附地位,所以权利一词在中国封建社会的法律以及法学中,就成为罕见的甚至不存在的词了。直到19世纪末20世纪初,西方政治、法律思想大量传入中国,权利与义务等词在中国也广为传播。② 一般认为,我国近代关于权利概念的阐释始于梁启超的论述。梁启超通过摄取以日本为媒介的西方思想而形成了一套具有思想个性的自由权利观,并对自由权利概念在中国的引进、传播以及意义变迁产生了重要的影响。③ 梁启超认为:"自由者,权利之表征也。凡人所以为人者,有二大要件,一曰生命,二曰权利。二者缺一,实乃非人。"④ "权利者,吾人自由行为之范围也。"⑤

新中国成立后,我国法学界对权利理论的认识从赞同"自由说"转向"利益说"。大体可以区分为两个阶段。第一阶段,新中国成立后至1996年,我国法学界基本接受苏联法学界关于权利理论的"可能说",其实质属于"自由说"范畴。"民事权利的实质究竟如何?在这个问题上,我国民法学界在建国以后并未进行大的讨论和争论,大体上接受了苏联法学界的通说。"⑥ "在1949年后,我国长期主要保存了原苏联的权利为一种可能性的学说,即认为,权利是受到国家保障的、有权做出一定行为的可能性,包括要求别人做出一定行为的可能性。这种观点在相当长的历史时期

---

① 王泽鉴:《民法总则》,北京大学出版社2022年重排年版,第99~100页。
② 参见沈宗灵《权利、义务、权力》,载《法学研究》1998年第3期。
③ 参见林来梵《权利概念的移植交流史》,载《中外法学》2020年第2期。
④ 梁启超:《饮冰室合集·文集之五》,中华书局1989年版,第45页。
⑤ 胡长清:《中国民法总论》,中国政法大学出版社1997年版,第37页。
⑥ 佟柔主编《中国民法学·民法总则》,中国人民公安大学出版社1990年版,第66页。

中都保留在我国的权威性法学教材之中。"[1] 以下论述为其典型。权利是指"法律规范所规定的、法律关系主体所享有的作出某种行为的可能性"。[2]"权利是指法律关系主体可以这样行为或不这样行为,或者要求他人这样行为或不这样行为。"[3]"民事权利,是指民事主体为实现某种利益,依法而为某种行为或不为某种行为的可能性。"[4] 第二阶段,从1996年至今,我国法学界从赞同权利理论的"自由说"转向"利益说"。1996年出版的梁慧星先生所著《民法总论》采纳"利益说"。该书介绍了关于权利本质的三种学说,即意思说、利益说和法力说(对此前我国民法学界采纳的"可能说"未予置评),其结论赞同"法力说"("法力说"的本质属于权利理论的"利益说")。[5] 此后,权利理论的"利益说"基本成为我国法学界通说。其典型表述如下。"可享受特定利益的法律上之力,即为权利。"[6]"民事权利本质上是指法律为了保障民事主体的特定利益而提供法律之力的保护,是法律之力和特定利益的结合,是类型化了的利益。"[7]

2. 我国法学界许多学者仍然赞同权利理论的"自由说"

虽然我国法学界赞同权利理论的"利益说"成为通说,但是赞同权利理论的"自由说"的学者仍然很多,两种观点的争论仍在持续。我国赞同权利理论的"自由说"的学者认为,权利的本质应当从人的本质上去寻找,而人的本质则是自由意志,故将权利本质定位于意思的效力,是与人的本质定位相和谐的。[8] "权利是标示人们在社会生活中的行为自由的目标、方向、程度、范围的法学范畴,而这种行为自由是符合一定的社会规范要求的。"[9] "当自由的精神和原则落实为规范人们的行为的法律规则时,

---

[1] 何志鹏:《权利基本理论:反思与构建》,北京大学出版社2012年版,第16页。
[2] 孙国华主编《法学基础理论》,法律出版社1982年版,第301页。
[3] 沈宗灵:《权利、义务、权力》,载《法学研究》1998年第3期。
[4] 佟柔主编《中国民法学·民法总则》,中国人民公安大学出版社1990年版,第65页。
[5] 参见梁慧星《民法总论》,法律出版社1996年版,第61~63页。
[6] 梁慧星:《民法总论》,法律出版社2021年版,第74页。
[7] 王利明:《民法总则》,中国人民大学出版社2022年版,第257页。
[8] 参见张俊浩主编《民法学原理》,中国政法大学出版社2000年版,第65~66页。
[9] 吕世伦、文正帮主编《法哲学论》,西安交通大学出版社、北京理工大学出版社2016年版,第352页。

政治哲学中的'自由'就是法律规范意义上'权利'。"[1] 权利是法律确认的权利主体实现自己意志的可能性，或者说法律确认权利主体意志的实现资格。因此权利的本质是权利主体特定意志的实现资格，也就是自由。[2] 权利是自由意志的范围。权利主体在行使自由意志时，其目的可能是追求一种正当利益，自由意志的行使结果也可能是获得一种正当利益，但这是权利的目的或者结果，却不是权利本身。[3] 由于每一个权利都包含了一个意志自由的范围，所以权利就是自由，民法就是自由法。[4]

3. "折中说"试图调和"自由说"和"利益说"的分歧

我国法学界通说从最初赞同权利理论的"自由说"转向"利益说"，这种理论转向并没有进行充分的理论论证，也没有对批评"利益说"的观点进行回应，以致多年来并没有消除"利益说"和"自由说"的争论。为了调和权利理论的"自由说"和"利益说"的分歧，出现了权利理论的"折中说"。

"折中说"试图融合利益因素和自由因素（意志因素），以期对权利的界定尽可能圆满。考夫曼认为："事实上，权利既非仅是法律所保护的利益，同时也非仅是法律所保障的意志力，而是两者兼备。"[5] 我国也有学者采折中说。"法律权利是规定或者隐含在法律规范中、实现于法律关系中的，主体以相对自由的作为或不作为的方式获得利益的一种手段。"[6] "权利是指以一定的利益为内容，由法律保障实现的当事人行为的自由。"[7] "权利是正当利益或者实现正当利益的自由（意志）在法律上的固定和体现，并以直接或潜在的公共权力为保障。"[8] 上述"折中说"主张权利的内容要么是取得利益的自由，要么是利益或者自由，但是"折中说"并没有

---

[1] 赵明：《"权利"话语的中国语境》，载《光明日报》2017年3月16日，第13版。
[2] 参见李锡鹤《民法原理论稿》，法律出版社2009年版，第142页。
[3] 参见李永军《民法总则》，中国法制出版社2018年版，第497页。
[4] 参见龙卫球《民法总论》，中国法制出版社2001年版，第135页。
[5] 〔德〕考夫曼：《法律哲学》，刘幸义等译，法律出版社2011年版，第125页。
[6] 张文显：《权利与人权》，法律出版社2011年版，第29页。
[7] 尹田主编《民法学总论》，北京师范大学出版社2010年版，第68页。
[8] 彭诚信：《现代权利理论研究》，法律出版社2017年版，第327页。

第三章 民事法律关系的一般原理

从根本上解决"自由说"和"利益说"的分歧。主张权利是"获得利益的一种手段"的观点,仍然停留在"自由说"的范畴,只是增加了利益的内容,但是,反对"利益说"的观点认为有些权利是没有利益内容的,上述主张并没有解决反对者的疑问。主张权利是"利益或者自由"的观点,仍然将两种学说作为相互排斥的关系,从而没有解决权利理论的统一性问题。

4. 权利理论的"利益说"和"自由说"是可以相容的

认为"利益说"存在弊端的观点认为,"利益说"与"自由说"相排斥,并非所有的权利都具有利益内容,例如,舍己救人的权利就没有利益内容,但其本质是民事权利。[1] 其基本的论证前提是,利益不包括人身利益。利益为身外之物,不属于人身。利益如需法律保护,只能是财产。[2] "奥地利法学家凯尔森早在20世纪初就批判权利利益论,他指出,主体在行使权利时并无利益,甚至利益受损,但并不影响他的行为是权利。譬如,一个人炒股倾家荡产,并不影响他的炒股行为是权利。"[3] "国家没有权利迫使任何一个人用其生命去冒险。但是,每一个人都有权利自愿地拿自己的生命去冒险。"[4] 可见,上述观点以利益不包含自由为论证前提,也就是说,捐助、舍己救人、用生命去冒险等人身自由不属于利益的范畴,而属于自由的范畴。如果能够论证利益包括自由,则上述观点应予适当修正。

上述观点可能受到萨维尼的"意志说"的影响。一般认为,德国民法未能采用人格权的概念,是受到萨维尼"意志说"的影响。萨维尼认为,权利是主体与客体之间的支配关系,意思支配的客体应当具有财产价值,因此否定人格权属于权利。此后的"法力说"认为,权利是法律赋予权利人享受一定的利益。人格权是一种法律赋予之力,以满足其人为人的利益。[5] 可见,萨维尼主张的权利理论的"意志说"的客体不包括非财产利

---

[1] 参见李锡鹤《民法原理论稿》,法律出版社2009年版,第139页。
[2] 参见李锡鹤《民法原理论稿》,法律出版社2009年版,第18~19页。
[3] 张恒山:《义务乃人类文明维系之根》,载《光明日报》2017年3月16日,第13版。
[4] 〔德〕费希特:《自然法权基础》,谢地坤、程志民译,商务印书馆2004年版,第277页。
[5] 参见王泽鉴《人格权法:法释义学、比较法、案例研究》,北京大学出版社2013年版,第44页。

益。但是，权利理论的"利益说"主张非财产利益可以成为权利的客体。非财产利益包括人格利益和身份利益，与其对应的权利形态是人格权和身份权。人格尊严和人身自由是一般人格权的客体，一般人格权作为一种法律工具，保护的是以意志决定自由为核心的人格的自我发展。[①]也就是说，如果将利益界定为单纯的财产利益，则权利理论的"利益说"和"自由说"是相排斥的，因为捐助、舍己救人等行为并不以取得财产利益为目的，其性质是意志自由或行为自由，因此不能被"利益说"所包含。与此相关的探讨还包括关于代理权性质的争论，通说认为，代理权不是权利，因为权利是法律保护的利益，而代理人行使代理权并不是为了自己的利益，而是为了被代理人的利益。[②] 如果将利益界定为财产利益和非财产利益，则捐助、舍己救人等行为就能够被"利益说"所包含，因为该等行为属于非财产利益，其性质是一般人格利益。若此说成立，则权利理论的"利益说"包含"自由说"的内容。也就是说，权利理论的"利益说"和"自由说"并非相排斥的，而是相容的。

一般认为，法律保护的特定利益包括财产利益和非财产利益。[③] 一般财富属于财产利益，生命、身体、健康、自由、名誉、隐私等属于非财产利益。[④]"民事权利分为财产权利和人身权利，分别体现为财产利益和人身利益。"[⑤]"权利中的自由和利益是密切联系在一起的。正因为给予了民事主体一定的自由，民事主体才有可能实现其利益，有时自由本身就意味着一定的利益。"[⑥]"利益既包括物质利益，也包括精神利益（如名誉）。"[⑦]民事主体对非财产利益享有的权利称为人身权利，对人格利益享有的权利称为人格权，而自由属于一般人格利益，因此，自由属于一般人格权的范

---

① 参见杨立新《人格权法通义》，商务印书馆2023年版，第112页。
② 参见〔德〕拉伦茨《德国民法通论》（下册），王晓晔等译，法律出版社2003年版，第827页；王泽鉴《民法总则》，北京大学出版社2022年重排版，第460页；梁慧星《民法总论》，法律出版社2021年版，第239页。
③ 参见郑玉波《民法总则》，中国政法大学出版社2003年版，第63页。
④ 参见梁慧星《民法总论》，法律出版社2021年版，第74页。
⑤ 王利明：《民法总则》，中国人民大学出版社2022年版，第259页。
⑥ 王利明：《民法总则》，中国人民大学出版社2022年版，第260页。
⑦ 杨代雄：《民法总论》，北京大学出版社2022年版，第8页。

畴。《民法典》第 109 条规定："自然人的人身自由、人格尊严受法律保护。"《民法典》第 990 条第 2 款规定："除前款规定的人格权外，自然人享有基于人身自由、人格尊严产生的其他人格权益。"据此，一般人格权包括人格尊严和人身自由。也就是说，人格尊严和人身自由是一般人格利益。按照这种路径解释，自由也属于利益的内容，其本质是人格利益，因此，利益与自由就是种属关系的概念，而不是矛盾关系的概念，因此没有必要将二者并列使用。进一步推理，可以认为权利理论的"利益说"已经内在地包含了自由的内容，权利理论的"利益说"和"自由说"是可以相容的。

5. 权利理论的"利益说"更具有包容性

随着一些新型权利的出现，权利理论的"利益说"体现出更强的包容性。在"宜兴冷冻胚胎案"中，针对因车祸身亡的一对双独年轻夫妇采用人工辅助生育技术留下的四枚冷冻胚胎的继承权和处置权，一审和二审判决结果并不相同，分别采取了不同的解释路径。一审判决从继承权的角度，驳回了男方父母继承和处置冷冻胚胎的诉讼请求，认为已经去世的年轻夫妇对留下的四枚冷冻胚胎享有受限制的权利不能被继承。[1] 二审判决则从涉案胚胎的监管权和处置权的角度，支持了男方父母可以作为权利主体对涉案胚胎行使监管权和处置权的诉讼请求。[2] 分析意见认为，一审判决反映了权利理论的"自由说"（意思说），即权利的性质在于保护个人的自由意志。出于对夫妻双方自主意志的保护，其他人由于与"生育目的"无关，故而对冷冻胚胎不享有继承权乃至其他任何权利。二审判决认为，已经逝世的年轻夫妇遗留下来的胚胎，成为双方家族血脉的唯一载体，承载着哀思寄托、精神慰藉、情感抚慰等"人格利益"，法律应予保护。通过上述一、二审判决的解释路径的比较，可以认为，在权利的认定和证成上，"利益说"更具有一般性，它能够把更多的要求和权利呼声纳入权利考量的范围，在对权利义务关系的认定上更具包容性，更能反映权利的动态性特征。在现实层面上，它能够更好地回应现代技术给法律带来的挑战

---

[1] 参见江苏省宜兴市人民法院（2013）宜民初 2729 号民事判决书。
[2] 参见江苏省无锡市中级人民法院（2014）锡民终 01235 号民事判决书。

和各种法律难题。① "基于权利的利益论，权利有着动态性和语境依赖性。这很好地解释了'新型权利'话语的生成机制，它们是问题语境、社会环境、文化观念变迁的必然产物。"②

我国立法和司法实践采纳了权利理论的"利益说"，以解决新型权利的相关争议，体现了"利益说"的包容性。第一，从立法层面来看，《民法典》第109条和第990条第2款将自然人的一般人格权概括为人身自由和人格尊严，从而保护人格利益，即凡属人格所生之合法利益，均受法律保护。"我国《民法典》之所以规定一般人格权，目的就在于解决新型人格权益的保护问题，并保持人格权益保护范围的开放性，因此，在出现新型人格权益时，应当通过一般人格权对其进行保护，而不宜类推适用其他具体人格权的规则。"③ 第二，从司法实践来看，对新型权利进行保护的主要依据是"利益说"。④ 例如，在某一案件中，被告于原告举行结婚仪式前，故意将垃圾撒在其家门口，法院判决被告应当赔偿原告精神损失。⑤ 2022年4月11日，最高人民法院发布民法典颁布后人格权司法保护典型民事案例，在养女墓碑刻名维权案中，一审山东省济南市钢城区人民法院经审理认为，根据《民法典》第990条的规定，除法律规定的具体人格权外，自然人还享有基于人身自由和人格尊严产生的其他权益。逝者墓碑上镌刻亲人的名字是中国传统文化中后人对亲人追思情感的体现，对后人有着重大的精神寄托。养子女在过世父母的墓碑上镌刻自己的姓名，符合公序良俗和传统习惯，且以此彰显与逝者的特殊身份关系，获得名誉、声望等社会评价，故墓碑刻名关系到子女的人格尊严，相应权益应受法律保护。原有墓碑上镌刻有养女石某连的姓名，石某荷在重新立碑时故意遗漏石某连的刻名，侵害了石某连的人格权益，应承担民事责任。一审判令石

---

① 参见刘小平《为何选择"利益论"？——反思"宜兴冷冻胚胎案"一、二审判决之权利论证路径》，载《法学家》2019年第2期。
② 于柏华：《权利认定的利益判准》，载《法学家》2017年第6期。
③ 王利明：《人格权法》，中国人民大学出版社2022年版，第81页。
④ 参见张建文《新兴权利保护的合法利益说研究》，载《苏州大学学报（哲学社会科学版）》2018年第5期。
⑤ 参见王利明《人格权法》，中国人民大学出版社2022年版，第75页。

某荷按民间传统风俗习惯在石某信夫妇墓碑上镌刻石某连姓名、石某荷返还石某连墓地拆迁款3736元。二审济南市中级人民法院维持原判。

综上，利益包括财产利益和非财产利益，人格尊严和人身自由也属于法律保护的利益，属于一般人格利益的范畴，因此，权利理论的"利益说"和"自由说"是相容的，将权利理论的"自由说"整合于"利益说"之中，则可能消除"自由说"和"利益说"的分歧。此外，权利理论的"利益说"更具有包容性，能够容纳社会发展过程中的新型权利。因此，权利理论的"利益说"具有正当性。

二 民事权利的分类

（一）人身权和财产权

根据民事权利的客体所体现的利益不同，民事权利分为人身权和财产权。人身权，是指以人身之要素为客体的权利，可分为人格权和身份权。人格权是指以人格利益为标的的权利，包括一般人格权和具体人格权。身份权是指身份关系（婚姻家庭关系）上的扶养费、抚养费、赡养费请求权及监护权、探视权。① 财产权，是指以具有经济价值的利益为客体的权利。财产权与人身权不同，财产权可以予以经济评价，并可转让。以权利的效力和内容为标准，财产权还可以进一步划分为物权、债权等。

有观点认为，在人身权和财产权之外，存在一种兼具人身权和财产权属性的综合性权利，社员权为其典型。②

（二）绝对权与相对权

根据民事权利的效力范围不同，民事权利分为绝对权和相对权。③ 绝对权，是指权利效力所及相对人为不特定人的权利。绝对权的义务人是权利人之外的一切人，故又称对世权。物权、人身权等均属绝对权。绝对权

---

① 参见梁慧星《民法总论》，法律出版社2021年版，第75页。
② 参见谢怀栻《谢怀栻法学文选》，中国法制出版社2002年版，第360页；梁慧星《民法总论》，法律出版社2021年版，第75页；王利明《民法总则》，中国人民大学出版社2022年版，第270页。
③ 参见梁慧星《民法总则讲义》，法律出版社2021年版，第216页；郭明瑞《民法总则通义》，商务印书馆2018年版，第163页。

是请求一般人不为一定行为的权利。① 相对权，是指权利效力所及相对人仅为特定人的权利。相对权的效力仅仅及于特定的义务人，故又称对人权。债权就是典型的相对权。相对权是请求特定人为一定行为或不为一定行为的权利。②

在潘德克顿法学中，绝对权和相对权的区分是权利的主要分类方式。《德国民法典》关于债法和物权法的分立，就是建立在绝对权和相对权区分基础上的。"决定民法典第二编和第三编内容分配的原则，具有较高的法律技术性。这里起决定作用的并不是生活事实的相似性。例如，动产买卖行为产生的义务，与对这些义务的履行，在法典中被规定在完全不同的地方。上述事实说明，对于第二编和第三编的内容，起关键作用的并不是生活事实的相似性，而是另外一个原则。权利可以分为相对权和绝对权。这里的原则即是法律后果层面上相似性。第二编调整的债务关系存在于两个人即债权人和债务人之间，具有相对性。而第三编规范的对象是物，物的归属是绝对的，即任何人都必须尊重这种归属。"③

（三）支配权、请求权、形成权和抗辩权

根据民事权利的作用不同，民事权利分为支配权、请求权、形成权和抗辩权。④

1. 支配权

（1）支配权的内涵

支配权，是指对权利客体进行直接的排他性支配并享受其利益的权利。支配权的行使无需其他人积极义务的配合，其他人只要容忍、不行使同样的支配行为即可。人身权、物权、知识产权中财产权等属于支配权。支配权包括对物的支配权、对人身利益的支配权和对无形财产的支配权。支配权具有如下特征。第一，支配权的客体是特定的，即特定化的财产和

---

① 参见郑玉波《民法总则》，中国政法大学出版社2003年版，第70页。
② 参见郑玉波《民法总则》，中国政法大学出版社2003年版，第70页。
③ 〔德〕梅迪库斯：《德国民法总论》，邵建东译，法律出版社2004年版，第21、60页。
④ 参见李宜琛《民法总则》，中国方正出版社2004年版，第40页；王利明《民法总则》，中国人民大学出版社2022年版，第271页；郭明瑞《民法总则通义》，商务印书馆2018年版，第163页；李永军《民法总则》，中国法制出版社2018年版，第503页。

人格利益。第二，支配权的权利主体是特定的，而义务主体是不特定的。第三，支配权的实现不需要义务人的积极作为，支配权不需要义务人的介入，即可实现权利人的权利，但义务人不得实施妨碍支配权实现的行为。第四，支配权因支配而产生排他性等效力。[①] 可见，支配权具有绝对权的特征，因此，支配权一般是绝对权。比如所有权是支配权，是对特定物的直接支配并排他的权利。从另一个角度说，所有权也是绝对权，即权利主体是特定的，义务主体是不特定的多数人。换句话说，所有权既是支配权，又是绝对权。

（2）支配权和绝对权的区别

支配权是绝对权，但并非所有的绝对权都是支配权，二者并非一一对应关系。绝对权是针对一切人产生效力的权利，但并不以对客体的支配为前提。如父母对子女的抚育权，具有针对一切人之效力，却并未被称为支配权。[②] 最为典型的是预告登记所保障的请求权被法律赋予了绝对的效力，但预告登记权利人并不具备对客体的支配。[③] 因此绝对权不一定是支配权。但是，支配权则由于其对客体的支配，而必然产生对一切人的效力，因此必然属于绝对权。支配权皆是绝对权，如物之所有权。故物之所有权人在其所有物遭无权占有或侵夺时，得索回其物，并可对抗任何影响其享用所有权者。[④] 可见，绝对权是外延更大的概念，支配权仅为绝对权之一种。支配权一定是绝对权，但绝对权却不一定是支配权。[⑤]

2. 请求权

（1）请求权的内涵

请求权，指请求他人为一定行为或不为一定行为的权利。[⑥] 请求权在

---

① 参见王利明《民法总则》，中国人民大学出版社 2022 年版，第 271 页。
② 参见〔德〕拉伦茨《德国民法通论》（上册），王晓晔等译，法律出版社 2003 年版，第 283 页。
③ 参见金可可《论绝对权与相对权》，载《山东社会科学》2008 年第 11 期。
④ 参见黄立《民法总则》，中国政法大学出版社 2002 年版，第 62 页。
⑤ 参见金可可《论绝对权与相对权》，载《山东社会科学》2008 年第 11 期。
⑥ 参见李宜琛《民法总则》，中国方正出版社 2004 年版，第 41 页；梁慧星《民法总论》，法律出版社 2021 年版，第 76 页；王利明《民法总则》，中国人民大学出版社 2022 年版，第 272 页。

权利体系中居于枢纽之地位。因为任何权利，无论其为相对权或绝对权，为发挥其功能，或恢复不受侵害之圆满状态，均须借助于请求权之行使。请求权不仅是实体法上的权利，而且也是程序法上的权利，即一个特定的人针对他人的特定请求可以通过诉讼来主张和执行。[1]"惟请求权系由基础权利（如物权、债权等）而发生，必先有基础权利之存在，而后始有请求权之可言。"[2] 根据请求权所依赖的基础权利不同，可将请求权进一步区分为物权请求权、债权请求权、人格权上的请求权、身份权上的请求权、知识产权上的请求权、继承权上的请求权等。[3] "请求权乃权利之作用之表现，故须有为其基础之权利存在，始有请求权发生。例如基于债权的请求债务人为一定行为，基于物权得请求无权占有人返还原物，基于特定之亲属关系得请求扶养是。"[4] 请求权人对权利客体不能直接支配，其权利的实现有赖于义务人的协助，没有排他效力。

请求权具有如下特征。第一，请求权具有相对性。请求权只发生在特定的当事人之间。第二，请求权依附于基础权利。必先有基础权利，而后有请求权。请求权是由基础权利（如物权、债权）所发生的，如果没有基础权利，则当事人也难以享有请求权。债权上的请求权于债权成立时发生，其他基础权利的请求权在其基础权利受侵害时发生。[5]

（2）请求权与债权的关系

请求权与债权具有交叉关系，二者的区别主要表现为以下几点。第一，债权只是产生请求权的实体权利之一。能够产生请求权的实体权利不仅包括债权，而且包括物权、知识产权、人格权、身份权等，因此，请求权不仅包含债权请求权，而且包含物权请求权、知识产权请求权和人身权

---

[1] 参见〔德〕拉伦茨《德国民法通论》（上册），王晓晔等译，法律出版社2003年版，第322页。

[2] 郑玉波：《民法总则》，中国政法大学出版社2003年版，第67页。

[3] 参见王泽鉴《民法总则》，北京大学出版社2022年重排版，第107页；梁慧星《民法总论》，法律出版社2021年版，第76页；王利明《民法总则》，中国人民大学出版社2022年版，第272页。

[4] 杨与龄编著《民法概要》，中国政法大学出版社2002年版，第11页。

[5] 参见郑玉波《民法总则》，中国政法大学出版社2003年版，第67页。

请求权等内容。① "请求权体系不仅包括债权请求权,而且包括物权请求权、人身权请求权等。从性质上看,债务是法律和合同规定的义务,它是债务人应当履行的行为。"② 一般来说,债权的实现有赖于债权请求权的行使。在债务人不履行其债务的情况下,债权人可以直接向债务人主张债权,也可以诉诸裁判方式解决。第二,请求权只是债权的权能之一。债权不仅包括请求权权能,而且包括抗辩权能、受领给付权能、合同解除等形成权权能等。③ "债权人可以处分自己的债权,这种处分包括免除、让与、抵销和设质。"④ "债权除了具有请求权内容以外,还有其他内容,比如执行权、保有权、受领权、抗辩权、抵销权、解除权、代位权、撤销权等内容,请求权只可谓债权的主要内容,并非等于债权的全部。"⑤ 第三,在特殊情形,享有债权不一定享有请求权。对于自然债而言,债权人虽享有债权,但请求权已不完整。债权人请求给付时,债务人得拒绝给付。但如债务人为给付,债权人有权受领,并非不当得利,债务人不得请求返还。⑥

3. 形成权

(1) 形成权的概念和特征

形成权,是指根据权利人一方的意思表示而使法律关系发生、变更或消灭的权利。⑦ 换言之,不需要他方相应地做出某种行为,既可以使法律关系产生变动和消灭。⑧ "权利人只得为所特定之行为,乃依特定之行为,更使其发生法律上特定之效果。"⑨ 一般情况下,形成权的行使存在权利相对人,如合同解除、抵销等;特殊情况下,形成权的行使没有相对人,典型者如抛弃。"于抛弃之情形,原则上不需他人协力即可为之,他人也无

---

① 参见李宜琛《民法总则》,中国方正出版社2004年版,第41页。
② 王利明:《论债权请求权的若干问题》,载《法律适用》2008年第9期。
③ 参见王利明《合同法通则》,北京大学出版社2022年版,第30页。
④ 〔德〕梅迪库斯:《德国债法总论》,杜景林、卢谌译,法律出版社2004年版,第19页。
⑤ 郑玉波:《民法债编总论》,中国政法大学出版社2004年版,第5页。
⑥ 参见王伯琦《民法债篇总论》,台北"国立"编译馆1962年版,正中书局1993年印行,第5页。
⑦ 参见王泽鉴《民法总则》,北京大学出版社2022年重排版,第112页。
⑧ 参见王利明《民法总则》,中国人民大学出版社2022年版,第276页。
⑨ 史尚宽:《民法总论》,中国政法大学出版社2000年版,第26页。

从协力。因此抛弃亦不以他人为意思表示为必要。"① 形成权有自己的时间结构，因为权利行使和时间的经过而消灭。"一个形成权，比如终止权、撤销权以及选举权，只要它被行使了，它也就结束了，也就是说，这种权利在行使的同时也就消灭了。如果这种权利在特定的时间内没有行使，它也会消灭的。"②

形成权具有如下特征。第一，行使形成权是单独行为。一般来说，形成权的实现不需要相对人的介入，仅需要权利人一方的意思表示，就可以使民事法律关系发生、变更或消灭。③ 行使形成权一般不需要通过诉讼方式进行，只需将意思表示通知对方当事人即可，比如通知解除合同。但在特殊情形，行使形成权需要以起诉方式进行，此种诉讼称为形成之诉，此种形成权称为形成诉权，④ 比如通过起诉行使撤销权。"此等撤销权的行使，之所以需经由诉讼为之，系因其影响相对人利益甚巨，或为创设明确的法律状态，有由法院审究认定形成权的要件是否具备的必要。"⑤ 第二，行使形成权使法律关系发生、变更或消灭。例如，本人对无权代理人代理行为的追认、无主物先占等使法律关系发生；选择之债的选择权的行使使法律关系变更；撤销权、抵销权、解除权的行使以及物的抛弃行为等使法律关系消灭。⑥ 第三，形成权依附于实体权利而存在。形成权一般依附于某种实体权利而产生，并可能作为该权利的一项权能而存在，比如解除权、免除权和抵销权就是作为债权的一项权能而发生的。⑦ 第四，无相对义务观念存在。对于形成权的行使，相对人无须协助，也不存在所谓的作为义务或不作为义务。⑧

---

① 黄立：《民法总则》，中国政法大学出版社2002年版，第69页。
② 〔德〕拉伦茨：《德国民法通论》（上册），王晓晔等译，法律出版社2003年版，第261页。
③ 参见王利明《民法总则》，中国人民大学出版社2021年版，第276页。
④ 参见黄立《民法总则》，中国政法大学出版社2002年版，第71页。
⑤ 王泽鉴：《民法总则》，北京大学出版社2022年重排版，第114页。
⑥ 参见王利明《民法总则》，中国人民大学出版社2022年版，第276页。
⑦ 参见王利明《民法总则》，中国人民大学出版社2022年版，第277页。
⑧ 参见申卫星《民法基本范畴研究》，法律出版社2015年版，第179页。

（2）形成权的行使规则

第一，形成权的行使一般无需裁判的确认即可发生法律效力。

一般来说，形成权的行使不必通过裁判方式解决，只要权利人行使形成权就能够使法律关系发生变动。"形成权通常系由权利人以有待相对人接受之单方意思表示实施。就其行使无待乎强制执行，也不需向法院求助。"① "当然，这一点仅仅适用于行使形成权本身，而不适用于行使形成权行为产生的请求权。"② 特殊情况下，法律明确规定需通过裁判方式行使形成权的，此时需通过法定程序解决，比如撤销权的行使。也就是说，当没有法律明确规定时，形成权的行使直接发生法律关系变动的效力，无需裁判的确认。由法律明确规定需经裁判确认形成权的行使及其效力的除外。

对于形成权而言，法律允许权利主体对其法律关系采取单方面的行动，权利主体采取行动不需要相对人的参与。③ 在行使形成权时，权利人根据自己的意志就能使法律关系发生变动，无需相对人作出同意的意思表示，也就是说，无论相对人是否同意，形成权指向的法律关系都应发生相应的变动。即使相对人不同意发生形成权行使的后果，比如不同意解除合同，并不能影响该后果的发生。"如果对形成权发生的理由有争议，也可以请求法院裁判。"④

第二，适用裁判方式确认形成权行使效力的三种情形。

在例外情形，有些形成权只能通过诉讼方式行使，称为形成之诉。与给付判决不同，形成判决不需要执行。主要有以下三种情形。其一，形成权的行使需要通过裁判方式解决的特殊情形。在此情形下，形成权人行使形成权只能通过裁判方式行使，否则不发生变动法律关系的效力，比如依法行使撤销权。《民法典》第538条规定："债务人以放弃其债权、放弃债权担保、无偿转让财产等方式无偿处分财产权益，或者恶意延长其到期债

---

① 黄立：《民法总则》，中国政法大学出版社2002年版，第70页。
② 〔德〕梅迪库斯：《德国民法总论》，邵建东译，法律出版社2001年版，第76页。
③ 参见〔德〕梅迪库斯《德国民法总论》，邵建东译，法律出版社2001年版，第74页。
④ 李永军：《民法总则》，中国法制出版社2018年版，第510页。

权的履行期限，影响债权人的债权实现的，债权人可以请求人民法院撤销债务人的行为。"一般认为，此项撤销权兼具形成权和请求权的性质。一方面，行使撤销权，可根据债权人的意思表示使债务人与第三人之间的法律行为的效力溯及既往地消灭。另一方面，行使撤销权，可请求受益的第三人向债务人返还财产，从而使债务人的责任财产恢复原状。[1]《民法典合同编通则司法解释》第 46 条第 1 款规定："债权人在撤销权诉讼中同时请求债务人的相对人向债务人承担返还财产、折价补偿、履行到期债务等法律后果的，人民法院依法予以支持。"其二，法律要求通过诉讼方式确认形成权的效力。就合同解除而言，需要人民法院进行审查。《民法典合同编通则司法解释》第 53 条规定："当事人一方以通知方式解除合同，并以对方未在约定的异议期限或者其他合理期限内提出异议为由主张合同已经解除的，人民法院应当对其是否享有法律规定或者合同约定的解除权进行审查。经审查，享有解除权的，合同自通知到达对方时解除；不享有解除权的，不发生合同解除的效力。"其三，形成权相对人对形成权的行使有争议并寻求裁判方式解决的情形。如果形成权相对人有异议而且寻求裁判方式解决的，形成权的行使能否变动法律关系，需要通过裁判方式予以确认。比如，形成权人行使合同解除权，合同应发生解除的效力，合同上的权利义务关系自应消灭。但如果形成权相对方为此提起诉讼，则合同能否最终解除需以裁判为依据。当事人也可以选择诉讼方式行使形成权。《民法典》565 条第 2 款规定："当事人一方未通知对方，直接以提起诉讼或者申请仲裁的方式依法主张解除合同，人民法院或者仲裁机构确认该主张的，合同自起诉状副本或者仲裁申请书副本送达对方时解除。"据此，合同自起诉状副本或者仲裁申请书副本送达对方时发生解除效力，并非裁判文书生效时发生效力，以体现解除权所具有的形成权性质。"打官司并不

---

[1] 参见王利明《合同法通则》，北京大学出版社 2022 年版，第 353 页；崔建远主编《合同法》，法律出版社 2021 年版，第 133 页；韩世远《合同法学》，高等教育出版社 2022 年版，第 151 页；朱广新《合同法总则研究》，中国人民大学出版社 2018 年版，第 450 页；朱广新、谢鸿飞主编《民法典评注·合同编·通则》（2），中国法制出版社 2020 年版，第 41 页。

是中止表示产生效力或者失去效力的必要条件。无论是中止表示的生效，还是其失效，都并非因法院判决而发生，毋宁说，法院的判决只是说出了意思表示早已产生的后果而已。"①

（3）对形成权行使的限制

为了保护形成权相对人，并维护法律关系的明确与稳定，法律对法定形成权的构成，都设有严格的条件，并规定形成权的行使应受到以下限制。第一，形成权的行使原则上不得附条件或期限。② 例如，《民法典》第568条第2款规定："当事人主张抵销的，应当通知对方。通知自到达对方时生效。抵销不得附条件或者附期限。" 第二，行使形成权的意思表示不得撤销。因为形成权一旦行使，即形成权人的意思表示到达相对人，将发生法律关系变动的效果，所以形成权一旦行使，就不能撤销该意思表示。但在到达相对人之前，意思表示并未生效，自然可以撤回。③ 第三，应在除斥期间内行使形成权。由于享有形成权的权利人可依据自己的行为使法律关系发生变动，对相对人利益影响巨大，故法律设立了除斥期间制度对其进行限制，期间经过，实体权利消灭。④ 除斥期间一般由法律明确规定，例如，《民法典》第541条规定："撤销权自债权人知道或者应当知道撤销事由之日起一年内行使。自债务人的行为发生之日起五年内没有行使撤销权的，该撤销权消灭。" 有些情况下，法律允许当事人进行约定，例如，《民法典》第564条规定："法律规定或者当事人约定解除权行使期限，期限届满当事人不行使的，该权利消灭。法律没有规定或者当事人没有约定解除权行使期限，自解除权人知道或者应当知道解除事由之日起一年内不行使，或者经对方催告后在合理期限内不行使的，该权利消灭。"

4. 抗辩权

抗辩权，又称为异议权，是指对抗请求权或否认对方权利主张的权利。⑤

---

① 〔德〕梅迪库斯：《德国民法总论》，邵建东译，法律出版社2001年版，第78页。
② 参见王泽鉴《民法总则》，北京大学出版社2022年重排版，第114页。
③ 参见王泽鉴《民法总则》，北京大学出版社2022年重排版，第114页。
④ 参见王利明《民法总则》，中国人民大学出版社2022年版，第278页。
⑤ 参见郑玉波《民法总则》，中国政法大学出版社2003年版，第69页。

抗辩权主要是针对请求权的，通过行使抗辩权，一方面可以阻止请求权效力，另一方面可以使权利人能够拒绝向相对人履行义务。合同中的同时履行抗辩权、不安抗辩权、先诉抗辩权等皆属于抗辩权。一般认为，抗辩权有期限限制。"因为请求权是有时效限制的，因而与其相对应的抗辩权也应当有期限限制，否则会使已经形成的法律关系处于不确定状态。"①

（五）主权利与从权利

在相互关联的民事权利中，根据各项权利的地位不同，民事权利分为主权利和从权利。主权利，是指不依赖其他权利为条件而能够独立存在的权利。从权利，是指以主权利的存在为前提而存在的权利。在担保中，被担保的债权为主权利，而担保权则是从权利。从权利的变动，原则上依附于主权利；主权利的变动，则不受从权利影响。②

（六）原权利和救济权

根据权利产生的基础不同，民事权利分为原权利（原权）和救济权，二者是基础与派生的关系，原权利是指基础性的权利，救济权是指原权利派生的权利。③ 原权利，是指基于法律规定或合同约定等法律事实而发生的权利。救济权，是指基于原权遭受侵害而发生的请求加害人恢复权利原状或赔偿损失的权利。救济权发生的前提是原权利遭受违约行为或侵权行为等不法行为的侵害，其目的在于救济被侵害的原权利，包括恢复原权利或赔偿原权利人的损失。④ 民法上有所谓"无救济则无权利"之说，救济权是原权利的保障，否则权利就难以实现。"救济权本身并无独立存在的价值，其意义在于为遭到侵犯的基础权利提供援助，因此必须依附于相应的基础权利，由基础权利派生而出。"⑤ 原权利转化为救济权伴随着法律关系性质的转化，在调整性法律关系中，原权利与义务相对；在原权利不能

---

① 王利明：《民法总则》，中国人民大学出版社 2022 年版，第 275 页。
② 参见梁慧星《民法总论》，法律出版社 2021 年版，第 79~80 页；王利明《民法总则》，中国人民大学出版社 2022 年版，第 280 页。
③ 参见郭明瑞《民法总则通义》，商务印书馆 2018 年版，第 167 页；郑云瑞《民法总论》，北京大学出版社 2013 年版，第 124 页。
④ 参见李开国《民法总则研究》，法律出版社 2003 年版，第 93 页。
⑤ 朱庆育：《民法总论》，北京大学出版社 2016 年版，第 519 页。

正常实现时，调整性法律关系转化为保护性法律关系，原权利转化为救济权，义务转化为责任。例如，张三和李四签订了货物买卖合同，作为买方的张三有权要求李四给付货物，作为卖方的李四有权要求张三给付货款，如果双方都按照约定履行了自己的义务，则该买卖关系因履行而终止，这是民事权利实现的正常状态。但是，如果张三给付货款后，李四没有正当理由而拒不提供合同约定的货物，则张三的原权利（给付货物请求权）转换为救济权，即张三有权要求李四承担违约责任；李四给付货物的义务转化为违约责任。也就是说，调整性法律关系转化为保护性法律关系。

（七）专属权与非专属权

根据民事权利与权利主体的联系不同，民事权利分为专属权和非专属权。专属权，是指专属于特定的民事主体的权利。一般来说，人格权、身份权等均属于专属权，该权利与主体不能分离，不得转让、继承。非专属权，是指可以转让、继承的权利。物权、债权等财产权均属于非专属权。

需要明确的是，基于人格权可以产生财产权，例如对姓名、肖像等标表型人格权中的人格标识的许可使用的性质就是特殊的财产权，称为"人格上的财产权"，应当将人格标识使用权归入人格权的规范体系中，但以财产权为其请求权基础，此类权利可以继承。[1] 死者的人格标识利益不可能再由死者享有，但也不可能成为无主利益，而只能由其继承人继承。死者的继承人之所以能够享有死者人格特征所带来的财产利益，是因为继承人继承的是"人格上的财产权"这一种无形财产权，否则将难以理解为何死者的继承人能够在享有这种利益的同时，还能够禁止他人或授权他人使用死者的人格特征。[2]

（八）既得权与期待权

1. 既得权与期待权的内涵

根据权利成立要件是否全部具备，民事权利分为既得权与期待权。[3]

---

[1] 参见曹相见《人格权总论：传统与超越》，北京大学出版社2022年版，第59页。
[2] 参见张红《人格权总论》，法律出版社2022年版，第125页。
[3] 参见王泽鉴《民法总则》，北京大学出版社2022年重排版，第101页；梁慧星《民法总则讲义》，法律出版社2021年版，第202页；王利明《民法总则新论》，法律出版社2023年版，第396页。

既得权，是指成立要件已全部具备的权利。物权、债权、知识产权等一般的权利属于既得权。期待权，是指成立要件尚未全部具备、将来有实现可能的权利。例如，附条件之权利和继承开始前法定继承人之权利。① 期待权，是指取得某种权利的先行地位，受法律保护而具有权利性质。例如，所有权保留买卖中的买受人享有的权利是期待权。② 既得权是权利的一般状态，期待权是权利的特殊状态。一般来说，物权、债权、知识产权和人身权是既得权。就继承权而言，存在期待权和既得权的区别，即继承期待权和继承既得权。前者是指继承开始前继承人之地位，后者是指继承开始后继承人之地位。③

2. 期待权的类型

（1）在所有权保留的买卖中，买受人对标的物的所有权所享有的期待利益。基于此类买卖关系，在当事人约定的条件成就之前，买方并不享有所有权，但对所有权享有一种期待利益，对这种期待利益予以保护，就产生了期待权。④

（2）在附条件的法律行为中，因条件是否成就而生利益属于期待权。⑤第一，附生效条件的民事法律行为中的期待权。此类期待权对于一方或者双方来说，因条件的成就而使其享有权利，或者获得一定利益。第二，附解除条件的民事法律行为中的期待权。附解除条件的民事法律行为因条件成就而失效，权利将复归于原权利人，故称其为"复归权"，其性质是期待权。⑥

有观点认为，附期限的权利不是期待权，即使附始期的权利也不是期待权。因为附始期的权利具有确定性，期限的到来是确定无疑的，所以附始期的权利实质上是一项完整的权利，只是其效力的发生有赖于特定日期

---

① 参见郑玉波《民法总则》，中国政法大学出版社2003年版，第72页；梁慧星《民法总则讲义》，法律出版社2021年版，第202页；王利明《民法总则》，中国人民大学出版社2022年版，第280页。
② 参见王泽鉴《侵权行为》，北京大学出版社2016年版，第214页。
③ 参见史尚宽《继承法论》，中国政法大学出版社2000年版，第92页。
④ 参见王利明《民法总则新论》，法律出版社2023年版，第397页。
⑤ 参见梁慧星《民法总论》，法律出版社2021年版，第197页。
⑥ 参见王利明《民法总则》，中国人民大学出版社2022年版，第367页。

（3）保险合同中受益人的权利。在保险合同中，只有在法定或约定的保险事故发生之后，受益人才能实际取得保险赔付，在保险事故发生之前，受益人享有期待权。[2]

（4）继承开始前的继承权。[3] 反对者认为，继承开始前继承人的地位不是期待权，因为此时继承人对于被继承人的财产没有任何权利，这一法律地位不具有期待权所要求的确定性，被继承人何时死亡不确定，死后是否有遗产或者债务也不确定，甚至哪一个法定继承人先去世也不确定，所以此种法律地位非常不稳定，根本没有保护的价值。[4] 有观点认为，在民事主体订立遗嘱的情形下，遗嘱继承人、受遗赠人和遗赠扶养协议的扶养人对遗产享有期待权。[5]

（5）知识产权人的部分权利。例如，作品创作完成即享有著作权，但作品能否发表或者作者能否获得报酬，是不确定的，此时的发表权、使用权和获得报酬权是一种期待权。因此，只有知识产权的收益才是现实的财产权，可能获得的收益是期待权。根据《民法典》第1062条规定，夫妻关系存续期间的"知识产权的收益"属于夫妻共有财产，这里所说的收益，是指已经取得的收益，不包括将来可能取得的收益，即不包括期待权。《最高人民法院关于适用〈中华人民共和国民法典〉婚姻家庭编的解释（一）》（以下简称《民法典婚姻家庭编司法解释（一）》）第24条规定："民法典第一千零六十二条第一款第三项规定的'知识产权的收益'，是指婚姻关系存续期间，实际取得或者已经明确可以取得的财产性收益。"

（6）案外第三人在执行程序中享有的物权期待权。物权期待权，是指

---

[1] 参见申卫星《民法基本范畴研究》，法律出版社2015年版，第146页。
[2] 参见王利明《民法总则新论》，法律出版社2023年版，第397页。申卫星：《民法基本范畴研究》，法律出版社2015年版，第168页。
[3] 参见谢怀栻《谢怀栻法学文选》，中国法制出版社2002年版，第349页；梁慧星《民法总论》，法律出版社2021年版，第80页；王利明《民法总则》，中国人民大学出版社2022年版，第281页。
[4] 参见申卫星《民法基本范畴研究》，法律出版社2015年版，第154~155页。
[5] 参见王利明《民法总则新论》，法律出版社2023年版，第397页。

在出卖人的债权人申请执行出卖人的责任财产时，如果房屋买卖行为符合法定条件，则买受人享有排除强制执行的权利。物权期待权的性质是债权，在符合法律规定的条件下，赋予其优先效力。《最高人民法院关于人民法院办理执行异议和复议案件若干问题的规定》（2020 修正）第 29 条规定："金钱债权执行中，买受人对登记在被执行的房地产开发企业名下的商品房提出异议，符合下列情形且其权利能够排除执行的，人民法院应予支持：（一）在人民法院查封之前已签订合法有效的书面买卖合同；（二）所购商品房系用于居住且买受人名下无其他用于居住的房屋；（三）已支付的价款超过合同约定总价款的百分之五十。"

三　民事权利的取得方式

（一）原始取得和继受取得

根据是否以他人的权利为基础，民事权利的取得分为原始取得和继受取得。

原始取得，是指最初取得民事权利或不依赖于原权利人的意志而取得某项民事权利。[1] 非基于他人之权利而独立取得新权利，如因先占无主物而取得所有权、因创作作品而取得著作权。[2] 原始取得不依赖于原权利人的意志，而是根据法律的规定取得所有权。原始取得的方式包括生产、先占、遗失物拾得、埋藏物发现、善意取得、添附、国有化、没收等。一般来说，因事实行为取得权利的，均属于原始取得。通过这种方式取得的权利，并非继受他人或依赖于他人的权利而产生，故与他人权利无关。原始取得的效果是，物权标的物上原本存在的一切负担，均因原始取得而消灭，[3] 原来的物权人不得对所有权人主张任何权利。

继受取得，又称传来取得，是指基于他人既存的权利而取得权利，如基于买卖合同、赠与合同而取得财产所有权，因继承而取得财产所有权。[4]

---

[1] 参见王利明《民法总则》，中国人民大学出版社 2022 年版，第 282 页。
[2] 参见梁慧星《民法总则讲义》，法律出版社 2021 年版，第 209 页。
[3] 参见王泽鉴《民法物权》，北京大学出版社 2009 年版，第 53 页。
[4] 参见梁慧星《民法总则讲义》，法律出版社 2021 年版，第 209 页。

继受取得分为特定继受取得和概括继受取得，前者如基于买卖、赠与而受让某物所有权，后者如基于继承而取得被继承人的财产所有权。[1] 继受取得因其权利系继受而来，且权利人不得将大于其所有的权利让与他人，故在标的物上的一切负担，均继续存在，由取得人继承。继受取得是民事权利取得的主要方式，主要表现为合同方式和财产继承方式。

（二）基于法律行为的取得和基于其他法律事实的取得

根据权利取得的原因不同，民事权利的取得分为基于法律行为的取得和基于其他法律事实的取得。《民法典》第129条规定："民事权利可以依据民事法律行为、事实行为、法律规定的事件或者法律规定的其他方式取得。"

基于法律行为取得，是指基于当事人之间的意思表示而取得民事权利。基于法律行为取得民事权利的前提是存在一个权利，原权利人通过合同等民事法律行为转让民事权利。

基于其他法律事实的取得，是指通过事实行为或法律事件而取得民事权利。这种取得方式是通过法律行为以外的方式取得民事权利，主要有生产、添附、善意取得、征收、没收等几种类型。[2]

四 民事权利的变更

民事权利的变更，是指民事权利的内容发生变化。民事权利的变更包括基于法律规定的变更和基于当事人约定的变更。第一，基于法律规定的变更。根据法律规定，使得民事权利发生变更。例如，所有权因添附而变更。第二，基于当事人约定的变更。根据当事人的约定，使得民事权利发生变更。例如，当事人约定对债权债务关系予以变更。[3]

五 民事权利的行使

民事权利的行使，是指民事主体通过实施民事法律行为、事实行为或

---

[1] 参见王泽鉴《民法物权》，北京大学出版社2009年版，第53页。
[2] 参见史尚宽《物权法论》，中国政法大学出版社2000年版，第18页。
[3] 参见王利明《民法总则》，中国人民大学出版社2022年版，第283~284页。

诉讼行为等行为，实现权利所体现的利益，以满足自己的需要。① 民事主体行使民事权利，应当遵循以下原则。第一，自愿原则。民事主体在法律规定的范围内意思自治，不受他人干涉，即"法不禁止即自由"。《民法典》第 130 条规定："民事主体按照自己的意愿行使民事权利，不受干涉。"第二，义务必须履行原则。根据权利义务相一致原则，民事主体行使民事权利时，应当履行民事义务。《民法典》第 131 条规定："民事主体行使民事权利时，应当履行法律规定的和当事人约定的义务。"

民事权利是受法律保护的利益，权利主体有权在法律规定的范围内处分权利，实践中"买卖判决书"本质上是处分民事权利。最高人民法院于 2020 年 11 月 4 日发布《最高人民法院对十三届全国人大三次会议第 5510 号建议的答复》，针对《关于禁止人民法院强制执行阶段变相买卖判决书行为的建议》的答复部分写道："您提出的'买卖法院判决书'的问题，实质上只是对经生效判决确认的债权进行转让。生效判决所确认的权利与未判决确认的权利之间的差异仅在于判决的既判力和强制执行力，从权利的性质而言并没有本质区别。而对于债务人而言，无论向原权利主体履行，还是向受让人履行，所履行的义务应当说是相同的，因此债权转让本身并不损害债务人的合法权益。""因债权已经生效法律文书确认，除了特殊情况对债权转让、债务履行情况可以提出异议外，在判决确定的债权实现阶段，债务人对判定的权利义务关系本身在法律上已经不能再行争执。而债权转让人和受让人之间也没有争议。因此，在判定债权转让后，债务人应向债权受让人履行义务，一般来说，没有必要再通过诉讼进行确认。如果受让人受让权利后只能通过再行诉讼获得判决才能执行，必然影响权利实现的效率。因此，理论和实务上，都支持在执行程序开始后，实体权利主体发生变更时，可以通过执行程序变更权利主体的方式解决，使受让人在获得受让的实体权利的同时，便获得相应的强制执行的申请权以及在执行过程中变更为申请执行人的权利。而对债务人可能存在的抗辩事由，

---

① 参见梁慧星《民法总论》，法律出版社 2021 年版，第 277 页；王利明《民法总则》，中国人民大学出版社 2022 年版，第 284 页。

通过相关执行异议复议程序处理。确有争议的特殊情况可以通过诉讼解决。"

民事权利的行使应受到必要的限制，禁止权利滥用。《民法典》第132条规定："民事主体不得滥用民事权利损害国家利益、社会公共利益或者他人合法权益。"

六　民事权利的消灭

民事权利的消灭可分为绝对消灭和相对消灭两类。第一，绝对消灭，也称为事实上消灭，是指所有权因标的物的绝对灭失而消灭，如手机被销毁、面包被吃掉。第二，相对消灭，也称为法律上消灭，是指权利主体变更，对原权利人而言即为所有权消灭，如标的物因买卖而发生所有权转移。民事权利消灭的原因主要包括权利人死亡、客体消灭、转让、权利人抛弃权利、超过一定期限不行使权利等情形。[1] 就解除权而言，超过一定期限不行使权利的，则解除权消灭。《民法典》第564条规定："法律规定或者当事人约定解除权行使期限，期限届满当事人不行使的，该权利消灭。法律没有规定或者当事人没有约定解除权行使期限，自解除权人知道或者应当知道解除事由之日起一年内不行使，或者经对方催告后在合理期限内不行使的，该权利消灭。"

七　民事权利救济

（一）民事权利救济的内涵

民事权利救济，是指当民事权利受到侵害时，权利主体有权采取相应措施保护其民事权利。民事权利救济，也称为民事权利保护。民事权利的保护方法可以分为公力救济和私力救济。[2] 这里所说的民事权利既包括财产权，也包括人身权。无救济则无权利，民法对民事权利的保护，主要体现在救济制度上，即赋予当事人救济权，许可当事人在某些场合依靠自身力量实施自力救济，更着重于为权利人提供公力救济。

---

[1] 参见王利明《民法总则》，中国人民大学出版社2022年版，第284页。
[2] 参见梁慧星《民法总论》，法律出版社2021年版，第280页。

（二）民事权利的公力救济

公力救济，是指公权力机关依法行使职权，对合法民事权益遭受侵害的受害人予以救济、对侵害他人合法民事权益的行为人予以惩戒。① 公力救济包括行政救济和司法救济，其中司法救济是最常见的民事权利救济途径。根据法律规定，当事人可以通过确认之诉、变更之诉、给付之诉等诉讼模式来救济自己的民事权利。② 权利人通过行使诉权，诉请法院依民事诉讼和强制执行程序保护自己的民事权利。在现代文明社会中，公力救济是保护民事权利的主要手段，在能够援用公力救济保护民事权利的场合，则排除适用私力救济。

（三）民事权利的私力救济

私力救济，是指在合法民事权益受到侵害而难于获得公力救济的情形，作为公力救济原则之例外，许可民事主体凭自己的力量维护合法民事权益，虽损及他人的人身或财产，可免于承担侵权责任之法律事实。③ 权利人依靠自己的力量强制他人捍卫自己权利的行为，包括自卫行为和自助行为。前者如紧急避险和正当防卫等，后者如公共汽车售票员扣留逃票的乘客等。由于自力救济易演变为侵权行为，故只有在来不及援用公力救济而权利正有被侵犯的现实危险时，才允许被例外使用，以弥补公力救济的不足。民事权利的私力救济方法主要包括正当防卫、紧急避险和自助行为。

1. 正当防卫和紧急避险

正当防卫，是指为保护自己和他人权利免受正在进行的不法侵害而进行的正当行为。自己或他人的权利包括公权和私权。正当防卫不能超过必要限度，超过必要限度的，应负损害赔偿责任。

紧急避险，是指为了避免公共利益、本人或者他人的合法权益免遭正在发生的危险的损害，不得已而采取的损害另一种利益的行为。紧急避险，是指为保护合法权益，在紧急情形牺牲较小利益，以保护较大利益。

---

① 参见梁慧星《侵权责任法讲义》，法律出版社2023年版，第55页。
② 参见谭启平主编《中国民法学》，法律出版社2021年版，第67页。
③ 参见梁慧星《侵权责任法讲义》，法律出版社2023年版，第55页。

2. 自助行为

自助行为,是指为保护自己合法权益,对于他人之自由或财产施以拘束、押收或毁损。自助行为是一种临时性的保护措施,在公力救济不能及时满足需要的情形采取的保护民事权利的紧急措施,当危机情形消除后,应诉诸公力救济。"以私力确保权利之实行,原则上非自己执行,仅为临时性之保全处置。"① 自助行为阻却违法性,是法律允许的行为,因此自助行为人不负赔偿责任。《民法典》1177条规定:"合法权益受到侵害,情况紧迫且不能及时获得国家机关保护,不立即采取措施将使其合法权益受到难以弥补的损害的,受害人可以在保护自己合法权益的必要范围内采取扣留侵权人的财物等合理措施;但是,应当立即请求有关国家机关处理。受害人采取的措施不当造成他人损害的,应当承担侵权责任。"

实施自助行为应具备以下要件。第一,自己的合法权益受到侵害。这里所说的合法权益仅指自己的合法权益,而非他人的合法权益。若是维护他人的合法权益,则适用正当防卫和紧急避险。"所谓权利,指得实施强制执行使其实现之一切权利。如为公权力不能使其实现之权利,即不得为自助行为。例如婚约履行请求权。"② 第二,权利的性质是请求权,包括物权请求权和债权请求权。"实施自助行为的目的,只能是为了保护自己的请求权。"③ "自助行为所保护的权利,系指请求权而言,不论债权的请求权或物权的请求权均包括在内。惟请求权不得强制执行者(如婚约履行请求权、夫妻同居请求权),或请求权已罹于消灭时效者,均不得为自助行为。"④ "例如,债务人变卖财物准备搭机潜逃境外,或在餐厅白吃白喝后,正欲乘车溜走时,得扣留其人或护照证件、取去其汽车钥匙,于必要时亦得毁损其轮胎,不使其驾车离去。"⑤ 第三,情况紧急,不能及时得到公权力救济。一般而言,当自己权利受到侵害时,应诉诸公权力救济。当情况

---

① 史尚宽:《民法总论》,中国政法大学出版社2000年版,第757页。
② 杨与龄编著《民法概要》,中国政法大学出版社2002年版,第87页。
③ 梁慧星:《侵权责任法讲义》,法律出版社2023年版,第57页。
④ 王泽鉴:《民法总则》,北京大学出版社2022年重排版,第587~588页。
⑤ 王泽鉴:《民法总则》,中国政法大学出版社2022年重排版,第587页。

紧急，无法及时得到公权力救济时，才能实施自助行为。第四，应当采取合理措施。所谓合理措施，包括扣留侵权人的财物，也包括拘束其人身。但是，不应超过必要限度，不得伤害其身体，否则行为人应当承担侵权责任。

八 民事权利和权力的关系

（一）权力的内涵

权力，是指公法人依据法定权限和程序行使职权的范围。权力的行使关乎公共利益的维护，因此权力由公法机关或其授权部门行使。权力又可以称为公权力或国家权力，包括立法权、司法权、行政权、军事权、监督权。"从字面上说，职权、权限、权力等词，与权利一样，也可以理解为法律关系主体具有自己这样行为或不这样行为，或要求他人应这样行为或不这样行为的能力或资格。"①

（二）民事权利和权力密切联系

民事权利是权力的渊源和基础，权力来自权利，而不是相反。没有家庭和市民社会，就没有国家，也没有国家权力。马克思认为，国家自身并不构成目的性，国家依附于市民社会，是以市民社会为基础的。马克思在《黑格尔法哲学批判》中指出："家庭和市民社会是国家的现实的构成部分，是意志的现实的精神存在，它们是国家的存在方式。家庭和市民社会使自身成为国家。它们是动力。可是，在黑格尔看来又相反，它们是由现实的观念产生的。"②

权力应为权利服务，并接受权利监督。"国家或者政府的权力来自于人民，而创设国家权力的目的正在于保护人民的权利。"③ 正是在这个意义上，马克思主义者一贯认为，人民是历史的创造者，群众是真正的英雄。"从实质上看问题就不难发现，权力乃是权利的一种衍生形态，国家权力的

---

① 沈宗灵：《权利、义务、权力》，载《法学研究》1998 年第 3 期。
② 《马克思恩格斯全集》（第 3 卷），人民出版社 2002 年版，第 11 页。
③ 刘凯湘：《民法总论》，北京大学出版社 2011 年版，第 77 页。

存在是以维护一定阶级、集团和人们的权利为前提的。"①

(三) 民事权利与权力的区别

1. 来源不同

民事权利,是指利益加法律上之力。民事权利根据法律规定、合同约定或者诚实信用原则产生。权力,是指公法人依据法定权限和程序行使职权的范围。权力由公法机关或其授权部门行使,宪法和法律规定了立法权、行政权和司法权等公权力的法定权限和行使规则,行使权力的公法机构应严格遵循宪法和法律至上、依法行政和比例原则等原则。

2. 法律关系性质不同

民事权利存在于市民社会的平等关系中,权力存在于政治国家的管理关系中。市民社会与政治国家,分别对应私权利和公权力。"自其实质而言,以国家生活上之利益为内容者,为公权;反之,以社会生活上之利益为内容者,为私权。"② 民事权利存在于平等主体之间的法律关系中,是横向的合作关系,是私法关系。权力存在于非平等主体的法律关系中,是纵向的管理关系,是公法关系。

3. 是否涉及公共利益不同

民事权利一般与公共利益无涉。如果违反公共利益,则可能导致法律行为无效,不能产生相应的民事权利。权力一般关乎公共利益。国家设立立法权、行政权和司法权等公权力的目的在于维护公共利益,维护正常的社会秩序,促进社会和谐有序地发展,增加人民福祉,维护人民利益。

4. 遵循的原则不同

民事权利主体在法律规定范围内是自由的,是法律规定范围内的为所欲为,即"法不禁止即自由"。民事主体可以放弃自己的权利,但应当履行自己的义务。"应该强调指出,由于公民权利不仅对于国家权力而言具有本源性和目的性意义,而且公民权利本身也具有广泛性、可推定性和不可穷尽性,因此在公民权利的领域,应坚持'法不禁止即自由'的原则,

---

① 吕世伦、文正帮主编《法哲学论》,西安交通大学出版社、北京理工大学出版社2016年版,第361页。
② 李宜琛:《民法总则》,中国方正出版社2004年版,第38页。

并强化公民的权利意识、参与意识和护权意识,从而充分调动和发挥公民、法人及其他社会组织为争取、维护和实现自身合法权益的主动性、积极性和创造性。"① 权力的行使,遵循"法无授权即禁止"原则。权力必须行使,不得放弃,否则便构成渎职或行政不作为。"公权力不能随意闲置或放弃,更不能让与和交换,因为公权力的放弃或闲置意味着政府的失职,公权力的让与和交换意味着腐败和蜕化,而这一切的后果将是私权利的丧失和被凌辱。"②

综上,民事权利与权力的区分显而易见,各有其发挥作用的范围和空间。如果是民事权利的行使,则形成私法关系;如果是权力的行使,则形成公法关系。民事权利与权力之间的界限清晰,不能将它们相互混淆,在民事权利发挥作用的场合,权力不宜介入;在权力发挥作用的场合,民事权利不宜介入;否则便会混淆私法关系和公法关系。应在公权力的行使和民事权利的行使方面寻求平衡,不断调整不妥当的法律规则,将制度变革过程当作一个不间断的证伪过程。

第三节 民事义务

一 民事义务的内涵

义务,是指由国家规定或承认,法律关系主体应这样行为或不这样行为的一种限制或约束。③"民事义务,是指民事主体为满足其他民事主体的某种利益而依法为某种行为或不为某种行为的必要性。"④ 义务是约束的依据,权利则是自由的依据。民事义务是与民事权利相对应的,是对行为的要求或限制。对民事权利,当事人既可行使,也可抛弃;而对民事义务,因其有法律的强制力,义务人必须履行,若因过失而不履行时,要承担由此而产生的民事责任。《民法典》第 131 条规定:"民事主体行使权利时,

---

① 付子堂主编《法理学高阶》,高等教育出版社 2008 年版,第 230 页。
② 刘凯湘:《民法总论》,北京大学出版社 2011 年版,第 78 页。
③ 参见沈宗灵《权利、义务、权力》,载《法学研究》1998 年第 3 期。
④ 佟柔主编《民法总则》,中国人民公安大学出版社 1990 年版,第 85 页。

应当履行法律规定的和当事人约定的义务。"

民事义务包括作为义务和不作为义务。作为义务，是指实施一定行为，包括实施法律行为、事实行为等。不作为义务，是指对法律所保护的范围不实施侵害。① 法律义务首先意味着"应当"，即法律义务首先是作为被人们期待的行为模式而存在，是"应当"的规范性行为模式。其次，法律义务的目的是规范人们的行为，法律义务不应仅存在于人们的期待和观念之中，也应当实现它对人们行为的调整。不履行法律义务的行为就是偏离行为模式的行为，法律义务将以引起法律责任的可能性这一方式予以回应。②

一般认为，民事义务的产生方式有以下几种。第一，法律规定。法律规定的民事主体应当为一定行为或不为一定行为，是民事主体的法定义务。第二，合同约定。民事主体以合同的形式约定了义务的，称为约定义务。第三，根据诚实信用原则产生的义务。③ 因为诚实信用原则是民法的基本原则，其适用广泛，被认为具有补充法律漏洞的功能，因此依据诚实信用原则能够产生相应的义务，比如合同法上的附随义务。

除法定义务、约定义务和根据诚实信用原则产生的义务以外，其他方式不产生民事义务，尤其是平等的民事主体之间无权为他人设定义务。因为民事主体地位平等，任何人无权将自己的意志强加于他人。民事主体可以使第三人纯粹享受利益，例如，保险法所规定的使第三人受益的保险合同；但是，民事主体无权为第三人设定义务。"任何合同都不可能使一个未参与的人负担任何义务（没有使第三人承受负担的合同）。"④

二 民事义务的分类

（一）法定义务、约定义务和附随义务

根据义务产生的原因不同，民事义务可分为法定义务、约定义务和附

---

① 参见〔德〕拉伦茨《德国民法通论》（上册），王晓晔等译，法律出版社2003年版，第267页。
② 参见钱大军《法律义务研究论纲》，科学出版社2008年版，第45页。
③ 参见佟柔主编《民法总则》，中国人民公安大学出版社1992年版，第86页。
④ 〔德〕施瓦布：《民法导论》，郑冲译，法律出版社2006年版，第296页。

随义务。

　　法定义务，是指直接由法律规定的义务，如对物权的不作为义务、对父母的赡养义务等。例如，法律规定某些组织或者个人负有法定救助义务。《民法典》第 1005 条规定："自然人的生命权、身体权、健康权受到侵害或者处于其他危难情形的，负有法定救助义务的组织或者个人应当及时施救。"《医疗机构管理条例》第 30 条规定："医疗机构对危重病人应当立即抢救。对限于设备或者技术条件不能诊治的病人，应当及时转诊。"《中华人民共和国执业医师法》（以下简称《执业医师法》）第 24 条规定："对急危患者，医师应当采取紧急措施进行诊治；不得拒绝急救处置。"《中华人民共和国道路交通安全法》第 75 条规定："医疗机构对交通事故中的受伤人员应当及时抢救，不得因抢救费用未及时支付而拖延救治。"《中华人民共和国人民警察法》第 21 条规定："人民警察遇到公民人身、财产安全受到侵犯或者处于其他危难情形，应当立即救助；对公民提出解决纠纷的要求，应当给予帮助；对公民的报警案件，应当及时查处。"

　　约定义务，是指按当事人意思确定的义务，如合同义务等，约定义务以不违反法律的强制性规定和公序良俗为界限，否则法律不予承认。

　　附随义务，是指根据法律规定或者基于诚实信用原则而产生的不得独立诉请履行的义务。附随义务是依债的发展情形所产生的义务，如照顾义务、通知义务、协助义务等。

　　（二）给付义务、附随义务和不真正义务

　　债之关系上的义务群主要包括给付义务、附随义务和不真正义务。给付义务分为主给付义务和从给付义务。[①] 例如，通过网络交易购买一台空调，卖方交付空调并转移空调所有权是主给付义务，卖方交付质保书、发票的义务是从给付义务；卖方不得将其所获知的买方的个人信息泄露是附随义务。买方在空调出现问题而漏水时尽量采取措施减少损失扩大是不真

[①] 参见王泽鉴《民法学说与判例研究》（第 4 册），中国政法大学出版社 1998 年版，第 96~106 页。

正义务。① 再如，甲出卖汽车给乙，交付该车并移转其所有权为甲的主给付义务，提供必要的文件（如行驶证或保险合同）为从给付义务，告知该车的特殊危险性，则为附随义务。②

1. 给付义务

（1）给付义务的内涵

给付义务可分为主给付义务和从给付义务。主给付义务，是指债的关系所固有的、必备的、能够决定债的类型的基本义务。就双务合同而言，主给付义务构成对待给付义务，在对方当事人没有履行对待给付义务以前，当事人可以拒绝履行自己的主给付义务。③ 例如，在买卖合同中出卖方的主给付义务是转让符合约定的标的物之所有权，买受人的主给付义务是支付买卖价款。《民法典》第595条规定："买卖合同是出卖人转移标的物的所有权于买受人，买受人支付价款的合同。"

从给付义务，是指主给付义务以外的、债权人可独立诉请履行的、补助主给付义务以确保实现债权人利益的义务。从给付义务可以是法定的、约定的或者基于诚实信用原则产生。④ 从给付义务是对主给付义务履行起辅助作用的义务，从给付义务的目的在于辅助、确保债权人的给付利益能够获得最大的满足。⑤ 是否存在从给付义务以及从给付义务的范围如何，取决于具体的合同关系。⑥ 有些法律条文规定了从给付义务，例如，《民法典》第780条规定："承揽人完成工作的，应当向定作人交付工作成果，并提交必要的技术资料和有关质量证明。定作人应当验收该工作成果。"据此，承揽人应当将完成的工作成果交付给定作人，这是承揽人的主给付义务。此外，承揽人还需要向定作人提交必要的技术资料和有关质量证

---

① 参见黄薇主编《中华人民共和国民法典合同编释义》，法律出版社2020年版，第264页。
② 参见韩世远《合同法学》，高等教育出版社2022年版，第100页。
③ 参见王泽鉴《民法学说与判例研究》（第4册），中国政法大学出版社1998年版，第97页。
④ 参见王泽鉴《民法学说与判例研究》（第4册），中国政法大学出版社1998年版，第98页。
⑤ 参见王泽鉴《债法原理》，北京大学出版社2013年版，第81页。
⑥ 参见朱广新、谢鸿飞主编《民法典评注·合同编通则》（2），中国法制出版社2020年版，第381页。

明，这是承揽人的从给付义务。① 就买卖合同而言，《民法典》第598条规定了出卖人的主给付义务；"出卖人应当履行向买受人交付标的物或者交付提取标的物的单证，并转移标的物所有权的义务。"《民法典》第599条规定了买受人的从给付义务；"出卖人应当按照约定或者交易习惯向买受人交付提取标的物单证以外的有关单证和资料。"

当事人一方不履行主给付义务的，对方当事人可以行使先履行抗辩权或同时履行抗辩权。理由在于，双务合同具有牵连性，给付与对待给付具有不可分离的关系，分为发生上的牵连性、存续上的牵连性和功能上的牵连性。② 关于当事人一方不履行从给付义务的，对方当事人是否有权行使先履行抗辩权或同时履行抗辩权，则存在争议。一般认为，当事人一方不履行从给付义务与实现合同目的具有密切关系时，从给付义务和主给付义务之间存在同时履行关系，产生先履行抗辩权和同时履行抗辩权。③ 也就是说，当事人一方不履行从给付义务，导致对方当事人不能实现合同目的时，则对方当事人享有先履行抗辩权或同时履行抗辩权，必要时，可以要求解除合同。

《民法典合同编通则司法解释》第26条规定："当事人一方未根据法律规定或者合同约定履行开具发票、提供证明文件等非主要债务，对方请求继续履行该债务并赔偿因怠于履行该债务造成的损失的，人民法院依法予以支持；对方请求解除合同的，人民法院不予支持，但是不履行该债务致使不能实现合同目的或者当事人另有约定的除外。"据此，当事人一方违反从给付义务的，应当继续履行并赔偿损失，对方当事人一般不能据此解除合同，只有在不能实现合同目的或者当事人另有约定的情形下，才可

---

① 参见谢鸿飞、朱广新主编《民法典评注·合同编·典型合同与准合同》（3），中国法制出版社2020年版，第50页。

② 参见王利明《合同法通则》，北京大学出版社2022年版，第274页；崔建远《合同法》，北京大学出版社2021年版，第149页；韩世远《合同法学》，高等教育出版社2022年版，第118页。

③ 参见崔建远《合同法》，北京大学出版社2021年版，第150页；崔建远主编《合同法》，法律出版社2021年版，第108页；韩世远《合同法学》，高等教育出版社2022年版，第126页。

以解除合同。"例外情形下，如果违反从给付义务导致严重的损害后果致使合同目的落空的，此时对方享有合同解除权，这是一种法定解除权；此外，如果当事人明确约定违反从给付义务，将导致合同解除，守约方也可享有合同解除权，这是一种约定解除权。"[1] 即便当事人违反从给付义务，只要其导致守约方的合同目的无法实现（根本违约）的法律后果，则合同继续存续的基础不复存在，通过合同解除制度使买受人及早从合同关系中解放出来，另觅其他替代性的交易机会，避免因此遭受更大的损失，无疑是具有正当性的制度选择。[2]

《民法典合同编通则司法解释》第31条第1款规定："当事人互负债务，一方以对方没有履行非主要债务为由拒绝履行自己的主要债务的，人民法院不予支持。但是，对方不履行非主要债务致使不能实现合同目的或者当事人另有约定的除外。"据此，在当事人一方违反从给付义务，可能导致合同目的落空或者当事人另有约定时，应当赋予对方当事人先履行抗辩权或同时履行抗辩权。以上述规定为依据，可以发现有一些判例值得斟酌。例如，最高人民法院（2021）最高法民申7246号民事裁定认为，虽然双方当事人约定了A公司开具发票的义务，但并没有明确约定如果A公司不及时开具发票，B公司有权拒绝支付工程价款。依据双务合同的性质，合同抗辩的范围仅限于对价义务，支付工程款与开具发票是两种不同性质的义务，二者不具有对等关系，B公司以此作为案涉工程付款条件未成就的抗辩理由不能成立。B公司未支付剩余工程款的行为属于违约行为，原判决认定对未付工程款应计付利息，并无不当。根据上述裁定，开具发票义务不是主给付义务，不构成双务合同的对待给付，不能就此行使先履行抗辩权。上述裁定值得商榷。应当承认，实践中很多民事主体支付约定的款项时，都需要开具发票，否则相关财务账目无法处理，引起连锁反应，导致付款方陷于不利地位，在许多情形导致合同目

---

[1] 最高人民法院民事审判第二庭、研究室编著《最高人民法院民法典合同编通则司法解释理解与适用》，人民法院出版社2023年版，第296页。
[2] 参见最高人民法院民事审判第二庭《最高人民法院关于买卖合同司法解释理解与适用》，人民法院出版社2012年版，第406页。

的无法实现。司法裁判应从实际出发，实事求是，妥善处理当事人之间的纠纷，以实现能动司法的政策目标。

（2）主给付义务与从给付义务的区别

主给付义务与从给付义务的区别如下。第一，是否影响合同成立不同。主给付义务是决定合同成立的必要条件，从给付义务则不是。未约定主给付义务的，一般应认定合同不成立。未约定从给付义务的，不影响合同成立。第二，是否发生根本违约不同。不履行主给付义务，构成根本违约，不仅发生违约责任，并可产生法定解除权。不履行从给付义务的，一般不构成根本违约，不产生法定解除权，仅发生违约责任，特殊情况除外，例如不能实现合同目的时可以解除合同。第三，不履行义务的后果不同。在双务合同中，双方主给付义务构成对待给付关系。在合同未约定履行先后顺序的情形，双方当事人享有同时履行抗辩权；在合同约定履行先后顺序的情形，先履行一方享有不安抗辩权。一方的从给付义务与相对方的主给付义务不构成对待给付关系。一方不履行从给付义务，除导致合同目的落空外，相对方不得拒绝履行主给付义务。①

2. 附随义务

（1）附随义务的内涵

附随义务，是指根据法律规定或者基于诚实信用原则而产生的、不得独立诉请履行的义务。附随义务是依据合同的发展情形所产生的义务，如照顾义务、通知义务、协助义务、保密义务、保护义务等。附随义务在债之关系发展的各个阶段均可产生。② 违反附随义务，情节严重的，可构成根本违约，对方当事人可享有合同解除权。"违反附随义务如果给另一方造成重大损害，甚至可构成根本违约，例如不告知产品的使用方法，使买受人蒙受重大损害。"③ "不履行附随义务，在严重影响对方当事人的合同

---

① 参见梁慧星《合同通则讲义》，人民法院出版社2021年版，第147页；崔建远主编《合同法》，法律出版社2021年版，第55页。
② 参见王泽鉴《民法学说与判例研究》（第4册），中国政法大学出版社1998年版，第101页。
③ 王利明：《合同法通则》，北京大学出版社2022年版，第91页。

利益等情况下也会产生解除权。"① 根据合同发展阶段不同，附随义务分为前合同义务、合同履行中的附随义务和后合同义务。②

第一，前合同义务，也称为先契约义务，它在缔约过程中产生，违反此项义务时，应成立缔约过失责任。③ 包括违反前合同义务的一般缔约过失责任和违反保密义务的缔约过失责任。《民法典》第500条规定了违反前合同义务的缔约过失责任。《民法典》第500条规定："当事人在订立合同过程中有下列情形之一，造成对方损失的，应当承担赔偿责任：（一）假借订立合同，恶意进行磋商；（二）故意隐瞒与订立合同有关的重要事实或者提供虚假情况；（三）有其他违背诚信原则的行为。"缔约过失责任构成要件与一般侵权责任构成要件相同，不超过履行利益；不包括人身损害和精神损害；一般不包括机会损失等间接损失。④《民法典》第501条规定了违反保密义务的缔约过失责任。《民法典》第501条规定："当事人在订立合同过程中知悉的商业秘密或者其他应当保密的信息，无论合同是否成立，不得泄露或者不正当地使用；泄露、不正当地使用该商业秘密或者信息，造成对方损失的，应当承担赔偿责任。"

第二，合同履行中的附随义务，是指在合同成立后的履行期间，当事人应承担注意、保密、保护等义务，避免侵害相对人的人身或财产上的利益。⑤《民法典》第509条第2款规定："当事人应当遵循诚信原则，根据合同的性质、目的和交易习惯履行通知、协助、保密等义务。"例如，公交车上有人突然晕倒，公交公司的乘务员未及时通知救护车前来急救，导致该乘客错过了最佳抢救时间而死亡。在该案中，虽然法律没有规定公交公司的义务，但基于合同产生的附随义务，公交公司应当积极进行抢救，

---

① 崔建远主编《合同法》，法律出版社2021年版，第57页。
② 参见王利明《合同法通则》，北京大学出版社2022年版，第80页。
③ 参见王泽鉴《民法学说与判例研究》（第4册），中国政法大学出版社1998年版，第101页。
④ 参见最高人民法院民法典贯彻实施工作领导小组主编《中华人民共和国民法典合同编理解与适用》（一），人民法院出版社2020年版，第276页。
⑤ 参见王泽鉴《民法学说与判例研究》（第4册），中国政法大学出版社1998年版，第102页。

以帮助顾客脱离险情。如果未能做到事后的救济，那么责任人就违反了安全保障义务。①《民法典》的其他条文也规定了合同履行中的附随义务，例如，《民法典》第785条规定："承揽人应当按照定作人的要求保守秘密，未经定作人许可，不得留存复制品或者技术资料。"《民法典》第652条规定："供电人因供电设施计划检修、临时检修、依法限电或者用电人违法用电等原因，需要中断供电时，应当按照国家有关规定事先通知用电人；未事先通知用电人中断供电，造成用电人损失的，应当承担赔偿责任。"《民法典》第741条规定："出租人、出卖人、承租人可以约定，出卖人不履行买卖合同义务的，由承租人行使索赔的权利。承租人行使索赔权利的，出租人应当协助。"

第三，后合同义务，是指在合同关系消灭后，当事人应承担某种作为或不作为义务。②《民法典》第558条规定："债权债务终止后，当事人应当遵循诚信等原则，根据交易习惯履行通知、协助、保密、旧物回收等义务。"

（2）从给付义务和附随义务的区别

从给付义务与附随义务的区别如下。第一，义务确定的时间不同。从给付义务一般在合同成立时已经确定，而附随义务随着合同进展而不断变化从而产生不同的义务。③ 第二，违反义务的责任性质不同。债务人违反从给付义务，相对方既可以要求债务人实际履行，也可以追究债务人的违约责任；而债务人违反附随义务，相对方只能追究债务人违约责任，而不能要求实际履行。④ 在特殊情形下，可能产生解除权。第三，能否独立诉请履行不同。从给付义务可以独立诉请履行，而附随义务不得独立诉请履行。⑤ 也就是说，从给付义务可以请求履行，而附随义务通常仅发生损害赔偿请

---

① 参见王利明《侵权责任法》，中国人民大学出版社2021年版，第203页。
② 参见王泽鉴《民法学说与判例研究》（第4册），中国政法大学出版社1998年版，第103页。
③ 参见最高人民法院民事审判第二庭、研究室编著《最高人民法院民法典合同编通则司法解释理解与适用》，人民法院出版社2023年版，第300页。
④ 参见梁慧星《合同通则讲义》，人民法院出版社2021年版，第147~148页。
⑤ 参见王泽鉴《民法学说与判例研究》（第4册），中国政法大学出版社1998年版，第100页。

求权。①

3. 不真正义务

不真正义务，是指不得诉请履行、不发生损害赔偿责任而仅使负担此义务者遭受权利减损或不利益。② 对于不真正义务，相对人通常不得请求履行，违反该义务也不产生法律责任，而仅仅使义务人自己承受不利后果。③ 不真正义务的本质是法定义务，是根据法律规定所产生的义务。比如守约方采取措施以避免损失扩大的义务。④《民法典》第591条规定："当事人一方违约后，对方应当采取适当措施防止损失的扩大；没有采取适当措施致使损失扩大的，不得就扩大的损失请求赔偿。当事人因防止损失扩大而支出的合理费用，由违约方负担。"

关于债权人的受领义务是否为不真正义务，存在争议。肯定观点认为，债权人的受领义务是不真正义务。⑤ 否定观点认为，违反该义务应当构成违约，主要理由在于：第一，将债权人的受领义务认定为一项合同义务，有利于合同的圆满履行；第二，债权人违反其受领义务，可能造成债务人损失，债务人可能支付相关的仓储费、保管费等，如果将其认定为不真正义务，债权人违反此种义务后不承担违约责任，则难以对债务人的损失予以救济；第三，从我国司法实践来看，并没有因为债权人迟延受领而排除债权人所应承担的责任，债权人的迟延通常是司法实践中"双方违约"现象产生的原因，一般都是按照违约行为处理的，此种司法实践也具有其合理性。⑥ 上述否定观点值得赞同。《民法典》第589条规定："债务人按照约定履行债务，债权人无正当理由拒绝受领的，债务人可以请求债权人赔偿增加的费用。在债权人受领迟延期间，债务人无

---

① 参见侯国跃《契约附随义务研究》，法律出版社2007年版，第83页。
② 参见王泽鉴《民法学说与判例研究》（第4册），中国政法大学出版社1998年版，第104页。
③ 参见王泽鉴《债法原理》，北京大学出版社2013年版，第88页。
④ 参见朱广新、谢鸿飞主编《民法典评注·合同编通则》（2），中国法制出版社2020年版，第452页。
⑤ 参见朱广新、谢鸿飞主编《民法典评注·合同编通则》（2），中国法制出版社2020年版，第452页。
⑥ 王利明：《合同法通则》，北京大学出版社2022年版，第484页。

须支付利息。"

第四节　民事责任的一般问题

一　民事责任的内涵

民事责任，是指不履行民事义务应当承担的法律后果。[1] 通说认为，承担民事责任的前提条件是存在民事义务。"责任，乃义务人不履行义务时，在法律上所处之状态。"[2] "民事责任作为一种特殊的债，必以有效的法律义务的存在为前提。这种法律义务可以是出于合同约定，也可以是法律直接规定。"[3] "由于民事责任从性质上说就是当事人违反民事义务所产生的后果，所以民事义务也是民事责任的前提和基础，只有在违反民事义务的情况下，才会产生民事责任。"[4] 没有民事义务就没有民事责任；虽然有民事义务，但履行了民事义务，也就没有民事责任；有民事义务而不履行义务的，才产生民事责任。"所谓'有义务即有责任，无义务即无责任'，此为民事责任法之铁律。民事义务是民事责任的前提，而民事责任系以民事义务之违反作为停止条件（生效条件）。"[5]

有观点认为，在通常情况下，责任为义务的担保，违反原生义务就会派生责任承担问题。但是，责任并不一定以义务为前提。既有无责任之义务，也有无义务之责任。有债务而无责任者，称为自然债务，债权人不得诉请强制履行。无债务而有责任者，例如物上保证人之责任，抵押物由第三人取得时，其所负之责任。[6] "其实在现代法上不惟有无责任之债务（如

---

[1] 参见佟柔主编《民法原理》，法律出版社1986年版，第42页；梁慧星《民法总则讲义》，法律出版社2021年版，第324页；王利明《民法总则》，中国人民大学出版社2022年版，第420页；郭明瑞《民法总则通义》，商务印书馆2018年版，第305页；杨立新《民法总则》，法律出版社2020年版，第294页。
[2] 杨与龄编著《民法概要》，中国政法大学出版社2002年版，第12页。
[3] 梁慧星：《民法总论》，法律出版社2017年版，第85页。
[4] 王利明：《民法总则新论》，法律出版社2023年版，第159页。
[5] 梁慧星：《民法总则讲义》，法律出版社2021年版，第324页。
[6] 参见史尚宽《债法总论》，中国政法大学出版社2000年版，第3页。

前述之自然债务），且亦有无债务之责任（如物上保证人之责任，抵押物第三取得人之责任），可见二者仍非不可分离，即可分离，则仍非一事也明矣。"① "诚然，债务与责任在概念上应予区别，无责任的债务（如罹于时效的债务）及无债务的责任（如物上保证人责任），亦属有之，但终属例外。债务与责任原则上系相伴而生，如影随身，难以分开。"② "义务是责任的主要来源，但不是唯一来源；责任是违反义务的主要后果，但不是唯一后果。"③

上述观点有一定道理，即一般性之外存在特殊性。但是，上述观点似有斟酌余地。第一，自然债不具有强制性。严格地说，自然债不是义务，相对人不得诉请强制履行。"所谓自然债，如时效经过之债，债务人自愿履行后不得以不知时效已过而要求返还，对债权人而言显然属于受法律保护的利益，但因其不具备诉请法院强制执行的效力，难谓为法律上的权利。"④ 第二，物上保证人责任很难说不以义务为前提条件。就物上保证而言，主合同债务人或者第三人对债权人的债权实现提供担保，当主合同债务人不履行义务时，才产生担保责任。也就是说，担保责任的承担是违反民事义务的法律后果。基于担保的从属性，担保人的责任强度不能超越主债务人，担保人享有主债务人的抗辩权，因此，担保人的责任是主债务人违反义务的法律后果。"违反义务者不必然是责任主体，法律可以就违反义务者是否承担责任另行作出规定。"⑤

法律责任是任何一个法律体系必不可少的组成部分，法律责任的设定不只是一个具体的技术问题，更重要的，它还是一个直接关涉法律体系的正义性、合理性的原则性问题。法律责任的设定应当遵循一些基本原则，包括社会合理性原则、节制性原则、比例原则和同一性原则。社会合理性原则是一个总括性的、根本性的原则，它也是社会正义的基本体现之一。

---

① 郑玉波：《民法债编总论》（修订二版），陈荣隆修订，中国政法大学出版社2004年版，第9页。
② 王泽鉴：《债法原理》，北京大学出版社2022年重排版，第23页。
③ 姚辉主编《民法总则基本理论研究》，中国人民大学出版社2019年版，第649页。
④ 梁慧星：《民法总论》，法律出版社2021年版，第73页。
⑤ 陈甦主编《民法总则评注》，法律出版社2017年版，第1260页。

节制性原则要求在整个社会的责任体系安排中，尽量少设定法律责任，而在设定法律责任时，要在可能和允许的范围内贯彻最节约、最不严厉、最人道的原则。比例原则要求责任与行为损害的具体度量相适应，对不同的违反义务行为应按其性质和程度分别设定不同的责任措施，对同等损害性的行为应设立价值相当的责任量。统一性原则是指法律责任体系的内在一致性和形式的协调统一性。[①]

二 民事责任的特征

1. 民事责任以违反民事义务为前提

承担民事责任的前提是违反了民事义务。只有违反了特定的民事义务，才会产生民事责任的问题。简而言之，有义务才会有责任，无义务则无责任。"法律责任是由于违反法定义务而引起的、由专门国家机关认定并归结于有责主体的、带有强制性的义务，即由于违反第一性法定义务而招致的第二性义务。法律责任的实质不在于制裁，而是国家对违反法定义务的行为所作出的否定性评价，是国家强制违法者履行应为而未为的义务。"[②]

2. 民事责任具有强制性

所谓强制性，是指民事责任的承担是以国家强制力为后盾的。民事义务不具有强制性，当事人可以约定民事义务。民事责任具有强制性，由国家公权力保障实现，表现为由人民法院或者仲裁机构作出裁判，强制义务人履行或者由执行机关强制执行。[③]"责任的本质是国家强制履行，是受到国家公权力的直接干预的关系，而非国家公权力不干预的民事关系。"[④] 可以说，强制性是承担民事责任的制度保障，具有威慑性。以此为基础，有些民事责任可以通过当事人自行和解等方式予以解决。

3. 民事责任主要体现为补偿性

民事责任是一种补偿性责任。一般而言，民事责任是对受害方因违约

---

① 参见付子堂主编《法理学高阶》，高等教育出版社2008年版，第314~315页。
② 张文显：《权利与人权》，法律出版社2011年版，第50页。
③ 参见梁慧星《民法总论》，法律出版社2017年版，第86页。
④ 陈甦主编《民法总则评注》，法律出版社2017年版，第1259页。

行为或侵权行为遭受损失的补偿，其根本属性是补偿性。

4. 民事责任不限于财产责任

现代社会是云计算和大数据时代，既不同于《法国民法典》颁布时的风车水磨时代，也不同于《德国民法典》未对人格权给予充分重视的时代。《德国民法典》以调整财产关系为中心，对人格权保护不够，根本不涉及知识产权，损害赔偿责任形式足以适应当时的需要。随着社会发展，网络侵权、知识产权侵权、环境污染以及侵害人格权等新事物不断涌现，单纯的财产责任已经不能适应保护民事权益的需要。消除影响、恢复名誉、赔礼道歉等责任形式也不能用损害赔偿替代。[①]

第五节 泛化民事义务和民事责任的倾向应予矫正

一 民事权利、民事义务与民事责任的关系

（一）民事权利、民事义务和民事责任统一于具体的民事法律关系中

民事权利、民事义务和民事责任三者是对立统一地存在于同一个民事法律关系之中的概念，民事法律关系的内容是权利义务关系，民事责任融合于权利义务之中，是民事权利得以实现的非正常状态。或者说，义务人履行了义务，则权利得以正常实现；义务人不履行义务，则权利必须借助于责任才能实现，此时义务转化为责任，原权利转化为救济权。民事义务是承担民事责任的必要条件，没有义务则一定没有责任，有义务未必有责任，有义务而违反义务时才产生民事责任。也就是说，民事义务是产生民事责任的必要条件，无之必不然，有之未必然。可以说，民事义务是民事权利和民事责任之间的纽带，履行了民事义务时，便没有民事责任的产生；违反民事义务时，权利人有权要求义务人承担相应的民事责任。

民事法律关系的内容是由民事权利、民事义务和民事责任三者共同构成的对立统一体，即民事法律关系的内容是作为民事法律关系主体双方之

---

① 参见魏振瀛《〈民法通则〉规定的民事责任——从物权法到民法典的规定》，载《现代法学》2006年第3期。

间的权利义务关系或者权利责任关系,这两种关系并非同时并存,而是具有时序性的。也就是说,民事权利义务关系和民事权利责任关系在某一特定的时间点上是不会共存的。具体的一个时间点上的民事法律关系的内容要么表现为权利义务关系,要么表现为权利责任关系,并且权利义务关系总是在先,权利责任关系总是在后的,二者之间有一个转化的过程。在此两种法律关系中,权利的性质是不同的。"在权利义务型民事法律关系中的民事权利是一种原权利,在权利责任型民事法律关系中的民事权利是一种救济权。"① 一言以蔽之,民事权利义务关系与民事权利责任关系是一个动态的转化过程,在这一转化过程中,原权利转化为救济权,义务形态转化为责任形态。

综上,民事权利、民事义务和民事责任之间的逻辑关系可作如下表述。第一,民事权利与民事义务对立统一地存在于民事法律关系中。没有无权利的义务,也没有无义务的权利。第二,民事义务是承担民事责任的前提条件。没有民事义务,则没有民事责任。有民事义务不一定有民事责任,民事义务已经履行的,便没有民事责任;民事义务没有履行的,才会产生民事责任,民事责任是违反民事义务而应承担的法律后果。第三,民事义务是联系民事权利和民事责任的纽带。权利人要求他人承担民事责任的依据仍然是民事权利,承担民事责任的人实质上仍然是义务人,因为义务人违反了义务,此时义务形态转化为责任形态,权利的性质由原权利转化为救济权。

(二)民事责任是违反民事义务的法律后果

民事法律关系是以权利和义务为内容的社会关系。具有权利和义务内容是法律所调整的社会关系的前提条件,如果没有权利义务内容,则不能成为法律的调整对象。比如现实生活中的友谊关系、恋爱关系等,因为它们不具有权利和义务的内容,生活中的很多现象没有权利义务的内容,所以不能成为法律所调整的社会关系,比如几个人相约去公园散步,人们结伴而行,并没有法律上的权利和义务的内容,如果在散步过程中,某一同

---

① 江平主编《民法学》,中国政法大学出版社2000年版,第93页。

行者不慎摔倒受伤,其他同行者不应承担赔偿责任,因为他们没有民法上的义务,更谈不上义务的违反,没有责任的产生基础。然而,有些案件的处理违反了民事权利、民事义务和民事责任的内在逻辑关系,将没有权利义务关系的事情说成有权利义务关系,进而让相关人员承担民事责任,造成法律关系的混乱,以致造成法律适用范围的无限扩大,给人以"法律万能"的假象。事实上,法律从来都不是万能的,并非所有的社会关系都由法律调整,法律只调整社会关系的一部分,即只调整具有权利义务内容的社会关系。存在民事义务是承担民事责任的前提条件,当不存在民事义务时,便没有民事责任的产生空间,否则将违反法律关系的内在逻辑。

通过分析绳子断裂致他人死亡的损害赔偿案,可以得出相应结论,即没有义务则没有责任。2001年1月30日8时许,家住三楼的程某出门拿东西,不料一阵大风把门吹得关上了,程某被锁在门外。因担心屋内不满周岁的婴儿,程某匆匆跑到四楼的邻居董某家借了一根绳子,一头系在自己的腰上,一头系在四楼的暖气管上,从楼上往下溜。结果绳子断裂,程某当场摔死。程某家人认为邻居董某把绳子借给程某,对其死亡负有不可推卸的责任,要求赔偿各种费用3万元。董某称,程某的死亡与自己无关,不应承担任何法律责任。沈阳市中级人民法院经审理认为,邻居董某对婴儿母亲程某的危险行为没有阻止,反而出借绳子,应当负相应的过错责任,即承担10%的赔偿责任。[①]

上述判决似乎并不妥当。本案中的董某对于程某的安全没有保护义务,自己出借绳子的行为也并没有使法律所保护的利益处于危险状态,而根据民事权利、民事义务和民事责任的逻辑关系,没有民事义务是不能产生民事责任的,因此董某对程某被摔死的后果没有民事责任,判令其承担民事责任既没有法律依据,也违反民事权利、民事义务和民事责任的基本逻辑关系。从人之常情来看,我们会发现,董某所作所为并没有什么不妥之处,程某因急于进屋照看孩子,向邻居董某借绳子,董某作为邻居,帮

---

① 李新天主编《民商法律热点与案例研究》(第一辑),武汉大学出版社2006年版,第239页。

这样的小忙理所当然，出借绳子的行为应无不妥。进一步讲，人们一般认为绳子是能够承载一般人的体重的，否则程某也不会选择用绳子往楼下溜，而且本案中的程某也是完全民事行为能力人，其行为无需他人指引，完全民事行为能力人对自己的行为负责是民法的一般规则。因此，董某出借绳子的行为并无不妥，没有过错可言。

有观点认为，董某出借绳子的行为是造成程某往下溜这一危险行为的先行行为，因而负有采取适当措施防止程某遭受损害的义务，比如在楼下设置软气垫，或者对绳子的性能进行仔细地检测以确保绳子足以承受重量，或者告知程某正确的垂下方式。否则应当承担责任。[①] 这种观点是不妥当的，董某出借绳子的行为并不必然造成程某的利益处于危险状态，一般来说绳子是能够承受一般人的体重的，否则就很难理解有些人借助绳索进行攀岩的社会现实。而且对于一个帮忙的人要求太高未免违背人之常情，应当从当时的客观背景进行考量，以一个正常人的标准要求董某，而非为其设定额外的义务。

二 安全保障义务的适用规则

（一）安全保障义务的来源及适用范围

在德国，存在"交往安全义务"的概念，指开启或者持续特定风险的人应当承担的，根据具体情况采取必要的、适当的防范措施，以保护第三人免受损害的义务。最初，德国法院通过判例确立了"交往安全义务"的概念。随后，法院逐渐将其扩展到其他领域，形成了"交往安全义务"的概念。这一义务主要基于以下原因产生：一是维持某种风险或者交往；二是保有作为危险源的物；三是实施了导致一定危险结果的行为；四是从事一定营业或者职业。法国相类似的概念是"保安义务"，也是由法院通过判例所创设的，是指不侵害他人人身、财产的安全义务。保安义务既涉及侵权也涉及合同法。日本使用"安全关照义务"的概念，是指当事人基于

[①] 李新天主编《民商法律热点与案例研究》（第一辑），武汉大学出版社2006年版，第241页。

诚实信用原则所负的一般义务。在英美侵权法中，与安全保障义务相类似的一个概念是"注意义务"。当原告与被告之间存在某种特殊关系，或者被告是某种危险源的开启者时，则被告对原告负有注意义务。注意义务是被告承担过失侵权责任的前提。[1]

一般认为，安全保障义务是由法律规定或者当事人约定的，也可以是基于诚实信用原则产生的附随义务，还可能是基于义务人的先行行为而产生的义务。[2] 上述安全保障义务的来源不同，即可能法定、可能约定、可能基于诚信原则或根据先行行为产生，还可能发生侵权责任和违约责任的竞合。在发生民事责任竞合的情形，应当按照《民法典》第186条规定，由当事人选择相应的请求权。[3] 根据安全保障义务产生场合的不同，可以将其分成以下类型。第一，社会生活设置者义务。主要是指经营场所、公共场所的经营者、管理者或者群众性活动的组织者依法承担安全保障义务，此种情形落入《民法典》第1198条的调整。第二，自己的先前行为产生安全保障义务。"在没有法律规定安全保障义务的情况下，当事人之间基于先前行为而产生的信赖利益同样应当受到保护。"[4] 例如，几人共同饮酒，其中一人醉酒，同饮者尤其是酒宴召集者，一般应当将其安全送回家，履行共饮行为产生的注意义务，否则，如果发生意外，可能产生相应的民事责任。第三，存在婚姻和家庭关系的人之间的注意义务。例如，父母对未成年子女负有教育、保护义务，由此产生相应的注意义务。《民法典》第1068条规定："父母有教育、保护未成年子女的权利和义务。未成年子女造成他人损害的，父母应当依法承担民事责任。"因此，不应当随意扩大注意义务的适用范围，这里最重要的是，必须是合理的安全保障义

---

[1] 参见黄薇主编《中华人民共和国民法典侵权责任编释义》，法律出版社2020年版，第104~105页。

[2] 参见黄薇主编《中华人民共和国民法典侵权责任编释义》，法律出版社2020年版，第107页；陈龙业《民法典侵权责任编的创新发展与规则适用》，人民法院出版社2023年版，第221页。

[3] 参见杨立新《侵权责任法》，法律出版社2021年版，第326页；程啸《侵权责任法》，法律出版社2021年版，第520页；陈龙业《民法典侵权责任编的创新发展与规则适用》，人民法院出版社2023年版，第221页。

[4] 张新宝：《侵权责任法讲义》，人民法院出版社2024年版，第234页。

务，也就是指一个理智的、理性的人按照合理的注意标准所应采取的安全保障措施，而不是无限的注意义务。在判断上，是以理性人、普通人为注意义务的标准。① 因此，不应把注意义务作为无所不包的"义务"，在没有法定义务、约定义务和附随义务时，不要生硬地造出一个"注意义务"，这样会造成社会主体的无所适从，甚至祸从天降，从而导致人人自危的局面，法律会因此丧失其作为行为准则的意义。

（二）法定的安全保障义务的适用范围

《侵权责任法》之前，安全保障义务的概念在我国法律中从未出现。2003年颁布的《最高人民法院关于审理人身损害赔偿案件适用法律若干问题的解释》的第6条首次对安全保障义务的有关问题作出规定。《侵权责任法》在总结司法实践经验的基础上，借鉴国外相关规定，在第37条对未尽到安全保障义务的侵权责任作出了明确规定。《民法典》在整合《侵权责任法》第37条和《中华人民共和国消费者权益保护法》第18条第2款的基础上，规定了第1198条。②

《民法典》第1198条规定："宾馆、商场、银行、车站、机场、体育场馆、娱乐场所等经营场所、公共场所的经营者、管理者或者群众性活动的组织者，未尽到安全保障义务，造成他人损害的，应当承担侵权责任。因第三人的行为造成他人损害的，由第三人承担侵权责任；经营者、管理者或者组织者未尽到安全保障义务的，承担相应的补充责任。经营者、管理者或者组织者承担补充责任后，可以向第三人追偿。"本条规定包括以下内容。第一，负有安全保障义务的主体有具体范围限制，包括宾馆、商场等经营场所、公共场所的经营者、管理者以及群众性活动的组织者，其他民事主体不承担上述法定的安全保障义务。不对外开放的、禁止公众进入的场所不属于公共场所，其管理者不负有安全保障义务。③本条以"等"字兜底，意味着"经营场所、公共场所"还包括条文明确列

---

① 杨立新、张新宝、姚辉：《侵权法三人谈》，法律出版社2007年版，第222~223页。
② 参见黄薇主编《中华人民共和国民法典侵权责任编释义》，法律出版社2020年版，第105~106页。
③ 参见郭明瑞《侵权责任法通义》，商务印书馆2023年版，第187~188页。

举之外的其他场所,如餐厅、茶楼、洗浴中心、旅游服务机构、医院等向公民开放的公共场所。第二,安全保障义务是一项作为义务。安全保障义务人必须为积极的行为,保障公众的人身安全和财产安全。要有符合法律规定或者行业惯例要求的相关保障措施。如果负有安全保障义务的主体违反了上述义务,则应承担过错责任。[1] 一般认为,违反安全保障义务就意味着有过错,也就是说,违反安全保障义务的行为本身便体现了义务人的过错,若要求受害人在证明行为人违反义务之外再额外证明其过错,显属不当。[2]第三,本条规定的安全保障义务是法定义务。[3]《民法典》第1198条通过法律形式规定了法定的安全保障义务的一般规则,但其适用范围受到法律条文本身的限制。在本条涵摄的安全保障义务的范围之外,还存在其他类型的安全保障义务,如先前行为产生的安全保障义务。第四,安全保障义务的权利主体是参加经营场所、公共场所和群众性活动的参与者。在司法实务中,可以根据实际情况,把"他人"分为受邀请者、公共人、访问者和未成年人,分别赋予负有安全保障义务的主体以不同的安全保障义务。[4] 第五,在没有第三人介入的情况下,义务人因违反安全保障义务导致被保护人遭受侵害,义务人承担的是直接责任。因第三人的加害行为产生损害的,安全保障义务主体未尽安全保障义务所应承担的责任是补充责任。[5]

(三)法定安全保障义务的适用限度

1. 承担安全保障义务主体的范围限制

根据《民法典》第1198条的规定,承担法定安全保障义务的主体是

---

[1] 参见张新宝《侵权责任法讲义》,人民法院出版社2024年版,第234页;谢鸿飞《违反安全保障义务侵权补充责任的理论冲突与立法选择》,载《法学》2019年第2期;程啸《侵权责任法》,法律出版社2021年版,第524页;陈龙业《民法典侵权责任编的创新发展与规则适用》,人民法院出版社2023年版,第226页。

[2] 参见王利明《侵权责任法》,中国人民大学出版社2021年版,第203页。

[3] 参见张新宝《侵权责任法讲义》,人民法院出版社2024年版,第232页;程啸《侵权责任法》,法律出版社2021年版,第521页。

[4] 杨立新:《侵权责任法》,法律出版社2021年版,第325页。

[5] 参见最高人民法院民法典贯彻实施工作领导小组主编《中华人民共和国民法典侵权责任编理解与适用》,人民法院出版社2020年版,第290~291页。

经营场所、公共场所的经营者、管理者或者群众性活动的组织者，不得任意扩大其适用范围，避免不当加重相关主体的义务负担。例如，在最高人民法院第 141 号指导案例中，支某 3 溺亡于永定河拦河闸侧面消力池，其近亲属请求永定河管理处承担赔偿责任。北京市丰台区人民法院（2018）京 0106 民初 2975 号民事判决认为，该案并不适用安全保障义务条款。消力池并非对外开放的公共场所，北京市永定河管理处也不是群众性活动的组织者，故支某 1 等四人主张被告未尽安全保障义务，与法相悖。消力池的管理人和所有人采取了合理的安全提示和保护措施，完全民事行为能力人擅自进入造成自身损害，请求管理人和所有人承担赔偿责任的，人民法院不予支持，判决驳回支某 1 等四人的全部诉讼请求。北京市第二中级人民法院（2019）京 02 民终 4755 号民事判决维持原判。

2. 安全保障义务应限制在合理范围内

安全保障义务的目的在于保护他人的人身和财产安全，因此，义务人承担相应的作为义务，这种作为义务应当限制在合理范围内，不能对安全保障义务人提出合理范围之外的过分要求。例如，在最高人民法院第 140 号指导案例中，广州市中级人民法院的生效判决认为，红山村村民委员会没有违反安全保障义务。基本案情是：广州市花都区某村是国家 AAA 级旅游景区，村委会在河道旁种植了杨梅树。2017 年 5 月 19 日，该村村民吴某私自上树采摘杨梅，不慎跌落受伤，经抢救无效死亡。其近亲属以村委会未采取安全风险防范措施、未及时救助为由，将村委会诉至花都区法院。广州市花都区人民法院（2017）粤 0114 民初 6921 号民事判决认为，吴某与村委会均有过错，酌定村委会承担 5% 的赔偿责任，判令向吴某的亲属赔偿 4.5 万余元。广州市中级人民法院（2018）粤 01 民终 4942 号民事判决维持原判。广州市中级人民法院经审查，依法裁定对该案进行再审。广州市中级人民法院（2019）粤 01 民再 273 号民事判决认为，村委会作为该村景区的管理人，虽负有保障游客免遭损害的义务，但义务的确定应限于景区管理人的管理和控制能力范围之内。村委会并未向村民或游客提供免费采摘杨梅的活动，杨梅树本身并无安全隐患，不能要求村委会对景区内的所有树木加以围蔽、设置警示标志。吴某作为具有完全民事行为能力的成年人，应当充分预见攀爬杨梅树采摘杨梅的危险性。吴某因私自爬树采摘杨梅跌落坠亡，后果令人痛惜，但行为有违村规民约和公序良俗，且村委会并未违反安全保障义务，不应承担赔偿责任。原审判决认定事实清楚，但适用法律错误，处理结果不当，应予以撤销。再审驳回吴某近亲属要求村委会承担赔偿责任的诉讼请求。

再比如，在一起医疗服务合同纠纷案中，因抑郁症患者在医院跳楼自杀，其家属诉请医院承担损害赔偿责任，法院判决驳回诉讼请求。安徽省合肥市蜀山区人民法院（2018）皖0104民初1367号民事判决认为，患者坠楼是自杀，而就此危险及防范，院方已经充分尽到提醒和告知义务，家属亦签名确认。医院食堂平台有1.6米高的围栏，需翻越才可坠楼。可见，院方已经尽到安全防范义务，死者是有意选择坠楼位置自杀。医院无论怎样也不可能确保整个院区每一处每一时刻均绝对安全，更无法确保一心求死的抑郁症患者在无陪护状态下无实现自杀的途径。医疗机构的安全保障义务，是有合理限度范围的，患者王某坠楼显然不属于合理范围内可以预见的风险。无论是法院，还是当事各方，在审视悲剧时，均应持理性立场，不能唯结果论、唯死者重，而不合理地拔高医疗机构的注意义务，以悲剧的发生反向推理，简单粗暴认定医院未尽到安全防范义务。否则将有损个案正义，损害社会公共利益。该判决值得赞同。

第四章 自然人

第一节 自然人概述

一 自然人的民事权利能力

（一）自然人民事权利能力的内涵

自然人，是指有血肉之躯和生命的人类。[1] 19 世纪中期，萨维尼在其名著《当代罗马法体系》中，区分了权利能力与行为能力的概念，前者被理解为能够持有权利的可能性，后者作为人自由行为的前提，则被理解为取得权利的可能性。[2]"在法律上，权利能力是指一个人作为法律关系主体的能力，也即是作为权利的享有者和法律义务的承担者的能力。"[3] 民事权利能力，是指民事主体享有权利和承担义务的资格，既包括民事主体享有权利的资格，也包括承担义务的资格，因而又可称为权利义务能力。[4] "民事权利能力是自然人据以充当民事主体、享受民事权利和负担民事义务的法律地位或者资格。法律赋予自然人以民事权利能力，目的在于确定自然人的民事法律地位即法律人格。"[5] 民事权利能力实质就是民事主体的资

---

[1] 参见梁慧星《合同通则讲义》，人民法院出版社 2021 年版，第 11 页。
[2] 参见张俊浩主编《民法学原理》，中国政法大学出版社 1991 年版，第 77 页。
[3] 〔德〕拉伦茨：《德国民法通论》（上册），王晓晔等译，法律出版社 2003 年版，第 119~120 页。
[4] 参见史尚宽《民法总论》，中国政法大学出版社 2000 年版，第 85~86 页。
[5] 梁慧星：《民法总则讲义》，法律出版社 2021 年版，第 44 页。

格，即具有法律上的人格，也就是民事主体在法律上的地位。①

民事权利能力是法律赋予的，不是天赋的，也就是说，民事主体有什么样的权利能力，需要有法律的规定，法律没有规定相应的权利能力的，则民事主体便不具备相应的权利能力。根据法律的一般规定，自然人的权利能力始于出生，终于死亡。《民法典》第13条规定："自然人从出生时起到死亡时止，具有民事权利能力，依法享有民事权利，承担民事义务。"

一般认为，自然人娩出时为活体的，为出生。民事主体从出生时起具有民事权利能力。死亡包括自然死亡和宣告死亡。目前，一般以脑死亡为自然死亡的判断标准。② 自然死亡的，民事权利能力终止。如果当事人在同一事件中死亡，法律规定了推定死亡顺序。《民法典》第1121条第2款规定："相互有继承关系的数人在同一事件中死亡，难以确定死亡时间的，推定没有其他继承人的人先死亡。都有其他继承人，辈分不同的，推定长辈先死亡；辈分相同的，推定同时死亡，相互不发生继承。"宣告死亡的，如果民事主体实际没有死亡，则其民事权利能力不应终止，否则无法解释和处理其民事活动。《民法典》第15条规定："自然人的出生时间和死亡时间，以出生证明、死亡证明记载的时间为准；没有出生证明、死亡证明的，以户籍登记或者其他有效身份登记记载的时间为准。有其他证据足以推翻以上记载时间的，以该证据证明的时间为准。"

民事权利能力区别于民事权利，主要表现在以下几个方面。第一，民事权利能力是取得民事权利的前提条件，是享有民事权利和承担民事义务的资格。民事权利是与民事义务对应的概念，是利益加法律之力。第二，民事权利能力是法律规定的，而民事权利是法定的或约定的。第三，民事权利能力与民事主体不可分离，不得转让和抛弃，而民事权利一般可以转让和抛弃。

(二) 自然人的民事权利能力一律平等

《民法典》第14条规定："自然人的民事权利能力一律平等。"自然人的民事权利能力一律平等，是指无论自然人的性别、年龄、种族、民族、

---

① 参见韩松《民法总论》，法律出版社2020年版，第103页。
② 参见杨立新《民法总论》，法律出版社2020年版，第90页。

宗教信仰等存在怎样的区别，其民事权利能力却是平等的，即自然人在法律上处于平等的地位。这一原则在民事立法例上通常是通过规定自然人的权利能力的起止来体现的。例如，《德国民法典》第 1 条规定："人的权利能力自出生完成之时开始。"《日本民法典》第 1 条规定："私权的享有，始自出生。"我国台湾地区"民法"第 6 条规定："人之权利能力，始于出生，终于死亡。"《瑞士民法典》第 11 条规定："（1）人都有权利能力。（2）在法律范围内，人人都有平等的权利能力和义务能力。"自然人的权利能力始于出生，终于死亡，意味着人在生命存续过程中都具有权利能力，因而人的权利能力是平等的，无区别的。"除了死亡之外，人不会丧失权利能力，既不能作为一种惩罚的后果，也不会因为进入修道院或因为放弃而丧失。"[①]

有观点认为，自然人的权利能力范围实际上有大有小，比如结婚的权利能力并非人皆有之，如此一来，则造成自然人的权利能力不平等。[②] 上述观点似乎并不妥当。一般认为，结婚能力、受雇能力、收养能力等法律特别规定的能力的性质是特殊行为能力。[③]"所谓特殊行为能力者，乃法律就某种人之某种行为，特别规定其能力者是也。"[④] "结婚能力和遗嘱能力是行为能力中的特殊情况。"[⑤] 上述观点值得赞同。

（三）胎儿利益的特殊保护规则

1. 关于胎儿利益特殊保护的立法模式

根据法律规定，民事权利能力始于出生，出生后才能够成为民事主体。出生前的胎儿属于母体的一部分，不具备民事主体资格，但法律一般规定对胎儿利益进行特殊保护。古罗马法确立了关于胎儿利益保护的一般规则，即关于胎儿利益的保护，视为胎儿已出生。[⑥] "自然人之权利能力始

[①] 〔德〕施瓦布：《民法导论》，郑冲译，法律出版社 2006 年版，第 88 页。
[②] 参见尹田《论人格权的本质——兼评我国民法草案关于人格权的规定》，载《法学研究》2003 年第 4 期。
[③] 参见黄立《民法总则》，中国政法大学出版社 2002 年版，第 85 页；李永军《民法总论》，中国政法大学出版社 2018 年版，第 63~64 页。
[④] 郑玉波：《民法总则》，中国政法大学出版社 2003 年版，第 122 页。
[⑤] 〔德〕布洛克斯、瓦尔克：《德国民法总论》，中国人民大学出版社 2019 年版，第 128 页。
[⑥] 参见周枏《罗马法原论》（上册），商务印书馆 1994 年版，第 117 页。

于出生，故仅为母体一部之胎儿，本不应享有权利能力。但胎儿原则上迟早终将出生，直接保护胎儿，即间接保护将来之人类，亦系顺乎人情及合乎公平之道。"[1]

关于胎儿利益保护，目前大体存在以下两种立法模式。第一，总括的保护主义。在此模式下，一般地将胎儿视为已出生，胎儿具有民事权利能力，对胎儿利益进行总括性保护，除非娩出时为死体。[2] 例如，《瑞士民法典》第31条规定："（1）权利能力自出生开始，死亡结束。（2）子女，只要其出生时尚生存，出生前即具有权利能力。"我国台湾地区"民法"第7条规定："胎儿以将来非死产者为限，关于其个人利益之保护，视为既已出生。"第二，个别的保护主义。在此模式下，并非对胎儿利益进行总括性保护，而是对胎儿的个别利益进行特殊保护，在符合法律规定的情形，视为胎儿具有民事权利能力。例如，法律对遗产继承、接受赠与、损害赔偿等特殊利益进行保护。"即胎儿原则上无权利能力，但于若干例外情形视为有权利能力。法国、德国、日本均采此主义。"[3] 所谓例外情形，一般是指胎儿享有继承权、接受遗赠的权利、胎儿可以成为合同第三人、胎儿享有损害赔偿请求权等。例如，《德国民法典》第1923条第2款的规定："在继承开始时已经孕育的胎儿，视为在继承开始前已出生。"据此，胎儿具有继承能力。《德国民法典》第331条第2款规定："允诺受领人在第三人出生之前死亡的，向第三人给付的约定，仅在保留废止或者变更的权利时，始得予以废止或者变更。"据此，可以将胎儿约定为第三人，使其取得一项给付请求权。《日本民法典》第886条规定："就继承，胎儿视为已出生。"《日本民法典》第965条规定："第八百八十六条及第八百九十一条之规定，准用于受遗赠人。"可见，日本民法采取个别保护主义，"对继承及其他重要关系，个别地视为已经出生的主义。"[4]

2. 我国《民法典》采取个别的保护主义

我国《民法典》第16条规定："涉及遗产继承、接受赠与等胎儿利益

---

[1] 刘得宽：《民法总则》，中国政法大学出版社2006年版，第53页。
[2] 参见〔日〕我妻荣《新订民法总则》，于敏译，中国法制出版社2008年版，第46页。
[3] 梁慧星：《民法总论》，法律出版社2017年版，第88页。
[4] 〔日〕我妻荣：《新订民法总则》，于敏译，中国法制出版社2008年版，第46页。

保护的，胎儿视为具有民事权利能力。但是胎儿娩出时为死体的，其民事权利能力自始不存在。"据此，胎儿可以继承遗产、接受赠与，条文中的"等"包含胎儿在遭受侵害时可以享有损害赔偿请求权。可见，上述规定采纳了个别的保护主义，在涉及遗产继承、接受赠与等特殊利益保护时，胎儿视为有民事权利能力。根据《民法典》第 16 条的规定，胎儿受到法律保护的利益范围包括以下内容：一是遗产继承利益，二是接受赠与。但不限于上述两项，例如，在胎儿出生之前，其健康遭受损害，也可以在其出生后独立提出损害赔偿的请求。①"将胎儿视为具有权利能力，目的在于保护胎儿的利益，并非一般地赋予胎儿以民事权利能力，且只在涉及胎儿利益保护的事项，才将胎儿视为具有民事权利能力。此胎儿的民事权利能力，仅指胎儿享有民事权利的资格，不得因此使胎儿承担民事义务。"②"除了遗产继承和接受赠与，实践中还有其他涉及胎儿利益保护的情况，因此本条用了一个'等'字，没有限定在继承范围以内，原则上也包括侵权等其他需要保护胎儿利益的情形。"③

立法机关在起草本条文时，最初规定了胎儿的损害赔偿请求权，但有人指出此规定涉及妇女有无堕胎权的问题，而这一问题涉及伦理、宗教等多方面因素，民法无法解答。故立法机关最终用"等胎儿利益保护"这一表述涵盖未来的损害赔偿请求权，将这一问题暂行搁置。④例如，受害人因他人侵权致死时，其子女还是胎儿，作为胎儿的子女有权请求侵权人损害赔偿，其与死者生前扶养的人有同等地位。胎儿在母体中受到伤害以致影响出生后的健康的，有权以受害人的身份请求侵权人赔偿。⑤胎儿在未出生之前，其应当视为母亲身体的一部分。如果因为母亲身体受到侵害而致使其分娩的是一个死胎，此种损害可以通过母亲身体权受到侵害为由进

---

① 参见王利明《民法总则》，中国人民大学出版社 2022 年版，第 115 页。
② 梁慧星：《民法总则讲义》，法律出版社 2021 年版，第 48 页。
③ 黄薇主编《中华人民共和国民法典总则编释义》，法律出版社 2020 年版，第 49 页。
④ 参见最高人民法院民法典贯彻实施工作领导小组主编《中华人民共和国民法典总则编理解与适用》，人民法院出版社 2020 年版，第 116 页。
⑤ 参见郭明瑞《民法总则通义》，商务印书馆 2018 年版，第 46 页；杨立新《民法总则》，法律出版社 2020 年版，第 88 页。

行保护，无须单独对胎儿的人格利益作出规定。但是，当胎儿活体出生，只是受到一定人身损害，在此情形，胎儿已经成为独立的民事主体，其权益难以通过其母亲的人身权益来保护，因此，其可以独立主张人格权益的保护。①"对胎儿身体健康的侵害，除车祸外，因母体输血先受病毒感染再传染给胎儿，亦属常见。胎儿于生母输血时，已否受胎，在所不问。"②"如果父母明知或可得而知其有传染性疾病，如性病、肝病等，却仍然怀孕，以至于生下带病之子女时，其子女对父母通常不被认为有损害赔偿请求权，其理由不在于子女在受损害时无权利能力，而在于若没有父母，他们根本不会出生，自无法确认其有损害的存在。"③

《民法典总则编司法解释》第4条规定："涉及遗产继承、接受赠与等胎儿利益保护，父母在胎儿娩出前作为法定代理人主张相应权利的，人民法院依法予以支持。"据此，在胎儿未出生前，法定代理人可以代理胎儿、以胎儿为原告主张权利。"胎儿毕竟还没有出生，不能像已经出生的自然人那样行使权利，其继承遗产、接受赠与、行使损害赔偿请求权，应当类推适用关于未成年人监护制度的规定，即由监护人（父母）作为法定代理人代理胎儿行使权利。"④法定代理人可以行使接受赠与、继承遗产、请求损害赔偿等权利，如果胎儿娩出时为死体，则应当返还取得的财产。"因涉及权益保护的问题，在诉讼地位上讲，该胎儿应当居于原告的地位，在列当事人时可以在原告处列其为某某之胎儿，然后再列明该法定代理人。在二审等程序中也可对应当事人诉讼地位的变化按照上述方式列明。"⑤

（四）关于人体胚胎保护

人体胚胎，是指受精后的生殖细胞，属于胎儿的前阶段。关于人体胚胎的法律地位问题，我国法律没有规定。比较法上，有的国家法律对胎儿

---

① 参见王利明《人格权法》，中国人民大学出版社2022年版，第83页。
② 王泽鉴：《民法总则》，北京大学出版社2022年重排版，第121页。
③ 黄立：《民法总则》，中国政法大学出版社2002年版，第76页。
④ 梁慧星：《民法总则讲义》，法律出版社2021年版，第49页。
⑤ 贺荣主编《最高人民法院民法典总则编司法解释理解与适用》，人民法院出版社2022年版，第113页。

的保护可以扩大到对胚胎的保护，将胎儿的保护时间提前到受孕时。例如，德国宪法法院认为，人的生命至迟始于受精卵着床时，因而，人的生命始于受孕并着床后的第 14 天。① 《奥地利普通民法典》第 22 条规定："胎儿自受孕时起受法律保护，涉及非属第三人的个人权利时视作既已出生，但就以活体出生为取得条件的权利，死产儿视作从未受孕。"我国民法学一般认为，"胎儿与胚胎不同，胚胎仅是有生命力的'物'，无论何种情况下都不能视为有民事权利能力。"② 但鉴于人体胚胎将来可能孕育成生命，实践中也出现了"无锡冷冻胚胎案"，因此，应当将其作为特殊的物予以保护。人体胚胎应当适用有关生命尊严的规则予以保护。也就是说，对于人体胚胎而言，其保护与处置不能简单地适用物的规则，而应当以有利于维护人格尊严的方式去对待和处理。③

二 自然人的民事行为能力

（一）自然人的民事行为能力概述

1. 民事行为能力的内涵

民事行为能力，是指以自己的行为独立参与民事法律关系，享有民事权利和承担民事义务的法律资格。④ "以意思表示，独立有效为法律行为之能力而言。"⑤ 民事行为能力具有法定性，以年龄、智力和精神健康状况为依据，《民法典》将民事行为能力划分为无民事行为能力、限制民事行为能力和完全民事行为能力三种类型。⑥ 例如，法律可以拟制符合一定条件的未成年人为完全民事行为能力人。《民法典》第 18 条第 2 款规定："十六周岁以上的未成年人，以自己的劳动收入为主要生活来源的，视为完全民事行为能力人。"

---

① 参见施启扬《民法总则》，中国法制出版社 2010 年版，第 66 页。
② 郭明瑞：《民法总则通义》，商务印书馆 2018 年版，第 46 页。
③ 参见王利明《人格权法》，中国人民大学出版社 2022 年版，第 86 页。
④ 参见梁慧星《民法总论》，法律出版社 2021 年版，第 70 页。
⑤ 姚瑞光：《民法总则论》，中国政法大学出版社 2011 年版，第 38 页。
⑥ 参见刘凯湘《民法总论》，北京大学出版社 2011 年版，第 108 页。

2. 民事行为能力与意思能力的关系

意思能力,是指自然人认识和判断自己行为的后果的能力。① 意思能力包括实施法律行为的能力,也包括实施事实行为和违法行为的能力。②"意思能力为法律赋予自然人民事行为能力之前提。有意思能力,始有民事行为能力;无意思能力,即无民事行为能力。"③ 虽然我国《民法典》没有规定意思能力,但《民法典》关于民事行为能力的划分是以意思能力为基础的。未满八周岁的未成年人,因其不具有意思能力,属于无民事行为能力人。年满十八周岁的成年人,因其具有意思能力,属于完全民事行为能力人。但如能举证证明实施民事法律行为之时处于无意思能力之状态,则可主张该民事法律行为无效。④ "如果将意思能力理解为认识和判断自己行为的能力,那么行为能力应当包括意思能力,或者说应当以意思能力为基础。"⑤ 在法律规定的特殊情形,虽然当事人是完全民事行为能力人,但可能临时丧失意思能力,因此依法减免其民事责任。《民法典》第1190条第1款规定:"完全民事行为能力人对自己的行为暂时没有意识或者失去控制造成他人损害有过错的,应当承担侵权责任;没有过错的,根据行为人的经济状况对受害人适当补偿。"

3. 民事行为能力与民事责任能力的关系

责任能力,又称不法行为能力或过失责任能力,是指"对自己的过失行为能承担责任的能力"。⑥ 责任能力包括侵权能力和债务不履行能力。⑦ "责任能力是主体因违法而承担法律责任的能力,它是行为能力在保护性法律关系中的特殊表现形式。在大多数保护性法律关系中,责任能力无须

---

① 参见胡长清《中国民法总论》,中国政法大学出版社1997年版,第74页;郑玉波《民法总则》,中国政法大学出版社2003年版,第121页;〔日〕我妻荣《新订民法总则》,于敏译,中国法制出版社2008年版,第55页。
② 参见刘凯湘《民法总论》,北京大学出版社2011年版,第108页。
③ 梁慧星:《民法总论》,法律出版社2021年版,第70页。
④ 参见梁慧星《民法总论》,法律出版社2021年版,第71页。
⑤ 王利明:《民法总则》,中国人民大学出版社2022年版,第118页。
⑥ 〔德〕拉伦茨:《德国民法通论》(上册),王晓晔等译,法律出版社2003年版,第156页。
⑦ 参见王泽鉴《民法总则》,北京大学出版社2022年重排版,第132页。

特别规定，如果一个人具有行为能力，他也就具有责任能力。"① 通说认为，民事行为能力与民事责任能力是一致的，有民事行为能力即有民事责任能力，无民事行为能力则无民事责任能力。"将民事责任能力与民事行为能力相联系：凡依法具有民事行为能力者，均具有民事责任能力。"② "广义的行为能力，包括行为能力与责任能力。行为能力即自行以法律行为取得权利、承担义务的能力。责任能力或侵权行为能力，即以自身违法行为，负损害赔偿义务的能力。"③ "民事责任能力之有无一般以民事行为能力之有无为依据。"④《民法典》第1188条第1款规定："无民事行为能力人、限制民事行为能力人造成他人损害的，由监护人承担侵权责任。监护人尽到监护职责的，可以减轻其侵权责任。"

关于侵权责任能力之判断，有两种学说。第一，按照通说，应以行为时有无意思能力为判断标准，以决定行为人是否自己承担侵权责任。通说着重于行为人自身的保护，似不利于对受害人的保护，且在实践中实行困难、徒增困扰。第二，按照新说，因承担侵权责任仅及于责任人之财产，不及于责任人之人身，与刑事责任有别，故将侵权责任能力与民事行为能力挂钩，以民事行为能力之有无，作为判断侵权责任能力的标准，实有利于受害人利益之保护，并方便裁判实务。比较而言，新说较通说为优。现代民法大多采新说，以民事行为能力之有无，作为侵权责任能力之判断标准，具有民事行为能力，即具有侵权责任能力。考虑到生活的复杂性，完全民事行为能力人难免有暂时丧失意识或者对自己行为失去控制的情形，若于此情形造成他人损害，法律规定例外规则。⑤《民法典》第1190条第1款规定："完全民事行为能力人对自己的行为暂时没有意识或者失去控制造成他人损害有过错的，应当承担侵权责任；没有过错的，根据行为人的经济状况对受害人适当补偿。"

---

① 朱景文主编《法理学》，中国人民大学出版社2021年版，第334页。
② 梁慧星：《民法总论》，法律出版社2021年版，第71页。
③ 黄立：《民法总则》，中国政法大学出版社2002年版，第82页。
④ 谭启平主编《中国民法学》，法律出版社2021年版，第53页。
⑤ 参见梁慧星《侵权责任法讲义》，法律出版社2023年版，第100~101页。

就我国《民法典》而言，行为能力包括责任能力，《民法典》自始至终没有提及责任能力问题，表明责任能力在我国民法上不是行为能力含义之外的问题。因此，关于民事主体的责任能力的判断，应以其有无行为能力为准。①"我国现行民事理论以民事行为能力制度包含民事责任能力制度，尽管有诸多弊端，但仍然为《民法典》所坚持，并体现在第1188条和第1190条上。"②"我国立法没有采纳责任能力的概念，而是以民事行为能力代替责任能力。"③

4. 民事行为能力与遗嘱能力的关系

遗嘱能力，是指自然人依法享有的通过遗嘱方式处分自己合法财产的资格。并非所有的人均具有订立遗嘱的资格。《民法典》第1143条第1款规定："无民事行为能力人或者限制民事行为能力人所立的遗嘱无效。"据此，只有完全民事行为能力人才具有遗嘱能力，无民事行为能力人或者限制民事行为能力人没有遗嘱能力。可见，我国《民法典》所规定的遗嘱能力就是完全民事行为能力。根据《民法典》第1143条第1款规定，"限制民事行为能力人所立的遗嘱无效，即使其法定代理人同意或者追认也不可以转化为有效的遗嘱。"④

(二) 自然人的民事行为能力的划分

1. 完全民事行为能力

完全民事行为能力，是指能够以自己的行为参与民事活动，享有民事权利、承担民事义务的资格。根据法律规定，成年人具有完全民事行为能力。《民法典》第17条规定："十八周岁以上的自然人为成年人。不满十八周岁的自然人为未成年人。"《民法典》第18条第1款规定："成年人为完全民事行为能力人，可以独立实施民事法律行为。"《民法典》的上述规

---

① 参见邹海林《民法总则》，法律出版社2018年版，第65~67页。
② 邹海林、朱广新主编《民法典评注·侵权责任编》(1)，中国法制出版社2020年版，第293页。
③ 最高人民法院民法典贯彻实施工作领导小组主编《中华人民共和国民法典侵权责任编理解与适用》，人民法院出版社2020年版，第222页。
④ 最高人民法院民法典贯彻实施工作领导小组主编《中华人民共和国民法典婚姻家庭编继承编理解与适用》，人民法院出版社2020年版，第609页。

定与当今世界绝大多数国家或地区的规定基本一致，即把成年年龄界定为十八周岁以上。

不同国家和地区关于自然人成年年龄的规定并不相同，大部分国家和地区将十八周岁作为成年人的标准。① 例如，《法国民法典》和《德国民法典》规定为十八岁；我国台湾地区"民法"规定为二十岁。规定的法定结婚年龄低于成年年龄的，一般设有所谓"拟制成年"制度。② 例如，《日本民法典》第753条规定："未成年人结婚后，视为成年。"我国台湾地区"民法"第13条第3款规定："未成年人已结婚者，有行为能力。"

特殊情况下，十六周岁以上的未成年人在符合一定条件时，视为完全民事行为能力人。《民法典》第18条第2款规定："十六周岁以上的未成年人，以自己的劳动收入为主要生活来源的，视为完全民事行为能力人。"此规定与"拟制成年"制度类似。据此，视为完全民事行为能力人需具备以下条件：第一，年满十六周岁以上的未成年人；第二，以自己的劳动收入为主要生活来源，能够维持当地群众的一般生活水平。上述规定与《劳动法》规定的最低劳动年龄相协调。《劳动法》第15条规定："禁止用人单位招用未满十六周岁的未成年人。文艺、体育和特种工艺单位招用未满十六周岁的未成年人，必须遵守国家有关规定，并保障其接受义务教育的权利。"

2. 限制民事行为能力

限制民事行为能力，是指自然人在一定范围内具有民事行为能力。根据法律规定，年满八周岁的未成年人和不能完全辨认自己行为的成年人是限制民事行为能力人。《民法典》第19条规定："八周岁以上的未成年人为限制民事行为能力人，实施民事法律行为由其法定代理人代理或者经其法定代理人同意、追认；但是，可以独立实施纯获利益的民事法律行为或者与其年龄、智力相适应的民事法律行为。"《民法典》第22条规定："不能完全辨认自己行为的成年人为限制民事行为能力人，实施民事法律行为由其法定代理人代理或者经其法定代理人同意、追认；但是，可以独立实

---

① 参见黄薇主编《中华人民共和国民法典总则编释义》，法律出版社2020年版，第50页。
② 参见梁慧星《民法总则讲义》，法律出版社2021年版，第53页。

施纯获利益的民事法律行为或者与其智力、精神健康状况相适应的民事法律行为。"

上述规定包含以下内容。第一，限制民事行为能力人可以独立实施与其年龄、智力、精神健康状况相适应的民事法律行为，其他行为由法定代理人代理或经其法定代理人同意、追认。第二，限制民事行为能力人可以独立实施纯获利益的民事法律行为。所谓纯获利益的民事法律行为，是指不负担任何义务的民事法律行为。一般认为，纯获利益的民事法律行为，是指那些纯粹获得法律上利益的民事法律行为，而不是获得经济利益的民事法律行为。无负担的赠与、无须赋税的得利等属于典型的纯获法律上利益的民事法律行为，而有负担的赠与不属于纯获法律上的利益。[①] 也就是说，纯获利益就是只有权利，没有对价义务。[②] "限制行为能力人因其法律行为受有法律效果上之不利益时，无论其为丧失权利，或负担义务，纵使其在经济上获有巨利，亦非属纯获法律上之利益。例如，某外侨返乡，贱卖其车，19岁之B购买之，虽有经济上利益，但因其负有支付价金之义务，仍非属纯获法律上之利益，所订之契约须经法定代理人之承认，始生效力。"[③] 纯获利益的行为还包括无主物之先占、债之免除的接纳等。[④]"使未成年人纯获法律上利益的法律行为包括那些仅使其获得给予的行为，或以其他方式纯粹改善其法律地位。如果除受领给予之外尚应负担法律行为上的义务，则该行为不属于使未成年人纯获法律上利益的行为。附义务的赠与不属于纯获法律上利益的行为；同样，借用也不属于纯获法律上利益的法律行为，这是因为，尽管使用人无须支付使用报酬，但是他却负有维护借用物和返还借用物的义务；接受遗产的行为也不属于纯获法律上利益的行为，这是因为，继承人负有清偿遗产债务的义务。"[⑤] 一般认为，双

[①] 参见陈甦主编《民法总则评注》，法律出版社2017年版，第133页；朱广新《未成年人保护的民法问题研究》，中国人民大学出版社2021年版，第45页；杨代雄《民法总论》，北京大学出版社2022年版，第122页。
[②] 参见傅鼎生《民法总论授课实录》，法律出版社2023年版，第195页。
[③] 王泽鉴：《民法学说与判例研究》(4)，中国政法大学出版社1998年版，第43页。
[④] 参见黄立《民法总则》，中国政法大学出版社2002年版，第212页。
[⑤] 〔德〕弗卢梅：《法律行为论》，迟颖译，法律出版社2013年版，第224~225页。

务合同不属于纯获利益的行为。"买卖、互易、消费借贷、消费寄托等双务契约，因契约互负债务义务，均属非纯获法律上之利益的法律行为。"①

3. 无民事行为能力

（1）关于无民事行为能力的争论

有学者建议取消无民事行为能力类别，民事行为能力只设完全民事行为能力与限制民事行为能力两类，既允许未成年人和成年精神障碍者独立实施一些与其年龄、智力和精神健康状况相适应的民事法律行为，又能通过限制性规定，给未成年人或成年精神障碍者提供适当的保护，从而避免划定年龄界限过于僵化的弊病。② 取消无民事行为能力类型已有一些立法例，例如，爱沙尼亚于2002年对其民法总则作出修改，废除了无民事行为能力类型，规定年满十八周岁的自然人（成年人）享有完全的行为能力，不满十八周岁的自然人（未成年人）享有有限的行为能力。20世纪下半叶以来颇受关注的一些新民法典，如荷兰新民法典、魁北克民法典等，在规定自然人行为能力时，均采纳了只将自然人划分为成年人与未成年人的二级制行为能力制度，未设无民事行为能力类型。③

对民事行为能力划分为完全民事行为能力、限制民事行为能力和无民事行为能力的"三分法"国家和地区有德国、俄罗斯和我国台湾地区等。对民事行为能力划分为完全民事行为能力和限制民事行为能力的"二分法"的国家有法国、意大利、日本、韩国和荷兰等。④ 我国《民法典》沿袭了《民法通则》的"三分法"模式。"经研究，本条仍然延续了民事行为能力'三分法'的分类方式，但也考虑到对未成年人自主意识的尊重，适当下调了限制民事行为能力的未成年人的年龄下限。"⑤

（2）划分无民事行为能力人和限制民事行为能力人年龄界限的争议

关于如何划分无民事行为能力人和限制民事行为能力人的年龄界限，

---

① 王泽鉴：《民法总则》，北京大学出版社2009年版，第333页。
② 参见梁慧星主编《中国民法典草案建议稿》，法律出版社2011年版，第22~23页。
③ 参见陈甦主编《民法总则评注》，法律出版社2017年版，第139页。
④ 参见杨立新《民法总论》，法律出版社2020年版，第93页。
⑤ 黄薇主编《中华人民共和国民法典总则编释义》，法律出版社2020年版，第53页。

在立法过程中产生了争议。在《民法典》立法时,争议的焦点主要是界定为六周岁、八周岁还是十周岁,《民法典》采纳了八周岁的观点。"草案第二十条规定限制民事行为能力人的年龄下限为六周岁。一些代表提出,六周岁的儿童虽然有一定的学习能力,开始接受义务教育,但认知和辨识能力仍然不足,在很大程度上还不具备实施民事法律行为的能力,建议改为八周岁为宜。也有的代表建议维持现行十周岁不变;还有的代表赞成下调为六周岁。法律委员会经研究,按照既积极又稳妥的要求,建议在现阶段将限制民事行为能力人的年龄下限修改为八周岁。"①

关于这个年龄的界定,本来就没有必要追求精确性,而需要模糊学解决,确定一个大概年龄就可以了。在人文社会科学领域并不完全适用精确性,所谓用心理学、社会学等知识进行界定,已经落入科学主义的陷阱,只能导致众说纷纭,莫衷一是。"致力于在自然科学之外推行精确化的人们十分不情愿地看到,在自然科学中所向披靡的精确化运动在人文社会领域遇到极大麻烦。但物极必反,精确化方法的极盛必然使自身的局限性暴露出来。人们凭经验按照近似的模糊的方法轻而易举办成的事,采用精确化手段反而显得笨拙迂腐,效果不佳。例如,不会说话的婴儿能够轻而易举地识别其母亲,神速运转的计算机却做不到。"②

"秃子悖论"认为,如果一个有 X 根头发的人被称为秃子,那么,有 X+1 根头发的人也是秃子。所以,(X+1)+1 根头发的还是秃子。以此类推,无论你有几根头发都是秃子。显然,这个结论是错的。当一个结论是错的时候,其推理或是至少一个前提是错的。那么,错在哪里?这种错误其实并不容易被清楚地点出来。因为,这是一种结构误植所造成的错误。简单地说,一个词汇的习惯用法被不当地放在另一个不同的结构中。在日常生活中,我们判定一个人是秃子与否不是用确定的头发数量衡量,而是

---

① 《第十二届全国人民代表大会法律委员会关于〈中华人民共和国民法总则(草案)〉审议结果的报告》,2017 年 3 月 12 日第十二届全国人民代表大会第五次会议主席团第二次会议通过,载《民法总则立法背景与观点全集》编写组编《民法总则立法背景与观点全集》,法律出版社 2017 年版,第 31 页。

② 苗东升:《复杂性科学研究》,中国书籍出版社 2014 年版,第 170 页。

一种大致上的感觉。所以，秃子这个概念的结构不同于那种可以被清楚量化的概念的结构。所以，当我们要用一根一根去计较一个人是否是秃子时，就会产生问题。你可以责怪秃子的概念不够科学，你也可以责怪科学不适用于这类的概念。并不是所有的概念都可以被科学清楚地定义，日常生活概念的结构不同于科学概念的结构。

模糊学解决了秃子悖论的困境，认为在解释某些概念时，精确性反而陷入解释困境，而模糊学能够解决这个棘手的问题。模糊学是美国控制论专家扎德于1965年创立的，其关键概念是"隶属度"，即一个元素隶属于一个集合的程度。数学家们规定，当一个元素完全属于一个集合时，隶属度为1，反之为0；当一个元素在某种程度上属于一个集合时，它的隶属度为0~1之间的某个值。那么，对于秃头悖论，我们可以约定，稀稀落落的500根头发以下者为完全秃头，它对于{秃子}这个集合的隶属度为1，而像张三这样50000根以上的头发茂密者为完全不秃头，他对于{秃子}集合的隶属度为0。这样，501~49999根头发者就在某种程度上属于{秃子}集合。如501根者，隶属度为0.998，而49999根者，隶属度为0.002。这就是说，501~49999根者对于{秃子}集合是一种"既属于又不属于"的状态。这样，应用模糊学，很好地解决了秃子悖论。扎德认为："不管系统性质如何，当它的复杂程度超过某一阈值，欲对其做精确的判断就变得不可行，或难以通过计算实现。例如，下棋时决策树如此之大，以至于在一般情况下，不可能给出下述问题的一个精确算法解：已知某个棋子在棋盘上的位置，确定下次移动的最佳路线。类似的，在大规模交通控制的情形，系统之复杂排除了对其运行过程进行精确计算的可能，故对其运行状况的任何重要判断实质上必须是模糊的，且模糊程度随系统复杂程度的增加而增加。"[1]

(3) 无民事行为能力

无民事行为能力，是指自然人没有独立从事民事活动的资格，不能以

---

[1] 〔美〕扎德：《模糊集与模糊信息粒理论》，阮达、黄崇福译，北京师范大学出版社2000年版，第20页。

自己的行为取得民事权利和承担民事义务。根据民法典的规定，不满八周岁的未成年人和不能辨认自己行为的成年人是无民事行为能力人。《民法典》第20条规定："不满八周岁的未成年人为无民事行为能力人，由其法定代理人代理实施民事法律行为。"《民法典》第21条规定："不能辨认自己行为的成年人为无民事行为能力人，由其法定代理人代理实施民事法律行为。八周岁以上的未成年人不能辨认自己行为的，适用前款规定。"

比较法上，无民事行为能力人不能独立实施民事法律行为，甚至不能独立实施纯获利益的民事法律行为，只能由其法定代理人实施。无行为能力人接受赠与在生活中比较常见，比如接收压岁钱，实际上这些接受赠与的行为是经过法定代理人同意的，本质上是法定代理人的行为。"无行为能力人甚至不能实施那些使其纯获法律上利益的行为。因此，无行为能力人无法接受赠与。"[1]"对无行为能力人不能为有效的赠与。向无行为能力人为意思表示者，以其通知到达其法定代理人时发生效力。"[2]

关于无民事行为能力人能否独立实施纯获利益的民事法律行为，《民法典》并没有明确规定。有观点认为，无民事行为能力人实施的民事法律行为应当类推适用《民法典》关于限制行为能力人的规定，既可以独立实施纯获利益的民事法律行为，也可以独立实施日常生活必需的细小的行为。[3] 全国人民代表大会常务委员会法制工作委员会（以下简称全国人大法工委）的解释认为，从我国社会实践来看，不满八周岁的未成年人处于父母或者其他监护人的全面保护之下，极少有独立实施民事法律行为的机会，由法定代理人全面代理实施民事法律行为是符合我国国情的。经反复研究讨论，从有利于保护儿童合法权益的角度看，本条没有规定不满八周岁的未成年人可以独立实施纯获利益的行为。[4] 如果认为无民事行为能力人可以独立实施一些与其日常生活相关的民事法律行为及纯获利益的民事

---

[1] 〔德〕弗卢梅：《法律行为论》，迟颖译，法律出版社2013年版，第222页。
[2] 王泽鉴：《民法总则》，北京大学出版社2022年重排版，第326页。
[3] 参见梁慧星《民法总论》，法律出版社2021年版，第108页；王利明《民法总则》，中国人民大学出版社2022年版，第125页；温世扬主编《中国民法》，北京大学出版社2023年版，第48页。
[4] 参见黄薇主编《中华人民共和国民法典总则编释义》，法律出版社2020年版，第60页。

法律行为，那么无民事行为能力实际上就变异为一种限制民事行为能力，因为它与限制民事行为能力的区分不再表现为无任何行为自由与有一定的行为自由的差异，而是表现为哪一种民事行为能力之下的行为自由较大而已。①

（三）成年人无民事行为能力人、限制民事行为能力的认定与恢复

关于成年人无民事行为能力人或者限制民事行为能力的认定，实质上是对成年人所具有的民事行为能力的剥夺或限制，关系到该成年人及其利害关系人的重大利益，因此应由人民法院依法予以认定。② 基于同样的原因，其恢复为限制民事行为能力人或者完全民事行为能力人也应由人民法院予以认定。《民法典》第24条规定："不能辨认或者不能完全辨认自己行为的成年人，其利害关系人或者有关组织，可以向人民法院申请认定该成年人为无民事行为能力人或者限制民事行为能力人。被人民法院认定为无民事行为能力人或者限制民事行为能力人的，经本人、利害关系人或者有关组织申请，人民法院可以根据其智力、精神健康恢复的状况，认定该成年人恢复为限制民事行为能力人或者完全民事行为能力人。本条规定的有关组织包括：居民委员会、村民委员会、学校、医疗机构、妇女联合会、残疾人联合会、依法设立的老年人组织、民政部门等。"成年人依法定程序认定为无民事行为能力人或限制民事行为能力人的，可以依法定程序选任监护人，保护其合法权益，有利于维护交易安全。在符合法定条件时，可以依法认定其恢复为限制民事行为能力人或者完全民事行为能力人。

三 自然人的住所

（一）自然人的住所及其确定标准

自然人的住所，是指自然人从事民事活动的主要场所。《民法典》第25条规定："自然人以户籍登记或者其他有效身份登记记载的居所为住所；经常居所与住所不一致的，经常居所视为住所。"据此，自然人住所地的

---

① 参见朱广新《民事行为能力制度的体系性解读》，载《中外法学》2017年第3期。
② 参见梁慧星《民法总则讲义》，法律出版社2021年版，第58页。

确定，一般以户籍登记或者其他有效身份登记记载的居所为住所。

1. 以户籍登记记载的居所为住所

户籍登记，是指国家公安机关按照国家户籍管理法律法规，对公民的身份信息进行登记记载的制度。《中华人民共和国户口登记条例》（以下简称《户口登记条例》）第6条规定："公民应当在经常居住的地方登记为常住人口，一个公民只能在一个地方登记为常住人口。"据此，户籍登记记载的居所为自然人的住所。

2. 以其他有效身份登记记载的居所为住所

其他有效身份登记，主要是指居住证和外国人的有效居留证件等。[1]《居住证暂行条例》第2条规定："公民离开常住户口所在地，到其他城市居住半年以上，符合有合法稳定就业、合法稳定居所、连续就读条件之一的，可以依照本条例的规定申领居住证。"据此，居住证记载的居住地址也可以作为自然人住所。"对外国人、无国籍人等在中国的住所，可以根据我国主管机关遵循法定程序签发的有效居留证件等进行判断。"[2]

3. 经常居所视为住所

特殊情况下，经常居所与住所不一致的，经常居所视为住所。一般认为，经常居所，是指自然人离开住所后最后连续居住一年以上的地方。

（二）住所的法律意义

民法规定自然人的住所，具有十分重要的意义。"自然人的住所，是决定监护关系，决定宣告失踪、宣告死亡，决定债务履行地，决定诉讼管辖地，决定涉外法律适用之准据法的重要因素。"[3]

1. 住所是确定某些法律程序的依据

住所是民事诉讼管辖的确定依据和民事法律文书的送达地。例如，对自然人提起的民事诉讼，由被告住所地人民法院管辖；被告住所地与经常居所地不一致的，由经常居所地人民法院管辖。

---

[1] 黄薇主编《中华人民共和国民法典总则编释义》，法律出版社2020年版，第70页。
[2] 黄薇主编《中华人民共和国民法典总则编释义》，法律出版社2020年版，第71页。
[3] 梁慧星：《民法总则讲义》，法律出版社2021年版，第61页。

2. 住所是法律规定发生某些法律事实的依据

根据法律规定，某些法律事实的发生以住所为依据。例如，认定自然人失踪或死亡，应当以自然人离开住所下落不明达到一定期限为标准。没有依法具有监护资格的人的，监护人由民政部门担任，也可以由具备履行监护资格条件的被监护人住所地的居民委员会、村民委员会担任。

3. 住所是涉外民事法律关系确定准据法的依据

在涉外民事法律关系中，住所一般是确立准据法的依据。《中华人民共和国涉外民事法律关系适用法》（以下简称《涉外民事法律关系适用法》）第31条规定："法定继承，适用被继承人死亡时经常居所地法律，但不动产法定继承，适用不动产所在地法律。"

第二节 监护制度

一 监护制度概述

（一）监护制度的内涵

监护制度，是指对无民事行为能力人和限制民事行为能力人所设立的监督和保护制度。为了保护无民事行为能力人和限制民事行为能力人的合法权益，我国《民法典》规定了法定监护、指定监护、遗嘱监护、协议监护和意定监护等监护类型。根据法律规定，与被监护人具有一定亲属关系的人为法定监护人；担任法定监护人有争议的，依法定程序指定监护人；法定监护人之间可以协商确定监护人；没有法定监护人的，由愿意担任监护人的其他人或者组织根据法定程序担任监护人；成年人在具有完全民事行为能力时，可以通过协议的方式选定自己丧失行为能力后的监护人。

1. 将亲权纳入监护制度的合理性

亲权，是指父母对未成年子女进行抚养、教育和保护的权利。[1] 一般认为，父母对未成年子女所享有的亲权属于身份权范畴。[2] 关于是否区分

---

[1] 参见杨代雄《民法总论》，北京大学出版社2022年版，第17页。
[2] 参见陈甦主编《民法总则评注》，法律出版社2017年版，第189页。

亲权和监护权，大陆法系和英美法系存在截然相反的两种做法。在英美法系国家中并无亲权的概念，父母对未成年子女的抚养和教育义务包含在监护职责中，只不过在担任监护人的顺位上，父母处于天然的优先地位。在大陆法系国家，父母与未成年子女的关系主要通过亲权制度进行规范，而监护制度适用于父母以外的其他主体对未成年人行为能力进行补正的情形。也就是说，能够担任未成年人监护人的，只能是父母以外的其他非亲权人。[1]

《民法典》第26条规定："父母对未成年子女负有抚养、教育和保护的义务。成年子女对父母负有赡养、扶助和保护的义务。"本条第1款是关于亲权的规定。是否将亲权规定在监护制度中，在立法过程中存在争议，民法典最终将亲权规定在监护制度中，相关内容也规定在婚姻家庭编中。其理由是："经研究认为，家庭是社会的细胞，是社会稳定的基础，家庭监护是我国监护制度的主要形式。父母对未成年子女的扶养、教育和保护义务，成年子女对父母的赡养、扶助和保护义务，是家庭监护的基础和前提。有必要在规定监护制度内容之前设置这一原则性的前提条款。"[2]根据《民法典》第27条第1款规定，父母是未成年子女的监护人，实质上将亲权内容纳入了监护，但监护不限于亲权，还包括近亲属监护以及社会监护和国家监护。

2. 监护制度以家庭监护为基础

民法典构建了以家庭监护为基础的监护制度，根据法律规定，近亲属是无民事行为能力人或者限制民事行为能力人的法定监护人。《民法典》第1045条第2款规定："配偶、父母、子女、兄弟姐妹、祖父母、外祖父母、孙子女、外孙子女为近亲属。"就未成年人监护而言，其父母是法定监护人。父母已经死亡或者没有监护能力的，由其他近亲属按照法定顺序担任监护人。《民法典》第27条规定："父母是未成年子女的监护人。未成年人的父母已经死亡或者没有监护能力的，由下列有监护能力的人按顺序担任监护人：（一）祖父母、外祖父母；（二）兄、姐；（三）其他愿意

---

[1] 参见余延满《亲属法原论》，法律出版社2007年版，第469页。
[2] 黄薇主编《中华人民共和国民法典总则编释义》，法律出版社2020年版，第71~72页。

担任监护人的个人或者组织,但是须经未成年人住所地的居民委员会、村民委员会或者民政部门同意。"就无民事行为能力或者限制民事行为能力的成年人而言,其近亲属按照法定顺序担任监护人。《民法典》第28条规定:"无民事行为能力或者限制民事行为能力的成年人,由下列有监护能力的人按顺序担任监护人:(一)配偶;(二)父母、子女;(三)其他近亲属;(四)其他愿意担任监护人的个人或者组织,但是须经被监护人住所地的居民委员会、村民委员会或者民政部门同意。"

3. 构建起中国特色的监护制度

《民法典》构建了监护制度的基本思路,即以家庭监护为基础,以社会监护为补充,以国家监护为兜底。《民法典》第32条规定:"没有依法具有监护资格的人的,监护人由民政部门担任,也可以由具备履行监护职责条件的被监护人住所地的居民委员会、村民委员会担任。"据此,只有在没有法定监护人的情形,才可能产生社会监护或国家监护。只要有适格的法定监护人存在,其就必须承担法定监护职责,而不能直接要求民政部门或居民委员会、村民委员会担任监护人。根据文义解释,立法者有意让民政部门承担主要监护职责,而居民委员会、村民委员会则发挥补充性作用。此种制度安排,与民政部门和居民委员会、村民委员会各自的职责定位和实际监护能力相契合,也可以在一定程度上防止不同部门之间互相推诿监护职责。[1] 立法者之所以作出此项调整,主要原因在于,随着现代社会对于人权保障要求的不断提高,国家公权力介入监护领域已成为各国监护制度改革的趋势所在。[2]

根据《民法典》第27条和第28条规定,无民事行为能力和限制民事行为能力的监护人范围不限于父母和其他近亲属,其他愿意担任监护人的个人或者组织也可以根据法定程序担任监护人。可见,我国民法典规定的监护不同于亲权和亲属关系,是以亲属关系为基础,社会参与、国家补充的监督保护制度。这正是监护制度规定在《民法典》总则部分,而不规定

---

[1] 参见陈甦主编《民法总则评注》,法律出版社2017年版,第232页。
[2] 参见陈翰丹、陈伯礼《论未成年人国家监护制度中的政府主导责任》,载《社会科学研究》2014年第2期。

在《民法典》婚姻家庭部分的原因。① 民法典构建的监护制度体现了鲜明的中国特色和时代要求。"借鉴了境外立法例,立足中国国情和实践,对监护制度作了较大程度的修改完善,构建起以家庭监护为基础、社会监护为补充、国家监护为兜底的监护制度。"②

(二) 监护的性质

1. 关于监护的性质的争议

关于监护的性质,大体存在三种观点,即权利说、权利义务一体说和职责说。

第一,权利说认为,监护的性质是身份权,是根据特定身份或者法律规定而享有的权利。③ 监护权的性质是人身权益中的身份权益。④ 第二,权利义务一体说认为,监护是监护人对被监护人进行监督和保护,具有权利和义务的双重属性。⑤ "对未成年子女的监护,既是父母的权利,也是义务。"⑥ 父母对未成年子女的教育和管理,是将权利和义务融为一体,只不过义务的成分更多一些。第三,职责说认为,监护是一种职责,是以义务为中心的社会职责。⑦ "我国《民法典》总则编之规定监护制度,纯粹为保护被监护人的合法权益,绝对不允许监护人借监护以谋取自身利益,且明文规定监护为职责。故监护之本质为一种职责而非民事权利,应毋庸置疑。"⑧ "父母的权利以及监护人的权利不是一种利己的,而是一种具有关心照顾特点的权利;它是一种以法律的形式,为了子女的利益而行使的权

---

① 参见韩松《民法总论》,法律出版社2020年版,第125页。
② 黄薇主编《中华人民共和国民法典总则编释义》,法律出版社2020年版,第73页。
③ 参见李由义主编《民法学》,北京大学出版社1988年版,第573页;段厚省《论身份权请求权》,载《法学研究》2006年第5期。
④ 参见王泽鉴《人格权法:法释义学、比较法、案例研究》,北京大学出版社2013年版,第31页。
⑤ 参见佟柔主编《中国民法》,法律出版社1990年版,第75页。
⑥ 最高人民法院民法典贯彻实施工作领导小组主编《中华人民共和国民法典婚姻家庭编继承编理解与适用》,人民法院出版社2020年版,第189页。
⑦ 参见杨大文《亲属法》,法律出版社2012年版,第267页;余延满《亲属法原论》,法律出版社2007年版,第473页;王洪《婚姻家庭法》,法律出版社2003年版,第317页。
⑧ 梁慧星:《民法总论》,法律出版社2021年版,第110页。

利，所以，它实际上是一种义务。"①

2. 权利义务一体说值得赞同

关于监护的性质的争议观点，权利义务一体说值得赞同。之所以赞同权利义务一体说，是因为从社会生活实际和法律规定两个角度进行考察就能得出这个结论。

（1）家庭成员之间形成具有权利义务内容的法律关系

家庭是社会的细胞，家庭是构成市民社会的基础，没有家庭则没有市民社会，也没有国家，但家庭本身就是养老育幼的有机体，不能仅从付出的角度进行评判，事实上还有回报。也就是说，家庭成员之间形成亲属法律关系，既有权利内容，也有义务内容。一方面，监护的性质是权利。从人类社会的一般发展规律来看，监护人对被监护人的保护、教育和惩戒的性质具有权利属性，是一种基于特定身份而享有的权利，即身份权。比如父母惩戒子女的权利，很难说父母惩戒子女是在履行义务，毕竟不是任何一个人都有惩戒他人子女的权利。"父母对未成年子女的保护教养权及惩戒权（亲权），传统上认为系对子女的支配权。然子女亦为权利主体，非属他方可任意支配的客体，故子女有要求父母尊重其人格，发展其人格利益的权利。"② 可见，亲权的性质已不再是支配权，但仍然包含保护教养和惩戒的内容，具有权利属性。"教育和保护是权利，意味着父母有权自主决定进行教育和保护的具体方式，比如如何进行生活上的照顾、让子女在什么学校接受教育等……"③ 就教育而言，父母有权教育子女树立正确的世界观、人生观和价值观，这也是监护的权利属性。另一方面，监护权具有义务的性质。就父母对子女的监护权而言，父母负有保护和教育子女健康成长的义务。"教育和保护也是义务，父母对未成年子女的教育和保护基于亲子关系产生，不得抛弃。"④

---

① 〔德〕拉伦茨：《德国民法通论》（上册），王晓晔等译，法律出版社2003年版，第283页。
② 王泽鉴：《民法总则》，北京大学出版社2022年重排版，第102页。
③ 最高人民法院民法典贯彻实施工作领导小组主编《中华人民共和国民法典婚姻家庭编继承编理解与适用》，人民法院出版社2020年版，第193页。
④ 最高人民法院民法典贯彻实施工作领导小组主编《中华人民共和国民法典婚姻家庭编继承编理解与适用》，人民法院出版社2020年版，第193页。

(2) 法律同时规定了权利和义务内容

法律关系包括权利、义务和责任关系，没有职责的内容，所谓职责本身只不过是行使权利和履行义务的一种手段，在法律关系中没有独立存在的意义。虽然《民法典》第34条、第35条等条文使用了"职责"的表述，但在法律关系语境中没有与其对应的内容，所谓"职责"应当解释为权利义务的统一体，既包含权利的内容，也包含义务的内容。当监护人违反其中义务内容时，产生相应的民事责任。当其中的权利内容被侵害时，监护人有权请求法律救济。

《民法典》第34条第1款规定："监护人的职责是代理被监护人实施民事法律行为，保护被监护人的人身权利、财产权利以及其他合法权益等。"据此，本款规定了监护人的法定代理权，其性质是权利；同时规定了保护被监护人合法权益的义务。也就是说，本款规定体现了权利义务一体说。《民法典》第34条第2款规定："监护人依法履行监护职责产生的权利，受法律保护。"据此，本款规定了监护人的权利，依法履行监护职责产生的权利，受法律保护。《民法典》第34条第3款规定："监护人不履行监护职责或者侵害被监护人合法权益的，应当承担法律责任。"据此，本款规定了监护人的责任，即违反民事义务应当承担相应的法律后果。通过对上述条款的解读可知，监护是权利义务的统一体。

《民法典》第1058条规定："夫妻双方平等享有对未成年子女抚养、教育和保护的权利，共同承担对未成年子女抚养、教育和保护的义务。"《民法典》第1068条规定："父母有教育、保护未成年子女的权利和义务。未成年子女造成他人损害的，父母应当依法承担民事责任。"据此，夫妻双方平等地对未成年子女享有权利和承担义务，父母对未成年子女享有的亲权既包括权利的内容，也包括义务的内容。一方面，教育和保护是权利，意味着父母有权自主决定进行教育和保护的具体方式，也意味着对侵害子女的行为进行预防和排除，比如以法定代理人身份向加害人请求人身损害赔偿等。另一方面，教育和保护也是义务，父母对未成年子女的教育和保护基于亲子关系产生，不得抛弃。父母必须履行法定的教育和保护义务，比如依据《中华人民共和国未成年人保护法》（以下简称《未成年人保护法》）的规定，父母或其他监护人必须保证未成年人享有接受义务教育的权利，同时，父母应承担未成年子女对外产生的风险和责任。①《民法典》第1188条规定："无民事行为能力人、限制民事行为能力人造成他人损害的，由监护人承担侵权责任。监护人尽到监护责任的，可以减轻其侵权责任。有财产的无民事行为能力人、限制民事行为能力人造成他人损害的，从本人财产中支付赔偿费用。不足部分，由监护人赔偿。"据此，监护人对被监护人的侵权行为承担无过错责任。

二 监护的类型

（一）法定监护

1. 未成年人的法定监护

《民法典》第27条规定："父母是未成年子女的监护人。未成年人的父母已经死亡或者没有监护能力的，由下列有监护能力的人按顺序担任监护人：（一）祖父母、外祖父母；（二）兄、姐；（三）其他愿意担任监护人的个人或者组织，但是须经未成年人住所地的居民委员会、村民委员会或者民政部门同意。"据此，未成年人的父母是未成年人的监护人，只有当未成年人的父母已经死亡或者没有监护能力的情况下，其他个人或者组织才有资格担任未成年人的监护人，并且应当根据《民法典》第27条所规定的顺序进行确定。②"未成年人的监护人首先是该未成年人的父母，父母对未成年子女的监护因子女出生的法律事实而发生，除因死亡或按法定程序予以剥夺外，任何人不得加以剥夺或限制。父母作为未成年子女的法定监护人，以子女出生这一法律事实为发生原因，一直延续到子女年满18周岁。"③

关于夫妻离婚后的监护问题，存在不同表述。第一种观点认为，夫妻离婚后，没有与未成年人共同生活的一方丧失监护人资格。"在我国，父

---

① 参见最高人民法院民法典贯彻实施工作领导小组主编《中华人民共和国民法典婚姻家庭编继承编理解与适用》，人民法院出版社2020年版，第193页。
② 参见黄薇主编《中华人民共和国民法典总则编释义》，法律出版社2020年版，第75页。
③ 王利明：《民法总则》，中国人民大学出版社2022年版，第131页。

母离婚时，通常一方取得单独的监护权，只有在双方都同意的情形下，才能保持共同的监护权，而共同的监护权的行使方式，也应当根据约定确定，例如'轮流抚养'……此时，丧失监护权的父母也无法成为未成年子女的法定代理人。"[1] 第二种观点认为，夫妻不因离婚而丧失监护人资格，只是应根据是否共同生活而区分监护人责任的轻重。"在夫妻离婚后，双方仍然都是未成年人的法定监护人，只是抚养子女的方式发生了变化，一方直接抚养、照顾子女，另一方承担抚养费并享有探望子女的权利。当未成年子女侵害他人权益时，同该子女共同生活的一方首先应当承担民事责任，因为未与子女共同生活的一方客观上很难履行监护职责，等于把监护职责委托给直接抚养子女的一方行使。与子女共同生活的一方的监护职责与另一方相比，更为直接和具体，其管教和保护未成年子女的义务也更重。如果直接抚养子女的一方独立承担民事责任确有困难的，未与子女共同生活的一方（毕竟还是法定监护人）应共同承担民事责任。"[2] 上述第一种观点不符合《民法典》第 27 条关于法定监护的规定。根据该条规定，父母是未成年子女的监护人，只有在父母已经死亡或者没有监护能力的情形下，才能由其他个人或组织按照法定顺序担任监护人，并没有规定父母因离婚而丧失监护人资格。上述第二种观点并非完全正确。该观点承认父母不因离婚而丧失监护人资格，是妥当的；但是在认定监护人责任时，又根据是否与未成年子女共同生活而区分轻重，似乎并不妥当。该观点与《最高人民法院关于贯彻执行〈中华人民共和国民法民法通则〉若干问题的意见》（试行）第 158 条的规定一致，[3] 但该规定不符合权利义务相一致原则，规定没有与未成年子女共同生活的一方承担较轻的补充责任并不合

---

[1] 最高人民法院民法典贯彻实施工作领导小组主编《中华人民共和国民法典总则编理解与适用》，人民法院出版社 2020 年版，第 149~150 页。

[2] 最高人民法院民法典贯彻实施工作领导小组主编《中华人民共和国民法典侵权责任编理解与适用》，人民法院出版社 2020 年版，第 223~224 页。

[3] 《最高人民法院关于贯彻执行〈中华人民共和国民法通则〉若干问题的意见》（试行）第 158 条规定："夫妻离婚后，未成年子女侵害他人权益的，同该子女共同生活的一方应当承担民事责任；如果独立承担民事责任确有困难的，可以责令未与该子女共同生活的一方共同承担民事责任。"

理。理由在于：父母离婚后，无论未成年子女随父亲生活或随母亲生活，另一方仍然是未成年子女的监护人，因负有抚养义务而支付生活费，并有权利进行管理和教育，因此其权利义务并没有减少，其责任也没有减轻。《民法典》第1084条规定："父母与子女间的关系，不因父母离婚而消除。离婚后，子女无论由父或者母直接抚养，仍是父母双方的子女。离婚后，父母对于子女仍有抚养、教育、保护的权利和义务。离婚后，不满两周岁的子女，以由母亲直接抚养为原则。已满两周岁的子女，父母双方对抚养问题协议不成的，由人民法院根据双方的具体情况，按照最有利于未成年子女的原则判决。子女已满八周岁的，应当尊重其真实意愿。"据此，父母与子女之间的权利义务关系并不因父母离婚而发生变化，也就是说，父母与子女之间的监护关系没有发生变化。"因为《民法典》并未以监护人与被监护人共同生活或实际履行监护职责为确定监护人责任主体的要件，所以被监护人有数个监护人时，即便某个监护人并没有与被监护人共同生活、未实际履行监护职责，也应当就被监护人的侵权行为承担责任。"[①]

2024年9月25日最高人民法院发布的《最高人民法院关于适用〈中华人民共和国民法典〉侵权责任编的解释（一）》（以下简称《民法典侵权责任编司法解释（一）》）第8条规定："夫妻离婚后，未成年子女造成他人损害，被侵权人请求离异夫妻共同承担侵权责任的，人民法院依照民法典第一千零六十八条、第一千零八十四条以及第一千一百八十八条的规定予以支持。一方以未与该子女共同生活为由主张不承担或者少承担责任的，人民法院不予支持。离异夫妻之间的责任份额，可以由双方协议确定；协议不成的，人民法院可以根据双方履行监护职责的约定和实际履行情况等确定。实际承担责任超过自己责任份额的一方向另一方追偿的，人民法院应予支持。"据此，关于夫妻离婚后监护人责任的承担，应以本条解释为依据，相关争议可以暂告一段落。

2. 成年人的法定监护

《民法典》第28条规定："无民事行为能力或者限制民事行为能力的

[①] 程啸：《侵权责任法》，法律出版社2021年版，第439页。

成年人，由下列有监护能力的人按顺序担任监护人：（一）配偶；（二）父母、子女；（三）其他近亲属；（四）其他愿意担任监护人的个人或者组织，但是须经被监护人住所地的居民委员会、村民委员会或者民政部门同意。"据此，成年人的法定监护人应当根据《民法典》第28条所规定的顺序进行确定。

（二）指定监护

1. 指定监护的内涵

指定监护，是指对监护人的确定有争议的，可以由有关部门依法进行指定。《民法典》第31条规定："对监护人的确定有争议的，由被监护人住所地的居民委员会、村民委员会或者民政部门指定监护人，有关当事人对指定不服的，可以向人民法院申请指定监护人；有关当事人也可以直接向人民法院申请指定监护人。居民委员会、村民委员会、民政部门或者人民法院应当尊重被监护人的真实意愿，按照最有利于被监护人的原则在依法具有监护资格的人中指定监护人。依照本条第一款规定指定监护人前，被监护人的人身权利、财产权利以及其他合法权益处于无人保护状态的，由被监护人住所地的居民委员会、村民委员会、法律规定的有关组织或者民政部门担任临时监护人。监护人被指定后，不得擅自变更；擅自变更的，不免除被指定的监护人的责任。"据此，对监护人的确定有争议的，可由有关机构指定监护人，对指定不服的，有关当事人可以申请人民法院指定监护人；有关当事人也可以直接申请人民法院指定监护人。

《民法典总则编司法解释》第9条第1款规定："人民法院依据民法典第三十一条第二款、第三十六条第一款的规定指定监护人时，应当尊重被监护人的真实意愿，按照最有利于被监护人的原则指定，具体参考以下因素：（一）与被监护人生活、情感联系的密切程度；（二）依法具有监护资格的人的监护顺序；（三）是否有不利于履行监护职责的违法犯罪等情形；（四）依法具有监护资格的人的监护能力、意愿、品行等。"据此，在指定监护人时，应当结合具有监护资格的人与被监护人的生活情感联系、有无利害冲突、具有监护资格的人的品行、身体状况等因素，综合进行判断，并尊重被监护人的真实情感，选择最有利于被监护人的原则进行指定。①

《民法典总则编司法解释》第9条第2款规定："人民法院依法指定的监护人一般应当是一人，由数人共同担任监护人更有利于保护被监护人利益的，也可以是数人。"据此，在父母不能担任监护人的情形，可以指定一人担任监护人，也可以指定数人担任监护人。实践中，祖父母、外祖父母往往年龄较大、监护能力较弱，人民法院往往指定祖父母或者外祖父母共同担任监护人，有利于维护被监护人的合法权益。②

2. 民政部门承担兜底性监护职责

没有符合法律规定条件的自然人担任监护人的，依法由民政部门承担兜底性监护职责。《民法典》第32条规定："没有依法具有监护资格的人的，监护人由民政部门担任，也可以由具备履行监护职责条件的被监护人住所地的居民委员会、村民委员会担任。"立法机关认为，民政部门作为负责社会救济和社会福利的主要工作部门，应该承担更多的职责，因此，本条规定民政部门承担主要的兜底性监护职责。实践中，确实有一些具备监护职责的居民委员会、村民委员会担任监护人，因此，法律不应"一刀切"地否定其担任监护人的可能性。③

（三）遗嘱监护

1. 遗嘱监护的内涵

遗嘱监护，是指父母通过订立遗嘱为自己监护的子女指定监护人的法律行为。民法典确立了遗嘱指定监护人制度，作为法定监护制度的补充。《民法典》第29条规定："被监护人的父母担任监护人的，可以通过遗嘱指定监护人。"据此，被监护人的父亲或母亲在去世前，可以立下遗嘱，为被监护人指定监护人。被监护人父母通过遗嘱指定监护人包括三种情形，即父母双方共同订立遗嘱指定监护人、父母中一方通过遗嘱指定监护

---

① 参见贺荣主编《最高人民法院民法典总则编司法解释理解与适用》，人民法院出版社2022年版，第173页。

② 参见贺荣主编《最高人民法院民法典总则编司法解释理解与适用》，人民法院出版社2022年版，第177页。

③ 参见黄薇主编《中华人民共和国民法典总则编释义》，法律出版社2020年版，第88页。

人以及父母双方分别通过遗嘱指定监护人。无论采取哪一种方式指定监护人，都应当遵循以后死亡一方订立的遗嘱为准的思路。实际上已经推定，由健在的父或母通过遗嘱指定监护人，最有利于实现被监护人利益的最大化。[1]

遗嘱监护应当符合《民法典》第1133条至第1139条等关于遗嘱的相关规定，同时还应具备以下要件。第一，订立遗嘱的主体是被监护人的父母，其他人担任监护人的，无权通过遗嘱指定监护人。第二，父母必须正在担任子女的监护人，如因丧失监护能力而没有担任监护人或者因侵害子女权益而被撤销监护资格的，无权通过遗嘱指定监护人。第三，指定监护应以遗嘱方式进行，不能通过协议等方式进行；第四，被指定的监护人应当具有监护能力。第五，被指定的监护人具有优先地位，其优于但不限于《民法典》第27条和第28条所列法定监护人。[2]

2. 关于被监护人是否包括成年人

关于本条所规定的"被监护人"是否包括成年人，存在争议。有观点认为，"从本条的本意看，这里的被监护人应仅限于未成年人，而不包括无民事行为能力或限制民事行为能力的成年人。"[3] 反对的观点认为，"条文中的'被监护人'，指由其父母（父或母）担任其监护人的未成年人、成年智力障碍者。"[4] "被监护人是无行为能力或者限制行为能力的子女，包括成年和未成年两种情况。"[5] 后者观点值得赞同。本条规定的"被监护人"应当包括父母担任监护人的各种被监护人，既存在未成年人父母担任监护人的情形，也存在成年智障者父母担任监护人的情形，上述情形被监护人的父母都可以通过遗嘱指定监护人。

---

[1] 参见贺荣主编《最高人民法院民法典总则编司法解释理解与适用》，人民法院出版社2022年版，第152页。

[2] 参见最高人民法院民法典贯彻实施工作领导小组主编《中华人民共和国民法典总则编理解与适用》，人民法院出版社2020年版，第180页。

[3] 郭明瑞：《民法总则通义》，商务印书馆2018年版，第61页。

[4] 梁慧星：《民法总则讲义》，法律出版社2021年版，第67页。

[5] 王利明主编《中华人民共和国民法总则详解》（上册），中国法制出版社2017年版，第139页。

关于被监护人是否包括成年人，立法机构的解释认为，"境外立法例仅限于为未成年子女指定监护人，但依据本条规定，父母既可以为未成年子女指定监护人，也可以为成年子女指定监护人。民法总则草案一审稿、二审稿均将遗嘱监护限定于为未成年人指定监护人。在调研中，有的意见提出，现实生活中，对无民事行为能力及限制行为能力的成年人，也存在由父母立遗嘱为其指定监护人的情形和立法需求，建议扩大遗嘱监护的适用范围，允许父母通过遗嘱为无民事行为能力及限制民事行为能力的成年人指定监护人。经研究，吸收了该意见。民法典继续维持这一规定。"①

比较法上，由于遗嘱监护制度根基于亲权，因此大多只适用于父母为未成年子女指定监护人的情形。也就是说，是亲权的存在使得父母的监护人地位有别于其他法定监护人。然而，当父母因子女成年而不再享有亲权时，也可以赋予以遗嘱方式选定监护人的"特权"。《民法典》第29条的规定将遗嘱监护的主体范围扩大到所有担任监护人的父母。也就是说，虽然根据《民法典》第28条的规定，在无民事行为能力或者限制民事行为能力的成年人的监护顺序中，其父母与子女共同位列第二顺序监护人，但是，根据《民法典》第29条的规定，其父母享有通过遗嘱指定监护人的权利。②

3. 关于遗嘱指定的监护人是否受法定监护人范围限制

关于遗嘱指定的监护人是否受民法典规定的监护人范围和顺序的限制？有观点认为，应当受民法典规定的监护人范围限制，而不受法定顺序限制。如果指定法定监护人范围以外的个人或者组织担任遗嘱监护人的，在遗嘱生效后，须经被监护人住所地的居民委员会、村民委员会或者民政部门同意。③ 反对观点认为，"遗嘱指定监护优先于法定监护，指定监护人的范围也不限于《民法典》第27条和第28条所规定的监护人的范围。"④

---

① 黄薇主编《中华人民共和国民法典总则编释义》，法律出版社2020年版，第80页。
② 参见陈甦主编《民法总则评注》，法律出版社2017年版，第208页。
③ 参见梁慧星《民法总则讲义》，法律出版社2021年版，第68页。
④ 韩松：《民法总论》，法律出版社2020年版，第128页。

后者观点值得赞同。民法典设立遗嘱监护的目的在于充分尊重被监护人父母的意志,而被监护人父母的意志不应受法定监护人范围和顺序的限制,否则,遗嘱监护便失去了存在价值。也就是说,被监护人父母既可以通过遗嘱指定法定监护人范围以内的人,也可以通过遗嘱指定法定监护人范围以外的人,而且遗嘱指定监护人无须经被监护人住所地的居民委员会、村民委员会或者民政部门同意,只有这样才能充分体现遗嘱作为法律行为的意义,才能体现意思自治原则。被监护人的父亲或者母亲在去世前,就可以立下遗嘱,从近亲属、亲戚朋友甚至其他组织中挑选自己信任的主体作为监护人。如此彰显了民法的意思自治思想,也更有利于保护被监护人利益。[1]"遗嘱指定的监护人相较于其他法定监护人,在监护人选任上具有优先顺位,除非有法定原因(如被指定人丧失监护能力),否则任何人不得擅自变更此种顺序安排。"[2]

关于遗嘱指定的监护人是否受法定监护人范围限制,立法机构的解释认为,"遗嘱指定监护是父母通过立遗嘱选择值得信任并对保护被监护人权益最为有利的人担任监护人,应当优先于本法第27条、第28条规定的法定监护。遗嘱指定监护指定的监护人,也应当不限于本法第27条、第28条规定的具有监护资格的人。但是,遗嘱指定的监护人应当具有监护能力,能够履行监护职责。"[3]

4. 关于遗嘱监护的法律效果

如果父母一方为被监护人通过遗嘱指定监护人,在立遗嘱人死亡后,如果尚存之另一方没有废止该项遗嘱指定,则该项遗嘱指定产生效力。如果遗嘱生效后,遗嘱监护人拒绝担任监护人,则该遗嘱内容归于无效,应当根据民法典的相关规定为被监护人另行确定监护人。也就是说,有效的遗嘱监护只会改变监护顺序,而不会使被指定人直接成为监护人,只有在其表示愿意承担此项监护职责后,才会正式成为监护人。否则,应根据法

---

[1] 参见王利明主编《中华人民共和国民法总则详解》(上册),中国法制出版社2017年版,第139页。
[2] 陈甦主编《民法总则评注》,法律出版社2017年版,第208页。
[3] 黄薇主编《中华人民共和国民法典总则编释义》,法律出版社2020年版,第81页。

定监护或指定监护的相关规则进行选任。①《民法典总则编司法解释》第7条第1款规定："担任监护人的被监护人父母通过遗嘱指定监护人，遗嘱生效时被指定的人不同意担任监护人的，人民法院应当适用民法典第二十七条、第二十八条的规定确定监护人。"据此，被指定的遗嘱监护人可以拒绝担任监护人，在其拒绝后，应适用《民法典》第27条、第28条关于法定监护人顺序的规定另行确定监护人。②

在被监护人是未成年人的情形下，担任监护人的父母中的一方通过遗嘱指定监护人，在其死亡后，遗嘱生效，但是，父母中健在的一方有监护能力的，健在的一方是未成年人的法定监护人。③《民法典总则编司法解释》第7条第2款规定："未成年人由父母担任监护人，父母中的一方通过遗嘱指定监护人，另一方在遗嘱生效时有监护能力，有关当事人对监护人的确定有争议的，人民法院应当适用民法典第二十七条第一款的规定确定监护人。"上述规定之所以限定为未成年人的父母，其理由在于："一方面是考虑到在成年监护中还涉及到该被监护人的配偶作为监护人的情形，另一方面也是着眼于这一典型领域，对于未成年人而言，父母是其当然的监护人，这也突出了对未成年人的保护。"④

（四）协议监护

协议监护，是指具有监护资格的数人之间，通过协商一致为被监护人确定一名或几名监护人。《民法典》第30条规定："依法具有监护资格的人之间可以协议确定监护人。协议确定监护人应当尊重被监护人的真实意愿。"

1. 参与协议的监护人不受法定监护人顺序限制

关于参与协议的监护人是否受法定监护人顺序限制，存在争议。有观点认为，进行协商的监护人应当是法律规定的同一顺位的监护人，并且应当先由上一顺位的数位监护人进行协商，不能达成一致意见时，才能由次

---

① 参见陈甦主编《民法总则评注》，法律出版社2017年版，第208页。
② 参见贺荣主编《最高人民法院民法典总则编司法解释理解与适用》，人民法院出版社2022年版，第149页。
③ 参见陈甦主编《民法总则评注》，法律出版社2017年版，第151页。
④ 贺荣主编《最高人民法院民法典总则编司法解释理解与适用》，人民法院出版社2022年版，第151~152页。

一顺位的数位监护人进行协商。① "虽有监护资格但属于不同顺序的人不得协议确定监护人。"② 反对者认为，参与协议的监护人不受法律规定的监护人顺序的限制，只要是法定范围内的监护人，都可以成为协议监护的主体。未成年人父母有监护能力的，不得与其他人签订协议，确定由其他人担任监护人，推卸自己的责任。对于未成年人父母死亡或者丧失监护能力的情形，参与协议的监护人包括祖父母、外祖父母、兄、姐以及经未成年人住所地的居民委员会、村民委员会或者民政部门同意的其他愿意担任监护人的个人或者有关组织。对于成年智障者的协议监护，参与协议的监护人包括配偶、父母、子女、其他近亲属以及经该成年人住所地的居民委员会、村民委员会或者民政部门同意的其他愿意担任监护人的个人或者有关组织。③ 后者观点值得赞同。

《民法典总则编司法解释》第8条第1款规定："未成年人的父母与其他依法具有监护资格的人订立协议，约定免除具有监护能力的父母的监护职责的，人民法院不予支持。协议约定在未成年人的父母丧失监护能力时由该具有监护资格的人担任监护人的，人民法院依法予以支持。"据此，协议监护的主体不包括具有监护能力的未成年人父母，也就是说，具有监护能力的父母不得通过监护协议的形式，放弃履行其监护职责。具有监护能力的父母仅得约定在其丧失监护能力时，由具有监护资格的人担任监护人。这既兼顾父母对未成年子女负有法定监护职责的要求，也体现了对父母预先安排未成年子女监护问题的尊重。④

2. 协议确定的监护人不受法定监护人顺序限制

通过协议确定监护人，是对法定监护人顺序的变通规定，不应受法定监护人顺序的限制。"本法第27条、第28条规定了担任监护人的顺序，主要目的在于防止具有监护资格的监护人推卸责任，导致监护人缺位的情况

---

① 参见王利明主编《中华人民共和国民法总则详解》（上册），中国法制出版社2017年版，第142页。
② 梁慧星：《民法总则讲义》，法律出版社2021年版，第69页。
③ 参见黄薇主编《中华人民共和国民法典总则编释义》，法律出版社2020年版，第82页。
④ 参见贺荣主编《最高人民法院民法典总则编司法解释理解与适用》，人民法院出版社2022年版，第160~161页。

出现。协议监护可以不按照第 27 条、第 28 条规定的顺序确定监护人。"①

《民法典总则编司法解释》第 8 条第 2 款规定:"依法具有监护资格的人之间依据民法典第三十条的规定,约定由民法典第二十七条第二款、第二十八条规定的不同顺序的人共同担任监护人,或者由顺序在后的人担任监护人的,人民法院依法予以支持。"据此,在协议确定监护人的规则中,具有监护资格的人均可平等参与协商选任监护人,不受法定监护顺序限制,不同顺序具有监护资格的人可以共同担任监护人,也可以约定顺序在后的人作为监护人。②

3. 尊重被监护人的真实意愿

鉴于无民事行为能力人不可能形成和决定自己的意愿,故对第二句中的"被监护人"应当作限缩解释,仅指限制行为能力人。③ 这种解释符合民法典的体系解释。从《民法典》的相关规定来看,关于离婚后的未成年人子女抚养、收养关系的确立以及收养关系的解除,应当尊重八周岁以上未成年人的真实意愿或者征得其同意。《民法典》第 1084 条第 3 款规定:"离婚后,不满两周岁的子女,以由母亲直接抚养为原则。已满两周岁的子女,父母双方对抚养问题协议不成的,由人民法院根据双方的具体情况,按照最有利于未成年子女的原则判决。子女已满八周岁的,应当尊重其真实意愿。"《民法典》第 1104 条规定:"收养人收养与送养人送养,应当双方自愿。收养八周岁以上未成年人的,应当征得被收养人的同意。"《民法典》1114 条第 1 款规定:"收养人在被收养人成年以前,不得解除收养关系,但是收养人、送养人双方协议解除的除外。养子女八周岁以上的,应当征得本人同意。"

(五) 意定监护

1. 意定监护的内涵

意定监护,又称成年监护,是指成年人在其具有完全民事行为能力

---

① 黄薇主编《中华人民共和国民法典总则编释义》,法律出版社 2020 年版,第 82 页。
② 参见贺荣主编《最高人民法院民法典总则编司法解释理解与适用》,人民法院出版社 2022 年版,第 163 页。
③ 参见梁慧星《民法总则讲义》,法律出版社 2021 年版,第 69 页。

时，提前与他人协商并以书面形式确定在自己丧失民事行为能力时，由预先确定的人担任自己的监护人的制度。《民法典》第33条规定："具有完全民事行为能力的成年人，可以与其近亲属、其他愿意担任监护人的个人或者组织事先协商，以书面形式确定自己的监护人，在自己丧失或者部分丧失民事行为能力时，由该监护人履行监护职责。"通过意定监护确定的监护人不受法定监护人范围的限制，可以是任何个人或组织。意定监护的适用优先于法定监护。[1] 意定监护是民法意思自治基本原则的具体体现，其核心价值在于对被监护人自我决定权的尊重，而对于监护制度而言，将被监护人的自我决定权置于优先地位，具有更为天然的正当性。[2] 随着社会老龄化压力的增大，德国、日本、瑞士、美国、英国和我国台湾地区等国家和地区，普遍增设了意定监护制度，并赋予其在监护设立规则中的优先地位。

意定监护是在监护领域对意思自治原则的贯彻落实，是完全民事行为能力人对自己将来事务的安排，其目的在于选择将来的监护人，但这种选择不是单方法律行为，而是一种协商一致的双方法律行为，应当取得被选择方的同意。在整个意定监护制度中，委托监护合同始终处于核心地位，合同内容贯穿于监护人选任、监护事项分配、监护关系设立、监护责任承担、监护关系终止等各个环节，对于监护双方权利义务关系的确定，具有基础作用。因为监护合同是指向将来的，因此，监护合同是附条件的合同。签订监护合同时，被监护人具有完全民事行为能力，不需要受任人立即进行监护。只有当监护原因发生时，监护合同才生效，受任人开始履行监护职责。[3]

意定监护制度主要意义如下。第一，有利于保护老年人的合法权益，适应老年社会的发展需要。成年人监护制度可以在尊重被监护人自主自愿的前提下，保护被监护人的生活，维护被监护人的权益。第二，符合国际

---

[1] 参见黄薇主编《中华人民共和国民法典总则编释义》，法律出版社2020年版，第91页。
[2] 参见李霞《成年监护制度的现代转向》，载《中国法学》2015年第2期。
[3] 参见杨立新《我国老年人监护制度的立法突破及相关问题》，载《法学研究》2013年第2期。

上的发展趋势。国外总的趋势是从禁治产向老年监护制度发展。禁治产限于财产处分的问题，制度设计上实行"一刀切"，因此目前许多国家和地区的法律都规定了老年监护，我国《民法典》即是借鉴了比较法上的经验。第三，弥补了现行法规定的不足。《中华人民共和国老年人权益保障法》（以下简称《老年人权益保障法》）第 26 条第 1 款："具备完全民事行为能力的老年人，可以在近亲属或者其他与自己关系密切、愿意承担监护责任的个人、组织中协商确定自己的监护人。监护人在老年人丧失或者部分丧失民事行为能力时，依法承担监护责任。"《民法典》在上述条文的基础上，规定了意定监护制度，这符合私法自治原则，也符合被监护人利益最大化的原则。

2. 意定监护协议遵循意思自治原则

《民法典总则编司法解释》第 11 条第 1 款规定："具有完全民事行为能力的成年人与他人依据民法典第三十三条的规定订立书面协议事先确定自己的监护人后，协议的任何一方在该成年人丧失或者部分丧失民事行为能力前请求解除协议的，人民法院依法予以支持。该成年人丧失或者部分丧失民事行为能力后，协议确定的监护人无正当理由请求解除协议的，人民法院不予支持。"据此，在监护原因发生前，监护协议尚未生效，监护协议的当事人有权任意解除监护协议。在监护协议生效后，协议确定的监护人无正当理由不得解除监护协议。但是，一概否定协议确定的监护人的解除权，可能因监护人的监护能力或者监护意愿下降问题对被监护人造成不利影响，为避免诱发道德风险，在其有正当理由时，可以解除意定监护协议。[①]

3. 关于意定监护是否需要支付报酬

关于意定监护是否需要支付报酬，主要存在三种立法例。其一，无偿主义，即意定监护人不得索取报酬。苏联的《婚姻和家庭法典》采取了这种立法例。其二，补偿主义，即监护人获得一定金额的补偿。德国、日

[①] 参见贺荣主编《最高人民法院民法典总则编司法解释理解与适用》，人民法院出版社 2022 年版，第 203~204 页。

本、法国、意大利等国采取了这种立法例。其三，有偿主义，即监护人取得报酬。我国台湾地区"民法"规定了监护人得请求报酬。[①]

关于我国的意定监护制度是否需要支付报酬，立法未置可否。一般认为，应当尊重当事人的意志，可以约定报酬，也可以不约定报酬。[②] 这一规则不仅应当适用于法定监护人以外的人，而且对于法定监护人也应当适用。对于法定监护人而言，本来应承担法定监护职责，其承担监护职责无需取得报酬，但是，当事人既然选择意定监护，就表明他们可以根据自己的意志设立权利义务关系，法律应当尊重当事人的意思自治。例如，根据法律规定，成年子女应当承担赡养父母的义务，对无民事行为能力和限制民事行为能力的父母承担监护职责，但是，由于某些原因，只有部分子女能够承担监护职责，其他子女支付相应的报酬是可行的，现实生活中也比较多见。

三 监护人

（一）监护人职责

监护人职责，是指监护人对被监护人所享有的权利和承担的义务以及应当承担的责任。《民法典》第34条规定："监护人的职责是代理被监护人实施民事法律行为，保护被监护人的人身权利、财产权利以及其他合法权益等。监护人依法履行监护职责产生的权利，受法律保护。监护人不履行监护职责或者侵害被监护人合法权益的，应当承担法律责任。因发生突发事件等紧急情况，监护人暂时无法履行监护职责，被监护人的生活处于无人照料状态的，被监护人住所地的居民委员会、村民委员会或者民政部门应当为被监护人安排必要的临时生活照料措施。"据此，监护人作为被监护人的法定代理人，可以以被监护人的名义进行民事活动，通过实施民事法律行为而享有权利和承担义务。监护人应当依法保护被监护人的人身权利、财产权利以及其他合法权益等。监护人不履行监护职责或者侵害被监护人合法权益的，应当承担法律责任。

[①] 陈甦主编《民法总则评注》，法律出版社2017年版，第240页。
[②] 参见贺荣主编《最高人民法院民法典总则编司法解释理解与适用》，人民法院出版社2022年版，第210页。

监护人履行监护职责应当遵循一定原则,主要是保护被监护人利益的原则和尊重被监护人意愿的原则。《民法典》第35条规定:"监护人应当按照最有利于被监护人的原则履行监护职责。监护人除为维护被监护人利益外,不得处分被监护人的财产。未成年人的监护人履行监护职责,在作出与被监护人利益有关的决定时,应当根据被监护人的年龄和智力状况,尊重被监护人的真实意愿。成年人的监护人履行监护职责,应当最大程度地尊重被监护人的真实意愿,保障并协助被监护人实施与其智力、精神健康状况相适应的民事法律行为。对被监护人有能力独立处理的事务,监护人不得干涉。"从上述规定看,监护人在履行监护职责,作出与监护人利益有关的决定时,应当尽可能尊重被监护人的意愿;对于被监护人能够独立处理的事务,监护人不得进行干涉。举例而言,城市中许多老人都有自己的房产,其或愿以房养老,或愿出售房产,或愿长期出租。在处理相关问题时,监护人主要起到的是保障与协助的作用,至于此类事务究竟应当如何处置,监护人应当真正将被监护人作为独立民事主体对待,尽可能听取被监护的意愿,充分尊重被监护人的意志自由。对于未成年人也应如此,在民事交往中,监护人要根据被监护人的年龄、智力情况,充分尊重被监护人的意愿。

(二)监护人资格的撤销

1. 监护人资格撤销制度的一般规定

实践中,监护人严重侵害被监护人合法权益的行为时有发生,引起社会广泛关注。为了更好地保护被监护人的合法权益,根据司法实践情况,法律规定了监护人资格撤销制度,对撤销监护人资格诉讼的申请主体、适用情形等内容作出明确规定,并强化了民政部门的职责。《民法典》第36条规定:"监护人有下列情形之一的,人民法院根据有关个人或者组织的申请,撤销其监护人资格,安排必要的临时监护措施,并按照最有利于被监护人的原则依法指定监护人:(一)实施严重损害被监护人身心健康行为的;(二)怠于履行监护职责,或者无法履行监护职责并且拒绝将监护职责部分或者全部委托给他人,导致被监护人处于危困状态的;(三)实施严重侵害被监护人合法权益的其他行为的。本条规定的有关个人和组织包括：其他依法具有监护资格的人，居民委员会、村民委员会、学校、医疗机构、妇女联合会、残疾人联合会、未成年人保护组织、依法设立的老年人组织、民政部门等。前款规定的个人和民政部门以外的组织未及时向人民法院申请撤销监护人资格的，民政部门应当向人民法院申请。"

2. 撤销监护人资格不影响履行法定义务

根据法律规定，父母子女之间以及配偶之间负有抚养、赡养以及扶养的法定义务，符合法律规定条件的，应当支付抚养费、赡养费和扶养费。撤销监护人资格的，并不影响履行法定义务。《民法典》第37条规定："依法负担被监护人抚养费、赡养费、扶养费的父母、子女、配偶等，被人民法院撤销监护人资格后，应当继续履行负担的义务。"

3. 符合法定条件时恢复监护人资格

父母子女之间作为监护人的，在被取消监护人资格后，在符合法律规定的条件时，可以依法定程序恢复监护人资格。《民法典》第38条规定："被监护人的父母或者子女被人民法院撤销监护人资格后，除对被监护人实施故意犯罪的外，确有悔改表现的，经其申请，人民法院可以在尊重被监护人真实意愿的前提下，视情况恢复其监护人资格，人民法院指定的监护人与被监护人的监护关系同时终止。"据此，恢复监护人资格限于父母子女之间的监护，但对被监护人实施故意犯罪的除外。其他个人或组织的监护人资格一旦被撤销，即不再恢复。恢复监护人资格必须向人民法院申请，由人民法院决定是否予以恢复。

（三）监护关系的终止

监护关系因法律规定的原因而产生，因法律规定的原因而终止。《民法典》第39条规定："有下列情形之一的，监护关系终止：（一）被监护人取得或者恢复完全民事行为能力；（二）监护人丧失监护能力；（三）被监护人或者监护人死亡；（四）人民法院认定监护关系终止的其他情形。监护关系终止后，被监护人仍然需要监护的，应当依法另行确定监护人。"

（四）建立和完善监护监督制度

某些情形下，监护人不能尽到监护职责，影响被监护人的正常生活及合法权益，因此，有必要建立和完善监护监督制度，使监护制度更好地发挥作用。有观点认为，适当引进公权力机构的监督机制是可以考虑的方案。目前已有不少国家设立专门的监护机构，如德国的青少年局和监护法院、日本的家庭裁判所、瑞士的监护官署等，对监护职责的履行情况进行监督。[①] 有学者建议借鉴上述模式，建立和完善我国的监护监督制度。具体来说，可考虑将民政部门作为监督职责的主要承担者，被监护人住所地的居民委员会或村民委员会发挥协助功能，同时由法院保留指定监护监督人的最终决定权，以强化国家公权力和社会力量对监护监督事务的直接介入。[②] 类似的制度在20世纪六七十年代曾经实施过，比如五保户制度，当时由生产大队负责照顾鳏寡孤独、老弱病残的生活。

四 监护人责任

（一）监护人一般承担无过错责任

被监护人致人损害时监护人责任的归责原则，各国或地区的法律制度不尽相同。例如，《奥地利民法典》采取过错责任原则，《德国民法典》《日本民法典》和我国台湾地区"民法"采取过错推定责任原则。与大多数国家或地区的规定不同，我国《民法典》采取无过错责任原则。监护人未尽监护职责并非监护人责任的成立要件，尽到监护职责的，只是减轻责任的要件。[③]《民法典》第1188条第1款规定："无民事行为能力人、限制民事行为能力人造成他人损害的，由监护人承担侵权责任。监护人尽到监护职责的，可以减轻其侵权责任。"上述规定并没有对家庭监护与社会监护、国家监护进行区分，也就是说，单位监护人应当与非单位监护人承担

[①] 参见余延满《亲属法原论》，法律出版社2007年版，第503页。
[②] 参见焦富民《民法总则编纂视野中的成年监护制度》，载《政法论丛》2015年第6期。
[③] 参见最高人民法院民法典贯彻实施工作领导小组主编《中华人民共和国民法典侵权责任编理解与适用》，人民法院出版社2020年版，第220页；王利明《侵权责任法》，中国人民大学出版社2021年版，第156页；张新宝《中国民法典释评·侵权责任编》，中国人民大学出版社2020年版，第89页；程啸《侵权责任法》，法律出版社2021年版，第432页；陈龙业《民法典侵权责任编的创新发展与规则适用》，人民法院出版社2023年版，第162页。

同样的责任。①

有观点认为,《民法典》第1188条的规定存在不合理之处。"我国民法确立的这种原则上由监护人对未成年人的致害行为承担侵权责任的立法模式,在未成年人保护上几乎接近于不使未成年人承担任何侵权责任的极端做法,由此使民法对未成年人的爱护表现为一种过于极端的溺爱。这非常类似于传统的福利主义儿童保护理论,而与当今世界各国完全接受的未成年人为独立的权利和自治主体的儿童权利理论和立法,已显得格格不入。"② 上述观点值得重视。

（二）监护人承担补充责任的情形

《民法典》第1188条第2款规定："有财产的无民事行为能力人、限制民事行为能力人造成他人损害的,从本人财产中支付赔偿费用;不足部分,由监护人赔偿。"关于该款的理解,学界一直存在争论。有观点认为,该款确立了监护人的补充责任,即在被监护人有自己财产时,应当由被监护人承担首位的责任。只有被监护人财产不足时,才由监护人承担补充责任。③ 这种补充责任是"缺多少补多少"的完全补充责任不同于"相应的补充责任"。④ 反对观点认为,该款确立了公平责任。这一规定对于救济受害人十分必要,同时有利于减轻监护人的责任。在父母以外的人担任监护人的情形,这一规定有利于避免因当事人相互推诿而使受害人得不到补偿。⑤

（三）监护人以外的民事主体不承担监护人责任

1. 监护人资格法定

监护关系具有法定性,因此,监护人资格法定,除根据法定条件和程序产生监护关系外,其他民事主体不具有监护人资格,不承担监护人责

---

① 参见王胜明主编《〈中华人民共和国侵权责任法〉条文理解与立法背景》,人民法院出版社2010年版,第131页。
② 朱广新:《未成年人保护的民法问题研究》,中国人民大学出版社2021年版,第28页。
③ 参见王利明、周友军、高圣平《中国侵权责任法教程》,人民法院出版社2010年版,第446页。
④ 参见张新宝《中国民法典释评侵权责任编》,中国人民大学出版社2020年版,第89页。
⑤ 参见王利明《侵权责任法》,中国人民大学出版社2021年版,第131页。

任。虽然监护人资格具有法定性，监护人资格不能移转，但监护职责可以移转。监护人可以通过合同委托他人履行监护职责，但受托人不承担监护人责任。根据委托将教育、管理、监督、保护等监护职责委托他人，并不能因为此等委托而免于承担监护人的侵权责任。[①] 监护人通过委托关系将监护职责转移给受托人、教育机构和医院，此时监护人资格并不转移，监护人以外的人不承担监护人责任，即不承担无过错责任和替代责任，只是依法承担过错责任或者过错推定责任。"从我国现行立法来看，除成年人意定监护可以通过委托确定监护人之外，未成年人监护以及无民事行为能力、限制民事行为能力的成年人的监护中，均不存在委托监护，当事人之间订立委托合同，只是将监护职责委托给他人，但其并不会导致监护人资格的移转。因此，在监护人将其监护职责委托给他人的情形下，如果被监护人造成他人损害，监护人仍然需要依法承担监护人责任。"[②] 受托人、教育机构和医疗机构不是无民事行为能力人和限制民事行为能力人的监护人，不承担监护人责任。

2. 受托人、教育机构和医疗机构承担过错责任或者过错推定责任

（1）受托人承担过错责任

委托他人承担一定监护职责在实践中是常见的。随着经济社会发展，我国大量剩余劳动力流入城市，留守儿童数量逐年递增，这些留守儿童大多由父母委托他人照管。同时，由于工作繁忙或监护能力有限等因素，城市里也出现了大量的监护人将被监护人委托他人照管的现象，这种将监护职责部分或全部委托他人履行的情况称为委托监护。委托监护关系的设立，基于监护人（委托人）与受托人之间达成的合意，而该合意的主要内容是对监护职责的委托，而不涉及监护人主体资格的变更。对于被监护人来说，受托人只不过是在履行监护人的法定职责，而与自己并不存在直接的权利义务关系。[③]

在委托监护情形下，监护人资格并不转移，受托人只是履行全部或部

---

① 参见张新宝《中国民法典释评·侵权责任编》，中国人民大学出版社 2020 年版，第 93 页。
② 王利明：《侵权责任法》，中国人民大学出版社 2021 年版，第 158 页。
③ 参见陈甦主编《民法总则评注》，法律出版社 2017 年版，第 216 页。

分监护职责。监护权作为一种身份权,只有法律规定的特定主体才享有,基于身份权的专属性,监护权不得让渡,故受托人并不因委托监护而享有监护权。[1] 如果允许监护人通过缔结合同的方式移转监护人资格,将不利于保护被监护人的合法权益,监护制度的目的也难以实现。《民法典总则编司法解释》第13条规定:"监护人因患病、外出务工等原因在一定期限内不能完全履行监护职责,将全部或者部分监护职责委托给他人,当事人主张受托人因此成为监护人的,人民法院不予支持。"

根据《民法典》第1188条规定,监护人承担无过错责任。[2] 根据《民法典》第1189条规定,受托人承担过错责任。[3] "《民法典》明确了对委托监护情形下的责任承担,实行监护人责任首负原则,突出权利义务的一致性。受托监护人的过错,应以疏于履行监督义务为标准。"[4]《民法典》第1189条规定:"无民事行为能力人、限制民事行为能力人造成他人损害,监护人将监护职责委托给他人的,监护人应当承担侵权责任;受托人有过错的,承担相应的责任。"据此,在委托监护的情形下,监护人仍然承担监护人责任,其性质是完全责任、替代责任、无过错责任,而受托人只承担自己责任、过错责任。受托人承担的过错责任根据其过错大小、过错与损害结果之间的原因力予以认定,其性质是按份责任,而不是连带责任,否则,会加重受托人的责任,不利于委托监护制度的功能发挥。[5]

《民法典侵权责任编司法解释(一)》第10条规定:"无民事行为能力人、限制民事行为能力人造成他人损害,被侵权人合并请求监护人和受

---

[1] 参见最高人民法院民法典贯彻实施工作领导小组主编《中华人民共和国民法典侵权责任编理解与适用》,人民法院出版社2020年版,第226页。

[2] 参见邹海林、朱广新主编《民法典评注·侵权责任编》(1),中国法制出版社2020年版,第281页;最高人民法院民法典贯彻实施工作领导小组主编《中华人民共和国民法典侵权责任编理解与适用》,人民法院出版社2020年版,第220页。

[3] 参见邹海林、朱广新主编《民法典评注·侵权责任编》(1),中国法制出版社2020年版,第289页;最高人民法院民法典贯彻实施工作领导小组主编《中华人民共和国民法典侵权责任编理解与适用》,人民法院出版社2020年版,第228页。

[4] 贺荣主编《最高人民法院民法典总则编司法解释理解与适用》,人民法院出版社2022年版,第232页。

[5] 参见最高人民法院民法典贯彻实施工作领导小组主编《中华人民共和国民法典侵权责任编理解与适用》,人民法院出版社2020年版,第228页。

托履行监护职责的人承担侵权责任的，依照民法典第一千一百八十九条的规定，监护人承担侵权人应承担的全部责任；受托人在过错范围内与监护人共同承担责任，但责任主体实际支付的赔偿费用总和不应超出被侵权人应受偿的损失数额。监护人承担责任后向受托人追偿的，人民法院可以参照民法典第九百二十九条的规定处理。仅有一般过失的无偿受托人承担责任后向监护人追偿的，人民法院应予支持。"

下面的案例为委托监护情形下的典型形态。原告王某上小学五年级，平时上学期间被托教于被告周某家里（俗称"小饭桌"），周某早晚接送王某，王某中午在周某经营的快餐店吃饭、休息，每月托教费 1000 元。被告雷某是王某同班同学，也在周某家里托教，托教情况与王某相同。某日中午，托教同学玩耍时，雷某用弓箭将王某右眼扎伤（当时周某去了卫生间）。周某出来了解情况后，没有通知王某和雷某的监护人，只是对王某的眼睛清洗后送其上学了。当天夜晚王某家人将其送往医院治疗，王某出院后，当事人未就赔偿问题达成一致意见，王某将雷某监护人和周某诉至法院，请求他们承担赔偿责任。河南省驻马店市中级人民法院（2021）豫 17 民终 2198 号民事判决认为，被监护人造成他人损害的，监护人应当承担侵权责任，故雷某的监护人应当承担侵权责任。鉴于雷某的监护人将雷某托教于周某家里，周某成为受托人，鉴于受托人有过错，应承担相应的责任。本案中，受托人周某疏于对两个被监护人的管理，导致发生人身损害，周某应当承担相应的责任，酌定周某承担本案赔偿责任的 60% 为宜。雷某的监护人依法应承担侵权责任，考虑到其委托支付费用的特殊性及其事后积极救治受害人的良好态度，以其承担本案赔偿责任的 40% 为宜。

（2）教育机构承担过错责任或者过错推定责任

《民法典》在第 1199 条和第 1200 条中没有采无过错责任，而是采过错责任或者过错推定责任，表明立法者否定了教育机构的责任是监护人责任。[1]《民法典》第 1199 条规定："无民事行为能力人在幼儿园、学校或者

---

① 参见王利明《侵权责任法》，中国人民大学出版社 2021 年版，第 215 页。

其他教育机构学习、生活期间受到人身损害的,幼儿园、学校或者其他教育机构应当承担侵权责任;但是,能够证明尽到教育、管理职责的,不承担侵权责任。"《民法典》第 1200 条规定:"限制民事行为能力人在学校或者其他教育机构学习、生活期间受到人身损害,学校或者其他教育机构未尽到教育、管理职责的,应当承担侵权责任。"根据上述规定,教育机构对无民事行为能力人或者限制民事行为能力人受到的人身损害依法承担过错推定责任或者过错责任。如果受害人的财产遭受了侵害,则不能请求教育机构承担损害赔偿责任。如果在校小学生手机被其他同学摔坏,应当适用《民法典》第 1188 条的监护人责任;如果在校小学生的手机被老师等工作人员摔坏,应当根据不同情形适用《民法典》第 1191 条的单位用工责任或者适用《民法典》第 1165 条的过错责任。

当无民事行为能力人和限制民事行为能力人在教育机构受到第三人侵害时,教育机构未尽到管理职责的,应当承担相应的补充责任。《民法典》第 1201 条规定:"无民事行为能力人或者限制民事行为能力人在幼儿园、学校或者其他教育机构学习、生活期间,受到幼儿园、学校或者其他教育机构以外的第三人人身损害的,由第三人承担侵权责任;幼儿园、学校或者其他教育机构未尽到管理职责的,承担相应的补充责任。幼儿园、学校或者其他教育机构承担补充责任后,可以向第三人追偿。"第三人侵权是指教育机构以外的人员侵权,不包括教职员工、保安、保洁人员等学校工作人员或单位用工以及在教育机构学习、生活的不完全民事行为能力人,前者应当适用《民法典》第 1191 条的单位用工责任,后者应当适用《民法典》第 1188 条的监护人责任。

(3)医疗机构对医疗损害承担过错责任

《民法典》第 1218 条规定:"患者在诊疗活动中受到损害,医疗机构或者其医务人员有过错的,由医疗机构承担赔偿责任。"据此,医疗机构对医疗损害承担过错责任。无民事行为能力或者限制民事行为能力的精神病人在诊疗活动中受到损害,医疗机构承担过错责任。

第三节 宣告失踪和宣告死亡

一 宣告失踪

(一) 宣告失踪的内涵

宣告失踪,是指自然人离开其住所,下落不明达到法定期限,经利害关系人申请,由人民法院宣告其为失踪人的法律制度。宣告失踪的目的在于维护自然人的合法权益和社会经济秩序的稳定。《民法典》第40条规定:"自然人下落不明满二年的,利害关系人可以向人民法院申请宣告该自然人为失踪人。"《民法典》第41条规定:"自然人下落不明的时间从其失去音讯之日起计算。战争期间下落不明的,下落不明的时间自战争结束之日或者有关机关确定的下落不明之日起计算。"据此,宣告失踪应符合以下条件。第一,自然人离开其住所下落不明达到法定期限。所谓下落不明,是指自然人离开最后居住地后没有音信的状况。自然人下落不明的期限超过2年,下落不明的时间从自然人失去音讯之日起计算。战争期间下落不明的,下落不明的时间自战争结束之日或者有关机关确定的下落不明之日起计算。第二,由利害关系人向人民法院申请。第三,由人民法院依法宣告。

宣告失踪制度是从社会利益考虑,将与失踪人有关的财产关系和身份关系尽快确定的法律制度,其主要目的在于通过司法判决确认自然人失踪的事实,结束该失踪人的某些身份关系不稳定状态,尤其是其财产无人管理及其权利不能正常行使、义务不能及时履行的非正常状态,使得有关失踪人的权利义务得到正常行使和履行,以保护失踪人和利害关系人的利益,维护社会经济秩序的稳定。[①] 宣告失踪是对自然人失踪事实的司法确定,具有双重目的:一是维护失踪人自身的合法权益,使其不因财产无人管理而遭受不测之损害;二是维护与失踪人有利害关系的当事人的合法权益,使其不因失踪人失踪之事实而导致财产损害。从根本上说,宣告失踪制

[①] 参见最高人民法院民法典贯彻实施工作领导小组主编《中华人民共和国民法典总则编理解与适用》,人民法院出版社2020年版,第235~236页。

度的目的是保护失踪人和利害关系人的利益,维护社会经济秩序的稳定。①

(二) 宣告失踪的程序

宣告失踪应符合以下程序。第一,由利害关系人提出申请。《民法典总则编司法解释》第 14 条规定:"人民法院审理宣告失踪案件时,下列人员应当认定为民法典第四十条规定的利害关系人:(一)被申请人的近亲属;(二)依据民法典第一千一百二十八条、第一千一百二十九条规定对被申请人有继承权的亲属;(三)债权人、债务人、合伙人等与被申请人有民事权利义务关系的民事主体,但是不申请宣告失踪不影响其权利行使、义务履行的除外。"据此,申请宣告失踪的利害关系人,包括被申请宣告失踪人的近亲属和其他依法对被继承人有继承权的亲属,以及与被申请人有民事权利义务关系的主体。第二,由人民法院依法宣告。人民法院审理宣告失踪案件,应当查清被申请宣告失踪人的财产,指定财产管理人或者采取诉讼保全措施。发出寻找失踪人的公告,公告期间为 6 个月,期间届满,人民法院根据被申请宣告失踪人的失踪事实是否得到确认,作出宣告失踪的判决或终结审理的裁定。如果判决宣告为失踪人,应当同时指定失踪人的财产代管人。

(三) 宣告失踪的法律后果

1. 设立财产代管人

宣告失踪制度的目的在于为失踪人设置财产代管人,清理债权债务,使社会关系处于稳定状态,因此,宣告失踪的法律后果首先是设立财产代管人,以便进行相关工作。《民法典》第 42 条规定:"失踪人的财产由其配偶、成年子女、父母或者其他愿意担任财产代管人的人代管。代管有争议,没有前款规定的人,或者前款规定的人无代管能力的,由人民法院指定的人代管。"

财产代管人不符合条件的,应予变更。《民法典》第 44 条规定:"财产代管人不履行代管职责、侵害失踪人财产权益或者丧失代管能力的,失踪人的利害关系人可以向人民法院申请变更财产代管人。财产代管人有正

---

① 参见黄薇主编《中华人民共和国民法典总则编释义》,法律出版社 2020 年版,第 107 页。

当理由的,可以向人民法院申请变更财产代管人。人民法院变更财产代管人的,变更后的财产代管人有权要求原财产代管人及时移交有关财产并报告财产代管情况。"

2. 清理债权债务

宣告失踪的另一个法律后果是清理债权债务,这也是宣告失踪的主要目的。《民法典》第43条规定:"财产代管人应当妥善管理失踪人的财产,维护其财产权益。失踪人所欠税款、债务和应付的其他费用,由财产代管人从失踪人的财产中支付。财产代管人因故意或者重大过失造成失踪人财产损失的,应当承担赔偿责任。"

《民法典总则编司法解释》第15条规定:"失踪人的财产代管人向失踪人的债务人请求偿还债务的,人民法院应当将财产代管人列为原告。债权人提起诉讼,请求失踪人的财产代管人支付失踪人所欠的债务和其他费用的,人民法院应当将财产代管人列为被告。经审理认为债权人的诉讼请求成立的,人民法院应当判决财产代管人从失踪人的财产中支付失踪人所欠的债务和其他费用。"据此,财产代管人具有当事人资格,可以直接作为诉讼的原告或者被告。将财产代管人列为被告,有利于解决责任承担、判项表述问题,有利于通过执行制度保护失踪人的债权人利益,维护交易安全和交易秩序。作出上述规定的主要理由如下:第一,《民法典》直接规定财产代管人为权利义务主体;第二,以财产代管人为法定代理人的法律依据不明确;第三,以财产代管人为原告或者被告,属于长期司法实践形成的成熟做法;第四,将财产代管人作为原告或者被告也有利于解决送达、执行等问题。①

3. 起诉离婚的应予准许

宣告失踪并不必然导致婚姻关系解除,但是,若另一方当事人起诉离婚的,人民法院应予准许。《民法典》第1079条第4款规定:"一方被宣告失踪,另一方提起离婚诉讼的,应当准予离婚。"

---

① 参见贺荣主编《最高人民法院民法典总则编司法解释理解与适用》,人民法院出版社2022年版,第250~253页。

（四）宣告失踪的撤销

宣告失踪的撤销，是指在符合法律规定的条件时，依法撤销失踪宣告，财产状况恢复原有状态。《民法典》第45条规定："失踪人重新出现，经本人或者利害关系人申请，人民法院应当撤销失踪宣告。失踪人重新出现，有权要求财产代管人及时移交有关财产并报告财产代管情况。"

二　宣告死亡

（一）宣告死亡的内涵

宣告死亡，是指自然人下落不明达到法定期限，经利害关系人申请，由人民法院宣告其死亡的法律制度。宣告死亡制度的目的在于消除民事法律关系的不确定状态，维护正常的法律关系和法律秩序。《民法典》第46条规定："自然人有下列情形之一的，利害关系人可以向人民法院申请宣告该自然人死亡：（一）下落不明满四年；（二）因意外事件，下落不明满二年。因意外事件下落不明，经有关机关证明该自然人不可能生存的，申请宣告死亡不受二年时间的限制。"据此，宣告死亡应当具备以下要件。第一，自然人下落不明达到法定期限。就一般情形而言，下落不明满四年；战争期间下落不明的，也应满四年。因意外事件下落不明的，应当满二年。《民法典总则编司法解释》第17条规定："自然人在战争期间下落不明的，利害关系人申请宣告死亡的期间适用民法典第四十六条第一款第一项的规定，自战争结束之日或者有关机关确定的下落不明之日起计算。"第二，由利害关系人向人民法院提出申请。申请人应向下落不明人住所地的基层人民法院提出；如果住所地与居所地不一致，则由最后居所地的人民法院管辖。利害关系人应向有管辖权的人民法院提出申请。利害关系人向人民法院申请宣告下落不明人死亡，必须是书面形式，不能以口头形式提出。申请书应当写明公民下落不明的事实、时间和请求，并附有公安机关或者其他机关出具的关于该公民下落不明的书面证明。第三，由人民法院依法宣告。

（二）法律和司法解释没有规定利害关系人申请宣告死亡的顺序

《民法典》第47条规定："对同一自然人，有的利害关系人申请宣告死亡，有的利害关系人申请宣告失踪，符合本法规定的宣告死亡条件的，人民法院应当宣告死亡。"关于申请宣告死亡的利害关系人，法律是否应当规定申请宣告死亡的顺序，历来存在争议。有观点认为，法律不应当规定申请宣告死亡的顺序，"因为如果顺序在先的当事人不申请，则失踪人长期不能被宣告死亡，使得与其相关的法律关系长期不能稳定，如继承不能发生、遗产不能分割等，对利害关系人的利益损害很大，与法律规定宣告死亡制度的初衷相悖。在立法过程中，这种意见较为普遍，因此，本章没有规定利害关系人申请宣告死亡的顺序。"①

《民法典总则编司法解释》第16条规定："人民法院审理宣告死亡案件时，被申请人的配偶、父母、子女，以及依据民法典第一千一百二十九条规定对被申请人有继承权的亲属应当认定为民法典第四十六条规定的利害关系人。符合下列情形之一的，被申请人的其他近亲属，以及依据民法典第一千一百二十八条规定对被申请人有继承权的亲属应当认定为民法典第四十六条规定的利害关系人：（一）被申请人的配偶、父母、子女均已死亡或者下落不明的；（二）不申请宣告死亡不能保护其相应合法权益的。被申请人的债权人、债务人、合伙人等民事主体不能认定为民法典第四十六条规定的利害关系人，但是不申请宣告死亡不能保护其相应合法权益的除外。"据此，本条没有规定申请宣告死亡的利害关系人顺序，但是为了平衡各方当事人的利益，对利害关系人申请宣告死亡也作了严格限定，最大程度地防止宣告死亡制度的滥用。本条包含以下内容。第一，根据本条第1款规定，被申请人的第一顺序的法定继承人属于利害关系人，包括被申请人的配偶、父母、子女以及对公婆尽了主要赡养义务的丧偶儿媳、对岳父母尽了主要赡养义务的丧偶女婿。考虑到继承开始后，由第一顺序的法定继承人继承，第二顺序继承人不继承，因此将被申请人的第一顺序的法定继承人认定为申请宣告死亡的利害关系人，能够有效保护被申请人的继承人利益。第二，本条第2款对被申请人的其他近亲属、代位继承人申请宣告死亡作出了条件上的严格限制。在没有第一顺序的法定继承人的情形，且在符合"不申请宣告死亡不能保护其相应的合法权益"的条件的，

---

① 黄薇主编《中华人民共和国民法典总则编释义》，法律出版社2020年版，第120页。

也可以认定为利害关系人。第三,本条第3款对被申请人的债权人、债务人、合伙人等民事主体申请宣告死亡作出了条件上的严格限制。这类民事主体一般不能认定为申请宣告死亡的利害关系人,"但是不申请宣告死亡不能保护其相应合法权益的除外。"①

(三) 宣告死亡日期的确定及其法律后果

《民法典》第48条规定:"被宣告死亡的人,人民法院宣告死亡的判决作出之日视为其死亡的日期;因意外事件下落不明宣告死亡的,意外事件发生之日视为其死亡的日期。"

自然人被宣告死亡,其法律后果与自然死亡基本相同,婚姻关系等身份关系消灭,财产继承开始。

(四) 撤销死亡宣告的法律后果

宣告死亡与自然死亡毕竟不同,它是由于被宣告死亡的人仅仅是从法律上推定为死亡,并不一定是真正的死亡,因此,在宣告公民死亡后,如果被宣告死亡的人重新出现,或者有人明确知道他还健在,应当依法撤销其死亡宣告。《民法典》第50条规定:"被宣告死亡的人重新出现,经本人或者利害关系人申请,人民法院应当撤销死亡宣告。"

1. 婚姻关系的处理规则

宣告自然人死亡的判决被撤销后,该自然人因死亡宣告而消灭的婚姻关系,有条件恢复的,可以恢复。《民法典》第51条规定:"被宣告死亡的人的婚姻关系,自死亡宣告之日起消除。死亡宣告被撤销的,婚姻关系自撤销死亡宣告之日起自行恢复,但是其配偶再婚或者向婚姻登记机关书面声明不愿意恢复的除外。"

2. 子女被收养情形的处理规则

被宣告死亡人在被宣告死亡期间,其子女被他人依法收养,则收养关系成立,法定的权利义务关系消除。《民法典》第1111条规定:"自收养关系成立之日起,养父母与养子女间的权利义务关系,适用本法关于父母

---

① 参见贺荣主编《最高人民法院民法典总则编司法解释理解与适用》,人民法院出版社2022年版,第264~268页。

子女关系的规定；养子女与养父母的近亲属间的权利义务关系，适用本法关于子女与父母的近亲属关系的规定。养子女与生父母以及其他近亲属间的权利义务关系，因收养关系的成立而消除。"当被宣告死亡的人在死亡宣告被撤销后，仅以未经本人同意而主张收养行为无效的，一般不应当准许，但收养人和被收养人同意解除收养关系和被收养关系的，不在此限。《民法典》第52条规定："被宣告死亡的人在被宣告死亡期间，其子女被他人依法收养的，在死亡宣告被撤销后，不得以未经本人同意为由主张收养关系无效。"

3. 财产关系的处理规则

被宣告死亡人的财产被他人取得的，宣告死亡的判决被撤销后，该自然人有权请求返还，取得财产的人应予返还或补偿，侵权人应当承担相应的民事责任。《民法典》第53条规定："被撤销死亡宣告的人有权请求依照本法第六编取得其财产的民事主体返还财产；无法返还的，应当给予适当补偿。利害关系人隐瞒真实情况，致使他人被宣告死亡而取得其财产的，除应当返还财产外，还应当对由此造成的损失承担赔偿责任。"

4. 不影响其民事法律行为的效力

如果被宣告死亡的自然人依然生存，并不影响他所从事的民事活动。《民法典》第49条规定："自然人被宣告死亡但是并未死亡的，不影响该自然人在被宣告死亡期间实施的民事法律行为的效力。"

第四节 个体工商户和农村承包经营户

一 个体工商户

（一）个体工商户的概念

个体工商户，是指经过依法登记，以户为单位从事工商业经营的民事主体。个体工商户必须依法核准登记。个体工商户可以是一个家庭，也可以仅仅是家庭中的一个自然人。它以经过登记的"户"的名义对外从事经营活动，享有权利，承担义务。个体工商户可以起字号，也可以不起字号。《民法典》第54条规定:"自然人从事工商业经营,经依法登记,为个体工商户。个体工商户可以起字号。"个体工商户能以字号的名义与他人形成民事法律关系。起字号的个体工商户,在民事诉讼中,应以营业执照登记的户主即业主为诉讼当事人。个体工商户具有独立的法律地位。

《个体工商户条例》第4条规定:"国家对个体工商户实行市场平等准入、公平待遇的原则。申请办理个体工商户登记,申请登记的经营范围不属于法律、行政法规禁止进入的行业的,登记机关应当依法予以登记。"根据《民法通则》第26条的规定,公民只有在法律允许的范围内经核准登记从事工商业经营的,才属于个体工商户,而从《民法典》第54条规定来看,其删除了《民法通则》中"在法律允许的范围内"的表述,体现了对当事人私法自治的尊重,也体现了对自然人经营自由的保障。[1]

(二)个体工商户的债务承担

《民法典》沿袭了《民法通则》的规定,将个体工商户区分为"个人经营"与"家庭经营"两种情况,所谓"个人经营的,个人承担责任;家庭经营的,家庭承担责任",简单地讲,就是风险与收益相一致。《民法典》第56条第1款规定:"个体工商户的债务,个人经营的,以个人财产承担;家庭经营的,以家庭财产承担;无法区分的,以家庭财产承担。"

二 农村承包经营户

(一)农村承包经营户的概念

农村承包经营户,是指农村集体经济组织的成员,在法律允许的范围内,以户为单位对集体所有的土地进行承包经营活动的民事主体。农村承包经营户是基于血缘、婚姻等因素而组成的。《民法典》第55条规定:"农村集体经济组织的成员,依法取得农村土地承包经营权,从事家庭承包经营的,为农村承包经营户。"农村承包经营户是集体成员组成的,这是农村承包经营权的身份属性决定的。农村承包经营户依法享有权利和承担义务;农村承包经营户违法经营时,亦应承担相应的法律责任。

---

[1] 参见王利明《民法总则》,中国人民大学出版社2022年版,第166页。

（二）农村承包经营户的债务承担

农村承包经营户的债务，由承包经营户承担。《民法典》第 56 条第 2 款规定："农村承包经营户的债务，以从事农村土地承包经营的农户财产承担；事实上由农户部分成员经营的，以该部分成员的财产承担。"

第五章 法人

第一节 法人概述

一 法人的概念和特征

（一）法人的概念

关于法人的本质，大致可分为法人拟制说、法人否认说及法人实在说三种。第一，法人拟制说。此说为萨维尼所主张，认为只有自然人应为权利主体，法人作为权利主体，是法律的拟制。普赫塔和温德沙伊德赞同此观点。[1] 法人无意思属性和人格属性，但为社会交易的需要，拟制其存在。法人参与法律活动，须根据组织法任命一个或者数个自然人来代表。[2] 第二，法人否认说。此说为耶林所主张，认为法人财产实质是由个人享有财产权利，法人于个人或财产以外不复有任何物。[3] 该说将法人还原于多数个人之集合或财产之集合，除此之外别无他物。[4] 第三，法人实在说。此说为基尔克所主张，认为法人作为实体，非法律创造物，乃为一个社会的实在。法人正如自然人，因其能发挥社会的作用，有适于具有权利能力之社会价值，故应予以权利能力。[5] 法人实在说又分为有机体说和组织体说。

---

[1] 参见史尚宽《民法总论》，中国政法大学出版社2000年版，第139页。
[2] 参见刘得宽《民法诸问题与新展望》，中国政法大学出版社2002年版，第495页。
[3] 参见史尚宽《民法总论》，中国政法大学出版社2000年版，第139页。
[4] 参见刘得宽《民法诸问题与新展望》，中国政法大学出版社2002年版，第497页。
[5] 参见史尚宽《民法总论》，中国政法大学出版社2000年版，第139页。

"一为有机体说：认法人为社会之有机体。二为组织体说：认法人为社会之组织体。按法律赋予法人人格，乃依据社会生活之需要及其实际之社会价值，故近世学者，多采组织体说。"[1] 承认法人是独立的实体，实有必要。"一言以蔽之曰，法人能担当社会作用，而具有社会价值，法律有赋予其人格之必要。"[2]

根据《民法典》第 57 条的规定，法人是指具有民事权利能力和民事行为能力，依法独立享有民事权利和承担民事义务的组织。可见，《民法典》关于法人本质的规定采取法人实在说中的组织体说。[3] 法人是一个组织，具有自己的独立人格，法人具有其区别于其出资人的独特的存在形式、行为要求和行为规范。[4]

（二）法人的特征

法人具有以下特征。第一，法人是一种社会组织，是一种集合体。它可以是自然人的集合体，也可以是财产的集合体。第二，法人具有民事权利能力和民事行为能力。法人可以以自己的名义，通过自己的行为享有和行使民事权利，设定和承担民事义务。《民法典》第 59 条规定："法人的民事权利能力和民事行为能力，从法人成立时产生，到法人终止时消灭。"第三，法人依法独立享有民事权利和承担民事义务。法人有自己独立的权益，可以自己的名义独立享有权利和承担义务。第四，法人独立承担民事责任。能否独立承担民事责任，是法人组织区别于其他组织的重要标志。《民法典》第 60 条规定："法人以其全部财产独立承担民事责任。"

二 法人的成立条件

法人成立应当具备法定条件。《民法典》第 58 条规定："法人应当依法成立。法人应当有自己的名称、组织机构、住所、财产或者经费。法人

---

[1] 杨与龄编著《民法概要》，中国政法大学出版社 2002 年版，第 31 页。
[2] 郑玉波：《民法总则》，中国政法大学出版社 2003 年版，第 173 页。
[3] 参见梁慧星《民法总则讲义》，法律出版社 2021 年版，第 119 页。
[4] 参见赵万一《民法典时代中国〈公司法〉的修改与完善》，载赵万一主编《〈民法总则〉十二讲》，华中科技大学出版社 2018 年版，第 56 页。

成立的具体条件和程序，依照法律、行政法规的规定。设立法人，法律、行政法规规定须经有关机关批准的，依照其规定。"

1. 依法成立

法人的成立必须合法，其设立目的和宗旨要符合国家利益和社会公共利益的要求，其组织机构、设立方案、经营范围、经营方式等要符合法律的要求。"法人应当依法成立"中的"法"是指法律和行政法规，不包括地方性法规、部门规章等效力较低的规范性文件。"设立法人是宪法中结社自由的体现，而依法成立的核心却是国家通过法律、行政法规，实现国家对法人的监管。因此，法人成立的问题，涉及结社自由与国家管制之间的平衡，而这种平衡只能由法律、行政法规予以实现。如果任由地方性法规、部门规章对法人成立问题进行规定，那么结社自由不过一纸空文。"[①]

2. 有自己的名称、组织机构、住所、财产或者经费

（1）法人的名称。为了明确交易对象和方便国家对法人的监管，法律要求法人实行"显名主义"，即作为民事主体的法人必须有自己的名称。

（2）组织机构。法人是独立的民事主体，能够独立进行意思表示。为形成并贯彻法人的独立意思，法人须有意思机关、执行机关与监督机关。

（3）住所。法人的住所，是指法人从事民事活动的主要场所。法人以其主要办事机构所在地为住所。《民法典》第63条规定："法人以其主要办事机构所在地为住所。依法需要办理法人登记的，应当将主要办事机构所在地登记为住所。"《公司法》第8条规定："公司以其主要办事机构所在地为住所。"《中华人民共和国市场主体登记管理条例》（以下简称《市场主体登记管理条例》）第11条第1款规定："市场主体只能登记一个住所或者主要经营场所。"

法人的住所不同于法人的经营场所。法人的住所只有一个，即法人以其主要办事机构所在地为住所。法人的经营场所既包括法人的住所，也包括法人从事业务活动的其他地点以及法人分支机构所在地等。法人的住所是确定诉讼管辖的依据。

[①] 陈甦主编《民法总则评注》，法律出版社2017年版，第399页。

（4）财产或者经费。根据《民法通则》第 37 条的规定，法人成立需要有"必要的财产或经费"，《民法典》第 58 条删除了"必要的"字样，原因在于修订后的《公司法》删除了最低资本要求和注册资本的比重要求，出资制度也从"实缴制"修改为"认缴制"。作为《公司法》上位法的《民法典》有必要进行相应的调整。

3. 满足法律规定的其他条件

法人还需满足法律规定的其他条件。例如，《公司法》第 5 条规定："设立公司应当依法制定公司章程。公司章程对公司、股东、董事、监事、高级管理人员具有约束力。"《公司法》第 9 条规定："公司的经营范围由公司章程规定。公司可以修改公司章程，变更经营范围。公司的经营范围中属于法律、行政法规规定须经批准的项目，应当依法经过批准。"据此，设立公司应当依照公司法制定公司章程，以明确公司的经营范围。

三　法人的分类

（一）学理上关于法人的分类

在学理上，法人分类通常采取三个层次：第一，根据法人设立的依据不同，将法人区分为公法人和私法人；第二，根据私法人成立的结构基础不同，将私法人进一步区分为社团法人和财团法人；第三，根据社团法人成立的目的不同，将社团法人区分为营利社团、公益社团和中间社团。[1]

1. 公法人与私法人

以法人设立所依据的法律为标准，分为公法人与私法人。公法人是指依公法设立的法人，私法人是指依私法设立的法人。[2] 公法人在参与民事活动时，与私法人的民事法律地位平等，即使国家作为民事主体参与民事活动时也如此。[3] 公法人的设立是为了维护和实现社会公共利益，其

---

[1] 参见陈甦主编《民法总则评注》，法律出版社 2017 年版，第 517~518 页。
[2] 参见郑玉波《民法总则》，中国政法大学出版社 2003 年版，第 164 页；姚瑞光《民法总则论》，中国政法大学出版社 2011 年版，第 66 页；王泽鉴《民法总则》，北京大学出版社 2022 年重排版，第 162 页；梁慧星《民法总论》，法律出版社 2021 年版，第 125 页。
[3] 参见孙宪忠主编《民法总论》，社会科学文献出版社 2004 年版，第 135 页。

职责在于分担国家权力或政府职能。① 公法人是依据公法设立的,其目的在于行使公共行政职能;而私法人是依据私法设立的,其一般不履行公共行政职能。

我国《民法典》将法人分为营利法人、非营利法人和特别法人,其中,特别法人包括了机关法人等公法人,可见,《民法典》仍然采取了公法人与私法人相区分的做法。公法人和私法人的主要区别如下。第一,设立目的不同。公法人的设立目的在于行使公共行政职能,而私法人通常是为非公共目的而设立。第二,设立的原则不同。公法人的设立以特许主义为原则,以有关机关批准或者法律规定为条件;而私法人的设立一般采取准则主义,只要符合法定的条件,就可以设立。②

在德国法上,私法人和公法人的区分标准在于:前者是依私法上的设立行为(设立合同、捐助行为)而产生的,而后者是依国家的公权力而产生的,尤其是通过法律或行政行为而设立的。③ 认定公法人的关键在于,某法人的权力和组织是否适应于国家管理制度,以致于它全部的、综合的法律地位表现为公法性的。一般认为,公法人包括公法社团、公营造物和公法财团三类。在德国法上还存在一个不成文的宪法原则,即只有最高级别的行政行为或立法行为才能设立公法人,因为间接行政管理组织的形成应当由国家集中决定。具体而言,只有联邦和州有权设立公法人。德国学界一致认为,公法人的活动范围应当受到限制,而这种限制是受行政法治原则影响的结果。行政法治原则包括法律优越和法律保留两个子原则。如果公法人超出其活动范围,就违背了法律优越原则;而法律保留原则要求,公法人作为独立的行政管理主体必须专注于法律预定的任务范围。④

2. 社团法人与财团法人

这种分类主要为德国、瑞士等大陆法系国家所采用。私法人中又分为社团法人和财团法人两类。第一,成立的基础不同。"社团法人为人的组

---

① 参见马俊驹、余延满《民法原论》,法律出版社2007年版,第114页。
② 参见王利明《民法总则》,中国人民大学出版社2022年版,第176~177页。
③ 参见黄立《民法总则》,中国政法大学出版社2002年版,第111页。
④ 参见周友军《德国民法上的公法人制度研究》,载《法学家》2007年第4期。

织体，其成立的基础在人，以社员为必要。财团法人为财产的集合体，其成立的基础在财产，并无社员。"① 社团法人是以社员为基础的人的集合体，也称人的组合。公司、合作社、各种协会与学会都是典型的社团法人。财团法人是指为一定目的而设立的，并由专门委任的人按照规定的目的使用的各种财产，也称财产组合。各种基金会组织、寺院、慈善组织等都是典型的财团法人。第二，目的不同。社团法人可以以营利为目的，也可以以公益为目的。财团法人只能以公益为目的。第三，设立程序不同。社团法人的设立一般符合法定条件即可，大多不需要经过行政机关的批准。财团法人的设立一般需要经过主管机关的许可。第四，设立人的地位不同。社团法人成立后，其设立人将取得社员资格，如公司股东享有股东权。财团法人成立后，其设立人便与法人脱离关系。因为财团法人没有成员，故其设立人不作为法人成员，不直接参与或决定法人事务，也并不当然成为财团法人的管理人员。② 第五，组织机构不同。社团法人具有意思机关，而财团法人没有意思机关。"社团法人以社员总会为其最高的意思机关，为自律的法人。财团法人并无意思机关，为他律的法人。此种区别最属重要，盖社团法人既具自律性，得由社员总会变更组织及章程。反之，财团之捐助章程所定之组织不完全或重要管理方法不具备时，仅得申请法院为必要处分。财团法人捐助章程有缺陷时，仅得依'民法'规定谋求补救，不得自行变更。"③

我国《民法典》没有采取社团法人和财团法人的分类方法，主要原因在于，这种分类方法主要针对的是私法人，并不包括公法人。在我国，具有法人资格的国家机关和事业单位是重要的一类法人，但难以全部纳入社团法人的范围。

3. 公益法人、营利法人和中间法人

公益法人是指以不特定多数人的利益为目的的法人，主要以文化、学术、宗教、慈善等为目的。营利法人是指以组成人员（社员）的利益为目

---

① 王泽鉴：《民法总则》，北京大学出版社2022年重排版，第162~163页。
② 参见王利明《民法总则》，中国人民大学出版社2022年版，第179页。
③ 王泽鉴：《民法总则》，北京大学出版社2022年重排版，第163页。

的的法人，主要是公司、银行等。中间法人，又称中间社团，是指既不是以公益为目的也不是以营利为目的，而是为了特定成员的共同利益成立的社团，例如各种学术文化团体、同乡会、同学会等。①"考虑到公益法人和营利法人的分类将导致承认中间法人，以及立法例上公益性概念正在向非营利性概念靠拢的趋势，《民法典》总则编采用非营利法人与营利法人的分类，避免出现所谓中间法人概念。"②

（二）《民法典》关于法人的分类

《民法通则》将法人分为企业法人、机关法人、事业单位法人、社会团体法人等。随着我国经济社会的发展，新的组织形式不断出现，法人形态发生了较大变化，《民法通则》的法人分类已难以涵盖实践中新出现的一些法人形式，有必要进行调整完善。在《民法总则》草案中，曾经采纳社团法人和财团法人的分类，但这种法人分类不能涵盖机关和事业单位法人，因此，最终采纳了营利法人和非营利法人的分类。"我们法学上最好的分类是两分法，而去年九月草案就采取这个分类，结果发现达不到效果，机关法人和事业单位法人无所归属，因为它不是社团，也不是财团，机关没有会员，机关虽然是一个组织体，但是它实行首长负责制，对事业单位来说也是如此，没有成员。所以说，去年九月的内部草案尝试使用'社团、财团'分类，后来被证明不成功。"③ "经反复比较，草案按照法人设立目的和功能的不同，将法人分为营利法人和非营利法人两类，主要考虑：一是营利性和非营利性能够反映法人之间的根本差异，传承了民法通则按照企业和非企业进行分类的基本思路，比较符合我国的立法习惯，实践意义也更为突出；二是将非营利法人作为一类，既能涵盖事业单位法人、社会团体法人等传统法人形式，还能够涵盖基金会和社会服务机构等新法人形式，符合我国国情；三是适应改革社会组织管理制度、促进社会组织健康有序发展的要求，创设非营利性法人类别，有利于健全社会组织

---

① 参见施启扬《民法总则》，中国法制出版社 2010 年版，第 124~125 页。
② 梁慧星：《民法总论》，法律出版社 2021 年版，第 129 页。
③ 梁慧星：《〈中华人民共和国民法总则（草案）〉：解读、评论和修改建议》，载《华东政法大学学报》2016 年第 5 期。

法人治理结构,有利于加强对这类组织的引导和规范,促进社会治理创新。"[1] 以是否向成员分配利润作为区分标准,分为营利法人和非营利法人。如果利润分配给出资人或者法人成员,则属于营利法人;如果利润归属于法人,用于实现法人的目的,则属于非营利法人。[2]

《民法典》对法人的分类采取了营利法人和非营利法人的分类标准,同时规定了特别法人作为补充。由于机关法人、集体经济组织法人、城镇农村的合作经济组织法人和基层群众性自治组织法人既不能纳入营利法人范畴,也不能纳入非营利法人范畴,因此《民法典》专设一节,将其称为特别法人。其立法理由在于:"有些常委会组成人员、部门和地方提出,实践中有的法人与营利法人和非营利法人在设立、终止等方面都有所不同,难以纳入这两类法人,建议增加一类特别法人。法律委员会经研究认为,根据我国社会生活实际,具有特殊性的法人组织主要有以下几种情况:一是机关法人,其在设立依据、目的、职能和责任最终承担上,均与其他法人存在较大差别;二是基层群众性自治组织和农村集体经济组织,其设立、变更和终止,管理的财产性质,成员的加入和退出,承担的职能等等都有其特殊性;三是合作经济组织,既具有公益性或者互益性,又具有营利性。对上述这些法人,单独设立一种法人类别,有利于其更好地参与民事生活,也有利于保护其成员和与其进行民事活动的相对人的合法权益。为此,建议在法人一章中增加第四节特别法人,对上述情况作出规定。"[3]

四 法人的设立

(一) 法人的设立方式

各国对于设立法人的方式随时代不同而不同,大体而言,主要包括以

---

[1] 李适时:《关于〈中华人民共和国民法总则(草案)〉的说明》,在 2016 年 6 月 27 日第十二届全国人民代表大会第二十一次会议上,载《民法总则立法背景与观点全集》编写组编《民法总则立法背景与观点全集》,法律出版社 2017 年版,第 16~17 页。

[2] 参见李适时主编《中华人民共和国民法总则释义》,法律出版社 2017 年版,第 230 页。

[3] 《全国人民代表大会法律委员会关于〈中华人民共和国民法总则(草案)〉修改情况的汇报》,在 2016 年 12 月 19 日第十二届全国人民代表大会常务委员会第二十五次会议上,载《民法总则立法背景与观点全集》编写组编《民法总则立法背景与观点全集》,法律出版社 2017 年版,第 28 页。

下几种方式：自由设立主义、特许主义、许可主义和准则主义。① 根据我国相关法律规定，法人设立的方式主要包括准则主义和许可主义。法人设立的准则主义，是指自然人设立的组织体只要符合法律、行政法规规定的，都可取得相应的法人资格，登记机关不能拒绝登记。法人设立的许可主义，是指法人设立须经有关机关批准。一般来说，营利法人的设立采取准则主义，非营利法人的设立采取许可主义。② "通常而言，法律对营利法人（经济组织）适用宽松的准则主义，对非营利法人（社会组织）适用较严格的许可主义。"③ 根据《民法典》第58条第2款规定，营利法人的设立采准则主义，即符合法人成立条件的，登记为法人。根据《民法典》第58条第3款规定，有些法人设立采许可主义，即法人的设立除应符合法律规定的条件，还应经过主管部门的批准，法人才能成立。

（二）设立中的法人性质

关于设立中的法人性质，《民法典》并没有明确规定，因此存在争议。大体来说，主要有同一体说、无权利能力社团说、非法人组织说、合伙与同一体混合说等几种观点。

1. 同一体说

同一体说认为，应当将设立中的法人与成立后的法人视为同一体，设立中的法人所形成的各种法律关系，都应当直接转移给成立后的法人，即其权利义务应由成立后的法人享有和承担。④ 有观点认为，根据我国《民法典》第75条第1款规定，设立人为设立法人从事的民事活动，其法律后果由法人承受。因此，我国《民法典》采用的是同一体说。⑤ 同一体说的弊端在于，不能解释法人不能成立的情形。如果法人不能成立，设立中的法人从事民事活动所产生的权利义务由设立人承担连带责任，同一体问题无从谈起。

---

① 参见施启扬《民法总则》，中国法制出版社2010年版，第128页。
② 参见王利明《民法总则》，中国人民大学出版社2022年版，第185页。
③ 陈甦主编《民法总则评注》，法律出版社2017年版，第508页。
④ 参见〔德〕梅迪库斯《德国民法总论》，邵建东译，法律出版社2001年版，第823页。
⑤ 参见王利明《民法总则》，中国人民大学出版社2022年版，第191页。

2. 无权利能力社团说

无权利能力社团说认为，设立中的法人尚未取得权利能力，并非独立的民事主体，因此不能享有民事权利，承担民事义务，而应由设立人或社员取得权利，负担义务，其地位相当于无权利能力社团。① 德国法上的无权能社团是人的集合，具有社团性质，不能取得权利能力，比如校友会、运动俱乐部等。② 无权利能力社团，准用合伙之规定。例如，《德国民法典》第 54 条规定："对于无权利能力的社团，适用关于合伙的规定。以此种社团的名义向第三人实施法律行为的，由行为人自己负责。行为人有数人时，负连带债务人责任。"《瑞士民法典》第 62 条规定："无法人人格或尚未取得法人人格的社团，视为合伙。"据此，无权利能力社团的主体地位相当于合伙，因此，适用关于合伙的规定。"与登记社团一样，无权利能力的社团也是较多成员之间结成的继续性联系，追求共同的目的，按照团体结构组织、使用共同的名称，并且面向变动开放的成员组成。如未登记的社团通过法律往来而取得权利和义务，那么就像民事合伙一样，具有部分的权利能力。"③ 我国台湾地区"民法"没有"无权利能力社团"的用语，无权利能力社团、合伙、神明会等属于非法人团体的范围。④

3. 非法人组织说

非法人组织说认为，设立中的法人是一种非法人组织，具有相应的民事权利能力和民事行为能力，能够以自己的意思从事相关的民事活动。⑤《民法典》规定的非法人组织不具有封闭性，因此，设立中的法人应当纳入非法人组织进行规范。⑥ 非法人组织说的弊端在于，除设立中的法人以筹备组的形式从事民事活动时具备非法人组织的性质，当设立人没有成立筹备组时，可能以自己名义从事民事活动，此时并不具有非法人组织性

---

① 参见王泽鉴《民法总则》，北京大学出版社 2022 年重排版，第 188 页；崔建远等《民法总论》，清华大学出版社 2019 年版，第 144 页。
② 参见李宜琛《民法总则》，中国方正出版社 2004 年版，第 84 页。
③ 杜景林、卢谌：《德国民法典评注》，法律出版社 2011 年版，第 22 页。
④ 参见王泽鉴《民法总则》，北京大学出版社 2022 年重排版，第 200 页。
⑤ 参见郭明瑞《民法总则通义》，商务印书馆 2018 年版，第 106 页。
⑥ 参见邹海林《民法总则》，法律出版社 2018 年版，第 152 页。

质。问题的关键在于，根据《民法典》第 103 条第 1 款规定，非法人组织应当依法登记，设立中的法人大多没有办理登记，因此，不具备非法人组织性质。"根据《民法典》第 103 条的规定，非法人组织的设立原则上都应当登记，如果法律、行政法规规定非法人组织的设立必须经有关机关批准的，则设立非法人组织还应当经过批准。这就使非法人组织和未进行登记的民事合伙、设立中的法人等相区别。"① "现实生活中，基本不可能有设立人为设立法人先登记设立一个非法人组织，待相关条件具备后再登记设立法人。"②

4. 合伙与同一体混合说

合伙与同一体混合说认为，设立中的法人地位可以从两个方面来认识：一方面，设立中的法人与成立后的法人是同一的，设立人因设立行为所产生的权利义务应当归属于成立后的法人。另一方面，发起人在法人成立前为合伙人，发起人所形成的团体为合伙，如果法人未能成立，全体设立人作为合伙享有连带债权，承担连带债务。③

上述合伙与同一体混合说值得赞同。在一般情形下，设立中的法人的性质属于合伙。④ 在特殊情形下，办理登记的筹备组具有非法人组织性质。如果法人成立，则设立中的法人与成立后的法人是同一的。

(三) 设立人的责任

法人设立行为本质上属于共同法律行为，即设立人为使法人得以成立并取得主体资格的共同行为。⑤ 法人成立的，设立中的法人的权利义务一般由成立后的法人享有和承担；法人没有成立的，设立中的法人的权利义务一般由设立人享有和承担。《民法典》第 75 条规定："设立人为设立法人从事的民事活动，其法律后果由法人承受；法人未成立的，其法律后果由设立人

---

① 王利明：《民法总则新论》，法律出版社 2023 年版，第 342 页。
② 付一耀：《设立人信义义务理论的引入与展开——〈民法典〉第 75 条的解释论》，载《当代法学》2023 年第 6 期。
③ 参见最高人民法院民法典贯彻实施工作领导小组主编《中华人民共和国民法典总则编理解与适用》，人民法院出版社 2020 年版，第 381 页。
④ 参见范健、王建文《商法学》，法律出版社 2021 年版，第 110 页。
⑤ 参见赵旭东主编《公司法学》，高等教育出版社 2015 年版，第 117 页。

承受,设立人为二人以上的,享有连带债权,承担连带债务。设立人为设立法人以自己的名义从事民事活动产生的民事责任,第三人有权选择请求法人或者设立人承担。"如果设立人以自己的名义对外签订合同,那么设立人则是合同当事人,因此,应当允许相对人要求设立人承担相应责任。但是,设立人毕竟是以设立法人为目的对外签订合同,因此,从保护第三人合理信赖利益的角度而言,应当允许第三人选择成立后的法人承担相应责任。

五 法人登记

(一) 法人登记的概念和意义

法人登记,是指行政机关对法人成立、变更、终止的法律事实进行登记的制度。有的法人经登记而成立,如营利法人。有的法人经批准而成立,如机关法人事业单位法人和社会团体法人。

法人登记的意义在于公示和管理。一方面,通过法人登记,对法人成立、变更和终止的事实进行公示,从而产生公示效力;另一方面,通过法人登记,实现公法上的管理职能。[1]《民法典》第66条规定:"登记机关应当依法及时公示法人登记的相关信息。"

(二) 法人登记的类型

1. 法人设立登记

法人设立登记依法定程序进行,未经登记的,不成立法人。《市场主体登记管理条例》第3条第1款规定:"市场主体应当依照本条例办理登记。未经登记,不得以市场主体名义从事经营活动。法律、行政法规规定无需办理登记的除外。"《市场主体登记管理条例》第21条规定:"申请人申请市场主体设立登记,登记机关依法予以登记的,签发营业执照。营业执照签发日期为市场主体的成立日期。"

2. 法人变更登记

法人变更的,应当依法进行变更登记。《民法典》第64条规定:"法人存续期间登记事项发生变化的,应当依法向登记机关申请变更登记。"

---

[1] 参见杨立新《民法总论》,法律出版社2020年版,第130页。

《市场主体登记管理条例》第 24 条规定："市场主体变更登记事项，应当自作出变更决议、决定或者法定变更事项发生之日起 30 日内向登记机关申请变更登记。市场主体变更登记事项属于依法须经批准的，申请人应当在批准文件有效期内向登记机关申请变更登记。"《市场主体登记管理条例》第 26 条第 1 款规定："市场主体变更经营范围，属于依法须经批准的项目的，应当自批准之日起 30 日内申请变更登记。"

3. 法人注销登记

法人终止，应当依法进行注销登记。《民法典》第 72 条第 3 款规定："清算结束并完成法人注销登记时，法人终止；依法不需要办理法人登记的，清算结束时，法人终止。"《民法典》第 73 条规定："法人被宣告破产的，依法进行破产清算并完成法人注销登记时，法人终止。"《市场主体登记管理条例》第 31 条规定："市场主体因解散、被宣告破产或者其他法定事由需要终止的，应当依法向登记机关申请注销登记。经登记机关注销登记，市场主体终止。市场主体注销依法须经批准的，应当经批准后向登记机关申请注销登记。"

（三）法人的实际情况与登记的事项不一致

由于各种原因，法人的实际情况可能与登记事项不一致，如果相对人是善意的，则应以登记事项为准，不能以实际情况对抗善意第三人。《民法典》第 65 条规定："法人的实际情况与登记的事项不一致的，不得对抗善意相对人。"

六　法人的能力

（一）法人的民事权利能力

法人的民事权利能力，是指法人享有民事权利和承担民事义务的能力。《民法典》第 59 条规定："法人的民事权利能力和民事行为能力，从法人成立时产生，到法人终止时消灭。"法人的民事权利能力是法律赋予的，是法人作为民事主体应当具备的法律上的资格。

通说认为，法人的权利能力具有特殊性，这种特殊性不仅表现在其不能享有自然人特有的民事权利（生命健康权、身体权等），而且更主要表现在，法人是依据其所担负的社会职能而设立的，其权利能力除了受自然属性限制和法律限制外，还受其章程和目的的限制，法人的权利能力及其范围取决于其设立时所确立的目的，它只能在其设立目的范围内进行活动，享有权利和承担义务；由于法人设立的目的不一，因此法人的权利能力也各不相同。① 法人权利能力的差异性被认为是法人能力与自然人能力最为重要的区别点，即自然人的权利能力具有平等性，而法人的权利能力因目的不同而各异。"由于每个法人的目的范围不同，因而法人的民事权利能力各不相同。"② 法人的民事权利能力受法人目的范围的限制，如机关法人与企业法人的设立目的是完全不同的，其民事权利能力受其设立目的的限制。③

法人民事权利能力和自然人民事权利能力的区别表现为以下几个方面。第一，法人的民事权利能力和民事行为能力在时间上是一致的：始于法人成立，终于法人消灭。自然人的民事权利能力和民事行为能力在时间上是不一致的：自然人的民事权利能力始于出生，终于死亡；自然人的民事行为能力根据年龄和精神健康状况分为完全民事行为能力、限制民事行为能力和无民事行为能力三类。第二，法人的民事权利能力因目的或经营范围不同而不同；自然人的民事权利能力是平等的。第三，法人不享有专属于自然人的权利能力，比如继承遗产的权利能力；自然人不享有专属于法人的权利能力，比如经营保险业务的权利能力。

（二）法人的民事行为能力

法人的民事行为能力，是指法人以自己的行为享有民事权利和承担民事义务的资格。根据法人实在说，法人是独立的民事主体，有自己的独立意志，能够独立参与民事活动，享有民事权利和承担民事义务。根据《民法典》第 59 条规定，法人的民事行为能力从法人成立时产生，到法人终止时消灭。

---

① 参见佟柔主编《中国民法学·民法总则》，中国人民公安大学出版社 1992 年版，第 158~161 页；魏振瀛主编《民法》，北京大学出版社、高等教育出版社 2000 年版，第 80~82 页。
② 杨立新：《民法总论》，法律出版社 2020 年版，第 131 页。
③ 参见郭明瑞《民法总则通义》，商务印书馆 2018 年版，第 93 页。

法人的民事行为能力具有如下特点。第一，法人的民事行为能力与其民事权利能力取得和消灭的时间一致。第二，法人的民事行为能力和其民事权利能力在范围上是一致的。① 不同法人的民事权利能力范围各不相同，而民事行为能力范围受民事权利能力范围的限制。② "法人的行为能力应受法律及法人性质的限制。逾越此范围，法人即无行为能力，逾越能力范围的行为应由代表机关的个人负责。"③ 第三，法人的意志取决于团体意志。法人通过团体意志，对外实施民事法律行为，实现法人目的。

（三）关于法人能力的限制

关于法人能力限制的性质，存在以下几种学说，即权利能力限制说、行为能力限制说、代表权限制说和内部责任说。④ 一般认为，可以根据实际情况，运用权利能力和行为能力限制的学说来解释目的范围对法人的能力限制问题。法人的民事权利能力和民事行为能力是一致的，对法人能力的限制，既可以称为对民事权利能力的限制，也可以称为对民事行为能力的限制。

1. 自然性质的限制

自然性质的限制，是指因法人与自然人在性质上的差异所产生的对法人权利能力的限制。如基于自然人固有的性别、年龄、亲属关系的权利义务，法人不能享有。法人不得成为继承人，但可成为受遗赠人。法人只有名称权、名誉权等不以肉体为前提的人格权。⑤ "与自然人的权利能力相比，法人的权利能力的范围是有限制的。例如，它们不能享有亲属法上的权利。"⑥

2. 法律的限制

不存在一般性的对法人权利能力予以限制的法律，只有个别的法律法

---

① 参见王利明《民法总则》，中国人民大学出版社2022年版，第182页。
② 参见孙宪忠主编《民法总论》，社会科学文献出版社2004年版，第138页。
③ 施启扬：《民法总则》，中国法制出版社2010年版，第138页。
④ 参见梁慧星：《民法总论》，法律出版社2021年版，第133~134页；王利明《民法总则》，中国人民大学出版社2022年版，第182页。
⑤ 参见施启扬《民法总则》，中国法制出版社2010年版，第136页。
⑥ 〔德〕拉伦茨：《德国民法通论》（上册），王晓晔等译，法律出版社2003年版，第123页。

规。如法人设立的特别法有对其权利能力的限制，《公司法》有公司不得为他公司的无限责任股东的限制，《破产法》有对清算法人权利能力的限制等。①"需要特别许可的营业，未获许可则不得从事该营业，否则将导致行为无效。例如，各国均规定，从事金融业务必须获得特别许可，因而一般商法人的权利能力都要受到该项法律限制。"②

3. 目的的限制

法人与自然人不同，是为了实现一定的目的而成立的组织体。其章程所规定的目的，成为对法人活动的限制。所谓法人目的的限制，在我国应称为营利法人经营范围及非营利法人的宗旨和业务范围的限制。③ 法人的权利能力受其目的限制，因此设立目的不同的法人，有着不同的权利能力。从事武器生产经营的公司与从事电器产品生产经营的公司，其权利能力不同；以救死扶伤为宗旨的医院与以完成国家国民教育为宗旨的学校，其权利能力也不相同；以从事营业为目的的公司与以从事公益事业为目的的慈善会，其权利能力就存在更大的差别。④ 对于机关法人而言，其主要职能是在法律法规授权范围内行使公权力，服务于公共利益，其从事民事活动应受到其目的范围限制。对于营利法人而言，其目的范围限制可以缓和，为了保护第三人利益和维护交易安全，不能仅以其行为超越了经营范围而认定无效。⑤《民法典》第505条规定："当事人超越经营范围订立的合同的效力，应当依照本法第一编第六章第三节和本编的有关规定确定，不得仅以超越经营范围确认合同无效。"

比较法上，公法人的目的限制仍然应当贯彻，私法人的目的限制可以缓和。"可以说，国外立法例对于公司这样的营利性法人，一般不做目的限制，其代表人权限也不得对抗善意相对人。只是在慈善法人、特别企业和公法人方面，目的限制仍有一定意义。"⑥ 根据英国 2006 年《公司法》

---

① 参见梁慧星《民法总论》，法律出版社 2021 年版，第 132 页。
② 范健、王建文：《商法学》，法律出版社 2021 年版，第 37 页。
③ 参见梁慧星《民法总论》，法律出版社 2021 年版，第 132~133 页。
④ 参见柳经纬《权利能力的若干基本理论问题》，载《比较法研究》2008 年第 1 期。
⑤ 参见王利明《民法总则》，中国人民大学出版社 2022 年版，第 183 页。
⑥ 陈甦主编《民法总则评注》，法律出版社 2017 年版，第 428 页。

第 31 条和第 39 条之规定，公司行为不因超出目的而受到质疑，但这一规则不适用于慈善公司和公司法适用范围外的其他法人团体。①

（四）法人的民事责任能力

法人的民事责任能力，也就是法人的侵权行为能力，是指法人独立承担侵权损害赔偿责任的能力。② 一般认为，法人具有民事责任能力。《民法典》第 62 条第 1 款规定："法定代表人因执行职务造成他人损害的，由法人承担民事责任。"

七　法定代表人

（一）法定代表人是法人机关

1. 我国法人的法定代表人采取单一代表制

法定代表人，是指依照法律或者法人章程的规定，代表法人从事民事活动的负责人。按照法人实在说，法人具有行为能力，是独立的民事主体，法人与法定代表人是一个人格，不存在两个主体。法定代表人执行法人的对外业务，所实施的法律行为是法人自身的行为，当然由法人承担其后果。我国民法采法人实在说中的组织体说的立场，③ 对法定代表人采代表说，由法律明文规定法定代表人。④《民法典》第 61 条第 1 款规定："依照法律或者法人章程的规定，代表法人从事民事活动的负责人，为法人的法定代表人。法定代表人以法人名义从事的民事活动，其法律后果由法人承受。法人章程或者法人权力机构对法定代表人代表权的限制，不得对抗善意相对人。"据此，我国法人的法定代表人采取单一代表制，每个法人只有一个法定代表人，法定代表人是法人的代表机关。法定代表人直接代表法人从事民事活动，法定代表人之外的其他管理人员、工作人员是以法人代理人的身份代理法人从事民事活动。⑤

---

① 参见朱广新《法定代表人的越权代表行为》，载《中外法学》2012 年第 3 期。
② 参见王利明《民法总则》，中国人民大学出版社 2022 年版，第 184 页。
③ 参见梁慧星《民法总论》，法律出版社 2021 年版，第 125 页。
④ 参见梁慧星《民法总论》，法律出版社 2021 年版，第 137 页。
⑤ 参见梁慧星《民法总则讲义》，法律出版社 2021 年版，第 123~124 页。

2. 法定代表人的职务行为就是法人的行为

法定代表人的职务行为就是法人自己的行为，法定代表人以法人名义从事民事活动，其后果应当由法人承受。《民法典》第61条第2款规定："法定代表人以法人名义从事的民事活动，其法律后果由法人承受。"法定代表人的职务行为实质上就是法人的行为，所以法定代表人不需要事先获得法人的特别授权，就可以代表法人从事民事活动，在这一点上，法定代表人和法人的代理人是不同的，法人的代理人实施的民事行为，必须由法人授权，否则一般不能对法人发生法律效力。[①]

由于法定代表人的职务行为就是法人行为，因此，法定代表人的职务侵权行为由法人承担民事责任。《民法典》第62条第1款规定："法定代表人因执行职务造成他人损害的，由法人承担民事责任。"据此，法定代表人的职务侵权行为就是法人的侵权行为，法人对法定代表人的职务侵权行为承担无过错责任。[②] 法人对法定代表人的职务侵权行为承担责任后，法人对有过错的法定代表人享有追偿权。《民法典》第62条第2款规定："法人承担民事责任后，依照法律或者法人章程的规定，可以向有过错的法定代表人追偿。"

（二）关于签字、盖章的效力

1. 关于签字、盖章效力的一般规则

法定代表人对外从事民事活动，一般应当认定为代表法人的活动，法定代表人实施的法律行为的后果一般应归属于法人。《民法典》第490条第1款规定："当事人采用合同书形式订立合同的，自当事人均签名、盖章或者按指印时合同成立。在签名、盖章或者按指印之前，当事人一方已经履行主要义务，对方接受时，该合同成立。"据此，当法人、非法人组织作为签约主体时，法定代表人、负责人签名、按指印或者加盖法人、非法人组织印章均符合合同成立的条件。在合同书上签名、盖章或者按指印的法律意义如下：第一，表明各方当事人意思表示一致；第二，决定了合

[①] 参见梁慧星《民法总论》，法律出版社2021年版，第137页；杨立新《民法总论》，法律出版社2020年版，第134页。

[②] 参见梁慧星《民法总则讲义》，法律出版社2021年版，第127页。

同成立的时间;第三,作为识别合同当事人的标识。在司法实践中,签名、盖章或者按指印具有重要的证据功能,也可以当作书面合同的构成要件。① 根据举轻明重规则,如果既有法定代表人、负责人签字,也加盖了法人、非法人组织印章,也符合合同成立的条件。所谓加盖法人、非法人组织印章,一般是指加盖法人、非法人组织备案印章或者合同专用章,如果在合同书上加盖其他类型的印章,如部门印章、财务专用章等,则相对人须证明盖章之人有签署合同之代表权或代理权,否则不能将合同效果归属于该法人或非法人组织。②

值得注意的是,法定代表人、非法人组织负责人的职务行为和其个人行为应当予以区别,其关键是相对人应当核实缔约当事人的身份。"相对人负有核实行为人身份及权限的义务。相对人应当核实与其交易的对象究竟是自然人本人还是其所代表或代理的法人、非法人组织,也就是说,相对人有核实缔约当事人身份的义务。一旦认定缔约当事人是法定代表人或者代理人,还应当进一步核实其有无代表权或者代理权。"③ "公司是个组织体,需要通过特定自然人的签字或盖章才能实现其意志。而自然人本身同时也是独立的法律主体,在此情况下,确定该自然人行为是其自身行为还是代表公司从事的行为至关重要。而仅凭法定代表人的签字,尚不足以区别某一行为是其个人行为还是公司行为。因此,只能通过加盖公章来区别。就此而言,盖章具有签字所不具备的功能。自然人在合同书上加盖公章的行为表明,该行为是职务行为而非个人行为,应由公司承担法律后果。"④

关于盖章行为的法律后果问题,本质上是代表权或者代理权问题。"为此,有必要明确裁判思路,那就是盖章问题的本质是代表权或者代理权问题,关键要看盖章之人在盖章之时是否有代表权或者代理权,从而根

---

① 参见朱广新《书面形式与合同的成立》,载《法学研究》2019年第2期。
② 参见朱广新、谢鸿飞主编《民法典评注·合同编·通则》(1),中国法制出版社2000年版,第205页。
③ 最高人民法院民事审判第二庭、研究室编著《最高人民法院民法典合同编通则司法解释理解与适用》,人民法院出版社2023年版,第269页。
④ 最高人民法院民事审判第二庭:《〈全国法院民商事审判工作会议纪要〉理解与适用》,人民法院出版社2019年版,第289~290页。

据代表或代理的相关规则来确定合同的效力,而不能将重点放在公章的真伪问题上。法定代表人或者代理人在合同上加盖法人公章的行为,表明其是以法人名义从事行为,除《公司法》第 16 条等法律对其职权有特别规定的情形外,应当由法人承担相应的法律后果。法人以法定代表人或者代理人事后丧失代表权或者代理权、加盖的是假章、所盖之章与备案公章不一致等为由否定合同效力的,人民法院不应支持。"[①] 人民法院在处理涉及公章案件时,应当坚持以下裁判思路:首先,人章关系的核心要看有无代表权或代理权。只要行为人有代表权或者代理权,即便未加盖公章甚至加盖的是假章,都要对法人、非法人组织发生效力;反之,行为人没有代表权或者代理权,也不会因为加盖了公章就使越权代表或无权代理转化为有权代表或有权代理。其次,相对人负有核实行为人身份及权限的义务。相对人应当核实与其交易的对象究竟是自然人本人还是其所代表或代理的法人、非法人组织。一旦认定缔约当事人是法定代表人或者代理人,还应当进一步核实其有无代表权或者代理权。总之,相对人审核的对象既包括人,例如核实行为人的身份以及是否具有代表或代理权限;也包括章,例如所盖公章的类型及真伪;还包括人章的结合,例如在什么地方以何种方式盖章。就此而言,笼统地说"认人不认章"是失之偏颇的。最后,盖章行为给人以行为人有代理权的外观。为保障交易安全和便捷,相对人的审核义务是有限度的,在相对人已尽合理审查义务但仍未核实行为人的身份及权限的情况下,此时法人、非法人组织的盖章行为往往给人以行为人有代理权的外观,使相对人成为善意相对人,很大程度上构成表见代理。[②]

2. 关于签字、盖章效力的一般规则的具体适用

(1)"真人假章"的情形

《民法典合同编通则司法解释》第 22 条第 1 款规定:"法定代表人、

---

① 刘贵祥:《在全国法院民商事审判工作会议上的讲话》(2019 年 7 月 3 日),载最高人民法院民事审判第二庭:《〈全国法院民商事审判工作会议纪要〉理解与适用》,人民法院出版社 2019 年版,第 72 页。

② 参见最高人民法院民事审判第二庭、研究室编著《最高人民法院民法典合同编通则司法解释理解与适用》,人民法院出版社 2023 年版,第 269~270 页。

负责人或者工作人员以法人、非法人组织的名义订立合同且未超越权限，法人、非法人组织仅以合同加盖的印章不是备案印章或者系伪造的印章为由主张该合同对其不发生效力的，人民法院不予支持。"据此，行为人有代表权或代理权的，虽然合同上加盖的印章不是备案印章或者是伪造的印章，仍然可以认定合同有效。在此情形，可能是法人或非法人组织为逃避将来可能面临的责任，故意加盖假章，自然不应让其得逞。故即便是盖的假章，也不影响法人或非法人组织承担责任。①《全国法院民商事审判工作会议纪要》（以下简称《九民纪要》）第41条第1款规定："司法实践中，某些公司有意刻制两套甚至多套公章，有的法定代表人或者代理人甚至私刻公章，订立合同时恶意加盖非备案的公章或者假公章，发生纠纷后法人以加盖的是假公章为由否定合同效力的情形并不鲜见。人民法院在审理案件时，应当主要审查签约人于盖章之时有无代表权或者代理权，从而根据代表或者代理的相关规则来确定合同的效力。"湖南省株洲市中级人民法院（2021）湘02民终1254号民事判决认为，虽然借条上加盖的公章与东富集团公司的备案印章不一致，但被告王某新作为东富集团公司的时任法定代表人，其持有东富集团公司印章并在东富集团公司办公室以东富集团公司名义出具借条，足以令作为交易相对人的原告相信其行为代表东富集团公司，并基于对其身份的信任相信其加盖的东富集团公司印章的真实性。

（2）"有人无章"的情形

《民法典合同编通则司法解释》第22条第2款规定："合同系以法人、非法人组织的名义订立，但是仅有法定代表人、负责人或者工作人员签名或者按指印而未加盖法人、非法人组织的印章，相对人能够证明法定代表人、负责人或者工作人员在订立合同时未超越权限的，人民法院应当认定合同对法人、非法人组织发生效力。但是，当事人约定以加盖印章作为合同成立条件的除外。"据此，合同是有代表权或代理权的行为人所签订，

---

① 参见最高人民法院民事审判第二庭、研究室编著《最高人民法院民法典合同编通则司法解释理解与适用》，人民法院出版社2023年版，第267页。

但是没有加盖印章，相对人能够证明行为人有代表权或代理权的，该行为对法人、非法人组织发生效力，除非当事人约定加盖印章作为合同成立条件。① 例如，甲公司作为出租方与乙公司签订房屋租赁合同，甲公司在合同上加盖公司印章，并有法定代表人签字，乙公司未加盖公章，仅有法定代表人丙的签字。后因乙公司未支付租金，甲公司将乙公司和丙诉至法院，乙公司答辩称，丙未经公司授权签订租赁合同，乙公司未加盖公章，不应承担付款责任。丙答辩称其是职务行为，个人不应承担付款责任，该案应如何认定责任主体？一般认为，该案应由乙公司承担责任。《民法典》第490条规定："当事人采用合同书形式订立合同的，自当事人均签名、盖章或者按指印时合同成立。"根据该规定，当事人在合同上签字或者盖章均具有法律效力。《民法典》第61条规定："依照法律或者法人章程的规定，代表法人从事民事活动的负责人，为法人的法定代表人。法定代表人以法人名义从事的民事活动，其法律后果由法人承受。法人章程或者法人权力机构对法定代表人代表权的限制，不得对抗善意相对人。"因此，法定代表人代表法人行使职权，其对外以法人名义从事的民事活动应由法人承担责任，而盖具公章并非合同有效的必备条件。例外情况是，根据《民法典》第504条规定，甲公司是恶意的，即甲公司知道或应当知道丙超越代表权限。②

（3）"有章无人"的情形

《民法典合同编通则司法解释》第22条第3款规定："合同仅加盖法人、非法人组织的印章而无人员签名或者按指印，相对人能够证明合同系法定代表人、负责人或者工作人员在其权限范围内订立的，人民法院应当认定该合同对法人、非法人组织发生效力。"据此，合同仅加盖法人、非法人组织的印章，但是没有人员签名或者按指印，相对人能够证明合同是法定代表人、负责人或者工作人员在其权限范围内订立的，人民法院应当

---

① 参见最高人民法院民事审判第二庭、研究室编著《最高人民法院民法典合同编通则司法解释理解与适用》，人民法院出版社2023年版，第264页。
② 参见最高人民法院民事审判第一庭编《民事审判实务问答》，法律出版社2021年版，第20~21页。

认定该合同对法人、非法人组织发生效力。① 例如，重庆市第五中级人民法院（2018）渝05民终4606号民事判决认为，公章是公司处理内外部事务的印鉴，是公司意思表示的外化表现、具有法律效力。某公司对《欠条》上公章的真实性认可，但否认《欠条》内容的真实性，但却未提供合理的理由和充分证据推翻《欠条》内容的真实性。某公司辩称《欠条》上只加盖公章而无法定代表人签字，形式不完整。但根据合同法第三十二条规定，当事人采用合同书形式订立合同的，自双方当事人签字或者盖章时合同成立。依据上述规定，《欠条》上加盖公章，双方买卖合同成立条件已具备。某公司辩称《欠条》上无法定代表人签字无法律效力的意见不能成立。再比如，辽宁省高级人民法院（2014）辽民一终字第00154号民事判决认为，关于《抵债协议》的效力问题。第一，某公司主张《抵债协议》只加盖公章而未经法定代表人或负责人签字，亦未经公司内部审批，系马某某在控制其公章期间所擅自签订，故该协议无效。根据《合同法》第32条规定，当事人签订合同时，盖章和签字具有同等效力。我国法律并未规定签订合同需同时盖章和签字，本案当事人也未就此问题作出特殊约定。而某公司以其内部审批程序以及公章管理问题对抗《抵债协议》的效力，缺乏法律依据。

（4）盖章行为与表见代表的关系

《民法典合同编通则司法解释》第22条第4款规定："在前三款规定的情形下，法定代表人、负责人或者工作人员在订立合同时虽然超越代表或者代理权限，但是依据民法典第五百零四条的规定构成表见代表，或者依据民法典第一百七十二条的规定构成表见代理的，人民法院应当认定合同对法人、非法人组织发生效力。"据此，在符合表见代表或表见代理条件时，依照相应的法律规定办理。

（5）数份内容相抵触的合同效力认定

就同一标的签订了数份合同，既有法定代表人签字的合同，也有加盖

---

① 参见最高人民法院民事审判第二庭、研究室编著《最高人民法院民法典合同编通则司法解释理解与适用》，人民法院出版社2023年版，第264页。

法人公章的合同，且上述几份合同的内容相抵触，应如何认定其效力？一般认为，应当认定几份合同都产生法律效力，最终履行哪一份合同应当再经过相关法定程序确认，因此可能产生相应的违约责任。①《最高人民法院关于审理涉及农村土地承包纠纷案件适用法律问题的解释》（以下简称《农村土地承包纠纷司法解释》）第19条规定："发包方就同一土地签订两个以上承包合同，承包方均主张取得土地经营权的，按照下列情形，分别处理：（一）已经依法登记的承包方，取得土地经营权；（二）均未依法登记的，生效在先合同的承包方取得土地经营权；（三）依前两项规定无法确定的，已经根据承包合同合法占有使用承包地的人取得土地经营权，但争议发生后一方强行先占承包地的行为和事实，不得作为确定土地经营权的依据。"

（三）法定代表人越权代表行为的效力

1. 法定代表人越权代表行为效力的一般规则

所谓越权代表，是指法人的法定代表人或者非法人组织的负责人超越法律、行政法规对代表权的限制，或者超越法人、非法人组织的章程或者权力机构的限制规定所实施的代表行为。越权代表行为是否对法人、非法人组织发生效力，需要结合代表权限制的类型和相对人是否知情来判断。《民法典》第504条规定："法人的法定代表人或者非法人组织的负责人超越权限订立的合同，除相对人知道或者应当知道其超越权限外，该代表行为有效，订立的合同对法人或者非法人组织发生效力。"据此，越权代表行为是否对法人或者非法人组织发生法律效力，须依据相对人是否善意进行判断。如果相对人不知道或不应知道法定代表人或者负责人的代表行为超越代表权限，则构成善意，该代表行为对法人或者非法人组织发生效力。反之，则不构成善意，该代表行为不能对法人或者非法人组织发生效力。

根据《民法典合同编通则司法解释》第20条规定，对法定代表人或者非法人组织的负责人的代表权的限制分为法定限制和约定限制（内部限制）两种情形，在不同的情形，对相对人应当承担的义务的要求不同。在

---

① 参见刘贵祥《民法典关于担保的几个重大问题》，载《法律适用》2021年第1期。

法定限制情形，相对人承担合理审查义务，对其审查义务的要求比较严格；在约定限制情形，相对人只承担形式审查义务，对其审查义务的要求比较宽松。[1] 在法定限制情形，相对人知道或者应当知道法律的限制性规定，因此原则上构成越权代表，除非相对人证明自己构成善意的情形下才构成表见代表。在约定限制情形，根据《民法典》第61条第3款规定，此种限制原则上不能对抗善意相对人，因此原则上构成表见代表，只有在例外情况下才回归越权代表。[2] 在越权代表情形，相对人主张法人或者非法人组织承担违约责任的，人民法院不予支持，但是，如果法人或者非法人组织有过错，应当对其过错承担相应的责任，即缔约过失责任。此种过错是公司自身的过错，主要表现为对法定代表人的选任监督过错，以及公章管理等方面的过错。因为《民法典》采取单一代表制，故此种过错应该是公司自身的过错而非法定代表人的过错。[3] 法人、非法人组织承担责任后，对于有过错的法定代表人、负责人享有追偿权，法律、司法解释另有规定的除外。

2. 相对人在法定限制情形下承担合理审查义务

《民法典合同编通则司法解释》第20条第1款规定："法律、行政法规为限制法人的法定代表人或者非法人组织的负责人的代表权，规定合同所涉事项应当由法人、非法人组织的权力机构或者决策机构决议，或者应当由法人、非法人组织的执行机构决定，法定代表人、负责人未取得授权而以法人、非法人组织的名义订立合同，未尽到合理审查义务的相对人主张该合同对法人、非法人组织发生效力并由其承担违约责任的，人民法院不予支持，但是法人、非法人组织有过错的，可以参照民法典第一百五十七条的规定判决其承担相应的赔偿责任。相对人已尽到合理审查义务，构成表见代表的，人民法院应当依据民法典第五百零四条的规定处理。"据

---

[1] 参见石佳友、付一耀主编《民法典合同编通则司法解释释评与案例指引》，中国法制出版社2024年版，第144页。
[2] 参见最高人民法院民事审判第二庭、研究室编著《最高人民法院民法典合同编通则司法解释理解与适用》，人民法院出版社2023年版，第246页。
[3] 参见最高人民法院民事审判第二庭、研究室编著《最高人民法院民法典合同编通则司法解释理解与适用》，人民法院出版社2023年版，第248页。

此，在法定限制情形，相对人承担合理审查义务。相对人未尽到合理审查义务而主张构成表见代表，并要求法人或者非法人组织承担违约责任的，人民法院不予支持。相对人已尽到合理审查义务，构成表见代表的，应当依据《民法典》第 504 条的规定处理。

《公司法》第 15 条规定："公司向其他企业投资或者为他人提供担保，按照公司章程的规定，由董事会或者股东会决议；公司章程对投资或者担保的总额及单项投资或者担保的数额有限额规定的，不得超过规定的限额。公司为公司股东或者实际控制人提供担保的，应当经股东会决议。前款规定的股东或者受前款规定的实际控制人支配的股东，不得参加前款规定事项的表决。该项表决由出席会议的其他股东所持表决权的过半数通过。"上述规定属于对代表权的法定限制情形。关于公司转投资或对外担保事项，本条第 1 款仅赋予了公司章程以选择权，即公司章程必须选择由股东会决议或由董事会决议，而不能另行规定该事项无须经任何决议。同时特别赋予公司章程可以对公司转投资和对外担保的总额和单项限额作出规定，以约束公司、股东、董事和高级管理人员等。本条第 2 款规定了公司为股东或者实际控制人提供担保的特别程序。本条第 3 款规定了利害关系股东回避表决规则。总的处理原则是，越权对外担保，原则上对公司不发生效力，但相对人为善意的除外。①

不可否认，《公司法》第 15 条是约束公司内部行为的，但其是对公司法定代表人代表权的限制。在法律对公司法定代表人的代表权作出限制的情况下，法定代表人违反该规定，则构成越权代表。越权代表行为的效力应根据原《合同法》第 50 条规定处理，原《合同法》第 50 条规定："法人的法定代表人超越权限订立的合同，除相对人知道或应当知道其超越权限的以外，该代表行为有效。"《九民纪要》按照体系解释的思路，明确了几点。第一，公司对外担保需要依《公司法》第 15 条规定的程序进行决议。第二，未进行决议程序的，法定代表人对外签订的担保合同构成越权代表。第三，越权代表情况下担保合同是否有效，取

---

① 参见赵旭东主编《新公司法条文释解》，法律出版社 2024 年版，第 38~40 页。

决于相对人是否善意，即相对人是否知道或应当知道法定代表人越权。相对人善意的，担保合同有效；相对人非善意的，担保合同无效。第四，对相对人善意的判断，以相对人对决议文件进行合理审查为标准，而不要求相对人进行全面实质性审查，亦即当出现法定代表人伪造决议文件等情况时，不影响相对人构成善意。第五，以担保为业的担保公司提供担保或金融机构开立保函，对全资子公司等提供担保，担保合同系公司三分之二对担保事项有表决权的股东签字同意的，可以不经公司表决。第六，在因法定代表人越权而被认定担保合同无效的情况下，公司承担缔约过失责任。[1]《最高人民法院关于适用〈中华人民共和国民法典〉有关担保制度的解释》（以下简称《担保制度司法解释》）基本沿袭了《九民纪要》的相关规定。

《担保制度司法解释》第7条第1款规定："公司的法定代表人违反公司法关于公司对外担保决议程序的规定，超越权限代表公司与相对人订立担保合同，人民法院应当依照民法典第六十一条和第五百零四条等规定处理：（一）相对人善意的，担保合同对公司发生效力；相对人请求公司承担担保责任的，人民法院应予支持。（二）相对人非善意的，担保合同对公司不发生效力；相对人请求公司承担赔偿责任的，参照适用本解释第十七条的有关规定。"据此，法定代表人越权代表行为能否对公司发生效力，取决于相对人是否善意。相对人善意的，则法定代表人越权代表行为对公司发生效力，反之，则对公司不发生效力。"相对人是善意的，构成表见代表，效果等同于有效担保；相对人非善意的，担保行为不对公司发生效力，公司不承担基于有效担保产生的担保责任，但要承担缔约过失责任。"[2]《担保制度司法解释》第7条第3款规定："第一款所称善意，是指相对人在订立担保合同时不知道且不应当知道法定代表人超越权限。相对人有证据证明已对公司决议进行了合理审查，人民法院应当认定其构成善意，但是公司有证据证明相对人知道或者应当知道决议系伪造、变造的除外。"

---

[1] 参见刘贵祥《民法典关于担保的几个重大问题》，载《法律适用》2021年第1期。
[2] 最高人民法院民事审判第二庭：《最高人民法院民法典担保制度司法解释理解与适用》，人民法院出版社2021年版，第132页。

据此，相对人负有合理审查义务，而不是形式审查义务。[1]《担保制度司法解释》的上述处理思路在理论界和实务界形成广泛共识，解决了长期以来的纷争，统一了裁判尺度。[2]

3. 相对人在约定限制情形下承担形式审查义务

《民法典》第 61 条第 3 款规定："法人章程或者法人权力机构对法定代表人代表权的限制，不得对抗善意相对人。"上述限制是法人的内部限制，也称为约定限制，以区别于法定限制。如果法定代表人以法人名义实施法律行为超越了约定限制，该越权代表行为是否有效，取决于相对人属于善意还是恶意。如果相对人在实施法律行为之时，不知道或者不应当知道法定代表人的行为超越了内部限制，即属于善意相对人；反之，则属于恶意相对人。[3] 由于约定限制属于法人的内部文件或行为，相对人通常难以知情，故应由法人就相对人对该内部限制知情进行举证。[4]《民法典》第 504 条规定："法人的法定代表人或者非法人组织的负责人超越权限订立的合同，除相对人知道或者应当知道其超越权限外，该代表行为有效，订立的合同对法人或者非法人组织发生效力。"本条规定的表见代表规则与《民法典》第 61 条第 3 款规定的法定代表人越权行为规则构成一般法与特别法的逻辑关系，故法庭判断法定代表人越权订立合同是否有效，应当适用《民法典》第 504 条的表见代表规则，而不适用《民法典》第 61 条第 3 款的法定代表人越权行为规则。[5]

《民法典合同编通则司法解释》第 20 条第 2 款规定："合同所涉事项未超越法律、行政法规规定的法定代表人或者负责人的代表权限，但是超越法人、非法人组织的章程或者权力机构等对代表权的限制，相对人主张

---

[1] 参见最高人民法院民事审判第二庭《最高人民法院民法典担保制度司法解释理解与适用》，人民法院出版社 2021 年版，第 136 页。
[2] 参见刘贵祥《民法典关于担保的几个重大问题》，载《法律适用》2021 年第 1 期。
[3] 参见梁慧星《〈民法总则〉重要条文的理解与适用》，载《四川大学学报（哲学社会科学版）》2017 年第 4 期。
[4] 参见谢鸿飞等《中华人民共和国民法典合同编通则司法解释释义》，中国法制出版社 2023 年版，第 175 页。
[5] 参见梁慧星《民法总则讲义》，法律出版社 2021 年版，第 126 页。

该合同对法人、非法人组织发生效力并由其承担违约责任的，人民法院依法予以支持。但是，法人、非法人组织举证证明相对人知道或者应当知道该限制的除外。"据此，法定代表人或者负责人超越法人、非法人组织内部限制所签订的合同，原则上对法人、非法人发生效力，除非法人、非法人组织举证证明相对人知道或者应当知道该内部限制。一般认为，相对人负有形式审查义务，比如审查章程的义务，在章程明确规定对外担保需由股东会或股东大会决议的情况下，法定代表人仅提交董事会决议，相对人接受的，不能认定其为善意相对人。① 也就是说，相对人从形式上审查了相关决议的，一般构成善意，越权行为构成表见代表，代表行为对法人或者非法人组织发生效力。

4. 内部追偿责任

内部追偿责任，是指法人对于有过错的法定代表人具有追偿权。《民法典》第62条第2款规定："法人承担民事责任后，依照法律或者法人章程的规定，可以向有过错的法定代表人追偿。"据此，在法人承担民事责任后，可以向有过错的法定代表人追偿，其前提是有法律规定或者法人章程的规定。只要法定代表人有过错，就可以适用本款规定，它区别于向法人一般工作人员的追偿权。根据《民法典》第1191条规定，用人单位向法人工作人员行使追偿权的条件是，工作人员有故意或者重大过失，但不以"有法律规定或者法人章程的规定"为前提条件。②《民法典合同编通则司法解释》第20条第3款规定："法人、非法人组织承担民事责任后，向有过错的法定代表人、负责人追偿因越权代表行为造成的损失的，人民法院依法予以支持。法律、司法解释对法定代表人、负责人的民事责任另有规定的，依照其规定。"

5. 在相对人恶意情形的责任承担

在相对人恶意的情形，法定代表人的越权代表行为不能对法人产生法律行为有效的义务和责任，但是，如果公司有过错的，公司应当对其过错

---

① 参见最高人民法院民事审判第二庭、研究室编著《最高人民法院民法典合同编通则司法解释理解与适用》，人民法院出版社2023年版，第247页。

② 参见黄薇主编《中华人民共和国民法典总则编释义》，法律出版社2020年版，第156页。

承担相应的责任，该责任的性质是缔约过失责任。① 在相对人明知决议是伪造或者变造的情形，可以认定法定代表人与相对人恶意串通损害公司利益，法人可以据此免责。② 《民法典合同编通则司法解释》第23条第1款规定："法定代表人、负责人或者代理人与相对人恶意串通，以法人、非法人组织的名义订立合同，损害法人、非法人组织的合法权益，法人、非法人组织主张不承担民事责任的，人民法院应予支持。法人、非法人组织请求法定代表人、负责人或者代理人与相对人对因此受到的损失承担连带赔偿责任的，人民法院应予支持。"

根据《九民纪要》第20条规定，公司举证证明债权人明知法定代表人超越权限或者机关决议系伪造或者变造，债权人请求公司承担合同无效后的民事责任的，人民法院不予支持。上述规定的原理是，"这时公司法定代表人虽然形式上具有法定代表人的身份，但实质上已经纯粹是自然人了，与公司法定代表人是两个民事主体，既然债权人明知，就失去了让公司承担责任的法律基础，就不应当让公司承担任何责任。"③

八　法人变更

（一）法人变更的概念

法人变更，是指法人成立后，其组织、名称、住所、经营范围等重要事项发生变化。这些事项的变更，根据法人意思自主决定，法人只要作相应的变更登记，即可发生变更效力。法人变更的，应当依法办理变更登记。《民法典》第64条规定："法人存续期间登记事项发生变化的，应当依法向登记机关申请变更登记。"

企业法人的分立或合并，因涉及法人与相对交易人的债权债务关系，为了维护交易秩序和相对人的信赖利益，法律对分立或合并后法人的债权债务

---

① 参见最高人民法院民事审判第二庭、研究室编著《最高人民法院民法典合同编通则司法解释理解与适用》，人民法院出版社2023年版，第248页。

② 参见最高人民法院民事审判第二庭、研究室编著《最高人民法院民法典合同编通则司法解释理解与适用》，人民法院出版社2023年版，第249页。

③ 最高人民法院民事审判第二庭：《〈全国法院民商事审判工作会议纪要〉理解与适用》，人民法院出版社2019年版，第193页。

移转，做了强制性规定。《民法典》第 67 条规定："法人合并的，其权利和义务由合并后的法人享有和承担。法人分立的，其权利和义务由分立后的法人享有连带债权，承担连带债务，但是债权人和债务人另有约定的除外。"

（二）法人变更的形式

1. 法人合并

法人合并，是指两个以上的法人集合为一个法人的民事法律行为。法人合并，有新设式合并和吸收式合并两种方式。新设式合并也称创设式合并，是两个以上的法人归并为一个新法人，原法人均告消灭的合并方式。吸收式合并也称吞并式合并，是一个法人吸收被合并的其他法人，合并后只有一个法人存续，被吸收法人均告消灭的合并方式。[1]《公司法》第 218 条规定："公司合并可以采取吸收合并或者新设合并。一个公司吸收其他公司为吸收合并，被吸收的公司解散。两个以上公司合并设立一个新的公司为新设合并，合并各方解散。"法人合并时，应有法人意思机关合并决定和合并各方缔结的合并合同。为保障各合并法人的债权人的利益，法人应在合并前将合并决定通知债权人，债权人如要求清偿债务或提供担保的，作为债务人的法人应照办，否则，法人不得合并。法人合并的，其权利和义务由合并后的法人享有和承担。《民法典》第 67 条第 1 款规定："法人合并的，其权利和义务由合并后的法人享有和承担。"《公司法》第 221 条规定："公司合并时，合并各方的债权、债务，应当由合并后存续的公司或者新设的公司承继。"

2. 法人分立

法人分立，是指一个法人分为两个以上法人的民事法律行为。法人分立，有新设分立和派生分立两种方式。新设分立，是指原法人解散，将其拆分为两个或两个以上的新法人。派生分立，又称存续分立，是指原法人依然存在，只是另外组建一个或多个新法人。[2] 法人分立的，依法处理其权利和义务。《民法典》第 67 条第 2 款规定："法人分立的，其权利和义务由分立后的法人享有连带债权，承担连带债务，但是债权人和债务人另有约定的除外。"

---

[1] 参见赵旭东主编《新公司法条文释解》，法律出版社 2024 年版，第 473 页。

[2] 参见赵旭东主编《新公司法条文释解》，法律出版社 2024 年版，第 482 页。

《公司法》第 222 条规定:"公司分立,其财产作相应的分割。公司分立,应当编制资产负债表及财产清单。公司应当自作出分立决议之日起十日内通知债权人,并于三十日内在报纸上或者国家企业信用信息公示系统公告。"

3. 法人合并或分立的法律效果

法人合并或分立发生如下法律效果。(1)法人消灭。在新设式合并,原法人均告消灭;在吸收式合并,被吞并的法人归于消灭。在新设式分立,原法人消灭;在存续式分立,只是原法人的财产或组织机构发生变更。(2)债权债务承受。因合并而消灭的法人,其债权债务由合并后的法人概括承受。在法人分立的情形,原法人的债权债务,应依分立前缔结的合同确定的分担份额,由分立后的法人承受。

九　法人终止

(一)法人终止的内涵

法人终止,是指法人民事主体资格的消灭。《民法典》第 68 条规定:"有下列原因之一并依法完成清算、注销登记的,法人终止:(一)法人解散;(二)法人被宣告破产;(三)法律规定的其他原因。法人终止,法律、行政法规规定须经有关机关批准的,依照其规定。"据此,法人终止的原因包括法人解散、法人被宣告破产以及法律规定的其他原因。

(二)法人终止的原因

1. 法人解散

法人解散,是指法人有不能存续的事由时,停止活动并开始处理善后事务。法人解散是法人开始清算的原因。[①] 法人解散可以分为自行解散、行政解散和诉讼解散。《民法典》第 69 条规定:"有下列情形之一的,法人解散:(一)法人章程规定的存续期间届满或者法人章程规定的其他解散事由出现;(二)法人的权力机构决议解散;(三)因法人合并或者分立需要解散;(四)法人依法被吊销营业执照、登记证书,被责令关闭或者被撤销;(五)法律规定的其他情形。"

---

① 参见施启扬《民法总则》,中国法制出版社 2010 年版,第 154 页。

2. 法人被宣告破产

企业法人不能清偿到期债务,并且资产不足以清偿全部债务或者明显缺乏清偿能力的,经企业的法定代表人、主管部门以及企业法人的债权人等提出申请,由人民法院依法定程序宣告企业法人破产。《民法典》第73条规定:"法人被宣告破产的,依法进行破产清算并完成法人注销登记时,法人终止。"

3. 法律规定的其他原因

法人终止的原因,除法人解散和法人被宣告破产以外,还包括法律规定的其他原因,例如,因国家机关调整而导致机关法人的终止等。

(三)法人终止的程序

1. 清算

(1) 清算的内涵

法人解散或被依法宣告破产,应当进行清算。清算,是指法人在终止前,应当对其财产进行清理,对其债权债务关系进行了结的行为。清算包括依据破产清算和非破产清算。[1] 法人清算,一般由法人的董事、理事等执行机构或者决策机构的成员作为清算义务人,成立清算组进行清算。"法人不因解散而当然消灭,法人解散仅系开始清算的原因,必须完成清算程序,了结一切善后事务,法人人格始归于消灭。"[2]《民法典》第70条第1款规定:"法人解散的,除合并或者分立的情形外,清算义务人应当及时组成清算组进行清算。"法人被依法宣告破产的,也应依法定程序进行清算。《民法典》第73条规定:"法人被宣告破产的,依法进行破产清算并完成法人注销登记时,法人终止。"

法人清算后的剩余财产应依法处理。《民法典》第72条第2款规定:"法人清算后的剩余财产,根据法人章程的规定或者法人权力机构的决议处理。"完成清算的,应依法完成注销登记,完成注销登记时,法人终止。即使依法不需要办理注销登记的法人,也需要进行清算,完成清算的,法

---

[1] 参见杨立新《民法总则》,法律出版社2020年版,第138页。
[2] 施启扬:《民法总则》,中国法制出版社2010年版,第156页。

人终止。《民法典》第71条规定："法人的清算程序和清算组职权，依照有关法律的规定；没有规定的，参照适用公司法律的有关规定。"

清算期间的法人称为清算法人，它仍然具有法人资格，但只具有部分权利能力，不得进行与清算无关的活动。《民法典》第72条第1款规定："清算期间法人存续，但是不得从事与清算无关的活动。"据此，清算法人的民事权利能力和民事行为能力受到严格限制，不得从事与清算无关的活动。通说认为，我国民法采同一法人说。清算法人与解散前的法人具有同一人格，法人解散，其人格并不消灭，须待清算终结，其人格才消灭。法人解散后，虽然不能继续为新事业，但仍不失为同一法人。[1]"法人于解散后其实质仍然存续，不过其权利能力之范围缩小，仅限于清算必要之范围内而已，清算法人与解散法人仍为同一法人，故有以'自然人之受致命伤'譬喻之者。"[2]

根据《民法典》第72条第1款规定，清算法人不得从事与清算无关的活动。据此，清算法人不具有清算活动之外的权利能力，若其从事清算活动之外的民事法律行为，则该等民事法律行为可能成立，但因其违反法律的强制性规定，应属无效。不过，在此等情形，清算期间的法人应对其无过错的相对人承担缔约过失责任。[3]

（2）法人解散的清算

法人解散的，除合并或分立的情形外，应当进行法人清算。《民法典》第70条规定："法人解散的，除合并或者分立的情形外，清算义务人应当及时组成清算组进行清算。法人的董事、理事等执行机构或者决策机构的成员为清算义务人。法律、行政法规另有规定的，依照其规定。清算义务人未及时履行清算义务，造成损害的，应当承担民事责任；主管机关或者利害关系人可以申请人民法院指定有关人员组成清算组进行清算。"根据本条规定，应当明确以下几个问题。第一，根据本条第1款规定，法人解散的，除合并或分立情形外，应当组成清算组进行清算。第二，根据本条

---

[1] 参见梁慧星《民法总则讲义》，法律出版社2021年版，第138页。
[2] 李宜琛：《民法总则》，中国方正出版社2004年版，第99页。
[3] 参见陈甦主编《民法总则评注》，法律出版社2017年版，第488页。

第 2 款的规定，董事、理事等执行机构或者决策机构的成员为清算义务人。董事对法人负有忠实勤勉义务，且董事对公司具有控制力，因此，将董事规定为清算义务人合情合理合法。理事作为清算义务人的道理相同。"考虑到董事的职位特点，承担清算义务是董事履行其信义义务的职责所在。"① 第三，根据本条第 3 款的规定，清算义务人未及时履行清算义务，造成损害的，应当承担民事责任。清算人未及时履行清算义务，所损害的一般是法人的债权人的利益，应当由清算义务人向受损害的债权人承担赔偿责任。主管机关或者利害关系人可以申请人民法院指定有关人员组成清算组进行清算。人民法院指定清算组成员，应当不受本条第 2 款规定的清算义务人范围的限制，人民法院有权指定第 2 款规定清算义务人范围之外的有关人员组成清算组。所谓"有关人员"，应与该法人有关，例如该法人执行机构、决策机构之外的管理人员、法人的债权人、律师等。②

（3）法人破产的清算

法人被宣告破产的，应当根据法律规定进行清算。《民法典》第 73 条规定："法人被宣告破产的，依法进行破产清算并完成法人注销登记时，法人终止。"

2. 注销登记

依法办理登记手续才能成立的法人，完成注销登记时，法人终止。即使被吊销营业执照或者登记许可证，法人资格仍然存在，只有在清算结束并完成注销登记时，才能使法人终止。《民法典》第 72 条第 3 款规定："清算结束并完成法人注销登记时，法人终止；依法不需要办理法人登记的，清算结束时，法人终止。"《民法典》第 73 条规定："法人被宣告破产的，依法进行破产清算并完成法人注销登记时，法人终止。"

3. 批准

依法经批准成立的法人，经批准才能终止法人资格，在此情形，无需办理注销登记手续。《民法典》第 68 条第 2 款规定："法人终止，法律、

---

① 黎淑兰、王丽娜：《公司清算义务人相关问题研究》，载《人民司法》2012 年第 7 期。
② 参见梁慧星《〈民法总则〉重要条文的理解与适用》，载《四川大学学报（哲学社会科学版）》2017 年第 4 期。

行政法规规定须经有关机关批准的，依照其规定。"

十　法人分支机构

法人的分支机构，是指法人在某一区域设置的，具有处理对外事务职能的机构。法人分支机构不具备法人资格，但是，关于法人分支机构是否具有独立的民事主体地位，理论上存在争议，立法似乎倾向于承认其相对独立的民事主体地位。《民法典》第74条规定："法人可以依法设立分支机构。法律、行政法规规定分支机构应当登记的，依照其规定。分支机构以自己的名义从事民事活动，产生的民事责任由法人承担；也可以先以该分支机构管理的财产承担，不足以承担的，由法人承担。"据此，法人分支机构可以以自己的财产承担责任，不足以承担的，由法人承担。表明立法肯定了法人分支机构相对独立的民事主体地位。根据《民法典》第102条和第103条的规定，已经登记的法人分支机构能够以自己的名义从事民事活动，符合非法人组织的特征，应当属于非法人组织。领取营业执照的法人分支机构具备诉讼主体资格，反之则不具备诉讼主体资格。最高人民法院《关于适用〈中华人民共和国民事诉讼法〉的解释》第53条规定："法人非依法设立的分支机构，或者虽依法设立，但没有领取营业执照的分支机构，以设立该分支机构的法人为当事人。"

第二节　营利法人

一　营利法人的概念

(一) 营利法人的内涵

营利法人，是指以营利为目的并且分配利润的法人。成为营利法人应当具备两个条件，一是以营利为目的，二是分配利润。如果只是从事营利活动但不分配利润，则不是营利法人。从事营利活动与以营利为目的并不相同，例如，财团法人也可以从事营利活动，但只是为了公益目的，并且不分配利润。"为营利法人须以营利为目的，谓非以法人本身享有财产上的利益为目的,而系使其成员享受财产上之利益为目的,故在无社员之财团法人,性质上不得为营利法人。"①《民法典》第76条规定:"以取得利润并分配给股东等出资人为目的成立的法人,为营利法人。营利法人包括有限责任公司、股份有限公司和其他企业法人等。"据此,营利法人的特征是以营利为目的并分配利润。该条对现行法中所有的营利法人作了统一规定,包括公司法人和非公司法人。公司法人是指依照公司法在中国境内设立的有限责任公司和股份有限公司。非公司法人是指不具备公司形式的营利法人,主要包括非公司类国有企业、集体企业、乡镇企业、股份合作制企业、非公司制的外商投资企业等。

二 营利法人的成立登记

营利法人的成立需要登记。《民法典》第77条规定:"营利法人经依法登记成立。"企业法人设立一般采准则主义,即只要符合法律规定的条件,就应依法进行登记;特殊情形采核准主义,即依照法律、行政法规的规定需要批准的,在登记前需要办理批准手续。《公司法》第29条规定:"设立公司,应当依法向公司登记机关申请设立登记。法律、行政法规规定设立公司必须经批准的,应当在公司登记前依法办理批准手续。"

关于营利法人成立登记行为的性质,存在争议,即公法行为说和私法行为说。公法行为说认为,营利法人成立登记是公法行为,理由是:根据《中华人民共和国行政许可法》(以下简称《行政许可法》)第12条第5项的规定,"企业或者其他组织的设立等,需要确定主体资格的事项"为行政许可事项。从根本上讲,这源于法人的强大功能和对国家权力的潜在威胁。因此,在解释上,中国营利法人的成立登记是一种行政许可行为。②私法行为说认为,核准登记就如自然人的出生,旨在解决私法组织体的主体资格问题。虽然是否取得主体资格是公权力机关行使的,但私法主体资

---

① 史尚宽:《民法总论》,中国政法大学出版社2000年版,第143页。
② 参见谢鸿飞《论民法典法人性质的定位:法律社会学与法教义学分析》,载《中外法学》2015年第6期。

格属于私法问题。① 比较而言，公法行为说值得赞同。

《民法典》第78条规定："依法设立的营利法人，由登记机关发给营利法人营业执照。营业执照签发日期为营利法人的成立日期。"据此，法人成立的标志是取得营业执照。需注意的是，法人被吊销营业执照的，并不意味着法人终止。被吊销营业执照的营利法人应当进行清算，清算期间，法人仍然具备主体资格。法人只有经过注销程序，才能导致其主体资格消灭。

三　营利法人的章程

（一）营利法人章程的内涵

根据《民法典》的规定，设立营利法人和非营利法人都应依法制定法人章程，使其成为营利法人和非营利法人的成立要件，但并不是法人成立的一般要件。例如，特别法人的设立就不需要法人章程。一般认为，社团章程是在法律允许的范围内，通过社团内部关系的调整从而达到社团自治的目的，也是私法自治的一种特殊表现形式。② 《民法典》第79条规定："设立营利法人应当依法制定法人章程。"《公司法》第5条规定："设立公司应当依法制定公司章程。公司章程对公司、股东、董事、监事、高级管理人员具有约束力。"

公司章程的内容，也就是公司章程的记载事项。一般包括绝对必要记载事项、相对必要记载事项和任意记载事项。绝对必要记载事项，是指法律规定的法人章程必须记载的事项，否则章程无效，法人的设立无效。相对必要记载事项，是指法律规定的法人章程可以选择记载的事项。任意记载事项，是指法律没有规定的由制定者自愿记载的事项。

（二）营利法人章程与发起人协议的区别

设立营利法人，需要发起人协商一致，因此需要发起人协议。在发起人协议的基础上，需要制定营利法人章程。营利法人的章程与发起人协议存在如下区别。第一，是否为营利法人成立的必备要件不同。章程是营利

---

① 参见蒋大兴《公司法的展开与评判》，法律出版社2001年版，第345页。
② 参见〔德〕拉伦茨《德国民法通论》（上册），王晓晔等译，法律出版社2003年版，第184页。

法人设立的必备要件；但是，就有限责任公司的成立而言，它不以发起人协议为必备要件。第二，是否要式和内容不同。发起人协议一般是不要式的法律文件，内容主要是公司设立过程中有关权利和义务的安排，其内容是当事人的约定；而章程是要式的法律文件，内容主要是营利法人成立后法人治理结构等，其内容具有一定的法定性。第三，效力不同。根据合同相对性规则，发起人协议仅在发起人之间具有法律约束力，而且自设立行为开始后生效，营利法人成立后终止；而公司章程的效力不仅及于公司股东，也及于公司、董事、监事、高级管理人员，其效力持续到公司成立后的存续期间。[1]

四 营利法人的机构

营利法人的机构，是指根据法律或章程的规定，作出法人意思或执行法人意思的机构。营利法人的机构主要包括权力机构和执行机构，必要时可以设立法人的监督机构。

（一）权力机构

权力机构，是指在法人宗旨范围内对法人的重大事务作出决策的机构。《民法典》第80条规定："营利法人应当设权力机构。权力机构行使修改法人章程，选举或者更换执行机构、监督机构成员，以及法人章程规定的其他职权。"本条规定了营利法人权力机构的职权。"本条规范也确立了营利法人的权力机构中心主义，它和执行机构、监督机构之间是隶属关系。营利法人的权力机构是法人全部权力的拥有者，执行机构和监督机构的权力均由此派生。在权力机构中心主义模式下，如果法律没有明确将权力授予执行机构和监督机构时，原则上这种权力仍归属于权力机构。"[2]

就公司制营利法人而言，其权力机构是有限责任公司的股东会或者股份有限公司的股东大会。但是，并非所有公司都必须设立权力机构，依法不需要设立权力机构的主要包括以下两种情形。第一，根据《公司法》第

---

[1] 参见赵旭东《公司法学》，高等教育出版社2015年版，第171页。
[2] 陈甦主编《民法总则评注》，法律出版社2017年版，第553页。

172条的规定，国有独资公司不设股东会，由履行出资人职责的机构行使股东会职权。第二，根据《公司法》第60条的规定，一人有限责任公司不设股东会。

(二) 执行机构

执行机构，是指实现法人意志的机构。法人的权力机构通常决定法人最为重要的事项，而不从事日常生产经营管理活动；而且日常生产经营管理活动往往具有一定的专业性，需要专业人员从事该项活动，因此，出现了出资人与管理人的分离，产生了执行机构。通过专业人员进行生产经营管理，成为法人治理结构的重要特征，甚至出现了营利法人的权力从股东会中心主义向董事会中心主义的转化。《民法典》第81条规定："营利法人应当设执行机构。执行机构行使召集权力机构会议，决定法人的经营计划和投资方案，决定法人内部管理机构的设置，以及法人章程规定的其他职权。执行机构为董事会或者执行董事的，董事长、执行董事或者经理按照法人章程的规定担任法定代表人；未设董事会或者执行董事的，法人章程规定的主要负责人为其执行机构和法定代表人。"据此，董事会和执行董事是营利法人的执行机构，行使生产经营管理职权和法人章程规定的其他职权。"在大型公司中，因为董事会也并非常设机关，无法对公司事务事必躬亲作出决定，所以董事会往往将其权力授权给经理层行使。经理层并不采用董事会的多数决运行机制，而采取科层制和官僚制的首长决定制，比董事会的决议要高效很多，但容易造成公司权力向经理层倾斜。经理层的权力来自董事会的授权，经理层作为公司的经营者，是董事会的执行机构，与董事会之间存在委托——代理关系，因此董事会享有监督和约束经理层的权力。"[①]

(三) 监督机构

监督机构，是指对法人的财务和法人高级管理人员执行法人职务的行为等事项进行监督的机构。营利法人可以设立监督机构，也可以不设立监督机构。监督机构可由单个自然人担任，也可以由自然人团体担任，在自

---

① 陈甦主编《民法总则评注》，法律出版社2017年版，第562页。

然人团体担任时称监事会。《民法典》第 82 条规定："营利法人设监事会或者监事等监督机构的，监督机构依法行使检查法人财务，监督执行机构成员、高级管理人员执行法人职务的行为，以及法人章程规定的其他职权。"

五　禁止出资人滥用出资人权利损害公司和其他股东的权利

禁止权利滥用，是指民事权利的行使，不得超过其正当界限，否则即构成权利滥用，应依法承担相应的民事责任。禁止权利滥用是现代民法的基本原则之一。根据禁止权利滥用原则，营利法人的出资人不得滥用其出资人权利，否则应当承担相应的民事责任。《民法典》第 83 条第 1 款规定："营利法人的出资人不得滥用出资人权利损害法人或者其他出资人的利益。滥用出资人权利给法人或者其他出资人造成损失的，应当依法承担民事责任。"据此，营利法人的出资人滥用出资人权利损害法人或者其他出资人利益的，应当承担民事责任。

相比较而言，大股东享有更多的权利，如果违反忠实和勤勉义务，容易侵害法人或者其他小股东的利益。主要表现在以下几个方面："一是通过操纵股东会，做出有损法人和其他出资人的决议；二是通过控制董事会和经理层做出有损法人和其他出资人的决议或行为；三是私自从事有损法人和其他出资人的行为，如侵占法人财产等。"[①]

《公司法》第 21 条规定："公司股东应当遵守法律、行政法规和公司章程，依法行使股东权利，不得滥用股东权利损害公司或者其他股东的利益。公司股东滥用股东权利给公司或者其他股东造成损失的，应当承担赔偿责任。"据此，公司股东滥用股东权利损害公司或者其他股东利益的，应当依法承担相应的民事责任。一般认为，股东滥用股东权利损害公司或者其他股东利益的情形主要包括以下几种。第一，股东滥用表决权，这是股东滥用权利的主要情形。例如，股东特别是控股股东利用其多数表决权，控制股东会通过了不公平价格定向增资的决议，损害其他股东的合法权益，构成权利滥用。第二，股东滥用股东查阅权。根据公司法规定，股

---

① 陈甦主编《民法总则评注》，法律出版社 2017 年版，第 582 页。

东查阅会计账簿、会计凭证应具备正当目的。股东若为个人目的，以刺探公司商业秘密为目的行使查阅权，则构成权利滥用。第三，股东滥用提案权。如股东恶意提案，扰乱公司治理，也构成权利滥用。①

六　法人人格否认制度

（一）法人人格否认制度的内涵

法人人格否认，是指法人出资人滥用法人独立人格和出资人有限责任，严重损害法人债权人利益时，在具体的法律关系中否认法人的独立人格和出资人的有限责任，责令出资人对法人债权人承担连带责任。② 法人人格否认制度在具体法律关系中适用，针对个案进行分析评价，不影响其他法律关系中的独立人格。"人民法院在个案中否认公司人格的判决的既判力仅仅约束该诉讼的各方当事人，不当然适用于涉及该公司的其他诉讼，不影响公司独立法人资格的存续。如果其他债权人提起公司人格否认诉讼，已生效判决认定的事实可以作为证据使用。"③ 法人人格否认在英美法系称为"揭开公司的面纱"。按照英美法系的法人团体理论，法人对其债务独立承担民事责任，债权人不能穿越法人"面纱"追索法人背后出资人的债务责任。而"揭开公司的面纱"，即在特定的情况下，法院可不顾法人的有限责任特征，无视法人的独立主体资格，直接责令法人背后的出资人承担法人的债务。德国将否认法人人格称为"直索"，即在特定的情况下，法院可令债权人穿越作为债务人的法人的独立人格，径直向法人背后的股东追索。法院赋予债权人的这一权利，被称为"直索权"。④

法人人格否认制度的适用基础是滥用法人独立人格，侵害法人债权人

---

① 参见赵旭东主编《新公司法条文释解》，法律出版社 2024 年版，第 49 页。
② 参见朱慈蕴《公司法人格否认法理研究》，法律出版社 1998 年版，第 75 页；周友苏《新公司法论》，法律出版社 2006 年版，第 95 页；刘俊海《现代公司法》，法律出版社 2008 年版，第 474 页；赵旭东主编《新公司法条文释解》，法律出版社 2024 年版，第 52 页。
③ 最高人民法院民事审判第二庭：《〈全国法院民商事审判工作会议纪要〉理解与适用》，人民法院出版社 2019 年版，第 145 页。
④ 参见周友苏《新公司法论》，法律出版社 2006 年版，第 95 页。

的利益。"公司人格独立和股东有限责任是公司法的基本原则。否认公司独立人格，由滥用公司法人独立地位和股东有限责任的股东对公司债务承担连带责任，是股东有限责任的例外情形，旨在矫正有限责任制度在特定法律事实发生时对债权人保护的失衡现象。"①法人人格否认制度，可以分为纵向法人人格否认、横向法人人格否认和反向法人人格否认。所谓纵向法人人格否认，是指否认公司的法人人格，使股东对公司债务承担连带责任。所谓横向法人人格否认，是指否认各关联公司的法人人格，使关联公司之间对对方的债务承担连带责任。所谓反向法人人格否认，是指否认公司的法人人格，使公司对股东的债权人承担连带责任。②

（二）我国现行法上的法人人格否认制度

1. 纵向法人人格否认制度

纵向法人人格否认制度，是指在认定股东与公司之间人格混同，进而否定标的公司法人人格的基础上，要求特定股东对公司债务承担连带责任或公司对股东债务承担连带责任。前者称为正向法人人格否认，后者称为反向法人人格否认。③《民法典》第83条第2款规定："营利法人的出资人不得滥用法人独立地位和出资人有限责任损害法人的债权人利益。滥用法人独立地位和出资人有限责任，逃避债务，严重损害法人的债权人的利益的，应当对法人债务承担连带责任。"据此，营利法人的出资人不得滥用法人独立人格损害法人债权人的利益。如果出资人滥用法人独立人格，严重损害法人的债权人利益，则应当对法人债务承担连带责任。其性质是纵向法人人格否认制度。《公司法》第23条第1款规定："公司股东滥用公司法人独立地位和股东有限责任，逃避债务，严重损害公司债权人利益的，应当对公司债务承担连带责任。"从上述条款内容来看，《民法典》和《公司法》明确规定了正向法人人格否认制度，即特定股东对公司债务承担连带责任。

---

① 最高人民法院民事审判第二庭：《〈全国法院民商事审判工作会议纪要〉理解与适用》，人民法院出版社2019年版，第145页。
② 参见赵旭东主编《新公司法条文释解》，法律出版社2024年版，第52页。
③ 参见王毓莹《新公司法二十四讲》，法律出版社2024年版，第113页。

虽然反向法人人格否认制度没有法律明确规定，但我国学者普遍认为反向法人人格否认是公司法人理论发展的必然，《公司法》关于正向法人人格否认制度的规定可以类推适用于反向法人人格否认。① 有观点认为，《公司法》第23条第1款、第2款可以同时适用，即纵向人格否认和横向人格否认可以并用。这意味着，在法人人格否认情形下，公司的债权人可以同时要求公司股东和其他关联公司承担连带责任。可见，本条在一定程度上也承认了反向法人人格否认制度。②

2. 横向法人人格否认制度

横向法人人格否认制度，是指公司债权人要求否认公司人格，进而要求与该公司不存在持股与被持股关系的姐妹公司承担连带责任。③《公司法》第23条第2款规定："股东利用其控制的两个以上公司实施前款规定行为的，各公司应当对任一公司的债务承担连带责任。"据此，本款规定了横向法人人格否认制度。实践中，股东可能同时滥用多个公司的法人独立地位和股东有限责任，使资金在多个独立的公司之间流动，恶意逃废某一个公司或几个公司的债务，这种情况在企业集团情形下较为显著。关联公司（兄弟公司、姐妹公司）之间财产关系混乱、边界不清、财务混同、利益互相输送，难以计算，在同一控制之下实质上已经完全丧失了法人人格的独立性。若不适用法人人格否认制度，则对债权人很不公平。在2024年《公司法》修订前，有的法院通过参照适用原《公司法》第20条第3款来实现本款的规范目的，有的法院则通过援引最高人民法院第15号指导性案例的裁判要旨来实现相同的目标。可见，横向法人人格否认制度的立法极为必要。需要特别说明的是，本款规定中的"控制"，并不限于基于股权的母子公司式的控制，而是一种广义上的控制，包括以协议或者其他方式对公司具有支配力的控制。④

---

① 参见朱慈蕴《公司法人格否认制度理论与实践》，人民法院出版社2009年版，第51页；王毓莹《新公司法二十四讲》，法律出版社2024年版，第115页。
② 参见赵旭东主编《新公司法条文释解》，法律出版社2024年版，第54页。
③ 参见王毓莹《新公司法二十四讲》，法律出版社2024年版，第116页。
④ 参见赵旭东主编《新公司法条文释解》，法律出版社2024年版，第53~54页。

3. 一人公司法人人格否认的特殊规定

《公司法》第 23 条第 3 款规定："只有一个股东的公司，股东不能证明公司财产独立于股东自己的财产的，应当对公司债务承担连带责任。"本款对一人公司法人人格否认作出了特殊规定。独立的财产是法人拥有独立人格的必要基础，如果公司的财产不能独立于股东自己的财产，二者混同的话，实际上就意味着该公司已经丧失了独立的法人人格，而沦为股东实现特定目的的工具，股东自己可以随意挪用公司的财产，公司债权人的利益得不到保障，故此时应否认公司的法人人格，使股东对公司债务承担连带责任。为了防止一人公司股东滥用公司的独立法人人格，将公司财产与自己的财产混同，实现非法目的，本款特别规定了举证责任倒置规则。若一人公司的股东不能证明公司财产独立于自己的财产，则其应当对公司的全部债务承担连带责任。2024 年修订后的《公司法》第 92 条允许设立一人股份有限公司，故本款规定的"只有一个股东的公司"，既包括一人有限责任公司，也包括一人股份有限公司。[1]

最高人民法院（2019）最高法民再 372 号民事判决认为，2018 年修正的《公司法》第 58 条第 2 款规定："本法所称一人有限责任公司，是指只有一个自然人股东或者一个法人股东的有限责任公司。"夫妻二人出资成立的公司，注册资本来源于夫妻共同财产，公司的全部股权属于双方共同共有。即公司的全部股权实质来源于同一财产权，并为一个所有权共同享有和支配，股权主体具有利益的一致性和实质的单一性。在此情况下，该公司与一人有限责任公司在主体构成和规范适用上具有高度相似性，系实质意义上的一人有限责任公司。基于此，应参照《公司法》第 63 条规定，将公司财产独立于股东自身财产的举证责任分配给作为股东的夫妻二人。

（三）法人人格否认制度的适用情形

应在具体的法律关系中依法适用法人人格否认制度，最高人民法院在《九民纪要》中指出："实践中常见的情形有人格混同、过度支配与控制、资本显著不足等。在审理案件时，需要根据查明的案件事实进行综合判

---

[1] 参见赵旭东主编《新公司法条文释解》，法律出版社 2024 年版，第 55 页。

断，既审慎适用，又当用则用。实践中存在标准把握不严而滥用这一例外制度的现象，同时也存在因法律规定较为原则、抽象，适用难度大，而不善于适用、不敢于适用的现象，均应当引起高度重视。"①

1. 法人人格混同

法人人格混同，也称为法人人格的形骸化，是指法人的人格与出资人的人格或其他法人的人格完全混为一体。在一人公司和母子公司的场合下，公司形骸化的情况较为严重。一旦发生公司同其他股东或一公司同他公司的人格同化的现象，法院通常就要揭开公司的"面纱"。②《九民纪要》第10条规定："认定公司人格与股东人格是否存在混同，最根本的判断标准是公司是否具有独立意思和独立财产，最主要的表现是公司的财产与股东的财产是否混同且无法区分。在认定是否构成人格混同时，应当综合考虑以下因素：（1）股东无偿使用公司资金或者财产，不作财务记载的；（2）股东用公司的资金偿还股东的债务，或者将公司的资金供关联公司无偿使用，不作财务记载的；（3）公司账簿与股东账簿不分，致使公司财产与股东财产无法区分的；（4）股东自身收益与公司盈利不加区分，致使双方利益不清的；（5）公司的财产记载于股东名下，由股东占有、使用的；（6）人格混同的其他情形。在出现人格混同的情况下，往往同时出现以下混同：公司业务和股东业务混同；公司员工与股东员工混同，特别是财务人员混同；公司住所与股东住所混同。人民法院在审理案件时，关键要审查是否构成人格混同，而不要求同时具备其他方面的混同，其他方面的混同往往只是人格混同的补强。"本条规定了纵向法人人格否认制度。在认定是否构成法人人格混同时，应当综合本条规定的各种因素。"关键要看是否构成人格混同，而不要求同时具备其他方面的混同，其他方面的混同往往只是人格混同的补强。"③

---

① 最高人民法院民事审判第二庭：《〈全国法院民商事审判工作会议纪要〉理解与适用》，人民法院出版社2019年版，第145页。
② 参见朱慈蕴《公司法人格否认法理研究》，法律出版社1998年版，第151页。
③ 最高人民法院民事审判第二庭：《〈全国法院民商事审判工作会议纪要〉理解与适用》，人民法院出版社2019年版，第151页。

在法人人格混同的情形，法人完全由其背后的股东（包括个人股东和法人股东）控制或支配，控制股东将自己的意思强加于法人之上，把法人视为自己目标的工具，其独立意思完全被股东个人或母公司的意思所取代，致使法人丧失了自我意志、自我决策的能力，成为完全没有自主行动的玩偶。[1] 当法人与股东间发生全部的财产或业务连续性混同时，不仅严重地背离了法人与股东分离原则，而且导致法人与股东人格差别客观上不明，财产的独立化程度与权利义务归属点的法技术不对称。在英美和日本等国家的审判实践中，当遇到公司独立人格显然违背公平正义观念或者是一些明文规定的公共政策遭到落空的情况，法院即会抛开公司的独立人格，将公司的行为视为隐蔽在公司背后的实际控制公司的股东的行为。[2] 法人人格混同严重损害了法人债权人的合法权益，违反了法人独立人格的基本要件，构成法人人格否认的重要原因。

最高人民法院于 2013 年 1 月 31 日发布的第 15 号指导性案例中，关于沈阳市二建公司诉惠天公司、新东方公司（惠天公司的子公司）支付建筑工程款纠纷案，沈阳市沈北新区人民法院适用反向刺破公司"面纱"规则判决公司对股东的债务承担责任，沈阳市中级人民法院维持原判。[3] 一审法院认为，"该案所涉合同的订立、履行及结算，反映不出新东方公司的独立意思表示，该公司的经营活动处于不正常状态，其与惠天公司之间出现人员、经营管理、资金方面的混同，法人人格已形骸化，实际是惠天公司的另一个自我；基于公司法第二十条明确规定，存在股东与公司间人格混同；股东须对公司债务承担责任自不待言，而公司也须为股东债务承担责任，应是法人人格否认规定的应有之义；结合本案事实，新东方公司应对其股东惠天公司的债务承担连带责任。"

2. 过度支配与控制

过度支配与控制，是指公司控制股东操纵公司的决策过程，使公司完

---

[1] 参见朱慈蕴《公司法人格否认法理研究》，法律出版社 1998 年版，第 151~152 页。
[2] 参见吴治繁、周宵《论公司人格混同制度对人格否认的完善》，载《重庆三峡学院学报》2006 年第 4 期。
[3] 参见沈阳市沈北新区人民法院（2009）北新民初字第 2256 号判决书；沈阳市中级人民法院（2010）沈民二终字第 264 号判决书。

全丧失独立性，沦为控制股东的工具或躯壳。公司一旦被某一股东滥用控制权，就不再具有独立意思和独立财产，丧失独立人格。审判实践中，在多个关联公司由同一人、夫妻、母子或者家族控制的场合，如果发生公司债权人利益受到损害的情况，公司债权人提出公司股东滥用控制权的行为，就应该重点进行审查是否存在滥用控制权行为的情形。[1]《九民纪要》第11条规定："公司控制股东对公司过度支配与控制，操纵公司的决策过程，使公司完全丧失独立性，沦为控制股东的工具或躯壳，严重损害公司债权人利益，应当否认公司人格，由滥用控制权的股东对公司债务承担连带责任。实践中常见的情形包括：（1）母子公司之间或者子公司之间进行利益输送的；（2）母子公司或者子公司之间进行交易，收益归一方，损失却由另一方承担的；（3）先从原公司抽走资金，然后再成立经营目的相同或者类似的公司，逃避原公司债务的；（4）先解散公司，再以原公司场所、设备、人员及相同或者相似的经营目的另设公司，逃避原公司债务的；（5）过度支配与控制的其他情形。控制股东或实际控制人控制多个子公司或者关联公司，滥用控制权使多个子公司或者关联公司财产边界不清、财务混同，利益相互输送，丧失人格独立性，沦为控制股东逃避债务、非法经营，甚至违法犯罪工具的，可以综合案件事实，否认子公司或者关联公司法人人格，判令承担连带责任。"本条规定了横向法人人格否认制度。在此情形下，控制股东控制多个子公司或关联公司，其滥用控制权使多个子公司或关联公司财务混同，利益互相输送，丧失人格独立性，可以综合案件事实，相互否认子公司或关联公司法人人格，判令相互承担连带责任。[2]

最高人民法院（2008）最高法民二终55号民事判决适用了法人人格否认原理，否认了同一控制人名下的数个姐妹公司的人格，判令它们对股东债务承担清偿责任。[3] 在该案件中，作为上诉人的三家公司是姐妹公司，

---

[1] 参见最高人民法院民事审判第二庭《〈全国法院民商事审判工作会议纪要〉理解与适用》，人民法院出版社2019年版，第153页。

[2] 参见最高人民法院民事审判第二庭《〈全国法院民商事审判工作会议纪要〉理解与适用》，人民法院出版社2019年版，第154页。

[3] 参见《最高人民法院公报》2008年第10期。

存在股权交叉，人员和财产混同，在具体交易中意图规避法律责任，致使相关权利人的权利很难实现，法院适用了法人人格否认原理对发生混同的法人人格予以否认，判令发生人格混同的三家公司承担连带责任。判决认为，作为上诉人的三家公司是存在股权关系交叉、均为同一法人出资设立、由同一自然人担任各个公司法定代表人的关联公司，如果该法定代表人利用其对于上述多个公司的控制权，无视各个公司的独立人格，随意处置、混淆各个公司的财产及债权债务关系，造成各个公司的人员、财产等无法区分，该多个公司法人表面上虽然彼此独立，但实质上构成人格混同。因此损害债权人合法权益的，该多个公司法人应承担连带清偿责任。

最高人民法院于 2013 年 1 月 31 日发布的第 15 号指导性案例中，关于徐工集团工程机械股份有限公司诉成都川交工贸有限责任公司等买卖合同纠纷案，裁判要旨明确指出，关联公司人格混同，严重损害债权人利益的，关联公司相互之间对外部债务承担连带责任。法院判决认为："川交机械、瑞路公司对川交工贸所负债务应当一同承担连带责任。公司可以作为法人独立承担责任的前提条件是人格独立。《公司法》第三条规定了公司对外独立承担责任须有公司独立法人财产作为物质保证，公司法人独立人格正是体现于法人独立财产。当关联企业人格高度混同，法人间的财产无法区分时，其自然失去了独立担责的前提条件。三公司虽在法律形式上是相互独立的公司法人，然而事实上却是彼此人格混同、财产难以区分。川交工贸在无力清偿关联企业的全部债务的情况下，主张承担全部债务，妄图使另外两家公司逃避巨额债务，严重损害了公司债权人徐工集团的利益。如此行为违背了公司独立人格制度的立法初衷，更违背了诚实信用原则，该行为所导致的危害结果和其行为本质与《公司法》第二十条第三款规定的情形类似。"[1] 遂参照适用《公司法》第 20 条第 3 款之规定，判令川交机械、瑞路公司对川交工贸所负债务承担连带责任。

3. 资本显著不足

从理论上说，资本显著不足包括公司成立时资本显著不足和经营过程

---

[1] 江苏省高级人民法院（2011）苏商终字第 0107 号判决书。

中资本显著不足。审判实践中，资本显著不足，是指公司成立后在经营过程中，股东实际投入公司的资本数额与公司经营所隐含的风险相比明显不匹配。[1]《九民纪要》第 12 条规定："资本显著不足指的是，公司设立后在经营过程中，股东实际投入公司的资本数额与公司经营所隐含的风险相比明显不匹配。股东利用较少资本从事力所不及的经营，表明其没有从事公司经营的诚意，实质是恶意利用公司独立人格和股东有限责任把投资风险转嫁给债权人。由于资本显著不足的判断标准有很大的模糊性，特别是要与公司采取"以小博大"的正常经营方式相区分，因此在适用时要十分谨慎，应当与其他因素结合起来综合判断。"

（四）法人人格否认制度的构成要件

1. 主体要件

在适用法人人格否认制度的具体法律关系中的当事人是适用主体。第一，法人人格的滥用者，一般是法人的出资人或者股东。第二，因法人人格滥用而受到损害，并有权提起诉讼的相对人。[2]

2. 主观要件

从主观要件来看，滥用法人人格的股东具有主观故意。"从被告的主观过错来看，滥用公司法人独立地位和股东有限责任的股东，其目的是逃避债务，主观上有明显过错，是故意为之。如果股东主观上没有过错，或者过错不明显，属于过失，也没有必要否定公司人格。"[3]

3. 行为要件

一般认为，滥用法人人格的情形，按其性质可分为两类：第一类是股东滥用法人独立人格规避法律义务和契约义务；第二类是法人人格的形骸化，即法人人格混同。[4]"在司法实践中，这些行为的类型主要包括：营利法人资本显著不足；滥用公司人格回避法律义务或者合同义务；公司法人

---

[1] 参见最高人民法院民事审判第二庭《〈全国法院民商事审判工作会议纪要〉理解与适用》，人民法院出版社 2019 年版，第 156 页。

[2] 参见赵旭东主编《新公司法条文释解》，法律出版社 2024 年版，第 56 页。

[3] 最高人民法院民事审判第二庭：《〈全国法院民商事审判工作会议纪要〉理解与适用》，人民法院出版社 2019 年版，第 146 页。

[4] 参见朱慈蕴《论公司法人格否认法理的适用要件》，载《中国法学》1998 年第 5 期。

人格的形骸化；其他情形，如欺诈合同债权人或恶意破产等。"①

4. 结果要件

滥用法人人格的行为必须给债权人造成了逃避债务、严重损害法人债权人的利益的后果。如果没有造成严重损害后果，则没必要适用法人人格否认制度。② 同时，此种损害后果的发生还必须与股东滥用法人人格的行为之间存在因果关系，如果当事人的损失是由其他原因引起，而与滥用法人人格行为无因果关系，也不应适用法人人格否认制度。③

七 营利法人关联交易的规制

（一）关联交易的内涵

关联交易，是指具有关联关系的主体之间的财产性交易。《公司法》第265条第4项规定："关联关系，是指公司控股股东、实际控制人、董事、监事、高级管理人员与其直接或间接控制的企业之间的关系，以及可能导致公司利益移转的其他关系。但是，国家控股的企业之间不仅因为受国家控股而具有关联关系。"据此，关联关系可分为两类。第一，能够直接或间接控制公司的人与其直接或间接控制的其他公司之间的关系，由于不同的公司处于同一人或几人的控制之下，这些公司可能由于投资者、经营者等之间的重合具有一定的利益往来，需要认定其关联关系，进行重点关注。第二，可能导致公司利益转移的其他关系，这一兜底性的规定，给关联关系的认定留下了很大的空间。可能基于与控股股东、实际控制人、董监高等具有亲友关系等，能够借此影响公司决策，导致利益转移，因此应对这一关联关系进行判断，以确认其关联交易是否合法。另外，国家控股企业中履行出资人职责的机构可能是同一的，但由于国家控股企业及其履行出资人职责的机构均代表国家利益，一般情况下不存在进行利益转移

---

① 陈甦主编《民法总则评注》，法律出版社2017年版，第584页。
② 参见最高人民法院民事审判第二庭《〈全国法院民商事审判工作会议纪要〉理解与适用》，人民法院出版社2019年版，第146页。
③ 参见赵旭东主编《新公司法条文释解》，法律出版社2024年版，第56页。最高人民法院民事审判第二庭：《〈全国法院民商事审判工作会议纪要〉理解与适用》，人民法院出版社2019年版，第146页。

的动力，因此不能仅因受国家控股而认定其具有关联关系。[1]"关联交易包括两个特点：一是关联方之间存在控制与被控制关系；二是关联交易的内容或结果是发生利益的移转。"[2]

需要明确的是，关联交易并非均为不公平交易，也就是说，有些关联交易是公平交易，有些关联交易是不公平交易。"公平的关联交易可以为公司带来稳定、长期的交易关系，节约交易成本，对公司的经营和发展有益；不公平的关联交易，将损害公司利益，间接损害股东、公司债权人和其他利益相关者的利益，对公司的经营和发展不利。由此，在关联交易制度的构建上，公司法的目标是支持和鼓励那些公平、合理的关联交易，遏制和惩戒那些不公平、不合理的关联交易，而非不加区分地一概禁止所有关联交易。"[3] "《公司法》所要防止的不正当关联交易，主要是指损害公司和股东利益的关联交易，规制关联交易的重点是防止公司内部人可能利用自己的优势地位获取不正当利益。"[4]

（二）调整关联交易的规则

《公司法》第22条规定："公司的控股股东、实际控制人、董事、监事、高级管理人员不得利用其关联关系损害公司利益。违反前款规定，给公司造成损失的，应当承担赔偿责任。"据此，公司控股股东、实际控制人、董监高不得利用关联关系损害公司利益，否则应承担相应的民事责任。关于上述人员的内涵，《公司法》第265条第1项至第3项进行了定义性规定，其内容是："（一）高级管理人员，是指公司的经理、副经理、财务负责人，上市公司董事会秘书和公司章程规定的其他人员。（二）控股股东，是指其出资额占有限责任公司资本总额超过百分之五十或者其持有的股份占股份有限公司股本总额超过百分之五十的股东；出资额或者持有股份的比例虽然低于百分之五十，但依其出资额或者持有的股份所享有的表决权已足以对股东会的决议产生重大影响的股东。（三）实际控制人，

---

[1] 参见赵旭东主编《新公司法条文释解》，法律出版社2024年版，第559页。
[2] 陈甦主编《民法总则评注》，法律出版社2017年版，第593页。
[3] 赵旭东主编《新公司法释解》，法律出版社2024年版，第50页。
[4] 周友苏：《新公司法论》，法律出版社2006年版，第620页。

是指通过投资关系、协议或者其他安排，能够实际支配公司行为的人。"

《民法典》第84条规定："营利法人的控股出资人、实际控制人、董事、监事、高级管理人员不得利用其关联关系损害法人的利益。利用关联关系给法人造成损失的，应当承担赔偿责任。"本条在《公司法》第22条规定的基础上，扩张适用于全部营利法人。其现实意义在于，扩大了其适用对象，由单纯地适用于公司到适用于全部营利法人，这就有利于对各种营利法人进行规范。同时，这也表明了《民法典》采用民商合一的体制，对于《公司法》没有规定的事项，也可以适用《民法典》的规则，从而起到一种拾遗补缺的作用。[①]《最高人民法院关于适用〈中华人民共和国公司法〉若干问题的规定（五）》（以下简称《公司法司法解释（五）》）第1条第1款规定："关联交易损害公司利益，原告公司依据民法典第八十四条、公司法第二十一条规定请求控股股东、实际控制人、董事、监事、高级管理人员赔偿所造成的损失，被告仅以该交易已经履行了信息披露、经股东会或者股东大会同意等法律、行政法规或者公司章程规定的程序为由抗辩的，人民法院不予支持。"

为了遏制和惩戒不公平、不合理的关联交易，《公司法》对董事、监事、高级管理人员与公司的关联交易规定了特别报告和批准程序。《公司法》第182条规定："董事、监事、高级管理人员，直接或者间接与本公司订立合同或者进行交易，应当就与订立合同或者进行交易有关的事项向董事会或者股东会报告，并按照公司章程的规定经董事会或者股东会决议通过。董事、监事、高级管理人员的近亲属，董事、监事、高级管理人员或者其近亲属直接或者间接控制的企业，以及与董事、监事、高级管理人员有其他关联关系的关联人，与公司订立合同或者进行交易，适用前款规定。"据此，"新《公司法》扩大了自我交易与关联交易的范围，此次修订之前，我国对自我交易的规制对象仅限于董事、监事、高级管理人员的直接自我交易，忽略了对间接自我交易及其他关联交易的规制。新《公司

---

① 参见王利明《民法总则》，中国人民大学出版社2022年版，第212页。

法》扩大了关联人员的范围，改善了自我交易的狭隘适用情况"[①]。一般认为，关联交易属于一种特殊类型的自我交易，是自我交易内涵范畴的扩大，其外在表现形式及法律的规则体系与自我交易几乎相同，因此，在讨论关联交易的内容时也涵盖了自我交易。[②] 对于关联交易报告和批准程序的规定，仅适用董事、监事、高级管理人员，不适用控股股东和实际控制人。但是，公司章程可以规定控股股东、实际控制人关联交易的报告和批准程序。另外，根据《公司法司法解释（五）》第1条规定，一项关联交易，即使在事前经过有效的报告和批准程序，仍然需要接受事后的实质公平审查。[③]

八　营利法人应当遵守商业道德，承担社会责任

《民法典》第86条规定："营利法人从事经营活动，应当遵守商业道德，维护交易安全，接受政府和社会监督，承担社会责任。"据此，营利法人从事经营活动应当遵守商业道德，承担社会责任。第一，营利法人应当遵守商业道德。在商业道德中，诚实信用原则是一项基本的商业道德准则，营利法人应当诚实守信，恪守诺言，正当行使权利和履行义务。第二，维护交易安全。营利法人应当维护交易安全，不侵害与之交易的善意第三人的权利，维护交易安全和交易秩序。第三，接受政府和社会监督。政府监督，更多体现在行政监管责任上，市场监管部门要依法查处营利法人的违法行为。此外，营利法人还要自觉接受社会监督，包括新闻媒体的监督、公众的监督等。第四，承担社会责任。一般来说，企业的社会责任可以表现为对消费者权益负责、注重生态环境保护、热心公益宣传和慈善捐助、帮助社会中需要帮助的弱势群体等。[④]

《公司法》第19条规定："公司从事经营活动，应当遵守法律法规，遵守社会公德、商业道德，诚实守信，接受政府和社会公众的监督。"据

---

① 赵旭东主编《新公司法条文释解》，法律出版社2024年版，第394页。
② 参见王毓莹《新公司法二十四讲》，法律出版社2024年版，第253页。
③ 参见赵旭东主编《新公司法条文释解》，法律出版社2024年版，第51页。
④ 参见黄薇主编《中华人民共和国民法典总则编释义》，法律出版社2020年版，第217~218页。

此，公司从事经营活动，应当遵守法律法规，这是对公司经营活动最基本的要求。公司从事经营活动，应当遵守社会公德、商业道德，诚实守信，这是对公司经营活动的道德要求。公司从事经营活动，应当接受政府和社会公众的监督，以维护良好的市场秩序。[①]

《公司法》第 20 条规定："公司从事经营活动，应当充分考虑公司职工、消费者等利益相关者的利益以及生态环境保护等社会公共利益，承担社会责任。国家鼓励公司参与社会公益活动，公布社会责任报告。"根据本条第 1 款规定，公司应当承担社会责任。公司的社会责任是指公司不能仅仅以谋求股东利益最大化为唯一目的，而同时应当负有维护和增进其他社会主体利益的义务和责任。理由在于：一个公司之所以成功，并不仅在于股东的出资和董事、监事、高级管理人员的经营，还取决于公司职工提供劳动、消费者购买商品或服务、政府提供政务服务和公司所在社区提供的良好环境等，是众多因素合力的结果。这就要求公司在追求营利的同时，也应当适度承担一些社会责任。本条第 2 款属于倡导性规范，即鼓励公司参与各类社会公益活动，同时利用公布社会责任报告的形式，利用声誉机制，激励公司积极参与各类社会公益活动。[②]

第三节 非营利法人

一 非营利法人的概念和特征

（一）非营利法人的概念

非营利法人，是指以公益为目的或者不以营利为目的并且在成员之间不分配利润的法人。非营利法人可以从事营利活动，但是不分配利润，不得分配剩余财产。"营利法人与非营利法人的区别并非在于能否从事营利活动，而在于能否分配利润和分配剩余财产。"[③]《民法典》第 87 条规定：

---

① 参见赵旭东主编《新公司法条文释解》，法律出版社 2024 年版，第 46 页。
② 参见赵旭东主编《新公司法条文释解》，法律出版社 2024 年版，第 47 页。
③ 陈甦主编《民法总则评注》，法律出版社 2017 年版，第 510 页。

"为公益目的或者其他非营利目的成立的法人，不向出资人、设立人或者会员分配所取得利润的法人，为非营利法人。"根据《民法典》相关规定，非营利法人包括事业单位法人、社会团体法人和捐助法人。捐助法人包括基金会、社会服务机构和宗教活动场所等法人。

（二）非营利法人的特征

1. 以公益为目的或者不以营利为目的

从成立目的来看，非营利法人以公益为目的或者不营利为目的。非营利法人设立的目的有两种：一是公共利益，称为公益法人，如事业单位法人；二是公共利益以外的其他非营利目的，即互益法人，即为法人成员的共同利益成立的法人，如行业协会、商会、校友会等。一般认为，凡是为了社会公共利益之事业，均为公益事业。"在一定意义上，公益法人系向不特定多数人提供服务的社会组织，互益法人则是向特定的多数人提供服务的社会组织，换言之，以实现社会公共利益为主要目的的非营利法人为公益法人，以实现特定范围内特定人数的共同利益为目的的非营利法人为互益法人。"[1] 例如，医院是为不特定多数人服务的社会组织，是公益法人；而医学会则是为会员服务的社会组织，是互益法人。[2]

2. 不分配利润和剩余财产

从是否分配利润和剩余财产来看，非营利法人不得向出资人或股东等人分配利润和剩余财产。一方面，非营利法人不能向出资人、设立人或者会员分配所取得的利润；另一方面，非营利法人终止时，不得向出资人、成员等分配剩余财产。剩余财产应按照法人章程的规定或者权力机构的决议用于公益目的；无法按照法人章程的规定或者权力机构的决议处理的，由主管机关主持转给宗旨相同或者相近的法人，并向社会公告。《民法典》第 95 条规定："为公益目的成立的非营利法人终止时，不得向出资人、设立人或者会员分配剩余财产。剩余财产应当按照法人章程的规定或者权力机构的决议用于公益目的；无法按照法人章程的规定或者权力机构的决议

---

[1] 陈甦主编《民法总则评注》，法律出版社 2017 年版，第 636 页。
[2] 参见韩松《民法总论》，法律出版社 2020 年版，第 199 页。

处理的，由主管机关主持转给宗旨相同或者相近的法人，并向社会公告。"《中华人民共和国慈善法》（以下简称《慈善法》）第18条第3款规定："慈善组织清算后的剩余财产，应当按照慈善组织章程的规定转给宗旨相同或者相近的慈善组织；章程未规定的，由办理其登记的民政部门主持转给宗旨相同或者相近的慈善组织，并向社会公告。"《慈善法》第58条规定："慈善项目终止后捐赠财产有剩余的，按照募捐方案或者捐赠协议处理；募捐方案未规定或者捐赠协议未约定的，慈善组织应当将剩余财产用于目的相同或者相近的其他慈善项目，并向社会公开。"

3. 可以从事营利活动

非营利法人以公益为目的或者不以营利为目的，但可以从事营利活动。"非营利性"并非意味着这些组织不能进行经营活动而获得利润，而主要是指对获得利润的分配限制。[1] 所谓营利，是指通过商业活动获取利益，并将该利益分配给社员。如果只是从事营利活动，而不将利益分配给出资人的法人，不能称为营利法人。例如，公立学校虽然收取学费或者也从事其他营利活动，但所得利益只能用于增加学校资产规模，而不可能给股东或成员分红，所以仍属于非营利法人。[2] 作为非营利法人的基金会可以从事营利活动，以实现基金的保值、增值。《基金会管理条例》第28条规定："基金会应当按照合法、安全、有效的原则实现基金的保值、增值。"

二 非营利法人的类型

（一）事业单位法人

事业单位法人是我国特有的法律制度，是随着新中国的成立逐渐形成和发展起来的。在1952年政务院颁布的《关于全国各级人民政府、党派、团体所属事业单位的国家工作人员实行公费医疗预防的指示》中，第一次使用了"事业单位"的名称。随着将非行政事务部门单列，事业单位法人制度正式成为我国特有的法律制度。《民法通则》将事业单位法人列为与企

---

[1] 参见税兵《非营利法人解释》，载《法学研究》2007年第5期。
[2] 参见王利明主编《中华人民共和国民法总则详解》（上册），中国法制出版社2017年版，第367页。

业法人、机关法人和社会团体法人并列的非企业法人。1998年颁布的《事业单位登记管理暂行条例》（2004年修订）对事业单位进行了明确界定。[①]

事业单位，是指国家为了社会公益目的，由国家机关举办或者其他组织利用国有资产举办的，从事教育、科技、文化、卫生等活动的社会服务组织。《事业单位登记管理暂行条例》第2条规定："本条例所称事业单位，是指国家为了社会公益目的，由国家机关举办或者其他组织利用国有资产举办的，从事教育、科技、文化、卫生等活动的社会服务组织。事业单位依法举办的营利性经济组织，必须实行独立核算，依照国家有关公司、企业等经营组织的法律、法规登记管理。"据此，事业单位投资设立的营利性经济组织必须进行独立核算，例如，大学设立的校办企业。

设立事业单位法人，一般需要依法登记才能成立。《事业单位登记管理暂行条例》第3条第1款规定："事业单位经县级以上各级人民政府及其有关主管部门（以下统称审批机关）批准成立后，应当依照本条例的规定登记或者备案。"例如公立学校、医院等单位的设立，需要主管部门的审批，审批后还应当依法办理登记手续，依法登记成立后，取得事业单位法人资格。有些依法直接设立的事业单位无需依法登记即可取得法人资格，例如证监会等单位的设立无需办理登记手续。《民法典》第88条规定："具备法人条件，为适应经济社会发展需要，提供公益服务设立的事业单位，经依法登记成立，取得事业单位法人资格；依法不需要办理法人登记的，从成立之日起，具有事业单位法人资格。"

事业单位法人可以设理事会，也可以不设理事会。设立理事会的，一般情况下，理事会是其决策机构，法律另有规定的除外。《民法典》第89条规定："事业单位法人设理事会的，除法律另有规定外，理事会为其决策机构。事业单位法人的法定代表人依照法律、行政法规或者法人章程的规定产生。"

（二）社会团体法人

社会团体，是指中国公民自愿组成，为实现会员共同意愿，按照其章

---

① 参见陈甦主编《民法总则评注》，法律出版社2017年版，第639页。

程开展活动的非营利性社会组织。《社会团体登记管理条例》第2条规定："本条例所称社会团体，是指中国公民自愿组成，为实现会员共同意愿，按照其章程开展活动的非营利性社会组织。国家机关以外的组织可以作为单位会员加入社会团体。"社会团体的经费及合法收入不得在会员中进行分配。《社会团体登记管理条例》第26条第2款规定："社会团体的经费，以及开展章程规定的活动按照国家有关规定所取得的合法收入，必须用于章程规定的业务活动，不得在会员中分配。"

社会团体可以登记成立，也可以不经登记成立。登记成立是常态，不经登记成立是例外。《民法典》第90条规定："具备法人条件，基于会员共同意愿，为公益目的或者会员共同利益等非营利目的设立的社会团体，经依法登记成立，取得社会团体法人资格；依法不需要办理法人登记的，从成立之日起，具有社会团体法人资格。"《社会团体登记管理条例》第3条规定："成立社会团体，应当经其业务主管单位审查同意，并依照本条例的规定进行登记。社会团体应当具备法人条件。下列团体不属于本条例规定登记的范围：（一）参加中国人民政治协商会议的人民团体；（二）由国务院机构编制管理机关核定，并经国务院批准免于登记的团体；（三）机关、团体、企业事业单位内部经本单位批准成立、在本单位内部活动的团体。"

社会团体的性质是人的集合，这方面与大陆法系的社团法人相似。但其区别在于：社会团体法人只能以公益为目的而成立；而社团法人既可以是公益目的，也可以是营利目的。《社会团体登记管理条例》第10条规定："成立社会团体，应当具备下列条件：（一）有50个以上的个人会员或者30个以上的单位会员；个人会员、单位会员混合组成的，会员总数不得少于50个；（二）有规范的名称和相应的组织机构；（三）有固定的住所；（四）有与其业务活动相适应的专职工作人员；（五）有合法的资产和经费来源，全国性的社会团体有10万元以上活动资金，地方性的社会团体和跨行政区域的社会团体有3万元以上活动资金；（六）有独立承担民事责任的能力。"

社会团体法人应当制定章程，应当设立管理机构。《民法典》第91条规定:"设立社会团体法人应当依法制定法人章程。社会团体法人应当设会员大会或者会员代表大会等权力机构。社会团体法人应当设理事会等执行机构。理事长或者会长等负责人按照法人章程的规定担任法定代表人。"

(三) 捐助法人

1. 捐助法人概述

(1) 捐助法人的概念

捐助法人,是指以捐助财产为基础成立的公益性质的法人。比较法上,捐助法人一般称为财团法人。之所以以捐助法人的概念来表述财团法人,主要是考虑符合中国的语言习惯,便于理解。[1] 捐助者在捐助行为中所确立的意愿是捐助法人设立的目的,应当符合公益性要求。捐助法人应当根据该目的予以管理,因此,捐助法人须遵循他人的意愿,即他治。如果捐助法人的设立不符合捐助目的,则主管部门可以要求限期整改,甚至将其财产移交其他设立目的最近的捐助法人。如果捐助法人目的的完成成为不能,或者其完成将不符合公益目的,主管机关可以为其指定其他目的,甚至废止该捐助法人。当捐助法人变更其目的时,应当考虑捐助人的意思,将捐助法人的财产产生的收益归属于应当享受此种利益之人。[2]

《民法典》第 92 条规定:"具备法人条件,为公益目的以捐助财产设立的基金会、社会服务机构等,经依法登记成立,取得捐助法人资格。依法设立的宗教活动场所,具备法人条件的,可以申请法人登记,取得捐助法人资格。法律、行政法规对宗教活动场所有规定的,依照其规定。"据此,捐助法人主要包括基金会、社会服务机构、宗教活动场所等法人类型。

(2) 捐助法人的成立

捐助法人的成立,需要具备以下条件。第一,须以公益为目的。捐助法人的设立以公益为目的。例如,《基金会管理条例》第 10 条第 1 款规定:"基金会章程必须明确基金会的公益性质,不得规定使特定自然人、法人或者其他组织受益的内容。"第二,须有捐助财产。捐助法人以捐助

---

[1] 参见李适时《中华人民共和国民法总则释义》,法律出版社 2017 年版,第 276 页。
[2] 参见陈甦主编《民法总则评注》,法律出版社 2017 年版,第 663~664 页。

财产为基础，捐助财产是捐助法人的实质性特征。归根到底，捐助法人是捐助财产的集合，而不是人的集合，没有成员或社员。捐助法人具有独立的法律人格，其与独立的捐助财产有本质区别，后者既可以以特定目的向已存在的法人进行捐赠，也可以是为特定目的通过募捐募集到的财产。① 第三，须有捐助行为。捐助行为，又称财团之设立行为，是指财团设立人捐出一定财产，并订立捐助章程，以表示其设立财团之意思的要式行为。捐助行为成立时，法人尚未成立，故为无相对人单独行为。若于法人成立后捐助其财产，则为赠与性质。② 捐助行为通常以生前行为为之，是为生前捐助，此时除捐助行为外，并应订立捐助章程。此外也得以遗嘱方式捐助，是为遗嘱捐助，此时无须订立章程。③ "捐助行为无论采何种方式，均依捐助人一方的意思表示而产生效力。财团法人之设立如须获得主管机关之许可，但许可系公法行为，不得因此误认主管机关为捐助意思表示之相对人，故捐助行为属于无相对人之单方法律行为。"④ 第四，须经主管机关许可并依法办理登记。关于捐助法人的设立，我国采许可制。根据《慈善法》第10条规定，设立捐助法人，应当向县级以上人民政府民政部门申请登记，民政部门应当自受理申请之日起30日内作出决定。符合本法规定条件的，准予登记并向社会公告；不符合本法规定条件的，不予登记并书面说明理由。

（3）捐助法人的治理结构

捐助法人是以捐助财产为基础而成立的他治法人，因此需要建立严格的内部治理结构。《民法典》第93条规定："设立捐助法人应当依法制定法人章程。捐助法人应当设理事会、民主管理组织等决策机构，并设执行机构。理事长等负责人按照法人章程的规定担任法定代表人。捐助法人应当设监事会等监督机构。"据此，捐助法人须依法制定章程，捐助法人根

---

① 参见陈甦主编《民法总则评注》，法律出版社2017年版，第663页。
② 参见郑玉波《民法总则》，中国政法大学出版社2003年版，第243~244页；杨与龄编著《民法概要》，中国政法大学出版社2002年版，第42页。
③ 参见施启扬《民法总则》，中国法制出版社2010年版，第171页。
④ 梁慧星：《民法总论》，法律出版社2021年版，第170页。

据章程规定而运行，从而实现捐助目的。同时，由于捐助法人没有成员大会，即无权力机关，因此需要建立明确的决策机构、执行机构和监督机构，从而形成科学、合理的内部治理结构。①

捐助人为公益目的捐助财产，财产一经捐赠，就成为法人财产，捐助人不再享有所有权，捐助财产的管理、支配、处分等权利由捐助法人享有，但是，捐助人对其捐助财产依法享有监督权。《民法典》第94条规定："捐助人有权向捐助法人查询捐助财产的使用、管理情况，并提出意见和建议，捐助法人应当及时、如实答复。捐助法人的决策机构、执行机构或者法定代表人作出决定的程序违反法律、行政法规、法人章程，或者决定内容违反法人章程的，捐助人等利害关系人或者主管机关可以请求人民法院撤销该决定，但是捐助法人依据该决定与善意相对人形成的民事法律关系不受影响。"《基金会管理条例》第39条规定："捐赠人有权向基金会查询捐赠财产的使用、管理情况，并提出意见和建议。对于捐赠人的查询，基金会应当及时如实答复。基金会违反捐赠协议使用捐赠财产的，捐赠人有权要求基金会遵守捐赠协议或者向人民法院申请撤销捐赠行为、解除捐赠协议。"《慈善法》第42条规定："捐赠人有权查询、复制其捐赠财产管理使用的有关资料，慈善组织应当及时主动向捐赠人反馈有关情况。慈善组织违反捐赠协议约定的用途，滥用捐赠财产的，捐赠人有权要求其改正；拒不改正的，捐赠人可以向县级以上民政部门投诉、举报或者向人民法院提起诉讼。"

2. 捐助法人的类型

（1）基金会

基金会，是指以公益为目的、以捐助财产为基础成立的社会组织。《基金会管理条例》第2条规定："本条例所称基金会，是指利用自然人、法人或者其他组织捐赠的财产，以从事公益事业为目的，按照本条例的规定成立的非营利法人。"据此，基金会是以捐赠的财产为基础的公益法人。《基金会管理条例》第5条规定："基金会依照章程从事公益活动，应当遵循公

---

① 参见陈甦主编《民法总则评注》，法律出版社2017年版，第668页。

开、透明的原则。"《慈善法》第56条规定："慈善组织开展慈善活动，应当依照法律法规和章程的规定，按照募捐方案或者捐赠协议使用捐赠财产。慈善组织确需变更募捐方案规定的捐赠财产用途的，应当报民政部门备案；确需变更捐赠协议约定的捐赠财产用途的，应当征得捐赠人同意。"

(2) 社会服务机构

社会服务机构，是指民间力量通过捐助财产举办的为社会提供公益性服务的非营利性社会组织，包括非营利性的民办学校、民办医院、民办养老院、民办博物馆等。[①] 1998年颁布的《民办非企业单位登记管理暂行条例》中称之为民办非企业单位，2016年颁布的《慈善法》中将其名称修改为社会服务机构，[②]《民法典》沿袭了《慈善法》上的名称。《民办非企业单位登记管理暂行条例》第2条规定："本条例所称民办非企业单位，是指企业事业单位、社会团体和其他社会力量以及公民个人利用非国有资产举办的，从事非营利性社会服务活动的社会组织。"《慈善法》第8条规定："本法所称慈善组织，是指依法成立、符合本法规定，以面向社会开展慈善活动为宗旨的非营利性组织。慈善组织可以采取基金会、社会团体、社会服务机构等组织形式。"具备法人资格的社会服务机构属于捐助法人。

民办学校既可以是营利性法人，也可以是非营利性法人，设立登记时应当明确其性质，可以选择登记为营利法人，或者选择登记为非营利法人。其根本区别在于是否分配利润和剩余财产，分配利润和剩余财产的就是营利法人，反之则是非营利法人。《中华人民共和国民办教育促进法》（以下简称《民办教育促进法》）第19条规定："民办学校的举办者可以自主选择设立非营利性或者营利性民办学校。但是，不得设立实施义务教育的营利性民办学校。非营利性民办学校的举办者不得取得办学收益，学校的办学结余全部用于办学。营利性民办学校的举办者可以取得办学收益，学校的办学结余依照公司法等有关法律、行政法规的规定处理。民办

---

① 参见韩松《民法总论》，法律出版社2020年版，第202页。
② 参见最高人民法院民法典贯彻实施工作领导小组主编《中华人民共和国民法典总则编理解与适用》，人民法院出版社2020年版，第465页。

学校取得办学许可证后,进行法人登记,登记机关应当依法予以办理。"《民办教育促进法》第59条规定:"对民办学校的财产按照下列顺序清偿:(一)应退受教育者学费、杂费和其他费用;(二)应发教职工的工资及应缴纳的社会保险费用;(三)偿还其他债务。非营利性民办学校清偿上述债务后的剩余财产继续用于其他非营利性学校办学;营利性民办学校清偿上述债务后的剩余财产,依照公司法的有关规定处理。"

(3)宗教活动场所

宗教活动场所,是指从事宗教活动的处所,包括寺院、宫观、清真寺、教堂以及其他固定宗教活动场所。宗教团体和宗教活动场所是不同的概念。筹备宗教活动场所,由宗教团体向拟设立的宗教活动场所所在地的县级人民政府宗教事务部门提出申请,依法予以审批。《民法典》第92条第2款规定:"依法设立的宗教活动场所,具备法人条件的,可以申请法人登记,取得捐助法人资格。法律、行政法规对宗教活动场所有规定的,依照其规定。"

宗教活动场所不一定具备法人资格。宗教活动场所要成为法人,应当符合法律规定的条件。根据相关法律规定,宗教活动场所的法人设立采行政许可主义,在批准之后,宗教活动场所还需要办理登记手续。《宗教事务条例》第22条规定:"宗教活动场所经批准筹备并建设完工后,应当向所在地的县级人民政府宗教事务部门申请登记。县级人民政府宗教事务部门应当自收到申请之日起30日内对该宗教活动场所的管理组织、规章制度建设等情况进行审核,对符合条件的予以登记,发给《宗教活动场所登记证》。"《宗教事务条例》第23条规定:"宗教活动场所符合法人条件的,经所在地宗教团体同意,并报县级人民政府宗教事务部门审查同意后,可以到民政部门办理法人登记。"

第四节 特别法人

一 特别法人的概念

现实生活中的一些法人不能被营利法人和非营利法人所包含,因此,

《民法典》创设特别法人类型，将机关法人、农村集体经济组织法人、城镇农村的合作经济组织法人和基层群众性自治组织法人，规定为特别法人。这是中国法第一次赋予居民委员会、村民委员会以法人资格，也第一次明确了农村集体经济组织的法人地位。为回应中国绝大多数农村未设立村集体经济组织的事实，它还规定村民委员会可以依法代行村集体经济组织的职能。《民法典》第96条规定："本节规定的机关法人、农村集体经济组织法人、城镇农村的合作经济组织法人、基层群众性自治组织法人，为特别法人。"本条关于特别法人的规定是封闭式的，特别法人只包括本条规定的四种类型。"特别法人的范围很小，未来也不宜扩大，否则就会侵蚀和动摇营利法人和非营利法人作为法人分类基础的地位。"[1]

特别法人是我国《民法典》规定的特殊类型的法人，其他国家或地区的民法并没有规定这种类型的法人。我国《民法典》将法人类型以是否营利为标准划分为营利法人和非营利法人，按照这种分类标准，有些法人无法归入上述法人类型，因此，将机关法人、农村集体经济组织法人、城镇农村的合作经济组织法人和基层群众性自治组织法人四种法人归入特别法人类型。这四种法人既不同于营利法人，也不同于非营利法人，有其自身的特殊性。[2]

二　机关法人

机关法人，是指依照法律或行政命令组建的、享有公权力且主要从事国家管理活动的各级国家机关。国家机关的性质是公法人，为公益目的而设立。"机关法人的设立采用特许主义。有独立经费的机关和承担行政职能的法定机构，从成立之日起，具有机关法人资格。由于机关法人的设立取决于宪法、法律和行政命令，因此其设立无须经专门机构核准登记。"[3]《民法典》第97条规定："有独立经费的机关和承担行政职能的法定机构

---

[1] 李适时主编《中华人民共和国民法总则释义》，法律出版社2017年版，第301页。
[2] 参见黄薇主编《中华人民共和国民法典总则编释义》，法律出版社2020年版，第249页。
[3] 王利明主编《中华人民共和国民法总则详解》（上册），中国法制出版社2017年版，第396页。

从成立之日起,具有机关法人资格,可以从事为履行职能所需要的民事活动。"机关法人撤销后,其权利义务依法由相应的机关法人享有和承担。《民法典》第98条规定:"机关法人被撤销的,法人终止,其民事权利和义务由继任的机关法人享有和承担;没有继任的机关法人的,由作出撤销决定的机关法人享有和承担。"

机关法人是为公益目的而设立,因此应当从事与公共利益相关的事务,军队尤其如此,否则会产生负面影响。"军队有偿服务问题也是涉及军地、军民关系的一个大问题。一九九八年,党中央和中央军委决定军队、武警部队停止一切经商活动后,允许军队在一些行业开展对外有偿服务。从调查摸底的情况看,对外有偿服务给军队建设带来不少负面影响,必须下决心全面停止军队开展对外有偿服务。这关系到纯洁部队风气、保持我军性质和本色。鉴于军队在部分领域仍承担国家赋予的社会保障任务,可将这部分任务纳入军民融合发展体系。"[1]

三 农村集体经济组织法人

(一) 农村集体经济组织的概念

农村集体经济组织是以土地所有权为基础的地区性经济组织。我国农村集体经济组织是在20世纪50年代实行农业社会主义改造时期产生的,随后不断发展演变,成为一种独具特色的经济组织。1984年中央一号文件要求,政社分设后,农村经济组织应当根据生产发展的需要,在群众自愿基础上设置,形式与规模可以多种多样,不要自上而下强制推行某一种模式。为了完善统一经营和分散经营相结合的体制,一般应设置以土地公有为基础的地区性经济组织。这种组织,可以叫农业合作社、经济联合社或群众选定的其他名称;可以以村(大队或联队)为范围设置,也可以以生产队为单位设置;可以同村民委员会分立,也可以一套班子两块牌子。

农村集体经济组织,是指以土地集体所有为基础、依法代表成员集体

---

[1] 习近平:《全面实施改革强军战略,坚定不移走中国特色强军之路》,载《十八大以来重要文献选编》(下),中央文献出版社2018年版,第22页。

行使所有权，实行家庭承包为基础、统分结合的双层经营体制的地区性经济组织，不包括农村供销合作社、农村信用合作社、农民专业合作社等合作经济组织。农村集体经济组织的本质特征是以集体土地所有权为基础，其核心职责在于行使土地权利；农村集体经济组织具有特定地域性，在特定地域内是唯一的、具有排他性的经济组织；因此，集体经济组织区别于农民专业合作社等合作经济组织。《中华人民共和国农村集体经济组织法》（以下简称《农村集体经济组织法》）第2条规定："本法所称农村集体经济组织，是指以土地集体所有为基础，依法代表成员集体行使所有权，实行家庭承包经营为基础、统分结合双层经营体制的区域性经济组织，包括乡镇级农村集体经济组织、村级农村集体经济组织、组级农村集体经济组织。"

（二）农村集体经济组织依法取得特别法人资格

《民法典》第99条规定："农村集体经济组织依法取得法人资格。法律、行政法规对农村集体经济组织有规定的，依照其规定。"据此，农村集体经济组织是《民法典》规定的特别法人，可以以公益目的从事民事活动，也可以以营利目的从事民事活动。农村集体经济组织作为特别法人的特殊性表现在以下几个方面：集体财产不可分割、集体成员社区封闭、营利性与公益性并存、资产权益以户为单位分享、不能以集体土地所有权对外承担责任、农村集体经济组织不适用于破产终止等。[1]

农村集体经济组织作为《民法典》规定的特别法人，其权利能力和行为能力受到法律限制，具有以下特征。第一，农村集体经济组织依法登记，取得特别法人资格，从事与其履行职责相适应的民事活动。《农村集体经济组织法》第6条第1款规定："农村集体经济组织依照本法登记，取得特别法人资格，依法从事与其履行职能相适应的民事活动。"第二，农村集体经济组织以农民集体土地所有权为基础设立，集体土地使用权依法不得转让，农村集体经济组织不得破产。《农村集体经济组织法》第6

---

[1] 参见倪坤晓《关于农村集体经济组织立法的几点思考》，载《农村经营管理》2022年第12期。

条第2款规定:"农村集体经济组织不适用有关破产法律的规定。"第三,集体财产依法由农村集体经济组织成员集体所有,由农村集体经济组织管理,不可分割到成员个人。《农村集体经济组织法》第11条规定:"户籍在或者曾经在农村集体经济组织并与农村集体经济组织形成稳定的权利义务关系,以农村集体经济组织成员集体所有的土地等财产为基本生活保障的居民,为农村集体经济组织成员。"农村集体经济组织成员资格的取得、保有和丧失应当根据法律规定予以确认。《农村集体经济组织法》第18条规定:"农村集体经济组织成员不因就学、服役、务工、经商、离婚、丧偶、服刑等原因而丧失农村集体经济组织成员身份。农村集体经济组织成员结婚,未取得其他农村集体经济组织成员身份的,原农村集体经济组织不得取消其成员身份。"第四,为避免农村集体经济组织在从事经营活动的过程中,承担超出其承受能力的债务而引发经济纠纷,农村集体经济组织需要从事经营活动的,可以依法出资设立或者参与设立公司、农民专业合作社等市场主体。设立的市场主体依法从事经营活动,享有民事权利,承担民事义务,以其财产对其债务承担责任。农村集体经济组织以其出资为限对其设立或者参与设立的市场主体债务承担责任。《农村集体经济组织法》第6条第3款规定:"农村集体经济组织可以依法出资设立或者参与设立公司、农民专业合作社等市场主体,以其出资为限对其设立或者参与设立的市场主体的债务承担责任。"

四 城镇农村的合作经济组织法人

(一)城镇农村的合作经济组织法人的概念

城镇农村的合作经济组织法人,是指城镇农村的同类产品或者产业的生产经营者或者服务提供者、利用者,在自愿联合的基础上互助合作、民主管理、共同受益的经济组织。城镇农村合作经济组织主要是供销合作社、信用合作社和农民专业合作社等。[①]《民法典》第100条规定:"城镇农村的合作经济组织依法取得法人资格。法律、行政法规对城镇农村的合

[①] 参见韩松《民法总论》,法律出版社2020年版,第209页。

作经济组织有规定的，依照其规定。"城镇农村的合作经济组织的性质是特别法人，它的成立与土地所有权没有关系。它可能是本集体全部成员或几个成员组成的农产品产供销的专业合作社，也可能是跨越特定地域的几个集体的部分成员组成的专业合作社。因此，合作经济组织和农村集体经济组织存在本质区别。就农民专业合作社而言，它是由一定数量的成员组成的专业合作经济组织。根据《中华人民共和国农民专业合作社法》（以下简称《农民专业合作社法》）第10条第1项规定，五名以上成员即可以依法成立农民专业合作社。《农民专业合作社法》第2条规定："本法所称农民专业合作社，是指在农村家庭承包经营基础上，农产品的生产经营者或者农业生产经营服务的提供者、利用者，自愿联合、民主管理的互助性经济组织。"

（二）农村集体经济组织与合作经济组织的区别

农村集体经济组织区别于农民专业合作社等合作经济组织，集体经济组织是以集体土地所有权为基础成立的经济组织，而合作经济组织与集体土地所有权无关。"农村集体经济组织作为特别法人，其决策机关、执行机关和监督机关都需要在立法上予以明确，同时对于农村集体经济组织的具体称谓也应该在立法上进行相对统一，给出一个参考性标准，不然在实践中很容易和城镇农村的合作经济组织相混淆。"[1]

乡镇企业、农民专业合作社等农民合作经济组织不是《民法典》意义上的集体经济组织，不能混为一谈。根据《中华人民共和国乡镇企业法》（以下简称《乡镇企业法》）第2条的定义，乡镇企业是指农村集体经济组织或者农民投资为主在乡镇（村）举办的各类企业，这显然表明乡镇企业不是农村集体经济组织。《农民专业合作社法》第2条规定："本法所称农民专业合作社，是指在农村家庭承包经营基础上，农产品的生产经营者或者农业生产经营服务的提供者、利用者，自愿联合、民主管理的互助性经济组织。"《农民专业合作社法》第9条规定："农民专业合作社为扩大

---

[1] 孙宪忠：《以集体成员权为基础推动农村集体经济组织立法》，载《人民政协报》2022年3月17日。

生产经营和服务的规模,发展产业化经营,提高市场竞争力,可以依法自愿设立或者加入农民专业合作社联合社。"据此,农民专业合作社可以不受地域限制。可见,合作经济组织与集体经济组织存在区别。一方面,合作经济组织并不以土地所有权为基础。在家庭承包经营基础上,生产、经营同类农产品的农户自愿组成农民专业合作社,对于提高农民组织化程度,增强农民市场竞争力,促进农业产业化现代化,都有十分重要的作用。农民专业合作社是农民自愿成立的,并非建立在农民集体所有土地的基础上,而且通常都突破了特定地域的限制,可以跨越不同乡(镇)村。[1]另一方面,合作经济组织可能仅包括特定地域内的部分成员。各种形式的农工商公司或者一部分村民组成的集体性质的合作社,它们是为特定目的成立的法人,即使具有集体性质,也不具备《民法典》意义上的集体经济组织的规格,无权代表集体行使所有权。这些集体性质的企业可能只包括集体的部分成员和财产,与农民集体的人员和财产构成并不一定相同。例如,农民专业合作社是新型合作经济组织之一,根据《农民专业合作社法》第12条规定,只需5名设立人即可成立专业合作社。此时,集体经济组织的成员与农民集体的成员并不完全相同,事实上可能只是农民集体成员的一小部分。[2]

五 基层群众自治组织法人

(一)基层群众自治组织法人包括居民委员会和村民委员会

居民委员会和村民委员会是自我管理、自我教育、自我服务的基层群众性自治组织。一般认为,基层群众性自治组织兼具公法和私法双重身份,不存在非此即彼的问题。作为公法主体,基层群众性自治组织是我国《宪法》确定的基层群众自治制度的具体主体,它既不是国家机关的下级组织,又不从属于居民(村民)居住地范围内的其他任何社会组织,而是

---

[1] 参见何宝玉《我国农村集体经济组织的历史沿革、基本内涵与成员确认》,载《法律适用》2021年第10期。
[2] 参见于飞《"农民集体"与"集体经济组织":谁为集体所有权人?——风险界定视角下两者关系的再辨析》,载《财经法学》2016年第1期。

一个具有自治性质的基层群众组织。作为私法主体,基层群众性自治组织从其成立之日起即具有特别法人资格,可以从事为履行职能所需要的民事活动。[①]《宪法》第111条规定:"城市和农村按居民居住地区设立的居民委员会或者村民委员会是基层群众性自治组织。"《中华人民共和国村民委员会组织法》(以下简称《村民委员会组织法》)第2条规定:"村民委员会是村民自我管理、自我教育、自我服务的基层群众性自治组织,实行民主选举、民主决策、民主管理、民主监督。"《中华人民共和国城市居民委员会组织法》(以下简称《城市居民委员会组织法》)第2条规定:"居民委员会是居民自我管理、自我教育、自我服务的基层群众性自治组织。"据此,居民委员会、村民委员会根据《宪法》等公法规定成立,具有公法主体的属性,是基层群众性自治组织。《民法典》第101条第1款规定:"居民委员会、村民委员会具有基层群众性自治组织法人资格,可以从事为履行职能所需要的民事活动。"据此,居民委员会、村民委员会的性质是特别法人,可以从事为履行职能所需要的民事活动,因此,具有私法主体的属性。

(二)村民委员会具有经济管理职能

村民委员会是群众性自治组织,不仅是成员自治,而且具有经济管理职能。村民委员会依法组织本村的生产服务和协调工作,管理本村农民集体所有的土地和其他财产。《村民委员会组织法》第8条规定:"村民委员会应当支持和组织村民依法发展各种形式的合作经济和其他经济,承担本村生产的服务和协调工作,促进农村生产建设和经济发展。村民委员会依照法律规定,管理本村属于村农民集体所有的土地和其他财产,引导村民合理利用自然资源,保护和改善生态环境。村民委员会应当尊重并支持集体经济组织依法独立进行经济活动的自主权,维护以家庭承包经营为基础、统分结合的双层经营体制,保障集体经济组织和村民、承包经营户、联户或者合伙的合法财产权和其他合法权益。"据此,村民委员会有权管理集体所有土地和其他财产。基于上述权利,村民委员会有权进行经济活

---

① 参见屈茂辉《基层群众性自治组织法人制度三论》,载《现代法学》2022年第1期。

动，实现集体财产的保值、增值。也就是说，村民委员会有权独立进行经济活动，而不是一定要设立村集体经济组织。"农村集体经济组织本身就是集体成员民主管理的自治活动，集体成员与村民的身份基本是重合的。村民自治也包括村集体的经济自治，村民委员会的职责中也有发展经济的职能。"①

《民法典》第 101 条第 2 款规定："未设立村集体经济组织的，村民委员会可以依法代行村集体经济组织的职能。"据此，农村不一定设立村集体经济组织，村民委员会可以依法代行村集体经济组织的职能。也就是说，村民委员会不仅具有公共管理和服务职能，而且具有经济管理职能。村民委员会与农村集体经济组织的关系，最初由 1984 年中央一号文件明确规定，②可以分立，也可以是一套班子两块牌子，一直沿用至今。因此，不应将集体经济组织和村民委员会完全对立，过分强调自治组织与经济组织的不同，否定村民自治组织对集体经济的管理或者集体经济组织对农村公益事业和公共事业的支持。一个农民集体是否设立集体经济组织，是否由村民委员会以其经济自治功能组织村民实现集体经济自治，应当尊重农民的选择。法律不能脱离实际，否定村民委员会的经济自治作用，认为发展集体经济只能设立农村集体经济组织法人。③

目前，有些农村集体并没有设立集体经济组织，而是由村民委员会或者村民小组代表集体行使所有权。《农村集体经济组织法》第 64 条规定："未设立农村集体经济组织的，村民委员会、村民小组可以依法代行农村集体经济组织的职能。村民委员会、村民小组依法代行农村集体经济组织职能的，讨论决定有关集体财产和成员权益的事项参照适用本法的相关规定。"据此，并没有必要强制设立所谓的集体经济组织，否则便是画蛇添

---

① 韩松：《民法总论》，法律出版社 2020 年版，第 210 页。
② 《关于 1984 年农村工作的通知》（1984 年中央一号文件）规定："为了完善统一经营和分散经营相结合的体制，一般应设置以土地公有为基础的地区性合作经济组织。这种组织，可以叫农业合作社、经济联合社或群众选定的其他名称；可以以村（大队或联队）为范围设置，也可以以生产队为单位设置；可以同村民委员会分立，也可以一套班子两块牌子。"
③ 参见韩松《民法总论》，法律出版社 2020 年版，第 210~211 页。

足或者削足适履。也就是说，代表集体行使所有权的组织机构没有必要叠床架屋。在没有集体经济组织的情形，由村民委员会或者村民小组依法代表集体行使所有权符合《民法典》第101条的规定，并无不妥。

立法部门的解释认为，"在2007年物权法立法过程中，曾有意见认为，村民委员会是农村基层群众性自治组织，不能代表集体行使所有权。经研究，在实践中，许多村没有集体经济组织或者不健全，难以履行集体所有土地的经营、管理等行使所有权任务，需要由行使自治权的村民委员会来代表行使集体所有权"。"村民委员会行使集体所有权，不但与农村经济发展的实际情况相适应，而且也符合多年来的法律实践。本法第101条规定，居民委员会、村民委员会具有基层群众性自治组织法人资格，可以从事为履行职能所需要的民事活动。未设立村集体经济组织的，村民委员会可以依法代行村集体经济组织的职能。"[1]

（三）农村集体经济组织与村民委员会的关系

虽然农村集体经济组织和村民委员会都可以代表集体行使所有权，但是，村民委员会代表集体行使所有权的前提是未设立集体经济组织。两者是不同的权利主体，存在以下区别。第一，产生的时间与涵盖的地域范围不同。就产生时间而言，农村集体经济组织可以追溯到中华人民共和国成立后实行农村社会主义改造时成立的初级合作社和高级合作社，经过人民公社体制，在农村改革后重新建立乡、村、组的农民经济合作社、合作社联社等农村集体经济组织。村民委员会是农村改革后在原生产大队基础上改制成立的。显然，集体经济组织在先，村民委员会在后。就地域范围而言，村民委员会只设在村一级，农村集体经济组织既可以是村级的，也可以是乡（镇）级、村民小组级的，更多地与人民公社的"三级所有，队为基础"相对应。第二，成员的构成和权利不同。村集体经济组织的成员主要是长期生活、居住在当地的原住民及其后代，而村民既包括原住民及其后代，也包括一些退休后回乡居住教师等原国家工作人员。因此，集体经济组织成员通常都是村民，而有些村民不是集体经济组织成员。第三，基

---

[1] 黄薇主编《中华人民共和国民法典物权编释义》，法律出版社2020年版，第105~106页。

本职能和指导机关不同。农村集体经济组织代表农民集体从事各种经营活动，负责经营、管理农民集体所有的土地和其他财产（资金、资产、资源），发展集体经济，促进集体资产保值增值，为成员提供生产、技术、信息等服务，主要承担经济职能，客观上可能涉及但不负责管理农民公共事务。按照《村民委员会组织法》第 2 条的规定，村民委员会主要负责办理本村公共事务和公益事业，调解民间纠纷，协助维护社会治安，向人民政府反映村民的意见、要求和提出建议，即村民委员会主要承担社会职能，负责公益性事务，也可以接受政府委托从事管理性事务。按照当前的实践，乡镇人民政府和县级以上人民政府民政部门依职责对村民委员会予以指导和监督；乡镇人民政府和县级以上人民政府农业农村部门依职责对农村集体经济组织予以指导和监督。第四，经费来源不同。村民委员会办理公益事业所需经费，由村民会议通过筹资筹劳解决；确有困难的，由地方人民政府给予适当支持。村民委员会本身所需经费的来源既有公共财政资金，也有集体经济的收益；而农村集体经济组织的经费来源只能是集体经济的收益，不包括公共财政。[①]

无论是在理论上还是在实践中，村民委员会与农村集体经济组织在我国农村都是交织在一起的。中共中央办公厅、国务院办公厅于 2015 年发布的《深化农村改革综合性实施方案》中指出："在土地集体所有基础上建立的农村集体经济组织制度，与村民自治组织制度相交织，构成了我国农村治理的基本框架，为中国特色农业农村现代化提供了基本的制度支撑。"并且强调"在进行农村集体产权制度改革、组建农村股份合作经济组织的地区，探索剥离村'两委'对集体资产经营管理的职能，开展实行'政经分开'试验，完善农村基层党组织领导的村民自治组织和集体经济组织运行机制"。

[①] 参见何宝玉《我国农村集体经济组织的历史沿革、基本内涵与成员确认》，载《法律适用》2021 年第 10 期。

第六章 非法人组织

第一节 非法人组织概述

一 非法人组织的概念

非法人组织,是指能够以自己名义从事民事活动并享有民事权利和承担民事义务,但不具备法人资格、不能独立承担民事责任的组织。《民法典》第102条规定:"非法人组织是不具有法人资格,但是能够依法以自己的名义从事民事活动的组织。非法人组织包括个人独资企业、合伙企业、不具有法人资格的专业服务机构等。"非法人组织能以自己的名义实施法律行为,但不能承受法律行为的后果,即非法人组织就自己的行为所产生的后果不能独立承担民事责任,需要由其全体成员或上级组织体承担民事责任。[①]

从立法脉络来看,非法人组织不仅包括个人独资企业、合伙企业,而且包括不具有法人资格的律师事务所、会计师事务所等。"草案第二次审议稿第一百条第二款规定,非法人组织包括个人独资企业、合伙企业等。有的常委会组成人员和地方提出,应当尽量列举非法人组织的具体类型,实践中还有一些律师事务所、会计师事务所等,也属于非法人组织。法律委员会经研究,建议将该规定修改为:非法人组织包括个人独资企业、合

[①] 梁慧星主编《中国民法典草案建议稿附理由·总则编》,法律出版社2013年版,第185页。

伙企业、不具备法人资格的专业服务机构和其他组织。"① 总体而言，赋予更多主体参与市场交易的法律资格，既有助于各类市场主体选择从事生产经营活动时的具体经营方式，也有利于进一步促进良性竞争和繁荣市场交易。②

非法人组织能够以自己的名义从事民事活动，具有一定的民事权利能力和民事行为能力，但不能独立承担民事责任，超过其能力范围的民事责任应当由其出资人或设立人承担。例如，不具备法人资格的律师事务所可以对外签订合同，当律师事务所不能承担相应民事责任时，应由其合伙人承担相应民事责任。从这个角度来看，非法人组织可以成为民事主体，以自己的名义从事民事活动。非法人组织虽然不具备独立人格，但可以享有相应的民事权利能力，也可以成为诉讼主体，从而具有诉讼能力。"在《德国民事诉讼法》中，当事人能力取决于权利能力。当事人能力是指当事人在诉讼案件中取得作为原告或者被告法律地位的能力。后一种可与行为能力相比较的能力，我们称之为'诉讼能力'。有权利能力者，即每个自然人和法人，都具有当事人能力。此外，某些在实体法上不被看做具有权利能力的联合体，尤其是无限责任公司，具有当事人能力。无权利能力的社团在作为被告时，有当事人能力。"③

非法人组织相当于德国法上的"无权利能力社团"，日本法上的"非法人社团和非法人财团"，我国台湾地区法上的"非法人团体"。④ 民法关于民事主体的理论和立法有一个从承认单一主体到多元主体的发展过程。1804年的《法国民法典》只承认自然人为民事主体。1900年施行的《德国民法典》确立了法人作为有别于自然人的民事主体地位。在民法理论上，对于法人本质也经历了从拟制说到实在说的发展过程。对于非法人组织，理论和立法上的认识亦有一个发展过程。德国民法采无权利能力社团

---

① 《民法总则立法背景与观点全集》编写组编《民法总则立法背景与观点全集》，法律出版社2017年版，第28页。
② 参见谢鸿飞《〈民法典〉是市场经济的基本法》，载《经济参考报》2020年5月19日，第A08版。
③ 〔德〕拉伦茨：《德国民法通论》（上册），王晓晔等译，法律出版社2003年版，第123~124页。
④ 参见梅仲协《民法要义》，中国政法大学出版社1998年版，第74页。

的主张实因当时政治的需要,是为了迫使一些宗教、政治团体登记为法人团体,以便进行监督。第二次世界大战以后,民法学界关于非法人组织的认识有重大发展,承认非法人组织具有一定的民事权利能力、民事行为能力和诉讼能力,即在承认非法人组织具有民事主体性上得到了普遍的认同。这种认识在立法和判例上均有反映。但非法人组织与作为民事主体的自然人和法人不同。后者有自己独立的财产,能独立承担民事责任;前者有相对独立的财产,不能完全独立承担民事责任。

近代各国民事立法,对具备一定条件的社团和财团,承认它们的法人资格,使它们能够独立地进行民事活动和诉讼活动。对一些不具备法人条件的团体,虽然不承认它们的法人资格,但实际上它们仍要从事民事活动,仍会发生诉讼上的关系。因此,它们的法律地位,在许多国家立法上也逐渐予以承认。1877年《德国民事诉讼法》规定:"无权利能力之社团得为被告,于诉讼中社团之地位与有权利能力之社团同。"其后1897年《德国商法典》中的无限公司、两合公司虽然不是法人,但法律允许其为诉讼主体。

二 非法人组织的特征

非法人组织不同于自然人,它必须依法成立,有自己的名称,有一定的组织机构和场所,是具有组织特性的组织体。它也不同于法人,它没有独立的财产和经费,不能独立承担民事责任。它是介于自然人和法人之间的一种社会组织。《民法典》并未对非法人组织的成立要件作出明确规定,除了不具有法人资格、依法成立、登记或批准外,结合民法基本原理,非法人组织还应当具备一定的组织性和独立性,目的在于使得非法人组织不与其出资人或设立人的人格完全混同。[1] 非法人组织具有如下特征。

1. 依法成立

设立非法人组织,应当依法进行登记,非经登记,不得设立非法人组织。《民法典》第103条第1款规定:"非法人组织应当依照法律的规定登

---

[1] 参见张新宝、汪榆森《〈民法总则〉规定的"非法人组织"基本问题研讨》,载《比较法研究》2018年第3期。

记。"据此，没有登记的组织不属于非法人组织，不具备非法人组织的规格，不具备当事人资格，不具备民事主体依法获得的民事权利能力和民事行为能力，其权利义务关系依据《民法典》合同编的规则进行调整，而不属于民事主体制度范畴。"对于未进行登记的社会组织，其在性质上就不属于非法人组织意义上的民事主体，此类未经登记的社会组织不受总则编民事主体制度的调整，而应当受到合同法等法律的调整。其也不享有民事权利能力，不能以自己的名义实施民事法律行为，也不能享有权利、承担义务。"[1] 例如，没有登记的个人合伙不具备非法人组织的规格，其法律关系由《民法典》合同编调整。《民法典》第967条规定："合伙合同是两个以上合伙人为了共同的事业目的，订立的共享利益、共担风险的协议。"

2. 有一定的组织机构

非法人组织拥有符合规定的名称、固定的从事生产经营等业务活动的场所，以及相应的组织管理机构和负责人，因此具有一定的独立性，能够以该组织的名义对外从事相应的民事活动。《民法典》第105条规定："非法人组织可以确定一人或者数人代表该组织从事民事活动。"据此，非法人组织可以确定代表人从事民事活动。代表人对外从事民事活动的法律后果由非法人组织承担。参照法定代表人制度，非法人组织的代表人的行为超过内部职权限制的，非法人组织不得对抗善意第三人。

3. 有一定的财产或经费

虽然非法人组织不能独立承担民事责任，也不应要求其有独立的财产，但由于它是经核准登记领有营业执照或社会团体登记证的组织，它可以以自己的名义对外从事民事活动，享有一定权利、承担一定的义务，因此它应该有与其经营活动和经营规模相适应的财产或经费，作为其参与民事、经济活动，享受民事权利、承担民事义务的物质基础和财产保证。《中华人民共和国合伙企业法》（以下简称《合伙企业法》）第20条规定："合伙人的出资、以合伙名义取得的收益和依法取得的其他财产，均为合伙企业的财产。"非法人组织有一定的财产或经费，因此，非法人组

---

[1] 王利明：《民法总则》，中国人民大学出版社2022年版，第251页。

织具有一定的民事权利能力和民事行为能力,可以实施相应的民事法律行为,享有相应的民事权利,承担相应的民事义务。"能够以自己的名义进行民事活动,也就是说可以自己的名义实施法律行为,以自己的名义享受民事权利和负担民事义务。因此,非法人组织也就有一定的民事权利能力和民事行为能力。"[①]

4. 不能独立承担民事责任

由于非法人组织没有独立的财产或经费,因而它不能独立承担民事责任。非法人组织的对外债务,首先应由非法人组织的财产予以清偿,不足部分才由出资人或者设立人承担责任。《民法典》第104条规定:"非法人组织的财产不足以清偿债务的,其出资人或者设立人承担无限责任。法律另有规定的,依照其规定。"

三 非法人组织的类型

(一) 个人独资企业

根据《中华人民共和国个人独资企业法》(以下简称《个人独资企业法》)第2条的规定,个人独资企业是指"在中国境内设立,由一个自然人投资,财产为投资人个人所有,投资人以其个人财产对企业债务承担无限责任的经营实体"。个人独资企业仅有一个投资者,且该投资者为自然人,投资者的财产和企业财产没有分离,投资者对企业债务承担无限责任。因此,一个自然人既可以投资设立个人独资企业,也可以投资设立一人公司。个人独资企业与一人公司区分的关键在于企业是否有独立的财产:个人独资企业没有独立的财产,因此投资人对企业债务承担无限责任;一人公司有独立的财产,因此投资人以其出资额为限对公司债务承担有限责任。

(二) 合伙企业

根据《合伙企业法》第2条规定,合伙企业是指"自然人、法人和其他组织依照本法在中国境内设立的普通合伙企业和有限合伙企业"。据此,自然人、法人和其他组织均可以成为合伙企业的合伙人。普通合伙企业由

[①] 郭明瑞:《民法总则中非法人组织的制度设计》,载《法学家》2016年第5期。

普通合伙人组成，合伙人对合伙债务承担无限连带责任。有限合伙企业由普通合伙人和有限合伙人组成，普通合伙人对合伙企业的债务承担无限连带责任，有限合伙人以其认缴的出资额对合伙企业债务承担责任。《合伙企业法》第2条规定："本法所称合伙企业，是指自然人、法人和其他组织依照本法在中国境内设立的普通合伙企业和有限合伙企业。普通合伙企业由普通合伙人组成，合伙人对合伙企业债务承担无限连带责任。本法对普通合伙人承担责任的形式有特别规定的，从其规定。有限合伙企业由普通合伙人和有限合伙人组成，普通合伙人对合伙企业债务承担无限连带责任，有限合伙人以其认缴的出资额为限对合伙企业债务承担责任。"

合伙企业具有如下特征。第一，合伙企业具有目的共同性和风险共同性。合伙人为了共同的目的组建合伙企业，共担风险，共负盈亏。《民法典》第967条规定："合伙合同是两个以上合伙人为了共同的事业目的，订立的共享利益、共担风险的协议。"合伙企业具有高度人合性，合伙人之间具有人身信任关系。第二，合伙企业是以合伙协议为基础形成的组织。合伙人签订合伙协议是成立合伙企业的前提条件，合伙协议由《民法典》合同编调整。"合伙包含两方面的关系：一是合伙协议关系，它是确立合伙人之间的权利义务关系的协议。合伙协议是调整合伙内部关系的依据。二是合伙组织，即在对外表现形式上，合伙作为一个组织体，可以与第三人发生各种法律关系。"[①] 第三，在合伙企业内部，合伙人一般按照协议约定或者出资比例分配利润、分担亏损。《民法典》第972条规定："合伙的利润分配和亏损分担，按照合伙合同的约定办理；合伙合同没有约定或者约定不明确的，由当事人协商确定；协商不成的，由合伙人按照实缴出资比例分配、分担；无法确定出资比例的，由合伙人平均分配、分担。"据此，无论是普通合伙企业还是有限合伙企业，每个合伙人对内按照协议约定或者出资比例分配利润、分担亏损。第四，合伙人对合伙企业债务承担无限连带责任。对于普通合伙企业而言，每个合伙人对外承担无限连带责任。对于有限合伙企业而言，有限合伙人对外以其认缴的出资额为限对

[①] 王利明：《民法总则》，中国人民大学出版社2022年版，第247页。

合伙企业债务承担责任，普通合伙人对外承担无限连带责任。《民法典》第973条规定："合伙人对合伙债务承担连带责任。清偿合伙债务超过自己应当承担份额的合伙人，有权向其他合伙人追偿。"第五，合伙企业的财产与合伙人的财产具有一定程度的分离。《民法典》第969条规定："合伙人的出资、因合伙事务依法取得的收益和其他财产，属于合伙财产。合伙合同终止前，合伙人不得请求分割合伙财产。"在承担合伙企业债务时，首先以合伙企业的财产承担责任，在合伙企业的财产不足以承担责任时，由普通合伙人承担无限连带责任。[1]

（三）不具有法人资格的专业服务机构

不具备法人资格的专业服务机构，是指提供服务的非法人组织。一般认为，这里所说的不具备法人资格的专业服务机构是指律师事务所和会计师事务所。《中华人民共和国律师法》（以下简称《律师法》）第15条规定："设立合伙律师事务所，除应当符合本法第十四条规定的条件外，还应当有三名以上合伙人，设立人应当是具有三年以上执业经历的律师。合伙律师事务所可以采用普通合伙或者特殊的普通合伙形式设立。合伙律师事务所的合伙人按照合伙形式对该律师事务所的债务依法承担责任。"《中华人民共和国注册会计师法》（以下简称《注册会计师法》）第23条规定："会计师事务所可以由注册会计师合伙设立。合伙设立的会计师事务所的债务，由合伙人按照出资比例或者协议的约定，以各自的财产承担责任。合伙人对会计师事务所的债务承担连带责任。"

（四）其他类型的非法人组织

除个人独资企业、合伙企业和不具备法人资格的专业服务机构外，其他类型的组织符合非法人组织特征的，也可以成为非法人组织。一般认为，部分法人分支机构属于非法人组织，比如有自己的财产、已经办理登记、能够以自己的名义对外活动的组织，典型者如商业银行的分支机构；不能以自己名义对外活动的法人分支机构不属于非法人组织。[2] 此外，已

---

[1] 参见王利明《民法总则新论》，法律出版社2023年版，第349页。
[2] 参见王利明《民法总则》，中国人民大学出版社2022年版，第249页。

经登记的业主大会和业主委员会属于非法人组织。

近年来，有关物业小区法律问题中最引人注意的就是业主大会和业主委员会的法律地位问题，民法典等相关法律对这一问题没有给出明确答案。一般来说，业主大会由全体建筑物区分所有权人（业主）组成，业主大会是区分所有权人的自治组织，是区分所有权人共同体的意思决定机关。由于利益的差别，区分所有权人之间存在着意见分歧是平常之事。业主大会作为意思决定机关，其作出的决议以集体决策的形式表现出来。根据《业主大会规程》的规定，业主大会的成立筹备无需审查批准，但需要接受基层房地产行政主管部门和街道办事处的指导。一般来说，从业主大会筹备组成立起的30日内，要求召开业主大会。业主委员会应当自选举产生之日起30日内，将业主大会的成立情况、业主大会议事规则、业主公约及业主委员会委员名单等材料向物业所在地的区、县人民政府房地产行政主管部门备案。一般情况下，业主大会的主席、业主委员会的主任委员也都担任其他社会职务。

业主委员会是业主大会的常设执行机构，负责日常事务。业主委员会代表全体区分所有权人执行业主大会作出的决议，维护全体区分所有权人的利益，是全体区分所有权人实现共有物业管理权的自治管理组织的核心机构。经业主大会的授权，业主委员会完全可以代表全体区分所有权人行使物业管理权，包括自行建立物业管理组织或委托物业服务企业进行专业化的管理。

关于业主大会和业主委员会的人格之争，由来已久。考虑到业主大会和业主委员会没有自己的独立财产，不能独立承担民事责任，一旦判决业主大会和业主委员会败诉，判决难以得到执行，因此《民法典》没有规定业主大会和业主委员会具有法人资格。[1]

《民法典》第280条第1款规定："业主大会或者业主委员会的决定，对业主具有法律约束力。业主大会或者业主委员会作出的决定侵害业主合法权益的，受侵害的业主可以请求人民法院予以撤销。"据此，业主大会

---

[1] 参见王利明《物权法》，中国人民大学出版社2021年版，第162页。

或业主委员会的决议对全体业主具有法律约束力。如果该决定侵害了业主的合法权益，受侵害的业主可以请求人民法院予以撤销。如果人民法院依法撤销了业主大会和业主委员会的决定，则被撤销的决定不产生法律效力。《民法典》第286条第2款规定："业主大会或者业主委员会，对任意弃置垃圾、排放污染物或者噪声、违反规定饲养动物、违章搭建、侵占通道、拒付物业费等损害他人合法权益的行为，有权依照法律、法规以及管理规约，请求行为人停止侵害、排除妨碍、消除危险、恢复原状、赔偿损失。"本条规定了业主行使请求权的几种办法。一是业主大会、业主委员会依照法律、法规以及管理规约的规定，要求其停止侵害、排除妨碍、消除危险、恢复原状、赔偿损失。二是受到侵害的业主个人依据民事诉讼法等法律的规定，向人民法院提起诉讼。三是共同受到侵害的业主，推选代表人，依据民事诉讼法等法律的规定，向人民法院提起诉讼。[1] 当发生任意弃置垃圾、排放污染物或者噪声等损害他人合法权益的行为时，业主大会或者业主委员会有权要求行为人停止侵害、排除妨碍、消除危险、恢复原状、赔偿损失。也就是说，业主大会和业主委员会享有物权请求权和损害赔偿请求权。既然享有实体请求权，则在程序上具有诉讼主体资格应该顺理成章，因此，业主大会和业主委员会具备诉讼主体资格，可以作为原告提起诉讼。[2] 综上，当业主大会和业主委员会行使实体请求权和参加诉讼活动时，它们并不是以个人名义从事活动，而是以组织体名义从事活动，因此，已经登记的业主大会和业主委员会是非法人组织。

第二节　非法人组织的设立

非法人组织应当依照法律的规定登记

《民法典》第103条第1款规定："非法人组织应当依照法律的规定登记。"据此，没有登记的组织不属于非法人组织，不具备非法人组织的规

---

[1] 参见黄薇主编《中华人民共和国民法典物权编释义》，法律出版社2020年版，第203页。
[2] 参见孙宪忠、朱广新《民法典评注·物权编》(2)，中国法制出版社2020年版，第124页。

格，不具备当事人资格，不具备民事主体依法获得的民事权利能力和民事行为能力，其权利义务关系依据合同法的规则进行调整，而不属于民事主体制度范畴。

二　须经有关机关批准的，依照其规定

《民法典》第 103 条第 2 款规定："设立非法人组织，法律、行政法规规定须经有关机关批准的，依照其规定。"据此，有些非法人组织的设立须经有关机关批准，批准后才能办理登记。根据相关法律规定，设立律师事务所、会计师事务所须经有关机关批准。《律师法》第 18 条规定："设立律师事务所，应当向设区的市级或者直辖市的区人民政府司法行政部门提出申请，受理申请的部门应当自受理之日起二十日内予以审查，并将审查意见和全部申请材料报送省、自治区、直辖市人民政府司法行政部门。省、自治区、直辖市人民政府司法行政部门应当自收到报送材料之日起十日内予以审核，作出是否准予设立的决定。准予设立的，向申请人颁发律师事务所执业证书；不准予设立的，向申请人书面说明理由。"《注册会计师法》第 25 条第 1 款规定："设立会计师事务所，由省、自治区、直辖市人民政府财政部门批准。"

第三节　非法人组织的解散

一　非法人组织解散的概念

非法人组织的解散，是指非法人组织章程或者法律规定的解散事由出现，或者基于出资人、设立人的决议，使非法人组织停止积极活动，并开始清理相关财产关系的法律程序。非法人组织的解散，并不导致非法人组织的终止。在非法人组织解散后，还需要进行清算，清算后才能办理相关的注销登记，此后非法人组织终止。也就是说，不仅非法人组织设立需要依法办理登记，而且非法人组织的终止也应依法办理登记。非法人组织解散后，其民事行为能力受到严格的限制，只能从事与清算活动相关的活动。①

二　非法人组织解散的原因

非法人组织因约定或法定的解散事由出现而解散。《民法典》第 106 条规定："有下列情形之一的，非法人组织解散：（一）章程规定的存续期间届满或者章程规定的其他解散事由出现；（二）出资人或者设立人决定解散；（三）法律规定的其他情形。"

三　非法人组织解散后的清算

因为非法人组织是独立的民事主体，可以独立参与民事活动，享有民事权利、承担民事义务，因此，非法人组织解散后，应当进行清算。《民法典》第 107 条规定："非法人组织解散的，应当依法进行清算。"非法人组织的清算，有相关法律规定的，依照其规定；没有相关法律规定的，可以准用法人清算的相关规则。《民法典》第 108 条规定："非法人组织除适用本章规定外，参照适用本法第三章第一节的有关规定。"

经过登记的非法人组织在清算结束后，应办理注销登记。在办理注销登记后，非法人组织的主体资格消灭。

---

① 参见王利明《民法总则》，中国人民大学出版社 2022 年版，第 254 页。

第七章 民事权利的法定类型

第一节 民事权利的法定类型概述

一 《民法典》总则编对民事权利进行了概括性规定

《民法通则》专设一章对民事权利进行概括性规定，《民法典》沿袭《民法通则》的模式，专设一章规定民事权利，体现了对民事权利的重视，构建了完整的民事权利体系。《民法典》总则编是《民法典》的总纲，整个民商事立法都应当在总则编的统辖下具体展开，其制定极大地推进了民事立法的体系化进程。《民法典》总则编构建了完整的民事权利体系，强化了私权保障，使其真正成为"民事权利的宣言书"。法治内在地包含着"规范公权、保障私权"的价值目标，法律的主要功能在于确认权利、分配权利、保障权利、救济权利。因此，法律需要规定权利的范围，而权利实现本身也是法治价值的重要体现。私权制约着公权的范围，规定私权的范围有利于明确公权的边界，进而有利于防止政府对私权的不当干预，有力地规范公权，并使民事主体在其私权受到侵害的情况下能够得到充分的救济。构建民事权利体系也形成了《民法典》的"中心轴"。《民法典》总则编的体系是以私权为中心轴而展开的，其所规定的民事主体是民事权利的享有者和民事义务的承担者，各项民事权利是私权完整的内容和结构，民事法律行为是行使私权而从事的行为，而民事责任既是因侵害私权而产生的法律后果，也是保障私权实现的强有力手段。《民法典》总则编系统、全面地确认和保护各项民事权利，构建民事权利体系，弘扬私法自治，强化对人格尊严价值的保障。因此，《民法典》总则编不仅奠定了《民法典》分则制度设计的基本格局，也为整个民事立法的发展确定了制度基础。

二　确立民事权益位阶的原则

（一）人格权优先于财产权

通说认为，当人格权和财产权发生冲突时，应当优先保护人格权。其理由在于以下两点。第一，人格权较之于财产权，更有助于实现人格价值。因此，优先保护人格权有助于保护个人的基本人权，促进人格的全面发展和精神利益的满足。财产是身外之物，而人格权体现的是人的尊严，按照人本主义的要求，法律应当充分体现对人的关怀，当人格权和财产权发生冲突时，应当确立人格权价值的高阶性和保护的优先性。"现代社会，人格被视为人的最高的价值，人格利益被视为人的最高利益，人格之尊重为现代人权运动的目标和基本理念，人格权的保护，当然成为现代民法基本任务之一。"[1] 第二，尽管财产权也有助于实现个人人格，但此种作用是间接的。人格尊严和人身自由是实现主体其他民事权利的前提和基础，也是实现个人人格最直接的途径。[2] "人格尊严、人身价值和人格完整，应该置于比财产权更重要的位置，它们是最高的法益。财产是个人的，但人是属于社会的，因而人身安全、人的尊严等涉及社会利益。"[3] 从《民法典》等民事法律确立的民事制度体系来看，我国基本确立了人格权优于财产权的一般原则。

《民法典》第506条规定："合同中的下列免责条款无效：（一）造成对方人身损害的；（二）因故意或者重大过失造成对方财产损失的。"由此可见，立法者对涉及不同法益的免责条款所持的立场是不同的。当免责条款涉及人身利益时，法律一律否定此种免责条款的效力。这是因为民法以

---

[1] 梁慧星：《民法总论》，法律出版社2021年版，第97页。
[2] 参见王利明《人格权法》，中国人民大学出版社2022年版，第123页。
[3] 王利明：《民法总则》，中国人民大学出版社2022年版，第269页。

人为终极目的，个人的人身利益中还隐含着社会利益。文明社会生活要求每个人都能根据当时的社会标准来生活，而个人自我主张的利益（如身体）乃是文明社会生活的基础，对此基础的动摇即对社会利益的侵犯。[①]"对个人而言，最宝贵和最重要的利益就是人身的安全利益，个人的生命健康权是最重要的人权，保护公民的人身安全是法律的最重要的任务。"[②]在法律体系中，财产利益的价值要低于人身利益的价值。与人身利益相比，财产利益可以再生，可以通过赔偿损失的方式得到弥补。因此，法律一般对涉及财产利益的免责条款不予干涉，除非该财产损失是基于故意或者重大过失的行为所造成的。再比如，《民法典》第1021条规定："当事人对肖像许可使用合同中关于肖像使用条款的理解有争议的，应当作出有利于肖像权人的解释。"本条强化了对人格利益的保护，体现了人格权优先于财产权的立场，也体现了维护个人人格尊严的理念。[③]

根据法律的相关规定，房屋消费者的物权期待权优先于建设工程价款优先受偿权和担保物权，其法理基础在于人的生存权优于财产权，即人格权优于财产权。所谓物权期待权，是指在出卖人的债权人申请执行出卖人的责任财产时，如果房屋买卖行为符合法定条件，则买受人享有排除强制执行的权利。签订买卖合同的买受人，在已经履行合同部分义务的情况下，虽然尚未取得合同标的物的所有权，但赋予其类似所有权人的地位，其权利具有排除强制执行的物权效力。[④]物权期待权只适用于房屋买卖，不适用于动产交易。物权期待权的性质是债权，在符合法律规定的条件下，赋予其优先效力，优先于不动产抵押权等相关权利。其原因在于：虽然物权期待权的性质仍然是债权，但其不同于一般债权，买受人已经按照合同约定履行了全部或者部分义务，其预期物权将确定无疑地变动到其名下，在与申请执行人的一般债权的实现发生冲突时，法律选择优先保护买

---

① 参见韩世远《免责条款研究》，载梁慧星主编《民商法论丛》（第2卷），法律出版社1994年版，第506页。
② 王利明：《合同法通则》，北京大学出版社2022年版，第167页。
③ 参见王利明《民法总则新论》，法律出版社2023年版，第382页。
④ 参见江必新、刘贵祥主编《最高人民法院关于人民法院办理执行异议和复议案件若干问题规定理解与适用》，人民法院出版社2015年版，第422页。

受人的物权期待权。

所谓房屋消费者的物权期待权,是一种法律上的推导权利,也叫弱者保护权,是指在执行程序中,基于对消费者生存权这一更高价值的维护,赋予消费者对买受房屋的物权期待权以排除执行的效力。消费者的物权期待权可以排除申请执行人对该房屋享有建设工程价款优先受偿权、担保物权等权利的执行。《最高人民法院关于人民法院办理执行异议和复议案件若干问题的规定》第29条规定:"金钱债权执行中,买受人对登记在被执行的房地产开发企业名下的商品房提出异议,符合下列情形且其权利能够排除执行的,人民法院应予支持:(一)在人民法院查封之前已签订合法有效的书面买卖合同;(二)所购商品房系用于居住且买受人名下无其他用于居住的房屋;(三)已支付的价款超过合同约定总价款的百分之五十。"上述规定确认了房屋消费者物权期待权的保护规则。

所谓所购商品房系用于居住,一般是指消费者所购商品房是直接用于满足其生活居住需要,而不是用于经营,不应作扩大解释。最高人民法院基本形成了以案外人购买房屋的性质为判断标准的"客观标准"。也就是说,如果案外人所购房屋为居住用房,则认定其为消费者。如果案外人所购房屋为写字楼、门面房等经营性用房,则其不是消费者。这里的用于居住应当作宽泛理解,不管是单纯的居住房还是商住两用住房,只要有居住功能的,即应视为用于居住的房屋。[①] 最高人民法院(2020)最高法民申4896号民事裁定认为,建设工程价款的优先受偿权劣后于房屋消费者的物权期待权,其本意是基于生存权至上考虑而对消费者权利进行特殊保护,本案申请人胡某某、郑某某已将属于商业用途的案涉房屋出租给他人经营,不是出于居住目的,不满足消费者购房条件,因此驳回其执行异议申请。

(二)物质性人格权优先于精神性人格权

依据人格权客体的性质进行分类,人格权可以分为物质性人格权和精神性人格权。物质性人格权,是指以自然人的物质性人格利益为客体的权

[①] 参见江必新、刘贵祥主编《最高人民法院关于人民法院办理执行异议和复议案件若干问题规定理解与适用》,人民法院出版社2015年版,第433页。

利，包括生命权、身体权和健康权。① "物质性人格权包括生命权、身体权、健康权，其在民事权利体系中处于最高的位阶。"② 精神性人格权，是指除物质性人格权之外的其他人格权，包括姓名权、肖像权、名誉权、隐私权等。③ "物质性人格权，特别是生命权，是为人的最低限度要求，因而不得克减。而精神性人格权，在特定情况下，可以作出适当的克减。"④ 例如，《民法典》第1179条规定："侵害他人造成人身损害的，应当赔偿医疗费、护理费、交通费、营养费、住院伙食补助费等为治疗和康复支出的合理费用，以及因误工减少的收入。造成残疾的，还应当赔偿辅助器具费和残疾赔偿金；造成死亡的，还应当赔偿丧葬费和死亡赔偿金。"本条是关于人身损害赔偿范围的规定。"依据《民法典》第1179条的规定，造成死亡的应当赔偿丧葬费与死亡赔偿金。这些损害赔偿被称为法定的损害赔偿。法官对侵害物质性人格权的情形，应当适用构成要件说，直接适用法定赔偿金，而一般不再考虑行为人和受害人的职业、影响范围、过错程度等因素，以严格限制和减少法官在认定侵害物质性人格权中的自由裁量。"⑤《民法典》第998条规定："认定行为人承担侵害除生命权、身体权和健康权外的人格权的民事责任，应当考虑行为人和受害人的职业、影响范围、过错程度，以及行为的目的、方式、后果等因素。"据此，侵害精神性人格权的，应当运用动态系统论协调和平衡精神性人格权与其他利益之间的冲突，准确认定侵害精神性人格权的责任。⑥ 也就是说，侵害物质性人格权的民事责任属于法定赔偿责任，不得克减；而侵害精神性人格权的民事责任采用动态系统论予以确定，可以适当克减。上述规定体现了物质性人格权优先于精神性人格权的价值定位和政策目标。

（三）权利优先于利益

在法律上，应当区分对权利的保护和对利益的保护，《民法典》采取

---

① 参见谭启平主编《中国民法学》，法律出版社2021年版，第222页。
② 王利明：《民法总则新论》，法律出版社2023年版，第380页。
③ 参见王利明《民法总则》，中国人民大学出版社2022年版，第268页。
④ 谭启平主编《中国民法学》，法律出版社2021年版，第222页。
⑤ 王利明：《人格权法》，中国人民大学出版社2022年版，第151页。
⑥ 参见王利明《人格权法》，中国人民大学出版社2022年版，第150页。

了权利优先于利益的规则。一方面，权利都是公开的，且相对于利益而言内容更明确，为人们提供了更强的预期，是人们安排行为的重要标准。因此，应采用一般的侵权责任构成要件。但是，利益不是由法律事先明确规定的，也无法明确规定，其往往都是由法官在新型纠纷发生后，根据个案总结提炼出不同种类，因此需要有不同的侵权责任构成要件。另一方面，从维护行为自由的角度，需要对利益的保护加以适当限制，确立不同于权利侵害的构成要件，因为对利益的过度保护往往会妨碍人们的行为自由。[1]

第二节 人身权

一 人身权概述

（一）人身权的概念

人身权，是指人格权和身份权。人格权，是指以民事主体固有人格利益为客体，以维护和实现人格平等、人格尊严、人身自由为目的的权利。[2] "人格权者，乃存于权利人自己人格之权利，申言之，即吾人于与其人格之不分离的关系上所享有之社会的利益，而受法律保护者是也。例如生命、身体、自由、贞操、名誉、肖像、姓名、信用等权利，均属之。"[3] 人格权分为一般人格权和具体人格权。一般人格权是指自然人基于人身自由、人格尊严所享有的人格权益。具体人格权是指姓名权、肖像权、名誉权等由法律明确规定的人格权类型。《民法典》第110条第1款规定："自然人享有生命权、身体权、健康权、姓名权、肖像权、名誉权、荣誉权、隐私权、婚姻自主权等权利。"据此，自然人享有生命权、身体权等各项具体人格权。

身份权，是指基于一定的身份关系所产生的权利。[4] 例如夫妻之间的

---

[1] 参见王利明《民法总则》，中国人民大学出版社2022年版，第269页。
[2] 参见王利明《民法总则》，中国人民大学出版社2022年版，第262页。
[3] 郑玉波：《民法总则》，中国政法大学出版社2003年版，第138~139页。
[4] 参见王利明《人格权法》，中国人民大学出版社2022年版，第27页。

权利、父母子女之间的权利。"身份权系因夫妻、亲子等亲属关系而生之权利，故亦曰亲属权。"① "身份权乃存在于一定身份（尤其是亲属）关系上的权利，如配偶间的权利、亲权等。"②

（二）人格权的特征

1. 人格权是主体固有的权利

自然人的人格权是与生俱来的，自出生时起就当然享有，不受非法剥夺。③ "人格权与权利能力一样，始于出生，终于死亡。就人格权来说，无所谓权利的取得。"④

2. 人格权以主体的人格利益为客体

人格利益包括精神利益和财产利益。在生命、身体、健康以及人格尊严、人身自由等人格利益中，基本不存在财产利益，但是，在姓名、肖像等人格利益中，则包括财产利益因素。⑤ 精神利益与权利主体不可分离，不得转让、继承，但财产利益可以与权利主体分离，可以转让、继承。一般认为，公开权具有财产利益。所谓公开权，又称人格商品化权，是指个人对其姓名、肖像、声音等个人形象特征，得为控制，而作商业上使用的权利。公开权是一种财产权，具有让与性和继承性的特征。⑥ 所谓人格权的商品化，是指人格权的某些权能可以依法转让或者授权他人使用，包括在其遭受侵害以后通过财产损害赔偿的方式获得救济。⑦ 标表型人格权可以商品化。所谓标表型人格权，是指权利人基于自身特有的标记、表彰符号、声音等享有的权利，姓名权、肖像权为其著例。⑧ 将姓名、肖像、声

---

① 李宜琛：《民法总则》，中国方正出版社2004年版，第39页。
② 王泽鉴：《人格权法：法释义学、比较法、案例研究》，北京大学出版社2013年版，第43页。
③ 参见杨立新《人格权法通义》，商务印书馆2023年版，第6页。
④ 谢怀栻：《谢怀栻法学文选》，中国法制出版社2002年版，第350页。
⑤ 参见杨立新《人格权法通义》，商务印书馆2023年版，第27页。
⑥ 参见王泽鉴《人格权法：法释义学、比较法、案例研究》，北京大学出版社2013年版，第264~265页。
⑦ 参见王利明《论人格权商品化》，载《法律科学（西北政法大学学报）》2013年第4期。
⑧ 参见房绍坤、曹相见《标表型人格权的构造与人格权商品化批判》，载《中国社会科学》2018年第7期。

音等人格利益予以商品化的权利称为公开权。《民法典》第 993 条规定："民事主体可以将自己的姓名、名称、肖像等许可他人使用，但是依照法律规定或者根据其性质不得许可的除外。"

3. 人格权的行使受到限制

人格权是民事主体所享有的基本民事权利，权利人既可以自己行使，也可以在法律规定的范围内许可他人行使其人格利益，并且可依据法律规定自主决定权利的行使方式和内容。例如，权利人可以依法捐献人体细胞、人体组织、人体器官，可以依法自主决定参与人体临床医学试验。但在人格权的行使中，不得违反法律，不得违背公序良俗。例如，自然人享有生命权，但不得随意处置自己的生命；自然人享有身体权，但不得出售自己的器官。①

4. 人格权是绝对权

人格权是绝对权，具有一定的支配性。"人格权得直接享受其人格利益（支配性），并禁止他人的侵害（排他性），就此点而言，人格权类似于物权。"② 人格权之权利人可以直接支配其人格利益，并排除他人干涉，因此属于支配权。但是，人格权与物权、知识产权等支配权存在差异，物权、知识产权的权利主体可以自由处分权利客体，而人格权主体不能处分自己的自由、生命。③ 人格权的权利主体特定，其他人都负有不侵害权利人人格权的义务。权利人能够在法律规定的范围内支配自己的人格权，比如权利人有权决定自己姓名的变更，有权允许他人使用自己的肖像，但是，物质性人格权的利用权能则受到严格限制。④

二 一般人格权

（一）一般人格权概述

一般人格权，是指法律采取高度概括的方式而赋予自然人基于人身自

---

① 参见王利明《人格权法》，中国人民大学出版社 2022 年版，第 111~112 页。
② 王泽鉴：《人格权法：法释义学、比较法、案例研究》，北京大学出版社 2013 年版，第 45 页。
③ 参见梁慧星《民法总论》，法律出版社 2021 年版，第 96 页。
④ 参见谭启平主编《中国民法学》，法律出版社 2021 年版，第 219 页。

由、人格尊严所享有的人格权益。① 《民法典》第 109 条规定："自然人的人身自由、人格尊严受法律保护。"自然人的人身自由和人格尊严是一般人格权，这两项权利既是宪法所规定的基本权利，也是民法所保护的人格权。"由于人身自由和人格尊严的含义非常广泛，所以也能够包含通常所说的人格独立和人格平等。"② 《民法典》第 990 条第 2 款规定："除前款规定的人格权外，自然人享有基于人身自由、人格尊严产生的其他人格权益。"本款规定的是一般人格权，是对 20 世纪 90 年代以来关于一般人格权的深入探讨作出的法律概括。③ 本款规定了自然人享有的一般人格权，实际上确认了"其他人格权益"的概念，表明一般人格权是一个兜底性条款，可以对各项新型人格权益提供法律保护的依据，这就保持了人格权益类型体系的开放性。④ "上述规定，即是对一般人格权的确认。一般人格权在性质上属于'框架权'，即概括性、兜底性的权利，旨在弥补具体人格权对人格利益保护的不足。"⑤ 《民法典》第 109 条和第 990 条第 2 款将自然人的一般人格权概括为人身自由和人格尊严。⑥ "一般人格权为人格关系的法律表现，其标的为受法律保护的人格利益之总和。一般人格权确定了应受法律保护的人格利益之基本属性，即凡属人格所生之合法利益，均受法律保护。同时，一般人格权为特别人格权的渊源。"⑦

在最高人民法院第 185 号指导案例中，即闫某琳诉浙江某度假村有限公司平等就业权纠纷案，原告闫某琳应聘被告浙江某度假村有限公司"法务专员"和"董事长助理"两个岗位，未被录用。杭州市杭州互联网公证处出具的公证书记载，公证处使用原告的账户、密码登录智联招聘 App 客户端查询得知，结论是"岗位不合适"。"不合适原因：河南人。"杭州互

---

① 参见王利明《人格权法》，中国人民大学出版社 2022 年版，第 71 页。
② 黄薇主编《中华人民共和国民法典人格权编释义》，法律出版社 2020 年版，第 16 页。
③ 参见杨立新《人格权法通义》，商务印书馆 2023 年版，第 108 页。
④ 参见王利明《人格权法》，中国人民大学出版社 2022 年版，第 12 页。
⑤ 温世扬主编《中国民法》，北京大学出版社 2023 年版，第 546 页。
⑥ 参见最高人民法院民法典贯彻实施工作领导小组主编《中华人民共和国民法典人格权编理解与适用》，人民法院出版社 2020 年版，第 25 页。
⑦ 梁慧星：《〈民法总则〉重要条文的理解与适用》，载《四川大学学报》（哲学社会科学版）2017 年第 4 期。

联网法院（2019）浙0192民初6405号民事判决认为，被告存在就业歧视行为，侵害了原告的一般人格权。劳动者享有平等就业权是其人格独立和意志自由的表现，侵害平等就业权在民法领域侵害的是一般人格权的核心内容——人格尊严，人格尊严重要的方面就是平等对待，就业歧视往往会使人产生一种严重的受侮辱感，对人的精神健康甚至身体健康造成损害。法院判决被告赔偿原告精神抚慰金及合理维权支出损失共计10000元，向原告进行口头道歉并在国家级媒体《法治日报》上道歉。宣判后，闫某琳、浙江某度假村有限公司均提起上诉。浙江省杭州市中级人民法院于2020年5月15日作出（2020）浙01民终736号民事判决：驳回上诉，维持原判。

一般人格权有两个重要功能。第一，作为一般人格权，起到人格权保护兜底条款的作用。人格权是一个不断发展着的开放体系，一些新的权利很难被及时地反映到法律之中。当那些没有被法律明确承认的新权利受到侵害时，就可以依据《民法典》第109条兜底条款对其保护，为人格权的发展提供足够的空间。实践中出现的"亲吻权""悼念权"等，造成了人格权本身的混乱，这也在一定程度上影响了个人的行为自由。通过一般人格权对具体人格权之外的人格利益进行保护，可以对个人的人格权益进行周密的保护。如果某种人格权益受到侵害以后，能够从具体人格权中找到法律适用的依据，则应当适用具体人格权的规定；如果没有具体人格权的规定，则权利人可以援引一般人格权获得救济。例如，侮辱他人并未被第三人知晓，受害人的社会评价未降低，故不构成侵害名誉权，同时也不构成对身体权的侵害，此时具体人格权没有受到侵害，则可以通过一般人格权对受害人加以保护。[①] 第二，确立了保护人权的基本价值，即对人及人格尊严的平等保护。在实践中出现的一些新纠纷，涉及受害人的人格利益受损要求精神赔偿的问题。对人格利益的保护，要用人身自由、人格尊严的价值来进行判断。比如挖掘他人祖坟、砸毁墓碑、在他人结婚时放哀乐，在受害人要求精神损害赔偿时，就要判断行为是否侵害了某种人格利

---

① 参见王利明《人格权法》，中国人民大学出版社2022年版，第76~77页。

益，即是否侵害了《民法典》第 109 条规定的人身自由、人格尊严。该条款为类似的案例提供了法律支持。

（二）一般人格权的内容

1. 人身自由

自由作为一种人格利益，包括人身自由、信仰自由、通信自由和言论出版自由等。其中，人身自由属于民事权利，信仰自由、通信自由和言论出版自由等属于公法权利。① "人身自由，包括身体行动的自由和自主决定的自由，是自然人自主参加社会各项活动、参与各种社会关系、行使其他人身权和财产权的基本保障，是自然人行使其他一切权利的前提和基础。"② "自由虽不得抛弃，但不能不受限制，盖吾人之社会生活，原以个人间相互限制其自由而成立，所谓尊重自己之自由，必须不侵害他人之自由始可，既不得自由侵害他人自由，则己之自由，斯受限制矣。"③

生育权是妇女的人身自由权。《妇女权益保障法》第 32 条规定："妇女依法享有生育子女的权利，也有不生育子女的自由。"据此，不生育自由是妇女的一般人格权。"女性的生命健康权以及对自己身体的自主决定权，较之生育权应被置于更高的位阶，配偶一方不得以女性擅自终止妊娠为由主张损害赔偿。"④《民法典婚姻家庭编司法解释（一）》第 23 条规定："夫以妻擅自中止妊娠侵犯其生育权为由请求损害赔偿的，人民法院不予支持；夫妻双方因是否生育发生纠纷，致使感情确已破裂，一方请求离婚的，人民法院经调解无效，应依照民法典第一千零七十九条第三款第五项的规定处理。"该规定的基础在于妇女享有生育决定权，妇女受孕后，胎儿构成妇女人身的组成部分。丈夫生育权的实现不得侵害妇女的人身自由权。因此，未经丈夫同意，妻子擅自中止妊娠，并不构成对丈夫生育权的侵害，而只是夫妻双方生育权发生冲突。由于女性是生育活动的主要承担者，如果女性不能支配自己的身体，不能拥有拒

---

① 参见梁慧星《民法总论》，法律出版社 2021 年版，第 104 页。
② 黄薇主编《中华人民共和国民法典人格权编释义》，法律出版社 2020 年版，第 15~16 页。
③ 郑玉波：《民法总则》，中国政法大学出版社 2003 年版，第 147 页。
④ 陈甦主编《民法总则评注》，法律出版社 2017 年版，第 796 页。

绝生育的权利，就会成为生育的工具，尊严和人权也会受到侵犯。[1]

2. 人格尊严

人格尊严，是指自然人基于自己所处的社会环境、地位、声望、工作环境、家庭关系等各种客观条件而对自己的人格价值和社会价值的认识和尊重，是人的社会地位的组成部分。[2] 自然人应当得到承认和尊重，把他当作人来看待，要有起码的尊重，而不能任意贬低或轻视。从道德上讲，人格尊严是指人的自尊心和自爱心，就是指作为一个正直、品质端正的人，都有他的自尊心和自爱心，不允许别人侮辱和诽谤。[3] "在现代社会，人已以具有尊严的'主人'的形象而活跃在法律之上：从公法上而言，人是国家的主人；从私法上而言，人是自己的主人；从社会法上而言，人是社会的主人。在此，尊严已经作为人体面生活、正当生存的精神象征，是人之所以为人的身份凭借，保障每个人的尊严也由此成为宪法和法律制度的最高价值追求。"[4]

无论每个人的职业、职务、政治立场、文化程度、财产状况等有何不同，其人格尊严是相同的，没有高低贵贱之分。例如，一个普通劳动者和一个担任国家高级领导职务的人，其人格尊严是完全相同的。即使某人因违法而受到刑罚制裁，其人格尊严同样应受尊重，不应遭受侮辱。"我国民法中的人格尊严原则应理解为自我决定、禁止人的物化、人的工具化及人体的商业化；人格尊严原则尤其应适用于医疗卫生法、生物伦理法等直接涉及人体的领域，确立人体的不得处分原则，禁止人体组织和器官的商业化转让，禁止有偿代孕。"[5] 例如，根据相关规定，代孕所涉及的人体器官的许可使用是不允许的。《人类辅助生殖技术管理办法》第3条第2款第2句规定："医疗机构和医疗人员不得实施任何形式的代孕技术。"

---

[1] 参见最高人民法院民法典贯彻实施工作领导小组主编《中华人民共和国民法典婚姻家庭编继承编理解与适用》，人民法院出版社2020年版，第114页。
[2] 参见王利明《人格权法》，中国人民大学出版社2022年版，第78页。
[3] 参见林来梵《人的尊严与人格尊严》，载《浙江社会科学》2008年第3期。
[4] 胡玉鸿：《民生权内含权能的法理分析》，载《中外法学》2024年第1期。
[5] 王利明主编《中华人民共和国民法总则详解》（上册），中国法制出版社2017年版，第445页。

3. 新型人格权益

《民法典》第990条第2款规定："除前款规定的人格权外，自然人享有基于人身自由、人格尊严产生的其他人格权益。"据此，基于人身自由、人格尊严产生的新型人格权益受法律保护。"所有的人格权都以人身自由和人格尊严为价值基础，是这两种价值的具体表现，以维护和实现人身自由和人格尊严。人身自由和人格尊严是人格权获得法律保护的价值依据，也是认定新型人格权益的根本标准。"① 所谓新型人格权益，是指没有法律明确规定并且无法纳入具体列举的人格权的保护范围的人格权益。一般认为，新型人格权益适用一般人格权进行保护。"我国《民法典》之所以规定一般人格权，目的就在于解决新型人格权益的保护问题，并保持人格权益保护范围的开放性，因此，在出现新型人格权益时，应当通过一般人格权对其进行保护，而不宜类推适用其他具体人格权的规则。"②"《民法典》第990条第2款应定位为一般人格权。"③ 当某种新型人格权益产生之后，可以借助一般人格权予以弥补。例如，在某一案件中，被告于原告举行结婚仪式前，故意将垃圾撒在其家门口，法院判决被告应当赔偿原告精神损失。④ 在另一案件中，婚庆公司由于失误而在他人婚礼上播放哀乐，该行为损害了权利人的人格尊严，权利人有权依据《民法典》第990条第2款，请求婚庆公司赔偿其精神损害。⑤

2022年4月11日，最高人民法院发布民法典颁布后人格权司法保护典型民事案例，在养女墓碑刻名维权案中，一审山东省济南市钢城区人民法院经审理认为，根据《民法典》第990条的规定，除法律规定的具体人格权外，自然人还享有基于人身自由、人格尊严产生的其他权益。逝者墓碑上镌刻亲人的名字是中国传统文化中后人对亲人追思情感的体现，是后人重大的精神寄托。养子女在过世父母的墓碑上镌刻自己的姓名，符合公

---

① 黄薇主编《中华人民共和国民法典人格权编释义》，法律出版社2020年版，第16页。
② 王利明：《人格权法》，中国人民大学出版社2022年版，第81页。
③ 张红：《人格权总论》，法律出版社2022年版，第191页。
④ 参见王利明《人格权法》，中国人民大学出版社2022年版，第75页。
⑤ 参见王利明《人格权法》，中国人民大学出版社2022年版，第71页。

序良俗和传统习惯，且以此彰显与逝者的特殊身份关系，获得名誉、声望等社会评价，故墓碑刻名关系到子女的人格尊严，相应权益应受法律保护。原有墓碑上镌刻有养女石某连的姓名，石某荷在重新立碑时故意遗漏石某连的刻名，侵害了石某连的人格权益，应承担民事责任。一审判令石某荷按民间传统风俗习惯在石某信夫妇墓碑上镌刻石某连姓名、石某荷返还石某连墓地拆迁款3736元。二审济南市中级人民法院维持原判。

(三) 一般人格权的功能

1. 填补具体人格权保护的漏洞

我国《民法典》既规定了一般人格权，也规定了具体人格权。我国《民法典》上的一般人格权并不具有派生具体人格权的功能，更多的是填补具体人格权保护的漏洞，将具体人格权所不能涵盖的人格利益通过一般人格权予以保护，在法律性质上将其界定为人格权保护的一般条款更为妥当。[1] 被侵害的人格利益在穷尽法律适用方法后也无法纳入具体人格权时，才能适用一般人格权进行保护，否则就会出现向一般条款逃逸的现象。[2] 例如，在倪某、王某诉某超级市场侵害名誉权纠纷案中，[3] 虽然原告以名誉权被侵害为由提起诉讼，但是被告并非侵害原告的名誉权，只能通过一般人格权规范对原告的人格尊严加以保护。

2. 宪法上基本权利价值的输入通道

我国《宪法》规定了公民的基本权利类型，如人身自由权、受教育权等。例如，《宪法》第37条规定："中华人民共和国公民的人身自由不受侵犯。任何公民，非经人民检察院批准或者决定或者人民法院决定，并由公安机关执行，不受逮捕。禁止非法拘禁和以其他方法非法剥夺或者限制公民的人身自由，禁止非法搜查公民的身体。"《宪法》第38条规定："中华人民共和国公民的人格尊严不受侵犯。禁止用任何方法对公民进行侮辱、诽谤和诬告陷害。"这些基本权利的义务主体主要是国家，并不能直接适用于平等的民事主体之间。尽管如此，基本权利所宣扬的价值可以通过

---

[1] 参见温世扬主编《中国民法》，北京大学出版社2023年版，第551页。
[2] 参见谭启平主编《中国民法学》，法律出版社2021年版，第238页。
[3] 参见北京市朝阳区人民法院（1992）朝民初字第1761号民事裁定书。

民法的抽象概念或原则输入民法之中，民法上的一般人格权即有此功能。例如，在齐某某诉陈某某等以侵犯姓名权的手段侵犯宪法保护的公民受教育的基本权利纠纷案中，最高人民法院曾经对该案作出了批复（法释〔2001〕25号）（已失效）："以侵犯姓名权的手段，侵犯了齐某某依据宪法规定所享有的受教育的基本权利，并造成了具体的损害后果，应承担相应的民事责任。"其实，受教育权属于宪法上的基本权利，并不属于民事权利，对其采用侵权保护的手段与受教育权作为宪法权利的属性相悖。但是，受教育权所涵摄的价值便是促进民事主体人格自由的充分发展，它的规范价值可以被一般人格权吸纳。① 在我国，民事裁判不能直接适用宪法规范，因此民法应当规定人格权的内容，以便对人格权进行司法保护。尽管宪法作为最高位阶法律已经规定了人的尊严和自由不受侵犯，民法仍然有必要将其作为民事权利予以规范。将人格尊严转化为民法上的价值和民事权利，也意味着明确了国家的积极保护义务。② 宪法作为关于公民权利的法律，其中权利的逻辑构造、权力母体往往需要同民法相结合。《民法典》的功能定位，可视为一种"宪法实施法"。③

三 具体人格权

（一）生命权

1. 生命权的内涵

生命权，是指自然人享有的以维护生命安全和生命尊严为内容的权利。生命权以自然人的生命安全利益为中心，以生命安全和生命维持为客体，以维护人的生命活动延续为基本内容。④ 生命权的实质和价值，体现为生命安全维护权。⑤ 生命自身可以成为支配权的客体，个人有权支配自

---

① 参见温世扬主编《中国民法》，北京大学出版社2023年版，第551页。
② 参见王利明《人格权法中的人格尊严价值及其实现》，载《清华法学》2013年第5期。
③ 参见张力《民法典"现实宪法"功能的丧失与宪法实施法功能的展开》，载《法制与社会发展》2019年第1期。
④ 参见黄薇主编《中华人民共和国民法典总则编释义》，法律出版社2020年版，第283页。
⑤ 参见温世扬《我国民法典草案的完善研究》，载《政治与法律》2019年第3期。

己的生命利益。① "在宪法的价值体系中生命权处于基础与核心地位是不可争议的事实，没有生命权价值就不会存在基本权利和整个宪法体制。"② 自然人享有生命权并不意味着自然人享有通过自杀方式结束自己生命的权利，自杀是违背公序良俗的，也是我国现行法律所不允许的。《民法典》第1002条规定："自然人享有生命权。自然人的生命安全和生命尊严受法律保护。任何组织或者个人不得侵害他人的生命权。"据此，生命权的内容包括自然人的生命安全和生命尊严受法律保护两方面内容。

2. 生命权的具体内容

（1）生命安全受法律保护

维护生命安全，是权利人保持其生命、防止他人危害其生命的权利。禁止他人非法剥夺权利人的生命，当有非法侵害生命的行为和危害生命的危险发生时，权利人有权采取相应的措施保护自己。③ 第一，消极维护权。这体现为生命安全的维护，即个人维护自己的生命不受他人侵害的权利。一般来说，只有在生命受到侵害或威胁时，权利人才能够行使此项权利，否则没有主张权利的必要。第二，积极防卫权。它是指当个人的生命面对正在进行的危害或即将发生的危险时，权利人有权依法采取相应的保护措施，以排除侵害，维护自己的生命安全。在侵害已经发生或危险已经出现时，生命权人可依法行使生命维护权，采取必要的自卫措施如正当防卫、紧急避险等。④

（2）生命尊严受法律保护

在《民法典》中，生命尊严本身就是人格尊严的具体体现，维护生命尊严也是维护人格尊严的具体内容。生命尊严表现在以下几个方面。第一，生命尊严可以适用于人体胚胎的保护。人体胚胎不同于胎儿，但鉴于人体胚胎将来可能孕育成生命，因此，人体胚胎应当适用生命尊严的规则

---

① 参见王利明《人格权法》，中国人民大学出版社2022年版，第174页。
② 韩大元、王建学编著《基本权利与宪法判例》（第二版），中国人民大学出版社2021年版，第78页。
③ 参见杨立新《人格权法通义》，商务印书馆2023年版，第223页。
④ 参见王利明《人格权法》，中国人民大学出版社2022年版，第179页。

予以保护。第二，生命尊严可适用于遗体的保护。遗体虽然属于死者人格利益的范畴，但对遗体保护的理论依据是生命尊严。第三，患者维生治疗拒绝权的承认与保护。当患者的疾病无法治愈时，患者享有拒绝接受医疗机构为延长其生命而实施的介入性治疗措施的权利。在治疗过程中，如果患者已经感到极度痛苦，且明知时日不多，希望尽快结束极度痛苦的治疗，患者有权要求医院停止实施维生治疗。从根本上讲，该权利是尊重患者生命尊严的重要体现。① 生命尊严既可以解释为有尊严地活着，也可以解释为有尊严地死去。在生命质量非常低下的时候，民事主体有权按照自己的意愿有尊严地离开。②"如果只有活的尊严，而没有死的尊严，一个人的尊严就不完整，就无法保护自己最后的尊严。"③

（3）依法享有生命利益的权利

关于自然人可否支配自己的生命利益，存在争议。"但自然人支配自己生命的现实是存在的。只不过，自然人支配自己的生命利益应不违背公序良俗，否则会受到人们的谴责。"④ 自然人虽然享有生命利益，但是对生命权的行使必须符合法律规定和公序良俗，生命权本身并不包括权利人随意处分自己的生命。因此，对生命的享有仅指对生命的保有和维护。在比较法上，许多国家的立法和判例都明令禁止自杀、帮助自杀行为，任何处分自己生命的协议都是违反善良风俗而无效的。⑤

（二）身体权

1. 身体权的内涵

身体权，是指自然人保持其身体组织完整并享有行动自由的权利。《民法典》第1003条规定："自然人享有身体权。自然人的身体完整和行动自由受法律保护。任何组织或者个人不得侵害他人的身体权。"据此，身体权的内容包括自然人的身体完整权和行动自由权。

---

① 参见王利明《人格权法》，中国人民大学出版社2022年版，第181页。
② 参见马俊驹《人格和人格权理论讲稿》，法律出版社2009年版，第251页。
③ 杨立新：《人格权法通义》，商务印书馆2023年版，第226~227页。
④ 郭明瑞：《民法总则通义》，商务印书馆2018年版，第169页。
⑤ 参见王利明《人格权法》，中国人民大学出版社2022年版，第182页。

2. 身体权的具体内容

（1）身体完整权

身体完整权，是指自然人依法维护其身体组织的完整性并不受他人侵害的权利。[1]"身体即自然人之躯体，包括五官、四肢及毛发指甲等。假肢、假牙已构成肢体一部而不可分离者，亦应属于身体，而得自由装卸者不属于身体。"[2] 权利人有权禁止他人侵害自己的身体，破坏自己身体的完整性。[3] 权利人在其身体的安全和完整受到他人侵害的情况下，有权采取一定措施排除他人侵害。此种措施包括采取正当防卫、紧急避险等积极措施，也包括行使消极的人格权请求权。[4] 自然人有权支配自己的身体及身体组织，例如，自然人可以捐献自己的器官，但不得违反法律规定，不得违背公序良俗。[5]

（2）行动自由权

行动自由权，是指自然人的人身免受非法限制、强制、拘禁、拘束、干涉或妨碍等限制，依法根据自己的意志自由从事各种活动，并禁止他人非法搜身等权利。在《民法典》中，行动自由权有双重含义：一是一般人格权的内容，二是身体权的内容。[6]《民法典》第990条第2款规定："除前款规定的人格权外，自然人享有基于人身自由、人格尊严产生的其他人格权益。"据此，一般人格权包含了人身自由的内容。《民法典》第1011条规定："以非法拘禁等方式剥夺、限制他人的行动自由，或者非法搜查他人身体的，受害人有权依法请求行为人承担民事责任。"据此，行动自由权的内容包括依法自由从事各种活动并禁止他人非法搜身的权利。可以将身体权解释为广义的身体权和狭义的身体权，前者包含身体自由的人身自由权，后者仅指以维护自然人身体完整为内容的人格权。[7] 有观点认为，

---

[1] 参见王利明《人格权法》，中国人民大学出版社2022年版，第196页。
[2] 梁慧星：《民法总论》，法律出版社2021年版，第98页。
[3] 参见杨立新《人格权法通义》，商务印书馆2023年版，第238页。
[4] 参见王利明《人格权法》，中国人民大学出版社2022年版，第193页。
[5] 参见郭明瑞《民法总则通义》，商务印书馆2018年版，第170页。
[6] 参见王利明《人格权法》，中国人民大学出版社2022年版，第208页。
[7] 参见谭启平主编《中国民法学》，法律出版社2021年版，第242页。

行动自由权不属于身体权,而属于人身自由权的范畴。①

(三) 健康权

1. 健康权的内涵

健康权,是指自然人享有并维护自己的身心健康的权利。《民法典》第 1004 条规定:"自然人享有健康权。自然人的身心健康受法律保护。任何组织或者个人不得侵害他人的健康权。"据此,健康权的客体包括生理健康和心理健康。

健康权不仅是一种个人权利,也涉及公共利益和公共秩序的维护,权利人只有在不违反法律和公序良俗以及不严重损害自己健康的特殊情况下,才可以适当处分自己的健康利益。对健康权支配处分的限制主要包括以下几种情形。第一,为了医学进步和人类发展,需要以人体进行新药、新技术的试验。《民法典》第 1008 条第 1 款规定:"为研制新药、医疗器械或者发展新的预防和治疗方法,需要进行临床试验的,应当依法经相关主管部门批准并经伦理委员会审查同意,向受试者或者受试者的监护人告知试验目的、用途和可能产生的风险等详细情况,并经其书面同意。"本条是关于人体临床试验的规定,"体现了关于健康权被保护规则,其中关于'书面同意'的规定是维护身体健康的应有之义,确保新药试验等活动符合自愿原则,并尊重自然人的生命健康"。② 第二,订立处分健康权的合同,或者订立侵害健康权的免责条款,应当认定无效。第三,健康权不得利用和转让。健康权是人格权,具有固有性,不得将健康权商品化,应用于商业交易之中。③

2. 身体权与健康权的区别

身体权区别于健康权。健康权以保护身体各组织及整体功能正常为内容,身体权以保护身体组织的完整及对身体组织的支配为内容。当他人侵害自然人的身体已经达到使自然人的组织和功能不正常时,侵害的

---

① 参见杨立新《人格权法通义》,商务印书馆 2023 年版,第 234 页。
② 最高人民法院民法典贯彻实施工作领导小组主编《中华人民共和国民法典人格权编理解与适用》,人民法院出版社 2020 年版,第 27 页。
③ 参见杨立新《人格权法》,法律出版社 2015 年版,第 162 页。

是自然人的健康权，而非身体权。当他人侵害自然人的身体，但未损害其身体组织或正常功能时，侵害的是自然人的身体权，而非健康权。例如，甲未经乙同意，突然将乙的长发剪断，此时乙的身体组织和正常功能未受到侵害，但侵害了乙对自己身体组织的支配，侵害了乙的身体权。① 自然人的行动自由被侵害，比如被非法拘禁，侵害的是身体权，而不是健康权。②

（四）姓名权

1. 姓名权的内涵

一般认为，姓名就是区别于他人的符号。"所谓姓名乃区别人我之一种符号，使用此符号之权利，谓之姓名权。"③ 姓名权，是指自然人有权依法决定、使用、变更或者许可他人使用自己的姓名的权利。《民法典》第1012条规定："自然人享有姓名权，有权依法决定、使用、变更或者许可他人使用自己的姓名，但是不得违背公序良俗。"据此，姓名权的内容包括姓名决定权、姓名使用权、姓名变更权和姓名许可权。

2. 姓名权的具体内容

（1）姓名决定权

姓名决定权，也称为命名权，是指自然人决定自己姓名的权利。为自己命名是自然人享有的基本权利。自然人在出生后不具有完全民事行为能力，不可能行使命名权，应由其监护人为其命名。④ 自然人成年并取得完全民事行为能力之后，有权根据自己的意志决定自己的姓名，并依法办理登记手续。自然人不仅有权决定自己的姓名，而且有权决定自己的艺名、笔名、化名、别名。⑤《民法典》第1017条规定："具有一定社会知名度，被他人使用足以造成公众混淆的笔名、艺名、网名、译名、字号、姓名和

---

① 参见黄薇主编《中华人民共和国民法典总则编释义》，法律出版社2020年版，第283页。
② 参见最高人民法院民法典贯彻实施工作领导小组主编《中华人民共和国民法典人格权编理解与适用》，人民法院出版社2020年版，第139页。
③ 郑玉波：《民法总则》，中国政法大学出版社2003年版，第144页。
④ 《户口登记条例》第7条第1款第1句规定："婴儿出生后一个月以内，由户主、亲属、抚养人或者邻居向婴儿常住地户口登记机关申报出生登记。"
⑤ 参见王利明《人格权法》，中国人民大学出版社2022年版，第241页。

名称的简称等，参照适用姓名权和名称权保护的有关规定。"姓名应当符合法律规定和公序良俗。

第一，姓名应当符合法律规定，使用规范汉字。《居民身份证法》第4条规定："居民身份证使用规范汉字和符合国家标准的数字符号填写。民族自治地方的自治机关根据本地区的实际情况，对居民身份证用汉字登记的内容，可以决定同时使用实行区域自治的民族的文字或者选用一种当地通用的文字。"《公安部关于启用新的常住人口登记表和居民户口簿有关事项的通知》（1995）附件三"常住人口登记表和居民户口簿填写说明"第1条规定："常住人口登记表和居民户口簿应使用国务院公布的汉字简化字填写，民族自治地区可使用本民族的文字或选用一种当地通用的民族文字填写。"据此，姓名应当使用规范汉字的简化字，而不能使用字母或其他符号。发生于2006年的"赵C"案[1]被称为姓名权保护第一案。20世纪80年代中国公民取名"赵C"并进行了户籍登记。2006年，在赵C申请换发第二代居民身份证时，公安部门要求赵C改名，案件经过两级法院审理，在法院主持下，赵C与登记部门达成和解协议，赵C同意变更姓名后，依法使用规范汉字。[2]

第二，姓名应当符合公序良俗。2017年11月15日，最高人民法院发布第17批指导性案例，其中的第89号指导案例是关于姓名权的纠纷，"北雁云依"诉济南市公安局历下区分局燕山派出所公安行政登记案。父母要为其出生的女儿取名为"北雁云依"，辖区派出所认为不符合法律规定，因此不进行登记，"北雁云依"的父母作为监护人以"北雁云依"的名义起诉辖区派出所。法院的裁判要点是："公民选取或创设姓氏应当符合中华传统文化和伦理观念。仅凭个人喜好和愿望在父姓、母姓之外选取其他姓氏或者创设新的姓氏，不属于《全国人民代表大会常务委员会关于〈中华人民共和国民法通则〉第九十九条第一款、〈中华人民共和国婚姻法〉第二十二条的解释》第二款第三项规定的'有不违

---

[1] 参见江西省鹰潭市中级人民法院（2008）鹰行终字第5号行政裁定书。
[2] 参见张红《人格权总论》，法律出版社2022年版，第162页。

反公序良俗的其他正当理由'。"济南市历下区人民法院于2015年4月25日作出（2010）历行初字第4号行政判决：驳回原告"北雁云依"要求确认被告燕山派出所拒绝以"北雁云依"为姓名办理户口登记行为违法的诉讼请求。一审宣判并送达后，原被告双方均未提出上诉，本判决已发生法律效力。

《民法典》第1015条规定："自然人应当随父姓或者母姓，但是有下列情形之一的，可以在父姓和母姓之外选取姓氏：（一）选取其他直系长辈血亲的姓氏；（二）因由法定扶养人以外的人扶养而选取扶养人姓氏；（三）有不违背公序良俗的其他正当理由。少数民族自然人的姓氏可以遵从本民族的文化传统和风俗习惯。"据此，自然人选取姓氏应当随父姓或者母姓，这样做符合中华传统文化和伦理观念，符合绝大多数自然人的意愿和实际做法。同时，考虑到社会实际情况，自然人有正当理由的也可以选取其他姓氏。第一，选取其他直系长辈血亲的姓氏。父母之外的直系长辈血亲包括祖父母、外祖父母、曾祖父母、外曾祖父母等。第二，因由法定扶养人以外的人扶养而选取扶养人姓氏。如果被法定扶养人以外的人扶养，则自然人可以选择扶养人的姓氏作为自己的姓氏，这在客观上有利于鼓励法定扶养义务人之外的亲属对自然人进行扶养。第三，有不违反公序良俗的其他正当理由。如果有不违反公序良俗的其他正当理由，则自然人可以选择父姓和母姓以外的姓氏，该条对自然人在父姓和母姓之外选择姓氏作出了兜底性规定。[①]

（2）姓名使用权

姓名使用权，是指自然人使用自己姓名以表明身份，以及要求或者许可他人正确使用自己姓名的权利。在某些情形下，自然人必须使用正式的姓名，比如在有关书面文件和证件上签字。在此情形下，使用自己的姓名既是自然人的权利，也是自然人的义务。在某些情形下，自然人可以使用自己的姓名，也可以不使用自己的姓名，自然人有权保有自己

[①] 参见王利明《人格权法》，中国人民大学出版社2022年版，第245页。

的姓名，免于他人非法使用。① 姓名使用权也包括自然人许可他人使用自己姓名的权利。②《民法典》第993条规定："民事主体可以将自己的姓名、名称、肖像等许可他人使用，但是依照法律规定或者根据其性质不得许可的除外。"据此，自然人有权允许他人使用自己的姓名从事民事活动。"姓名权也可以进行许可使用，权利人通过许可他人使用自己的姓名可以获得一定的物质利益，此种权利亦受法律保护。"③

我国《著作权法》中的署名权是一种姓名权，其性质是使用姓名的权利。署名权所保护的正是作者和创作行为之间的身份统一性，通过署名于作品之上，作者向外界表明他是创作者。署名权的客体不是作品，而是姓名。④

（3）姓名变更权

自然人变更姓名的，应当依法定程序进行。《民法典》第1016条第1款规定："自然人决定、变更姓名，或者法人、非法人组织决定、变更、转让名称的，应当依法向有关机关办理登记手续，但是法律另有规定的除外。"据此，自然人变更姓名的，应当依法向有关机关办理登记手续。《户口登记条例》第18条规定："公民变更姓名，依照下列规定办理：一、未满十八周岁的人需要变更姓名的时候，由本人或者父母、收养人向户口登记机关申请变更登记；二、十八周岁以上的人需要变更姓名的时候，由本人向户口登记机关申请变更登记。"养子女变更姓名的，应当符合法律规定。《民法典》第1112条规定："养子女可以随养父或者养母的姓氏，经当事人协商一致，也可以保留原姓氏。"

未成年子女因父母离婚需要变更姓名的，应当经父母双方协商同意。2002年《公安部关于父母离婚后子女姓名变更有关问题的批复》规定："离婚双方未经协商或协商未达成一致意见而其中一方要求变更子女姓名的，公安机关可以拒绝受理；对一方因向公安机关隐瞒离婚事实，而取得

---

① 参见王利明《人格权法》，中国人民大学出版社2022年版，第242页。
② 参见陈甦、谢鸿飞主编《民法典评注·人格权编》，中国法制出版社2020年版，第193页。
③ 王利明：《人格权法》，中国人民大学出版社2022年版，第242页。
④ 参见陈甦、谢鸿飞主编《民法典评注·人格权编》，中国法制出版社2020年版，第192页。

子女姓名变更的，若另一方要求恢复子女原姓名且离婚双方协商不成，公安机关应予恢复。"在《民法典》立法过程中，《民法典》人格权编草案一审稿中曾经规定，未成年人父母离婚的，与未成年人共同生活的一方可以将未成年人的姓氏变更为自己的姓氏，但是另一方有正当理由表示反对的除外。在征求意见过程中，有人认为这一规定并不能完全解决现实中的这类问题，建议对此不作规定。基于此，《民法典》人格权编草案二审稿删除了这一条规定。此后，仍有一些意见建议恢复一审稿的规定。杨立新认为，父母离婚后的未成年人的姓氏变更问题涉及的情况较为复杂，鉴于目前各方面对此尚未达成共识，可以考虑不在《民法典》中规定，司法实践中可以根据具体情况进行判断。[①]

（4）姓名许可权

姓名许可权，是指姓名权人依法许可他人使用自己姓名的权利。根据《民法典》第1012条的规定，姓名权的内容包括依法许可他人使用自己的姓名，该规定与《民法典》第993条关于人格权商业化利用的规定是一致的。在民事主体将他人的姓名进行商业化利用时，需要得到姓名权人的许可，并依据约定支付相应的费用。

3. 姓名权的民法保护

《民法典》第1014条规定："任何组织或者个人不得以干涉、盗用、假冒等方式侵害他人的姓名权或者名称权。"据此，侵害姓名权的方式主要包括干涉、盗用、假冒等方式。所谓干涉他人姓名权，是指行为人对自然人行使姓名权的命名权、使用权、改名权、许可他人使用权的无理干预，阻碍自然人对其姓名权的行使。所谓盗用他人姓名，是指未经本人授权，擅自利用该人的名义进行民事活动或从事不利于姓名权人、不利于公共利益的行为。所谓假冒他人姓名，也称为冒名顶替，是指使用他人姓名并冒充该人参加民事活动或其他行为。[②] 在姓名权受到侵害时，姓名权人可以根据《民法典》第995条的规定行使人格权请求权予以救济，有权要

---

① 参见黄薇主编《中华人民共和国民法典人格权编释义》，法律出版社2020年版，第121页。
② 参见杨立新《人格权法通义》，商务印书馆2023年版，第300页。

求侵权人承担停止侵害、排除妨碍、赔偿损失等民事责任。

(五) 肖像权

1. 肖像权的内涵

肖像权，是指自然人有权依法制作、使用、公开或者许可他人使用自己的肖像的权利。肖像，是指通过影像、雕塑、绘画等方式在一定载体上所反映的特定自然人可以被识别的外部形象。《民法典》第1018条规定："自然人享有肖像权，有权依法制作、使用、公开或者许可他人使用自己的肖像。肖像是通过影像、雕塑、绘画等方式在一定载体上所反映的特定自然人可以被识别的外部形象。"

肖像具有三个构成要件。第一，肖像是自然人的外部形象。根据《民法典》第1018条第2款的规定，肖像是自然人"可以被识别的外部形象"，不限于面部形象。如此规定的理由在于："肖像是一个自然人形象的标志，除面部特征外，若不把任何足以反映或者可以识别特定自然人的外部形象纳入肖像权的保护范围，都很有可能对自然人的人格尊严造成威胁。肖像的范围过小，不利于保护肖像权人的利益。"[1] 一般认为，所谓外部形象以面部形象为主，但不仅仅局限于面部形象。"肖像固以人之面部特征为主要内容，但应从宽解释，凡足以呈现个人外部形象者，均包括在内。"[2] 第二，肖像通过一定载体反映出来。肖像的载体既包括物理载体，如雕塑、照片等，也包括电子载体，如在电脑等电子产品中再现个人形象。如果个人的肖像没有在载体上反映出来，而仅仅是个人面部的形象，则很难受到肖像权的保护。例如，在某人脸上打叉，应当构成对他人人格尊严的侵害，而不构成对他人肖像权的侵害。[3] 第三，肖像应当具有较为清晰的可识别性。"通过一定载体所呈现出的外部形象应当具有较为清晰的指向性和可识别性，如果通过载体呈现出的外部形象无法指向或者识别

---

[1] 黄薇主编《中华人民共和国民法典人格权编释义》，法律出版社2020年版，第131页。
[2] 王泽鉴：《人格权法：法释义学、比较法、案例研究》，北京大学出版社2013年版，第141页。
[3] 参见王利明《人格权法》，中国人民大学出版社2022年版，第279页。

出特定自然人，则不应纳入肖像的范围。"①

集体肖像，是指数人的肖像并存在一个载体上，构成一个完整的、独立于个体的肖像。此种肖像既具有个体性，又具有集体性。② 在集体肖像中，每个人的肖像得以体现，因此，每个人应当成为集体肖像中自己肖像的权利主体。"自然人的肖像一旦呈现，其本人便对该肖像拥有法律上之权利，财产利益可让与而不被剥夺。因此，虽有集体肖像之事实，其中个体肖像上之权依然独立存在。"③ 集体肖像的当事人会形成内部关系和外部关系。所谓内部关系，是指集体肖像的全体成员一起对该肖像的利益行使权利、负担义务。所谓外部关系，是指其他任何第三人对该集体肖像当事人的权利负有不可侵义务。因此，集体肖像的主体之一独自对集体肖像进行商业化利用，或者集体肖像主体以外的第三人对集体肖像进行商业化利用，会对集体肖像当事人的权益造成损害。④

2. 肖像权的具体内容

肖像权的内容，是指肖像权所包含的各项积极权能。《民法典》第1018条第1款规定："自然人享有肖像权，有权依法制作、使用、公开或者许可他人使用自己的肖像。"据此，肖像权的内容包括肖像制作权、肖像使用权、肖像公开权和肖像许可使用权。

（1）肖像制作权

肖像制作权，也称为形象再现权，是指自然人由自己或许可他人通过造型艺术及其他形式再现自己形象的权利。⑤ 肖像制作权专属于肖像权人，可以由肖像权人自己行使，也可以许可他人行使。他人在制作肖像权人肖像时，应当征得肖像权人本人同意。如未经同意擅自制作他人肖像，即使未予公布，也构成对肖像权的侵害。

---

① 黄薇主编《中华人民共和国民法典人格权编释义》，法律出版社2020年版，第132页。
② 参见王利明《人格权法》，中国人民大学出版社2022年版，第278页。
③ 张红：《人格权各论》，法律出版社2024年版，第285页。
④ 参见杨立新《人格权法通义》，商务印书馆2023年版，第35~36页。
⑤ 参见王利明《人格权法》，中国人民大学出版社2022年版，第283页。

（2）肖像使用权

肖像使用权，是指肖像权人自己使用肖像或者许可他人使用自己肖像的权利。一方面，肖像权人可以自己使用肖像，可以通过使用肖像获取一定利益，也可以不获取利益；另一方面，肖像权人可以许可他人使用自己的肖像，许可他人使用自己的肖像，可以以营利为目的，也可以不以营利为目的。从实践来看，肖像权的使用权能不断扩张。肖像权不再是消极防御性权利，权利人有权积极利用其肖像权从而获得一定的经济利益。如名人的肖像经常被运用于各种商业广告，从而促进商品的销售。[1]

（3）肖像公开权

肖像公开权，是指肖像权人有权决定是否公开自己的肖像，以及以何种方式公开自己肖像的权利。例如，将自己的肖像出版画册，或者在网络上传播，都是肖像公开权行使的方法。[2] 未经肖像权人本人同意，他人不得公开肖像权人的肖像，否则构成侵害肖像权的行为。

（4）肖像许可使用权

肖像许可使用权，是指肖像权人依法许可他人使用自己肖像的权利。根据《民法典》第1018条的规定，肖像权人享有许可他人使用自己肖像的权利，该规定与《民法典》第993条关于人格权商业化利用的规定是一致的。在民事主体将他人的肖像进行商业化利用时，需要得到肖像权人的许可，并依据约定支付相应的费用。《民法典》第1021条、第1022条规定了肖像许可使用合同的相关规则。

3. 肖像权与肖像作品著作权的关系

就肖像权与肖像作品著作权的关系而言，肖像权高于肖像作品著作权，除非当事人另有约定，肖像作品著作权人未经肖像权人许可不得使用或公开其肖像。《民法典》第1019条第2款规定："未经肖像权人同意，肖像作品权利人不得以发表、复制、发行、出租、展览等方式使用或者公开肖像权人的肖像。"据此，肖像作品权利人要使用、公开肖像作品，应

---

[1] 参见王利明《人格权法》，中国人民大学出版社2022年版，第284页。
[2] 参见杨立新《人格权法通义》，商务印书馆2023年版，第337页。

当经肖像权人同意，否则就属于侵害肖像权的行为。"该条实际上也体现了，肖像权作为人格权，其保护应当优先于著作权的精神。"[1] 在人格权与财产权发生冲突时，应当优先保护人格权。虽然著作权也包含署名权、发表权等人身权内容，但其性质主要体现为财产权。"肖像作品体现的精神权益决定了肖像作品的权利人行使权利要受到肖像权人的制约，权利人不能因为创作出了肖像作品而获得任意使用他人肖像的权利。肖像权人同意肖像作品权利人对其进行拍照、录像、雕塑、绘画等，并不必然表示肖像权人同意肖像作品权利人可以使用、公开其肖像作品。"[2] "关于电影拍摄中偷拍他人肖像是否构成侵害肖像权问题，原则上应作肯定回答。因为在市场经济条件下，多数电影属于商业性电影，与其他营利行为在本质上无大差别。"[3] 如果是第三人使用肖像作品，则既涉及作品的使用，也涉及肖像的使用，需要征得著作权人与肖像权人的同意。

4. 肖像权的消极权能

关于肖像权侵权行为的认定，曾长期存在认识误区，误以为以营利为目的是侵害肖像权的构成要件，其依据是《民法通则》第 100 条的规定："公民享有肖像权，未经本人同意，不得以营利为目的使用公民的肖像。"许多解释局限于条文表述，可能由于历史的局限性，该条文表述存在瑕疵。在司法实务中，较早地确认了以营利为目的不是侵害肖像权的构成要件。1988 年 3 月，最高人民法院召开的华北五省（市、区）审理侵害著作权、名誉权、肖像权、姓名权案件工作座谈会中提出：擅自使用他人肖像，不论是否营利，均可认定侵害了他人的肖像权，不能认为侵害肖像权必须以营利为目的。[4] "将侵害肖像权的行为限定于'以营利为目的'，失之过狭。《民法典》人格权编第 1019 条已经不再保留'以营利为目的'这一条件。'以营利为目的'而擅自使用他人肖像是典型的侵害肖像权的行

---

[1] 王利明：《人格权法》，中国人民大学出版社 2022 年版，第 123 页。
[2] 参见最高人民法院民法典贯彻实施工作领导小组主编《中华人民共和国民法典人格权编理解与适用》，人民法院出版社 2020 年版，第 243 页。
[3] 梁慧星：《民法总论》，法律出版社 2021 年版，第 100 页。
[4] 参见最高人民法院民法典贯彻实施工作领导小组主编《中华人民共和国民法典人格权编理解与适用》，人民法院出版社 2020 年版，第 242 页。

为之一，但非以营利为目的而擅自使用或者丑化、歪曲、侮辱他人肖像，也应构成侵害肖像权的行为。"[1] 从权利的性质来看，肖像权是绝对权，除权利主体之外的其他人都是义务主体，都负有不作为的义务，因此，无论义务主体是否以营利为目的使用他人肖像，都违反其不作为义务，因而是侵害肖像权的行为。《民法典》第1019条规定："任何组织或者个人不得以丑化、污损，或者利用信息技术手段伪造等方式侵害他人的肖像权。未经肖像权人同意，不得制作、使用、公开肖像权人的肖像，但是法律另有规定的除外。未经肖像权人同意，肖像作品权利人不得以发表、复制、发行、出租、展览等方式使用或者公开肖像权人的肖像。"

5. 肖像的合理使用

肖像权人享有肖像权，未经肖像权人许可，任何人不得制作、公开或使用其肖像。但是，因涉及公共利益需要而使用他人肖像时，可以依法进行合理使用，从而阻却行为违法性，不构成肖像权侵权。《民法典》第1020条规定："合理实施下列行为的，可以不经肖像权人同意：（一）为个人学习、艺术欣赏、课堂教学或者科学研究，在必要范围内使用肖像权人已经公开的肖像；（二）为实施新闻报道，不可避免地制作、使用、公开肖像权人的肖像；（三）为依法履行职责，国家机关在必要范围内制作、使用、公开肖像权人的肖像；（四）为展示特定公共环境，不可避免地制作、使用、公开肖像权人的肖像；（五）为维护公共利益或者肖像权人合法权益，制作、使用、公开肖像权人的肖像的其他行为。"

6. 关于表演者的形象权的保护

《著作权法》规定了表演者权，旨在保护表演者对其表演创作的传播权。表演者权中包含了一项针对表演形象的权利，即保护表演形象不受歪曲的权利。表演者可以阻止他人对其形象的篡改、歪曲或其他以不正当方式使用。若从表演者形象中可以识别出肖像权本人，则应适用肖像权规则。[2] 一般认为，表演者对其表演形象享有的权利的性质是财产权，是具有

---

[1] 梁慧星：《民法总论》，法律出版社2021年版，第100页。
[2] 参见温世扬主编《中国民法学》，北京大学出版社2023年版，第563页。

人格利益的特殊财产权。① "基于肖像的特性,与肖像利益一样具有可识别性的人格利益可以类推肖像权的保护方法进行保护。具体而言包括美术形象(包括漫画形象)、游戏形象、表演形象、声音等。"② 例如,在章某某与蓝某在线人格权纠纷上诉案中,北京市第一中级人民法院(2013)一中民终字第5303号民事判决认为:"法律认可来自个人投资和努力演绎出的形象所具有的商业上的价值,当被他人擅自使用时,不仅仅侵犯了肖像权上承载的人格尊严,也侵犯了权利人自己使用或者许可他人使用的财产上之利益。"

(六)名誉权

1. 名誉权的内涵

名誉权,是指民事主体享有社会公正评价的权利。"名誉权的客体是名誉。一般认为,名誉是对个人客观的、良好的、综合的社会评价。"③《民法典》第1024条规定:"民事主体享有名誉权。任何组织或者个人不得以侮辱、诽谤等方式侵害他人的名誉权。名誉是对民事主体的品德、声望、才能、信用等的社会评价。"

2. 侵害名誉权的构成要件

(1)行为人实施了侮辱、诽谤等行为

侮辱,是指故意以暴力或者其他方式贬低他人人格,毁损他人名誉。侮辱行为主要包括以下几种方式:暴力行为、语言侮辱、文字侮辱以及其他方式的侮辱。例如,往他人脸上吐唾沫、用肮脏的语言谩骂他人、书写和张贴丑化他人的标语以及当众焚毁他人相片等。④

诽谤,是指因过错捏造并散布某些虚假的事实,损害他人名誉的行为。如果所散布的情况是真实的,即使有损该自然人的名誉,亦不构成侵害名誉权的行为。⑤"如果行为人发布的信息或者所作的陈述真实客观,且

---

① 参见温世扬《论"标表型人格权"》,载《政治与法律》2014年第4期;曹相见《人格权总论:传统与超越》,北京大学出版社2022年版,第55页。
② 张红:《人格权总论》,法律出版社2022年版,第130页。
③ 王利明:《人格权法》,中国人民大学出版社2022年版,第321页。
④ 参见王利明《民法总则》,中国人民大学出版社2022年版,第330页。
⑤ 参见梁慧星《民法总论》,法律出版社2021年版,第101页。

没有包含侮辱性的内容，即使受害人认为自己的名誉受到了损害，也不构成名誉权侵权。"[1] "我国的真实性抗辩标准不仅要求行为人所作的陈述是客观真实的，而且不得包含侮辱性质的毁损他人名誉的内容……"[2] 例如，发布失信人名单、公布某企业制造劣质产品的信息等。《最高人民法院关于修改〈最高人民法院关于公布失信被执行人名单信息的若干规定〉的决定》第7条规定："各级人民法院应当将失信被执行人名单信息录入最高人民法院失信被执行人名单库，并通过该名单库统一向社会公布。各级人民法院可以根据各地实际情况，将失信被执行人名单通过报纸、广播、电视、网络、法院公告栏等其他方式予以公布，并可以采取新闻发布会或者其他方式对本院及辖区法院实施失信被执行人名单制度的情况定期向社会公布。"

侵害名誉权行为的种类较多，除侮辱、诽谤行为外，还包括其他毁损名誉的行为。例如，编辑出版单位在作品已被认定为侵害他人名誉权或者被告知明显属于侵害他人名誉权后，应刊登声明消除影响或者采取其他补救措施，但拒不刊登声明，不采取其他补救措施，或者继续刊登、出版侵权作品的，应认定为侵害名誉权。[3]《民法典》第1025条规定："行为人为公共利益实施新闻报道、舆论监督等行为，影响他人名誉的，不承担民事责任，但是有下列情形之一的除外：（一）捏造、歪曲事实；（二）对他人提供的严重失实内容未尽到合理核实义务；（三）使用侮辱性言辞等贬损他人名誉。"《民法典》第1027条规定："行为人发表的文学、艺术作品以真人真事或者特定人为描述对象，含有侮辱、诽谤内容，侵害他人名誉权的，受害人有权依法请求该行为人承担民事责任。行为人发表的文学、艺术作品不以特定人为描述对象，仅其中的情节与该特定人的情况相似的，不承担民事责任。"

侮辱、诽谤等行为指向特定人，是侵害名誉权的构成要件。侵害名誉权只有针对特定人实施，才能造成对该人的社会评价降低，从而构成对名

---

[1] 黄薇主编《中华人民共和国民法典人格权编释义》，法律出版社2020年版，第149页。
[2] 张红：《人格权各论》，法律出版社2024年版，第342页。
[3] 参见王利明《人格权法》，中国人民大学出版社2022年版，第333页。

誉权的侵害。如果行为人的行为未指向特定的对象，仅泛指一般人，则不能认定侵害名誉权，如妄称今日的商人多为奸商、今日的律师皆为讼棍等。在此情况下，此类行为并没有指向特定人，特定人的社会评价也未因此而降低，因此不能认定构成诽谤。①

(2) 受害人的名誉受到损害的事实

《民法典》第1024条第2款规定："名誉是对民事主体的品德、声望、才能、信用等的社会评价。"所谓社会评价是一种客观标准，即一般人对自然人的价值所作的综合评价。如果没有受害人社会评价的降低，就不存在名誉权受损害问题。这个标准应当以一般人的评价为标准，不能仅以受害人自己的主观感受为标准。②"是否有损于该自然人的名誉，不以该自然人自己的判断为标准，而是以一般人的通常判断为标准。"③ 例如，某人上班期间经常违反工作纪律，迟到早退，敷衍了事，不能完成本职工作，有同事背后议论其工作不认真，此种情形并不符合侵害名誉权的构成要件，因此不构成侵权。

损害名誉权的行为只有为第三人知悉才能导致受害人的社会评价降低。侮辱、诽谤等行为为第三人知悉，是指第三人知道行为人的行为，就可以认定侵害行为已经对第三人产生了影响，从而造成了受害人社会评价的降低。在我国的司法实践中，常常要求名誉权侵害必须造成一定社会影响，而造成一定社会影响应以第三人知悉为前提，只要有一个外人知悉，就可以认定受害人的名誉在其心目中已受影响。④"侵权行为为第三人所知悉，在名誉权领域只需有一人以上知晓即可……"⑤"名誉乃社会对个人的评价，须有传播散布侵害名誉的行为，即须公诸社会，传于第三人。"⑥

---

① 参见王利明《人格权法》，中国人民大学出版社2022年版，第333页。
② 参见黄薇主编《中华人民共和国民法典人格权编释义》，法律出版社2020年版，第149页。
③ 梁慧星：《民法总论》，法律出版社2021年版，第101页。
④ 参见王利明《人格权法》，中国人民大学出版社2022年版，第334页。
⑤ 张红：《人格权各论》，法律出版社2024年版，第335页。
⑥ 王泽鉴：《人格权法：法释义学、比较法、案例研究》，北京大学出版社2013年版，第151页。

如果行为人的侵害行为没有被受害人以外的人所知悉，就不存在受害人的社会评价降低或者受损的问题，自然也就不存在名誉权受损害的问题。① 例如，有些人使用网名在网络上发表一些观点，读者看到后不同意其观点，发表了一些偏激的言论，此时很难说构成侵害其名誉权，理由在于，第三人并不知道使用网名的具体个人是谁，并不导致其社会评价降低。

（3）侵权行为与名誉损害之间有因果关系

一般认为，存在名誉侵权行为即推定存在社会评价的降低，两者之间有直接因果关系，但不是不证自明的，当事人仍应负一定的举证责任，法院也有审查义务。受害人的精神损害与名誉侵权行为之间的因果关系必须由受害人加以证明。②

（4）行为人有过错

名誉侵权行为是一般侵权行为，采取过错责任原则。在过错程度的要求上存在一般公民与公众人物的区别。第一，对于一般公民的名誉侵害，只要加害人具有过错便具备侵权行为之构成的主观要件；对于公众人物的名誉侵害，要求加害人具有故意或重大过失的主观要件。第二，因一般过失侵害他人名誉权的，承担较轻的民事责任；而因故意或重大过失侵害他人名誉权的，应当承担较重的民事责任。③

（七）荣誉权

荣誉，是指国家和社会对在社会生产生活中作出突出贡献的民事主体给予的积极的正式评价。④ "荣誉是国家和社会对人们作出贡献、取得成就的一种承认和褒奖，也是鼓励人们积极向上、为国效力的一种鞭策。"⑤ 例如，我国《民法典》第849条规定："完成技术成果的个人享有在有关技术成果文件上写明自己是技术成果完成者的权利和取得荣誉证书、奖励的权利。"

---

① 参见黄薇主编《中华人民共和国民法典人格权编释义》，法律出版社2020年版，第149页。
② 参见张红《人格权各论》，法律出版社2024年版，第339页。
③ 参见张红《人格权各论》，法律出版社2024年版，第341页。
④ 参见杨立新《民法总则》，法律出版社2020年版，第183页。
⑤ 胡玉鸿：《民生权内含权能的法理分析》，载《中外法学》2024年第1期。

荣誉权，是指民事主体对自己所获得的荣誉及其利益所享有的保持和支配的权利。[1] 一般认为，荣誉权是特殊的人格权，获得荣誉也会获得良好的社会评价，甚至可以说，荣誉是特殊形式的名誉。[2] 在一定程度上说，名誉是一种社会评价，而荣誉是国家、社会通过特定机关或组织给予公民的一种特殊美名和称号，[3] 是一种比较正式的社会评价，因此，荣誉可以称为特殊的名誉，具有人格权属性。荣誉的获得，不仅可以使民事主体增加荣誉感、道德感、尊严感、幸福感，而且可以增加民事主体的身份价值和名誉价值。[4]《民法典》第1031条规定："民事主体享有荣誉权。任何组织或者个人不得非法剥夺他人的荣誉称号，不得诋毁、贬损他人的荣誉。获得的荣誉称号应当记载而没有记载的，民事主体可以请求记载；获得的荣誉称号记载错误的，民事主体可以请求更正。"

（八）隐私权

1. 隐私权的内涵

隐私权，是指自然人对其私生活的秘密性、私生活的安宁享有免受他人侵害和打扰的权利。《民法典》第1032条第1款规定："自然人享有隐私权。任何组织或者个人不得以刺探、侵扰、泄露、公开等方式侵害他人的隐私权。"隐私权所保护的是个人生活的安宁，个人的私人空间不受他人窥探，借此个人可以在自由的空间内完整地发展人格。只有自然人享有隐私权，法人、非法人组织不享有隐私权。在民法典编纂过程中，曾有意见提出，法人、非法人组织享有隐私权，但立法没有采纳。"经研究认为，隐私是与一个人精神利益和人格尊严联系在一起的，其涉及一个人的私生活安宁和独处的利益，法人、非法人组织作为一个组织体，其不可能产生这种需求，不需要通过隐私权制度来保护其秘密。对于法人、非法人组织的商业秘密，可以通过反不正当竞争法等法律制度来加以保护。"[5]

---

[1] 参见黄薇主编《中华人民共和国民法典总则编释义》，法律出版社2020年版，第285页。
[2] 参见王利明《人格权法研究》，中国人民大学出版社2005年版，第490页。
[3] 参见陈甦主编《民法总则评注》，法律出版社2017年版，第773页。
[4] 参见王歌雅《荣誉权的价值阐释与规制思考》，载《环球法律评论》2013年第3期。
[5] 黄薇主编《中华人民共和国民法典人格权编释义》，法律出版社2020年版，第177页。

隐私包括自然人的私人生活安宁和不愿为他人知晓的私密空间、私密活动、私密信息。《民法典》第1032条第2款规定："隐私是自然人的私人生活安宁和不愿为他人知晓的私密空间、私密活动、私密信息。"据此，隐私包括四部分内容。第一，私人生活安宁。私人生活安宁，是指自然人可以排除他人对自己生活安稳和宁静的不当干扰，主要包括日常生活安宁、住宅安宁以及通信安宁。①"本法所规定的私生活安宁是狭义概念，侵害私生活安宁的行为主要指本法第1033条第1项规定的'以电话、短信、即时通讯工具、电子邮件、传单等方式侵扰他人的私人生活安宁'的行为。例如，向他人发送垃圾邮件、垃圾微信或者进行电话骚扰；在民事主体明确拒绝的情况下，还反复向他人发送小广告、散发传单等。"② 第二，私密空间。私密空间是指个人的私密范围，包括个人居所、私家车、日记、个人邮箱、个人的衣服口袋、身体的隐私部位以及旅客居住的宾馆客房等。"本条所规定的'私密空间'不仅包括住宅等物理意义上的特定空间，还包括电子邮箱、微信群等虚拟空间。"③ 第三，私密活动。私密活动是指自然人所进行的与公共利益无关的个人活动，如日常生活、家庭活动、婚姻活动、男女之间的性生活等活动。④ 根据《民法典》第1033条的规定，除法律另有规定或者权利人明确同意外，任何组织或者个人不得拍摄、窥视、窃听、公开他人的私密活动。⑤ 第四，私密信息。私密信息是指通过特定形式体现出来的有关自然人的财产状况、身体缺陷、遗传特征、病例、档案材料、生理识别信息、行踪信息等个人情况。根据《民法典》第1033条的规定，除法律另有规定或者权利人明确同意外，任何组织或者个人不得处理他人的私密信息。⑥

---

① 参见王利明《人格权法研究》，中国人民大学出版社2012年版，第542~543页。
② 黄薇主编《中华人民共和国民法典人格权编释义》，法律出版社2020年版，第179页。
③ 黄薇主编《中华人民共和国民法典人格权编释义》，法律出版社2020年版，第180页。
④ 参见杨立新《人格权法通义》，商务印书馆2023年版，第418页。
⑤ 参见黄薇主编《中华人民共和国民法典人格权编释义》，法律出版社2020年版，第180页。
⑥ 参见黄薇主编《中华人民共和国民法典人格权编释义》，法律出版社2020年版，第180~181页。

2. 隐私权的保护范围受公共利益和善良风俗的限制

关于披露他人隐私是否侵害隐私权，存在争议。有观点认为，只要披露他人隐私就构成侵害隐私权。"在隐私权侵权案件中，加害人不能因其所公开的事实为真而免责。捏造歪曲事实，损害他人形象的，属于侵犯名誉权。散布当事人不愿公开的属实情况，则属于侵犯隐私权。"① 反对观点认为，隐私权的保护范围受公共利益和善良风俗的限制。"个人秘密并非全受保护，凡与社会或公众利益直接相关的重要事项，不属于隐私权范围。因此，法律不禁止基于社会或公众利益的需要而公开他人生活秘密。"② "隐私权的保护并非毫无限制，应当受到公共利益和善良风俗的限制。当隐私权与公共利益和善良风俗发生冲突时，应当依公共利益和善良风俗的要求进行调整。"③ 上述观点值得赞同。公众人物隐私权的保护范围受到限制为其典型形态。

公众人物，是指在社会生活中具有一定知名度的人，大致包括政府公职人员，公益组织领导人，文艺界、娱乐界、体育界的明星，文学家，科学家，知名学者，劳动模范等知名人士。④ 公众人物的隐私权依法受到限制，其理由在于以下几点。第一，这是保障公民知情权的需要。保障公民知情权的最重要手段，是要保障公民能够最大限度地从新闻媒体中获得真实信息的自由。公众对于公众人物的公开活动及其公开表示的内容所涉及的全部事实都具有合法的知情权。第二，有利于协调舆论监督权和人格权保护的需要。在舆论监督过程中，应当侧重保护舆论监督的权利，因为该权利关系到公共利益的维护，权利限制是公众人物必须付出的成本。⑤ 如果散布的信息具有真实性，即使涉及公众人物的隐私，也不构成侵权。"乙散发的第二号传单，刊载甲虐待其妻经裁判离婚的判决书及逃漏所得税的资料，其内容虽涉及甲的名誉及隐私，惟在选举期间，民众对候选人

---

① 黄薇主编《中华人民共和国民法典总则编释义》，法律出版社2020年版，第286页。
② 梁慧星：《民法总论》，法律出版社2021年版，第103页。
③ 杨立新：《人格权法通义》，商务印书馆2023年版，第420页。
④ 参见王利明《人格权法》，中国人民大学出版社2022年版，第118页。
⑤ 参见王利明《人格权法》，中国人民大学出版社2022年版，第119～120页。

有'知'的权利，参与政治活动人物，须接受较公开的批评及暴露，故在利益衡量之下，应认为乙散发第二号传单之行为，尚未构成'不法'侵害甲的人格权，甲不得请求除去其侵害。"①

(九) 个人信息权益

1. 个人信息的内涵

根据《民法典》第 1034 条第 2 款的规定，所谓个人信息，是指以电子或者其他方式记录的能够单独或者与其他信息结合识别特定自然人的各种信息，包括自然人的姓名、出生日期、身份证件号码、生物识别信息、住址、电话号码、电子邮箱、健康信息、行踪信息等。《个人信息保护法》第 4 条第 1 款规定："个人信息是以电子或者其他方式记录的与已识别或者可识别的自然人有关的各种信息，不包括匿名化处理后的信息。"一般认为，上述规定采取了识别说。依识别说，个人信息是指能够单独或者与其他信息结合识别自然人个人身份的各种信息，既包括法律明确列举的自然人姓名、出生日期等，也包括法律没有列举但具有此种识别功能的其他信息。个人信息具有以下三个要素：第一，主体为自然人，但包括近亲属对死者个人信息的查阅、复制、更正、删除等权利；第二，个人信息需要一定的载体，主要是以电子或者其他方式记录；第三，个人信息应当具有"可识别性"，通过某些信息，他人能够判断和掌握某人的相关情况。②

2. 个人信息权益的内涵

（1）《民法典》没有明确规定个人信息权益

《民法典》没有采取"个人信息权益"的表述，而只是规定了对个人信息的保护。《民法典》第 111 条规定："自然人的个人信息受法律保护。任何组织或者个人需要获取他人个人信息的，应当依法取得并确保信息安全，不得非法收集、使用、加工、传输他人个人信息，不得非法买卖、提供或者公开他人个人信息。"据此，应当对个人信息进行民法保护。"在民法典编纂过程中，有的常委委员、部门、法学教学研究机构和社会公众提

---

① 王泽鉴：《民法总则》，北京大学出版社 2022 年重排版，第 144 页。
② 参见张新宝、丁晓东主编《个人信息保护法教程》，中国人民大学出版社 2023 年版，第 2 页。

出，实践中，一些组织和个人非法获取公民个人信息，出售或者非法向他人提供公民个人信息，社会危害严重，建议进一步强调对个人信息的保护。经研究认为，个人信息权利是公民在现代信息社会享有的重要权利，明确对个人信息的保护对于保护公民的人格尊严，使公民免受非法侵扰，维护正常的社会秩序具有现实意义。据此，总则编在民事权利章单列一条，对自然人的个人信息受法律保护和其他民事主体对自然人个人信息保护的义务作出明确规定。"[1] "我国《民法典》只是规定了个人信息应当受法律保护，而没有使用'个人信息权'这一表述，表明《民法典》并没有将个人信息作为一项具体人格权利，而是作为一种人格利益予以保护的。"[2]

（2）《个人信息保护法》明确规定了个人信息权益

虽然 2020 年 5 月 28 日颁布的《民法典》没有明确规定个人信息权益，但是，2021 年 8 月 20 日颁布的《个人信息保护法》明确规定了个人信息权益。该法旨在保护个人信息权益，规范个人信息处理活动，促进个人信息合理使用。《个人信息保护法》第 2 条规定："自然人的个人信息受法律保护，任何组织、个人不得侵害自然人的个人信息权益。"

个人信息权益，是指个人基于个人信息所享有的实体性权利和利益，以及在个人信息处理活动中依法享有的保护信息权益的程序性权利。[3] "个人信息权益"是一个包含范围非常广泛的概念，《个人信息保护法》之所以采用这个概念，就是考虑到在信息化时代，个人信息承载着广泛的个人权利和利益，包括名誉权、肖像权、隐私权等人格权利，以及个人信息处理中不被歧视的权利，此外，个人信息还与个人的人身安全和财产安全密切相关，不是一项单一的权利，而是各种利益的类型化集合；使用"权利"则是因为国际社会及我国各项相关立法均赋予个人对其个人信息处理的知情权、决定权，并将此作为保障个人信息权益的方式。个人信息具有可复制性，为了达到个人权利保护与信息利用之间的平衡，不宜赋予个人

---

[1] 黄薇主编《中华人民共和国民法典总则编释义》，法律出版社 2020 年版，第 287 页。
[2] 王利明：《民法总则》，中国人民大学出版社 2022 年版，第 263 页。
[3] 参见张新宝、丁晓东主编《个人信息保护法教程》，中国人民大学出版社 2023 年版，第 6 页。

排他性的绝对控制权，因而不应将其作为独立的人格权纳入民事权利体系。① 个人信息权益是"本权权益"，主要包括人格尊严、人身财产安全以及通信自由和通信秘密等利益，但不包括财产利益。②根据《个人信息保护法》的规定，个人信息权利主要包括处于支配地位的同意或拒绝的权利，以及知情、查阅、复制、转移、更正、补充、删除等权利。

关于个人信息权益的性质界定，理论上还存在争议。有观点认为，个人信息权益是一个权能束，具有多项权能。"个人信息本身是由删除权、查阅权、复制权、携带权、更正权、补充权等一系列权能所组成的'权能束'，各项权能分别承担个人信息保护的特定功能，发挥着不同的作用。"③有观点认为，个人信息权益就是单一的人格权。个人信息权益属于民事权益中的一种新型的人格权益，性质上属于民事权益，不应当将个人信息权益泛化为个人信息上承载的全部民事权益以及宪法上的基本权利。个人在个人信息处理活动中的权利属于个人信息权益的权能，其中，知情权与决定权是基础性权能。个人信息权益的核心利益是精神利益，同时个人也可以通过个人信息商业化利用而获得经济利益。当个人信息权益被侵害时，个人有权行使人格权请求权，其诉权不应有前置程序的限制。④

3. 隐私权与个人信息权益的区别

一般认为，个人隐私和个人信息属于交叉关系。"个人隐私与个人信息呈交叉关系，即有的个人隐私属于个人信息，而有的个人隐私则不属于个人信息；有的个人信息特别是涉及个人私生活的敏感信息属于个人隐私，但也有一些个人信息因高度公开而不属于隐私。"⑤ 隐私权客体与个人信息权客体具有交错性。一方面，许多未公开的个人信息属于隐私的范

---

① 参见杨合庆主编《中华人民共和国个人信息保护法释义》，法律出版社2022年版，第112~113页。
② 参见张新宝《论个人信息权益的构造》，载《中外法学》2021年第5期。
③ 王利明：《论个人信息删除权》，载《东方法学》2022年第1期。
④ 参见程啸《论个人信息权益》，载《华东政法大学学报》2023年第1期。
⑤ 张新宝：《从隐私到个人信息：利益再衡量的理论与制度安排》，载《中国法学》2015年第3期。

畴；另一方面，部分隐私权保护的客体也属于个人信息的范畴。①《民法典》第1034条第3款规定："个人信息中的私密信息，适用有关隐私权的规定；没有规定的，适用有关个人信息保护的规定。"

隐私权与个人信息权益的主要区别表现在以下几个方面。第一，权利属性不同。隐私权主要是一种精神人格权，而个人信息权益则属于集人格属性和财产属性于一体的综合性权利。第二，客体不同。首先，隐私主要是私密性的信息和个人活动，而信息注重的是身份识别性。其次，隐私不限于信息形态，它还可以是个人活动、个人私生活方式等，不需要记载下来；而信息必须以具体化的形态固定下来，通常需要记载下来。最后，相对于隐私，个人信息与国家安全的联系更为密切。第三，权利的内容和救济方式不同。隐私权的内容主要是防止被不正当地公开，而信息权则是个人对信息的支配和自主决定。隐私权基本属于消极的防御性权利，在该权利被侵害前，权利人无法积极主动地行使；而信息权是一种主动性权利。②隐私权作为一种私生活受尊重的权利，多表现为消极被动和防御性的特点，它以侵害行为或可能的侵害行为为前提，以维护人格尊严为目的，一般不具有财产利益。而个人信息受到保护的权益，表现为一种积极主动的请求权，不仅包括个人信息不受非法收集、处理，而且包括民事主体对其个人信息的积极控制，例如有权针对商业目的的个人信息利用获得报酬等。③

（十）关于死者人格利益的保护

1. 直接保护模式

直接保护模式认为，死者享有人格利益，在侵害死者人格利益的情形下，法律规定行为人应当承担侵权责任，其直接保护死者本人。其理由在于，死者具有部分民事权利能力，对于死者人格利益的保护，是一种延伸的保护。死者近亲属尽管是用自己的名义向法院起诉，但维护的不是自己

---

① 参见王利明《论个人信息权的法律保护——以个人信息权与隐私权的界分为中心》，载《现代法学》2013年第4期。
② 参见王利明《论个人信息权的法律保护——以个人信息权与隐私权的界分为中心》，载《现代法学》2013年第4期。
③ 参见黄薇主编《中华人民共和国民法典人格权编释义》，法律出版社2020年版，第194页。

的人格利益，而是死者的人格利益。① 直接保护模式以死者的人格利益为保护对象，由死者所指定之人或亲属代为行使死者的权利。② 有的国家立法采取直接保护模式。例如，《捷克斯洛伐克民法典》第 15 条规定："公民死亡后，其配偶和子女得以请求保护他的人身权利，没有配偶和子女的，请求权属于父母。"

有观点认为，《最高人民法院关于确定民事侵权精神损害赔偿责任若干问题的解释》（以下简称《精神损害赔偿司法解释》）采取了直接保护模式。《精神损害赔偿司法解释》第 3 条规定："死者的姓名、肖像、名誉、荣誉、隐私、遗体、遗骨等受到侵害，其近亲属向人民法院提起诉讼请求精神损害赔偿的，人民法院应当依法予以支持。"该司法解释的起草人认为，根据死者近亲属享有诉权就认为本条解释的目的是保护死者近亲属的民事权利的观点明显与本解释的原意相悖。法律和司法解释保护的不是死者近亲属的民事权利。现代民法理论认为，自然人生命终止以后，继续存在某些与该自然人生存期间已经取得和享有的与其人身权相联系的利益，损害这些利益，将直接影响该自然人的人格尊严。在该自然人死亡后，围绕其人身权而存在的先期利益和延续利益客观地存在，法律和司法解释对死者的姓名、肖像等人格利益给予法律保护，体现了法律对民事主体权益保护的完整性，也有利于引导人们重视生前和身后的声誉，符合社会主义核心价值观。理解本条规定还应注意，既然司法解释的本意是对自然人生前享有的人身权而产生的利益给予延伸保护，死者的近亲属享有的是什么权利？应该说死者近亲属享有的是一种请求权，是为了保护死者人格利益必备的一种请求权。③ "对于死者的人格利益保护，尽管其主体已经死亡，不能再

---

① 参见杨立新《民法总论》，法律出版社 2020 年版，第 90 页；杨立新《人格权法通义》，商务印书馆 2023 年版，第 154~170 页；最高人民法院民法典贯彻实施工作领导小组办公室编著《最高人民法院实施民法典清理司法解释修改条文（111 件）理解与适用》（上册），人民法院出版社 2022 年版，第 303 页。
② 参见王泽鉴《人格权法》，北京大学出版社 2013 年版，第 299 页。
③ 参见最高人民法院民法典贯彻实施工作领导小组办公室编著《最高人民法院实施民法典清理司法解释修改条文（111 件）理解与适用》（上册），人民法院出版社 2022 年版，第 303 页。

以民事主体的身份享有民事权利,但是对于他们死后的人格利益仍然应当予以适当保护,因而也还保留了部分民事权利能力。"①

2. 间接保护模式

间接保护模式认为,在侵害死者人格利益的情形下,法律通过保护死者近亲属利益的方式,间接地保护死者人格利益。②"于人格者死亡后,其遗属为保护死者之名誉、秘密或纪念,系根据自己之权利,因自己人格利益之受侵害而有诉权。此权利在内容上为另一新权利,其遗属为尽虔敬孝行,而有内部的利益,即有利他的及社会的内容。"③ 间接保护模式以遗族或近亲属的人格权为保护对象,死者的遗族或近亲属主张自己的人格权受到侵害,间接保护死者的人格利益。④ 死者近亲属享有权利,并非死者人格利益的转让或者继承,而是法律赋予他们的权利。"亲属在这里行使的是自己的权利,授予他们权利既是为了死者的利益,又是为了他们自己的利益。"⑤ 侵害死者姓名、肖像等人格利益,其本质是侵害死者亲属的一般人格权。⑥ 除涉及死者近亲属利益外,有些情形涉及社会公共利益,因此可称为"遗族利益与社会利益共同维护说"。⑦ 我国台湾地区的司法判例采取间接保护说,即"遗族对故人敬爱追慕之情"属于应受保护的人格利益。⑧ 有的国家立法采取间接保护模式。例如,《俄罗斯联邦民法典》第152条第1款规定:"公民有权通过法院要求对损害其名誉、尊严或商业信誉的信息进行辟谣,除非传播这种信息的人能够证明它们属实。根据利害关系人的要求,也允许在公民死后保护其名誉和尊严。"

---

① 杨立新:《民法总则》,法律出版社2020年版,第316页。
② 参见王利明《人格权法》,中国人民大学出版社2022年版,第88页。
③ 史尚宽:《民法总论》,中国政法大学出版社2000年版,第126页。
④ 参见王泽鉴《人格权法:法释义学、比较法、案例研究》,北京大学出版社2013年版,第299页。
⑤ 〔德〕拉伦茨:《德国民法通论》(上册),王晓晔等译,法律出版社2003年版,第173页。
⑥ 参见张红《人格权总论》,法律出版社2022年版,第384~385页。
⑦ 参见谭启平主编《中国民法学》,法律出版社2021年版,第77页。
⑧ 参见王泽鉴《人格权法:法释义学、比较法、案例研究》,北京大学出版社2013年版,第55页。

3. 我国《民法典》采取间接保护模式

我国对死者某些人格利益的特殊保护，从针对个案的司法解释发展到立法确认。从"荷花女"案到英烈人格利益保护和死者的人格利益保护。[1] 一般认为，我国司法实践经历了从直接保护模式向间接保护模式转变的过程。在1989年的"荷花女"案中，最高人民法院的批复肯定了吉某某（艺名"荷花女"）死亡后仍然享有名誉权，采纳了直接保护模式。但在此后的司法实践中，最高人民法院在死者人格利益保护方面的态度发生了一定的转变。根据《最高人民法院关于审理名誉权案件若干问题的解答》和《精神损害赔偿司法解释》的相关规定，最高人民法院实际上已经否定了死者仍然享有人格权，在侵害死者名誉等人格利益的情形下，死者近亲属有权提出请求，而且死者近亲属提出请求的主要目的是救济自身所遭受的精神损害，这实际上是采纳了间接保护模式。[2]

根据我国《民法典》第13条的规定，自然人的民事权利能力始于出生，终于死亡，也就是说，死者不具有民事权利能力，因此也不享有民事权利，但是其人格利益应受法律保护。"在自然人死亡以后，尽管其不再享有任何权利，其名誉、肖像等人格权也不复存在，但其人格利益并不因死亡而消灭。"[3]《民法典》第994条规定："死者的姓名、肖像、名誉、荣誉、隐私、遗体等受到侵害的，其配偶、子女、父母有权依法请求行为人承担民事责任；死者没有配偶、子女且父母已经死亡的，其他近亲属有权依法请求行为人承担民事责任。"上述规定体现了对死者人格利益的保护。虽然对采取直接保护模式还是间接保护模式存在争议，"但对死者人格利益应当予以保护是存在共识的。据此，经认真研究，为回应社会现实，本条借鉴既有的司法经验，参酌比较法，对死者的人格利益保护进行了明确规定"。[4]

死者的名誉可体现为一种利益，并应受到法律保护，这不仅是死者自

---

[1] 参见温世扬主编《中国民法》，北京大学出版社2023年版，第45~46页。
[2] 参见王利明《人格权法》，中国人民大学出版社2022年版，第88~89页。
[3] 王利明：《人格权法研究》，中国人民大学出版社2012年版，第189页。
[4] 黄薇主编《中华人民共和国民法典人格权编释义》，法律出版社2020年版，第25页。

身利益的需要，而且是社会利益的需要。① 死者的人格利益具有利用价值，对死者人格利益的保护还涉及社会利益、死者近亲属的利益等。② 对死者人格利益的侵害，视为对死者近亲属虔敬追思感情的侵害，近亲属以自己的人格权益遭受侵害为由请求救济，借以间接保护死者人格利益，其中所体现的人性光辉，有助于社会的团结和睦，有利于社会稳定。因此，对死者人格利益的侵害，实际上是对其生存着的近亲属精神利益和人格尊严的直接侵害，对死者人格利益的保护，归根到底是保护生者的人格利益和尊严。③ 死者不享有人格权，对死者人格利益的保护实际上是对死者近亲属追思爱护死者的一般人格权的保护。④ 可见，我国《民法典》对死者人格利益保护采取间接保护模式。"从我国《民法典》第994条规定来看，在死者人格利益遭受侵害的情形下，有权提出请求的主体为死者近亲属，这实际上是采纳了间接保护模式的立场。本书认为，此种立场值得赞同，直接保护模式虽然具有一定的合理性，但如果采用此种保护模式，可能需要对我国既有的法律制度进行较大的调整，尤其会对我国民事主体制度、民事权利能力制度等产生较大冲击。而间接保护模式通过保护死者近亲属的利益间接保护死者本人，则能够更好地契合我国既有的法律制度。"⑤

根据《民法典》第994条的规定，死者近亲属要求保护侵害死者人格利益应具备以下几个条件。第一，被侵害者已经死亡，死者的姓名、肖像、名誉、荣誉、隐私、遗体等人格利益受到侵害。《精神损害赔偿司法解释》第3条规定："死者的姓名、肖像、名誉、荣誉、隐私、遗体、遗骨等受到侵害，其近亲属向人民法院提起诉讼请求精神损害赔偿的，人民法院应当依法予以支持。"据此，司法解释将"遗骨"也列为受保护的死

---

① 参见王利明、杨立新主编《人格权与新闻侵权》，中国方正出版社1995年版，第345~349页。
② 参见最高人民法院民法典贯彻实施工作领导小组主编《中华人民共和国民法典人格权编理解与适用》，人民法院出版社2020年版，第65~66页。
③ 参见邹海林、朱广新主编《民法典评注·侵权责任编》（1），中国法制出版社2020年版，第222页。
④ 张红：《人格权各论》，法律出版社2024年版，第518页。
⑤ 王利明：《人格权法》，中国人民大学出版社2022年版，第89页。

者人格利益。第二，有权提出请求的主体是死者的近亲属。《民法典》第1045条第2款规定："配偶、父母、子女、兄弟姐妹、祖父母、外祖父母、孙子女、外孙子女为近亲属。"近亲属提出请求具有顺位限制。配偶、子女、父母是第一顺位。在死者没有配偶、子女且父母已经死亡的情形下，其他近亲属有权提出请求。该顺位与我国《民法典》第1127条第1款规定的法定继承人的顺序大致相同，只是《民法典》第994条增加规定了孙子女和外孙子女。法律将请求权主体限制为死者近亲属，是非常必要的。一方面，这种限制有利于实现保护死者人格利益的真正目的，即保护那些与死者具有真正感情的人，这些人最关心死者人格利益保护问题；另一方面，可以防止滥用侵权责任，引发诉讼爆炸，避免对人们的行为自由构成不合理的限制。如果代际关系不受限制，十代孙甚至几十代孙都可以提起诉讼，则后果不堪设想。① 第三，近亲属依法请求行为人承担民事责任。近亲属请求行为人承担民事责任应当符合法律规定的责任构成要件和责任后果。② 第四，死者人格利益的保护期限是其近亲属的生存期间。将主张权利的主体限定为近亲属，是由于近亲属的存活年限有一般的规律存在，可以作为对死者人格利益的保护期限。③

如果侵害英雄烈士等的人格利益，基于维护社会公共利益的考量予以保护。《民法典》第185条规定："侵害英雄烈士等的姓名、肖像、名誉、荣誉，损害社会公共利益的，应当承担民事责任。"《英雄烈士保护法》第25条第2款规定："英雄烈士没有近亲属或者近亲属不提起诉讼的，检察机关依法对侵害英雄烈士的姓名、肖像、名誉、荣誉，损害社会公共利益的行为向人民法院提起诉讼。"比较来看，《英雄烈士保护法》第25条第2款没有继续使用《民法典》第185条的"英雄烈士等"这一表述，表明其保护范围限于英雄烈士。侵害英雄烈士的人格利益，同时也会伤害社会公

---

① 参见程啸《人格权研究》，中国人民大学出版社2022年版，第91~92页。
② 参见黄薇主编《中华人民共和国民法典人格权编释义》，法律出版社2020年版，第26页。
③ 参见最高人民法院民法典贯彻实施工作领导小组办公室编著《最高人民法院实施民法典清理司法解释修改条文（111件）理解与适用》（上册），人民法院出版社2022年版，第304页。

众的民族感情，损害社会公共利益。因此，侵害英雄烈士人格利益的案件也可以作为公益诉讼案件，在英雄烈士没有近亲属或者近亲属不提起诉讼的情形下，检察机关有权提起诉讼，请求行为人承担相应的民事责任。[①]《英雄烈士保护法》第 26 条规定："以侮辱、诽谤或者其他方式侵害英雄烈士的姓名、肖像、名誉、荣誉，损害社会公共利益的，依法承担民事责任；构成违反治安管理行为的，由公安机关依法给予治安管理处罚；构成犯罪的，依法追究刑事责任。"据此，侵害英雄烈士人格利益的，除承担民事责任外，还可能承担行政责任、刑事责任。

4. 死者人格利益及其保护的必要性

一般认为，"死者的肖像、姓名、隐私、名誉、荣誉、尸体等利益，应当予以保护，原因是死者的人格利益具有利用价值"。[②] 死者人格利益是一种受法律保护的特定利益，是一种法益，而不是权利。法律出于维护社会道德和近亲属感情以及维护社会公共利益的需要，有必要对死者的人格利益予以保护。第一，从法律上看，死者人格利益本身是人格权益的组成部分。保护人格权益，就是要保护个人的人格尊严，这种人格尊严不仅要在自然人生前获得保护，在其死后也应当获得保护。第二，保护死者人格利益也有助于维护良好的社会风尚。事实上，许多名人的名誉、肖像等已经成为社会利益甚至是国家利益的组成部分。尤其是领袖、伟人的名誉、肖像等涉及整个国家利益和公共利益，对其人格利益的贬损，不仅是对历史的不尊重，甚至是对民族感情的伤害。第三，保护死者人格利益有助于安慰死者的近亲属。死者的人格利益与生者的感情、尊严、名誉等是不可分的，辱骂他人长辈、祖先，在某种程度上也是对生者的辱骂。辱骂先人实际上也是对后人的蔑视。所以，死者的人格利益常常和生者的名誉等联系在一起。侵害死者的人格利益往往也侵害了生者的人格利益。[③] 综上，对死者人格利益的保护，不仅包括对死者近亲属权益的保护，而且包括对死者人格尊严和公共利益的保护。

---

① 参见王利明《民法总则》，中国人民大学出版社 2022 年版，第 448 页。
② 杨立新：《人格权法通义》，商务印书馆 2023 年版，第 166 页。
③ 参见王利明《人格权法》，中国人民大学出版社 2022 年版，第 87~89 页。

（十一）法人、非法人组织的具体人格权

一般认为，自然人享有一般人格权，法人、非法人组织不享有一般人格权，但享有具体人格权。[①]《民法典》第 110 条第 2 款规定："法人、非法人组织享有名称权、名誉权和荣誉权。"据此，法人和非法人组织依法享有具体的人格权。

1. 法人和非法人组织的名称权

名称，是指法人及其他组织用以确定并代表自身，并区别于他人的符号和标记。[②] 名称权，是指法人、非法人组织有权依法决定、使用、变更、转让或者许可他人使用自己名称的权利。名称是法人和非法人组织在社会活动中用以确定和代表自身并区别于他人的文字符号或标志。《民法典》第 1013 条规定："法人、非法人组织享有名称权，有权依法决定、使用、变更、转让或者许可他人使用自己的名称。"《民法典》第 1014 条规定："任何组织或者个人不得以干涉、盗用、假冒等方式侵害他人的姓名权或者名称权。"

名称与字号或商号存在一定区别，字号或商号是名称的核心构成部分。[③]《企业名称登记管理规定》第 6 条规定："企业名称由行政区划名称、字号、行业或者经营特点、组织形式组成。跨省、自治区、直辖市经营的企业，其名称可以不含行政区划名称；跨行业综合经营的企业，其名称可以不含行业或者经营特点。"第 8 条规定："企业名称中的字号应当由两个以上汉字组成。县级以上地方行政区划名称、行业或者经营特点不得作为字号，另有含义的除外。"

2. 法人和非法人组织的名誉权、荣誉权

《民法典》第 1024 条第 1 款规定："民事主体享有名誉权。任何组织或者个人不得以侮辱、诽谤等方式侵害他人的名誉权。"据此，作为民事主体的法人、非法人组织享有名誉权。法人名誉权与自然人名誉权不同，其与财产权的关联更为密切，但其本质是一项人格权，而不是财产权。尤

[①] 参见王利明《人格权法》，中国人民大学出版社 2022 年版，第 72 页。
[②] 参见杨立新《民法总则》，法律出版社 2020 年版，第 182 页。
[③] 参见温世扬主编《中国民法》，北京大学出版社 2023 年版，第 560 页。

其是对非营利法人而言，其往往不追求经济利益，对其名誉权的主要侵害不是导致财产损失，将法人名誉权界定为财产权，显然难以对法人提供全面的保护。[1] 同样的，非法人组织的名誉权的性质也是人格权。"营利法人及营利性非法人组织的名誉称为商誉，是指有关营利法人、营利性非法人组织商业或职业道德、资信、商品质量或服务质量方面的社会评价。"[2]

《民法典》第1031条第1款规定："民事主体享有荣誉权。任何组织或者个人不得非法剥夺他人的荣誉称号，不得诋毁、贬损他人的荣誉。"据此，作为民事主体的法人、非法人组织享有荣誉权。

四 婚姻自主权和因婚姻家庭关系等产生的人身权受法律保护

婚姻自主权，是指自然人对结婚和离婚的自主决定权。婚姻自主权包括结婚自主权和离婚自主权两个方面。结婚自主权是指在不违反法律规定的情况下，自然人应当自己决定是否结婚、什么时间结婚、和谁结婚。离婚自主权是指自然人解除婚姻的自主决定权，任何他人不得阻挠或者干涉。[3] 婚姻自主权是一种独立的人格权。侵害婚姻自主权的行为，以违反本人意愿为构成要件。[4]

《民法典》第112条规定："自然人因婚姻家庭关系等产生的人身权利受法律保护。"所谓因婚姻家庭关系等产生的人身权利，是指具有特定亲属关系的自然人所享有的，与财产利益无关的法定权利，主要体现为身份权，包括配偶权、亲权和其他亲属权。[5]（1）配偶权，即夫妻之间基于配偶关系而相互享有的身份权。（2）亲权，即父母对未成年子女享有的身份权。（3）其他亲属权，即父母与成年子女、祖父母、外祖父母与孙子女、外孙子女以及兄弟姐妹之间基于亲属关系而产生的身份权。需要强调的是，虽然亲属包括姻亲，但是姻亲之间一般不存在法律上的权利义务关

---

[1] 参见王利明《人格权法》，中国人民大学出版社2022年版，第324页。
[2] 梁慧星：《民法总论》，法律出版社2021年版，第101页。
[3] 参见陈甦主编《民法总则评注》，法律出版社2017年版，第777页。
[4] 参见梁慧星《民法总论》，法律出版社2021年版，第104页。
[5] 参见陈甦主编《民法总则评注》，法律出版社2017年版，第792页。

系，除非法律另有规定。《民法典》第 1045 条第 1 款规定："亲属包括配偶、血亲和姻亲。"据此，姻亲属于亲属范畴。《民法典》第 1045 条第 2 款规定："配偶、父母、子女、兄弟姐妹、祖父母、外祖父母、孙子女、外孙子女为近亲属。"据此，姻亲不属于近亲属范畴。《民法典》第 1045 条第 3 款规定："配偶、父母、子女和其他共同生活的近亲属为家庭成员。"据此，姻亲一般不能成为家庭成员。在特殊情况下，根据夫妻双方的自由约定，男女可以成为对方的"家庭成员"。《民法典》第 1050 条规定："登记结婚后，按照男女双方约定，女方可以成为男方家庭的成员，男方可以成为女方家庭的成员。"据此，已经成为家庭成员的姻亲与其他家庭成员之间的关系受到婚姻家庭法的调整，应当根据《民法典》第 1043 条的规定，即遵循"家庭成员应当敬老爱幼，互相帮助，维护平等、和睦、文明的婚姻家庭关系"。

除因婚姻家庭关系产生的人身权利外，自然人还享有因知识产权关系产生的人身权。例如，著作权人享有的署名权、发表权、保护作品完整权等人身权利；专利权人享有的专利发明人的人身权利。[1]

第四节 物权

一 物权的概念和特征

（一）物权的内涵

物权，是指权利人依法对特定的物享有直接支配和排他的权利。物权包括所有权、用益物权和担保物权。《民法典》第 114 条规定："民事主体依法享有物权。物权是权利人依法对特定的物享有直接支配和排他的权利，包括所有权、用益物权和担保物权。"据此，我国《民法典》中的物权包括所有权、用益物权和担保物权。所有权是最完全的权利，是他物权的源泉，所有权人对其所有的物在法律范围内享有独占性的支配权，可以

---

[1] 参见郭明瑞《民法总则通义》，商务印书馆 2018 年版，第 176 页。

占有、使用、收益、处分，并可以排除他人干涉。用益物权是指非所有人对他人的物所享有的占有、使用、收益的排他性权利，是以支配物的使用价值为内容的物权。我国《民法典》规定的用益物权包括土地承包经营权、建设用地使用权、宅基地使用权、居住权和地役权等。担保物权是指债权人对于债务人或第三人提供担保的特定财产享有的优先受偿的权利，是以支配物的交换价值为内容的物权。当债务人到期不能清偿债务时，债权人有权依法将担保财产进行拍卖、变卖、折价等，以所得的价金优先受偿。《民法典》规定的担保物权包括抵押权、质权、留置权等。

(二) 物权的特征

1. 物权是对物权

物权表示的是人对物的支配关系，物权是人对物的支配权。这一概念与债权所表示的人对人的请求关系有明显的区分。物权关系是一个具体的主体根据自己意思对一个具体物的支配关系，并不涉及其他人的意思；而债权关系是一个具体的主体请求另一个具体主体为或者不为某种行为所形成的法律关系。主体对物的支配关系，是指无须任何媒介物，主体就能将其意志作用于作为客体的物。也就是说，无须他人作为，权利人就能直接实现对物的支配权。所谓支配，"指依人之意思，对物加以管领或处置而言。直接，指无须他人行为介入而言。物权之权利人，对于权利标的物，无须他人行为介入，得以己意直接支配"。[1]

2. 物权是排他权

物权的实现不仅不依靠他人的意思，而且必须排除他人的意思，才能实现权利人的全部利益。排除他人干涉包括排除公权力的非法干涉，也包括排除私权利的干涉。权利主体根据自己的意志享有物权。"物权人对物可以以自己的意志独立进行占有、使用或采取其他的支配方式，无须得到他人的同意。在无须他人的意思和行为介入的情况下，物权人就能够依据自己的意志依法直接占有、使用其物，或采取其他支配方式。"[2] 他人以积

---

[1] 姚瑞光：《民法物权论》，中国政法大学出版社2011年版，第1页。
[2] 王利明：《物权法研究》（修订版）（上卷），中国人民大学出版社2007年版，第10页。

极行为侵害物权的,权利人有权要求停止侵害、排除妨害、消除危险、赔偿损失等。

3. 物权是绝对权

物权是绝对权,又称对世权,物权的权利主体是特定的,而义务主体是不特定的多数人。物权的实现仅仅依据权利人自己的意思,不必依靠他人的意思,只要不特定的义务人不违反自己的不作为义务,物权人就能够实现自己的权利。"对物权并不是对物的权利而是要求不定数目的人在对某一客体方面应做一定方式行为的权利;它是与绝对义务相适应的绝对权利。"[1]

二 物权客体

(一) 物权客体的概念

物权客体,也就是物权所指向的对象。物权法是调整物的归属和利用关系的法律,从某种意义上讲,物权法是以物为核心的,无论是所有权、他物权还是占有,都是围绕"物"这一权利客体而形成的社会关系。从罗马法时代直到现代,所谓物即指有体物,物权的客体主要是有体物。《民法典》第115条规定:"物包括不动产和动产。法律规定权利作为物权客体的,依照其规定。"据此,物权客体主要是有体物,即动产和不动产;在法律规定的特殊情形,权利可以成为物权客体。

晚近以来,关于物权客体局限于有体物的观点有所缓和,有些无体财产能够成为物权客体,而且被立法予以确认。例如,许多国家的法律规定了空间地上权或者分层地上权,从而使空间成为用益物权客体。此外,网络虚拟财产等无体财产也可以成为物权客体。一般认为,能否成为物权客体的关键不在于是否有体,而在于能否支配。要么扩大物的概念,要么扩大物权客体的概念,以适应人类社会发展的需要。"将法律上的物限制在物理学上的有体物,是不适应今天的社会、经济情况的……我认为法律中

---

[1] 〔奥〕凯尔森:《法与国家的一般理论》,沈宗灵译,商务印书馆2013年版,第142页。

的'有体物'应当解释为'法律上排他性支配的可能性',以扩大物的观念。"① 物权客体不以有体物为限,凡是人力有排他支配之可能者亦足当之,例如空间可以成为用益物权的客体。② "随着网络时代的到来,计算机软件、网络的虚拟财产等也可以成为重要的财产。此外,尽管传统物权法不调整空间关系,但在现代社会,人口激增、经济快速发展以及城市化日益加快,导致不可再生的土地资源越来越稀缺,决定了人类对土地的利用逐步从平面转向立体,空间的利用与开发也越来越重要。因此,地上和地下空间也成为重要的财产,出现了空间权、空间建设用地使用权等权利形态,这些都是新的财产形式。物权客体范围不断扩大,对无形财产调整的范围也在不断扩大。"③

(二) 物权客体的种类

1. 动产与不动产

《民法典》对物的最主要分类是将其分为动产和不动产。二者的区分标准是能否移动及是否因移动而损害其价值。所谓不动产,是指按照其物理性质不能移动或者虽可移动但移动就会损害其经济价值的有体物。所谓动产,是指不动产之外的物,它在性质上能够移动,并且不因移动而损害其价值的物。④ 动产和不动产的区分,最早起源于罗马法,大陆法系国家和英美法系国家一般都采纳动产和不动产的区分方法。德国、瑞士、日本等大陆法系国家一般认为土地及其定着物为不动产,其余为动产。⑤ 英国法将财产分为不动产和动产,不动产是指不包括租赁保有地的土地上的权益,动产是可移动的财产以及租赁保有地。⑥ 原《担保法》第 92 条规定:"本法所称不动产是指土地以及房屋、林木等地上定着物。本法所称动产是指不动产以外的物。" 一般认为,《民法典》所称的不动产和动产,应当

---

① 〔日〕我妻荣:《新订民法总则》,于敏译,中国法制出版社 2008 年版,第 188~189 页。
② 参见谢在全《民法物权论》(下册),中国政法大学出版社 2011 年版,第 1136 页。
③ 王利明:《物权法研究》(修订版)(上卷),中国人民大学出版社 2007 年版,第 77 页。
④ 参见王利明《物权法》,中国人民大学出版社 2021 年版,第 15 页。
⑤ 参见《德国民法典》第 94 条、《瑞士民法典》第 655 条和《日本民法典》第 86 条。
⑥ 参见〔英〕劳森、拉登《财产法》,施天涛等译,中国大百科全书出版社 1998 年版,第 18 页。

作同样的解释。①

具体而言，我国的不动产包括土地和地上定着物。土地是最一般、最常用的不动产。土地是指一定范围的地球表面，以及地面上空及地下。定着物，也称为附着物，是指固定在土地上、不可移动之物，如房屋等建筑物和堤坝、桥梁、轨道、城墙等构筑物，以及生长在土地上的树木、农作物等。② 1995 年颁布的《担保法》所称的"定着物"与"附着物"是同义语，2007 年颁布的《物权法》将《担保法》中的"定着物"改为"附着物"。建筑物，是指覆盖城垣、足以遮风避雨、供出入而具有经济上使用目的之物。③ 构筑物，是指具有居住、生产经营功能的建筑物之外的人工建造物，④ 包括纪念碑、桥梁、水塔、烟囱、高架道路等。定着物可以称为和土地紧密联系在一起的物，包括建筑物和在地产上生长起来的植物和它的果实，此外还包括墙、被围起来的井、水泥柱子、桥等；但简单的木板房、灌木丛标志、帐篷、接雨水的桶或棍子则不属于这个范围。这主要取决于，把它们和地产相分离是否要付出很多的劳动以及是否由此造成一定的损害。如果机器是和土地紧密结合在一起的，那么它就属于地产的重要部分。⑤

动产的种类往往繁多，法律难以给一个抽象的定义，因此民法上一般采取排除的方式，规定不动产以外的其他物均为动产。主要包括一般动产、准不动产、货币和有价证券以及准动产。一般动产是指依其自然性质可以移动而不损害其价值的物。准不动产是指汽车、船舶、航空器等价值较大的动产。

货币是充当一般等价物的特殊商品，人们关心的并不是其本身的价值，而是它作为财富的代表的价值。作为种类物，货币具有极强的替代

---

① 参见梁慧星《民法物权讲义》，法律出版社 2022 年版，第 17 页。
② 参见梁慧星《民法物权讲义》，法律出版社 2022 年版，第 17 页。
③ 参见谢在全《民法物权论》（上册），中国政法大学出版社 2011 年版，第 16 页。
④ 参见崔建远《中国民法典释评·物权编》（下卷），中国人民大学出版社 2020 年版，第 151 页。
⑤ 参见〔德〕拉伦茨《德国民法通论》（上册），王晓晔等译，法律出版社 2003 年版，第 391~392 页。

性，它充当着价值尺度和流通手段。货币在物权法上是一种特殊的动产。货币是一种特殊的种类物，在交易上可以互相替换。货币的占有与所有是同一的，称为货币的"占有即所有规则"。第一，货币占有的取得视为货币所有权的取得，货币占有的丧失即视为货币所有权的丧失。第二，货币一旦交付，将会发生所有权的移转。即使是接受无民事行为能力人交付的货币，货币所有权也发生移转。第三，在发生货币占有移转以后，货币的所有人只能请求对方返还一定数额的钱款，而不能够根据物权请求权要求占有人返还原物或返还对原物的占有，也不能要求恢复原状。[1] 货币所有人把货币存入银行的，银行因占有货币而取得货币所有权，原货币所有人成为债权人，其与银行形成借贷关系。

准动产是指物权之外的其他不记名的财产权利。物权之外的其他财产权利，在不记名的情况下，主要包括不记名债券等，因其已经制作成有体物的格式，在性质上与动产相同。故动产物权的各种制度，依理当然可以适用于不记名的债券。[2] 有价证券是设定并证明持券人有权取得一定财产权利的书面凭证。有价证券与证券所记载的权利不可分离，谁持有证券，谁享有证券所代表的权利。无记名证券的取得采无因性原则。"金钱和无记名证券为特殊的动产，与一般动产不同，在法律上，金钱和无记名证券的持有者被当然认作是权利人，无论其来源如何，持有人享有金钱和无记名证券有关的权利，持有人的处分权是不用怀疑的。"[3]

2. 权利作为物权的客体

在一般情形下，权利是民事法律关系的内容，但由于权利的利益属性，使其在法律有规定的情况下可以成为民事法律关系的客体。由此推断，权利本身也有可能成为权利（包括物权）的客体。从罗马法时代直到现代，物权的客体主要是有体物。在市场经济条件下，由于交易的发展和物的使用效益的提高，不仅有体物作为商品进入了流通领域，而且具有实

---

[1] 参见王利明《物权法研究》（修订版）（上卷），中国人民大学出版社2007年版，第502页。
[2] 参见孙宪忠《中国物权法总论》，法律出版社2018年版，第263页。
[3] 王利明主编《中国物权法草案建议稿及说明》，中国法制出版社2001年版，第237页。

存利益和价值的权利可作为商品进行交易,特别是将有价证券作为债的担保已是担保物权发展的一个趋势。这就在权利上产生了一些新的物权形式,如权利质权等。许多国家的民法典确认了这些物权形式。[①] 例如,《日本民法典》第 85 条规定:"本法所称物,谓有体物。"但在此原则基础上,法律实际上承认有不少的例外,如《日本民法典》第 86 条规定:"无记名债券视为动产。"即使在强调"物必有体"的德国民法中,也规定了"物必有体"的例外,此例外情形仅指权利如债权作成有价证券从而可以适用物权公示原则的情况,如设定在有价证券债权上的用益权和质押权。

从我国《民法典》的相关规定来看,权利可以成为物权客体。《民法典》第 115 条规定:"物包括不动产和动产。法律规定权利作为物权客体的,依照其规定。"例如,《民法典》第 440 条至第 446 条规定了权利质权。权利等无体财产可以作为担保物权的客体,是学界通说,也被立法所认可。《民法典》物权编对担保物权客体的表述采纳的是"担保财产""抵押财产""质押财产""留置财产"等概念,而不是"担保物""抵押物""质押物""留置物"等概念。[②]"需要指出的是,权利成为物权的客体必须要由法律规定;之所以要由法律规定,一方面,物权主要以有体物为客体,如果允许当事人随时以权利作为物权的客体,将会改变物权的性质和形态……另一方面,由于物权法的基本规则都是建立于有体物的规则之上的,如果允许当事人随意以权利作为客体,也会导致物权法的基本规则发生改变。"[③]

三 物权法定

(一)物权法定原则的内涵

物权法定原则,是指物权的种类和内容必须由法律明确规定,而不能

[①] 参见王利明《物权概念的再探讨》,载《浙江社会科学》2002 年第 2 期。
[②] 参见孙宪忠、朱广新主编《民法典评注·物权编》(1),中国法制出版社 2020 年版,第 275 页。
[③] 王利明:《物权法研究》(修订版)(上卷),中国人民大学出版社 2007 年版,第 61 页。

由法律之外的其他规范性文件确定，或当事人通过合同任意设定。①《民法典》第116条规定："物权的种类和内容，由法律规定。"从严格的意义上说，这里的法律应当只包括全国人大及其常委会通过的规范性文件，即狭义的法律，而不应当包括行政法规、地方性法规和部门规章等规范性文件。②之所以坚持物权法定原则，是因为物权是绝对权，其义务主体是不特定的多数人。"其效力及于所有人并且必须得到每个人的遵守。因此，只有当物权的数量被明晰化并彼此独立出来，才能有效地保护这种绝对的权利。唯有如此，才能期待第三人了解并且维护这些权利。也只有当物之取得人对物的特定内容确信无疑的时候，才能提高物的可转让性和可流通性。基于上述原因，法律只规定了以所有权和限制物权为表现形式的少许几种物权。当事人不能约定法律规定之外的新的物权种类，即物权法的种类强制或者说物权法定原则。相应地，合同自由原则在物权法领域受到了限制。"③

物权法定原则与合同自由原则成为鲜明的对照，后一原则是合同法的基本原则，它表明法律对当事人意志的尊重，即当事人自己可以任意设定合同的种类和内容。物权法定是大陆法系国家或地区物权法所普遍承认的基本原则。"关于物权法定原则，在立法例上设有明文的，除台湾地区'民法'外，尚有《日本民法》第175条、《韩国民法》第185条、《奥国民法》第308条。《德国民法》虽未设明文规定，但判例学说肯定之。"④按照德国学者的看法，"物权法中所有可能的物权性权利，都必须在法律中固定下来，此即所谓类型法定原则。在类型法定原则之下，依类型法定原则所可能成立的权利，其内容至少在轮廓上须由法律强制性地予以确定，此即内容法定原则"。⑤物权法定原则对于准确地界定物权、定分止

---

① 参见王利明《物权法》，中国人民大学出版社2021年版，第53页。
② 参见梁慧星《民法物权讲义》，法律出版社2022年版，第23页；王利明《物权法》，中国人民大学出版社2021年版，第53页；孙宪忠《中国物权法总论》，法律出版社2018年版，第284页。
③〔德〕沃尔夫：《物权法》，吴越、李大雪译，法律出版社2002年版，第14页。
④ 王泽鉴：《民法物权》，北京大学出版社2009年版，第33页。
⑤〔德〕鲍尔/施蒂尔纳：《德国物权法》（上册），张双根译，法律出版社2004年版，第7页。

争、确立物权设立和变动规则、建立物权的秩序都具有十分重要的意义。物权法上的私法自治虽因物权法定而受限制，但当事人之间的需要，仍可经由债权契约而获得满足。

（二）物权法定原则的具体规范

1. 种类法定

种类法定，是指当事人只能在法律规定的范围内选择物权类型，而不能私自创设新的物权类型。物权种类法定，即指物权种类的非约定性，"是排除当事人对物权法律关系的效力加以更改的权利，只允许当事人按照法律规定的物权秩序确定它们之间的关系"。[1] 种类法定包含两层含义。第一，物权的类型由法律明确规定，法律没有明确规定的权利不是物权，不产生物权效力。法律之外的规范性文件不得创设物权，当事人不得通过合意创设法律没有规定的物权。如果法律没有明文规定某种物权类型，则应解释为法律禁止当事人创设此种物权。例如，虽然地上权是大陆法系多数国家或地区立法中采纳的权利类型，但我国现行法尚无地上权的规定，那么，当事人就不能约定设立地上权。目前我国法律没有规定典权为物权类型，如果当事人约定设立典权，那么当事人在此情形下设立的典权不是物权，而是债权，在当事人之间产生债的权利义务关系。[2] 第二，种类法定既不允许当事人在法定物权类型之外创设新物权，也不允许当事人通过约定改变物权类型。理论上也将此种情况称为排除形成自由。[3] "仅法律中规定的物权才能成立而无法通过法律行为创制其他物权，旨在实现法律的明确性。"[4] 当事人之间的协议不发生创设物权的效力，只在当事人之间产生债权债务关系，不具有对世权和排他权的属性。

2. 内容法定

内容法定，是指某种具体形态的物权内容，只能由法律明确规定，法

---

[1] 孙宪忠：《德国当代物权法》，法律出版社1997年版，第79页。
[2] 参见王利明《物权法》，中国人民大学出版社2021年版，第53页。
[3] 参见〔德〕沃尔夫《物权法》，吴越、李大雪译，法律出版社2002年版，第14页。
[4] 〔德〕格鲁贝尔：《德国物权法概述与实体土地法》，王强译，中国政法大学出版社2016年版，第31页。

律没有规定的内容不属于该类物权的范畴。"物权只能包括法律所规定之内容,当事人不能通过私法自治权按其意图自由形成物权内容。"① 在法律规定之外,当事人不得创设与物权法定相异的内容,否则无效。例如,宅基地使用权属于用益物权类型,但宅基地使用权只具有占有和使用权能,一般不具有收益权能,其依据是《民法典》第362条。该条规定:"宅基地使用权人依法对集体所有的土地享有占有和使用的权利,有权依法利用该土地建造住宅及其附属设施。"物权内容法定包含两层含义。第一,物权的内容必须由法律规定,当事人不得创设与法定物权内容不符的物权,也不得基于其合意自由决定物权的内容。第二,当事人的约定不得违反物权法的强制性规定。例如,根据《民法典》第369条的规定,居住权不得转让、继承。如果当事人约定居住权可以转让、继承,则其约定违反《民法典》第369条的规定,该约定无效。

立法之所以强调物权内容必须法定,其实质是对物权种类法定的维持与巩固,也是物权种类法定的逻辑要求。如果当事人在法定的物权种类之下,任意创设实为法律所不允许的物权内容,则物权法定成为空谈。正因如此,当事人不仅应对物权的种类在法律所规定的范围内取舍,对于某种物权的内容也应基于物权法定,不得逾越法律规定的物权内容的界限。基于此,则要求物权法必须对各类物权类型的内容有明确规定,不至于当事人无所适从。②

(三)违反物权法定原则的后果

1. 违反种类法定的不认可为物权

不认可为物权的原则,即不依法律规定的物权种类设定的物权,不可认定其为物权。③ 也就是说,在违反物权种类法定的情形下,当事人创设的权利不符合物权规格,其性质不是物权,例如当事人创设的典权不是物权。这一点不但是对物权种类强制从反面的强调,更重要的是,它能够对

---

① 〔德〕格鲁贝尔:《德国物权法概述与实体土地法》,王强译,中国政法大学出版社2016年版,第31页。
② 参见傅穹、彭诚信《物权法专题初论》,吉林大学出版社2001年版,第4页。
③ 参见孙宪忠《中国物权法总论》,法律出版社2018年版,第286页。

2. 违反内容法定的不发生物权效力

无物权效力的原则，即不依法律规定的物权内容设定的物权无物权的效力。[①] 也就是说，在违反物权内容法定的情形下，虽然具有物权的名义，但其内容不符合法律对物权内容的强制规定。这一规则针对的是当事人虽然按照法律规定的物权种类设定物权，但其设定的内容违反法律规定的情形。例如，当事人签订了动产质押合同，但是动产并未移交占有，则质权并未设立。《民法典》第429条规定："质权自出质人交付质押财产时设立。"据此，交付质押财产是质权设立的必备条件，没有交付质押财产的，质权未设立，因此，在当事人之间不发生物权效力，只产生债权效力。如果设立物权的内容中，仅违反强制性规定的部分无效，且该部分无效不影响其他部分的效力，则去除该部分后，其余部分仍然有效。《民法典》第156条规定："民事法律行为部分无效，不影响其他部分效力的，其他部分仍然有效。"

3. 效力转换

无效物权行为转换为其他有效法律行为的原则，即物权的设立、转移行为虽然无效，但是该行为符合其他法律行为的生效条件的，许可其产生相应的法律后果。[②] 例如，当事人之间设定或者转移土地使用权的，如果土地使用权的设立或者转移行为未有效成立，则应许可当事人依其意思成立债权法上的租赁关系，这一处理不仅对当事人无害，也不违法理。

（四）物权法定之缓和

1. 关于物权法定与物权自由的争论

有观点认为，物权法应放弃物权法定主义而转取物权自由主义，主张用一种近似合同类型自由的规范模式，来取代所谓的以类型限制和内容固定为特点的物权类型法定的规范模式。[③] 物权法定原则其实是德国人崇尚国家管制的产物，对于崇尚财产权自由的美国、英国、法国等国，并不采

[①] 参见孙宪忠《中国物权法总论》，法律出版社2018年版，第286页。
[②] 参见孙宪忠《中国物权法总论》，法律出版社2018年版，第286页。
[③] 参见苏永钦《民法的积累、选择与创新》，载《比较法研究》2006年第2期。

用此原则。《法国民法典》并未使用"物权"一词，更无物权法定相关规定，相当于用益物权的用益权、使用权及居住权的内容都是依当事人意思创设的，用益权可以附条件、期限，也可就各种动产和不动产加以设定，规定承租人的权利同时具有对人权和对物权的性质。日本民法虽有物权法定原则，但通说认为习惯法可以创设物权，而且认为物权法定原则并不妥当，美国法相当于物权的 Property 可以质、量、时间、空间进行切割，物权的创设原则上是自由的，这充分显示在法国、日本、美国相当于物权的概念与德国法的规定不同。[1] 就物权法和债权法而言，它们固然需要区分，但根本没有必要为了区分它们而人为地构建诸如"物权法必须实行不同于债权法原则的物权法定原则"之类的差异性。考虑到物权法定原则与私法自治原则相背离，而且在实践中弊端重重，我国物权法不应该实行物权法定原则。物权的种类与内容没必要在立法上予以终局性确定。[2]

反对者认为，个别学者所谓"物权法定原则相对化"的观点，是缺乏事实根据和理由的。自《法国民法典》颁布以来二百年，自《德国民法典》《日本民法典》颁布以来一百年，法律未作规定而由法院判例认可的"新物权"类型仅有"让与担保"一种，而发达国家先由法院判例认可"让与担保"的效力，而后再通过修改法律或者制定特别法实现"让与担保立法化"的实践说明，"物权法定原则"并不会阻碍市场经济的发展。鉴于物权法规定的物权种类较少，因此主张缓和物权法定、增加某些灵活性，并非全无道理。但这种观点没有注意到发达国家和地区的成功经验，是在坚持物权法定原则不变的前提下，由法院采用法律解释及补充方法，如解释"法定原则"之所谓"法"包括"习惯法"在内，最终达到某种灵活性和相对化的效果。没有哪一个国家是通过从立法上改变物权法定原则、规定"物权自由原则"实现所谓灵活性和相对化的。[3] 所有权和他物

---

[1] 参见谢哲胜《中华人民共和国物权法综合评析》，载《上海交通大学学报》（哲学社会科学版）2007年第3期。
[2] 参见杨代雄《物权法定原则批判——兼评〈中华人民共和国物权法〉第五条》，载《法制与社会发展》2007年第4期。
[3] 参见梁慧星《物权法草案的若干问题》，载《中国法学》2007年第1期。

权存在一种被限制与限制的特殊结构关系，这种特殊结构关系取决于一种更为复杂的功能调和需要。由此，他物权的制度功能与债有所不同，后者体现的是普通交易关系，而他物权则非普通的交易关系可比，他物权通常必须是一种真正意义上的物权，即首先应被构造为支配权，而不是简单的排他权即可。既然是支配关系，为不致根本破坏所有权第一规范的精神，物权法定又属于顺理成章之事。①

可以认为，坚持物权法定而反对物权自由的观点值得赞同。物权法定原则的目的在于排除当事人的意思自治，不允许当事人协商创设物权种类和变更物权的内容。物权的性质和效力与合同权利不同。合同权利（债权）属于相对权，仅在当事人之间有效，不具有排他性，因此可以实行合同自由原则。物权就是对现存有形财产的独占权。如果允许当事人以秘密意思自由创设、转让、变动物权，则基于公平考虑，该秘密意思不足以对抗第三人，于是产生大量的对内有效、对外无效的相对性权利，而这种相对性权利与债权没有本质区别。物权法是强行法，物权法的强行法特点集中地表现在物权类型、物权的公示方法、物权的效力等方面，即这些内容必须由法律作出规定，当事人不能通过协议改变，物权法的大多数规则都是强行性的。物权法的强行性同时还表现在不动产物权的行使越来越多地受到国家干预。当然，物权法作为私法，也要贯彻私法自治原则。"物权是市场交易的前提和结果，是市场交易得以进行的前提条件，所以作为市场交易的前提的物权，其种类和内容就必须统一化、标准化，就不能允许自由创设物权类型和改变物权内容，否则就会使市场交易复杂化，使市场交易难于进行。因此，基于保障市场交易顺利进行和建立全国统一的大市场的法律政策理由，必须实行物权法定原则，必须由法律规定物权的种类和内容。"②可见，物权与债权的本质区别是客观存在，自从《德国民法典》创设物权与债权制度以来，二者之间的本质区别便没有改变过，是客观存在在先，能动反映在后，也就是说，不是先有物权法定，才有物权绝

---

① 参见龙卫球《物权法定原则之辨：一种兼顾财产正义的自由论视角》，载《比较法研究》2010年第6期。
② 梁慧星：《物权法草案的若干问题》，载《中国法学》2007年第1期。

对，而是恰恰相反。

2. 物权法定之缓和的法律表达

物权法定原则的作用在于明晰法律关系、维护交易安全，但是过于严格的物权法定，会不当限制当事人的私法自治空间，阻碍金融创新的发展，所以大陆法系开始不断缓和物权法定主义，以免成为社会进步之绊脚石。[①] 一方面，就是对物权法定中"法"的概念范畴进行扩张，将习惯法纳入其中，通过这个方式进行缓和；另一方面，承认非典型担保。德国就通过判例的方式承认了动产让与担保，也有其他国家同样通过判例的方式在其民法典的规则外承认了一些新的担保方式。我国《民法典》规定了典型担保物权，包括抵押权、质权和留置权。此外，《民法典》还规定了功能性担保的几种类型，在符合法律规定的情形时，《民法典》合同编规定的几种典型合同具有担保功能，其性质是功能性担保物权，包括所有权保留合同、融资租赁合同和保理合同。

《民法典》第388条第1款规定："设立担保物权，应当依照本法和其他法律的规定订立担保合同。担保合同包括抵押合同、质押合同和其他具有担保功能的合同。担保合同是主债权债务合同的从合同。主债权债务合同无效的，担保合同无效，但是法律另有规定的除外。"据此，《民法典》为统一的动产担保制度预留了空间，采纳实质担保功能观，对所有可登记的担保物权适用统一规则尤其是对抗效力的取得和优序规则。只要担保当事人创设新的担保形式，只要有一定公示方法予以公开，就可以成为具有功能性的担保物权，并且可以纳入统一的优先受偿顺位中。这就可以通过创设新的担保交易形式，缓解物权法定对担保物权的束缚。《民法典》在一定程度上体现了实质担保功能观。第一，《民法典》第388条第1款增设"其他具有担保功能的合同"，并将其与抵押合同、质押合同并列。当事人在抵押合同、质押合同之外，创设新型的担保合同，只要经过法定的手段进行公示，就可以产生所谓的功能性担保物权，发挥担保物权的效力，这是担保物权现代化的一个重要体现。第二，《民法典》第641条第2

[①] 参见谢在全《民法物权论》（上册），中国政法大学出版社2011年版，第37页。

款和第 745 条分别在所有权保留和融资租赁中引入了登记制度，规定出卖人对标的物保留的所有权、出租人对租赁物享有的所有权，未经登记，均不得对抗善意第三人。第三，《民法典》第 642 条规定了所有权保留中，出卖人与买受人就取回标的物协商不成时，可参照适用担保物权的实现程序。第四，《民法典》第 768 条对多个保理合同并存时，也采取已登记先于未登记的规则。①

四 征收、征用

（一）征收的内涵

征收，是指国家基于公共利益通过行使征收权，在依法给予补偿的前提下，将组织或者个人的财产转移给国家所有。② 通过征收，国家取得了被征收财产的所有权，因此应依法给予补偿。《宪法》第 10 条第 3 款规定："国家为了公共利益的需要，可以依照法律规定对土地实行征收或者征用并给予补偿。"《民法典》第 243 条第 1 款规定："为了公共利益的需要，依照法律规定的权限和程序可以征收集体所有的土地和组织、个人的房屋以及其他不动产。"据此，征收的对象是土地、房屋以及其他不动产。

征收属于政府行使行政权，属于行政法律关系，但由于征收是国家取得所有权的一种方式，因此各国民法一般都从民事角度对征收作原则规定。③ 征收的实质是国家因公共利益的需要通过行使征收权而取得土地等不动产所有权，其性质是原始取得。由于征收是公权力对私权利的限制，因此征收具有强制性。征收属于非基于法律行为的物权变动，因此国家因征收而取得土地等不动产所有权，为不经登记而取得。其原因在于，征收不依原所有人的意思表示而由国家强制力介入便可发生物权变动，而且物权的状态也已经明确，不经登记并不妨碍交易的安全。

---

① 参见谢鸿飞《动产担保物权的规则变革与法律适用》，载《国家检察官学院学报》2020 年第 4 期。
② 参见王利明《物权法》，中国人民大学出版社 2021 年版，第 106 页。
③ 参见黄薇主编《中华人民共和国民法典物权编释义》，法律出版社 2020 年版，第 62 页。

(二) 征收与征用的关系

1. 征用的内涵

征用，是指国家因抢险救灾、疫情防控等紧急需要，依照法律规定的权限和程序行使行政权，临时使用他人的不动产或者动产。《民法典》第245条规定："因抢险救灾、疫情防控等紧急需要，依照法律规定的权限和程序可以征用组织、个人的不动产或者动产。被征用的不动产或者动产使用后，应当返还被征用人。组织、个人的不动产或者动产被征用或者征用后毁损、灭失的，应当给予补偿。"据此，国家行使征用权应当符合下列条件：第一，必须出于抢险救灾、疫情防控等紧急需要；第二，必须依照法定的权限和程序行使权力；第三，征用完毕后应当返还，并给予补偿。

2. 征收和征用的共同点和区别

征收和征用的共同点是：第一，两者都属于通过运用国家强制力实施的行政行为，仅依政府单方面的决定和命令而发生效力，无须征得被征收、征用的民事主体的同意；第二，两者都是为了公共利益的需要；第三，两者都要经过法定程序；第四，两者都要依法给予补偿。

征收和征用的区别有以下几点。第一，是否转移所有权不同。征收是物的所有权的改变，征用是物的使用权的改变。第二，适用对象不同。征收的对象限于不动产，且征收不发生返还问题，只发生征收补偿问题。征用的对象包括不动产和动产，使用完毕后应当将原物返还给权利人，如果使用导致原物毁损不能返还的，应当给予补偿。第三，是否为了紧急需要不同。征收是基于公共利益需要而采取的措施，不以紧急需要为前提。而征用也是基于公共利益需要而采取的措施，但以紧急需要为前提。第四，补偿标准不同。由于征收需要转移所有权，因此对被征收人的补偿相应地更高一些。而征用只是临时使用，如果没有造成物的毁损、灭失，可以返还被征用物，一般也不需要考虑被征用财产的市场价格而给予补偿。[1]

---

[1] 参见王利明《物权法》，中国人民大学出版社2021年版，第108页。

(三) 征收的条件

1. 基于公共利益的需要

(1) 关于公共利益的界定

根据《民法典》第 243 条第 1 款的规定，公共利益的需要是国家行使征收权的前提条件，无公共利益的需要则无征收可言。公共利益，是指由法律和行政法规规定的有关国家安全、促进国民经济和社会发展等方面的利益。① 为公共利益提供服务的公共物品，一般是非营利性的，如国防、环卫以及公园、道路等。开发厂房或商品住宅无疑属商业活动。虽然公共利益的内涵具有不确定性及开放性，但是，对公共利益进行适当的界定是必要的。一般认为，我国应采用列举加概括的模式来界定公共利益的范围，"从而在具体列举比较成熟的公共利益类型的同时，保持公共利益的开放性"。②

我国以立法的形式对公共利益的内涵进行了列举加概括式的界定。《国有土地上房屋征收与补偿条例》第 8 条规定："为了保障国家安全、促进国民经济和社会发展等公共利益的需要，有下列情形之一，确需征收房屋的，由市、县级人民政府作出房屋征收决定：（一）国防和外交的需要；（二）由政府组织实施的能源、交通、水利等基础设施建设的需要；（三）由政府组织实施的科技、教育、文化、卫生、体育、环境和资源保护、防灾减灾、文物保护、社会福利、市政公用等公共事业的需要；（四）由政府组织实施的保障性安居工程建设的需要；（五）由政府依照城乡规划法有关规定组织实施的对危房集中、基础设施落后等地段进行旧城区改建的需要；（六）法律、行政法规规定的其他公共利益的需要。"2019 年修正的《土地管理法》对土地征收的公共利益进行了列举加概括式的规定。《土地管理法》第 45 条规定："为了公共利益的需要，有下列情形之一，确需征收农民集体所有的土地的，可以依法实施征收：（一）军事和外交需要用地的；（二）由政府组织实施的能源、交通、水利、通信、邮政等

---

① 参见王利明《物权法》，中国人民大学出版社 2021 年版，第 108 页。
② 王利明：《论征收制度中的公共利益》，载《政法论坛》2009 年第 2 期。

基础设施建设需要用地的;(三)由政府组织实施的科技、教育、文化、卫生、体育、生态环境和资源保护、防灾减灾、文物保护、社区综合服务、社会福利、市政公用、优抚安置、英烈保护等公共事业需要用地的;(四)由政府组织实施的扶贫搬迁、保障性安居工程建设需要用地的;(五)在土地利用总体规划确定的城镇建设用地范围内,经省级以上人民政府批准由县级以上地方人民政府组织实施的成片开发建设需要用地的;(六)法律规定为公共利益需要可以征收农民集体所有的土地的其他情形。前款规定的建设活动,应当符合国民经济和社会发展规划、土地利用总体规划、城乡规划和专项规划;第(四)项、第(五)项规定的建设活动,还应当纳入国民经济和社会发展年度计划;第(五)项规定的成片开发并应当符合国务院自然资源主管部门规定的标准。"

(2)土地征收成片开发中公共利益的界定

根据《土地管理法》第45条第1款第5项的规定,在土地利用总体规划确定的城镇建设用地范围内,经省级以上人民政府批准由县级以上地方人民政府组织实施的成片开发建设需要用地的,符合公共利益的标准。根据《土地征收成片开发标准》第1条的规定,所谓成片开发,是指在国土空间规划确定的城镇建设用地范围内,由县级以上地方人民政府组织的对一定范围的土地进行的综合性开发建设活动。据此,成片开发需要在符合土地利用总体规划的城镇建设用地范围内进行,不得在集体建设用地上进行成片开发,并且应当符合法定权限和程序。《土地征收成片开发标准》第3条规定:"县级以上地方人民政府应当按照《土地管理法》第45条规定,依据当地国民经济和社会发展规划、国土空间规划,组织编制土地征收成片开发方案,纳入当地国民经济和社会发展年度计划,并报省级人民政府批准。土地征收成片开发方案应当包括下列内容:(一)成片开发的位置、面积、范围和基础设施条件等基本情况;(二)成片开发的必要性、主要用途和实现的功能;(三)成片开发拟安排的建设项目、开发时序和年度实施计划;(四)依据国土空间规划确定的一个完整的土地征收成片开发范围内基础设施、公共服务设施以及其他公益性用地比例;(五)成片开发的土地利用效益以及经济、社会、生态效益评估。前款第(四)项规定的比例一般不低于40%，各市县的具体比例由省级人民政府根据各地情况差异确定。县级以上人民政府编制土地征收成片开发方案时，应当充分听取人大代表、政协委员、社会公众和有关专家学者的意见。"《土地征收成片开发标准》第4条规定："土地征收成片开发方案应当充分征求成片开发范围内农村集体经济组织和农民的意见，并经集体经济组织的村民会议三分之二以上成员或者三分之二以上村民代表同意。未经集体经济组织的村民会议三分之二以上成员或者三分之二以上村民代表同意，不得申请土地征收成片开发。"

2. 符合法律规定的权限和程序

《土地管理法》第47条第1款规定："国家征收土地的，依照法定程序批准后，由县级以上地方人民政府予以公告并组织实施。"据此，实施土地征收的主体是县级以上地方人民政府。根据《民法典》第243条第1款的规定，征收必须依照法律规定的权限和程序进行。其理由有两方面：一方面，出于充分保护民事主体财产权的需要，征收会永久性地剥夺民事主体的财产权利，为了防止一些地方政府及其工作人员以公共利益为名，滥用征收权力，损害被征收人的合法权益，必须强调要遵循法定程序；另一方面，在征收中强调依照法定的权限和程序进行，有利于政府机关依法行政，只有程序公开、公正，才能保证征收行为的合法性。[①]

3. 依法进行补偿

为了防止行政权对民事主体财产权的侵害，法律要求征收以补偿为前提，不能在不支付任何补偿的情况下强制性地转移民事主体的财产所有权。[②] 最高人民法院（2016）最高法行再80号行政判决认为，有征收必有补偿，无补偿则无征收。征收补偿应当遵循法定的程序和步骤，遵循及时补偿原则和公平补偿原则。补偿问题未经征收补偿协议或者补偿决定解决前，被征收人有权拒绝交出房屋和土地。

[①] 参见王利明《物权法》，中国人民大学出版社2021年版，第109页。
[②] 参见王利明《物权法》，中国人民大学出版社2021年版，第109页。

（1）集体土地征收补偿

征收集体所有土地的，补偿对象不仅包括集体经济组织，也包括土地承包经营权人等用益物权人。

《民法典》第243条第2款规定："征收集体所有的土地，应当依法及时足额支付土地补偿费、安置补助费以及农村村民住宅、其他地上附着物和青苗等的补偿费用，并安排被征地农民的社会保障费用，保障被征地农民的生活，维护被征地农民的合法权益。"据此，征收集体所有的土地应当足额支付土地补偿费、安置补助费等费用，还应当安排被征地农民的社会保障费用。

《民法典》第327条、第338条、第358条规定了土地被征收后用益物权的补偿，它们与第243条构成了《民法典》中完整的土地征收补偿制度。《民法典》第327条规定："因不动产或者动产被征收、征用致使用益物权消灭或者影响用益物权行使的，用益物权人有权依据本法第二百四十三条、第二百四十五条的规定获得相应补偿。"《民法典》第338条规定："承包地被征收的，土地承包经营权人有权依据本法第二百四十三条的规定获得相应补偿。"《民法典》第358条规定："建设用地使用权期限届满前，因公共利益需要提前收回该土地的，应当依据本法第二百四十三条的规定对该土地上的房屋以及其他不动产给予补偿，并退还相应的出让金。"

《土地管理法》第48条第3款规定："征收农用地的土地补偿费、安置补助费标准由省、自治区、直辖市通过制定公布区片综合地价确定。制定区片综合地价应当综合考虑土地原用途、土地资源条件、土地产值、土地区位、土地供求关系、人口以及经济社会发展水平等因素，并至少每三年调整或者重新公布一次。"据此，2019年修正的《土地管理法》用区片综合地价取代原来的年产值倍数法。区片综合地价标准确定的是土地补偿费和安置补助费两笔费用。[1]

《土地管理法》第48条第4款规定："征收农用地以外的其他土地、

---

[1] 参见魏莉华《新〈土地管理法实施条例〉释义》，中国大地出版社2021年版，第170~171页。

地上附着物和青苗等的补偿标准，由省、自治区、直辖市制定。对其中的农村村民住宅，应当按照先补偿后搬迁、居住条件有改善的原则，尊重农村村民意愿，采取重新安排宅基地建房、提供安置房或者货币补偿等方式给予公平、合理的补偿，并对因征收造成的搬迁、临时安置等费用予以补偿，保障农村村民居住的权利和合法的住房财产权益。"据此，2019年修正的《土地管理法》将住宅补偿从地上附着物中单列出来，并对补偿方式提出了明确要求，补偿的原则是先补偿后搬迁。采取重新安排宅基地建房、提供安置房或者货币补偿方式给予公平、合理的补偿。这里的安置房是指建在国有土地上的大产权房。① 《土地管理法》第48条第5款规定："县级以上地方人民政府应当将被征地农民纳入相应的养老等社会保障体系。被征地农民的社会保障费用主要用于符合条件的被征地农民的养老保险等社会保险缴费补贴。被征地农民社会保障费用的筹集、管理和使用办法，由省、自治区、直辖市制定。"

（2）房屋以及其他不动产的征收补偿

《民法典》第243条第3款规定："征收组织、个人的房屋以及其他不动产，应当依法给予征收补偿，维护被征收人的合法权益；征收个人住宅的，还应当保障被征收人的居住条件。"据此，征收房屋以及其他不动产的，应当给予权利主体相应的补偿。征收个人住宅的，还应当保障被征收人的居住条件。在征收以后，确保被征收人的居住条件有所改善，生活水平不下降。

（3）征收补偿纠纷的解决

一般认为，征收补偿协议的性质是行政协议，因征收补偿协议发生纠纷提起诉讼的，其性质是行政诉讼。根据《最高人民法院关于审理行政协议案件若干问题的规定》第2条第2项的规定，因"土地、房屋等征收征用补偿协议"提起行政诉讼的，人民法院应当依法受理。最高人民法院（2020）最高法行申10322号行政裁定认为，行政协议是行政机关为了实现行政管理或者公共服务目标，与公民、法人或者其他组织协商订立的具

---

① 参见魏莉华《新〈土地管理法实施条例〉释义》，中国大地出版社2021年版，第171页。

有行政法上权利义务内容的协议，是双方当事人的合意结果，体现了当事人对自身权利的处分，因此兼具行政性和合同性。对行政协议效力的审查，既要以《行政诉讼法》第75条关于确认行政行为无效的规定为基础，同时也要适用《合同法》第52条关于认定合同无效的规定，在依法行政原则与保护相对人信赖利益、诚实信用、意思自治等基本原则之间进行利益衡量。只有在行政协议存在重大、明显违法，违反法律法规的强制性规定，损害国家利益、公共利益及他人合法权益时才能确认无效，否则应当认可行政协议的效力。动辄将双方经磋商达成合意的行政协议退回原点，既阻碍行政协议功能的发挥，也有悖于行政协议当事人权利义务的及时有效实现。被诉《村民房屋补偿协议》系双方自愿签订，其本身的内容并不存在前述法律规定的重大明显违法，损害国家利益、公共利益或他人合法权益等无效情形。当事人以案涉土地征收尚未获得相关部门的批复为由，主张被诉《村民房屋补偿协议》因签订前相关征地程序不合法而无效，理据尚不充分。

第五节　债权

一　债权概述

（一）债概念和特征

债，是指特定当事人之间请求为特定给付的民事法律关系。其中，可以请求他人为给付的权利为债权；享有债权的当事人，叫作债权人；应债权人的请求而负有的给付义务为债务，负此债务的当事人，叫作债务人；给付则为债的标的，包括作为、不作为。[1] 债是一种法律关系，是指存在于特定的当事人之间的权利义务关系。"债的关系是具有特定性的法律关系，债权人在债务人给付之前，不能直接支配给付客体，也不能直接支配

---

[1] 参见史尚宽《债法总论》，中国政法大学出版社2000年版，第1页；黄茂荣《债法总论》，中国政法大学出版社2003年版，第1页；王利明《合同法通则》，北京大学出版社2022年版，第7~8页。

债务人的给付行为,更不许直接支配债务人的人身,只能通过请求债务人为给付,达到自己的目的。"①

在罗马法上,没有单独的债权定义,依优帝法典的定义,"债权是指当事人一方依法得请求他方为一定给付的法律关系"。② 通说认为,债权,"是指特定主体请求特定主体为一定行为或者不为一定行为的权利"。③ 也就是说,债权人请求债务人给付。债权是相对权,权利人只能向特定的人主张权利,请求其向自己履行债务,因而与绝对权不同。《民法典》第118条第1款规定:"民事主体依法享有债权。"

债主要具有如下法律特征。第一,债是一种民事法律关系。在债的关系中,因为当事人的约定或者法律规定而在当事人之间产生了一定的法律关系,债的关系当事人都应当受债的关系的约束。第二,债是一种财产法律关系。债的关系在本质上属于交易的形式,反映了一种交换关系,债应当以财产性给付为内容。第三,债是发生在特定主体之间的法律关系。债的关系与物权关系的不同之处在于,其主体具有相对性,即只有特定人对于特定人有请求给付的权利,或者负担给付的义务。在债的关系中,权利人只能向特定的义务人提出请求,而义务人也只需向特定的权利人履行义务。第四,债是一种一方向另一方给付的法律关系。发生在特定人之间的给付是债的核心要素。给付是有意识地使他人财产有所增益的行为,作为债的客体的给付可以是财产权的让渡、他人之物的返还,甚至是单纯的许可利用他人之物;给付还可以以单纯的行为为标的,比如为他人处理事务、为他人提供劳务,甚至是单纯的不作为等。第五,债的效力具有平等性。与物权是绝对权从而具有优先效力不同,债权在效力上具有平等性,在同一债务人负担多项债务的情形下,无论债权成立时间的先后,其在效力上都是平等的。第六,债的发生原因具有多样性。传统上,债的类型主要有合同之债、侵权行为之债、不当得利之债、无因管理之债、缔约过失

---

① 〔德〕拉伦茨:《德国民法通论》(上册),王晓晔等译,法律出版社2003年版,第287~288页。
② 陈朝璧:《罗马法原理》,法律出版社2006年版,第111页。
③ 王利明:《民法总则》,中国人民大学出版社2022年版,第264页。

之债等类型，但随着社会的发展，又出现了因法定补偿义务而产生的债、因单方行为产生的债等类型。而且，即便是传统类型的债的关系，随着社会生活的发展，其内容也在发展变化。例如，基于诚信原则产生了附随义务，一方当事人违反附随义务造成对方当事人损害的，应当承担相应的损害赔偿责任。①

（二）债的发生原因

债的发生原因包括合同、侵权行为、无因管理、不当得利以及法律规定的其他原因。《民法典》第118条第2款规定："债权是因合同、侵权行为、无因管理、不当得利以及法律的其他规定，权利人请求特定义务人为或者不为一定行为的权利。"

债是由合同、不当得利、无因管理、侵权行为、单独行为和缔约上的过失等法律事实引起的。其中，单独行为是表意人作出的为自己设定某种义务的意思表示。合同则为当事人各方的合意。这两种法律行为都旨在实践意思自治的理念，它们所保护的，是当事人之间的信赖和期待。无因管理制度旨在为"禁止干预他人事务"与"奖励互助义务"两项原则划清适当界限，使无法定或者约定的义务而为他人管理事务之人在一定条件下享有权利和承担义务。不当得利制度旨在调整无法律根据的财产变动，使受益人向受害人返还该项利益。侵权行为制度旨在填补不法侵害他人权利或者法益所生的损害，以期能兼顾加害人的行为自由和受害人保护的需要。在缔约过失的场合，存在过失的当事人就其过失给相对人造成的损失承担损害赔偿责任。② 上述法律事实在形式上均产生相同的法律效果：一方当事人可以向对方当事人请求特定给付。

（三）债的相对性

债的相对性，是指特定债权人得向特定债务人请求给付的法律关系。"债的关系具有相对性，即债原则上仅对当事人产生拘束力，而不对债的当事人之外的第三人产生拘束力。"③ 债的相对性是债的根本特征，若没有

---

① 参见王利明《合同法通则》，北京大学出版社2022年版，第9~10页。
② 参见崔建远、韩世远、于敏《债法》，清华大学出版社2010年版，第1~2页。
③ 王利明：《合同法通则》，北京大学出版社2022年版，第13页。

债的相对性，则不可能构建债的体系和制度。债的相对性包括主体相对性、内容相对性和责任相对性。①

1. 主体相对性

主体相对性，是指债的关系只能发生在特定的主体之间。在债的关系中，权利主体和义务主体都是特定的。只有债的当事人之间才能相互提出请求或者提起诉讼，债的关系之外的第三人，不能依据债向债的当事人提出请求或者提起诉讼；而且债的当事人一方只能向另一方当事人提出债上的请求或者诉讼，不能向债的关系之外的第三人提出债上的请求或者诉讼。

2. 内容相对性

内容相对性，是指权利义务的相对性，它是指除了法律、合同另有规定外，只有债的当事人才能享有债权，并承担债务。合同之债是典型的债，合同的相对性规则最具典型意义，它主要包括以下几个具体规则。第一，合同规定由当事人享有的权利，原则上并不及于第三人。合同规定由当事人承担的义务，一般也不能对第三人产生拘束力。第二，合同当事人无权为他人设定合同上的义务。一般来说，权利会为主体带来一定利益，而义务会为主体带来一定负担或使其蒙受不利益。如果合同当事人为第三人设定权利，法律可以推定，此种设定是符合第三人意愿的，但如果为第三人设定义务，则只有在征得第三人同意之后，该义务方可生效，若未经第三人同意而为其设定义务，实际上是在损害第三人利益，因此，合同当事人约定的此种义务条款是无效的。第三，合同权利与义务主要对合同当事人产生拘束力。在一般情况下，合同之债主要是一种对内效力，即对合同当事人之间的效力，原则上对外不产生效力。②

3. 责任相对性

责任相对性，是指债务不履行的责任只能在特定的主体之间发生，债之关系之外的人，不承担债的责任。债务人要对自己的原因造成的债的违反的后果承担责任、为自己的履行辅助人的行为承担责任，而且要为第三

---

① 参见王利明《合同法通则》，北京大学出版社2022年版，第42~43页。
② 参见王利明《合同法新问题研究》，中国社会科学出版社2011年版，第14~15页。

人的原因造成的自己不履行债务的后果承担责任；同时，债的责任人只有向对方当事人承担责任才能免责，向其他人承担责任无法免责。因为权利义务的内容是相对的，所以责任也是相对的。责任是针对义务而言的，责任是违反义务的法律后果。如果义务人没有违反义务，则不产生责任。又因为义务具有相对性，所以与义务相对应的责任也具有相对性。

（四）物权与债权的区分

物权与债权的区分问题是民法学的基本问题，它关系到整个民法典体系的构建。典型的大陆法系国家的民法如德国民法的体系，就是建立在物权与债权的区分之上的。在萨维尼的理论中，物权债权区分说由下列因素构成：首先，最重要的是支配权与请求权的区分，即物权"以占有或对物的事实支配为其材料"，而债权则"以对他人的行为的部分支配为其材料"；其次，是绝对权和相对权的区分；最后，是彻底区分债权与物权的物权行为理论。[1] 物权与债权的类型区分，与民法典编排体系，以及民事特别法的设置都有着密切联系。一方面，德国式的编排体例的核心是设立总则，而区分物权与债权是设立总则的逻辑前提。《德国民法典》的总则编是以法律行为为核心建立起来的。法律行为是一个抽象的概念，这一概念之所以能够成功地被抽象出来，并在民法总则中居于重要地位，就是因为在民法各分则中已经区分了物权行为和债权行为，这些具体的法律行为，就是德国法学家的物权法上的法律行为、债权法上的法律行为、亲属法上的法律行为以及继承法上的法律行为等，其中作为法律行为理论支柱的，就是物权法上的法律行为（物权合意）和债权法上的法律行为（债权合同）。另一方面，按照德国法的模式，在分则中将财产权制度进一步区分为物权与债权制度，并在此基础上形成分则体系。[2] 在区分物权与债权的过程中，或多或少地伴随着债权物权化和物权相对性的现象，典型者如租赁权物权化、所有权承担社会义务等，但这些情形只是例外，物权绝对性和债权相对性仍然是物权和债权相互区分的主流，是普遍的、整体的、

---

[1] 参见金可可《债权物权区分说的构成要素》，载《法学研究》2005年第1期。
[2] 参见王利明《债法总则研究》，中国人民大学出版社2015年版，第85页。

本质的规定性，例外情形只是特殊的、个别的情形，特殊情形无法动摇事物的本质的规定性。"可以肯定地说，在大陆法系乃至英美法系的现在乃至未来的一个相当长的时期，区分物权与债权仍然是主流，二者的界限在总体上仍然是不可逾越的。只有这样，才能维持大陆法系民法的基本构造体系，才能不至于使大陆法系民法乃至商法的大厦陷于崩溃以至于土崩瓦解。'中间现象'只是这一长期存在的过程中出现的数朵浪花，它绝不能改变二者区分的基本点、二者区分的主流。"[①]

二　合同之债

合同关系是最普遍、最广泛的民事法律关系。《民法典》第119条规定："依法成立的合同，对当事人具有法律约束力。"据此，合同在当事人之间产生债的法律关系。《民法典》第464条第1款规定："合同是民事主体之间设立、变更、终止民事法律关系的协议。"依据这一规定，合同具有以下特征。第一，合同是平等民事主体所实施的一种民事法律行为。合同是一种民事法律行为，因而民法关于民事法律行为的一般规定，如民事法律行为的生效要件、民事法律行为的无效和撤销等，均可适用于合同。第二，合同以设立、变更、终止民事权利义务关系为宗旨。依法成立的合同对当事人产生约束力，在当事人之间产生权利义务关系。第三，合同成立需要当事人的意思表示达成一致。合同当事人地位平等、意思自治，因此合同必须是当事人意思表示一致的协议。[②] 关于合同之债的具体规则，由《民法典》合同编专门进行规定。

三　侵权行为之债

侵害他人民事权益的，在侵权人与被侵权人之间产生侵权行为之债。所谓侵权责任，是指侵权人因实施侵害或损害他人民事权益的行为而依据侵权责任法所应当承担的法律后果，它是民事责任的一种类型。《民法典》

[①] 陈华彬：《我国物权立法难点问题研究》，首都经济贸易大学出版社2014年版，第12页。
[②] 参见王利明《合同法总则》，北京大学出版社2022年版，第4页。

第 120 条规定:"民事权益受到侵害的,被侵权人有权请求侵权人承担侵权责任。"关于侵权行为之债的具体规则,由《民法典》侵权责任编专门进行规定。

四 无因管理之债

(一) 无因管理的内涵

无因管理,是指没有法定或约定的义务,而管理他人事务或为他人提供服务的行为。管理他人事务或为他人提供服务的人为管理人;受管理人管理事务或提供服务的人为本人,又称受益人。《民法典》第 121 条规定:"没有法定的或者约定的义务,为避免他人利益受损失而进行管理的人,有权请求受益人偿还由此支出的必要费用。"

在现实生活中,一方面,法律规定禁止干涉他人事务,否则构成侵权行为;另一方面,社会生活中又需要人们相互扶助,主动保护他人利益免受损失。无因管理一经成立,就在管理人与被管理人之间产生一种法定债权债务关系,作为债的法定发生原因之一,称作无因管理之债。无因管理之债的内容由法律直接规定,而非由当事人约定。在这种法定债权债务关系中,管理人因为本人管理事务或提供服务而支出的必要费用,有权要求被管理人偿还,被管理人则有义务偿付其费用,同时,管理人还负有适当管理义务、通知报告义务与结算义务。

作为债的发生根据的法律事实,无因管理属于合法的事实行为,并由管理者单方实施,而不以意思表示为要素。"无因管理虽非法律行为,然为以一定之精神作用(管理意思)为要素之适法行为。"[①]"民法对于无因管理行为,除后述之不真正无因管理外,以之为适法行为,因而有阻却其违法性之效力,则其明显。无因管理行为,既非违法,故纵令因而侵害他人之权利,亦不构成侵权行为。例如对于人事不省之伤病者,施以手术,纵未得本人之承诺,亦不构成侵权行为。"[②] 无因管理具有阻却违法性

---

① 史尚宽:《债法总论》,中国政法大学出版社 2000 年版,第 58 页。
② 史尚宽:《债法总论》,中国政法大学出版社 2000 年版,第 63 页。

的效果。① 民法权衡个人利益和社会利益，使管理事务具有合法性，在管理人和受益人之间产生一定的权利义务。可见，无因管理是一种合法的事实行为。② "构成无因管理的最主要、最基本的法律效果是违法性阻却。"③ 管理人主观上有为他人事务进行管理的意思，客观上有管理他人事务的事实，并具有合法性，不具备上述条件的，则不是无因管理。"无因管理，为法律要件，性质上属于事实行为，并非法律行为。盖法律行为，以意思表示为其要素，而无因管理之成立，则无须有效力意思。"④

就管理的内容来讲，既可以是法律行为，也可以是事实行为，但就管理这一行为来说，并不属于法律行为。"无因管理之事务，得为法律行为或事实行为。其事务为法律行为时，无因管理并不因之为法律行为。例如为修理他人房屋，管理人购买材料或雇用工人，订立买卖或雇用契约。此契约并非无因管理。依此契约订立，以修理房屋之事，始为无因管理。无因管理行为为事实行为，故关于法律行为尤其关于意思表示之规定，自不适用。"⑤ 订立买卖或雇佣契约等行为属于无因管理的手段或方法，而非无因管理本身。⑥ 因此，对无因管理不能适用有关法律行为的规定，在无因管理中并不要求管理人具有相应的民事行为能力，而只要求管理人有相应的认识能力即可。

（二）无因管理的构成要件

《民法典》第979条第1款规定："管理人没有法定的或者约定的义务，为避免他人利益受损失而管理他人事务的，可以请求受益人偿还因管理事务而支出的必要费用；管理人因管理事务受到损失的，可以请求受益人给予适当补偿。"据此，无因管理需要具备以下几个构成要件。

---

① 参见谢鸿飞、朱广新主编《民法典评注·合同编·典型合同与准合同》（4），中国法制出版社2020年版，第587页；赵廉慧《债法总论要义》，中国法制出版社2009年版，第303页。
② 参见崔建远、陈进《债法总论》，法律出版社2021年版，第376页。
③ 陈华彬：《债法各论》，中国法制出版社2014年版，第248页。
④ 史尚宽：《债法总论》，中国政法大学出版社2000年版，第58页。
⑤ 史尚宽：《债法总论》，中国政法大学出版社2000年版，第58页。
⑥ 参见郑玉波《民法债编总论》（修订二版），陈荣隆修订，中国政法大学出版社2004年版，第72页。

1. 管理人无法定或约定的义务

无因管理之无因，是指管理人对他人事务的管理没有法律上的原因，既没有法定义务，也没有约定义务。法定义务，是指法律上直接规定的义务。约定义务，是指基于管理人与受益人之间的约定而产生的义务。在有法定义务或约定义务的情形下，不成立无因管理。

管理人有无义务，应依管理事务时的客观事实来确定，不以其主观的判断为标准，本有义务，而误认为自己没有义务的，不为无因管理；本无义务，而误认为自己有义务的，则仍可成立无因管理。① "义务之有无，依客观情势而判断之，不因本人或管理人之意思而受影响。虽有法律上之义务，但超逾其范围者，亦得成立无因管理。例如，委托人受托出租房屋，将房屋修缮改良，此项保存、改良行为，原非委任事务范围之内，此部分自得成立无因管理。"②

2. 主观上须为避免他人利益受损失而管理

主观上为他人管理事务，是无因管理成立的主观要件，也是无因管理制度的目的所在。即使管理人不知道本人是谁，只要进行了管理或服务，就构成无因管理。例如，收留迷路的儿童。"管理人苟有为他人管理之意思即可为无因管理，无须知其为何人之事务。从而虽以为甲管理之意思，而管理乙之事务，仍不妨成立对于乙之无因管理。"③ 例如，误以为甲之房屋为乙所有而加以修缮，虽然对于乙不成立无因管理，但对于甲仍然成立无因管理。④

管理人管理他人事务是为避免他人利益受到损失，这就要求管理人的管理是为他人谋利益而不是为自己谋利益。但是，如果管理人既为自己谋利益，同时也为他人谋利益，也成立无因管理。⑤ 此种事务称为混合事务，

---

① 参见郭明瑞《关于无因管理的几个问题》，载《法学研究》1998年第2期。
② 邱聪智：《新订民法债编通则》（上），中国人民大学出版社2003年版，第57页。
③ 史尚宽：《债法总论》，中国政法大学出版社2000年版，第62页。
④ 参见郑玉波《民法债编总论》（修订二版），陈荣隆修订，中国政法大学出版社2004年版，第77页。
⑤ 参见谢鸿飞、朱广新主编《民法典评注·合同编·典型合同与准合同》（4），中国法制出版社2020年版，第571页。

兼涉管理人与本人利益。①"为他人管理之意思，无须专为本人利益而为管理之意思，不妨同时为管理人自己之利益。例如修理邻地有倾倒危险之房屋，自己亦得因此免去危险，仍为无因管理。"②"管理事务及管理意思，与自己事务及利益并存者，例如，为免自己房屋为邻居失火之火势波及而救火，解释上仍得成立无因管理。"③

3. 客观上管理他人事务

无因管理制度是调整因管理他人的事务而发生关系所设立的一项制度，因此管理自己的事务不能成立无因管理。一般来说，只有利于本人的行为才构成无因管理，否则不成立无因管理。"未受委托，并无义务为他人清偿债务，系罗马法上典型无因管理的案例。此项事务之管理通常利于本人，并不违反本人之意思。惟倘该项事务已罹于时效或有其他抗辩权存在时，应认为管理人的清偿不利于本人。"④

无因管理的对象为事务，是指适于成为债的标的的一切事项，包括财产方面的事务和非财产方面的事务。前者如修缮他人房屋，后者如救助人命。单纯的不作为，在解释上不成立无因管理。"无因管理既为债之发生原因之一，因而其对象之事务，亦必足以适于为债之标的者始可。故纯粹宗教、道德或友谊的事项，不得为无因管理之事务。如为病人祈祷、为朋友撮婚，皆其适例。"⑤"如为宗教、道德或习俗之事项，不得就此发生债权债务关系者，不适于为无因管理之目的。例如为患病之人祈祷，或为他人为社交之应酬（甲男深爱乙女，欲与之交往而性怯，甲之友人见其苦闷，送鲜花糖果等礼物与乙女，以为甲先容）。事务，不得为违法行为。例如为保护行窃之人，而为赃物之寄藏。"⑥

---

① 参见王利明：《债法总则研究》，中国人民大学出版社 2018 年版，第 356 页。
② 史尚宽：《债法总论》，中国政法大学出版社 2000 年版，第 62 页。
③ 邱聪智：《新订民法债编通则》（上），中国人民大学出版社 2003 年版，第 56 页。
④ 王泽鉴：《债法原理》，北京大学出版社 2022 年重排版，第 406 页。
⑤ 郑玉波：《民法债编总论》（修订二版），陈荣隆修订，中国政法大学出版社 2004 年版，第 75 页。
⑥ 史尚宽：《债法总论》，中国政法大学出版社 2000 年版，第 59 页。

4. 管理行为有利于本人或者符合本人真实意思

管理人管理他人事务，应当采取有利于本人的方法进行管理。《民法典》第981条规定："管理人管理他人事务，应当采取有利于受益人的方法。中断管理对受益人不利的，无正当理由不得中断。"如果采取的管理方法不利于本人，则不构成无因管理，有些情形构成侵权行为。"以不利于本人之方法，误信其为利于本人，因而致生损害于本人，则管理人应负因债务不履行之损害赔偿责任。"① 如果采取的管理方法有利于本人，在无正当理由时，不得中断管理。

管理人管理他人事务，应当采取符合本人真实意思的方法进行管理。如果管理人违反本人的真实意思，则不成立无因管理，管理人不享有请求本人予以补偿的权利，甚至产生侵权损害赔偿责任。《民法典》第979条第2款第1句规定："管理事务不符合受益人真实意思的，管理人不享有前款规定的权利。"

即使管理事务违反受益人的真实意思，但是，若受益人的意思违反法律或者公序良俗，仍然成立无因管理。《民法典》第979条第2款第2句规定："但是，受益人的真实意思违反法律或者违背公序良俗的除外。"也就是说，虽然管理人的行为违反本人真实意思，但本人的真实意思违反法律或者违背公序良俗，那么管理人的管理行为仍然构成无因管理。例如，对自杀者进行救助。② 通说认为，本人之意思违背公序良俗者，其意思无须尊重，救助自杀之人，即属其例。③ 所谓本人意思违法，实质是指本人不愿履行公法上的义务或私法上的义务，而管理人代为履行。例如，代缴税款或者代为履行法定扶养义务等。④

如果管理人尽到了最大努力，仍然没有达到有利于本人的效果，应当根据生活常识判断是否成立无因管理。例如，为解救落水儿童而进行救

---

① 史尚宽：《债法总论》，中国政法大学出版社2000年版，第64页。
② 参见史尚宽《债法总论》，中国政法大学出版社2000年版，第65页。
③ 参见王泽鉴《债法原理》，北京大学出版社2022年重排版，第412页。
④ 参见谢鸿飞、朱广新主编《民法典评注·合同编·典型合同与准合同》（4），中国法制出版社2020年版，第576页。

助，虽然没有救助成功，但也应当认定为无因管理。"无因管理重在管理事务本身，目的是否达成，与无因管理之成立无关。例如，乙宅失火，甲持灭火器参加救火，身负重伤，纵火势未减，乙宅全毁，救火目的虽未达成，无因管理仍可成立。"①

（三）不成立无因管理的情形

《民法典》第980条规定："管理人管理事务不属于前条规定的情形，但是受益人享有管理利益的，受益人应当在其获得的利益范围内向管理人承担前条第一款规定的义务。"据此，本条规定不属于前条所规定的适法的无因管理情形，本条规定包括不适法的无因管理和不真正无因管理（误信管理与不法管理）。② 根据本条规定，在不属于适法的无因管理情形下，如果受益人得到了利益，则管理人有权请求受益人返还必要费用或者给予适当补偿。

1. 不适法的无因管理不属于无因管理范畴

依据管理是否利于本人或不违反本人明示或可得推知的意思，无因管理可以区分为适法的无因管理和不适法的无因管理。所谓适法的无因管理，是指管理事务利于本人，并不违反本人明示或可得推知的意思的无因管理。所谓不适法的无因管理，是指管理事务不利于本人或违反本人明示或可得推知的意思的无因管理。③ 民法理论一般认为其不属于无因管理范畴。因为无因管理是事实行为，而事实行为是适法行为。不能阻却违法性的不适法的无因管理不成立无因管理。④ 不适法的无因管理可能为本人带来利益，也可能损害本人的利益。在为本人带来利益的情形下，管理人可以请求受益人按照适法无因管理的情形偿还必要费用或给予适当补偿。

---

① 王泽鉴：《债法原理》，北京大学出版社2022年重排版，第401页。
② 参见谢鸿飞、朱广新主编《民法典评注·合同编·典型合同与准合同》（4），中国法制出版社2020年版，第589页。
③ 参见王泽鉴《债法原理》，北京大学出版社2022年重排版，第414页。
④ 参见房绍坤、郭明瑞、唐广良《民商法原理》（三），中国人民大学出版社1999年版，第313页；李文涛、龙翼飞《无因管理的重新解读——法目的论解释和论证的尝试》，载《法学杂志》2010年第3期；王连合《无因管理制度论》，知识产权出版社2020年版，第158页。

在为本人带来利益的情形下，管理人可以请求受益人偿还必要费用或者给予适当补偿。例如，甲无权出租乙的房屋（构成不适法的无因管理或不法管理），但出租了该房屋并收取了高额租金。乙请求甲返还租金，但甲此前以自己的材料修缮了乙的房屋，乙得利客体为甲的劳务以及因添附所受利益。在此情形下，乙可以根据《民法典》第980条的规定请求甲承担《民法典》第979条规定的义务，即请求甲偿还必要费用或给予适当补偿。[1]

在损害本人利益的情形下，应当依据侵权行为规则处理。例如，拔除他人种植多年的药草、贱卖他人绝不出售的漆盘、为他人的古迹刷油漆，其管理事务本身或不利于本人，或违反本人的意思，均属于不当干预他人事务，不能因管理人有"为他人管理事务"的主观意思，即阻却违法性。[2]再比如，甲擅自装修乙本欲拆除的房屋，丙在雨天帮助丁搬运花盆却不慎摔倒致使名贵兰花损毁，上述管理行为并不利于本人，本人可主张没有得到利益而进行抗辩，并可能使管理人承担一般过失的侵权责任。"如果本人并没有取得利益（常见于不当无因管理），则本人不负担任何债务，并按事务之本质无法返还取得。也就是说，不应当强迫本人支付其并不希望的'强加利益'的客观价值。"[3]

2. 不真正无因管理不属于无因管理范畴

如果没有为他人管理事务的主观意愿，则不构成无因管理，理论上称此种情形为不真正无因管理。无因管理以管理人是否有为他人事务管理的意思为标准，可以分为真正无因管理和不真正无因管理，前者有管理他人事务的意思，后者无此管理意思。不真正无因管理也称准无因管理，是指为自己利益而管理他人事务，包括不法管理和误信管理。不法管理，是指明知是他人事务，仍作为自己的事务进行管理。误信管理，是指将他人事

---

[1] 参见谢鸿飞、朱广新主编《民法典评注·合同编·典型合同与准合同》（4），中国法制出版社2020年版，第595页。
[2] 参见王泽鉴《债法原理》，北京大学出版社2022年重排版，第398页。
[3] 〔德〕梅迪库斯：《德国债法分论》，杜景林、卢谌译，法律出版社2007年版，第630页。

务误以为是自己的事务而进行管理。[1] 因为不真正无因管理欠缺为他人管理事务之意思，所以不构成无因管理，可以适用不当得利规则或者构成侵权行为。[2]

（1）不法管理

不法管理，是指明知为他人事务，仍作为自己事务而加以管理。不法管理不符合无因管理的要件，不构成无因管理。不法管理适用不当得利规则或侵权行为规则。如果本人获得利益，则类推适用恶意占有人请求偿还规则，只返还必要费用。如果本人没有获得利益，则适用侵权行为规则。[3] "管理人知其为他人事务，为自己之利益以之为自己事务而为管理。例如甲知为乙之物，称为自己之物，以高价出卖与善意之第三人。"[4]

针对不法管理人获得高额利益的情形，如果适用不当得利规则或侵权行为规则，则只能赔偿所受损害和所失利益，因此，德国民法和台湾地区"民法"将此种情形规定为准用无因管理规则，旨在使管理人与无因管理人负同一义务，使本人有权请求不法管理人返还全部利益，不仅保护本人利益，而且减少不法管理的发生。严格言之，所谓准无因管理，应专指此种情形而言。[5] "准无因管理制度在不少大陆法国家存在的一个重要原因在于：人们可以准用无因管理的原理来解决侵权人利得的吐出问题。"[6] 例如，乙将甲的电脑作为自己之物，高价出卖给丙而取得价款。如果适用不当得利规则，甲只能请求乙返还其失去电脑的损失，无权把乙卖得的高价全部索回，为避免此种缺陷，准用无因管理规则，甲有权要求乙返还全部价款。按照《民法典》第980条之规定，甲应向乙支付必要费用。[7]

---

[1] 参见王泽鉴《债法原理》，北京大学出版社2022年重排版，第395页。
[2] 参见史尚宽《债法总论》，中国政法大学出版社2000年版，第68页。
[3] 参见郑玉波《民法债编总论》（修订二版），陈荣隆修订，中国政法大学出版社2004年版，第87页。
[4] 史尚宽：《债法总论》，中国政法大学出版社2000年版，第68页。
[5] 参见郑玉波《民法债编总论》（修订二版），陈荣隆修订，中国政法大学出版社2004年版，第87页。
[6] 赵廉慧：《作为民事救济手段的无因管理——从准无因管理制度的存废谈起》，载《法学论坛》2010年第2期。
[7] 参见崔建远、陈进《债法总论》，法律出版社2021年版，第382页。

(2) 误信管理

误信管理，是指误信他人事务为自己的事务而加以管理。若管理人误将他人的事务当作自己的事务而进行管理，尽管从客观效果上讲也使他人受益，却不成立无因管理。因为误将他人的事务作为自己的事务管理，说明管理人在主观上并没有为他人谋利益的意思，主观上是为自己谋利益的。"事务须属他人，若为自己之事务，纵误认为他人事务而为管理，例如误自己之车为他人之车而加以修缮，亦不成立无因管理。"[1] 误信管理的性质不是无因管理，而是不当得利，属于非给付不当得利，具体来说，属于支出费用不当得利。误信管理人可依据不当得利的相关规则，请求获益者返还不当得利。"例如以他人之家畜，误为自己之家畜而饲养之，以他人之事务误为自己之事务而为管理，则对于他人有不当得利返还请求权。"[2]

误信管理不包括幻想管理。所谓幻想管理，是指误以为自己事务为他人事务而进行管理。[3] 例如，误以为自己之车为他人之车而进行修缮，不成立无因管理。

(四) 管理人的权利和义务

1. 管理人的权利

(1) 必要费用偿还请求权

管理人为本人管理事务所支出的必要费用，有权请求偿还。所支出的费用是否为必要，应以支出时的客观情况决定。如支出时该费用为必要，即使其后为不必要，也应视为必要费用。反之，如果支出之时该费用为不必要，即使其后转化为必要，一般也不应视为必要费用。

(2) 损害赔偿请求权

管理人因管理本人事务而受到损失，应由本人负责赔偿。该赔偿责任纯属无因管理的效力表现，既不是基于侵权行为产生的，也不是基于债务

---

[1] 邱聪智：《新订民法债编通则》（上），中国人民大学出版社2003年版，第56页。
[2] 史尚宽：《债法总论》，中国政法大学出版社2000年版，第82页。
[3] 参见郑玉波《民法债编总论》（修订二版），陈荣隆修订，中国政法大学出版社2004年版，第89页。

不履行产生的,因此它不受本人对该损失有无过错的影响,不过却与管理人的主观状态有关,即除非管理人处于急迫危险的状况下,管理人对该损失的造成有过失时,应适当减轻本人的责任。

(3) 负债清偿请求权

管理人在管理事务过程中,以自己的名义为本人负担债务,大陆法系认为管理人可请求本人直接向债权人负责清偿,成立负债清偿请求权。该债务应以必要的或有益的债务为限。该债务也可视为管理人所受损失的一部分,用损害赔偿请求权去解决。

2. 管理人的义务

无因管理之债成立,管理人有三项义务,即适当管理义务、通知义务及计算义务。一般认为,前者为构成给付内容的主要义务,后两者则为从属义务。[①]

(1) 适当管理义务

管理人应依本人明示或可推知的意思,以有利于本人的方法管理其事务。管理人对管理事务一般只承担过错责任。[②]《民法典》第981条规定:"管理人管理他人事务,应当采取有利于受益人的方法。中断管理对受益人不利的,无正当理由不得中断。"管理人的管理行为应符合本人明显或可推知的意思和利益,如果管理人明知或应知本人的意思而违反其意思进行管理,且实际上也不利于本人的利益,则不但不构成无因管理,而且管理人还应负相应的民事责任。例如,甲遇见三岁幼童乙迷途,加以收留,应成立无因管理。若乙童身体不适,甲为乙求神拜佛治病,未及时送医诊疗致乙患重病,甲应负损害赔偿责任。[③]

(2) 通知义务

管理人开始管理时,在可能和必要的情况下,应将管理开始的事实及时通知本人。如果管理人不知本人为谁,或不知本人的住址、下落等,则不负通知义务。"通知义务,系以能通知为前提,故客观上不能通知者,

---

① 参见邱聪智《新订民法债编通则》(上),中国人民大学出版社2003年版,第59页。
② 参见梅仲协《民法要义》,中国政法大学出版社1998年版,第172页。
③ 参见王泽鉴《债法原理》,北京大学出版社2022年重排版,第397页。

免其通知义务。能否通知,应依事务之性质及当时之情形,客观酌定之。例如,不知本人行踪或交通断绝,均属不能通知之例。"[1] 如果本人已知管理开始的事实,则没有必要通知。《民法典》第982条规定:"管理人管理他人事务,能够通知受益人的,应当及时通知受益人。管理的事务不需要紧急处理的,应当等待受益人的指示。"

(3) 计算义务

计算义务包括三项内容:一是管理人应将管理事务进行的情况报告给本人,管理关系终止时,应向本人明确报告其始末;二是管理人因管理事务所取得的物品、钱款及孳息应交付本人;三是管理人为自己的利益而使用了应交付本人的钱款,或者使用了应为本人利益而使用的钱款,应自使用之日起支付利息。《民法典》第983条规定:"管理结束后,管理人应当向受益人报告管理事务的情况。管理人管理事务取得的财产,应当及时转交给受益人。"

五 不当得利之债

(一) 不当得利的内涵

不当得利,是指没有法律上的根据,使得他人遭受损失而自己获得利益的事实。[2] 因不当得利的事实出现,在当事人之间产生不当得利之债。《民法典》第122条规定:"因他人没有法律根据,取得不当利益,受损失的人有权请求其返还不当利益。"

萨维尼在《现代罗马法体系》中明确论述了罗马法中各种返还诉权的共同特征,即一方财产增多,但以另一方财产减少为代价;这种财产变动是不公正的,它或无法律上的原因,或曾经有但在财产变动时业已消失。因此,返还不当得利是各种返还诉权的基本原则。萨维尼的论述标志着统一、独立的不当得利之债,经过千余年的发展终于在理论上得以确立。又过了近60年,萨维尼的论述最终被提升成不当得利的基本条款,与带有罗

---

[1] 邱聪智:《新订民法债编通则》(上),中国人民大学出版社2003年版,第62页。
[2] 参见史尚宽《债法总论》,中国政法大学出版社2000年版,第71页。

马法"返还诉权"遗迹的数条具体规定一起被载入《德国民法典》。①《德国民法典》第812条规定："（1）无法律上的原因，因他人给付或者以其他方式由他人负担费用而取得利益的人，对他人负有返还的义务。即使法律原因嗣后丧失，或者依法律行为内容作为给付目的之结果不发生，仍然存在此项义务。（2）以合同对债务关系的存在或者不存在进行的承认，亦视作为给付。"上述规定具有很强的概括性，在司法实践中必须加以分解才具有确定性和可适用性。

（二）不当得利的类型化理论

关于不当得利的构成要件是否应有统一标准，存在"统一说"和"非统一说"两种对立的见解，经过多年实践，"非统一说"成为理论和实务界的通说。

"统一说"认为，一切不当得利的基础，应有其统一的概念，对任何情形的不当得利应作统一说明。"非统一说"认为，各种不当得利各有其基础，不能求其统一，因而对不当得利的构成要件亦难为统一的说明，而应就各种不当得利分别判断。② 该学说认为，在不同情形下的不当得利各有不同，不可能要求不同情况下的不当得利具有统一的含义。应分别对待不当得利的无法律上的原因。"一般分为基于给付之利得与基于给付以外之利得，或分为基于损失者意思之利得与不基于损失者意思之利得。原来罗马法不当得利，以基于给付行为之不当得利，为其主要目标。"③ 瑞士判例学说将不当得利概括条款类型化，分为给付不当得利与非给付不当得利，分别定其要件及法律效果。《德国民法典》规定了不当得利的一般原则及若干特别类型。《日本民法典》对不当得利请求权设有一般规定，近年来，引入德国法上"给付不当得利"与"非给付不当得利"两种类型的分离理论，建立不当得利类型，已成为学者的通说。④ 从文义上看，我国《民法典》第122条和第985条并没有区分给付不当得利和非给付不当得

---

① 参见霍政欣《不当得利的国际私法问题》，武汉大学出版社2006年版，第33~34页。
② 参见王泽鉴《不当得利》，北京大学出版社2009年版，第20页。
③ 史尚宽：《债法总论》，中国政法大学出版社2000年版，第77页。
④ 参见王泽鉴《不当得利》，北京大学出版社2009年版，第7~9页。

利，而是统一规定了不当得利的构成要件和法律效果。但是，我国民法学说和司法实践均认可我国民法应采纳非统一说。①

（三）给付不当得利

1. 给付不当得利的内涵

给付不当得利，是指无法律上原因，因他人给付受利益，致他人受损害，应负返还其利益的义务。②"给付不当得利请求权的核心概念是给付。在一般情形下，给付被理解为有意识地、有目的地增加他人的财产。"③所谓"有意识地"，是指给付须基于给付者的意思，若受领人得利非基于给付者的意思，则不成立给付不当得利。所谓"基于一定目的"，是指给付者在给付时须有明确的目的性。这两点在学理上称为双重目的性，其功能有二：可依此决定给付不当得利请求权的当事人；以当事人所欲实现目的是否达成，来认定法律上原因之有无，并由此组成给付不当得利的类型。④

2. 给付不当得利的构成要件

（1）因给付而受利益

不当得利制度的功能并不在于填补损害，而在于使受领人返还其无法律上原因而受的利益，自有别于损害赔偿的意义。在给付不当得利类型中，一方当事人因他方当事人为给付而受利益，即为他方的损害。⑤得利人须自己得利，对代理人或受雇人给付，视为本人得利。得利使得利人之财产状况改善，如债务免除、费用节省、间接或直接占有之取得。⑥

---

① 参见崔建远《不当得利规则的细化及其解释》，载《现代法学》2020年第3期；崔建远、陈进《债法总论》，法律出版社2021年版，第335页；谭启平主编《中国民法学》，法律出版社2021年版，第645页；温世扬主编《中国民法》，北京大学出版社2023年版，第536~537页；谢鸿飞、朱广新主编《民法典评注·合同编·典型合同与准合同》（4），中国法制出版社2020年版，第626页。
② 参见王泽鉴《不当得利》，北京大学出版社2009年版，第26页；黄立《民法债编总论》，中国政法大学出版社2002年版，第192页。
③ 〔德〕梅迪库斯：《德国债法分论》，杜景林、卢谌译，法律出版社2007年版，第523页。
④ 参见王泽鉴《不当得利》，北京大学出版社2009年版，第30~31页。
⑤ 参见王泽鉴《不当得利》，北京大学出版社2009年版，第35页。
⑥ 参见黄立《民法债编总论》，中国政法大学出版社2002年版，第194页。

（2）致他人受到损害

给付必须使给付人受到损害，如甲拟购汽车一部，乙先将汽车之相关文件及钥匙交与甲，约定于事后将价格填入印就之买卖契约，买卖契约因不合意而无效，但车辆既已交付，乙自系受有损害。[①]

（3）无法律上的原因

一方受领他方给付，没有法律上的原因，也就是欠缺给付目的。在给付不当得利中，"给付必须缺乏法律原因抑或丧失法律原因。一般而言，无法律原因系指，给付者因给付并没有实现追求的目的，或者没有长久地达成其目的。基于债务的给付目的就是清偿债务，未达成其他结果并不重要。其他结果的重要性只是体现在为其他目的的给付中，但这些结果必须是法律行为的内容"。[②]

3. 给付不当得利的类型

在给付不当得利请求权中，在法律上起决定作用的是给付目的。给付目的实现与否，决定了给付是否需要返还；如目的已达则构成"法律上的原因"。[③] 给付不当得利主要有非债清偿和作为给付的法律行为不成立、无效或被撤销。[④] 也可以说，给付行为欠缺给付原因。[⑤]

（1）给付目的自始不存在

给付目的自始不存在，是指一方为履行自己的义务而向本人作出给付行为，但该义务自始不存在。包括非债清偿和作为给付基础的法律行为不成立、无效或被撤销两种情形。

第一，非债清偿，是指虽然没有债务，但是以清偿的目的为一定的给付。因其给付没有法律上的原因，应以其成立不当得利为原则，法律另有

[①] 参见黄立《民法债编总论》，中国政法大学出版社 2002 年版，第 194 页。
[②] 〔德〕梅迪库斯：《德国债法分论》，杜景林、卢谌译，法律出版社 2007 年版，第 535 页。
[③] 参见〔德〕梅迪库斯《德国债法分论》，杜景林、卢谌译，法律出版社 2007 年版，第 527 页。
[④] 参见王泽鉴《不当得利》，北京大学出版社 2009 年版，第 44 页。
[⑤] 参见郑玉波《民法债编总论》（修订二版），陈荣隆修订，中国政法大学出版社 2004 年版，第 98 页。

规定的除外。① 具体来说，非债清偿就是履行不存在的债务，既包括履行根本就不曾存在的债务，也包括履行已经消灭了的债务，还包括履行超过应该给付的债务。② 例如，非债务人之第三人，如将他人之债务误信为自己之债务而为给付时，得对于债权人请求不当得利之返还。如果第三人对于他人非真实债务为清偿或者债务人误以他物为债之标的而为给付，则给付人有不当得利返还请求权。③ 梅迪库斯曾举例说："父亲相信其儿子用石头打破了所有权人的玻璃，并向所有权人赔偿了损失；但事实上，第三人才是肇事者。于是所有权人对第三人的请求权不变，因为父亲显然不想替第三人支付；父亲可以向所有权人请求返还不当得利。"④

第二，作为给付基础的法律行为不成立、无效或被撤销。不成立、无效或被撤销的法律行为自始不具有法律效力，不能在当事人之间产生合法有效的权利义务关系，基于上述法律行为而作出的给付行为，自始欠缺给付原因，因此给付人有不当得利返还请求权。⑤

（2）给付目的嗣后不存在

给付目的嗣后不存在，是指原本存在给付目的，后来由于法定原因给付目的消灭。例如，订婚而受聘金，其后婚约解除，则聘金失其目的；预支一年租金后，而半年即终止租赁契约。⑥ "当事人一方给付原是有法律目的的，但于给付后该法律目的不存在时，因给付而取得的财产利益也就成为无法律原因的受益。"⑦ 典型者如合同解除、婚生子女的否认等情形。

（3）给付目的未达成

给付目的未达成，是指当事人为实现将来的某种目的而作出给付行

---

① 参见史尚宽《债法总论》，中国政法大学出版社2000年版，第83页。
② 参见王家福主编《民法债权》，法律出版社1991年版，第581页。
③ 参见史尚宽《债法总论》，中国政法大学出版社2000年版，第84~85页。
④ 〔德〕梅迪库斯：《请求权基础》，陈卫佐、田士永、王洪亮、张双根译，法律出版社2012年版，第190页。
⑤ 参见郑玉波《民法债编总论》（修订二版），陈荣隆修订，中国政法大学出版社2004年版，第98页。
⑥ 参见郑玉波《民法债编总论》（修订二版），陈荣隆修订，中国政法大学出版社2004年版，第99页。
⑦ 魏振瀛主编《民法》，北京大学出版社、高等教育出版社2000年版，第595页。

为，但此后给付目的并未达成，受益人因给付而获得的财产构成不当得利。例如，附生效条件的合同中，债务人预计条件将成就而履行合同义务，结果条件并未成就。再比如债权人以清偿为目的向债务人交付付款收据，但此后债务人并未清偿债务。①

4. 给付不当得利请求权的排除

因给付而受有利益，欠缺给付目的时，应成立不当得利。但《德国民法典》设有数款例外规定，以为抗辩。②《瑞士债法典》第63条规定了不属于不当得利的另一种情形，即对已过诉讼时效的债务的清偿。③ 根据《日本民法典》第708条的规定，④ 因不法原因而为给付不为不当得利。我国台湾地区"民法"第180条也规定了排除不当得利的情形。⑤ 我国《民法典》第985条规定："得利人没有法律根据取得不当利益的，受损失的人可以请求得利人返还取得的利益，但是有下列情形之一的除外：（一）为履行道德义务进行的给付；（二）债务到期之前的清偿；（三）明知无给付义务而进行的债务清偿。"据此，排除不当得利适用的情形表现在以下几个方面。

（1）为履行道德义务进行的给付

虽无法律上的义务，但依据社会道德观念，某种给付为道德上的义

---

① 参见史尚宽《债法总论》，中国政法大学出版社2000年版，第80页；郑玉波《民法债编总论》（修订二版），陈荣隆修订，中国政法大学出版社2004年版，第99页；温世扬主编《中国民法》，北京大学出版社2023年版，第537页。

② 参见《德国民法典》第813条第2款、第814条、第815条的规定。第813条第2款规定："定履行日的债务提前清偿的，不得请求返还；不得请求归还中间利息。"第814条规定："以债务履行为目的所进行的给付，在给付人明知自己不负有给付的义务时，或者在给付符合道德上的义务或利益上的考虑时，不得请求返还。"第815条规定："结果的不发生自始为不能，并且给付人对此知情的，或者给付人违背诚实信用原则阻止结果发生的，不得因作为给付目的之结果的不发生，而请求返还。"

③ 《瑞士债法典》第63条规定："任何人自愿对不存在的债务进行清偿的，不得请求返还。但其能够证明是基于对债务的错误而清偿的除外。对已过诉讼时效的债务或者基于道德义务的债务履行，不得请求返还。"

④ 《日本民法典》第708条规定："因不法原因实行给付者，不得请求返还。但是，不法原因仅存在于受益人一方时，不在此限。"

⑤ 我国台湾地区"民法"第180条规定："给付，有下列情形之一者，不得请求返还：一、给付系履行道德上之义务者。二、债务人于未到期之债务因清偿而为给付者。三、因清偿债务而为给付，于给付时明知无给付之义务者。四、因不法之原因而为给付者。但不法之原因仅于受领人一方存在时，不在此限。"

务，则不构成不当得利。如对无扶养义务的亲属予以扶养或给付财物（侄子女对叔伯父）、对亲友婚丧的庆吊等情形、对救助其生命的无因管理人给予报酬。[1] 又如在收养的情况下，养子女对生父母没有法律上的赡养义务，但是养子女对生父母尽了三年的赡养义务，后来双方反目成仇，则养子女对生父母的赡养不构成不当得利。再如，甲有朋自远方来，甲不在家，邻居乙对甲的朋友予以招待，乙对甲的朋友的招待为道德义务，不构成不当得利。但有些情形则不属于道德义务，"如非亲属之人误以为其亲属而为给付，对于非婚生子女误以为己所生而予以抚养，则不构成道德上之义务"。[2] 此种情形构成不当得利，给付人可以要求得利人返还所得利益。

（2）债务到期之前的清偿

履行未到期债务而交付财产，债务人履行未到期的债务，将丧失期限利益，但债务人不能以此为由而对债权人主张不当得利，债务人履行未到期的债务视为自动放弃期限利益。法律之所以如此规定，"真正理由在于保护债权人对清偿效力之信赖，避免债权人因返还所受给付而反受不利"。[3]

（3）明知无给付义务而进行的债务清偿

明知无给付义务而交付财产，此种情况下视为赠与，而不视为不当得利。"盖若知为无义务之存在，而仍因清偿为给付，无论其为赠与或为其他目的，法律上均无保护之必要。"[4] "无债务而为清偿，是为非债清偿，受益人无受领之法律上原因，其利益授受当事人间构成不当得利固毋庸置言。惟清偿债务而为给付之时，如明知无给付之义务者，无异有意抛弃其请求返还之权利，法律即无必要加以保护。"[5] 明知无债务的清偿，不得请求返还，终究属于例外，所以应严格限制，其构成要件包括以下几点：第一，须无债务存在；第二，须因清偿债务而为给付；第三，须于给付时明

---

[1] 参见王泽鉴《不当得利》，北京大学出版社2009年版，第90页。
[2] 史尚宽：《债法总论》，中国政法大学出版社2000年版，第85页。
[3] 谢鸿飞、朱广新主编《民法典评注·合同编·典型合同与准合同》（4），中国法制出版社2020年版，第636页。
[4] 史尚宽：《债法总论》，中国政法大学出版社2000年版，第86页。
[5] 邱聪智：《新订民法债编通则》（上），中国人民大学出版社2003年版，第88页。

知无给付义务。①

(4) 不法原因给付不构成不当得利

通说认为,不法原因给付之所以不得请求返还,是因为任何人不得以自己的不法行为而主张恢复自己损失的原则。当事人因违反法律禁止规定及背于公序良俗的行为,而将自己置于法律规范之外,无保护的必要。②如果给付人与受领人都应对违反法律之禁止性规定或善良风俗负责任,则给付人不得要求返还。《德国民法典》第817条确立了这一规则,③该条款在学理上被称为"双方污染行为规则"。根据这一规则,行贿人不得对受贿人行使不当得利返还请求权;嫖客也不得基于不当得利要求妓女返还嫖资。④ 此时排除不当得利的适用,受损人无权请求返还。"如允许受损人请求返还给付(利益),无异肯定任何人得基于自己之违法行为而为主张,有违法律维护正义之基本精神,故各国立法,类均规定,因不法原因而给付者,不得请求返还,英美法上更有所谓净手原则之语。不过,不法原因仅存于受领人一方者,给付人尚无违法情事,自应回复不当得利之一般制度,而得依法请求返还(回复原状)。"⑤

在不法原因给付情形下,给付人无权请求返还,那么,是否意味着允许受领人保有所受利益?答案应当是否定的,若允许受领人保有所受利益,无异于允许通过不法行为取得利益,也就是承认不法行为的合法性,未免荒唐。因此,应依法予以没收。"由于不当得利的不法原因违反刑法、行政法等公法规范,依据其他公法的规定应当予以没收。"⑥ 例如甲与乙赌博,甲输给乙十万元,但甲不能据此向乙主张十万元的不当得利,因为该十万元为非法所得,应予没收。

---

① 参见崔建远《债权:借鉴与发展》,中国人民大学出版社2012年版,第632页。
② 参见王泽鉴《不当得利》,北京大学出版社2009年版,第97页。
③ 《德国民法典》第817条规定:"给付的目的以受领人因受领而违背法律上的禁止性规定,或者以违背善良风俗的方式指定的,受领人负有返还的义务。给付人同样对此种违背负责任的,不得请求返还,但给付人为承担债务而履行的,不在此限;为履行此种债务所进行的给付,不得请求返还。"
④ 参见霍政欣《不当得利的国际私法问题》,武汉大学出版社2006年版,第78页。
⑤ 邱聪智:《新订民法债编通则》(上),中国人民大学出版社2003年版,第89页。
⑥ 谭启平主编《中国民法学》,法律出版社2021年版,第640页。

(四) 非给付不当得利

1. 非给付不当得利的内涵

非给付不当得利，是指不当得利因给付以外的事由而发生。在非给付不当得利的情况下，其所谓受利益致他人受损害，基本上是指取得利益的内容是应属于他人的利益。例如，使用他人汽车或擅自在他人墙壁上悬挂广告，均是取得应属于他人的利益，致他人受损害，至于所有人是否有出租、使用汽车或墙壁的计划，在所不问。[1] 就内容而言，非给付不当得利主要包括权益侵害不当得利、支出费用不当得利，此外还存在其他类型的非给付不当得利。由于非给付不当得利种类繁多，各有其特征，因此，学说上一般没有抽象探讨其一般构成要件，而是根据不同种类分别予以阐述。

2. 权益侵害不当得利

(1) 权益侵害不当得利的构成要件

权益侵害不当得利，是指因侵害他人权益而发生的不当得利。权益侵害不当得利的构成要件如下。第一，因侵害他人权益而受利益。例如无权处分他人之物而获得对价，出租他人之物而取得租金。第二，致他人受损害。例如甲擅自在乙的屋顶放置广告招牌，因使用他人之物而受利益，致使乙受损害，乙是否有使用计划，在所不问，在甲与乙之间并未发生财产移动。此类不当得利，只要侵害应归属他人的权益而受利益，即可认为基于同一事实致使他人受损害，不以财产移转为必要。第三，无法律上原因。侵害应归属他人的权益而受利益，致使他人受损害，欠缺正当性，应构成无法律上的原因。[2]

(2) 权益侵害不当得利的种类

第一，无权处分。在权益侵害不当得利中，以无权处分最为典型。无权处分行为，指无权利人，以自己名义，就标的物而为的处分行为。所谓无权利人，指对标的物无处分权之人。无权处分，除经由权利人的承认外，

---

[1] 参见王泽鉴《不当得利》，北京大学出版社2009年版，第35页。
[2] 参见王泽鉴《不当得利》，北京大学出版社2009年版，第116~117页。

不生法律行为上的效力，但为维护交易安全，法律设有善意取得制度。①

第二，基于添附而产生的不当得利。在添附的情况下，法律一方面允许一方取得他方之物的所有权，以不降低新物的使用价值；另一方面又认为，取得所有权者应向丧失所有权者或者提供劳务者返还不当得利，以调整他们之间的物质利益平衡。②

第三，基于受益人的行为而产生的不当得利。受益人擅自消费或出卖他人之物而取得利益，受益人擅自利用他人的专利或专有技术而取得利益，都构成不当得利。③ 受益人出租他人之物、出租公有物以及违法转租所获利益都构成权益侵害不当得利。④ 无权占有人使用他人之物也构成不当得利，"物的使用也可能意味着对他人权利的侵害，故这种方式可以是'以其他方式取得利益'。一般只有占有人可能使用物，因此在不当使用人和所有人之间可能存在（所有权）返还请求权关系"。⑤

第四，基于第三人的行为而产生的不当得利。例如，第三人用甲的饲料喂养乙的家畜，甲擅自将乙的肥料施于丙的土地，甲擅自利用乙的材料为丙做家具，甲擅自利用乙的汽车为丙运砖石等，此时丙获得的利益就是此类不当得利。⑥

3. 支出费用不当得利

支出费用不当得利，"指因一方对他方为劳务、金钱或其他支出而发生的不当得利"。⑦ 当事人在他人的所有物上支出了费用而要求赔偿，通常由关于给付不当得利、无权占有或无因管理的法律条款来调整。但仍有个别情形不能涵盖其中，这时，就需求助于"支出费用不当得利"之请求

---

① 参见王泽鉴《不当得利》，北京大学出版社 2009 年版，第 121 页；郑玉波《民法债编总论》（修订二版），陈荣隆修订，中国政法大学出版社 2004 年版，第 100 页。
② 参见郑玉波《民法债编总论》（修订二版），陈荣隆修订，中国政法大学出版社 2004 年版，第 101 页；王家福主编《民法债权》，法律出版社 1991 年版，第 581 页。
③ 参见王家福主编《民法债权》，法律出版社 1991 年版，第 581 页。
④ 参见王泽鉴《不当得利》，北京大学出版社 2009 年版，第 132~136 页。
⑤ 〔德〕梅迪库斯：《德国债法分论》，杜景林、卢谌译，法律出版社 2007 年版，第 578 页。
⑥ 参见王家福主编《民法债权》，法律出版社 1991 年版，第 581~582 页。
⑦ 王泽鉴：《不当得利》，北京大学出版社 2009 年版，第 268 页。

权。① 例如，将他人的土地误认为自己的土地而耕种，将他人的牲畜误认为自己的牲畜而喂养，将他人的已成熟的农作物误认为自己的农作物而收割等，都构成此类不当得利。② 一言以蔽之，学说上所说的不真正无因管理中的误信管理，与本来意义上的无因管理（真正无因管理）无关，它的本质是不当得利，属于支出费用不当得利。

在支出费用不当得利中，可能发生"强迫得利"，即对他人之物支出费用，增加其价值，但违反受益人的意思，不符合其计划的情形。例如，不知他人的围墙即将拆除而加以装修，占用他人预定兴建房屋的建设用地而种植树木等，均属此类。一般认为，强迫得利应如何返还，属于所受利益是否存在的问题。就装修他人即将拆除的围墙而言，在整个财产上并无存留的利益，善意受领人免负返还或偿还价值额的责任。③

4. 其他类型的非给付不当得利

由于非给付不当得利的种类较多，上述两种类型不足以涵摄，因此还存在其他类型的非给付不当得利。实践中还有事件造成的不当得利。例如，他人之马遁入自己之牧场，他人之鱼游入自己之鱼池等情形。④ 甲养殖的草鱼因大雨涨水而游入乙的池塘里，无法辨别归属，甲可基于不当得利请求乙返还。⑤

（五）不当得利的效力

不当得利发生的债是受益人与受损人之间的债权债务关系，受益人应当将其不当获得的利益（原物或价额）返还于受损失的人，不当得利之债的基本效力是受损人取得不当得利返还请求权，但受益人并不是无条件负担原物返还或者价额偿还的义务，除法律规定的情形外，受益人应当返还不当得利，应该在多大的范围内承担返还原物或者偿还的责任，取决于受

---

① 参见霍政欣《不当得利的国际私法问题》，武汉大学出版社2006年版，第84页。
② 参见王家福主编《民法债权》，法律出版社1991年版，第581~582页。
③ 参见王泽鉴《不当得利》，北京大学出版社2009年版，第219页；崔建远《债权：借鉴与发展》，中国人民大学出版社2012年版，第636页。
④ 参见郑玉波《民法债编总论》（修订二版），陈荣隆修订，中国政法大学出版社2004年版，第101页。
⑤ 参见崔建远、陈进《债法总论》，法律出版社2021年版，第352页。

益人的主观心理状态。不当得利的构成和受益人的主观心理状态无关，但不当得利的效力因受益人善意或者恶意有明显不同。

1. 善意受领人的返还义务

没有合法根据，取得不当利益，造成他人损失的，应将取得的不当利益返还受损失的人。因过失而不知道的，视为善意。此种返还义务以现存利益为限。《民法典》第986条规定："得利人不知道且不应当知道取得的利益没有法律根据，取得的利益已经不存在的，不承担返还该利益的义务。"

善意受领人仅负返还其现存利益的责任，若所受利益已不存在，则不必返还或偿还价额。这一规则的目的在于使善意受领人的财产状态不致因发生不当得利而受不利的影响。① "不当得利债务人责任减轻的基础主要是建立于，在典型事例中债务人开始时并不知道自己负担着返还义务：一般情况下，债务人和给付者一样相信法律原因的存在，故此，受领人对自己可以保留取得利益的信赖应该受到保护。"② 善意受益人仅在所受利益存在的范围内，承担返还原物或者偿还价额的责任。利益不存在，受益人主观是善意时，可免负不当得利返还的责任。

2. 恶意受领人的返还义务

恶意受领人是指其自始知道或嗣后知道其受领给付无法律上的原因。一般认为，恶意受领人承担加重的返还责任，其应负返还义务的范围包括受领时所得的利益、就受领之利益附加利息以及相应的损害赔偿费用。③《民法典》第987条规定："得利人知道或者应当知道取得的利益没有法律根据的，受损失的人可以请求得利人返还其取得的利益并依法赔偿损失。"

恶意受领人所返还范围是受益人恶意取得的利益，不论该利益是否存在，应当将受益人所取得的全部利益，返还给受损失的人。所得利益依其性质或其他情形不能返还时，应偿还其价额。不得主张因所得利益不存在而免除返还义务。如受领人取得利益而支出的必要费用，可以向受损人偿还或抵扣。恶意受领人返还受损失人的利益，仍旧不能弥补时，恶意受领

---

① 参见王泽鉴《不当得利》，北京大学出版社2009年版，第175页。
② 〔德〕梅迪库斯：《德国债法分论》，杜景林、卢谌译，法律出版社2007年版，第555页。
③ 参见王泽鉴《不当得利》，北京大学出版社2009年版，第189~191页。

人应承担损害赔偿义务,不以受领人故意或过失为条件。"恶意受领人为自始恶意者,应返还受领时所得之利益,利息亦自受领时起算;如原物不能返还者,依原物不能返还时之价额附加利息。"①

恶意受领人应当返还取得时的一切所得,不论该利益是否存在,各国关于恶意受领人规定了相较于善意受领人的加重返还责任。例如,《德国民法典》第819条第1款规定:"受益人在受领时或事后知悉欠缺法律上的原因时,自受领或知情时起负有返还义务,如同返还请求权在此时已发生诉讼拘束。"《日本民法典》第704条规定:"恶意受领人,应返还其所受利益并附加利息,如有损害,则负赔偿责任。"

3. 受领人先善意后恶意的返还义务

受领人先善意后恶意的返还范围应分两种情况来处理。第一种情况,在其知无法律上的原因之前的阶段,即为善意受领人时,按善意受领人的返还范围内予以确认。其得主张所受利益不存在,仅就现存的利益负返还责任。第二种情况,在其知无法律上的原因之后的阶段,即为恶意受领人时,应负加重责任,按自始恶意受领人的返还范围予以确认。"受领人为嗣后恶意者,应返还恶意时之现存利益,亦即知其收益为无法律上原因时之现存利益。"②

第六节 知识产权

一 知识产权的概念

知识产权,是指民事主体对智力成果享有的民事权利。知识产权包括著作权、专利权、商标权等民事权利。《民法典》第123条规定:"民事主体依法享有知识产权。知识产权是权利人依法就下列客体享有的专有的权利:(一)作品;(二)发明、实用新型、外观设计;(三)商标;(四)地理标志;(五)商业秘密;(六)集成电路布图设计;(七)植物新品种;

---

① 邱聪智:《新订民法债编通则》(上),中国人民大学出版社2003年版,第83页。
② 邱聪智:《新订民法债编通则》(上),中国人民大学出版社2003年版,第83页。

（八）法律规定的其他客体。"

知识产权的性质是私权利，是民事权利。人们之所以把知识产权归于民事权利，是因为它所反映和调整的社会关系的性质是平等主体之间的财产关系。"知识产权是私权"的表述，对我国现实知识产权制度而言是一个历史性的超越。若能在未来我国知识产权法制建设中得到充分有效的贯彻，将决定我国知识产权制度的根本面貌和立法走向，也将导致我国知识产权法律制度与整个民法制度的整合于一统。[①]

二 知识产权的客体

（一）作品

著作权，是指基于文学艺术和科学作品依法产生的权利。[②] 根据《著作权法实施条例》第2条的规定，作品是指"文学、艺术和科学领域内具有独创性并能以某种有形形式复制的智力成果"。作品，是作者创造性的劳动成果，是思想和情感的载体。作品是著作权的客体，是著作权的产生依据。《著作权法》第2条第1款规定："中国公民、法人或者非法人组织的作品，不论是否发表，依照本法享有著作权。"《著作权法》第3条规定："本法所称的作品，是指文学、艺术和科学领域内具有独创性并能以一定形式表现的智力成果，包括：（一）文字作品；（二）口述作品；（三）音乐、戏剧、曲艺、舞蹈、杂技艺术作品；（四）美术、建筑作品；（五）摄影作品；（六）视听作品；（七）工程设计图、产品设计图、地图、示意图等图形作品和模型作品；（八）计算机软件；（九）符合作品特征的其他智力成果。"《著作权法实施条例》第2条规定："著作权法所称作品，是指文学、艺术和科学领域内具有独创性并能以某种有形形式复制的智力成果。"

（二）发明、实用新型和外观设计

发明、实用新型和外观设计是发明权的客体。《专利法》第2条规定：

[①] 参见刘春田主编《知识产权法》，高等教育出版社、北京大学出版社2007年版，第15~16页。

[②] 参见刘春田主编《知识产权法》，高等教育出版社、北京大学出版社2007年版，第35页。

"本法所称的发明创造是指发明、实用新型和外观设计。发明，是指对产品、方法或者其改进所提出的新的技术方案。实用新型，是指对产品的形状、构造或者其结合所提出的适于实用的新的技术方案。外观设计，是指对产品的整体或者局部的形状、图案或者其结合以及色彩与形状、图案的结合所作出的富有美感并适于工业应用的新设计。"

（三）商标

商标是商标权的客体。商标，是指生产者或者经营者在其商品或者服务中使用的、用于区别商品或服务来源的、具有显著特征的标志。商标具有如下特征：第一，商标是商品或服务的标志，它依附于商品或服务而存在；第二，商标是区分商品来源的标记；第三，任何文字、图形或其组合不与特定的商品或服务相联系，也就不成为商标。①

（四）地理标志

根据《商标法》第16条的规定，地理标志，是指标示某商品来源于某地区，该商品的特定质量、信誉或者其他特征，主要由该地区的自然因素或者人文因素所决定的标志。"对于具有反映某种商品独特的地理等自然因素或某一地区独特的加工工艺的地名，应采用地理标志保护而不应使这类地名为某一经营者当作自己的商标独占。"②

（五）商业秘密

根据《反不正当竞争法》第9条的规定，商业秘密，是指不为公众所知悉、具有商业价值并经权利人采取相应保密措施的技术信息、经营信息等商业信息。商业秘密应具备如下构成要件：第一，商业秘密必须是可以用于商业活动的知识；第二，商业秘密应具有非公知性；第三，商业秘密应具有商业价值；第四，所有人采取了合理的保密措施。③

（六）集成电路布图设计

根据《集成电路布图设计保护条例》第2条的规定，集成电路布图设

---

① 参见刘春田主编《知识产权法》，高等教育出版社、北京大学出版社2007年版，第242~243页。
② 刘春田主编《知识产权法》，高等教育出版社、北京大学出版社2007年版，第259页。
③ 参见刘春田主编《知识产权法》，高等教育出版社、北京大学出版社2007年版，第368~370页。

计，是指集成电路中至少有一个是有源元件的两个以上元件和部分或者全部互连线路的三维配置，或者为制造集成电路而准备的上述三维配置。

（七）植物新品种

根据《植物新品种保护条例》第2条的规定，植物新品种，是指经过人工培育的或者对发现的野生植物加以开发，具备新颖性、特异性、一致性和稳定性并有适当命名的植物品种。

（八）法律规定的其他客体

除上述知识产权客体外，如果其他法律对知识产权客体的保护有新的规定，则该知识产权客体也受法律保护。这种兜底式条款的规定，使知识产权客体保持开放性。

第七节　继承权、股权和其他投资性权利

（一）继承权

《民法典》第124条规定："自然人依法享有继承权。自然人合法的私有财产，可以依法继承。"所谓继承权，是指自然人根据法律规定或者被继承人所立的合法有效的遗嘱继承遗产的权利。继承包括法定继承和遗嘱继承。继承从被继承人死亡时开始。继承法律关系的客体是遗产，是指自然人死亡时遗留的个人合法财产。《民法典》第1120条规定："国家保护自然人的继承权。"本条是《民法典》第124条的具体落实与规范展开。在国家保护自然人继承权的规定背后，蕴含着国家对于公民合法私有财产的保护、对于被继承人遗嘱自由的尊重，以及对于家庭伦理和传统美德维持等多方面制度目标。国家对于自然人继承权的保护，一方面体现在通过制定相关法律规范，明确赋予自然人继承权，并对继承权的内容和行使方式等作出规定；另一方面则体现为当继承权受到侵害时，为权利人提供有效的救济渠道，此种救济渠道在请求权基础上主要表现为继承回复请求权。[1]

（二）股权和其他投资性权利

《民法典》第125条规定："民事主体依法享有股权和其他投资性权

---

[1] 参见陈甦、谢鸿飞主编《民法典评注·继承编》，中国法制出版社2020年版，第5~6页。

利。"所谓股权,是指股东因出资而取得的,根据法律或公司章程的规定和程序参与公司事务并在公司中享受财产利益的,具有可转让性的权利。股权实际上是成员权或社员权的一种类型。根据《公司法》的相关规定,股权的内容通常包括股利分配请求权、公司剩余财产分配请求权、优先购买权、新股认购权、表决权、选举权、知情权、质询权、建议权和股东诉权等。[1] 所谓其他投资性权利,是指民事主体通过各种投资行为而取得的权利,例如购买基金、保险等取得的权利。股权和其他投资性权利应依法予以保护。

第八节 数据和网络虚拟财产权

一 数据

(一) 数据的内涵

数据,是指信息的表现形式和载体,可以是符号、文字、数字、语音、图像、视频等。《数据安全法》第3条第1款规定:"本法所称数据,是指任何以电子或者其他方式对信息的记录。"数据是一种新型财产,它蕴藏着难以估量和评价的巨大价值。数据资源具有不可消耗性、无限再生性,数据每天数以亿计地生产,例如,日常网络购物、网络约车等过程中会自动产生大量的信息,其通常不会留痕,这些信息若要形成数据,需要由平台经营者进行加工,才能形成有价值的数据。数据价值的形成、创造都需要相关主体投入一定的资金、技术和劳动。因此,数据是一种投入劳动才能形成的财产。[2] 数据可以分为具有财产属性的数据和具有人身属性的数据,前者如网络虚拟货币,后者如邮件。具有财产属性的数据是财产或财产权利,可以流通或转让;具有人身属性的数据与特定主体的人身不可分离,不可流通或转让。

一般认为,作为数据产品的财产具有以下特征。第一,无形性。数据

---

[1] 参见陈甦主编《民法总则评注》,法律出版社2017年版,第873页。
[2] 参见王利明《数据何以确权》,载《法学研究》2023年第4期。

的客体具有无形性，不能用有形财产的保护规则对其进行保护。同时，数据可以共享，可以由多人共用。第二，主体具有多样性。数据的来源具有多样性，数据财产的主体也具有多样性，包括企业、个人等。由于公共数据更应当注重其开放和利用，因此公共数据不一定要明确其权利主体，应当由有关机关对其进行管理。对于涉及个人信息的数据，则应当注重对人格的保护。第三，保护方式不同。根据数据产品是否具有独创性，采取不同的保护方式。公共数据大都不具有独创性。企业数据的来源包括企业自身生产的数据，也包括公共数据和个人信息，因此，企业数据的利用规则较为复杂。对于涉及个人信息且具有独创性的数据产品，则可能需要借助知识产权的保护规则予以保护。①

（二）数据与信息的区别

关于数据与信息的关系，我国《民法典》第 111 条、第 127 条以及《数据安全法》第 3 条采取了"数据和信息合一并区分"的观点，即数据是指以电子或非电子形式对信息的记录，而信息是数据所反映、为人所理解的内容。② 数据与信息的区别表现在以下几方面。第一，内涵不同。个人信息是能够直接或者间接识别特定自然人的信息，而数据则是通过收集、加工等方式所形成的信息的记录。没有数据处理者的处理行为，个人信息无法形成数据。个人信息权益主体与数据产品的权益主体可能是分离的，个人信息权益与数据权益可以分别享有。③ 第二，产生的权利性质不同。基于个人信息而产生的个人信息权益的性质属于人格权益，而基于数据产生的数据权益的性质是财产权益。④

（三）数据权益

《民法典》第 127 条规定："法律对数据、网络虚拟财产的保护有规定的，依照其规定。"据此，《民法典》对数据权益的保护作了宣示性规定，

---

① 参见王利明、丁晓东《数字时代民法的发展与完善》，载《华东政法大学学报》2023 年第 2 期。
② 参见张新宝、丁晓东主编《个人信息保护法教程》，中国人民大学出版社 2023 年版，第 104 页。
③ 参见王利明《数据何以确权》，载《法学研究》2023 年第 4 期。
④ 参见王利明《数据何以确权》，载《法学研究》2023 年第 4 期。

宣告了数据本身就是一种民事权益类型。"法律之所以对数据给予财产权上的保护，其目的并非是为了保护数据本身，而是通过对数据这一载体的确权，使权利人享有对其上承载之信息的控制权。"①《数据安全法》第3条第2款规定："数据处理，包括数据的收集、存储、使用、加工、传输、提供、公开等。"数据产品总体而言是一种财产，但有其特殊性，数据权益是一种综合性权益：其可能因为具备独创性而受到知识产权法的保护，其可能因为涉及自然人的隐私而受到隐私权规则的调整；尤其是数据权益中常常包含个人信息权益，其与个人信息具有不可分割性。可见，数据中包含了复杂的权益类型，各种权益呈现出一种网状结构，因而有必要借鉴"权利束"理论作为数据权益的一种分析框架，即数据权益是信息之上产生的多项集合的"权利束"，无法简单地将其看作某一类单一的权利。② 将数据财产权初始配置给其生产者最为合适。数据生产者类似于著作权法上的视听作品制作者，其特征是就数据生产进行投资和作出决策，并就此承担相应的市场风险。③

2022年12月2日，中共中央、国务院在《关于构建数据基础制度更好发挥数据要素作用的意见》中提出："根据数据来源和数据生成特征，分别界定数据生产、流通、使用过程中各参与方享有的合法权利。""建立公共数据、企业数据、个人数据的分类分级确权授权制度。"这就是说，数据的权利主体不同，相关主体所享有的权益也应当有所区别。对个人数据而言，如果处理者为将个人信息匿名化，则应当注重保护数据中的个人信息；对企业数据而言，需要强化对数据处理者权益的保护，如果涉及个人信息，也需要同时加强对个人信息的保护；对公共数据而言，则应当强调数据的共享与开放，打破"数据孤岛"。④

---

① 陈甦主编《民法总则评注》，法律出版社2017年版，第883页。
② 参见王利明《论数据权益：以"权利束"为视角》，载《政治与法律》2022年第7期。
③ 参见刘文杰《数据产权的法律表达》，载《法学研究》2023年第3期。
④ 参见马长山《数字社会的治理逻辑及其法治化展开》，载《法律科学（西北政法大学学报）》2020年第5期。

二 网络虚拟财产

网络虚拟财产，是指一切存在于特定网络虚拟空间的专属性的虚拟物，包括ID、虚拟货币、虚拟装备等。[1] 对于网络虚拟财产，应比照财产权的规则进行保护。网络虚拟财产（如比特币及网游中的装备、账号等）是伴随着互联网的发展而产生的新的财产，它们和一般的财产在本质上有很大的共性，都具有一定的经济价值，甚至可以在一定范围内流通。在司法实践中，出现了大量有关网络虚拟财产的纠纷，但法律中一直缺乏明确的处理规则。因此，《民法典》对保护网络虚拟财产作出的此种原则性规定，可以为解决相关争讼问题提供法律依据。对网络虚拟财产进行保护是必要的，可以适用侵权法保护，也可以适用违约责任的保护。对网络虚拟财产的权利可以称为虚拟财产权，它既不是物权，也不是债权，而是一种新型的权利，是一种特殊的权利。[2] "尽管法律性质没有得到明确界定，但网络虚拟财产的财产属性应当受到法律保护，《民法典》的开放性和原则性规定为网络虚拟财产的后续发展预留了充足空间。"[3]

关于网络虚拟财产的继承问题，见仁见智。有观点认为，不应将涉及隐私的网络虚拟财产列入遗产范围。[4] 有观点认为，不应将具有完全的人格属性和身份属性的网络虚拟财产列入遗产范围，法律可以规定由网络服务提供商依特定程序予以删除。[5] 有观点认为，当被继承人去世后，记载着其生活点滴的隐私信息将成为生者对其缅怀和纪念的珍贵资料，由继承人或受遗赠人来保管这些信息，无疑也是对生者莫大的安慰。[6]

---

[1] 参见刘明祥《窃取网络虚拟财产行为定性探究》，载《法学》2016年第1期。
[2] 参见梁慧星《民法典编纂与法学研究方法》，载赵万一主编《〈民法总则〉十二讲》，华中科技大学出版社2018年版，第35~36页。
[3] 喻中主编《民法典与国家治理》，陕西新华出版传媒集团、陕西人民出版社2022年版，第18~19页。
[4] 参见杨立新、杨震《〈中华人民共和国继承法〉修正草案建议稿》，载《河南财经政法大学学报》2012年第5期。
[5] 参见马一德《网络虚拟财产继承问题探析》，载《法商研究》2013年第5期。
[6] 参见梅夏英、许可《虚拟财产继承的理论与立法问题》，载《法学家》2013年第6期。

第九节　其他合法权益

一　特殊民事主体的民事权利

《民法典》第128条规定："法律对未成年人、老年人、残疾人、妇女、消费者等的民事权利保护有特别规定的，依照其规定。"一般认为，未成年人、老年人、残疾人、妇女、消费者等属于弱势群体，他们所享有的权利的性质是民事权利，属于民法的调整范围。此前，一般将上述权利义务关系列入社会法的调整范围，该条文明确将其纳入民法的调整范围，由民法对其进行一般调整。

二　民事主体的其他民事权益

规定民事主体享有法律规定的其他民事权利和利益，使得私权的保护进一步保持开放性。《民法典》第126条规定："民事主体享有法律规定的其他民事权利和利益。"本条的意义在于，第一，使得权利和利益都受法律保护。虽然从本质上讲，本条所规定的权利都是一种利益，但问题是，并非所有的可以受到法律保护的利益都能上升为"权利"。因此，倘若仅仅对保护"权利"作出规定，显然是不充分的，很多利益便会因此而无法被纳入法律保护的范围。第二，正是由于"利益"被纳入保护的范围，民法的开放性也得以保持。民法是权利法，这个权利法永远向利益开放，只有这样才能够把新产生的利益纳入保护的范围。

第八章 民事法律行为

第一节 民事法律行为概述

一 民事法律行为的概念

（一）民事法律行为的内涵

民事法律行为，又称法律行为，是指以意思表示为要素，设立、变更、终止民事法律关系的行为。或者说，民事法律行为是指以意思表示为要素的设权行为。其内涵有二：其一，法律行为的核心要素是意思表示，没有意思表示则没有法律行为，它强调法律效果意定而非法定，以区别于准法律行为、事实行为和侵权行为；其二，法律行为的目的在于发生私法效果，其性质是设权行为，即它使权利产生和发生变动，从而设立、变更、终止民事法律关系，以彰显行为的目的性。在关于法律行为内涵的界定中，基本都包含了前述两个因素，即意思表示和私法效果。"至少对于主流学说而言——原则上仍然坚持认为，意思表示以形成法律关系为目的，有鉴于此，以设权为目的的意思构成意思表示的核心要素。"[1]

"法律行为"概念诞生在近代法学时期，罗马法中尚无这个概念。17世纪欧洲社会兴起了理性法学派，德意志法学家古斯塔夫·胡果提出了"法律行为"的概念，并建立了这一概念的基本体系。此后该理论在德意

---

[1] 〔德〕弗卢梅：《法律行为论》，迟颖译，法律出版社2013年版，第135页。

志法系各国的立法中得到了确认。在萨维尼等潘德克顿学派法学家的努力下，该理论终于成为完善的体系。萨维尼在《当代罗马法体系》中系统地阐述了通过"法律行为"获得"个人意思的独立支配领域"之观念，使得法律行为成为当事人设立与变更法律关系的重要手段。《德国民法典》以及后来继受德国法学的国家的民法立法都采纳了这个理论体系。《法国民法典》虽然没有明确采纳这一概念，但是采纳了意思自治原则。其他后来制定民法典的罗马法系国家，虽然不属于德意志法系，但是其民法立法基本都采纳了这一概念。日本民法和我国旧民法都规定了法律行为制度。英美法系国家在学理上也采纳了这一概念。[①]

《德国民法典》第一草案的立法理由书写道："法律行为是旨在产生特定法律效果的私人意思表示，该法律效果之所以依法律制度而产生，是因为人们希望产生这一法律效果。"[②] 法律行为制度是《德国民法典》总则的核心制度，作为一个高度抽象的法律制度，它赋予《德国民法典》高度的逻辑性和科学性。"法律行为理论形成于德国法律科学。它是19世纪德国法律科学的主要议题，而19世纪的德国法律科学恰恰基于法律行为理论而享有国际盛誉。"[③]"德国民法系学说之产物，总则为其精华，以法律行为理论为其最卓越之成就。"[④]

《民法典》关于法律行为的界定基本沿袭了德国民法的精神，将意思表示界定为法律行为的核心内容。《民法典》第133条规定："民事法律行为是民事主体通过意思表示设立、变更、终止民事法律关系的行为。"

(二) 法律行为与意思表示的关系

1. 法律行为以意思表示为要素

意思表示是指"旨在达到某个法律后果的私人的意思表达"。[⑤] 意思表

[①] 参见孙宪忠《权利体系与科学规范：民法典立法笔记》，社会科学文献出版社2018年版，第318页。
[②] 〔德〕弗卢梅：《法律行为论》，迟颖译，法律出版社2013年版，第26页。
[③] 〔德〕弗卢梅：《法律行为论》，迟颖译，法律出版社2013年版，第35页。
[④] 王泽鉴：《民法学说与判例研究》（第5册），中国政法大学出版社1998年版，第106页。
[⑤] 〔德〕布洛克斯、瓦尔克：《德国民法总论》，张艳译，中国人民大学出版社2014年版，第48页。

示是法律行为的核心要素,没有意思表示,就没有法律行为,甚至在特殊情况下(比如单方法律行为),意思表示就是法律行为。"在法律行为中,没有意思表示,法律行为似乎就不可能成立。既然法律行为之所以产生后果,是因为行为人希冀这种后果发生,那么就必然存在着这样一种意思。此外,这个意思还必须以某种方式表达出来,否则该意思是无法引起法律后果的。看来,法律行为的必要前提,是至少具有一项意思表示。"① 从根本上说,法律行为的目的在于发生法律效果,而意思表示内在地包含法效意思,从这个角度来看,意思表示已经包含了法律行为的核心要素。

法律行为与意思表示的关系如此密切,以致《德国民法典》和德国民法理论经常交替使用这两个概念。正式公布并实施后的《德国民法典》总则编第三章"法律行为",时而使用"意思表示"概念,时而使用"法律行为"概念。"民法典总则编第3章(第104条及以下条款)的标题是'法律行为'。但是,法律在第105条第1款、第107条中使用的就不是'法律行为',而是'意思表示'了。一方面,第111条规定的是'法律行为的无效'。第116条至第124条使用的又是'意思表示',而第125条、第134条、第138条以及以下条款使用的则是'法律行为'。民法典如此跳跃式地混用这两个概念,说明法律行为和意思表示这两个概念之间的区别微乎其微。"②《德国民法典》的"立法理由书"写道:"就常规言,意思表示与法律行为为同义之表达方式。使用意思表示者,乃侧重于意思表达之本身过程,或者乃由于某项意思表示仅是某项法律行为事实构成之组成部分而已。"③ 在解释法律行为的内涵时,"立法理由书"写道:"草案意义上的法律行为是旨在发生特定法律效果的私人意思表示,该法律效果之所以依法律秩序而产生,是因为人们希望产生这一法律效果。法律行为的本质在于作出旨在引起法律效果的意思表示,且法律秩序通过认可该意思来判定意思表示旨在进行的法律形成在法律世界中的实现。"④

---

① 〔德〕梅迪库斯:《德国民法总论》,邵建东译,法律出版社2001年版,第191页。
② 〔德〕梅迪库斯:《德国民法总论》,邵建东译,法律出版社2001年版,第190页。
③ 〔德〕梅迪库斯:《德国民法总论》,邵建东译,法律出版社2001年版,第190页。
④ 〔德〕弗卢梅:《法律行为论》,迟颖译,法律出版社2013年版,第26页。

2. 法律行为与意思表示是相互区别的两个概念

意思表示是法律行为的要素，没有意思表示，就没有法律行为，但二者是相互区别的两个概念。就单方法律行为而言，意思表示就是法律行为。然而，单方法律行为在法律行为中所占比重较小。就双方法律行为和多方法律行为而言，法律行为需要两个或两个以上的意思表示，有时还需要其他法律事实，才能发生私法效果。意思表示是法律行为不可或缺的要素，但二者存在区别。法律行为由一个意思表示所构成者，如撤销权的行使；法律行为需由两个以上意思表示构成者，如契约需要两个意思表示趋于一致而成立，在前之意思表示称为要约，在后之意思表示称为承诺；有些法律行为不仅需要意思表示，还需要与其他法律事实结合才能成立或生效，例如消费借贷需要交付标的物、动产物权的让与需要交付动产、不动产物权的移转需要登记。①"合同的成立，必须具有两项意思表示，即要约和承诺。不过，如果这两项意思表示中有一项不成立，那么法律行为本身也就不成立。"②"在订立合同的情况下，我们所称的'法律行为'并不是指单个的意思表示本身，如买受人和出卖人的意思表示，而是指合同双方当事人之间根据两个意思表示所进行的相互行为。只有通过合同这种一致的行为，才能产生法律后果。合同也不仅仅是两个意思表示的相加之和。由于两个意思表示在内容上相互关联，因此合同是一个有意义的二重行为。"③

（三）法律行为的精髓是意思自治

1. 意思自治是法律行为的前提和基础

意思自治，又称私法自治，是指在私法领域，人们得以依据自己的意愿，决定自己的事务以及确定彼此之间的关系。"私法自治指个体基于自己的意思为自己形成法律关系的原则。"④ 意思自治是民法的基本思想，是民法极为重要的价值理念。若没有意思自治，法律行为就无从谈起。意思

---

① 参见施启扬《民法总则》，中国政法大学出版社2010年版，第198页；王泽鉴《民法总则》，北京大学出版社2022年重排版，第248~249页；梁慧星《民法总论》，法律出版社2021年版，第169页。
② 〔德〕梅迪库斯：《德国民法总论》，邵建东译，法律出版社2001年版，第191页。
③ 〔德〕拉伦茨：《德国民法通论》（下册），王晓晔等译，法律出版社2003年版，第427页。
④ 〔德〕弗卢梅：《法律行为论》，迟颖译，法律出版社2013年版，第1页。

自治是法律行为的前提和基础，法律行为是实现意思自治的重要手段。"私法行为是个人由法律秩序授权在法律上调整某种关系的行为。这是创造法律的行为，因为它产生了参与行为的当事人的法律义务和权利。但同时，它也是一个适用法律的行为，因而它既创造又适用法律。"① 法律行为的法律效果是意定的而非法定的，是当事人意思自治的结果，意思自治是行为主体在法律规定范围内的为所欲为。"法律行为的概念在德国法系的民事立法与民法理论中居于极为重要的地位。法律行为乃实践私法自治之基本手段或工具。"②

2. 自治与限制是贯穿于法律行为始终的一对矛盾

意思自治是在法律规定范围内的为所欲为，因此意思自治本身就是一对矛盾，它包含对立统一的两个方面的内容，一方面是自由意志，另一方面是法律对自由意志的限制，缺少任何一方面都不符合意思自治的本来意义。"一方面，只有当法律秩序具有相关规定，私法自治的设权行为才具有法律效力；另一方面，法律秩序之所以规定了与私法自治设权相符的法律效果，也是源于对私法自治的承认构成对人类享有自决权这一法律秩序基本原则予以认可的应有之义。"③ 法律行为的精髓是意思自治，意思自治包含自治和限制两方面的内容，因此，法律行为也包含上述对立统一的两个方面的内容。在法律行为中，当事人有权根据自己的意志创设某种法律关系，以实现私人自治。但是，这种自治因素是有限制的，它应受到法律的约束。"按照民法原理，法律行为制度是民事主体实现意思自治的手段，但民事主体之意思自治并非毫无限制，意思自治不得超越法律和道德的容许限度，实施法律行为不得违反法律、行政法规的强制性规定，不得违背公序良俗。法律、行政法规的强制性规定及公序良俗，即是对民事主体意思自治的限制。"④ 可见，自治与限制是法律行为的一对矛盾，其中，自治

---

① 〔奥〕凯尔森：《法与国家的一般理论》，沈宗灵译，商务印书馆2013年版，第210页。
② 〔德〕拉伦茨：《德国民法通论》（下册），王晓晔等译，法律出版社2003年版，第426页。
③ 〔德〕弗卢梅：《法律行为论》，迟颖译，法律出版社2013年版，第3页。
④ 梁慧星：《〈民法总则〉重要条文的理解与适用》，载《四川大学学报》（哲学社会科学版）2017年第4期。

因素是矛盾的主要方面，限制因素是矛盾的次要方面。法律行为的效果一定是当事人期望并追求的效果，或称为当事人"意欲的法律效果"，如果没有当事人主观愿望的客观表达，那么它就不是法律行为的后果。但是，当事人"意欲的法律后果"并不是当然发生的，只有在当事人的行为没有违反法律规定时，它才能产生"意欲的后果"，否则便不能产生该等后果。"法律行为的本质正因由自治与限制这种相互对立的两个因素所构成，在法律行为的实践当中，既出现当事人任意作出意思表示的现象，又出现当其不合理时采取私力或公力之救助措施的现象。"① 没有限制因素，并不影响法律行为的成立；但是，如果自治因素违反了限制因素，则不能发生当事人预期的法律效果。

（四）法律行为不以合法性为构成要件

关于法律行为内涵的理解，基本上可划分为两种立场：一是主张法律行为具有合法性质，惟有效法律行为才能称为法律行为；二是不以合法性为特征，只是强调法律行为中的设权意图，故而无效法律行为与可撤销法律行为皆列其中。《民法通则》代表前者，德国、苏联的传统民法理论则持后一立场。② 若以合法性为法律行为的特征，则不能解释无效法律行为、可撤销法律行为和效力待定的法律行为的存在，其中尤以违反法律和行政法规的强制性规定的无效法律行为最为突出。"其实，早婚、赌博、高利贷等这些不合法的行为，也是属于法律行为的。只不过，其为无效的法律行为而已。因为，其虽然不具备法律行为的有效要件，但其仍然具备法律行为的构成要件，即其仍然具备当事人、标的、内容、意思表示和设权性等法律行为的构成要素。然而，其是否为法律行为的问题，属于概念问题，而不属于效力问题，亦即，其不具备合法性，是法律对法律行为进行效力评价的问题，而不是构不构成法律行为的问题。"③

法律行为的本质规定性是意思自治，合法性不是法律行为的本质规定

---

① 宋炳庸：《法律行为基础理论研究》，法律出版社2008年版，第37页。
② 参见董安生《民事法律行为——合同、遗嘱和婚姻行为的一般规律》，中国人民大学出版社1994年版，第90页。
③ 宋炳庸：《法律行为基本理论研究》，法律出版社2008年版，第66页。

性。从历史上看，自从有"法律行为"概念以来，一直存在"无效法律行为"的概念，而违法的法律行为属于无效法律行为。从根本上说，无论是合法的法律行为，还是违法的法律行为，它们都符合法律行为的本质规定性，它们都是以意思表示为要素而追求私法效果的行为，至于合法与违法，是判断法律行为效力的标准，而不是判断是否构成法律行为的标准。也就是说，无论是合法的法律行为，还是违法的法律行为，它们都是意思自治的产物，因此，它们都属于法律行为，合法性只是法律行为的效力标准，而不是法律行为的构成要件。"某种行为是否为法律行为，属于客观事实性概念范畴而不属于法律评价性效力范畴。因此，合法不合法只能成为法律对法律行为的评价性效力标准，而不能成为构不构成法律行为的概念标准。"①"就行为人本身来说，其只在于设定行为，而不能必然使行为合法，行为是否合法有效，在本质上属于司法判断问题，即在确定已经实施的行为的法律后果时才具有法律意义。"②

（五）《民法典》还原了民事法律行为的本来面目

《民法通则》将法律行为制度纳入制定法，但该法没有使用"法律行为"这一术语，而是使用了"民事法律行为"这一术语，《民法通则》第54条规定："民事法律行为是公民或者法人设立、变更、终止民事权利和民事义务的合法行为。"根据这一定义，合法性成为民事法律行为法定的本质属性。也就是说，民事法律行为理所当然地不包括违法行为，合法性是民事法律行为的决定性特征，舍此不称其为民事法律行为。之所以作出这样的规定，是因为此观点在《民法通则》颁布以前成为民法学界的主流观点，当时许多权威性的民法学教材基本都坚持法律行为的合法性观点。③据考证，在1956年《民法典（第二次草稿）》的讨论过程中，有建议者提出将"法律行为"与"民事行为"区别开来，以后者代替前者，并列举

---

① 宋炳庸：《法律行为基础理论研究》，法律出版社2008年版，第285页。
② 王利民：《民事法律行为理论反思》，载《东北财经大学学报》2000年第4期。
③ 参见佟柔主编《民法原理》，法律出版社1983年版，第76页；江平、张佩霖编著《民法教程》，中国政法大学出版社1986年版，第80页；王作堂等《民法教程》，北京大学出版社1983年版，第80页。

了相应的理由,最终这一观点被第三次草稿吸收。① "新中国民法学上法律行为概念的内涵从一开始未能与意思表示直接关联起来,并混入法律行为究竟为'合法'或'非法'的问题争议,引发'民事行为'这一上位概念的出现,从而使法律行为在中国民法上的发展命运多舛。"②

鉴于历史和现实的原因,《民法典》没有使用"法律行为"的概念,而使用了"民事法律行为"的概念,取消了"民事行为"的概念。"《民法典》总则编在废弃'民事行为'概念之后,'民事法律行为'概念已经抛弃《民法通则》起草人赋予的特别含义,与大陆法系民法'法律行为'概念完全相同。"③

二 关于法律行为内涵的认识误区及其评析

我国法学界对法律行为的界定存在认识误区,误以为法律行为是具有法律意义的行为,因此将法律行为区分为民事法律行为、行政法律行为和诉讼法律行为等类型。该认识忽视法律行为的核心要素是意思表示,它只能发生在私法领域,是私法自治的必然要求,公法领域不存在意思自治的空间。"法律行为者,私人之意思表示,依私法之规定,可以达到所希望之法律效果也。"④

(一)误认为法律行为是具有法律意义的行为

我国法理学界对"法律行为"概念的界定是20世纪末的事。此前,老一辈法理学者在其法理学著述中一般都没有谈到"法律行为"的概念,使用的是"行为"或"作为法律事实的行为"。⑤ 一般认为,在法理学研究中开始重视"法律行为"的研究,可能肇始于张文显教授于1993年出

---

① 参见何勤华、李秀清、陈颐编《新中国民法典草案总览》(上册),法律出版社2003年版,第23页以下。
② 陈甦主编《民法总则评注》,法律出版社2017年版,第915页。
③ 梁慧星:《民法总则讲义》,法律出版社2021年版,第225页。
④ 梅仲协:《民法要义》,中国政法大学出版社1998年版,第88页。
⑤ 参见孙国华主编《法学基础理论》,法律出版社1982年版,第305页;沈宗灵主编《法学基础理论》,北京大学出版社1988年版,第433~434页;孙国华、朱景文主编《法理学》,中国人民大学出版社1999年版,第375页。

版的《法学基本范畴研究》。该书将法律行为提升为法学基本范畴,并与权利、义务、责任、法治、法律价值等列为同等重要的范畴。该书主张将法律行为提升为系统的、能够与部门法对接的法律行为理论,并为各部门法学研究具体法律领域的行为提供一般原理。[①] "'法律行为'是一个最能够科学概括和反映人们在法律领域全部活动的概念,也是一个实用性很强的概念。我们不仅不应取消或替换这一概念,相反应当用它的科学内涵去修正其他容易引起误解的概念……'法律行为'是指具有法律意义的或能够引起一定法律效果的行为。"[②] 论者认为,"实际上,这种理论已经完全脱离了法律行为理论的本源"。[③] "张文显教授的立意虽然高远,论述亦雄辩,却未必有足够的说服力。不仅关于苏联法学的概念使用张教授的认识不见得正确,更重要的是,对'法律行为'概念的理解,存在明显的望文生训现象。"[④]

张文显教授关于"法律行为"的界定为法理学界普遍接受。在《法理学》教科书中,作者们倾向于创设一种作为"民事法律行为"上位概念的"法律行为"概念。法理学者认为,法律行为应不仅限于民事法律行为,而应有更为广泛的内涵。"一般意义上的'法律行为'应是各法律部门中的行为现象的高度抽象,是各部门法律行为(宪法行为、民事法律行为、行政法律行为、诉讼法律行为等)与各类别法律行为(如合法行为、违法行为、犯罪行为等)的最上位法学概念(或法学范畴)……所谓法律行为,就是人们实施的、能够发生法律效力、产生一定法律效果的行为。"[⑤] "法律行为指能够引起法律关系产生、变更和消灭的人的有意识的活动。"[⑥] "法律行为是行政法、民商法、诉讼法都会涉及到的法律概念。对它的准确定义,对于整个法律关系制度的构建,对于法律行为效力制度的构建,

---

① 参见张文显《法学基本范畴研究》,中国政法大学出版社1993年版,第124~128页。
② 张文显:《法哲学范畴研究》,中国政法大学出版社2001年版,第68页。
③ 孙宪忠:《权利体系与科学规范:民法典立法笔记》,社会科学文献出版社2018年版,第319页。
④ 朱庆育:《民法总论》,北京大学出版社2016年版,第93页。
⑤ 张文显主编《法理学》,高等教育出版社、北京大学出版社2011年版,第102页。
⑥ 周永坤:《法理学》,法律出版社2004年版,第144页。

都具有至关重要的意义。"① 从中可以看出，尽管人们表述方式有区别，但是对于法律行为概念的界定还是基本一致的，那就是法律行为的含义只是与法律效果联系在一起的概念，不管是民法学上所说的意思表示、事实行为，还是其他学科中所谈的违法、犯罪行为，只要能够引起一定的法律后果，或者说能够引起法律关系的变动，那就是法律行为。

这个包罗万象的"法律行为"概念指向所有具有法律意义的行为，这种做法的必要性和妥当性颇值疑问。在现有法体系中，在所有具有法律意义的行为已经能够和各类约定俗成的概念、类型相对应的情况下，创设一个广义的"法律行为"概念只能导致理论上的混乱，混淆人们对民法上的法律行为理论的理解。问题的关键在于，德国法系中的法律行为以意思表示为要素，与意思自治紧密联系，没有意思自治，就没有法律行为。法律行为是意思自治的产物，因此它只能是私法行为，而不可能是公法行为。法律行为的目的是产生私法效果，并不产生公法上的效果。"如果法律行为的概念之中抽去了当事人的意思表示，也就是抽去了民事权利义务关系得以确立的道德正当性基础，也就抽去了法律行为的灵魂。在公法领域，尤其是在行政法领域，并不存在依据当事人尤其是民众的意思表示发生法律效果的可能。"② "法律行为是私法中独有的概念，只有私法中才有意思自治，才需要通过法律行为来表达。公法中，如行政法与刑法根本不存在意思自治原则适用的余地，当然也就不可能有法律行为生存的土壤。"③ "无论法学理论如何发展，只要公法与私法的界分仍属必要，法律行为就不可能扩及至私法之外的其他法域。"④

（二）关于行政行为的认识误区及其评析

我国行政法学的主流学说一般都将具体行政行为定位为"法律行为"，强调其对外产生法律效果。有观点认为，行政行为是行政主体（主要是国

---

① 江必新：《法律行为效力制度的重构》，载《法学》2013年第4期。
② 孙宪忠：《权利体系与科学规范：民法典立法笔记》，社会科学文献出版社2018年版，第321页。
③ 李永军：《民法总则》，中国法制出版社2018年版，第560页。
④ 朱庆育：《民法总论》，北京大学出版社2016年版，第106页。

家行政机关）为实现国家行政管理目标而行使权力，直接或间接产生法律效果的行为，主要指国家行政机关的一切法律行为。[1] "在行政法学中，行政行为是行政法律行为的简称，与民事法律行为相对称。行政行为是行政机关和法定的授权组织为实现行政管理目标执行公务的方式方法的总称。"[2] 行政法上的行政行为，"特指行政主体基于行政职权，为实施国家行政职能而作出的，能直接或间接引起法律效果并受行政法规制的法律行为。它由行政规定与行政决定所组成"。[3] "行政法律行为是指行政主体运用行政权所实施的，能够发生具体明确的行政法律效力或产生明确法律效果的一切行政行为。"[4]

据称，在德国行政法以及我国台湾地区"行政法"中，以法律行为和意思表示来定位行政处分概念成为新的趋势，行政处分概念又回归到民事法律行为"法效意思表示"理论。在司法实务上，亦倾向于用"意思表示"来解释实定法上的行政处分概念，例如，德国《联邦行政程序法》行政处分定义中的"规制"被解释为行政机关的意思表示，规制的实质即为意思表示，只有通过引入规制或者意思表示的要素，才能将行政处分与行政上的事实行为区分开来。用传统理论来解释行政处分概念将引起行政处分涵盖范围的缩小，这与实体法上行政活动方式多元化、行政处分已失去昔日绝对核心概念之地位不无关系。[5]

上述观点并不妥当，根源在于误解了"效果意思"的真正含义。效果意思是意思表示的构成要素，是当事人意思自治的题中应有之义，效果意思的本意是行为主体追求私法效果，它与公法行为无涉。意思表示是"旨在达到某个法律后果的私人的意思表达"。[6] 以为法律关系主体追求一种法律后果，而且最终发生了这种后果，就是效果意思的实现，应属于误解，

---

[1] 参见罗豪才主编《行政法学》，北京大学出版社1996年版，第105页。
[2] 应松年主编《行政行为法》，人民出版社1993年版，第1页。
[3] 胡建淼：《行政法学》，法律出版社2010年版，第147页。
[4] 张兆成：《行政法律行为论纲》，人民出版社2013年版，第55页。
[5] 参见余军《论行政处分与民事法律行为之关系》，载《法学》2007年第7期。
[6] 〔德〕布洛克斯、瓦尔克：《德国民法总论》，张艳译，中国人民大学出版社2014年版，第48页。

它否定了效果意思的私法属性,即意思自治属性,从而使概念的内涵发生错乱。"行政行为不是法律行为。尽管人们也使用法律行为之行政行为这一概念,然而,人们普遍认为,行政行为并非私法法律行为概念意义上的法律行为。"[1] "法律行为是私主体的行为。与之相反的是为公共机构,特别是为国家,但也包括为所有其他公共团体所实施的高权行为。这些行为隶属于公法领域。"[2]

法律行为从诞生那一天起,就与民事法律关系联系在一起,而与公法行为毫无关系,也就是说,法律行为与行政行为、诉讼行为等根本没有联系。之所以这样说,是因为法律行为与意思表示紧密联系,不可分离,而意思表示的基础是意思自治,它只能发生在私法领域,只有在私法领域才存在当事人意思自治的可能性,在公法领域不具有可能性。因此,将意思表示理论引入行政行为理论原本就是对事物性质的错误认识,以此错误认识为前提所推出的结论自然是错误的,所谓"行政法律行为"的称谓便是这种错误认识的具体体现。"意思表示是法律行为的工具,而法律行为又是私法自治的工具。"[3]《德国民法典》所称的法律行为,"是指一个人或多个人从事的一项行为或若干项具有内在联系的行为,其目的是为了引起某种私法上的法律效果,亦即使个人与个人之间的法律关系发生变更"[4]。"倘私法自治原则未被承认,并予以共同肯定,则即使该社会亦使用'法律行为'这个用语,生活于该社会之权利主体,实际上亦没有利用法律行为,根据自己之法效意思形成、变更或消灭其与他人间之私法关系的可能。"[5] 上述观点均表明,法律行为是产生私法效果的行为,而行政行为不是产生私法效果的行为,因此,行政行为不是本来意义上的法律行为,行政行为与法律行为具有本质区别。

---

[1] 〔德〕弗卢梅:《法律行为论》,迟颖译,法律出版社2013年版,第47~48页。
[2] 〔德〕弗卢梅:《法律行为论》,迟颖译,法律出版社2013年版,第39页。
[3] 〔德〕梅迪库斯:《德国民法总论》,邵建东译,法律出版社2001年版,第143页。
[4] 〔德〕拉伦茨:《德国民法通论》(下册),王晓晔等译,法律出版社2003年版,第426页。
[5] 黄茂荣:《法学方法与现代民法》,中国政法大学出版社2001年版,第55页。

关于行政行为与法律行为的区别，弗卢梅进行了如下阐述。第一，原则不同。法律行为的主要问题在于它属于意思自治的行为，法律行为主体遵循意思自治原则，法律行为内容应由当事人依据具体情况予以确定；行政行为不适用私法自治原则，而适用合法行政原则，依据合法行政原则，行政行为的内容原则上由法律予以规定。第二，限制程度不同。法律行为是民事主体自主自愿的设权行为，民事主体的自由意志具有决定作用，法律不做过多干涉；而行政机关的行政行为必须符合合法原则，尽管公务员可以在权衡的范围内独立作出决定，但是其积极主动的行为必须以实现公共利益为目的。当具备一定法律构成要件的事实存在时，公务员即应作出一定行政处理，其在此并无创造性以及合乎自我意思的形成空间，虽然行政机关的主观要素有时也具有重要性，例如在行政机关具有裁量空间时，但这与民法上法律行为中的自我决定仍有不同。因为行政裁量并非自由裁量，尽管在裁量范围内公务员可以根据自己的意志作出决定，但必须进行合义务的裁量并要以实现公益为目的，否则将构成裁量瑕疵。第三，实现的方式不同。行政行为属于高权行为，它可以通过主权强制力得以执行；法律行为的强制执行须以法院的判决为基础。①

三 法律行为与相关概念的关系

（一）事实行为

1. 事实行为的内涵

事实行为，是指基于某种事实状态，发生法律所规定的法律后果的行为。事实行为不适用关于意思表示的规定及关于行为能力的规定。② 其含义有二。第一，事实行为是合法行为。③ 法律在很多情况下将法律后果与人们的行为联系起来，这些行为的目的并不在于导致某种法律后果，但它们事实上包含了某些法律关系的内容。这种私法意义上的，但又不是法律

---

① 参见〔德〕弗卢梅《法律行为论》，迟颖译，法律出版社 2013 年版，第 48 页以下。
② 参见梁慧星《民法总论》，法律出版社 2021 年版，第 67 页。
③ 参见郑玉波《民法总则》，中国政法大学出版社 2003 年版，第 292 页。梁慧星：《民法总论》，法律出版社 2021 年版，第 67 页。

行为的行为包括准法律行为和事实行为，但不包括违法行为。①"事实行为的概念未包含合法性特征，但既然不适用行为能力规则，不法行为就已经被排除在外。"② 第二，事实行为效果法定。事实行为不是表示行为，其法律效果根据法律的规定产生，即效果法定。"事实上有此行为，即生法律上效果，行为人有无取得此种法律效果的意思，在所不问。"③ "无论当事人有无发生这种效果的意愿，这种意愿均对行为的后果不起决定性作用。"④ 例如先占、拾得遗失物、添附、无因管理等。它原则上无类推适用法律行为之必要，但有些仍脱离不了意识或精神作用，例如先占以所有之意思为要件，无因管理则以为他人管理事务之意思为要件。但该意思要件与法律行为上的法效意思在性质上迥然不同。⑤ 事实行为不以意思表示为要素，事实行为发生法律上的后果直接来源于法律的规定，当事人有无发生这种效果的意愿，对这种效果不起决定性作用。或者说，事实行为的法律效果不受行为人意思的影响。⑥ 无民事行为能力人和限制民事行为能力人也能实施事实行为，并依法产生法律效力。"那些不以实现法律上的相关效果为目的的事实行为的法律效果的发生与行为人是否具有行为能力无关。"⑦

2. 事实行为与侵权行为的区别

（1）事实行为是合法行为，侵权行为是违法行为

虽然侵权行为也是效果法定的行为，但事实行为是合法行为，侵权行为是违法行为，故侵权行为不属于事实行为的范畴，应严格区分侵权行为与事实行为。侵权行为包括侵害绝对权的行为和侵害其他民事权益的行为两种类型。一般认为，侵害绝对权已经内含违法性，故侵害绝对权的行为

---

① 参见〔德〕拉伦茨《德国民法通论》（下册），王晓晔等译，法律出版社2003年版，第709~710页。
② 朱庆育：《民法总论》，北京大学出版社2016年版，第84页。
③ 王泽鉴：《民法总则》，北京大学出版社2022年重排版，第252页。
④ 孙宪忠：《中国物权法总论》，法律出版社2018年版，第367页。
⑤ 参见刘得宽《民法总则》，中国政法大学出版社2006年版，第165页。
⑥ 参见王利明《物权法研究》（修订版）（上卷），中国人民大学出版社2007年版，第295页。
⑦ 〔德〕弗卢梅：《法律行为论》，迟颖译，法律出版社2013年版，第250页。

有违法性要素。关于侵害其他民事权益的行为，一般认为"违法性"是其构成要素。①

（2）事实行为直接产生法律后果，侵权行为不能直接产生法律后果

事实行为不需要法律重新审查，直接产生法律后果。"事实行为是合法行为，属于不违背法律规定的禁令、命令或不成文的行为义务，且原则上不会引起不利后果的行为。"② 侵权行为不能直接产生法律后果，欲使侵权行为产生相应的法律后果，则需要对侵权行为的构成要件进行法律审查。"事实行为的法律要件比较简单，所以其效果不需要法律的重新审查。也就是说，事实行为既不像表意行为那样必须具备意思表示要件，而不必进行意思表示是否真实自愿、内容是否合法等法律审查；也不像一般侵权行为那样必须进行违法性、损害事实、因果关系、主观过错等要件的法律审查。"③ 事实效果性是事实行为的根本属性，也就是说，事实行为的结果直接产生法律效力。

3. 事实行为与法律行为的区别

（1）是否有意思表示不同

事实行为并非表示行为，不以意思表示为要素。"在此类法律关系中，法律犹如对其自身规定的法律后果的正确性提供了担保，因此不再需要问及当事人意思。相反，在法律行为中，没有意思表示，法律行为似乎就不可能成立。"④ 而法律行为是以意思表示为要素的行为，目的是发生私法效果，法律行为需要明确的效果意思和表示行为，并据此产生相应的法律后果。正是在这个意义上，民法确立了意思自治原则。意思表示不违反法律规定的，产生有效的后果；意思表示违反法律规定的，产生效力瑕疵。意思表示与事实行为无关，而法律行为与意思表示密切相关，没有意思表示就没有法律行为。意思表示对于法律行为和事实行为的法律效果的不同作用，反映了法律行为调整方式与法定主义调整方式的本质差别。

---

① 参见常鹏翱《事实行为的基础理论研究》，北京大学出版社2016年版，第85页。
② 常鹏翱：《事实行为的基础理论研究》，北京大学出版社2016年版，第1页。
③ 宋炳庸：《法律行为基础理论研究》，法律出版社2008年版，第132~133页。
④ 〔德〕梅迪库斯：《德国民法总论》，邵建东译，法律出版社2001年版，第191页。

(2) 行为性质的意定性与法定性不同

法律行为产生法律效果源于当事人的意思表示,法律行为的效力是意定的,是在法律规定范围内的意思自治。事实行为产生法律效果源于法律的直接规定。事实行为是根据法律的直接规定而产生相应的法律后果,因此事实行为的效力是法定的。只要行为人的行为符合法定构成要件,就能够成立事实行为并引起规定的法律后果,否则就不成立事实行为。相反,在法律行为中,没有意思表示,法律行为似乎就不可能成立。"既然法律行为之所以产生后果,是因为行为人希冀这种结果发生,那么就必然存在着这样一种意思。"① 概括地说,事实行为形成法定关系,法律行为形成意定关系。

(二) 准法律行为

1. 准法律行为的内涵

准法律行为,是指"非基于表意人的表示行为,而系基于法律规定而发生效力的行为。准法律行为依其表示行为(并非意思表示)的内容,在学理上又可分为意思通知、观念通知及感情表示三种"。② "此三者的效力虽由法律之规定当然发生,但均以表示一定心理状态于外部为特征,与法律行为(意思表示)极为相近,故学说上称为准法律行为。"③

准法律行为也是一种表示行为,但其表示的内容没有效果意思,该表示行为不具备意思表示的规格,学理上一般称之为"法律拟制的意思表示"。"许多法律条文规定,即使不存在意思表示,也可以视意思表示已作出或双方已达成某一约定。法律就其文意而言拟制了意思表示。萨维尼曾经原则上明确指出,按照法律秩序的规定所拟制的意思表示不属于意思表示,在这类情形中,法律效果并非基于私法自治的设权行为而产生,其产生的唯一依据是法律的规定。"④ 例如,相对人催告法定代理人在收到通知后三十日内对限制民事行为能力人实施的民事法律行为进行追认,相对人

---

① 〔德〕梅迪库斯:《德国民法总论》,邵建东译,法律出版社 2001 年版,第 191 页。
② 施启扬:《民法总则》,中国法制出版社 2010 年版,第 196 页。
③ 王泽鉴:《民法总则》,北京大学出版社 2022 年重排版,第 253 页。
④ 〔德〕弗卢梅:《法律行为论》,迟颖译,法律出版社 2013 年版,第 137 页。

催告被代理人在收到通知后三十日内对无权代理人实施的无权代理行为进行追认,以期进一步确认该等法律行为的效力。准法律行为中的表示行为不以发生法律效果为目的。之所以发生法律效果,是源于法律的直接规定,准法律行为是发生法律后果的条件。"表示行为的对象可以是某种意愿,如催告表明了相对人希望法定代理人追认合同的意愿;也可以是对某种事实情况的认知,如买受人在检验期间内认为标的物不符合约定的,把该认知通知出卖人(《合同法》第158条);还可能是某种情感态度或立场,如被继承人宽恕继承人(最高人民法院《关于贯彻执行〈中华人民共和国继承法〉若干问题的意见》第13条)。无论如何,准法律行为的表示对象绝非效果意思。"①

2. 准法律行为的类型

(1) 意思通知

意思通知,是指没有法效意思的通知,即法效意思以外的意思表示。例如,要约之拒绝、承认之催告、承认之拒绝等。② 意思通知的功能在于为发生法律效果创造条件,它本身并没有法效意思。例如,《民法典》第145条第2款关于相对人对限制民事行为能力人的法定代理人的催告,其功能在于使法定代理人知悉法律行为效力待定的事实状态,通过法定代理人的意思表示,使该项法律行为生效或不生效。

(2) 观念通知

观念通知,也称为事实通知,是指关于某种事实状态的通知。③ 例如,关于债权让与的通知、关于承诺迟到的通知和关于标的物瑕疵的通知、发生不可抗力的通知等。④ 但是,并非所有的通知都是观念通知,有些通知的性质是意思表示或者法律行为,直接发生法律效果。例如,行使合同解除权的通知、行使抵销权的通知等。《民法典》第565条规定:"当事人一方依法主张解除合同的,应当通知对方。合同自通知到达对方时解除;通

---

① 常鹏翱:《对准法律行为的体系化解读》,载《环球法律评论》2014年第2期。
② 参见胡长清《中国民法总论》,中国政法大学出版社1997年版,第227页。
③ 参见胡长清《中国民法总论》,中国政法大学出版社1997年版,第228页。
④ 参见梁慧星《合同通则讲义》,人民法院出版社2021年版,第17页。

知载明债务人在一定期限内不履行债务则合同自动解除,债务人在该期限内未履行债务的,合同自通知载明的期限届满时解除。对方对解除合同有异议的,任何一方当事人均可以请求人民法院或者仲裁机构确认解除行为的效力。当事人一方未通知对方,直接以提起诉讼或者申请仲裁的方式依法主张解除合同,人民法院或者仲裁机构确认该主张的,合同自起诉状副本或者仲裁申请书副本送达对方时解除。"

(3) 感情表示

感情表示,是指表示感情的行为。例如,对当事人的宽恕或谅解。①例如,《民法典》第1125条第2款规定:"继承人有前款第三项至第五项行为,确有悔改表现,被继承人表示宽恕或者事后在遗嘱中将其列为继承人的,该继承人不丧失继承权。"本款规定了继承宽宥制度,允许被继承人通过对确有悔改表现的继承人进行宽恕,使其继承权得到恢复。继承宽宥制度体现了国家公权力与被继承人意思自治在恢复继承权的问题上的博弈。根据本款规定,继承宽宥制度适用于以下三种丧失继承权的情形:第一,遗弃被继承人,或者虐待被继承人情节严重;第二,伪造、篡改、隐匿或者销毁遗嘱,情节严重;第三,以欺诈、胁迫手段迫使或者妨碍被继承人设立、变更或者撤回遗嘱,情节严重。但是,继承宽宥制度不适用于因故意杀害被继承人,以及为争夺遗产杀害其他继承人而丧失继承权的情形。也就是说,即使继承人在事后确有悔改表现,且得到了被继承人的宽恕,也不能恢复继承权;被继承人通过遗嘱将其指定为继承人的,该部分遗嘱无效。②

3. 法律行为与准法律行为的区别

(1) 引起的后果不同

法律行为能够引起民事法律关系的发生、变更和终止,而准法律行为不能引起这样的后果,它只能为法律行为的发生、变更和终止创造条件。比如,就催告而言,它只能起到督促作用,却不能直接引起相应的法律后

---

① 参见梁慧星《合同通则讲义》,人民法院出版社2021年版,第17页。
② 参见陈甦、谢鸿飞主编《民法典评注·继承编》,中国法制出版社2020年版,第49页。

果。《民法典》第145条第2款规定:"相对人可以催告法定代理人自收到通知之日起三十日内予以追认。法定代理人未作表示的,视为拒绝追认。"《民法典》第171条第2款规定:"相对人可以催告被代理人自收到通知之日起三十日内予以追认。被代理人未作表示的,视为拒绝追认。"

(2) 是否具有效果意思不同

法律行为中的意思表示包括效果意思和表示行为,效果意思通过表示行为予以展示,其目的在于发生私法效果,设立、变更或终止民事法律关系。与此不同,准法律行为只有表示行为,而没有效果意思,之所以发生法律效果是因为有法律的明确规定。"法律行为以法效意思为成立要件,因此所生之法律效果,为行为人之所欲;反之,准法律行为,不以法效意思为其成立要件,因此所生之法律效果,乃法律所规定,无须行为人意思参加其内,此为二者相异处。"[1]

(3) 存在效果意定与效果法定的区别

法律行为依据当事人的意思表示发生相应的法律效果;而准法律行为根据法律的规定发生相应的法律效果。也就是说,就法律行为而言,其表示行为的效果意定;就准法律行为而言,其表示行为的效果法定。"准法律行为系无法效意思之表示行为,与法律行为同属表示行为,却与之不同,因为其法律效果之实现不取决于行为人意思,而为法律所直接规定。"[2]

(三) 情谊行为

情谊行为,又称好意施惠,是指为增进与他人间情谊而作出的不受法律拘束的利他行为。[3] 情谊行为具有更多的社交属性和道德属性,当事人可以自主决定是否进行,无法律的强制要求,不具有法律约束力。比如,请他人做客,约定了时间和地点,这种约定并无法律上的约束力,即使事后爽约,也不会产生损害赔偿的请求权。如果有人邀请另一人共进晚餐,显然不想给对方一项可以诉请的履行请求权,而被邀请者显然也没有当成一项请求权来接受。即使被邀请者享有这样一项请求权,也没有什么意

---

[1] 刘得宽:《民法总则》,中国政法大学出版社2006年版,第164页。
[2] 朱庆育:《民法总论》,北京大学出版社2016年版,第86页。
[3] 参见王利明《民法总则新论》,法律出版社2023年版,第432页。

义，因为邀请他人用餐旨在社交和娱乐，而社交和娱乐是无法通过法律来请求的。邀请者和被邀请者均没有受法律约束的意思。[1]"所谓的'好意施惠关系'，如邀请他人参加宴会、爬山或搭乘便车等。于此等行为，当事人既无受其拘束的意思，不能由之产生法律上的权利或义务。"[2]"例如约往观剧，或约飨以酒食。盖此时当事人并无使其发生法律上拘束力之意思也。"[3]情谊关系没有形成法律关系，不具有权利义务的内容。情谊关系应当以社会生活中人与人之间的情感或道德关系为基础，不涉及法律义务的履行。[4]

好意同乘，又称好意施惠，是指基于友情或好意一方让另一方无偿搭乘机动车的行为。[5] 好意同乘的性质是情谊行为，是指为增进与他人间情谊而作出的不受法律拘束的利他行为，无法律的强制要求，不具有法律约束力。[6] 好意同乘具有以下三个特点。第一，无偿性。不存在对价给付。第二，非法律拘束性。搭乘者和供乘者无缔约的意思，没有承担给付义务的意愿或赋予对方给付请求权的意愿，不能产生法律上的权利和义务。由于好意搭乘行为没有法律拘束力，搭乘者不能主张其有搭乘的权利，同样，供乘者也不能基于搭乘者享受利益而主张不当得利返还。第三，双方合意性。既存在搭乘者主动向驾驶员请求搭乘的现象，也存在驾驶员主动向搭乘者提供搭乘服务的现象，都包含了驾驶员同意搭乘和搭乘者有意搭乘的合意。

虽然好意同乘是情谊行为，但是仍然可能发生侵权行为，并产生相应的民事责任。"好意同乘本身虽然是一项情谊行为，但也可以依法在当事人之间产生一定的权利义务关系。"[7]《民法典》第1217条规定："非营运机动车发生交通事故造成无偿搭乘人损害，属于该机动车一方责任的，应当减轻其赔偿责任，但是机动车使用人有故意或者重大过失的除外。"据

---

[1] 参见〔德〕梅迪库斯《德国民法总论》，邵建东译，法律出版社2000年版，第150页。
[2] 王泽鉴：《民法总则》，北京大学出版社2022年重排版，第252页。
[3] 史尚宽：《债法总论》，中国政法大学出版社2000年版，第223页。
[4] 参见王利明《合同法通则》，北京大学出版社2022年版，第9页。
[5] 参见张新宝《侵权责任法讲义》，人民法院出版社2024年版，第366页。
[6] 参见王雷《民法学视野中的情谊行为》，北京大学出版社2014年版，第213~214页。
[7] 王利明：《民法总则新论》，法律出版社2023年版，第432页。

此，机动车使用人发生交通事故造成无偿搭乘人损害的，除机动车使用人有故意或者重大过失的情形外，出于鼓励施惠行为的考虑，法律在责任分担方面对施惠人采取宽容态度，适当减轻施惠人的责任，以利于形成与人为善、助人为乐的良好社会氛围。①

第二节　意思表示

一　意思表示的内涵

意思表示，是指将意欲发生某种私法上法律效果的意思表达于外部的行为。② 意思表示的目的是发生私法效果，是内心意思的外在表达。意思表示的定义包含以下要素："（1）意思表示必须是私人的。意思表示是一个私法概念，是依照私法进行判断的意思表达。公法领域的意思表达则不在考虑之列，因此，公共机关的公法上的表示（如行政行为）、私人在公法事件中的意思表达（如行使选举权），都不是私法意义上的意思表示。（2）意思表示是旨在引起某一法律效果的意思的表达。一个意思表示由两个要素组成：内心的意思和这一意思的外在表达，意思和表示构成一个整体，它们分别是意思表示的主观和客观的构成要件。"③ 意思表示是法律行为的核心，没有意思表示就没有法律行为。

意思表示的目的在于发生法律效果，并将关于法律效果的期盼通过一定行为表现出来。法律效果是意思表示的必要组成部分，如果缺乏追求法律效果的要素，则不构成意思表示。例如，作为准法律行为的意思通知、观念通知，这些行为缺乏发生法律效果的意思，只是为发生法律效果准备条件，行为的完成并不直接产生法律效果，所以，准法律行为仅有表示行为而无效果意思，从而不构成意思表示。又比如，要约邀请是事实行为，

---

① 参见张新宝《侵权责任法讲义》，人民法院出版社 2024 年版，第 367 页。
② 参见梁慧星《民法总则讲义》，法律出版社 2021 年版，第 234 页；王利明《民法总则》，中国人民大学出版社 2022 年版，第 313 页。
③ 陈卫佐：《德国民法总论》，法律出版社 2007 年版，第 151~152 页。

而不是意思表示。① 意思表示必须具有法效意思，而要约邀请并不具有法效意思，其仅属于要约的引诱。基于上述原因，《民法典》第473条修改了原《合同法》第15条的规定，将要约邀请界定为希望他人向自己发出要约的"表示"，而不再称为"意思表示"。②

二 意思表示的构成要素

关于意思表示的构成要素，存在争议，主要是三要素说、二要素说和一要素说。三要素说认为，意思表示包括表示意思、效果意思和表示行为。③ 二要素说认为，意思表示只包括效果意思和表示行为，表示意思不是意思表示的构成要素。④ 一要素说认为，意思表示只有表示行为即可，效果意思不是意思表示的构成要素。⑤ 关于表示意思是否为意思表示的构成要素，日本早期学者肯定之，我妻荣之后否定之。"没有特别地将表示意思欠缺的场合作为问题的必要。因此，不必将表示意思加入意思表示的要素中。"⑥ "日本早期学者认为效果意思、表示意思、表示行为，均为意思表示之构成要件（要素），欠缺表示意思之意思表示不成立……日本自

---

① 参见史尚宽《债法总论》，中国政法大学出版社2000年版，第20页。
② 参见王利明《合同法通则》，北京大学出版社2022年版，第120~121页。
③ 参见史尚宽《民法总论》，中国政法大学出版社2000年版，第348页；施启扬《民法总则》，中国法制出版社2010年版，第227页；郑玉波《民法总则》，中国政法大学出版社2003年版，第333页；杨与龄编著《民法概要》，中国政法大学出版社2002年版，第56页；陈卫佐《德国民法总论》，法律出版社2007年版，第152页。
④ 参见〔日〕我妻荣《新订民法总则》，于敏译，中国法制出版社2008年版，第227页；李宜琛《民法总则》，中国方正出版社2004年版，第179页；刘得宽《民法总则》，中国政法大学出版社2006年版，第210页；梁慧星《民法总则讲义》，法律出版社2021年版，第239页；梁慧星《民法总论》，法律出版社2021年版，第182页；董安生《民事法律行为——合同、遗嘱和婚姻行为的一般规律》，中国人民大学出版社1994年版，第227页。
⑤ 参见〔日〕近江幸治《民法讲义Ⅰ民法总则》（第6版补订），渠涛等译，北京大学出版社2015年版，第167页；〔日〕山本敬三《民法讲义Ⅰ总则》，解亘译，北京大学出版社2012年版，第99页；姚瑞光《民法总则论》，中国政法大学出版社2011年版，第214页；王泽鉴《民法总则》，北京大学出版社2022年重排版，第341~342页；黄立《民法总则》，中国政法大学出版社2002年版，第235页。
⑥ 〔日〕我妻荣：《新订民法总则》，于敏译，中国法制出版社2008年版，第227页。

昭和八年我妻荣之民法总则出现以后，即认为表示意思非意思表示之要素。"[1] "通说认为，有表示行为则可推断出表意人之效果意思，故对于表示意思是否为意思表示之独立要素，持怀疑态度。"[2] 笔者赞同二要素说。

（一）意思表示包括表示行为和效果意思

1. 表示行为

所谓表示行为，是将内在意思表达于外部的行为。表示行为可以表现为话语、一定的手势及其他行为。"表示之形式得为明示或默示。单纯的沉默，无任何表示行为，仅在法律有规定、当事人有特约或者当事人之间有交易习惯时，始得视为意思表示。"[3] 一般认为，如果缺少表示行为，则意思表示根本没有发生或不成立。原因在于行为人要对意思表示负责，前提是存在可归责的行为，而且在法律行为交往中，缺少表示行为的状况通常较容易辨认，因而无保护之必要。[4]

2. 效果意思

所谓效果意思，是指行为人欲以其发生特定法律效果的意思。[5] 效果意思，又称为法效意思，即当事人意欲发生一定私法效果，具有法律意义。"效果意思不是要引起随便什么法律效果，而是要引起十分特定的法律效果。"[6]

在意思表示的两个构成要素中，效果意思具有更为重要的意义，或者称为决定意义。效果意思使意思表示既区别于其他不包含效果意思的行为，也区别于其他不包含私法上效果意思的行为，前者如情谊行为、事实行为、准法律行为，后者如行政行为。其中尤为重要的是，准法律行为也是表示行为，但其与法律行为的根本区别在于是否存在效果意思。准法律行为效果法定，因此没有效果意思；而法律行为旨在发生私法效

---

[1] 姚瑞光：《民法总则论》，中国政法大学出版社2011年版，第213页。
[2] 刘得宽：《民法总则》，中国政法大学出版社2006年版，第210页。
[3] 梁慧星：《民法总论》，法律出版社2021年版，第181页。
[4] 参见陈甦主编《民法总则评注》，法律出版社2017年版，第928页。
[5] 参见王泽鉴《民法总则》，北京大学出版社2022年重排版，第340页；陈卫佐《德国民法总论》，法律出版社2007年版，第156页。
[6] 徐国建：《德国民法总论》，经济科学出版社1993年版，第92页。

果，因此包含效果意思，即效果意定。"在法律意义上对意思表示的特别要求是，在任何情况下意思表示在外部都必须指向某种法律后果的发生。只有在满足此条件的情况下，表示者才进行了自决地形塑法律关系的选择。"①

（二）表示意思不是意思表示的构成要素

所谓表示意思，是指行为人认识到其行为具有某种法律行为上的意义。②"表示意思作为表意人将内心之效果意思以行为表示于外部的有意识的思想指挥过程，是联系效果意思与表示行为的中介和桥梁。"③ 表示意思不是意思表示的构成要素，因为表意人内心有无表示意思，有时不容易认定，所以表示意思不必独立成为意思表示的构成要素。④"盖效力意思与表示行为，间不容发，无此表示意思存在之余地也。"⑤ 将表示意思作为意思表示的构成要素，是个人本位主义法律思想的表现，纵有表示行为的存在，因不具备表示意思，其意思表示即不能成立；在个人本位主义演化为社会本位主义之后，再将表示意思作为意思表示的构成要素，自属不当。⑥ 行为意思和效果意思已经能够揭示意思表示的内涵，在此之外再构思出一个表示意思，实在有些烦琐，也不必要。"表示意思的有无，不影响意思表示的效力。从而表示意思之成立，仅须具备表示行为与效果意思两个要素，表示意思不必加入要素之内。"⑦ "表示意思则可以简略，这一要素既可为表示行为所吸收，也可为效果意思所吸收。这就是说，当行为人被迫或无意识地从事某一表示时，可以视之为不构成表示行为，也可视之为不构成效果意思，二者对于实践均无影响。"⑧

---

① 〔德〕诺伊尔：《何为意思表示？》，纪海龙译，载《华东政法大学学报》2014年第5期。
② 参见王泽鉴《民法总则》，北京大学出版社2022年重排版，第340页；陈卫佐《德国民法总论》，法律出版社2007年版，第155页。
③ 谭启平主编《中国民法学》，法律出版社2021年版，第169页。
④ 参见施启扬《民法总则》，中国法制出版社2010年版，第228页。
⑤ 郑玉波：《民法总则》，中国政法大学出版社2003年版，第333页。
⑥ 参见李宜琛《民法总则》，中国方正出版社2004年版，第180页。
⑦ 梁慧星：《民法总则》，法律出版社2021年版，第182页。
⑧ 董安生：《民事法律行为——合同、遗嘱和婚姻行为的一般规律》，中国人民大学出版社1994年版，第227页。

三 意思表示的生效

（一）有相对人的意思表示的生效

有相对人的意思表示，又称需要受领的意思表示，是指对相对人发出的意思表示。实践中多数情形属于有相对人的意思表示。

1. 以对话方式作出的意思表示的生效

《民法典》第137条第1款规定："以对话方式作出的意思表示，相对人知道其内容时生效。"据此，以对话方式作出的意思表示，在相对人知道意思表示的内容时生效，采取了解主义。[①]

2. 以非对话方式作出的意思表示的生效

《民法典》第137条第2款规定："以非对话方式作出的意思表示，到达相对人时生效。以非对话方式作出的采用数据电文形式的意思表示，相对人指定特定系统接收数据电文的，该数据电文进入该特定系统时生效；未指定特定系统的，相对人知道或者应当知道该数据电文进入其系统时生效。当事人对采用数据电文形式的意思表示的生效时间另有约定的，按照其约定。"据此，以非对话方式作出的意思表示，无论是要约还是承诺，一般采取到达相对人时生效的规则，即采取到达主义。[②] 以数据电文形式作出的意思表示，其生效分为两种情形：第一，相对人指定特定系统接收数据电文的，该数据电文进入该特定系统时生效；第二，未指定特定系统的，相对人知道或者应当知道该数据电文进入其系统时生效。

（二）无相对人的意思表示的生效

《民法典》第138条规定："无相对人的意思表示，表示完成时生效。法律另有规定的，依照其规定。"据此，无相对人的意思表示，在发出时生效，即表示完成时生效。之所以采取这样的规则，理由如下：第一，在这类意思表示中，没有合适的相对人；第二，遗嘱没必要让继承人知道，以告知为生效要件没有意义。[③] 就悬赏广告而言，如采单方法律行为说，

[①] 参见梁慧星《民法总则讲义》，法律出版社2021年版，第237页。
[②] 参见梁慧星《民法总则讲义》，法律出版社2021年版，第237页。
[③] 参见〔德〕梅迪库斯《德国民法总论》，邵建东译，法律出版社2000年版，第205页。

则为无相对人的意思表示；如采契约说，也不应适用要约规则，因广告人在作出广告时，并无具体的相对人，也无所谓到达，因此，应适用本条的规定，即无相对人的意思表示，表示完成时生效。[1]

(三) 以公告形式作出的意思表示的生效

《民法典》第139条规定："以公告方式作出的意思表示，公告发布时生效。"据此，以公告方式作出的意思表示，一般在公告发布时生效。公告有时指向不特定的相对人，比如悬赏广告；有时指向特定的相对人，比如征收公告、法律文书的送达公告等。有观点认为，如果本条适用于悬赏广告，则有其合理性；如果是其他形式的公告，则有欠缺，因为法律一般应规定公告生效的期间，而不是一经公布即生效。[2] 例如，《民事诉讼法》第95条第1款规定："受送达人下落不明，或者用本节规定的其他方式无法送达的，公告送达。自发出公告之日起，经过三十日，即视为送达。"

(四) 意思表示的撤回

在意思表示生效之前，表意人可以撤回意思表示。《民法典》第141条规定："行为人可以撤回意思表示。撤回意思表示的通知应当在意思表示到达相对人前或者与意思表示同时到达相对人。"例如，撤回要约的通知应先于要约到达或者与要约同时到达。

四 意思表示的解释

(一) 意思表示的解释的一般原理

1. 关于意思与表示不一致时的行为效力的不同学说

意思表示瑕疵时，应如何加以规范，定其效力，存在意思说、表示说和折中说三种不同观点。[3] 第一，意思说（意思主义）。意思说认为，当意

---

[1] 参见陈甦主编《民法总则评注》，法律出版社2017年版，第997页。
[2] 参见陈甦主编《民法总则评注》，法律出版社2017年版，第1000页。
[3] 参见梅仲协《民法要义》，中国政法大学出版社1998年版，第107~108页；郑玉波《民法总则》，中国政法大学出版社2003年版，第336~337页；王泽鉴《民法总则》，北京大学出版社2022年重排版，第357页；梁慧星《民法总则讲义》，法律出版社2021年版，第235页；黄立《民法总则》，中国政法大学出版社2002年版，第231~232页；杨立新《民法总则》，法律出版社2000年版，第256页。

思与表示不一致时，应以表意人内心的意思为准。意思说强调意思表示的成立，必须以内心的效果意思为基础，若无内心的效果意思，则外部的表示行为没有依据，应不发生法律上的效力，以保护表意人。意思主义强调行为人对且仅对自身自由意志负责，发生效力的是当事人的内心意志，外部表示不过是用以认知内心意志的手段而已，二者若偶然相错，自以内心意志为准。萨维尼、温德沙伊德等众多潘德克顿法学家坚持意思说。① 第二，表示说（表示主义）。表示说认为，当意思与表示不一致时，应以表示行为为准。表意人的内心意思如何，难以查知，因此应当根据表意人的外部行为推知其效果意思，以保护相对人的信赖及交易安全。表示主义认为，与表意人的自由意志相比，应当更多关注相对人的信赖保护。② 第三，折中说（折中主义）。折中说认为，意思说和表示说都属于极端，因此应予以折中。某些情形以意思说为原则，以表示说为例外；某些情形以表示说为原则，以意思说为例外。③ 通过折中的方法，适当调和表意人及相对人的利益，以维护交易安全。究竟采取哪种模式，应以现行法为准据。

2. 折中说主张以现行法为准据

有观点认为，纯粹的意思主义与表示主义都过于极端，应采折中主义。④ 意思说的缺陷在于，在意思与表示不一致时，以表意人的真实意思为依归，排除表示行为的拘束力，而相对人无法察觉表意人内心的意思，因此严重影响了交易安全。表示说的缺陷在于，在意思与表示不一致时，以表示行为为准，但这一理论忽略了私法自治原则。鉴于意思说和表示说均存在缺陷，因此立法例上多采取折中说。奥国法以表示说为原则，以意思说为例外。德国法以意思说为原则，以表示说为例外。其典型规定是《德国民法典》第119条所规定的错误制度。⑤《德国民法典》第119条规

---

① 参见朱庆育《民法总论》，北京大学出版社2016年版，第221页。
② 参见朱庆育《民法总论》，北京大学出版社2016年版，第222页。
③ 参见梁慧星《民法总论》，法律出版社2021年版，第182页。
④ 参见王利明《合同法通则》，北京大学出版社2022年版，第157页。
⑤ 参见黄立《民法总则》，中国政法大学出版社2002年版，第279~280页。

定：“如存在法律上为显著的错误，表意人享有撤销权。表示首先发生效力，但表意人可以通过撤销而使其溯及地归于消灭。表意人行使自己撤销权的，必须向善意之行为人赔偿信赖损害。”①

日本民法学通说认为，日本民法并不存在以前德国法中意思主义与表示主义的尖锐对立，而应采折中主义，原则上以表意人的意思来确定意思表示的效力，例外情形保护当事人或第三人的信赖。虽然称其为折中主义，但其本质是意思主义，即以意思主义为原则，以表示主义为例外的折中主义。比如通谋虚伪表示、错误和因欺诈、胁迫所实施的民事法律行为无效或可撤销。② 就日本民法而言，对于虚伪表示、错误、欺诈、胁迫等情形，以意思主义解决；对于真意保留，以表示主义解决。③ 我妻荣认为，究竟采取哪一种模式，属于立法政策问题，各种法律行为的折中标准应当是不同的。在商事交易和团体关系领域，应当以表示说为主。在身份法律关系中，应当以意思说为主。④

综上所述，学说上一般认为，德国民法和日本民法采取“以意思主义为原则，以表示主义为例外”的折中主义。有观点认为，我国台湾地区“民法”以表示说为原则，以意思说为例外。⑤

3. 我国《民法典》采取折中说

一般认为，我国《民法典》采取折中主义，以意思主义为原则，以表示主义为例外。“《民法典》总则编关于欺诈、胁迫、重大误解，规定为可撤销，关于虚伪表示，规定为无效，均采意思主义，但对真意保留未作规定，而理论和实务（对于真意保留）采表示主义。可知中国民法关于意思表示内容之确定，颇类似于日本民法，属于折中主义。”⑥ 根据我国《民

---

① 杜景林、卢谌：《德国民法典评注——总则·债法·物权》，法律出版社2011年版，第45页。
② 参见〔日〕近江幸治《民法讲义Ⅰ民法总则》（第6版补订），渠涛等译，北京大学出版社2015年版，第166页。
③ 参见梁慧星《民法总论》，法律出版社2021年版，第182页。
④ 参见〔日〕我妻荣《新订民法总则》，于敏译，中国法制出版社2008年版，第268页。
⑤ 参见郑玉波《民法总则》，中国政法大学出版社2003年版，第337页。
⑥ 梁慧星：《民法总则讲义》，法律出版社2021年版，第236页。

典》相关规定，在特殊情形下保护当事人对表示行为的信赖，例如表见代理制度、善意取得制度等。可见，在意思与表示不一致的情形下，我国《民法典》采取与德国民法和日本民法类似的折中主义，即"以意思主义为原则，以表示主义为例外"的折中主义。"考虑到私法自治的理想和社会交易安全的理想既矛盾又同一的关系，近现代民法在确定意思表示内容时，一般都采行以意思主义为主，表示主义为辅的立场。"①

有观点认为，我国《民法典》以表示主义为原则，以意思主义为例外。"晚近通说认为，意思表示的解释应以表示主义为主，意思主义为辅。"②"《民法典》以表示主义为原则，仅在合同因欺诈、胁迫等原因而成立时采取意思主义，所以，合意原则上应指双方当事人表示内容的一致，对合同条款在客观上意思表示一致。"③ "现代民商事立法普遍奉行客观主义，原则上按当事人表示出来的意思加以解释。我国《民法典》确立了以客观主义为主、以主观主义为辅的意思表示解释原则。"④

（二）有相对人的意思表示的解释和无相对人的意思表示的解释

1. 有相对人的意思表示的解释

《民法典》第 142 条第 1 款规定："有相对人的意思表示的解释，应当按照所使用的词句，结合相关条款、行为的性质和目的、习惯以及诚信原则，确定意思表示的含义。"据此，有相对人的意思表示的解释，应当考虑相对人的信赖利益保护，即应当考虑客观主义的运用。⑤ 有相对人的意思表示的解释应以词句所表示出来的客观意思为主，以表意人的内心真实意思为辅，理论上采表示主义。其法理基础在于，在有相对人的情形下，应顾及相对人的信赖利益和理解的可能性。⑥ 有相对人的意思表示的解释，既关乎当事人利益的实现，又涉及交易秩序的稳定，因此，相对于无相对

---

① 谭启平主编《中国民法学》，法律出版社 2021 年版，第 170 页。
② 温世扬主编《中国民法》，北京大学出版社 2023 年版，第 142 页。
③ 崔建远主编《合同法》，法律出版社 2021 年版，第 48 页。
④ 王建文：《商法总论研究》，中国人民大学出版社 2021 年版，第 152 页。
⑤ 参见王利明《民法总则》，中国人民大学出版社 2022 年版，第 324 页。
⑥ 参见温世扬主编《中国民法》，北京大学出版社 2023 年版，第 142 页。

人的意思表示的解释，更为重要一些。[1]

《民法典合同编通则司法解释》第1条第1款规定："人民法院依据民法典第一百四十二条第一款、第四百六十六条第一款的规定解释合同条款时，应当以词句的通常含义为基础，结合相关条款、合同的性质和目的、习惯以及诚信原则，参考缔约背景、磋商过程、履行行为等因素确定争议条款的含义。"据此，在一般情形下，在解释合同相关条款时，应以通常理解的词句含义为基础，结合性质、目的等因素，参考缔约背景、磋商过程等因素，从而阐明主观与客观相统一的解释规则。[2] "结合"与"参考"应当有所区别。

《民法典合同编通则司法解释》第1条第2款规定："有证据证明当事人之间对合同条款有不同于词句的通常含义的其他共同理解，一方主张按照词句的通常含义理解合同条款的，人民法院不予支持。"本款规定引入误载无害真意规则。所谓误载无害真意规则，是指即使表意人的表达有错误，但相对人已经知道表意人的真实意思，就应当按照该意思来确定法律行为的内容。根据本款规定，有证据证明当事人之间对合同条款有不同于词句的通常含义的其他共同理解，则应当按照该共同理解确定当事人的真实意思。[3] 也就是说，在例外情形下，在解释合同条款时，可以不按照词句的通常含义解释，而应以当事人的共同理解为准，该共同理解应当有证据证明。[4]

《民法典合同编通则司法解释》第1条第3款规定："对合同条款有两种以上解释，可能影响该条款效力的，人民法院应当选择有利于该条款有效的解释；属于无偿合同的，应当选择对债务人负担较轻的解释。"本款前半句规定了合法解释原则，当对合同条款有两种以上解释时，需要着重

---

[1] 参见张驰《民法总则专论》，法律出版社2021年版，第200页。
[2] 参见最高人民法院民事审判第二庭、研究室编著《最高人民法院民法典合同编通则司法解释理解与适用》，人民法院出版社2023年版，第39页。
[3] 参见最高人民法院民事审判第二庭、研究室编著《最高人民法院民法典合同编通则司法解释理解与适用》，人民法院出版社2023年版，第39页。
[4] 参见石佳友、付一耀主编《民法典合同编通则司法解释释评与案例指引》，中国法制出版社2024年版，第7页。

考量哪种解释更有利于该合同条款有效，这种解释方法也被称为"推定不违法"。① 本款后半句规定了有利于债务人规则，即对无偿合同条款有两种以上解释的，应当着重考量哪种解释更有利于无偿合同的债务人，即作出使债务人负担较轻的解释。②

2. 无相对人的意思表示的解释

《民法典》第142条第2款规定："无相对人的意思表示的解释，不能完全拘泥于所使用的词句，而应当结合相关条款、行为的性质和目的、习惯以及诚信原则，确定行为人的真实意思。"据此，无相对人的意思表示的解释，理论上采意思主义。其法理基础在于，在无相对人的情形下，探求行为人的真意便成为意思表示解释的主要目的。③ 例如，对遗嘱的解释应当探求表意人的内心真意。

（三）意思表示解释的基本规则

1. 文义解释

文义解释，是指解释意思表示所使用的词句的含义，以探求当事人的真实意思。④ 根据《民法典》第142条第1款的规定，应当按照"所使用的词句"进行解释，以确定意思表示的含义。《民法典》第466条第1款规定："当事人对合同条款的理解有争议的，应当依据本法第一百四十二条第一款的规定，确定争议条款的含义。"比如，在当事人约定不明时，如何认定保证属于一般保证还是连带责任保证，一般认为，区分的关键在于当事人是否明确约定了保证人享有先诉抗辩权，⑤ 只有在通过意思表示解释也不能探究真意时，才能适用法律关于一般保证推定规则。⑥ 《民法典担保制度司法解释》第25条规定："当事人在保证合同中约定了保证人在债

---

① 参见崔建远《合同解释规则及其中国化》，载《中国法律评论》2019年第1期。
② 参见最高人民法院民事审判第二庭、研究室编著《最高人民法院民法典合同编通则司法解释理解与适用》，人民法院出版社2023年版，第40页。
③ 参见温世扬主编《中国民法》，北京大学出版社2023年版，第142页。
④ 参见梁慧星《民法总则讲义》，法律出版社2021年版，第243页。
⑤ 参见最高人民法院（2017）最高法民申2406号民事裁定书。
⑥ 《民法典》第686条第2款规定："当事人在保证合同中对保证方式没有约定或者约定不明确的，按照一般保证承担保证责任。"

务人不能履行债务或者无力偿还债务时才承担保证责任等类似内容,具有债务人应当先承担责任的意思表示的,人民法院应当将其认定为一般保证。当事人在保证合同中约定了保证人在债务人不履行债务或者未偿还债务时即承担保证责任、无条件承担保证责任等类似内容,不具有债务人应当先承担责任的意思表示的,人民法院应当将其认定为连带责任保证。"

2. 体系解释

体系解释,也称为整体解释,是指对意思表示的每个条款作相互解释,以确定每个条款在整个意思表示中所具有的正确意思。① 根据《民法典》第142条的规定,应当"结合相关条款"进行解释,以确定意思表示的含义。《民法典》第466条第2款规定:"合同文本采用两种以上文字订立并约定具有同等效力的,对各文本使用的词句推定具有相同含义。各文本使用的词句不一致的,应当根据合同的相关条款、性质、目的以及诚信原则等予以解释。"例如,关于第三人是否提供保证的意思表示的解释,如何认定"第三人单方面以书面形式向债权人作出保证",在司法实践中比较容易引起争议。保证人是否具有提供保证的意思,取决于意思表示的解释。一般认为,只要公司内部文件载明提供保证的意思,且该公司作为第三人将该文件交付给债权人,而债权人接收且未提出异议的,即可认定成立保证。②

3. 目的解释

目的解释,是指在意思表示所使用的文字或条款可能作两种解释时,应采取最适合于其目的的解释。③ 根据《民法典》第142条的规定,应当结合"行为的性质和目的"进行解释,以确定意思表示的含义。

4. 习惯解释

习惯解释,是指在意思表示有疑义时,应参照当事人的习惯进行解释。④ 根据《民法典》第142条的规定,应当结合"习惯"进行解释,以

---

① 参见梁慧星《民法总则讲义》,法律出版社2021年版,第244页。
② 参见最高人民法院(2018)最高法民申2884号民事裁定书。
③ 参见梁慧星《民法总则讲义》,法律出版社2021年版,第244页。
④ 参见梁慧星《民法总则讲义》,法律出版社2021年版,第245页。

确定意思表示的含义。意思表示所使用的文字，一般都是根据特定的场所或者当事人所属的阶层存在的习惯或者交易习惯确定的，因此，根据习惯对文字进行解释理所当然。当事人一般遵从习惯而缔结契约，所以其契约内容应当根据习惯进行解释。① 某行业之外的人一般不熟悉该行业的习惯，因此，行内人有义务对涉足该行业的行外人说明交易习惯，否则行内人应承担相应的不利后果。对于普通民众来说，如果每踏入一次陌生领域，就必须了解该行业习惯，要求难免苛刻。但是，若是交易发生于商人之间，则基于商事谨慎义务之要求，应有理由期待进入某一领域时对其行业惯例已作了解。②

5. 诚信解释

诚信解释，是指解释意思表示应当遵循诚实信用原则。诚信原则是当事人行使权利、履行义务的基本原则，也是指导人民法院或仲裁庭正确解释意思表示的基本原则。在意思表示所使用的文字词句有疑义时，应依据诚信原则确定其正确意思；在意思表示的内容有漏洞不能妥善处理当事人的权利义务时，应依据诚信原则补充其漏洞；在意思表示存在两种解释而无法判断哪一种解释正确时，应采取假定的方法比较两种判决结果，能够使当事人之间的关系大体平衡的解释为符合诚信原则的解释。③ 根据《民法典》第142条的规定，应当结合"诚信原则"进行解释，以确定意思表示的含义。

6. 当然解释

当然解释，是指根据概念之间的关系，能够当然推理出结论。例如，举轻以明重和举重以明轻，符合人们的认识规律。《旧唐书·刑法志》记载："诸断罪而无正条，其应出罪者，则举重以明轻；其应入罪者，则举轻以明重。称加者，就重次；称减者，就轻次。"④ 相比较而言，若情节严重者无罪，则情节轻微者当然无罪；若情节轻微者构成犯罪，则情节严重

---

① 参见〔日〕我妻荣《新订民法总则》，于敏译，中国法制出版社2008年版，第236页。
② 参见朱庆育《民法总论》，北京大学出版社2016年版，第229页。
③ 参见梁慧星《民法总则讲义》，法律出版社2021年版，第246页。
④ （后晋）刘昫：《旧唐书》，中华书局2000年版，第1443页。

者当然构成犯罪。上述内容体现了"举轻以明重"和"举重以明轻"的解释路径，对民事案件也应适用，它是对人之常情的确认，也就是"法之理在法外"。① "旧律所谓举重明轻，举轻明重是也。例如公园内禁折花果，其禁止伐树，应属当然是。"② "当然解释之法理依据，即所谓'举重以明轻，举轻以明重'。如公园禁止攀摘花木，则摘果伐干更在禁止之列。有过失尚且应负责任，具有故意则更应负责。"③ 例如，原《合同法》第96条第1款规定："当事人一方依照本法第九十三条第二款、第九十四条的规定主张解除合同的，应当通知对方。合同自通知到达对方时解除。对方有异议的，可以请求人民法院或者仲裁机构确认解除合同的效力。"该条款只规定了通知作为合同解除的方式，那么，以起诉的方式要求解除合同是否可以呢？根据"举轻以明重"的规则，通知是相对于起诉更为简洁、随意的方式，既然通知都可以作为解除合同的方式，那么作为比较正式、庄重的起诉更加确定和稳妥，应该作为解除合同的方式。《民法典》在原《合同法》第96条第1款的基础上，增加了"提起诉讼或者申请仲裁的方式"作为解除合同的方式。《民法典》565条第2款规定："当事人一方未通知对方，直接以提起诉讼或者申请仲裁的方式依法主张解除合同，人民法院或者仲裁机构确认该主张的，合同自起诉状副本或者仲裁申请书副本送达对方时解除。"

第三节　民事法律行为的分类

一　单方法律行为、双方法律行为、多方法律行为和决议行为

《民法典》第134条规定："民事法律行为可以基于双方或者多方的意思表示一致成立，也可以基于单方的意思表示成立。法人、非法人组织依照法律或者章程规定的议事方式和表决程序作出决议的，该决议行为成

---

① 参见付子堂主编《法理学高阶》，高等教育出版社2008年版，第16页。
② 杨与龄编著《民法概述》，中国政法大学出版社2002年版，第9页。
③ 梁慧星：《民法解释学》，法律出版社2022年版，第191页。

立。"上述规定区分了法律行为的不同形式，确定了法律行为的成立条件，其实也是关于法律行为分类的规定。据此，法律行为包括单方法律行为、双方法律行为、多方法律行为和决议行为。

1. 单方法律行为

单方法律行为，又称单独行为，是指根据一方当事人的意思表示即能使法律行为成立的民事法律行为。①"单独行为者，由当事人一方之意思表示而成立之行为。"② 单方法律行为的要点在于，即使当事人一方人数众多，其性质仍然是单方法律行为。"因当事人一方之意思表示，而使发生法律行为上之效力，纵令当事人为复数结合，为一当事人。其当事人为单独之意思，故亦称为单独行为。当事人由数人构成，例如同一租赁关系之多数承租人，共同为终止契约之通知，其法律行为，仍为一方行为。"③ 一般认为，遗嘱、继承之抛弃、同意、捐助行为、撤销、撤回、解除等是单方法律行为。④

以是否有相对人为标准划分，单独行为分为有相对人的单独行为和无相对人的单独行为。代理权的授予、法定代理人的同意、解除权的行使等属于有相对人的单独行为；遗嘱、设立财团的捐助行为等，属于无相对人的单独行为。⑤ 捐助行为，也称为捐赠行为，"乃指财团设立人捐出一定之财产，并订立捐助章程，以表示其设立财团之要式行为而言。捐助行为成立时，法人尚未成立，故为无相对人之单独行为。若于法人成立后捐助其财产者，则为赠与性质"。⑥ 捐助行为是单方法律行为，没有相对人。虽然捐助行为需要主管部门许可，但是不能以主管部门为意思表示相对人。⑦ 捐助行为性质上属于单独行为，⑧ 因捐助人一方的意思表示而生效力。虽

---

① 参见梁慧星《民法总则讲义》，法律出版社2021年版，第226页。
② 刘得宽：《民法总则》，中国政法大学出版社2006年版，第183页。
③ 史尚宽：《民法总论》，中国政法大学出版社2000年版，第309页。
④ 参见李宜琛《民法总则》，中国方正出版社2004年版，第153页。
⑤ 参见梁慧星《民法总则讲义》，法律出版社2021年版，第226页。
⑥ 杨与龄编著《民法概要》，中国政法大学出版社2002年版，第42页。
⑦ 参见胡长清《中国民法总论》，中国政法大学出版社1997年版，第144页。
⑧ 参见〔日〕我妻荣《新订民法总则》，于敏译，中国法制出版社2008年版，第140页。

然捐助法人的设立需要主管机关的许可，但是许可属于公法上的行为，不得因此而认为主管机关是捐助意思表示的相对人，故捐助行为是无相对人的单独行为。捐助可以生前为之，应订立捐助章程，也可以以遗嘱方式捐助，无订立章程之必要。①

2. 双方法律行为

双方法律行为，也称为契约行为，是指因当事人对立的意思表示一致而成立的行为。② 双方法律行为需要两个相对立（相反方向）的意思表示，如要约和承诺。"由双方对立的意思表示互相一致，始生效力之行为，称为双方行为，又称契约行为。"③ 契约行为需要以下两个要素：一是两个以上相反方向的意思表示；二是当事人的意思表示一致。④ "须特别注意，现今中国民法立法和理论，将平等主体之间有关财产关系的双方行为，称为合同；将平等主体之间有关身份关系的双方行为，称为协议。"⑤

3. 多方法律行为

多方法律行为，也称为合同行为，协定行为，是指因两个以上方向相同的意思表示一致而成立的行为。⑥ 合同行为需要两个以上平行（相同方向）的意思表示，如签订合伙协议、签订成立公司的合同和章程。"谓因同方向平行的两个以上意思表示之一致而成立之法律行为，对于各当事人有同一价值，例如社团法人之设立、因合并之公司成立、合伙人之开除。"⑦

合同行为要求多方当事人意思表示一致，而非多数决，这是学理上将其与决议行为加以区别的主要标准。"由二以上之人平行而独立的意思表示全体一致（非多数决的一致），而成立之法律行为，称为合同行为。如设立社团是。此种行为之行为人虽为多数，但多数人系朝一个方向平行而

---

① 参见王泽鉴《民法总则》，北京大学出版社 2022 年重排版，第 204 页。
② 参见〔日〕我妻荣《新订民法总则》，于敏译，中国法制出版社 2008 年版，第 229 页。
③ 姚瑞光：《民法总则论》，中国政法大学出版社 2011 年版，第 163 页。
④ 参见史尚宽《民法总论》，中国政法大学出版社 2000 年版，第 310 页。
⑤ 梁慧星：《民法总则讲义》，法律出版社 2021 年版，第 226 页。
⑥ 参见〔日〕我妻荣《新订民法总则》，于敏译，中国法制出版社 2008 年版，第 229 页；梁慧星《民法总则讲义》，法律出版社 2021 年版，第 226~227 页。
⑦ 史尚宽：《民法总论》，中国政法大学出版社 2000 年版，第 311 页。

独立的全体意思表示一致,并非'多方'的意思表示一致,与契约系由双方对立的意思表示一致之情形不同。"① 概言之,合同行为需要以下两个要素:一是两个以上相同方向的意思表示;二是全体当事人的意思表示一致。"其与契约不同的是,契约系由双方互异而相对立的意思表示的合致而构成。反之,合同行为乃由同一内容的多数意思表示的合致而成立。"②

4. 决议行为

决议行为,是指根据多数人的相同方向的意思表示而作出的决定对全体成员有效的行为。决议实行多数决原则。"在决议的情形中,一般不适用所有当事人一致达成合意的原则,而是适用多数决定的原则。"③ 通说认为,决议是独立的法律行为。与数人实施的单方行为(狭义共同行为)相比,团体的成员即使有反对意见,但通过多数决仍然能够达成协议约束全体成员,而共同行为则必须是行为人一致同意才能进行。④ 与契约行为相比,契约双方的意思表示虽然追求同一法律效果,但内容并不相同,例如一方说"我想买",另一方说"我想卖";而决议表示的内容则是完全相同的。⑤

决议主要存在于团体法中,如股东会决议、董事会决议、合伙人决议、业主大会决议等。⑥ "多数人于会议时,对于提出之议案,各自平行、独立的循自认为正当之方向为意思表示,经提付表决,获得定额之多数赞同通过,成为团体之意思后,不论出席会议者赞同与否,对之均生效力之行为,称为决议行为。"⑦ 通说认为,决议是法律行为,而不是其他性质的行为。决议与一般民事法律行为一样,都是意思表示的产物,而且有多个意思表示。⑧《民法典》第 134 条第 2 款规定:"法人、非法人组织依照法律或者章程规定的议事方式和表决程序作出决议的,该决议行为成立。"

---

① 姚瑞光:《民法总则论》,中国政法大学出版社 2011 年版,第 163 页。
② 王泽鉴:《民法总则》,北京大学出版社 2022 年重排版,第 256 页。
③ 〔德〕弗卢梅:《法律行为论》,迟颖译,法律出版社 2013 年版,第 721 页。
④ 参见朱庆育《民法总论》,北京大学出版社 2016 年版,第 137 页。
⑤ 参见陈甦主编《民法总则评注》,法律出版社 2017 年版,第 955 页。
⑥ 参见梁慧星《民法总则讲义》,法律出版社 2021 年版,第 227 页。
⑦ 姚瑞光:《民法总则论》,中国政法大学出版社 2011 年版,第 163 页。
⑧ 参见〔德〕梅迪库斯《德国民法总论》,邵建东译,法律出版社 2000 年版,第 166 页;王利明《民法总则》,中国人民大学出版社 2017 年版,第 292 页。

决议行为具有如下特点：第一，多个意思表示相一致，采取多数决原则；第二，意思表示并非针对作出意思表示的成员，而是针对有关的意思形成机构；第三，决议对那些没有对决议表示同意的人也能够产生约束力；第四，决议主要调整组织内部关系，不调整组织与第三人之间的关系。[1]

决议行为与合同行为的相同点是：二者都需要两个以上相同方向的意思表示。然而，二者具有本质区别，最关键的区别是：决议行为采取多数决原则，而合同行为要求全体当事人的意思表示一致。姚瑞光先生将二者区别表述如下："其一，合同行为无会议、议案，决议行为，以有会议、议案为前提。其二，合同行为不经表决程序，决议行为，必经表决程序，始能成立。其三，合同行为，必须全体意思表示一致，始能成立，无不同意见或反对意见之可言，决议行为，于有不同意见或反对意见时，只须定额之多数决通过，即可成立。其四，合同行为之多数人之意思表示，不失其独立性，此多数人之意思表示，并非成为团体意思；决议行为经多数决通过后，各表意人之意思，失其独立性，成为团体意思。基上理由，此种行为，并非单纯的集合多数人之意思表示一致，即可成立，亦不应称为合成行为，而应称为决议行为。"[2] 法人对外从事活动，需要有内部决议。"由于投票是一项法律行为，因此它可因欠缺完全行为能力而无效，或因错误而被撤销。"[3]

5. 关于《民法典》上相关法律行为性质的探讨

（1）《民法典》上的债务免除行为是单独行为

关于债务免除的性质，比较法上的规定并不相同。第一，契约行为说，即债权人和债务人通过约定的方式免除债务。德国民法采此立法模式。《德国民法典》第397条规定："（1）债权人通过合同向债务人免除债务的，债务关系归于消灭。（2）债权人通过与债务人订立的合同，承认债

---

[1] 参见〔德〕梅迪库斯《德国民法总论》，邵建东译，法律出版社2000年版，第167页；〔德〕拉伦茨《德国民法通论》（下册），王晓晔等译，法律出版社2003年版，第433页；梁慧星《民法总论》，法律出版社2017年版，第166~167页。

[2] 姚瑞光：《民法总则论》，中国政法大学出版社2011年版，第164页。

[3] 〔德〕梅迪库斯：《德国民法总论》，邵建东译，法律出版社2001年版，第843页。

务关系不存在的，适用相同规定。"第二，单独行为说，即债权人通过单独行为即可发生债务免除的效力，无须债务人同意。日本民法和我国台湾地区"民法"采取单独行为说。《日本民法典》第519条规定："债权人向债务人表示免除债务的意思者，债权消灭。"我国台湾地区"民法"第343条规定："债权人向债务人表示免除其债务的意思的，债的关系消灭。"

我国原《合同法》参考日本民法及我国台湾地区"民法"的相关规定，规定债务免除为单独行为。原《合同法》第105条规定："债权人免除债务人部分或者全部债务的，合同的权利义务部分或者全部终止。"《民法典》改变了原《合同法》的规定，增设但书条款，赋予债务人合理期限内的拒绝权。《民法典》第575条规定："债权人免除债务人部分或者全部债务的，债权债务部分或者全部终止，但是债务人在合理期限内拒绝的除外。"立法部门对本条的解释理由为："立法过程中，有意见提出，免除也应当尊重债务人的意思。经过研究，免除多对债务人有利，债务人一般不会反对；但是，基于自愿原则，债务人在合理期限内明确拒绝的，应当尊重债务人拒绝的意思，尤其是免除在一些情况下还会影响到债务人的利益……因此，在合同法第105条的基础上，本条规定，债权人免除债务人债务的，无需债务人明确同意，即可发生免除效力，但增加了但书规定'但是债务人在合理期限内拒绝的除外'，即如果债务人在合理期限内拒绝的，免除效力自始不发生。这反映了一项最基本的考虑，即给予他人好处的，无需他人同意，但他人可以拒绝。"[1]

一般认为，我国《民法典》上的债务免除是单独行为。"虽然《民法典》承认了债务人的拒绝权，但这并不意味着免除需要双方意思表示。通常而言，在债务人没有明确拒绝的情形下，免除当然发生效力，无须取得债务人同意，因此与一般的订立合同不同。"[2]

(2)《民法典》上的悬赏广告一般是契约行为

悬赏广告，是指以广告声明对完成一定行为的人给予报酬。[3] 寻物启

---

[1] 黄薇主编《中华人民共和国民法典合同编释义》，法律出版社2020年版，第259~260页。
[2] 王利明：《合同法通则》，北京大学出版社2022年版，第417页。
[3] 参见王泽鉴《债法原理》，北京大学出版社2022年重排版，第190页。

事是典型的悬赏广告。

关于悬赏广告的性质存在争议,有契约行为说(要约说)和单独行为说两种观点。契约行为说认为,悬赏广告是针对不特定人的要约,相对人完成指定行为即为承诺,因此成立契约,相对人于此契约成立时,始有报酬支付请求权。[1] 单独行为说认为,悬赏广告是对于不特定之人的债务允诺,相对人只要完成了指定行为,广告人即负有支付报酬义务,不需相对人承诺。[2] 悬赏广告,是指以广告的方法,声明对完成一定行为之人,负给付报酬义务的单独行为。[3]

比较法上究竟采取哪种学说,依各国立法,解释有所不同。在日本民法中,一般以悬赏广告为契约之要约。因为日本民法将其规定在契约总则,认为广告与指定行为之间,存在要约与承诺的关系,故行为人应于知晓广告后,以承诺的意思完成指定行为。反之,在德国民法中,一般认为悬赏广告是单独行为。因为德国民法将悬赏广告规定在各个债之关系中,独立为一节,而且明定行为人不知有广告而为指定行为时,广告人仍负给付报酬的义务。[4] 德国民法通说认为悬赏广告是单方的意思表示,日本民法和我国台湾地区"民法"将其规定在契约通则中。[5]

关于我国台湾地区"民法"第164条规定的悬赏广告的性质,在1999年债法修正前存在争议,即存在单独行为说和契约行为说两种观点;1999年债法修正,明定悬赏广告系属契约,乃在贯彻契约原则。[6] 我国台湾地区"民法"第164条规定:"以广告声明对完成一定行为之人给予报酬者,为悬赏广告。广告人对于完成该行为之人,负给付报酬之义务。数人先后分别完成前项行为时,由最先完成该行为之人,取得报酬请求权;数人共同或同时分别完成时,由行为人共同取得报酬请求权。前项情形,广告人

---

[1] 参见郑玉波《民法债编总论》(修订二版),陈荣隆修订,中国政法大学出版社2004年版,第54页。
[2] 参见史尚宽《债法总论》,中国政法大学出版社2000年版,第34页。
[3] 参见梅仲协《民法要义》,中国政法大学出版社1998年版,第127页。
[4] 参见史尚宽《债法总论》,中国政法大学出版社2000年版,第34页。
[5] 参见陈甦主编《民法总则评注》,法律出版社2017年版,第956页。
[6] 参见王泽鉴《债法原理》,北京大学出版社2022年重排版,第71页。

善意给付报酬于最先通知之人时，其给付报酬之义务，即为消灭。前三项规定，于不知有广告而完成广告所定行为之人，准用之。"王泽鉴先生认为："新修正第164条规定，将悬赏广告定性为契约行为，关于此项契约的成立及效力，应适用'民法'关于法律行为及契约的一般规定。就其法律性质而言，悬赏广告为不要式契约、不要物契约、有偿契约及双务契约。"①

我国《民法典》第499条规定："悬赏人以公开方式声明对完成特定行为的人支付报酬的，完成该行为的人可以请求其支付。"对于该条规定的悬赏广告的性质，学界存在争议。有观点认为其性质是单方法律行为。"中国民法所谓悬赏广告属于有相对人的单方法律行为。"②"我国《民法典》第499条规定了悬赏广告，就性质而言，悬赏广告属于一种单方法律行为。"③"应当说'单方行为说'相较于'要约说'更为可取。"④ 有观点认为其性质是契约行为，即要约。"《民法典》第499条关于悬赏的构成和法律效果的规定，应看成是采取了合同说。"⑤"在德国法上，悬赏广告也是单方法律行为和负担行为。我国《民法典》第499条对于悬赏广告采契约说。"⑥《民法典》第499条将悬赏广告规定在"合同的订立"一章中，是将悬赏广告界定为要约。⑦ 司法实践中一般将悬赏广告界定为要约，且在既往的司法规则中有所体现。依其体系定位，《民法典》第499条规定应按"要约说"理解适用。⑧ 悬赏人发布广告是对不特定人的要约，行为人完成指定行为是承诺且不以行为人知道有悬赏广告为必要。对于无民事行为能力人完成行为的，可以由法定代理人追认其承诺。承诺成立前，要约可以撤回。但如果行为已经完成，悬赏广告已生效，则不得撤回。如

---

① 王泽鉴：《债法原理》，北京大学出版社2022年重排版，第194页。
② 梁慧星：《民法总论》，法律出版社2021年版，第170页。
③ 王利明：《合同法通则》，北京大学出版社2022年版，第5页。
④ 谢鸿飞等：《债法总则：历史、体系与功能》，社会科学文献出版社2021年版，第135页。
⑤ 崔建远：《合同法》，北京大学出版社2021年版，第40页。
⑥ 杨代雄：《民法总论》，北京大学出版社2022年版，第270页。
⑦ 参见朱广新、谢鸿飞主编《民法典评注·合同编·通则》（1），中国法制出版社2020年版，第101页。
⑧ 参见韩世远《合同法学》，高等教育出版社2022年版，第40页。

果撤回悬赏广告,将构成违约行为。① 我国司法实践大多认为广告人发出悬赏广告实际上是向社会不特定的人发出要约,而某人一旦完成了悬赏广告中的指定行为,则是对广告人的有效承诺,双方就形成了债权债务关系。② 虽然将悬赏广告的性质界定为要约,但是悬赏广告的意思表示生效不宜适用要约规则,因广告人在作出广告时,并无具体的相对人,也无所谓"到达"。因此,应适用《民法典》第138条的规定,认定悬赏广告发布时即生效。③《民法典》第138条规定:"无相对人的意思表示,表示完成时生效。法律另有规定的,依照其规定。"要约说值得赞同。

二 财产行为和身份行为

以行为效果所处领域为标准,可分为财产行为和身份行为。

财产行为,是指发生财产变动效果的民事法律行为。包括物权行为,如抛弃、交付等,也包括债权行为,如买卖、承揽合同等。身份行为,是指发生身份变动效果的民事法律行为。身份行为包括亲属行为与继承行为,前者如结婚、收养,后者如抛弃继承。④ 身份行为包括单方行为,如辞去委托监护,也包括双方行为,如收养、协议离婚等。

区分二者的主要意义在于法律的限制不同。身份行为涉及伦理关系,法律有较多的限制,如离婚合同不得代理、收养人的年龄限制等;而财产行为自由度相对较高,只要有民事行为能力即可实施。

三 双务行为和单务行为

根据当事人双方权利义务的关系,可分为双务行为和单务行为。

双务行为,是指当事人双方均负担相应义务的行为,一方的义务也就是另一方的权利。例如,买卖、互易、租赁合同等均是双务行为。单务行

---

① 参见最高人民法院研究室编著《最高人民法院关于合同法司法解释(二)理解与适用》,人民法院出版社2009年版,第43~44页。
② 参见李某诉朱某某、李某某悬赏广告酬金纠纷上诉案,载《最高人民法院公报》1995年第2期。
③ 参见陈甦主编《民法总则评注》,法律出版社2017年版,第997页。
④ 参见王泽鉴《民法总则》,北京大学出版社2022年重排版,第237页。

为，是指当事人一方仅负担义务而另一方仅享有权利的行为。例如，在借用合同中，只有借用人负有按约定使用并按期归还借用物的义务。①

有观点认为，单务和双务的"务"是指给付义务，而非泛指任何民事义务。以给付义务是否由双方当事人互负为标准，合同分为双务合同和单务合同。双务合同，是指双方当事人互负对待给付义务的合同。单务合同，是指仅有一方当事人负给付义务的合同。因此，一方当事人负担给付义务，而对方当事人不负担给付义务，仅承担次要义务的，也是单务合同。例如，在附负担赠与中，赠与人负担向受赠人交付标的物的义务，受赠人依据约定承担某种负担义务，因为这两项义务不是相互对应的，所以附负担赠与仍为单务合同。②

区分二者的意义在于，在双务行为中履行义务一般有先后顺序，存在先履行抗辩权，而单务行为则不存在义务履行顺序问题。③

四 有偿行为和无偿行为

以有无对价为标准，可分为有偿行为与无偿行为。

有偿行为，是指当事人一方享有利益必须给付对方相应代价的法律行为。买卖、租赁等合同就是有偿行为。无偿行为，是指当事人一方享有利益不需要支付任何对价的法律行为。无偿行为的特点是双方不形成对应报偿关系。赠与、无偿使用等是无偿行为。"如果当事人在一项交换关系中所应当做出的给付是相互对应的，我们即称之为有偿的法律行为。但是也有只有一方合同当事人承担给付义务的债务合同；由于一方当事人的给付并不与另一方当事人的对待给付相互对应，所以是无偿的法律行为。"④

有偿行为与无偿行为的划分和双务行为与单务行为的划分并不冲突，也不是简单的对应关系。一般来说，双务行为是有偿行为，单务行为是无

---

① 参见王利明《合同法》（上册），中国人民大学出版社 2020 年版，第 13 页。
② 参见崔建远《合同法》，北京大学出版社 2021 年版，第 24 页。
③ 参见郭明瑞《民法总则通义》，商务印书馆 2018 年版，第 218 页。
④ 〔德〕施瓦布：《民法导论》，郑冲译，法律出版社 2006 年版，第 302~303 页。

偿行为，但有例外。① 双务行为可能是无偿行为，例如无偿保管合同、无偿委托合同等。"有些单务合同则为有偿合同，如自然人之间的有息借款合同，因为依习惯，出借人向借款人交付借款不是合同义务，而是借款合同的成立要件，于是，此类合同只是借款人负担还本付息的义务，出借人不承担义务。"②《民法典》第679条规定："自然人之间的借款合同，自贷款人提供借款时成立。"

区分二者的主要意义在于承担法律责任的要件不同。在无偿行为中，义务人因不获对价，承担赔偿责任通常以故意和重大过失为要件，如《民法典》第897条规定："保管期内，因保管人保管不善造成保管物毁损、灭失的，保管人应当承担赔偿责任。但是，无偿保管人证明自己没有故意或者重大过失的，不承担赔偿责任。"而在有偿行为中，当事人负担的义务属于取得对价利益的给付，有一般过失时就要承担责任。也就是说，在无偿行为中，单纯给予利益的一方原则上只承担较低的注意义务，只有在故意和重大过失的情况下才承担责任，否则即可免责；而在有偿行为中，当事人承担较高的注意义务。③

五　要式行为和不要式行为

以是否必须具备某种特别形式才能成立为标准，可分为要式行为和不要式行为。

要式行为，是指必须具备某种特定形式或履行某种特定程序才能成立的法律行为。要式民事法律行为是必须依照法律规定的形式实施的行为，一定的方式常见的有书面形式、履行登记手续等。《民法典》第685条规定："保证合同可以是单独订立的书面合同，也可以是主债权债务合同中的保证条款。第三人单方以书面形式向债权人作出保证，债权人接收且未提出异议的，保证合同成立。"据此，保证合同为要式合同，当事人应当依法签订书面保证合同，保证合同表现为三种形式，即单独订立的保证合

---

① 参见韩世远《合同法学》，高等教育出版社2022年版，第25页。
② 崔建远主编《合同法》，法律出版社2021年版，第20页。
③ 参见王利明《合同法》，中国人民大学出版社2020年版，第14页。

同、保证条款和第三人保证。一般认为，对保证合同进行形式强制的主要原因在于，保证合同具有单务性、无偿性，采取书面形式可以促使保证人慎重考虑，有利于保护保证人，同时有利于证据保存。未采取书面形式订立的保证合同无效。[①] 要式行为如未完成特定形式，该行为不成立，但法律另有规定的除外。《民法典》第490条第2款规定："法律、行政法规规定或者当事人约定合同应当采用书面形式订立，当事人未采用书面形式但是一方已经履行主要义务，对方接受时，该合同成立。"

不要式行为，是指不必具有特定形式或履行特定程序即可成立的法律行为。当事人可以自由决定法律行为的形式，只要该法律行为意思表示合法，法律行为即可生效。

区分二者的主要意义在于，一定的形式在不同性质的行为中具有不同的意义。就要式行为而言，不具备一定形式，法律行为一般不成立；就不要式行为而言，不具备一定形式，并不影响法律行为的成立。民法中的意思自治应该包括意思形式的自由，按照自己行为、自己责任的原则，法律很少再干预当事人的行为方式，只在个人行使权利涉及他人义务、公共利益或重大民生事务时，才要求民事法律行为必须以要式方式进行，即民事法律行为是否为要式，须有当事人约定或者法律规定为限，否则为不要式。"我国现行法，财产行为以不要式为原则，要式为例外；身份行为则以要式为原则。"[②]

六　诺成性法律行为和实践性法律行为

以法律行为的成立是否须交付标的物为标准，可分为诺成性法律行为和实践性法律行为。

诺成性法律行为，又称不要物法律行为，是指当事人意思表示一致即告成立的法律行为。实践性法律行为，又称要物法律行为，是指除当事人意思表示一致外，还必须交付标的物才能成立的法律行为。生活中常见的

[①] 参见谢鸿飞、朱广新主编《民法典分则评注·合同编·典型合同与准合同》（2），中国法制出版社2020年版，第39页。

[②] 梁慧星：《民法总论》，法律出版社2021年版，第172页。

法律行为是诺成性法律行为，实践性法律行为比较少见。

只有在交付标的物时，实践性行为才能成立。使用借贷和消费借贷是要物契约的常态，它们在罗马法中的规范是无标的物的交付，契约即不成立。① 根据《民法典》第586条第1款、第679条和第890条的规定，②定金合同、自然人之间的借款合同以及保管合同属于实践性法律行为。

区分二者的意义在于，是否交付标的物在不同性质的法律行为中具有不同的意义。就诺成性法律行为而言，只需当事人意思表示一致，法律行为就成立，而无须交付标的物。就实践性法律行为而言，仅有意思表示一致，法律行为还不能成立，只有当按照该意思表示完成标的物交付时，行为才告成立，才能发生设定民事权利义务的效果。实践性行为因意思表示完成，还不能发生效力，所以，属于法律行为成立的例外，通常须按约定或法律规定确定。

七　生前行为和死因行为

以行为效力发生在行为人生前还是死后为标准，可分为生前行为和死因行为。

生前行为，是指行为人生前发生效力的行为。死因行为，也称死后行为，是指行为人死后发生效力的行为。③ 例如，赠与合同为生前行为，遗赠为死因行为。"除死后行为外，其他一切法律行为，均称为生前行为。"④

区分生前行为和死因行为的意义在于，死因行为只有在行为人死亡后才能发生效力，因此，法律对其规定较为严格，以免行为人死亡后利害关系人发生争执。例如，《民法典》对遗嘱的形式变更有严格的规定。⑤

---

① 〔意〕彭梵得：《罗马法教科书》，黄风译，中国政法大学出版社1992年版，第307~308页。
② 《民法典》第586条第1款规定："当事人可以约定一方向对方给付定金作为债权的担保。定金合同自实际交付定金时成立。"《民法典》第679条规定："自然人之间的借款合同，自贷款人提供借款时成立。"《民法典》第890条规定："保管合同自保管物交付时成立，但是当事人另有约定的除外。"
③ 参见胡长清《中国民法总论》，中国政法大学出版社1997年版，第190页。
④ 梅仲协：《民法要义》，中国政法大学出版社1998年版，第92页。
⑤ 参见韩松《民法总论》，法律出版社2020年版，第333页。

八 主法律行为和从法律行为

根据法律行为相互间的关系,可分为主法律行为和从法律行为。

主法律行为,是指在两个有联系的法律行为中,不依赖于其他行为而可独立存在的法律行为。从法律行为,是指依赖于其他行为而存在的法律行为。

区分主法律行为与从法律行为的主要意义在于,从法律行为的命运由主法律行为决定,主法律行为不存在,从法律行为也不能存在。比如甲乙签订借款合同,丙为乙提供担保并签订了保证合同。借款合同是主法律行为,保证合同则是从法律行为。

九 负担行为和处分行为

(一)负担行为和处分行为的基本原理

以效力为标准,法律行为可以分为负担行为和处分行为。这种分类是针对财产法律行为而言的,它并不能涵盖所有的法律行为类型。"针对财产法上的法律行为,人们按照它是旨在形成义务还是旨在引起现有权利发生变动来对其予以区分。"[1]

萨维尼认为,民法上的权利性质是不同的,有人身权利,有财产权利,而财产权利中又有请求权和支配权的基本区分。由于这些权利的性质不同,所以当事人追求的法律效果意思也不同,意思表示和法律行为也就不同,因此有必要在法律行为方面进行清晰的划分,以明确不同的法律关系。基于此目的,萨维尼提出了处分行为理论,我国一般称为物权行为理论。这一理论的提出,为民法上两种最基本的权利——请求权和支配权的变动确立了科学的根据,其中能够发生请求权的法律行为是负担行为,能够发生支配权效力的法律行为是处分行为。[2]

负担行为,是指发生债权债务的行为,也称为债权行为。处分行为,

---

[1] 〔德〕弗卢梅:《法律行为论》,迟颖译,法律出版社2013年版,第159页。
[2] 孙宪忠:《权利体系与科学规范:民法典立法笔记》,社会科学文献出版社2018年版,第289页。

是指使权利发生变动的行为，包括物权行为和准物权行为。处分行为的标的是权利，其目的在于使权利发生变动，即权利的得丧变更。"直接移转、限制或消灭权利之行为，称为处分行为。""非直接处分权利，而就该权利作成负有约定义务之行为，称为负担行为，亦称债务行为。"① 负担行为与处分行为具有本质的不同。负担行为产生请求权，但不发生权利变动。例如，订立合同在当事人之间产生请求权，缔约行为是负担行为。处分行为发生权利变动，使支配权或请求权发生变动。例如，当事人一方按照买卖合同约定将动产交付于合同相对方，则发生动产支配权变动，该交付行为是物权行为；当事人一方免除合同相对方的债务，则发生请求权消灭，该免除行为是准物权行为。

负担行为包括单独行为（如捐助行为）和契约（如买卖、使用借贷等），其主要特征在于因负担行为的作成，债务人负有给付义务。处分行为包括物权行为及准物权行为。物权行为，指发生物权法上效果的行为，有为单独行为（如所有权的抛弃），有为契约（如所有权的转移、抵押权的设定）。准物权行为，指以债权或无体财产权作为标的之处分行为，如债权或著作权的让与、债务免除。② "物权合意和单方抛弃表示都不对任何人产生负担，而是直接产生所有权或者他物权的取得和丧失。因此，处分行为和负担行为是相反的。有效处分行为的特征是，处分行为不需要其他执行行为的配合就直接地对一项权利转让、设定负担、变更内容或者消灭，而负担行为仅仅产生负担和请求权，不对现存权利发生直接影响。"③

（二）负担行为与处分行为的区分原则

以负担行为和处分行为的区分为理论基础，产生了物权和债权的区分，从而在《德国民法典》上严格区分物权和债权，此后，以《德国民法典》为蓝本制定的民法典也都严格区分了物权和债权。我国民法体系的构建也以《德国民法典》为蓝本，严格区分物权和债权。如果承认民法中存在物权和债权的区分，就应当顺理成章地承认物权行为和债权行为的区

---

① 姚瑞光：《民法总则论》，中国政法大学出版社2011年版，第165页。
② 参见王泽鉴《民法物权》，北京大学出版社2022年重排版，第60~61页。
③ 〔德〕沃尔夫：《物权法》，吴越、李大雪译，法律出版社2002年版，第202页。

分，因为物权行为与债权行为的区分是区分物权与债权的理论基础，只承认结果而否定原因是无源之水、空中楼阁，其割裂因果关系的混乱逻辑更是清楚显现。

在任何一种以物权的设立、转移、变更为目的的交易中，如果交易能够顺利完成，这就会产生负担行为，也会产生处分行为。其中，负担行为是这一交易的原因，该行为又被称为原因行为或者基础行为；而后来发生的物权实际设立、转移、变更的行为，是交易的结果，所以它又被称为结果行为。"负担行为之契约作成时，权利非即移转于他方。俟履行该契约之义务时，始生权利移转之效力。"①"一件从经济上看同属一体的事情——交钱取货——由此而被拆分为数个法律行为。其中，义务行为是基础，它使这件事情成其为事情；与此相对，处分则是对买卖合同中所承担的义务的履行。"②

一个交易中也有可能只产生负担行为，如合同订立生效后，不一定会得到顺利的履行，此时，就不存在物权设立、转移或者变更的处分行为。同时，一个没有原因行为或者基础行为的处分行为，即单方处分行为，在现实中也是存在的，比如，权利的放弃（包括物权的放弃、债权的放弃、其他财产权利的放弃等）就是这种行为的典型。

根据区分原则，物权变动中的原因行为与结果行为各自有不同的生效条件。第一，负担行为的成立生效，不以标的物的成就为必要条件；而处分行为的成立生效，必须以标的物的成就为必要条件，因为当事人在订立合同时，标的物可能还没有生产出来，但是在履行合同时，标的物一定要客观存在。第二，负担行为的成立生效，不以当事人对标的物的处分权为必要条件；而处分行为的成立生效，必须以当事人具有处分权为必要条件。第三，负担行为的成立生效，无须具备特定的形式；而处分行为的成立生效，必须遵循法定的公示形式。③

---

① 姚瑞光：《民法总则论》，中国政法大学出版社2011年版，第165页。
② 〔德〕施瓦布：《民法导论》，郑冲译，法律出版社2006年版，第319页。
③ 参见〔德〕梅迪库斯《德国民法总论》，邵建东译，法律出版社2001年版，第168~169页。

区分负担行为和处分行为的主要意义在于：使物权变动的过程变得清晰明了，逻辑严密，便于人们进行交易，把握交易活动的诸多环节，也便于对交易中的纠纷进行准确的性质判断，避免似是而非的困惑，消除对同一性质的问题作出矛盾判断的尴尬，不仅有利于维护交易安全和交易秩序，也有利于维护当事人的合法权益。

十　有因行为和无因行为

根据行为与原因的关系，法律行为可分为有因行为和无因行为。"在德国民法理论上，有因行为与无因行为是对财产给予行为的分类。财产给予行为是指一方当事人向另一方当事人或者第三人给予一定财产的行为，包括给予一项权利，也包括通过免除债务、代为清偿债务、债务承担等方式给予某种财产利益。"[1]

有因行为，又称要因法律行为，是指与其原因不可分离，原因不存在，法律行为也就不能成立生效的法律行为。无因行为，又称不要因法律行为，是指可与原因相分离，原因存在与否不影响其效力的法律行为。"要因行为，即当事人所为之给付之标的，须有其法律上之原因，始能成立生效之行为。亦曰有因行为。例如买卖是。反之，当事人所为给付之标的，虽欠缺其法律上之原因，亦可成立生效者，为不要因行为。亦曰无因行为。"[2]

就有因行为而言，原因不存在则该行为无效，如买卖行为。有因行为是以原因为条件的民事法律行为，即该民事法律行为的效力受原因行为的制约，原因行为如有欠缺、不合法、不可能或与该行为不一致，则该行为不成立。

就无因行为而言，不以原因为要素，不问原因是否合法，该行为具有法律效力，如票据行为。无因行为原因不存在或原因存在瑕疵时，行为有效，仅发生不当得利问题。无因行为是不以原因为条件的民事法律行为，

---

[1] 杨代雄：《民法总论》，北京大学出版社2022年版，第274页。
[2] 杨与龄编著《民法概要》，中国政法大学出版社2002年版，第50页。

即不论原因是否欠缺、违法等，该行为自完成时起发生效力，不受原因行为的制约。

区分有因行为和无因行为的主要意义在于：确认法律行为效果的独立性，如票据行为属无因行为，有偿合同中价金以票据支付的，即使作为原因行为的合同无效，该票据行为仍然有效，不受原因行为效力的影响。

第四节　民事法律行为的形式

一　民事法律行为的一般形式

民事法律行为的形式，是指民事法律行为的表现方式。根据法律规定，民事法律行为可以采用书面形式、口头形式或者其他形式。《民法典》第135条规定："民事法律行为可以采用书面形式、口头形式或者其他形式；法律、行政法规规定或者当事人约定采用特定形式的，应当采用特定形式。"据此，民事法律行为一般采用书面形式、口头形式或其他形式。也就是说，在没有法律规定或当事人约定的情况下，书面形式、口头形式或其他形式都可以作为民事法律行为的形式。

（一）书面形式

书面形式，是指以文字表现法律行为的一种方式。根据《民法典》第469条第2款的规定，书面形式是指合同书、信件、电报、电传、传真等可以有形地表现所载内容的形式。合同书，是指以文字形式记载合同权利义务等内容的书面形式。信件，是指阐明权利义务内容的函件。数据电文，是指以电子、光学、磁或者类似手段生成、发送、接收或者储存的信息。《电子签名法》第2条规定："本法所称电子签名，是指数据电文中以电子形式所含、所附用于识别签名人身份并表明签名人认可其中内容的数据。本法所称数据电文，是指以电子、光学、磁或者类似手段生成、发送、接收或者储存的信息。"实践中，正式的、重要的民事法律行为，大多采用书面形式。

（二）口头形式

口头形式，是指以语言交谈或手势对话表现法律行为的一种方式。即时清结或者标的物数额较小的法律行为一般采取口头形式。例如，通过电话预订房间、购买产品等。《民法典》允许当事人采取口头形式实施民事法律行为，既尊重了当事人的意思自治，也有利于鼓励交易。一般来说，凡是当事人没有约定或法律没有规定采取何种形式的民事法律行为，都可以采取口头形式。但是口头形式固有的缺点是缺乏文字凭据，一旦发生纠纷，可能会使当事人面临不能举证的风险。①

（三）其他形式

其他形式，是指书面形式和口头形式以外的方式。《民法典》第140条规定："行为人可以明示或者默示作出意思表示。沉默只有在有法律规定、当事人约定或者符合当事人之间的交易习惯时，才可以视为意思表示。"据此，其他形式包括默示和沉默两种形式。

1. 默示

默示，也称为推定形式、积极作为，是指当事人通过积极的行为将其内在的意思表现于外部，使他人可以根据常识、交易习惯等推知当事人已经作出某种意思表示。②例如，租期届满后，承租人继续交纳房租，出租人接受之，由此可以推知当事人双方作出了延长租期的意思表示。表意人不以语言或文字进行表达，而以某种积极行为进行表达，根据约定或习惯可以推断其意思表示。推定规则应符合人之常情，是对现实生活的合理反应。可推断的意思表示产生于约定或交易习惯。例如，将硬币投入自动售货机，登上收费的公共汽车等。③

《民法典总则编司法解释》第18条规定："当事人未采用书面形式或者口头形式，但是实施的行为本身表明已经作出相应意思表示，并符合民事法律行为成立条件的，人民法院可以认定为民法典第一百三十五条规定的采用其他形式实施的民事法律行为。"据此，当事人的积极行为符合民事法律行为成立要件的，可以认定为民事法律行为。例如，行为人开车进入收费停车场停车，表明其以自己的行为作出意思表示，属于以其他形式

---

① 参见王利明《民法总则》，中国人民大学出版社2022年版，第287页。
② 参见谭启平主编《中国民法学》，法律出版社2021年版，第165页。
③ 参见〔德〕梅迪库斯《德国民法总论》，邵建东译，法律出版社2000年版，第253页。

订立的合同。

2. 沉默

沉默，是指没有任何语言或行为的消极不作为。"指单纯不作为而言，即当事人既未明示其意思，亦不能借他项事实，推知其意思。沉默原则上不具备意思表示的价值。"[1] 民事主体既没有以口头、文字等形式进行表达，也没有以积极行动等作为方式进行表达，而仅仅停留在消极不作为状态下。根据《民法典》第140条第2款的规定，沉默具备一定条件时，才可以视为意思表示。"沉默原则上并不构成意思表示，但不论是民法理论还是各国立法，均认可沉默在一定条件下具有表示价值。"[2] 例如，根据《民法典》第685条第2款的规定，第三人单方以书面形式作出保证，债权人接受且未提出异议的，保证合同成立。"未提出异议"即为消极行为。[3]

沉默发生法律效力的情形如下。第一，就法律规定而言，只有在法律明确规定的情形下，沉默才发生意思表示的效力。例如，《民法典》第171条第2款规定："相对人可以催告被代理人自收到通知之日起三十日内予以追认。被代理人未作表示的，视为拒绝追认。"《民法典》第1124条规定："继承开始后，继承人放弃继承的，应当在遗产处理前，以书面形式作出放弃继承的表示；没有表示的，视为接受继承。受遗赠人应当在知道受遗赠后六十日内，作出接受或者放弃受遗赠的表示；到期没有表示的，视为放弃受遗赠。"第二，就约定而言，只有在当事人约定的情形下，沉默才发生意思表示的效力。如甲和乙书店约定，凡有新版法律书即邮寄给甲，如不买该书，则一周内退回。如果一周内甲表示沉默，则其沉默表明其同意购买该书。[4]第三，就交易习惯而言，在符合当事人之间的交易习惯的情形下，沉默可以发生意思表示的效力。"只有当意思表示的当事人，也即作出表示的人和其相对人之间就沉默作为表示信号这一点达成一致

---

[1] 王泽鉴：《民法总则》，北京大学出版社2022年重排版，第342~343页。
[2] 温世扬主编《中国民法》，北京大学出版社2023年版，第136页。
[3] 参见最高人民法院民法典贯彻实施工作领导小组主编《中华人民共和国民法典总则编理解与适用》，人民法院出版社2020年版，第693页。
[4] 参见王泽鉴《民法总则》，北京大学出版社2022年重排版，第343页。

时，沉默才可以作为表示的信号。就单笔业务而言，这种情况极少出现，而是多出现于长期业务往来之中，针对多次重复的合同要约的沉默被业务伙伴视为同意表示。在这种情况下，鉴于业务伙伴之间形成的惯例，沉默构成经双方约定的同意表示信号。"①

沉默只有在法律规定、当事人约定或者符合当事人之间的交易习惯时才能发生意思表示的效力，当事人一方的行为（如通知、公告、启事等）不能使相对人的沉默发生意思表示的效力，其根本的法理在于，任何人无权为他人设定义务。"在法律行为交往中，任何人都不能将沉默作为表示信号强加于他人。任何人都不能仅基于自己的决定，强制他人将其未作出任何表示的沉默作为表示生效。例如，当 A 以书面形式向 B 作出缔结合同的要约且注明 B 的沉默将被视为同意或者拒绝订立合同时，B 的沉默既不构成对合同要约的承诺，也不构成拒绝承诺，在这种情况下 B 根本未作出任何意思表示。"②

二 民事法律行为的特殊形式

特殊形式，即在法律明确规定或当事人有约定的情形下，法律行为应当采用法定或约定的形式。关于违反民事法律行为的特殊形式的法律后果，《民法典》未作明确规定，一般认为，"民法原理上应将法定的形式强制和约定的形式要求区别开来。前者较多地体现了国家意志，违反形式强制的后果是法律行为无效或不成立；后者体现当事人的自由意志，当事人未遵照约定的形式，可认为改变了原先的法律行为形式，而不应无效或不成立"。③

（一）法定形式

法定形式，是指法律、行政法规规定采用的特定形式。例如，《城市房地产管理法》第 41 条规定："房地产转让，应当签订书面转让合同，合同中应当载明土地使用权取得的方式。"据此，如果当事人没有按照上述

---

① 〔德〕弗卢梅：《法律行为论》，迟颖译，法律出版社 2013 年版，第 74 页。
② 〔德〕弗卢梅：《法律行为论》，迟颖译，法律出版社 2013 年版，第 74 页。
③ 陈甦主编《民法总则评注》，法律出版社 2017 年版，第 978 页。

规定签订书面转让合同，则可能影响合同的有效成立。《民法典》第 33 条规定："具有完全民事行为能力的成年人，可以与其近亲属、其他愿意担任监护人的个人或者组织事先协商，以书面形式确定自己的监护人，在自己丧失或者部分丧失民事行为能力时，由该监护人履行监护职责。"据此，监护合同为要式合同，应当采取书面形式。

一般认为，民事法律行为不符合法定形式的无效。例如，《德国民法典》第 125 条第 1 句规定："法律行为欠缺法律规定之方式者，无效。"虽然导致无效的后果较为严重，但还有一些变通的方法，比如法律的特别规定等情形。"在德国民法上，法律行为因违反法定形式而无效是原则，但立法、判例和学说对无效的后果作出诸多限制或补正，以缓解其负面效果。"①

在我国，一般认为，民事法律行为违反法定形式要件的后果是不成立，而不是无效。②《民法典》第 490 条规定："当事人采用合同书形式订立合同的，自当事人均签名、盖章或者按指印时合同成立。在签名、盖章或者按指印之前，当事人一方已经履行主要义务，对方接受时，该合同成立。法律、行政法规规定或者当事人约定合同应当采用书面形式订立，当事人未采用书面形式但是一方已经履行主要义务，对方接受时，该合同成立。"法律的字面含义划定了法律解释的范围，因此，违反法定形式的合同应不成立，而非无效。③ 违反法定形式的民事法律行为不成立，但在符合法律规定的条件下可认定其成立：有充分证据证明双方当事人已经就法律行为内容达成合意，一方履行主给付义务，对方接受；或者双方都已履行大部分主给付义务，则法律行为自接受履行时成立。④

（二）约定形式

约定形式，是指当事人约定的法律行为形式。当事人一般应当按照约定的形式实施民事法律行为。但是，民事法律行为违反约定形式的，一般

---

① 陈甦主编《民法总则评注》，法律出版社 2017 年版，第 975 页。
② 参见胡康生主编《中华人民共和国合同法释义》，法律出版社 2009 年版，第 68 页；朱广新《论违背形式强制的法律后果》，载《华东政法大学学报》2009 年第 5 期。
③ 参见陈甦主编《民法总则评注》，法律出版社 2017 年版，第 976 页。
④ 参见杨代雄《民法总论专题》，清华大学出版社 2011 年版，第 155 页。

不产生无效或不成立的后果，而应认定当事人变更了自己的意思表示。基于意思自治原则，当事人有权以后来的意思取代先前的意思，因此，应尊重当事人的意思自治，一般不应直接认定无效。①

第五节　民事法律行为的成立和生效

一　民事法律行为的成立要件和生效要件是性质不同的两个问题

民事法律行为的成立和民事法律行为的生效是性质不同的两个问题。民事法律行为的成立是指当事人之间的意思表示一致；而民事法律行为的生效是指当事人之间一致的意思表示不违反法律和公序良俗，从而产生当事人所追求的法律效果。已经成立的民事法律行为，不一定成为生效的民事法律行为，因此，民事法律行为的成立是民事法律行为生效的必要条件，而非充分条件。一般认为，民事法律行为是否成立，属于事实判断；而民事法律行为是否生效，属于价值判断。"民事法律行为的成立主要是从事实层面认定民事法律行为已经存在，而民事法律行为的生效则涉及从价值层面对民事法律行为进行评价，此种观点具有一定的合理性。"② 民事法律行为的成立是一种私人行为，法律仅对这种私人行为是否存在进行判断，即使其存在意思瑕疵、违反法律等内容，法律也不会否定其存在。而民事法律行为的生效，则是国家以管理者身份对已经成立的私人民事法律行为进行评价，不违反法律且不违背公序良俗的民事法律行为才具备生效要件。③

民事法律行为的成立要件，也称为民事法律行为的构成要件，只要具备意思表示或者意思表示一致，就能够使民事法律行为成立，这属于事实判断；但成立的民事法律行为能否发生当事人预期的私法效果，则需要进行价值判断。"合同的成立，只要求当事人就合同的最低限度的基本内容

---

① 参见朱广新《论违背形式强制的法律后果》，载《华东政法大学学报》2009 年第 5 期。
② 王利明：《民法总则》，中国人民大学出版社 2022 年版，第 329 页。
③ 参见李永军《民法总则》，中国法制出版社 2018 年版，第 596 页。

达成合意即可；合同的生效，也只是要求合同的内容确定、合法、具有社会妥当性。"① 也就是说，已经成立的民事法律行为符合法律规定的有效要件的，则为有效的民事法律行为，依法发生当事人预期的私法效果；已经成立的民事法律行为具有瑕疵的，或成为无效的民事法律行为，或成为可撤销的民事法律行为，或成为效力待定的民事法律行为。

二 民事法律行为的成立要件

通说认为，民事法律行为的成立要件，可分为一般成立要件与特别成立要件。一般成立要件是指一切民事法律行为所共通的要件，即当事人、标的和意思表示。② 特别成立要件是指个别民事法律行为特有的要件，如要式行为须践履一定方式，要物行为须交付标的物。③ 关于民事法律行为特别成立要件，主要是指要式行为必须符合法定或约定的方式，要物行为必须交付标的物，否则，民事法律行为不成立，生效更无从谈起。从民事法律行为成立的角度来看，物权公示应当是物权行为的成立要件，而非生效要件，缺乏物权公示，则物权行为没有完成，不能发生物权变动。

关于民事法律行为一般成立要件，反对者认为，民事法律行为的成立要件仅有意思表示即可，意思表示可以包含当事人和标的的内容。④ 姚瑞光先生反驳了上述观点："仅有意思表示，应不能赅括'当事人'。仅列意思表示及标的为法律行为之一般成立要件者，同样不能解决上列必须相对人而欠缺此当事人，及虽有两造当事人，惟非出于互相对立之当事人所为者之问题，故仍从通说。"⑤

当事人以意思表示为要素并追求私法效果的行为，并不一定能够实现

---

① 韩世远：《合同法学》，高等教育出版社2022年版，第97页。
② 参见郑玉波《民法总则》，中国政法大学出版社2003年版，第306页；梁慧星《民法总论》，法律出版社2021年版，第178页。
③ 参见郑玉波《民法总则》，中国政法大学出版社2003年版，第306页；梁慧星《民法总论》，法律出版社2021年版，第178页；〔日〕山本敬三《民法讲义Ⅰ总则》，解亘译，北京大学出版社2012年版，第95页。
④ 参见胡长清《中国民法总论》，中国政法大学出版社1997年版，第193页。
⑤ 姚瑞光：《民法总则论》，中国政法大学出版社2011年版，第172页。

其所追求的目标。问题的根本在于，该等表意行为发生其意欲的法律效果为其常态，不能发生其意欲的法律后果为其变态，但无论是否发生其意欲的法律后果，它都体现了私法自治原则。民事法律行为成立的要件是当事人意思表示一致，在此节点上，没有纳入合法性评价，即使已经成立的民事法律行为不合法，其性质依然是民事法律行为。

《民法典》第470条第1款规定："合同的内容由当事人约定，一般包括下列条款：（一）当事人的姓名或者名称和住所；（二）标的；（三）数量；（四）质量；（五）价款或者报酬；（六）履行期限、地点和方式；（七）违约责任；（八）解决争议的方法。"据此，合同"一般包括"上述条款，而不是"必须包括"上述条款。也就是说，上述条款只是为当事人订约提供指引，为主要条款的判断提供参考，并不是每个合同必须具备的条款。上述规定只是合同的一般成立条件，如果法律规定或者当事人特别约定了合同的成立条件，那么合同应当符合这些条件。例如，实践性合同将实际交付标的物作为成立条件，而要式合同只有在当事人履行一定的方式时合同才成立。尤其需要指出，如果当事人在合同中规定了特殊的成立条件（如必须办理公证合同才能成立），则应依当事人的约定。①

《民法典合同编通则司法解释》第3条第1款规定："当事人对合同是否成立存在争议，人民法院能够确定当事人姓名或者名称、标的和数量的，一般应当认定合同成立。但是，法律另有规定或者当事人另有约定的除外。"据此，合同主体、标的和数量属于合同的必备条款，除非法律另有规定或者当事人另有约定，比如法律规定的要式合同。关于价款是否属于合同的必备条款，存在争议。肯定观点认为，应当区分合同性质，价款属于买卖合同的必备条款，而非赠与合同的必备条款。② 否定观点认为，价款并不属于合同的必备条款，因为合同的必备条款在于确保最低限度的合意，相比于主体和标的，价款对于合同性质判断的影响未达到显著程

---

① 参见王利明《合同法通则》，北京大学出版社2022年版，第116~117页。
② 参见崔建远主编《合同法》，法律出版社2021年版，第52页；最高人民法院民法典贯彻实施工作领导小组主编《中华人民共和国民法典合同编理解与适用》（一），人民法院出版社2020年版，第56页。

度。但是在二手房买卖情形下，如果缺乏价款，则合同难以成立。[①] 笔者赞成肯定观点。在有偿合同中，如果没有价款，则很难说当事人意思表示一致。既然尊重当事人意思自治，法律为其寻找参考价格的依据有何必要呢？为了鼓励交易而不惜曲解当事人的意思，实属越俎代庖。一般来说，合同的主要条款是由合同性质决定的。买卖合同当事人的主要义务是一方交付标的物、另一方支付价款，因此，买卖合同应当具备标的物的数量和规格以及价款等条款，否则买卖合同根本没有成立，因为没有当事人的意思表示一致。因为合同成立应当包括要约和承诺两个阶段，合同价款一般是经过反复磋商的条款，也就是反复的讨价还价，经过系列的讨价还价过程，才能就合同价款形成一致的意思表示，这个过程体现了当事人意思自治，是民法的基本原则。如果合同欠缺标的物价款，则表明当事人没有最终达成一致的意思表示，经由裁判确定标的物价款的做法，违反意思自治原则，是裁判不适当地干预民事活动的表现，应予矫正。

三 依法成立的民事法律行为生效

民事法律行为成立的，不一定发生民事法律行为生效的后果。只有当成立的民事法律行为不违反法律规定时才能产生相应的法律效力。也就是说，依法成立的民事法律行为才能生效。《民法典》第136条规定："民事法律行为自成立时生效，但是法律另有规定或者当事人另有约定的除外。行为人非依法律规定或者未经对方同意，不得擅自变更或者解除民事法律行为。"

一般而言，民事法律行为一经成立，就能生效。除非已经成立的民事法律行为不符合法律规定。民事法律行为的成立只涉及当事人的意思问题，与国家意志无关。民事法律行为的生效与否取决于当事人的个人意志是否符合国家意志，如果不符合国家意志，就不会依法产生相应的法律效力。例如，当事人签订买卖毒品的合同，虽然合同因意思表示一致而成

[①] 参见石佳友、付一耀主编《民法典合同编通则司法解释释评与案例指引》，中国法制出版社2024年版，第22~23页。

立，但是其内容违反法律规定，因此该合同不能生效。所谓民事法律行为的成立，是一种事实判断，只需当事人意思表示成立，民事法律行为即可成立；而所谓民事法律行为的生效，是一种价值判断，是根据上升为法律的国家意志对当事人的行为进行评价的结果。已经成立的民事法律行为，在符合法律规定时，将获得法律的肯定性评价，产生当事人预期的法律后果；反之，将获得法律的否定性评价，即导致民事法律行为无效、可撤销或效力待定的结果。①

《民法典》第136条第2款规定："行为人非依法律规定或者未经对方同意，不得擅自变更或者解除民事法律行为。"据此，生效的民事法律行为产生法律约束力，具有拘束当事人甚至第三人的强制力，当事人享有相关权利，承担相关义务，非依法律规定或者未经对方同意，不得擅自变更或者解除民事法律行为。

四 民事法律行为的有效要件

（一）民事法律行为的有效要件的一般规定

民事法律行为的一般生效要件从主体适格、意思表示真实和内容合法等方面进行界定。《民法典》第143条规定："具备下列条件的民事法律行为有效：（一）行为人具有相应的民事行为能力；（二）意思表示真实；（三）不违反法律、行政法规的强制性规定，不违背公序良俗。"本条并未对民事法律行为内容是否应确定和可能作出规定，但一般认为，其应该成为民事法律行为有效的第四项要件，称为当然解释。"依民事法律行为之本质，其内容不确定，不能据以划定双方当事人权利义务范围；以不可能事项为民事法律行为内容，违反民事法律行为制度之本质。因此，民事法律行为的内容必须确定和可能，为题中应有之义。"②

在《民法总则》立法过程中，有观点认为，不应从正面规定民事法律行为的生效要件，而应采取"负面清单"模式规定民事法律行为的效力瑕

---

① 参见梁慧星《民法总则讲义》，法律出版社2021年版，第232~233页。
② 梁慧星：《民法解释学》，法律出版社2022年版，第192页。

疵事由，否则容易造成司法裁判者逐一对照生效要件，不能对照的即认定行为无效。① 反对者认为，应当从正面规定民事法律行为的生效要件。"需说明的是，在关于制定民法总则的讨论中，一些学者建议删去本条。理由是，法律已经明确规定了法律行为无效、可撤销的条件，没有必要再正面规定有效条件。的确多数立法例并不规定法律行为的有效条件。例如，《德国民法典》未规定法律行为的有效要件，仅规定各种瑕疵法律行为的效力。但考虑到社会生活的复杂性和变动性，即使立法当时对社会生活中的各种案型均设有明确规定，随着社会生活的发展、变动，仍然还会出现一些在法律上没有具体规定的新型案件。因《民法通则》第 55 条规定法律行为的有效要件，法庭遇到法律没有具体规定的新型案件，可以直接引为裁判依据。"② 《民法典》第 143 条最终规定了民事法律行为的生效要件。

有观点认为，"从民法解释方法上说，对于第 143 条不能做反对解释"。③ 这一观点值得商榷。法律规定难免挂一漏万，法律规则难谓尽善尽美，因此，如果能够从反面进行解释，实际上能够拓展解决问题的路径，增添解决纠纷的依据。例如，在《民法总则》颁布前，笔者曾经代理一个通谋虚伪表示的案件，案情既不是以合法形式掩盖非法目的，也不是恶意串通，只是当事人通谋虚伪表示，即意思表示不真实。甲乙丙三方当事人签订虚假的买卖合同（连环购销合同），其实质是民间借贷，甲向丙贷款（因当时法律法规不允许法人之间拆借，便虚构买卖合同），双方委托乙作为"搭桥人"走钱、走账，虚构丙委托乙购买钢材的合同、乙再委托甲购买同款同价的钢材的合同，钱款从丙处汇入乙处，再从乙处汇入甲处，从而形成借贷关系。在这个虚假的连环购销合同中，"走钱、走账、不走货"，作为"搭桥人"的乙只是收取了十万的"过桥费"。后因甲不能偿还丙之

---

① 参见王轶《民法总则法律行为效力制度立法建议》，载《比较法研究》2016 年第 2 期。
② 梁慧星：《〈中华人民共和国民法总则（草案）〉：解读、评论和修改建议》，载《华东政法大学学报》2016 年第 5 期。
③ 梁慧星：《〈民法总则〉重要条文的理解与适用》，载《四川大学学报》（哲学社会科学版）2017 年第 4 期。

贷款，丙起诉乙，要求其偿还货款。乙主张因意思表示不真实诉请法院认定合同无效（因为当时适用《民法通则》和《合同法》，法律没有规定通谋虚伪表示无效规则），理由在于，意思表示真实是民事法律行为有效的要件，即对民事法律行为有效要件作反对解释。二审法院虽然认定本案"名为买卖，实为借贷"，但仍然判决乙承担返还货款的责任。① 如果能够对民事法律行为有效要件进行反对解释，则该案是可以认定合同无效的。虽然《民法典》第146条规定了通谋虚伪表示无效规则，但实践中还可能出现其他的新问题，解决纠纷的思路还是适当调整为好。

（二）民事法律行为的有效要件的具体内容

1. 行为人具有相应的民事行为能力

民事法律行为以意思表示为基础，而作出意思表示需要当事人具有相应的民事行为能力。该项规定不仅适用于自然人，而且适用于法人和非法人组织。"行为人具有相应的行为能力，既包括自然人实施法律行为应当具有与其年龄、智力或精神健康状况相适应的民事行为能力（纯获利益的法律行为除外），也包括法人、合伙等从事法律行为应当具有相应的民事行为能力。"②

（1）关于自然人的适用规则

一般来说，完全民事行为能力人可以独立实施民事法律行为。《民法典》第18条第1款规定："成年人为完全民事行为能力人，可以独立实施民事法律行为。"限制民事行为能力人可以实施与其年龄、智力、精神健康状况相适应的民事法律行为，也可以实施纯获利益的民事法律行为。《民法典》第145条第1款规定："限制民事行为能力人实施的纯获利益的民事法律行为或者与其年龄、智力、精神健康状况相适应的民事法律行为有效；实施的其他民事法律行为经法定代理人同意或者追认后有效。"无民事行为能力人不能独立实施民事法律行为，在我国《民法典》语境中没

---

① 参见上海市高级人民法院（2015）沪高民二（商）终字第43号民事判决书。
② 王利明主编《中华人民共和国民法总则详解》（下册），中国法制出版社2017年版，第611页。

有例外规定,即使实施纯获利益的民事法律行为,也应经其法定代理人同意。①《民法典》第144条规定:"无民事行为能力人实施的民事法律行为无效。"

(2) 关于法人和非法人组织的适用规则

《民法典》第143条所规定的行为人具有相应的民事行为能力,也适用于法人和非法人组织。要求法人实施一定的民事法律行为应当具有行为能力,并不意味着营利法人超越经营范围而实施的民事法律行为当然无效,基于保护第三人利益以及鼓励交易的目的,不宜一概否定其效力。但对于违反国家限制经营、特许经营以及法律、行政法规禁止经营的规定而超越经营范围的,则不仅关系到保护第三人利益和维护交易安全的问题,还涉及国家对经济的法律规制和社会公共秩序,所以作为例外,应当将这种超越经营范围的民事法律行为认定为无效。②"专为特定目的而设立的法人签订合同,仍不得超过其营业执照上规定的经营范围及其辐射的合理范围。否则,合同无效。"③

特别法人受其宗旨、目的或章程的限制。《民法典》第683条规定:"机关法人不得为保证人,但是经国务院批准为使用外国政府或者国际经济组织贷款进行转贷的除外。以公益为目的的非营利法人、非法人组织不得为保证人。"《民法典担保制度司法解释》第5条规定:"机关法人提供担保的,人民法院应当认定担保合同无效,但是经国务院批准为使用外国政府或者国际经济组织贷款进行转贷的除外。居民委员会、村民委员会提供担保的,人民法院应当认定担保合同无效,但是依法代行村集体经济组织职能的村民委员会,依照村民委员会组织法规定的讨论决定程序对外提供担保的除外。"

非法人组织可以依法以自己的名义实施民事法律行为,具有缔约资格。例如,律师事务所以自己的名义与当事人签订委托合同。

---

① 参见黄薇主编《中华人民共和国民法典总则编释义》,法律出版社2020年版,第60页。
② 参见王利明《民法总则》,中国人民大学出版社2022年版,第332页。
③ 崔建远主编《合同法》,法律出版社2021年版,第72页。

2. 意思表示真实

意思表示是民事法律行为的核心要素，民事法律行为能够产生法律效力的条件之一就是要求具有真实的意思表示。意思表示真实，是指效果意思与表示行为相一致。行为人意思表示不真实包括两个方面的内容，即意思表示不真实和意思表示不自由。[①]

（1）行为人意思表示不真实

行为人意思表示不真实，是指行为人外部表达的意思不符合其真实意思，包括通谋虚伪表示和重大误解。例如，甲乙签订房屋买卖合同，但是名为买卖，实为赠与，根据《民法典》第146条第1款的规定，虚假的买卖合同无效。

（2）行为人意思表示不自由

行为人意思表示不自由，是指行为人受到欺诈、胁迫等外在原因导致其意志不自由状态，因此其表达的意思不符合其真实意思。例如，甲因被乙欺诈而以市场价格购买其凶宅，根据《民法典》第148条的规定，该房屋买卖行为是可撤销的民事法律行为。

3. 不违反法律、行政法规的强制性规定，不违背公序良俗

合法性和妥当性是民事法律行为生效的基础，民事法律行为不得违反法律和行政法规的强制性规定，否则不能发生法律效力。从民事法律行为内容规制的角度对其效力进行评价，是评价民事法律行为效力的重要环节。强制性规定包括应当为一定行为和禁止为一定行为，前者是从正面进行规定，后者是从反面进行规定。民事法律行为不得违背公序良俗，否则无效。为了弥补立法的不足，通过公序良俗这一弹性条款对民事法律行为的效力进行评价，以免挂一漏万。就民事法律行为内容而言，一般认为需具备确定、可能、合法、妥当的要件。[②]

---

① 参见王利明《民法总则》，中国人民大学出版社2022年版，第333页。
② 参见史尚宽《民法总论》，中国政法大学出版社2000年版，第325页；王泽鉴《民法总则》，北京大学出版社2022年重排版，第249页；姚瑞光《民法总则论》，中国政法大学出版社2011年版，第173页；施启扬《民法总则》，中国法制出版社2010年版，第199页。

(1) 内容确定

民事法律行为的目的在于设立、变更、终止民事权利义务关系,因此,要求法律关系的内容是确定的。如果民事法律行为的内容不确定,则无从发生法律效力。"确定性指法律行为的标的必须确定或可得确定,否则法律行为无效,不能发生当事人所欲发生的法律效果。如当事人约定买卖股票若干张,而不知何种股票;约定购买汽车1辆,而不知厂牌、规格、出厂年份,则法律行为无由履行,无法强制执行,也无法计算损害赔偿数额。"① 就买卖合同而言,如果买卖合同标的物价款没有确定,则合同内容是不确定的,不能认定合同生效。

(2) 内容可能

民事法律行为的内容具有可能性,是民事法律行为具有法律意义的当然条件。如果民事法律行为内容不具有可能性,则民事法律行为没有意义,无所谓生效与无效。"当事人的法律行为所要达到的目的是可以实现的,这是法律行为的客观现实条件。只有效果意思可以实现时,当事人的法律行为才具有真正的意义。如果当事人依靠自己的行为试图达到不可能实现的结果,这一行为当然没有意义,没有法律予以保护和承认的价值。"② 民事法律行为内容之不能,一般是指事实不能与法律不能。其一,事实不能也称为客观不能,是指某一事项在客观上不可能成为现实。例如,大海捞针、挟泰山以超北海等。事实不能在法律上没有意义,因此不能发生法律效力。其二,法律不能,是指因违反法律的强制性规定而不能实现。例如,同性婚姻、解除父子关系之契约。"法律上不能,谓因法律的理由为不能,多系违反强行法,因其行为违法而为无效,故法律上不能。"③

(3) 内容合法

民事法律行为的内容不得违反法律和行政法规的强制性规定,否则该民事法律行为无效或者不能产生当事人追求的法律效果。例如,违反物权

---

① 施启扬:《民法总则》,中国法制出版社2010年版,第216页。
② 孙宪忠:《我动议——孙宪忠民法典和民法总则议案、建议文集》,北京大学出版社2018年版,第39页。
③ 史尚宽:《民法总论》,中国政法大学出版社2000年版,第328页。

法定的强制性规定创设物权种类的，不发生设立物权的效果。

（4）内容妥当

民事法律行为的内容不得违反公序良俗，否则无效。

（三）民事法律行为的特别生效要件

民事法律行为的特别生效要件，是指民事法律行为在具备一般生效要件的基础上，还需要其他要件。"系个别法律行为特有的要件，如附条件或附期限法律行为于条件成就或期限到来时发生效力；遗嘱行为则须俟遗嘱人死亡，始生效力；法律行为为处分行为时，当事人须有处分权。"①《民法典》第136条第1款规定："……但是法律另有规定或者当事人另有约定的除外。"这种"但书规定"也称为"例外规定"。在法律适用上，"例外规定"应当优先适用，在没有"例外规定"时，才能适用一般规则。法律另有规定是指矿业权转让合同、中外合资合作企业合同，经主管部门批准生效。当事人另有约定是指附生效条件、生效期限的民事法律行为。②《民法典》第158条规定："民事法律行为可以附条件，但是根据其性质不得附条件的除外。附生效条件的民事法律行为，自条件成就时生效。附解除条件的民事法律行为，自条件成就时失效。"《民法典》第160条规定："民事法律行为可以附期限，但是根据其性质不得附期限的除外。附生效期限的民事法律行为，自期限届至时生效。附终止期限的民事法律行为，自期限届满时失效。"

第六节　附条件和附期限的民事法律行为

一　附条件的民事法律行为

（一）附条件的民事法律行为的内涵

附条件的民事法律行为，是指当事人将将来客观上不确定的事实的发生或不发生作为附款，决定其法律行为效力发生或终止的法律行为。附条

---

① 王泽鉴：《民法总则》，北京大学出版社2022年重排版，第249页。
② 参见梁慧星《民法总则讲义》，法律出版社2021年版，第231~232页。

件的民事法律行为是当事人在私法自治原则下对计划与现实之间发生差异的风险进行分配。其意义在于，实施这种法律行为可以使行为人的动机具有法律意义，从而满足行为人期待的、以将来某种客观情况为转移的利益。由此可知，附条件的民事法律行为所附的条件是一种客观事实，由当事人选定的具有法律意义的事实，这种事实必须是将来的、不确定的、有可能发生的合法的事实。《民法典》第158条规定："民事法律行为可以附条件，但是根据其性质不得附条件的除外。附生效条件的民事法律行为，自条件成就时生效。附解除条件的民事法律行为，自条件成就时失效。"据此，附条件的民事法律行为包括附生效条件的民事法律行为和附解除条件的民事法律行为。

（二）条件的特征

1. 未来性

所谓未来性，是指当事人实施民事法律行为时事实尚未发生，过去的、已经发生的事实不能作为条件。所附条件本身具有不确定性，因此，作为条件的事实只能是将来可能发生的事实，并且不能是确定能够发生的事实，否则不能作为条件。

2. 可能性

所谓可能性，是指具有发生可能的事实，能否发生具有不确定性，该不确定性是附条件和附期限的区别。在附条件的情形下，事件是否发生是不确定的；在附期限的情形下，事件是否发生是确定的。① 必然要发生的事实，不得作为条件，将必然要发生的事实作为条件的，实则是附期限。客观上不可能发生的事实也不得作为条件。"不能条件，指以客观上不能成就的事实为内容的条件。如以之为停止条件时（如长江北流，赠此长江万里图），其法律行为无效；如以为解除条件，则视为无条件。"② 例如，《日本民法典》第133条规定："（一）附不能停止条件的法律行为，为无效。（二）附不能解除条件的法律行为，为无条件。"

---

① 参见〔德〕梅迪库斯《德国民法总论》，邵建东译，法律出版社2001年版，第628页。
② 王泽鉴：《民法总则》，北京大学出版社2022年重排版，第436页。

《民法典总则编司法解释》第 24 条规定："民事法律行为所附条件不可能发生，当事人约定为生效条件的，人民法院应当认定民事法律行为不发生效力；当事人约定为解除条件的，应当认定未附条件，民事法律行为是否失效，依照民法典和相关法律、行政法规的规定认定。"据此，在当事人约定不能条件为生效条件时，说明当事人不希望该民事法律行为发生效力，因此，应当解释为"民事法律行为不发生效力"。在当事人约定不能条件为解除条件时，说明当事人希望该民事法律行为发生效力，因此，应当解释为"未附条件"，具体效力根据法律规定加以认定。[①]

3. 意定性

所谓意定性，是指当事人约定的事实，而不能是法律规定的事实。如根据《保险法》的规定，当保险危险转化为保险事故时，保险人应依法承担相应的保险责任。在这里，保险危险转化为保险事故具有可能性，是不确定的事实，一旦出现这种转化，保险人就应当承担相应的赔付责任，这是根据《保险法》的规定而承担的责任。因此，法律规定的事实，当事人不能约定为附条件，即使约定了也是无效的。

4. 合法性

所谓合法性，是指条件应当是合法的，违法的事实不得作为条件。将违法或违背公序良俗的事实作为法律行为的条件，称为不法条件。原则上说，条件必须合法，附违法条件的法律行为一般应当宣告无效。比如以伤害他人为目的而雇佣凶手的行为、以违背公序良俗为目的而实施的赠与行为等，因其所附条件违反法律或违背公序良俗，其行为不能产生法律效力。例如，《日本民法典》第 132 条规定："附不法条件的法律行为为无效，以不实施不法行为为条件者，亦同。"在特殊情况下，如果单独宣告条件无效，而法律行为不具有违法性，为了保护相对人的利益，该法律行为仍然有效。例如，某雇主与雇员约定，以雇员怀孕为解除条件订立劳动合同，则该条件因违法应当被宣告无效，而该劳动合同仍然有效。[②]

[①] 参见贺荣主编《最高人民法院民法典总则编司法解释理解与适用》，人民法院出版社 2022 年版，第 361 页。

[②] 参见王利明《民法总则》，中国人民大学出版社 2022 年版，第 365 页。

（三）不许附条件的民事法律行为

民事法律行为所附加的条件，表现了当事人在民事活动中的自主性，所以，大多数民事法律行为都可以附加条件。但是，某些民事法律行为如附加条件，则其行为后果有悖于民事法律行为制度的立法宗旨，为法律所不允许。这些行为主要包括以下几种情形。

1. 票据行为和单独行为

某些民事法律行为的性质要求其行为的效力必须是确定地发生，这些民事法律行为不得附加条件以限制其效力。例如票据行为，为保证票据流通的安全，法律要求这类行为的效力必须确定地发生，故不允许附加条件。又如抵销、解除等形成权的行使不得附条件。[1] 单独行为一般不得附条件，[2] 撤销、承认、解除及选择权的行使等单独行为，本为使不确定的法律关系变为确定而设，若附条件，则使本不确定的法律关系愈加不确定，不仅违背该类法律行为性质，并且使相对人地位不安定，因此不许附条件。[3] 例如，我国台湾地区"民法"第335条第2项规定："抵销之意思表示附有条件或期限者，无效。"我国《民法典》第568条第2款规定："当事人主张抵销的，应当通知对方。通知自到达对方时生效。抵销不得附条件或者附期限。"《票据法》第33条第1款规定："背书不得附有条件。背书时附有条件的，所附条件不具有汇票上的效力。"《票据法》第48条规定："保证不得附有条件；附有条件的，不影响对汇票的保证责任。"

2. 身份行为

某些民事法律行为一旦附条件，就有可能危害社会利益或导致社会公共秩序的紊乱，违背公序良俗，因而法律不允许其附加条件。身份关系上的行为或与身份密切相关的行为，例如，结婚、离婚、收养、继承之承认

---

[1] 参见李宜琛《民法总则》，中国方正出版社2004年版，第201页；梁慧星《民法总则讲义》，法律出版社2021年版，第284~285页。
[2] 参见〔日〕我妻荣《新订民法总则》，于敏译，中国法制出版社2008年版，第381页。
[3] 参见郑玉波《民法总则》，中国政法大学出版社2003年版，第390页；王泽鉴《民法总则》，北京大学出版社2022年重排版，第437页；梁慧星《民法总论》，法律出版社2021年版，第197页；王利明《民法总则》，中国人民大学出版社2022年版，第363页。

与抛弃、对非婚生子女的承认与否认等，一经附条件即构成违背公序良俗，因此，绝对不许附条件。①

（四）条件的种类

当事人在民事法律行为中附加条件的作用有可能不同。有的条件所起的作用是推迟民事法律行为效力的发生；有的条件所起的作用则是使已经发生效力的民事法律行为的效力归于消灭。根据条件对民事法律行为效力所起的不同作用，可将条件分为生效条件和解除条件。

1. 生效条件

生效条件，又称停止条件或延缓条件，是指对于民事法律行为效力的发生起推迟作用的条件，即民事法律行为所规定的权利义务在条件成就时，才能发生效力。《民法典》第158条第2句规定："附生效条件的民事法律行为，自条件成就时生效。"在条件成就前，权利义务关系虽然已经确定，但权利人还不能享受权利，义务人也无须履行义务，双方的权利义务处于停止的、不稳定的状态。条件一旦成就，民事法律行为的效力随即发生，当事人即可按民事法律行为的规定享受权利和承担义务。如果作为条件的事实确定地不能发生，即条件不成就，则民事法律行为视为自始不成立。例如，双方以"拨款"为合同生效的条件，在拨款事实发生前，双方的权利义务关系已经确定，但还不能发生效力。如果拨款的事实出现，则合同生效；如果拨款的事实最终不能出现（如有关部门决定不予拨款），则合同的效力确定地不发生。

2. 解除条件

解除条件，又称失效条件，是指可以使已经生效的民事法律行为失去效力的条件，即在解除条件成就前，民事法律行为的效力已经发生，一旦条件成就，当事人的权利义务关系归于消灭。《民法典》第158条第3句

---

① 参见〔日〕我妻荣《新订民法总则》，于敏译，中国法制出版社2008年版，第381页；郑玉波《民法总则》，中国政法大学出版社2003年版，第389~390页；王泽鉴《民法总则》，北京大学出版社2022年重排版，第437页；梁慧星《民法总则讲义》，法律出版社2021年版，第285页；王利明《民法总则》，中国人民大学出版社2022年版，第363页；黄立《民法总则》，中国政法大学出版社2002年版，第377页。

规定："附解除条件的民事法律行为，自条件成就时失效。"

（五）附条件的民事法律行为的效力

附条件的民事法律行为虽然要在所附条件成就时生效或失效，但是对当事人仍然具有法律约束力，当事人不得随意变更或解除。在符合所附条件时，一方如果不履行，就要赔偿因此给对方造成的损失。所以附条件的民事法律行为的效力可分为条件成就前的效力和条件成就后的效力。

1. 附条件的民事法律行为发生效力的常态分析

关于附条件的民事法律行为的效力问题，应该区分附生效条件和附解除条件两种情形，不能一概而论。因为两种附条件的民事法律行为的生效时间是不同的，甚至是截然相反的，无法适用同一规则。

第一，对于附生效条件的民事法律行为而言，当事人之间的民事法律行为已经成立，但没有生效，因为等待所附条件成就时，其民事法律行为才能生效。所谓生效条件，又称为延缓条件，只有条件成就时，民事法律行为才能生效。例如，甲乙二人约定，如果明年甲的儿子考上外地的大学，甲的儿子所住房屋就租给乙居住。这是一个附生效条件的民事法律行为，此时条件尚未成就，因此，房屋租赁合同不生效，只是合同成立，因此，其只产生民事法律行为成立的效力。

第二，对于附解除条件的民事法律行为而言，当事人之间的民事法律行为不仅成立，而且已经生效。也就是说，民事法律行为不仅对当事人具有形式上的拘束力，而且具有实质内容上的拘束力，当事人一方违反的，应当承担相应的法律责任。例如，甲乙二人约定，如果明年甲的儿子的工作从外地调回本地，则解除房屋租赁合同，甲需收回房屋，由其儿子居住。此时的房屋租赁合同已经生效，如果甲擅自收回房屋，属于违约行为，甲应承担相应的法律责任。

2. 附条件的民事法律行为拟制的成就或不成就

在附条件的民事法律行为成立以后，在条件未成就以前，当事人不得为了自己的利益，以不正当的行为促成或阻止条件的成就。这里所说的不正当行为是指行为人违反法律或违背公序良俗，以作为或不作为的方式促成或阻止条件的成就。《民法典》第159条规定："附条件的民事法律行为，当事人为自己的利益不正当地阻止条件成就的，视为条件已经成就；不正当地促成条件成就的，视为条件不成就。"当事人为了自己的利益，通过不正当手段阻止条件成就或者促成条件成就时，会损害对方当事人利益，违反附条件的民事法律行为制度的目的，因此，应对此行为进行否定性评价。法律设立相应规则，使采取不正当手段的人不能达到其目的，才能从根本上保护当事人合法权益，维护法律的权威和尊严。

在条件成就或不成就前，因附条件而受利益的一方当事人享有期待权。期待权属于权利之一种，应受法律保护。在条件是否成就之前，当事人一方不得侵害相对人因条件是否成就所生利益，否则应承担损害赔偿责任。此外，如因第三人行为损害此期待权，也应成立侵权行为。此类侵权行为的成立，应以第三人故意侵害期待权为要件，因期待权存在与否，纯属当事人内部约定事项，欠缺公示性，第三人难以知晓，若令其承担一般的过错责任，显然过于苛刻，且有碍民事主体正常的行动自由。[①]

二 附期限的民事法律行为

（一）附期限的民事法律行为的概念

附期限的民事法律行为，是指当事人在民事法律行为中设定一定的期限，将期限的到来作为民事法律行为生效或失效的根据。民事法律行为所附期限是确定到来的事实。期限是限制民事法律行为效力的附款，附期限的民事法律行为的效力在期限上受到限制。《民法典》第160条规定："民事法律行为可以附期限，但是根据其性质不得附期限的除外。附生效期限的民事法律行为，自期限届至时生效。附终止期限的民事法律行为，自期限届满时失效。"

（二）期限的分类

1. 生效期限

生效期限，又称始期，是指决定民事法律行为生效的时间。在期限到来之前，附生效期限的民事法律行为已经成立，但尚未生效，待期限到

---

① 参见梁慧星《民法总论》，法律出版社2021年版，第197页。

来，开始生效。

2. 终止期限

终止期限，又称终期，是指决定民事法律行为效力消灭的时间。在期限到来之前，民事法律行为已经生效，在期限到来以后，民事法律行为效力消灭。

（三）附期限的民事法律行为的效力

附生效期限的民事法律行为，在期限到来时，民事法律行为生效。附终止期限的民事法律行为，在期限到来时，民事法律行为失效。

第七节　效力待定的民事法律行为

一　效力待定的民事法律行为的概念

效力待定的民事法律行为，是指民事法律行为的效力是否发生尚未确定，有待于其他行为使其确定的民事法律行为。[1] 我国《民法典》未就效力待定的民事法律行为设一般性规定，仅在第145条和第171条规定了两类民事法律行为。[2] 第一，《民法典》第145条规定限制民事行为能力人实施的民事法律行为效力待定，需要第三人追认以确定其效力。第二，《民法典》第171条规定无权代理人以被代理人名义实施的代理行为，需要本人追认以确定其效力。

民事法律行为之所以效力待定，主要是因为民事主体欠缺缔约能力或缔约资格。[3] 当事人意思表示一致，民事法律行为成立；但因民事主体欠缺缔约能力或缔约资格，故在满足法定条件时该行为才能生效，即需要其他民事主体同意或追认，否则该行为无效。同意是事前的许可，追认是事后的许可。所谓追认，是指享有追认权的人使他人实施的民事法律行为发

---

[1] 参见梁慧星《民法总论》，法律出版社2021年版，第220页；王利明《民法总则》，中国人民大学出版社2022年版，第335页。
[2] 参见梁慧星《民法总论》，法律出版社2021年版，第220页；王利明《民法总则》，中国人民大学出版社2022年版，第336页。
[3] 参见王利明《民法总则》，中国人民大学出版社2022年版，第335页。

生效力的单方行为。追认的效力在于，一经享有追认权的人追认，效力待定的民事法律行为就溯及成立之时发生效力。反之，若享有追认权的人拒绝追认，则使得效力待定的民事法律行为溯及成立之时无效。追认可向当事人之任一方以意思表示为之，且追认无须依一定方式。即使属于要式行为，追认也不须依任何方式，均发生追认的效力。[1]"经相对人之催告以后，如为承认之确答，则其法律行为自属自始有效，如为拒绝承认之确答，则其法律行为自始即不生效力，是为当然，无待明文规定。"[2]

效力待定的民事法律行为与可撤销的民事法律行为的区别如下。第一，发生原因不同。效力待定的民事法律行为可能因限制民事行为能力而发生，也可能因为无权代理或者滥用代理权而发生；可撤销的民事法律行为可能因重大误解、欺诈、胁迫、显失公平等原因而发生。第二，效力待定的民事法律行为在获得补正前，效力悬而未决，处于不确定状态；可撤销的民事法律行为在被撤销前，已经对当事人发生了法律效力，只有在该民事法律行为被撤销后，才发生与无效民事法律行为相同的后果。第三，可以通过意思表示补正效力待定的民事法律行为的民事主体，通常是实施该民事法律行为的当事人以外的人；对于可撤销的民事法律行为享有撤销权的民事主体是实施该民事法律行为的当事人。[3]

二 效力待定的民事法律行为的类型

（一）限制民事行为能力人实施的依法不能独立实施的民事法律行为

《民法典》第145条第1款规定："限制民事行为能力人实施的纯获利益的民事法律行为或者与其年龄、智力、精神健康状况相适应的民事法律行为有效；实施的其他民事法律行为经法定代理人同意或者追认后有效。"据此，除实施纯获利益的民事法律行为以外，限制民事行为能力人实施的与其民事行为能力不相适应的民事法律行为效力待定，只有其法定代理人同意或者追认的，才能生效，否则无效。

---

[1] 参见梁慧星《民法总则讲义》，法律出版社2021年版，第249~250页。
[2] 胡长清：《中国民法总论》，中国政法大学出版社1997年版，第219页。
[3] 参见谭启平主编《中国民法学》，法律出版社2021年版，第177页。

(二) 无权代理行为

《民法典》第 171 条第 2 款规定："相对人可以催告被代理人自收到通知之日起三十日内予以追认。被代理人未作表示的，视为拒绝追认。行为人实施的行为被追认前，善意相对人有撤销的权利。撤销应当以通知的方式作出。"据此，无权代理人实施的代理行为效力待定，只有经过被代理人追认的，才能对被代理人发生效力，否则无效。如果无权代理构成表见代理，则对被代理人发生效力，但被代理人对有过错的代理人享有追偿权。

有观点认为，代理人滥用代理权的行为也属于效力待定，即自我代理以及代理人和相对人恶意串通的情形。第一，自我代理。自我代理包括自己代理和双方代理两种情形。一般认为，自我代理的性质是无权代理，因被代理人的追认而生效力。① 自己代理，是指代理人以被代理人的名义与自己实施民事法律行为。双方代理，是指代理人同时代理双方当事人实施同一民事法律行为。自己代理和双方代理的后果一般不能由被代理人承担，除非被代理人同意或者追认。《民法典》第 168 条规定："代理人不得以被代理人的名义与自己实施民事法律行为，但是被代理人同意或者追认的除外。代理人不得以被代理人的名义与自己同时代理的其他人实施民事法律行为，但是被代理的双方同意或者追认的除外。"从条文内容来看，将该等行为解释为效力待定的民事法律行为可能更为妥当。自我行为有效的情形，主要是指符合交易习惯的自我行为。"通说认为，人们可以按照交易惯例来判断是否获得准许，例如，收银员与自己换钱、邮政官员为自己作出邮递指示、剧院收银员为自己购买剧票的情形。"② 第二，代理人和相对人恶意串通。《民法典》第 164 条第 2 款规定："代理人和相对人恶意串通，损害被代理人合法权益的，代理人和相对人应当承担连带责任。"

比较法上，自我行为的性质是无权代理，效力待定。经过被代理人同意或追认的则为有效，被代理人不同意或不予追认的则无效。《德国民法

---

① 参见王泽鉴《债法原理》，北京大学出版社 2022 年重排版，第 261 页。
② 〔德〕弗卢梅：《法律行为论》，迟颖译，法律出版社 2013 年版，第 980 页。

典》第181条规定："代理人无特别许可，不得以本人名义与自己为法律行为，亦不得为第三人之代理人与本人为法律行为；但法律行为系专以履行义务为目的者，不在此限。"可见，除专门履行义务的行为外，自我行为的效力待定。

三 效力待定的民事法律行为转化为确定不发生效力的民事法律行为

（一）民事法律行为确定不发生效力的内涵

民事法律行为确定不发生效力，是指法律规定了民事法律行为生效应当满足相关的要件，在这些要件无法满足时，民事法律行为确定不发生效力。[①] 它主要包括依法经批准生效的合同未经批准、附延缓条件的民事法律行为的条件不成就以及效力待定的民事法律行为未经追认或者善意相对人行使了撤销权。例如，《民法典》第502条第2款第1句规定："依照法律、行政法规的规定，合同应当办理批准等手续的，依照其规定。"据此，合同未经批准，则确定不发生效力。

效力待定的民事法律行为可以转化为有效的民事法律行为，也可以转化为确定不发生效力的民事法律行为。"效力待定的法律行为在追认权人拒绝追认或者善意相对人行使撤销权之后，确定不发生效力。"[②] 效力待定的民事法律行为经过法定代理人或者被代理人追认的，依法发生法律效力，转化为有效的民事法律行为。反之，该民事法律行为则转化为确定不发生效力的民事法律行为。

（二）限制民事行为能力人实施的效力待定的民事法律行为确定不发生效力的情形

1. 法定代理人拒绝追认

《民法典》第145条第2款规定："相对人可以催告法定代理人自收到通知之日起三十日内予以追认。法定代理人未作表示的，视为拒绝追认……"据此，相对人可以催告法定代理人予以追认，追认的期限是收到追认通知

---

① 参见谢鸿飞《合同法学的新发展》，中国社会科学出版社2014年版，第179页。
② 王利明：《民法总则》，中国人民大学出版社2022年版，第360页。

之日起三十日内。若法定代理人予以追认，则限制民事行为能力人实施的民事法律行为有效，否则无效。法定代理人未作表示的，视为拒绝追认，该效力待定的民事法律行为转化为确定无效的民事法律行为。一般认为，相对人的催告权的性质是形成权。"催告权一经行使，即足使原有的法律关系发生变更或消灭，故属于形成权之一种。如法定代理人不于所定期限内为确答，原为效力未定之行为，即成为确定无效之行为。"[①]

2. 善意相对人行使撤销权

善意相对人享有撤销权，撤销其与限制民事行为能力人所实施的民事法律行为。《民法典》第145条第2款规定："……民事法律行为被追认前，善意相对人有撤销的权利。撤销应当以通知的方式作出。"据此，效力待定的民事法律行为因善意相对人行使撤销权而转化为确定不生效的民事法律行为。一些国家或地区的法律称善意相对人的撤销权为撤回权，旨在针对未生效的民事法律行为行使撤回权。《民法典》称之为撤销权，有其道理，因为意思表示一经到达对方当事人即生效，只能适用撤销制度。

（三）无权代理确定不发生效力的情形

1. 被代理人拒绝追认

《民法典》第171条第2款规定："相对人可以催告被代理人自收到通知之日起三十日内予以追认。被代理人未作表示的，视为拒绝追认……"据此，"对于无权代理行为，被代理人可以追认该行为，使之确定地发生法律效力，也可以拒绝追认，使之确定地不发生效力"。[②] 相对人可以催告被代理人予以追认，追认的期限是收到通知之日起三十日内。被代理人予以追认的，无权代理人实施的民事法律行为有效，否则无效。被代理人未作表示的，视为拒绝追认。被代理人拒绝追认的，无权代理由效力待定转化为确定不发生效力的民事法律行为。

2. 善意相对人行使撤销权

无权代理效力待定，善意相对人享有撤销权，一经行使撤销权，则该

[①] 刘得宽：《民法总则》，中国政法大学出版社2006年版，第185页。
[②] 黄薇主编《中华人民共和国民法典总则编释义》，法律出版社2020年版，第452页。

民事法律行为无效。《民法典》第171条第2款规定："……行为人实施的行为被追认前，善意相对人有撤销的权利。撤销应当以通知的方式作出。"据此，善意相对人行使撤销权的，无权代理转化为确定不发生效力的民事法律行为。善意相对人行使撤销权需要具备以下两个条件：第一，撤销权应当在民事法律行为被追认前行使；第二，撤销权应当以通知的方式作出。

第八节　无效的民事法律行为

一　无效的民事法律行为概述

（一）无效的民事法律行为的概念

无效的民事法律行为，是指因违反法律、行政法规的强制性规定或因违反公序良俗而被宣告为无效的民事法律行为。根据《民法典》的规定，无效的民事法律行为包括以下几种情形：无民事行为能力人实施的民事法律行为、通谋虚伪表示、违反法律和行政法规的强制性规定的民事法律行为、违背公序良俗的民事法律行为、恶意串通的民事法律行为。

被宣告为无效的民事法律行为自始无效。"民事法律行为一旦被确认无效，就将产生溯及力，使民事法律行为自成立之时就不具有法律效力，以后也不能转化为有效的民事法律行为。"[1] 根据法律规定，诉请人民法院认定民事法律行为无效，应当符合《民事诉讼法》关于起诉的条件，并非任何人均可诉请。《民事诉讼法》第122条规定："起诉必须符合下列条件：（一）原告是与本案有直接利害关系的公民、法人和其他组织；（二）有明确的被告；（三）有具体的诉讼请求和事实、理由；（四）属于人民法院受理民事诉讼的范围和受诉人民法院管辖。"

（二）无效的民事法律行为的部分无效

民事法律行为的部分无效，是指民事法律行为的部分内容无效。《民法典》第156条规定："民事法律行为部分无效，不影响其他部分的效力，

---

[1] 王利明：《民法总则》，中国人民大学出版社2022年版，第339页。

其他部分仍然有效。"据此，如果民事法律行为部分无效且不影响其他部分效力的，则只有部分民事法律行为可能被宣告无效，其他部分仍然有效。

民事法律行为的部分无效主要包括以下三种情形。① 第一，行为具有可分性。如果除去无效部分后不影响其他部分的效力，其他部分可以单独履行。例如，《民法典担保制度司法解释》第 2 条第 1 款规定："当事人在担保合同中约定担保合同的效力独立于主合同，或者约定担保人对主合同无效的法律后果承担担保责任，该有关担保独立性的约定无效。主合同有效的，有关担保独立性的约定无效不影响担保合同的效力；主合同无效的，人民法院应当认定担保合同无效，但是法律另有规定的除外。"据此，排除担保合同从属性的约定条款无效，但不影响担保合同其他部分的效力。人民法院在认定担保合同的效力时，要结合主合同的效力来认定。主合同有效的，担保合同中有关排除担保从属性的条款无效不影响担保合同的效力，即不能以该条款无效为由认定担保合同无效。反之，如果主合同无效，则根据"从随主"规则，应认定担保合同无效。② 第二，标的数量超过国家许可的范围，超过部分无效。例如，租赁期限不得超过二十年，否则超过部分无效。《民法典》第 705 条规定："租赁期限不得超过二十年。超过二十年的，超过部分无效。租赁期限届满，当事人可以续订租赁合同；但是，约定的租赁期限自续订之日起不得超过二十年。"再如，定金的数额不得超过主合同标的额的百分之二十，否则超过部分无效。《民法典》第 586 条第 2 款规定："定金的数额由当事人约定；但是，不得超过主合同标的额的百分之二十，超过部分不产生定金的效力……"第三，合同的部分条款无效，去除该无效条款后，其他条款仍然有效。例如，某个合同的免责条款无效，但不影响其他条款的效力，其他条款仍然有效。《民法典》第 506 条规定："合同中的下列免责条款无效：（一）造成对方人身损害的；（二）因故意或者重大过失造成对方财产损失的。""司法实践中，免责条款无效的场合，通常均认可去

---

① 参见王利明《民法总则》，中国人民大学出版社 2022 年版，第 346 页。
② 参见最高人民法院民事审判第二庭《最高人民法院民法典担保制度司法解释理解与适用》，人民法院出版社 2022 年版，第 92~93 页。

除免责条款后的法律行为继续有效,这里,免责条款无效之规范本来即意在防止试图免责的一方获取不当利益,免责条款无效后,交易条款反而走向均衡。"①

(三) 无效的民事法律行为的效力转换

无效的民事法律行为的效力转换,是指无效的民事法律行为具备其他民事法律行为的要件时,认可其作为其他民事法律行为而发生效力。"是指把无效的法律行为转换为另一个、不为无效理由所涉及的法律行为。"② 也就是说,某一法效意思是无效的,但其包含的另一个法效意思可能是有效的,可以使包含另一个法效意思的民事法律行为有效。"无效之行为,若具备他法律行为之要件,并按其情形,可认为当事人若知其无效即欲为其他法律行为者,其他法律行为仍为有效,通称为无效行为之转换,盖以甲行为虽为无效,然若具备乙行为之要件,而其社会的经济要件相同者,一般可推知当事人欲发生乙行为之效力也。"③《德国民法典》第40条规定:"无效的法律行为具备另一法律行为要件的,如认为当事人在知道该无效性时会愿意另一法律行为有效,则另一法律行为有效。"我国台湾地区"民法"第112条规定:"无效之法律行为,若具备其他法律行为之要件,并因其情形,可认当事人若知其无效,即欲为其他法律行为者,其他法律行为,仍为有效。"无效法律行为转换的要件如下:第一,须原法律行为确定无效;第二,须具备其他法律行为的要件,且其他法律行为在效力上不得超越当事人真正欲达成的行为;第三,当事人若知其法律行为无效即愿意实施其他行为;第四,不得违反无效规定的宗旨而为转换。④ 贯彻私法自治能为无效法律行为效力转换制度提供坚实的价值基础。只要能够达成当事人的具体目的,其并不会介意具体选择哪一种法律行为作为工具。如果当事人最初选择的法律行为无效,当事人也会接受一个能够在相当程度上实现其目的的法律行为。这一替代行为的效力不能超出原先行为

---

① 陈甦主编《民法总则评注》,法律出版社2017年版,第1104页。
② 〔德〕施瓦布:《民法导论》,郑冲译,法律出版社2006年版,第505页。
③ 史尚宽:《民法总论》,中国政法大学出版社2000年版,第580页。
④ 参见梁慧星《民法总论》,法律出版社2021年版,第215页。

的效力，否则会违背意思自治原则。①

在比较法上，无效法律行为效力转换的方式有如下两种。第一，依法律规定而转换。例如，无效的通谋虚伪表示若隐藏他项法律行为的，则可转换为被隐藏的他项法律行为，使之仍然发生效力，故假买卖而真赠与的，买卖合同固然因通谋虚伪意思表示而无效，但赠与合同则为有效。第二，依解释而转换。法律行为解释与无效法律行为效力转换之间并无区别或者界限模糊，无效法律行为效力转换的实质就是法律行为解释问题。②无效法律行为效力转换通常根据利益状况而通过修正、解释当事人的意思得以实现或完成，本质上属于法律行为部分无效理论的特殊运用。例如，最高额抵押权的设立，应担保由一定法律关系所生的连续性债权，但若当事人间设立最高额抵押权仅系担保单独一笔债务，则与最高额抵押权的规定相违背，其设立应不具有效力，但可依当事人的意思，转换成有效的一般抵押权。无效法律行为效力转换具有贯彻私法自治原则、维护交易安全以及保护无过错当事人合法权益的功能。③替代行为应当符合意思自治原则，尊重当事人意志，否则很难说具有正当性。"转换之替代行为必须符合一般生效要件，如无效系基于当事人行为能力之欠缺时，则不能转换。又德国判例上，对于违反善良风俗而无效之法律行为，基于其惩罚性倾向，原则上亦不许其转换。"④

《九民纪要》第 54 条规定："从属性是担保的基本属性，但由银行或者非银行金融机构开立的独立保函除外。独立保函纠纷案件依据《最高人民法院关于审理独立保函纠纷案件若干问题的规定》处理。需要进一步明确的是：凡是由银行或者非银行金融机构开立的符合该司法解释第 1 条、第 3 条规定情形的保函，无论是用于国际商事交易还是用于国内商事交易，均不影响保函的效力。银行或者非银行金融机构之外的当事人开立的独立

---

① 参见殷秋实《无效行为转换与法律解释——兼论转换制度的必要性与正当性》，载《法学》2018 年第 2 期。
② 参见王利明《合同法研究》（第 1 卷），中国人民大学出版社 2011 年版，第 632 页。
③ 参见黄忠《无效民事行为效力转换制度研究》，载《法商研究》2007 年第 2 期；常鹏翱《无效行为转换的法官裁量标准》，载《法学》2016 年第 2 期。
④ 黄立：《民法总则》，中国政法大学出版社 2002 年版，第 433 页。

保函，以及当事人有关排除担保从属性的约定，应当认定无效。但是，根据'无效法律行为的转换'原理，在否定其独立担保效力的同时，应当将其认定为从属性担保。"据此，根据无效法律行为效力转换原理，当事人约定独立保函独立于主合同的，关于独立性的约定无效，但关于成立担保关系的约定有效。从属性是担保合同的根本属性，除法律另有规定外，当事人不能约定改变其从属性。就此而言，此类约定是无效的。尽管无效，但当事人提供担保的意思是真实的，根据无效法律行为效力转换理论，应将其转换为一般的从属性担保。① 《民法典担保制度司法解释》第2条第2款规定："因金融机构开立的独立保函发生的纠纷，适用《最高人民法院关于审理独立保函纠纷案件若干问题的规定》。"据此，上述规定强调了《民法典担保制度司法解释》仅适用于从属性担保，而不适用于独立保函，同时重申了既有司法政策的延续性。②

二 无民事行为能力人实施的民事法律行为无效

无民事行为能力人，是指依法不能独立实施民事法律行为的人。《民法典》第144条规定："无民事行为能力人实施的民事法律行为无效。"据此，无民事行为能力人没有资格独立实施民事法律行为。法律之所以如此规定，是为了维护无民事行为能力人的利益。"无行为能力人所作的或对之所作的意思表示无效。可以保护这些人不致因自己的行为发生对己不利的后果。根据法律的评价，对无民事行为能力人的保护优先于对交易的保护。"③

三 通谋虚伪表示无效

（一）通谋虚伪表示规则的体系构造

1. 通谋虚伪表示中的意思与表示不一致

所谓通谋虚伪表示，也称为虚假行为，是指表意人与相对人协商实施

---

① 参见最高人民法院民二庭编著《〈全国法院民商事审判工作会议纪要〉理解与适用》，人民法院出版社2019年版，第348页。
② 参见最高人民法院民事审判第二庭《最高人民法院民法典担保制度司法解释理解与适用》，人民法院出版社2022年版，第95页。
③ 〔德〕拉伦茨：《德国民法通论》（上册），王晓晔等译，法律出版社2003年版，第142页。

不符合他们内心真意的意思表示。① 实施虚假行为的当事人一致同意某项法律行为不发生法律效果。② 通谋虚伪表示的适用对象包括契约、合同行为以及有相对人的单独行为等，财产行为或身份行为均有适用余地，但无相对人的单独行为则不适用之。③ 通谋虚伪表示需要两个以上的当事人参与，需要有表意人和相对人之间的意思联络，因此，它不适用于无相对人的单独行为。"其他有相对人的单独行为、契约（双方行为）及合同行为，均有其适用；在合同行为中如虚伪出资行为、假决议、虚伪设立各种社团，以避免财产被扣押等情形，均宜认为系虚假表示的一种。"④ "不仅相对人知表意人之非真意，且更与之通谋而后可，至通谋之动机如何，亦可不问。"⑤

表意人与相对人通谋而为虚假的意思表示，意思与表示不一致。通谋虚伪表示所涉及的当事人是表意人与相对人，尽管实际生活中往往涉及第三人，但就虚伪表示而言并不以第三人的存在为必要。⑥ "虚假行为的双方当事人大多是想欺骗某个第三人，如债权人或税务机关等。不过这一欺骗意图并不是构成虚假行为的必要前提。"⑦ "虚伪表示的特征在于，虽然具有法律行为的外形，但双方当事人明知该法律行为是虚假的，都不想使该法律行为发生效力。例如以逃避债务为目的的虚假财产赠与，双方当事人都不希望发生赠与的效力。"⑧

2. 通谋虚伪表示不一定损害他人利益

通谋虚伪表示的目的大多是欺诈第三人，但其构成并不以此为必要条件。通谋虚伪表示并不一定损害他人利益，当事人双方通谋为虚伪意思表

---

① 参见孙宪忠《我动议——孙宪忠民法典和民法总则议案、建议文集》，北京大学出版社2018年版，第59页。
② 参见〔德〕拉伦茨《德国民法通论》（下册），王晓晔等译，法律出版社2003年版，第497页。
③ 参见王泽鉴《民法总则》，北京大学出版社2022年重排版，第362~363页。
④ 施启扬：《民法总则》，中国法制出版社2010年版，第243页。
⑤ 郑玉波：《民法总则》，中国政法大学出版社2003年版，第340页。
⑥ 参见王泽鉴《民法总则》，北京大学出版社2022年重排版，第363页。
⑦ 〔德〕拉伦茨：《德国民法通论》（下册），王晓晔等译，法律出版社2003年版，第497页。
⑧ 梁慧星：《〈民法总则〉重要条文的理解与适用》，载《四川大学学报》（哲学社会科学版）2017年第4期。

示，一般有其特殊目的，但不一定以损害他人利益为目的。恶意的通谋虚伪表示损害他人利益，例如，为了逃避财产被没收或扣押，而假意将财产赠与他人。非恶意的虚假行为并不损害他人利益，例如某人欲资助朋友，为避免家人不悦，制造交易假象，以虚假买卖合同掩盖实际赠与合同，此种情形并不损害他人利益。

3. 通谋虚伪表示因缺乏效果意思而无效

一般认为，意思表示包括表示行为和效果意思两个构成要素。[1] 通谋虚伪表示只有表示行为而没有效果意思，表意人和相对人都不希望表面的表示行为发生法律效力，因此通谋虚伪表示无效。[2] 通谋虚伪表示缺乏效果意思，并非当事人的真实意思表示，因此此类行为无效。[3] 就通谋虚伪表示而言，表意人与相对人通谋，共同订立法律行为的外观，而不希望表示行为发生法律效果，自无效果意思之存在，故其意思表示无效。[4] "法律行为之不成立者，亦即该法律行为不存在之谓，此种情形，依理论言之，当然尚无'有效'与'无效'之可言，不过其结果则辄与无效之法律行为等，盖不成立亦当然无效也。"[5] 由于通谋虚伪表示不存在效果意思，不符合意思表示的客观要件，意思表示不成立，所以法律行为也不成立，无从发生效力。[6] 表意人与相对人的表示行为是虚假的，与其真实意思不一致，也就是说，当事人并不希望表示行为发生法律效果，因此，通谋虚伪表示

---

[1] 参见〔日〕我妻荣《新订民法总则》，于敏译，中国法制出版社2008年版，第227页；李宜琛《民法总则》，中国方正出版社2004年版，第179页；刘得宽《民法总则》，中国政法大学出版社2006年版，第210页；梁慧星《民法总论》，法律出版社2021年版，第182页；董安生《民事法律行为——合同、遗嘱和婚姻行为的一般规律》，中国人民大学出版社1994年版，第227页。

[2] 参见〔日〕近江幸治《民法讲义Ⅰ民法总则》（第6版补订），渠涛等译，北京大学出版社2015年版，第172页。

[3] 参见王利明《合同法通则》，北京大学出版社2022年版，第214页。

[4] 参见黄立《民法总则》，中国政法大学出版社2002年版，第284页。

[5] 郑玉波：《民法总则》，中国政法大学出版社2003年版，第438页。

[6] 参见朱广新《论"以合法形式掩盖非法目的"的法律行为》，载《比较法研究》2016年第4期；李永军《虚假意思表示之法律行为刍议——对于〈民法总则〉第146条及第154条的讨论》，载《中国政法大学学报》2017年第4期；杨代雄《民法总论》，北京大学出版社2022年版，第322页。

543

是欠缺效果意思的法律行为，不应发生法律效力，实质就是无效。在通谋虚伪表示情形下，"表意人和受领人进行通谋后并不希望发生所表示的内容，而希望发生另一种法律后果"。①

即使通谋虚伪表示是经过登记机构的确认的，也为无效。"无论应当登记的是物权行为，还是身份行为，以及其他法律行为，凡是行为人与相对人以虚假的意思表示实施的民事法律行为，经过确认无效以后，应当撤销该物权变动和身份关系变动的登记以及其他类型的登记。"② 例如，甲乙通谋虚伪表示，甲将自己的房屋卖给乙，并办理了过户手续，该买卖行为仍然无效。

通谋虚伪表示在当事人之间的法律效果为确定无效。因为通谋虚伪表示大多损害第三人利益，所以不仅当事人可以主张无效，第三人也可以主张无效。"任何第三人都可主张虚伪行为无效。如果债务人为了达到使债权人无法执行他的财物的目的，而虚假地将这些财物让与第三人，那么，只要债权人能够证明让与行为的虚假性，他就仍然能够执行这些财物。"③ 第三人主张通谋虚伪表示无效的，应当承担举证责任。不能仅因表意人与相对人之间有特殊情谊关系或价金交付不实而主张构成通谋虚伪表示。④

（二）比较法上的立法例

关于通谋虚伪表示能否对抗善意第三人，大陆法系国家存在两种立法例。第一种立法例，法律没有明文规定通谋虚伪表示不得对抗善意第三人，只是在具体制度中加以规定，例如，在善意取得制度中规定所有权人不得对抗善意第三人；第二种立法例，法律明文规定通谋虚伪表示不得对抗善意第三人。

---

① 〔德〕布洛克斯、瓦尔克：《德国民法总论》，张艳译，中国人民大学出版社2019年版，第242页。
② 参见杨立新《〈民法总则〉规定的虚假民事法律行为的法律适用》，载《法律科学（西北政法大学学报）》2018年第1期。
③ 〔德〕拉伦茨：《德国民法通论》（下册），王晓晔等译，法律出版社2003年版，第500页。
④ 参见王泽鉴《民法总则》，北京大学出版社2022年重排版，第363页。

第八章　民事法律行为

1. 法律没有明文规定通谋虚伪表示不得对抗善意第三人

《德国民法典》和《俄罗斯民法典》的规定属于该种立法例。① 根据《德国民法典》第117条第1款的规定，通谋虚伪表示在双方当事人之间无效，但没有规定能否对抗善意第三人。一般认为，通谋虚伪表示绝对无效，对于每个人而言，也包括善意第三人，它都是无效的。《民法典》的起草者明确反对以制定一项有关虚伪行为的普适性规则的方式来保护相信该行为有效的第三人的善意。但是，善意取得的第三人受到法律保护。此外，在表见让与和表见代理情形下，通谋虚伪表示无效不得对抗善意第三人。② 德国学理和判例针对保护第三人的信赖利益确立了其他补救方法，包括成文法中有关保护善意第三人的规定、规定信托制度以规避对第117条有关虚伪表示行为的规定的适用等。为保护善意第三人，在解释上，通过引用相关规则保护第三人，避免因虚伪行为无效所受的损害。如《德国民法典》第892条、第883条规定的不动产登记公信力制度，第172条规定的表见代理制度，第405条、第409条规定的表见让与债权制度。③

2. 法律明文规定通谋虚伪表示不得对抗善意第三人

《日本民法典》第94条、《韩国民法典》第108条和我国台湾地区"民法"第87条第1款确定了这种规则，即通谋虚伪表示不得对抗善意第三人。④ 例如，根据《日本民法典》第94条的规定，通谋虚伪表示在当事人之间无效，但该无效不得对抗善意第三人，因为日本民法不像德国民法那样，采取登记公信力规则保护第三人的信赖。"必须要保护信赖了表示行为外形的第三人的利益。不过，在像德国民法那样，交易外形信赖者得到保

---

① 《德国民法典》第117条第1款规定："应当向他人作出的意思表示，在该意思表示系与他人通谋仅为虚伪地作出时，为无效。"《俄罗斯民法典》第170条规定："虚构法律行为，即仅为了徒具形式实施，并无意产生与之相适应的法律后果的法律行为自始无效。"

② 参见〔德〕弗卢梅《法律行为论》，迟颖译，法律出版社2013年版，第486~487页。

③ 参见〔德〕梅迪库斯《德国民法总论》，邵建东译，法律出版社2000年版，第450页。

④ 《日本民法典》第94条规定："（一）与相对人通谋而进行虚伪意思表示者，其意思表示为无效。（二）前款意思表示的无效，不得以之对抗善意第三人。"《韩国民法典》第108条规定："（一）与相对人通谋而作出的意思表示无效。（二）前项的意思表示无效，不得对抗善意第三人。"我国台湾地区"民法"第87条第1款规定："表意人与相对人通谋而为虚伪意思表示者，其意思表示无效。但不得以其无效对抗善意第三人。"

护的制度（特别是登记的公信力）普遍采用的法制之下，已无此必要。但是，在像日本民法那样，没有采用这种制度的法制之下，具有极为重要的意义。"①

在此种立法模式下，善意第三人有一定的范围限制。所谓第三人，是指虚伪表示的当事人及其继承人以外的，基于虚伪表示的外观成立的新的利害关系人。包括通谋虚伪表示标的物的受让人，取得通谋虚伪表示标的物的抵押权人，债权表见让与中的受让人，以及对通谋虚伪表示标的物依法进行扣押的债权人等。② 所谓善意，是指发生利害关系之际，不知道是虚伪表示且无过失的人。③

善意第三人对于当事人之间的通谋虚伪表示的效力享有选择权，可以主张该通谋虚伪表示对自己发生效力，也可以主张该通谋虚伪表示对自己不发生效力，立法目的在于保护善意第三人的信赖利益。"善意第三人固得主张其无效，但亦得主张其有效，若主张有效时，则表意人不得以无效对抗之，盖所以保护交易之安全也。"④ 当善意第三人主张虚假行为对自己发生法律效力时，只表明虚假行为对第三人有效，对虚假行为的当事人而言，它仍然是确定无效的。

（三）我国《民法典》关于通谋虚伪表示的对抗效力规则的立法本意解读

1. 我国《民法典》没有明文规定通谋虚伪表示不得对抗善意第三人

我国《民法典》借鉴了《德国民法典》的相关规定，没有明文规定通谋虚伪表示不得对抗善意第三人。我国《民法典》第146条第1款规定："行为人与相对人以虚假的意思表示实施的民事法律行为无效。"本款没有规定"不得对抗善意第三人"的内容。在制定《民法总则》的过程中，第

---

① 〔日〕我妻荣：《新订民法总则》，于敏译，中国法制出版社2008年版，第273页。
② 参见〔日〕我妻荣《新订民法总则》，于敏译，中国法制出版社2008年版，第273页；〔日〕近江幸治《民法讲义Ⅰ民法总则》（第6版补订），渠涛等译，北京大学出版社2015年版，第175~176页。
③ 参见〔日〕我妻荣《新订民法总则》，于敏译，中国法制出版社2008年版，第273~274页。
④ 郑玉波：《民法总则》，中国政法大学出版社2003年版，第340页。

一次至第五次《民法总则（草案）》审议稿中都规定了"不得对抗善意第三人"的内容。有学者认为上述规定并不妥当，建议对该条第1款予以修改。① 修改的理由在于：对第三人产生的法律效果，情况比较复杂，不宜一概规定不得对抗善意第三人，宜在各分编具体规定。而且草案的规定和《物权法》第106条善意取得的规定有矛盾，善意取得不仅要求具备第三人为善意的主观要件，而且要求具备客观要件，比如不动产登记。草案的条文仅规定了当事人主观善意一个条件，这样就会使得合同当事人仅凭合同就可以主张善意保护，有严重缺陷，因此应予改动。② 在颁布的《民法总则》中删除了"不得对抗善意第三人"的规定，《民法典》未作改动。立法者对此进行了说明："有的代表提出，民事法律行为无效或者被撤销后对第三人产生的法律后果，情况比较复杂，不宜一概规定不得对抗善意第三人，宜区分情形由民法典的物权编、合同编等分编作具体规定。法律委员会经研究，建议将草案第一百四十九条第一款修改为：行为人与相对人以虚假的意思表示实施的民事法律行为无效。"③ 从立法本意来看，《民法典》第146条第1款的规定借鉴了《德国民法典》第117条第1款的规定，没有明文规定通谋虚伪表示不得对抗善意第三人，而是根据《民法典》的具体制度予以确定，也就是说，在符合法律规定的条件时，通谋虚伪表示不得对抗善意第三人。可见，该条规定并不构成法律漏洞。"就结论而言，在理解适用本条规定时，理应否定'但书'规则（不得对抗善意第三人）。这样理解符合立法者对本条文字改动的原意。"④

2. 我国《民法典》上的通谋虚伪表示不具有一般性的对抗效力

我国《民法典》第146条第1款没有明确规定虚假行为不得对抗善意第三人。关于本款规定，存在不同解读，要么认为该款规定留下立法漏

---

① 参见扈纪华编《民法总则起草历程》，法律出版社2017年版，第159页以下。
② 参见陈甦主编《民法总则评注》，法律出版社2017年版，第1046页。
③ 《第十二届全国人民代表大会法律委员会关于〈中华人民共和国民法总则（草案）〉审议结果的报告》，2017年3月12日第十二届全国人民代表大会第五次会议主席团第二次会议通过，载《民法总则立法背景与观点全集》编写组《民法总则立法背景与观点全集》，法律出版社2017年版，第31页。
④ 陈甦主编《民法总则评注》，法律出版社2017年版，第1046页。

洞，要么认为应当将该款规定解释为"通谋虚伪表示不得对抗善意第三人"。有观点认为，该条款规定留下法律漏洞，应当认为，通谋虚伪表示可以对抗恶意第三人，但不能对抗善意第三人。[1]"我并不认为《民法总则》第146条第1款的立法就是采取德国法立法例，而是仍然具有不得对抗善意第三人的效力，否则在逻辑上是讲不通的。"[2]"该条的不足之处是并未规定'通谋虚伪表示的无效不得对抗善意第三人'。"[3]"一般性地承认伪装行为无效不得对抗善意第三人，有其必要。在《民法典》对此未作明文规定的情况下，可以通过整体类推的方法填补这一漏洞。"[4] 笔者认为，从该条款的形成过程来看，似乎不能当然得出上述结论。因为该条款借鉴和参考了《德国民法典》第117条第1款的规定，而《德国民法典》的上述规定并不意味着通谋虚伪表示当然具有对抗善意第三人的效力，只有在具体的法律制度中才具有对抗善意第三人的效力，善意取得制度属于其典型情形。我国《民法典》第146条第1款应作相同解释，即在符合法律规定的条件时，通谋虚伪表示不得对抗善意第三人。从我国《民法典》和相关司法解释的规定来看，通谋虚伪表示不得对抗善意第三人的规则体现在表见代理、善意取得和表见让与三项制度中。

(四) 通谋虚伪表示在符合法律规定的条件时不得对抗善意第三人

1. 表见代理

表见代理，是指行为人虽无代理权，但行为人具有代理权外观，使得善意相对人有理由相信行为人具有代理权，而与其实施民事法律行为，该民事法律行为的后果直接由本人承担。我国《民法典》第172条规定了表见代理。[5] 虽然表见代理的性质是无权代理，但是为了保护善意第三人的

---

[1] 参见梁慧星《民法总论》，法律出版社2021年版，第186页。
[2] 杨立新：《〈民法总则〉规定的虚假民事法律行为的法律适用》，载《法律科学（西北政法大学学报）》2018年第1期。
[3] 冉克平：《论〈民法总则〉上的通谋虚伪表示》，载《烟台大学学报》（哲学社会科学版）2018年第4期。
[4] 翟远见：《论通谋虚伪行为的法律效力》，载《环球法律评论》2023年第5期。
[5] 《民法典》第172条规定："行为人没有代理权、超越代理权或者代理权终止后，仍然实施代理行为，相对人有理由相信行为人有代理权的，代理行为有效。"

利益，法律规定表见代理对被代理人发生效力。表见代理要求相对人在客观上必须表现为善意且无过失。所谓善意，是指相对人不知道或者不应当知道行为人实际上无权代理。"相对人无过失是指无重大或一般的过失，也就是说，是指相对人的不知情不是因为其疏忽大意所造成的。"① 表见代理人实施的民事法律行为的后果由被代理人承担，此点与有权代理相同。其与有权代理不同的点在于：表见代理人的责任不能免除，即被代理人向相对人承担责任后，有权要求表见代理人承担相应的民事责任。②

一般来说，当代理人与被代理人基于通谋虚伪表示而制造代理权授予的假象时，该代理权授予行为无效，但该无效不得对抗善意相对人，即表见代理行为的法律后果由被代理人承担。"在外部意定代理权授予的情形中，即使意定代理授权人与意定代理人就虚伪授予意定代理权达成一致，意定代理权也可以基于这一外部意定代理授权行为而成立。"③ 在此情形下，虚假的意定代理行为产生有权代理的效力，相对人作为善意第三人受到法律保护。④

2. 善意取得

根据《民法典》第311条第1款第3项的规定，构成善意取得的条件之一是完成了物权变动，即"转让的不动产或者动产依照法律规定应当登记的已经登记，不需要登记的已经交付给受让人"。如果无处分权人和受让人之间仅仅达成了合意，而没有进行登记或者交付，则不能发生善意取得的效果。根据《民法典》第311条第3款的规定，当事人善意取得其他物权的，适用善意取得所有权的规定。例如，张三为逃避债务，与李四实施通谋虚伪表示，将张三名下的一套房屋过户到李四名下。李四向银行贷款，在该处房产上为银行设立了抵押权。张三知道情况后，诉请法院认定抵押权未设立。在此情形下，法院应当认定房屋买卖合同因通谋虚伪表示

---

① 王利明：《民法总则研究》，中国人民大学出版社2018年版，第675页。
② 参见王利明《民法总则》，中国人民大学出版社2022年版，第419页。
③ 〔德〕弗卢梅：《法律行为论》，迟颖译，法律出版社2013年版，第487页。
④ 参见李永军《虚假意思表示之法律行为刍议——对于〈民法总则〉第146条及第154条的讨论》，载《中国政法大学学报》2017年第4期。

而无效,但通谋虚伪表示不得对抗善意取得人,因此,在该处房屋上设立的抵押权有效。德国的司法实践也采取这样的处理措施,即在通谋虚伪表示情形下,善意第三人取得抵押权。其理由在于:第三人因信赖出让人出让标的物的意思表示和受让人取得抵押权证书的事实,从而误以为受让人为合法抵押权人,并从他那里取得权利。①

《最高人民法院关于适用〈中华人民共和国民法典〉物权编的解释(一)》(以下简称《民法典物权编司法解释(一)》)第14条第1款规定:"受让人受让不动产或者动产时,不知道转让人无处分权,且无重大过失的,应当认定受让人为善意。"据此,无论是不动产善意取得,还是动产善意取得,都要求受让人对其不知情"无重大过失",这实际上是提醒受让人要尽到一定的注意义务。虽然司法解释的上述规定没有对不动产和动产善意取得中的"无重大过失"进行区分,但是,由于不动产登记与动产交付的公示效力存在强弱之分,因此,对二者的适用应当有所区别。"应当看到,不动产与动产不同,不动产登记簿是国家公权力机关制作的,有国家公权力作为其正确性的担保,因此,受让人在交易中的审核义务较轻;而在动产交易中,受让人应当尽到更重的审核义务。"②

3. 表见让与

(1) 表见让与的一般情形

表见让与,是指当债权人将债权让与第三人的事项通知债务人后,即使债权让与并未发生或无效、被撤销,债务人基于对让与通知的信赖而向第三人作出的履行仍然有效。③ 在德国法上,表见让与并不区分债务人的善意与恶意,债务人对受让人的履行都发生效力。④ 例如,《德国民法典》第409条第1款规定:"债权人向债务人通知自己已经让与债权的,即使让

---

① 参见〔德〕弗卢梅《法律行为论》,迟颖译,法律出版社2013年版,第488页。
② 王利明:《物权法》,中国人民大学出版社2021年版,第113页。
③ 参见崔建远《合同法》,北京大学出版社2021年版,第271页;李永军《合同法》,中国人民大学出版社2020年版,第198页;朱广新《合同法总则》,中国人民大学出版社2012年版,第326页。
④ 参见〔德〕梅迪库斯《德国债法总论》,杜景林、卢谌译,法律出版社2004年版,第561页。

与并未进行，或者为不生效力，其仍须对债务人承受所通知的让与。"在我国，一般认为应当区分债务人的善意与恶意而分别认定其效力，表见让与的目的就在于保护善意债务人，而保护善意债务人就是保护交易安全。①在债务人善意时，即其不知道债权让与合同无效、被撤销等情形，其对受让人的履行发生法律效力。在债务人恶意时，即其知道或应当知道债权让与合同无效、被撤销等情形，其对受让人的履行不发生法律效力，让与人有权请求受让人返还该利益。② 也就是说，即使转让人与受让人虚构债权转让协议，该转让协议因通谋虚伪表示而无效，但是善意债务人基于对该转让协议的信赖，而向受让人履行合同，该通谋虚伪表示无效不得对抗善意债务人。其法律效果是：让与人以转让协议为通谋虚伪表示而无效，因此请求债务人向其履行的，人民法院不予支持，除非该转让通知被依法撤销。

我国《民法典》没有明文规定表见让与，但理论和实务均认为《民法典》第546条可以延伸解释出表见让与制度。③《民法典》第546条第1款规定："债权人转让债权，未通知债务人的，该转让对债务人不发生效力。"本款规定体现了保护债务人利益的精神，即债务人只有接到债权转让通知的，才受该债权转让的约束，其实质为债务人的信赖保护问题。④《民法典》第546条第2款规定："债权转让的通知不得撤销，但是经受让人同意的除外。"据此，债权转让的通知对债权人、债务人和受让人均具有约束力，非经受让人同意不得撤销。一般认为，债权转让的通知主体是让与人，在让与人明示授权的情形下，可以以受让人名义发出债

---

① 参见最高人民法院民事审判第二庭、研究室编著《最高人民法院民法典合同编通则司法解释理解与适用》，人民法院出版社2023年版，第534页；韩世远《合同法总论》，法律出版社2018年版，第624页。
② 参见王利明《合同法通则》，北京大学出版社2022年版，第375页；曹守晔主编《民法典合同编通则司法解释适用指南》，法律出版社2024年版，第517页；谢鸿飞等《中华人民共和国民法典合同编通则司法解释释义》，中国法制出版社2023年版，第411页。
③ 参见石佳友、付一耀主编《民法典合同编通则司法解释释评与案例指引》，中国法制出版社2024年版，第344页。
④ 参见最高人民法院民事审判第二庭、研究室编著《最高人民法院民法典合同编通则司法解释理解与适用》，人民法院出版社2023年版，第536页。

权转让通知。① 当债权人将债权让与第三人的事项通知债务人后，即使债权让与并未发生，而债权让与通知仍然有效的现象，即表见让与。典型的情形是，债权让与人与受让人之间的债权让与通知债务人，如果该让与行为属于通谋虚伪表示而无效，该无效不得对抗善意第三人。

《民法典合同编通则司法解释》第49条第1款规定："债务人接到债权转让通知后，让与人以债权转让合同不成立、无效、被撤销或者确定不发生效力为由请求债务人向其履行的，人民法院不予支持。但是，该债权转让通知被依法撤销的除外。"据此，债务人根据债权转让通知向受让人履行的，如果其债务已经履行完毕，则该履行行为发生法律效力，不受债权转让合同不成立、无效、被撤销或者确定不发生效力的影响，除非债权转让通知依法被撤销。债权转让的效力不以债务人的承诺为前提，通知一经到达债务人就发生法律效力。债权转让通知对债务人的效力主要体现为表见让与，即由于债权转让通知，表面上使债务人相信债权已经转让，债务人即可向表见受让人履行债务，消灭债权，债务人有权以债务消灭为由对抗原债权人。②

关于本款规定是否区分债务人的善意和恶意，存在争议。有观点认为，本款规定没有区分善意和恶意，只是把"转让通知依法被撤销"作为除外规定。③ 相反的观点认为，本款规定区分了善意和恶意，也就是说，即使转让的债权因转让人与受让人通谋虚伪表示而无效，该无效也不得对抗善意债务人。④ "由于债务人并非债权转让交易的当事人，无法准确地辨别债权转让事实是否存在或确切地知悉债权转让本身是否存在瑕疵。因此，债务人收到转让通知，并有理由信赖该通知，向受让人进行清偿行

---

① 参见曹守晔主编《民法典合同编通则司法解释适用指南》，法律出版社2024年版，第516页。
② 参见石佳友、付一耀主编《民法典合同编通则司法解释释评与案例指引》，中国法制出版社2024年版，第342页。
③ 参见最高人民法院民事审判第二庭、研究室编著《最高人民法院民法典合同编通则司法解释理解与适用》，人民法院出版社2023年版，第540页；石佳友、付一耀主编《民法典合同编通则司法解释释评与案例指引》，中国法制出版社2024年版，第342页。
④ 参见谢鸿飞等《中华人民共和国民法典合同编通则司法解释释义》，中国法制出版社2023年版，第411页。

为，产生债务消灭的效果。"① 比较而言，后者观点值得赞同。

（2）虚构债权作为转让标的

《民法典》第763条规定："应收账款债权人与债务人虚构应收账款作为转让标的，与保理人订立保理合同的，应收账款债务人不得以应收账款不存在为由对抗保理人，但是保理人明知虚构的除外。"据此，我国在保理合同领域明确承认了通谋虚伪表示无效不得对抗善意第三人规则。例如，甲公司为了获得融资，假装与乙公司订立设备买卖合同，合同记载甲公司对乙公司享有1000万元价款债权。随后，甲公司找到丙保理公司，订立有追索权的保理合同，约定甲公司将上述价款债权转让给丙公司，丙公司不知甲乙之间的买卖合同为通谋虚伪表示，因此向其支付700万元的保理融资款。保理期满后，乙公司拒绝向丙公司付款。本案中，甲公司与乙公司基于通谋虚伪表示签订买卖合同，根据《民法典》第146条第1款的规定，该买卖合同无效。根据《民法典》第763条的规定，乙公司不得以通谋虚伪表示无效对抗作为善意第三人的丙公司。②

除保理合同外，其他债权转让中也同样存在虚构债权的情形，因此，应当采取相同的规则予以处理。《民法典合同编通则司法解释》第49条第2款规定："受让人基于债务人对债权真实存在的确认受让债权后，债务人又以该债权不存在为由拒绝向受让人履行的，人民法院不予支持。但是，受让人知道或者应当知道该债权不存在的除外。"本款借鉴了《民法典》第763条的基本法理，即通谋虚伪表示不得对抗善意第三人。如果债务人向受让人确认债权真实存在，则受让人基于对该确认的信赖而受让债权后，债务人不得以其与让与人通谋虚伪表示为由主张不向受让人承担债务，除非受让人为恶意。这一规则是通谋虚伪表示对抗效力规则在债权转让领域的具体体现。③ 如果甲与乙因虚假行为而产生债权，作为债务人的乙向甲出具了债权凭证，在他们之间，双方都可以主张债权债务关系因虚

---

① 曹守晔主编《民法典合同编通则司法解释适用指南》，法律出版社2024年版，第515页。
② 参见杨代雄《民法总论》，北京大学出版社2022年版，第325页。
③ 参见最高人民法院民事审判第二庭、研究室编著《最高人民法院民法典合同编通则司法解释理解与适用》，人民法院出版社2023年版，第534页。

假行为而无效。但是，如果事后甲将该债权转让给丙，并交付了债权凭证，那么作为债务人的乙就不可以向丙主张虚假法律行为无效。① "让与人与债务人之间是否存在真实的债权债务关系，并不影响让与人与受让人之间债权转让合同的效力。故而，在一般债权转让情形，受让人基于对债务人的信赖而受让债权后，债务人不得以债权系虚构为由主张不承担债务。"②

（五）通谋虚伪表示的对抗效力中的"善意第三人"

1. "善意第三人"一般是指取得物权或者准物权的人

"善意第三人"一般是指对通谋虚伪表示的标的物取得物权或者准物权的人，如果只对通谋虚伪表示的标的物享有债权，则不是"善意第三人"。"仅仅对虚伪表示的当事人拥有债权算不上是就虚伪表示的效果具备了利害关系，因此不属于第三人……虽然是债权人，但当扣押了虚伪表示的标的物时，可以说就虚伪表示的效果具备了利害关系，因此一般认为属于第三人。"③ 第三人"需要拥有足以使权利人丧失物权的权利，即拥有物权或者相当于物权的权利"。④ 根据《民法典》和相关司法解释的规定，善意第三人应当理解为取得物权的人，而不包括一般债权人。例如，根据《民法典》第311条第2款和第3款的规定，所有权人不能对抗善意取得物权的第三人。根据《民法典物权编司法解释（一）》第6条的规定，一般债权人不属于善意第三人范围。⑤ 再比如，根据《民法典》第341条的规定，⑥ 流转期限为五年以上的土地经营权的性质是物权，其设立采取登记对抗主义；未经登记，不得对抗善意第三人。这里所说的"第三人"是指物权人，而不包括债权人。"其效力仅可对抗部分第三人（例如，无担

---

① 参见李永军《民法总则》，中国法制出版社2018年版，第689页。
② 石佳友、付一耀主编《民法典合同编通则司法解释释评与案例指引》，中国法制出版社2024年版，第342页。
③ 〔日〕山本敬三：《民法讲义Ⅰ总则》，解亘译，北京大学出版社2012年版，第125页。
④ 〔日〕山本敬三：《民法讲义Ⅰ总则》，解亘译，北京大学出版社2012年版，第127页。
⑤ 《民法典物权编司法解释（一）》第6条规定："转让人转让船舶、航空器和机动车等所有权，受让人已经支付合理价款并取得占有，虽未经登记，但转让人的债权人主张其为民法典第二百二十五条所称的'善意第三人'的，不予支持，法律另有规定的除外。"
⑥ 《民法典》第341条规定："流转期限为五年以上的土地经营权，自流转合同生效时设立。当事人可以向登记机构申请土地经营权登记；未经登记，不得对抗善意第三人。"

保债权人、恶意第三人），但不得对抗善意物权人。"[1]

2."善意第三人"的排除规则

一般债权人并没有取得物权或者准物权，因此不属于"善意第三人"范畴。当事人通谋虚伪表示无效可以对抗一般债权人。例如，甲乙实施通谋虚伪表示，甲将自己的房屋过户到乙的名下，此后乙与丙就该房屋签订了房屋买卖合同，但没有办理过户登记，此时甲反对为丙办理过户登记，在此情形下，丙没有取得该房屋的物权或准物权，只是一般债权人，因此不符合善意取得的要件，甲可以对抗丙办理过户的请求。但是，乙和丙之间的房屋买卖合同有效，乙应当承担相应的违约责任。有观点认为，虽然合同尚未履行，但不能以通谋虚伪表示无效为由认定该合同无效，而应认定该合同有效，并由此前实施通谋虚伪表示的合同当事人承担违约责任。[2]也就是说，在没有完成物权变动的情形下，通谋虚伪表示无效并不影响通谋虚伪表示的当事人与第三人的合同效力，只是不能发生物权变动。其法律效果是：因通谋虚伪表示无效，作为第三人的买受人不能取得合同标的物的物权，但不影响合同效力，买受人有权要求无处分权人承担违约责任。例如，在甲乙通谋买卖房屋的情形下，乙作为买方属于登记的所有权人，乙将该房屋出租于丙，即使丙为善意，信赖乙为房屋所有权人，也不受保护，甲仍有权请求丙返还该房屋，丙可以请求乙承担违约责任。[3]

一般认为，第三人并不包括一方当事人的权利概括继受人以及向第三人履行合同中的第三人。[4] 例如，甲乙通谋将甲之房屋登记于乙名下，在乙死亡后，不知情的乙之子丙将该房屋过户到自己名下，此时丙是乙的权利的概括继受人，因此办理房屋过户行为不发生物权变动，甲仍然是真正的所有权人，可以通过更正登记等方式恢复该房屋的所有权。[5]

（六）通谋虚伪表示不影响隐藏行为的效力

在当事人实施虚假行为的情形下，一般掩盖着隐藏行为，但不以掩盖

---

[1] 王利明：《物权法》，中国人民大学出版社2021年版，第247页。
[2] 参见梁慧星《民法总则讲义》，法律出版社2021年版，第252页。
[3] 参见王泽鉴《民法总则》，北京大学出版社2022年重排版，第364页。
[4] 参见王泽鉴《民法总则》，北京大学出版社2022年重排版，第364页。
[5] 参见翟远见《论通谋虚伪行为的法律效力》，载《环球法律评论》2023年第5期。

隐藏行为为必要。隐藏行为，是指被虚假行为所掩盖的、双方当事人意欲达成的行为。一方面，有虚假行为时，不一定有隐藏行为。例如为逃避债务、规避法院执行而订立虚假赠与合同、虚假买卖合同、虚假抵押合同，属于虚伪表示，但没有隐藏行为。[①] 另一方面，有隐藏行为时，必然存在虚假行为。例如，名为买卖、实为赠与的情形以及签订两份价格不同的阴阳合同。"他们虚假地将买卖合同作成公证证书，但实际上却想从事赠与行为；或者双方一致同意不以公证证书中的价金，而以另一项价金为准。"[②] 隐藏行为的构成要件包括以下几点：第一，表意人具有真实的意思表示；第二，表意人另外做出虚伪行为；第三，表意人以虚伪行为隐藏其真实意思表示，即隐藏行为是表意人与相对人将其真实意思表示隐藏于虚伪表示之中。[③]《民法典》第146条第2款规定："以虚假的意思表示隐藏的民事法律行为的效力，依照有关法律规定处理。"据此，隐藏行为的效力应当依据有关法律规定处理。换言之，在同时存在通谋虚伪表示和隐藏行为的情况下，通谋虚伪表示无效。如果隐藏法律行为本身有效，那么按有效处理；如果隐藏法律行为本身无效，那么按照无效处理；如果隐藏法律行为本身为可撤销的民事法律行为，那么按照可撤销的民事法律行为处理。在比较法上，《德国民法典》也是如此规定的。《德国民法典》第117条第2款规定："以虚伪行为隐藏另外一个法律行为的，适用被隐藏之法律行为的规定。"

通谋虚伪表示无效，而隐藏行为是否有效，应取决于隐藏行为本身是否符合该行为的生效要件。"并不会因为没有被表达出来（亦即它处于隐藏状态）而无效。不过，在另一方面，此项行为也不应（理所当然地）径自有效，而是应当根据适用于此类行为的规定的标准来评判。"[④] 通谋虚伪表示所掩盖的真实意思表示，符合法律规定条件的方为有效。以买卖隐匿

---

① 参见梁慧星《〈民法总则〉重要条文的理解与适用》，载《四川大学学报》（哲学社会科学版）2017年第4期。
② 〔德〕拉伦茨：《德国民法通论》（下册），王晓晔等译，法律出版社2003年版，第501页。
③ 参见杨立新《〈民法总则〉规定的隐藏行为的法律适用规则》，载《比较法研究》2017年第4期。
④ 〔德〕梅迪库斯：《德国民法总论》，法律出版社2000年版，第446页。

赠与为例，作为虚伪表示的买卖合同应当无效，而对于被买卖隐藏的赠与行为，其效力状况除须依据法律行为有效性的一般标准予以一般性判断外，还须考虑法律关于赠与的特别规定。关于隐藏行为的效力判断，属于与虚伪表示的法律效力完全无关的问题，其有效性需要根据法律行为之有效性的一般规则及法律关于该隐匿行为的独特规定予以判定。[①] 也就是说，隐藏行为的效力不受虚伪表示的影响。如果该隐藏行为不存在无效事由，则认定其在表意人与相对人之间有效，否则适用相关民事法律法规认定其为无效、可撤销或效力待定。如果隐藏行为违反法律的禁止性规定或者缺少法定形式要件，则该隐藏行为同样无效。[②]

《民法典合同编通则司法解释》第 14 条第 1 款规定："当事人之间就同一交易订立多份合同，人民法院应当认定其中以虚假意思表示订立的合同无效。当事人为规避法律、行政法规的强制性规定，以虚假意思表示隐藏真实意思表示的，人民法院应当依据民法典第一百五十三条第一款的规定认定被隐藏合同的效力；当事人为规避法律、行政法规关于合同应当办理批准等手续的规定，以虚假意思表示隐藏真实意思表示的，人民法院应当依据民法典第五百零二条第二款的规定认定被隐藏合同的效力。"据此，对于阴阳合同的效力，应严格适用《民法典》第 146 条的规定。当事人以虚假意思表示订立的"阳合同"应无效，但是被隐藏的"阴合同"，则应"依据有关法律规定处理"。被隐藏的合同既可能有效，也可能无效或者不生效。[③]

在"名为买卖，实为担保"的情形下，虽然买卖合同无效，但当事人具有提供担保的真实意思表示，而且不违反法律、行政法规的强制性规定，因此，担保有效设立。例如，上海市第一中级人民法院（2020）沪 01 民终 3375 号民事判决认为，《上海市房地产买卖合同》没有约定交房与付

---

① 参见朱广新《论"以合法形式掩盖非法目的"的法律行为》，载《比较法研究》2016 年第 4 期。
② 参见施启扬《民法总则》，中国法制出版社 2010 年版，第 245 页。
③ 参见曹守晔主编《民法典合同编通则司法解释适用指南》，法律出版社 2024 年版，第 170 页；石佳友、付一耀主编《民法典合同编通则司法解释释评与案例指引》，中国法制出版社 2024 年版，第 93 页。

款时间，而且系争房屋产权虽然形式上过户到了黄某名下，但韩某仍继续居住，黄某未实际支付房款。双方一致确认，2015年8月17日，双方签订了一份《承诺书》，韩某向黄某借款404200元用于替徐某还债，按银行利率计息，如果韩某后续能够归还该笔借款本金及相应利息，则黄某应当将系争房屋归还过户给上诉人。由此可见，双方并非真正的房屋产权交易行为，而是让与担保行为。由于双方在签约时并不存在真实的房屋买卖合同意思表示，《上海市房地产买卖合同》应属无效。双方已经完成了系争房屋的形式过户，也并不存在违反法律禁止性规定的"流押"条款，韩某亦表示认可双方达成的让与担保合意效力，故双方隐藏的让与担保行为应属有效。本案中，双方虽然达成了形式上的房屋买卖合同关系，但不存在房屋买卖的真实意思，房屋过户是为了给尚未届满的借款关系提供担保，双方存在真实的让与担保合意。本案中，系争房屋买卖合同因意思表示虚假而被二审法院认定为无效，但隐藏的让与担保行为有效，双方并没有明确约定归属型让与担保，对其担保属性应当认定为清算型，黄某已经取得了房屋所有权登记，可以就系争房屋享有优先受偿权。再比如，最高人民法院（2021）最高法民申7954号民事裁定认为："上述事实可以看出，双方签订《商品房买卖合同》的目的并非真实的买卖商品房，而是为深某某公司偿还1450万元债务提供担保。深某某公司的担保行为不违反法律法规的禁止性规定，合法有效。故东某某分公司与深某某公司之间应按双方真实意思表示认定法律关系，双方仅有担保合同关系，并无商品房买卖合同关系。"

（七）通谋虚伪表示与真意保留的区别

所谓真意保留，是指行为人故意隐瞒其真意，而表示其他意思，真意保留又称心中保留、单独虚伪表示。① 例如，《德国民法典》第116条规定："表意人对所表示的事项心中有不愿意的意思的，意思表示并不因此而无效。应当向他人作出表示，而他人明知此项保留的，表示为无效。"据此，"表意人内心的意思与其表示出来的内容相反，是不想使后者产生

---

① 参见郑玉波《民法总则》，中国政法大学出版社2003年版，第337页；王泽鉴《民法总则》，北京大学出版社2022年重排版，第360页；王利明《民法总则研究》，中国人民大学出版社2018年版，第544页。

效力"。① 在双方作出意思表示时，一方对自己真实的意思表示有所保留，但对方当事人对此并不知晓，即相对人并不知晓行为人表示的是虚假意思。为了保护相对人的合理信赖，不能按照表意人的内心真意来确定该行为的效力，而应该按照表示出来的意思表示确定民事法律行为的内容。但是，如果相对人知道表意人的真实意思的，则该意思表示无效。② 一般来说，确定真意保留有效的法理基础是信赖原理和归责原理。首先，因为对方除了信赖意思表示外别无他法，所以有必要保护这种信赖。其次，既然表意人特意作了与真意不同的表示，那么就应当承受不利益。③ 通谋虚伪表示原则上无效，而真意保留原则上有效，除非相对人明确知道表意人的真实意思。例如，A 与 B 是好朋友，A 有字画一幅，本无赠与之意思，但出于客套，故作赠与的表示，B 欣然接受，在此情形下，该表示有效。若 B 明知 A 酷爱此画，不可能赠与他人，其赠与的表示无非是客套而已，则该赠与不发生效力。④

我国《民法典》并没有规定真意保留规则，主要理由在于："真意保留制度在实践中的应用价值很小，且当事人依法是否构成真意保留，其真实意图是什么，局外人很难判断，即便能够确定其真实意图，如果不构成欺诈、胁迫等意思表示不真实的行为，也不能请求撤销。在《总则编解释》的制定中，也曾经就是否应当在该司法解释中规定真意保留，存在争议，但最终该解释中没有采纳该概念。"⑤

（八）戏谑行为

戏谑行为，又称缺乏真意的表示，指行为人作出的意思表示并非出于真意，并且期待对方会立即了解其表示并非出于真意。例如，《德国民法典》第 118 条规定："预期对真意缺乏不致产生误认而进行非真意的意思

---

① 〔德〕梅迪库斯：《德国民法总论》，法律出版社 2000 年版，第 444 页。
② 参见〔德〕拉伦茨《德国民法通论》（下册），王晓晔等译，法律出版社 2003 年版，第 494 页。
③ 参见〔日〕山本敬三《民法讲义Ⅰ总则》，解亘译，北京大学出版社 2012 年版，第 118 页。
④ 参见李永军《虚假意思表示之法律行为刍议——对于〈民法总则〉第 146 条及第 154 条的讨论》，载《中国政法大学学报》2017 年第 4 期。
⑤ 王利明：《民法总则新论》，法律出版社 2023 年版，第 479 页。

表示的，意思表示为无效。"据此，戏谑行为无效。但是，"表意人应向信赖其意思表示为有效的相对人赔偿消极利益，赔偿的数额以积极利益为限"。[①] 与真意保留不同，戏谑行为中"缺乏真意的表意人并不想以他所不具备的法律行为意思一劳永逸地欺骗受领人；而只是想暂时地——如为了开玩笑，或为了让对方吃一惊，或使人陷入窘境——使对方获得他想发出真实的意思表示的印象"。[②] 若当事人在外观上清晰地呈现出其不具有受拘束的意思，则根本不成立意思表示。例如，开玩笑、吹牛、嘲讽等情形。[③] 由于表意人没有隐匿真意让相对人产生误信的意图，至少当相对人的信赖算不上正当时，可以允许表意人从自己不存意图的意思表示的拘束中解脱。[④] 我国《民法典》没有规定戏谑行为。通说认为，戏谑行为不生效力。意思表示的相对人非因过错未了解其为戏谑行为的，行为人应赔偿相对人信赖利益的损失，但赔偿数额不得超过相对人于合同行为有效时可以获得利益的数额。[⑤]

四 违反法律、行政法规的强制性规定的民事法律行为无效

（一）强制性规定适用规则的演进及其内涵

1999 年颁布的《合同法》对强制性规定进行了限定。根据《合同法》第 52 条第 5 项的规定，"违反法律、行政法规的强制性规定"的合同无效，从而确定了影响合同效力的法律强制性规定的范围是法律和行政法规。将法律、行政法规的强制性规定进一步区分为效力性强制性规定和管理性强制性规定，始于《合同法》的司法解释和最高人民法院的指导意见。《最高人民法院关于适用〈中华人民共和国合同法〉若干问题的解释（二）》（以下简称《合同法司法解释（二）》）第 14 条规定："合同法第五十二条第（五）项规定的'强制性规定'，是指效力性强制性规定。"

[①] 〔德〕梅迪库斯：《德国民法总论》，法律出版社 2000 年版，第 448 页。
[②] 〔德〕拉伦茨：《德国民法通论》（下册），王晓晔等译，法律出版社 2003 年版，第 496 页。
[③] 参见史尚宽《民法总论》，中国政法大学出版社 2000 年版，第 379~380 页。
[④] 参见〔日〕山本敬三《民法讲义Ⅰ总则》，解亘译，北京大学出版社 2012 年版，第 118 页。
[⑤] 参见王轶《论合同行为的一般生效条件》，载《法律适用》2012 年第 7 期。

2009年印发的《最高人民法院关于当前形势下审理民商事合同纠纷案件若干问题的指导意见》规定："人民法院应当注意……区分效力性强制规定和管理性强制规定。违反效力性强制规定的，人民法院应当认定合同无效；违反管理性强制规定的，人民法院应当根据具体情形认定其效力。"

2020年颁布的《民法典》基本沿袭了《合同法》关于强制性规定的适用规则。《民法典》第153条第1款规定："违反法律、行政法规的强制性规定的民事法律行为无效。但是，该强制性规定不导致该民事法律行为无效的除外。"关于《民法典》第153条第1款是否坚持区分效力性强制性规定和管理性强制性规定，存在肯定说和否定说两种观点。肯定说认为，《民法典》第153条第1款并没有否定效力性强制性规定和管理性强制性规定的区分，可以从中解释出《民法典》的上述规定其实包含了进一步区分效力性强制性规定和管理性强制性规定的含义。① 否定说认为，合同法司法解释和指导意见区分效力性强制性规定和管理性强制性规定是不妥当的，"效力性强制规定之外仍然有可影响法律行为效力的强制规定，其逻辑混乱，不足为据"。② 因此，《民法典》第153条第1款"放弃'效力性强制规定'之标准，则可彻底否定了司法解释的错误"。③ 该观点值得赞同。立法机关的解释是，《民法典》没有采纳效力性强制性规定和管理性强制性规定的分类，其理由在于：有意见认为，司法实践对于如何认定效力性强制性规定争议不断，为了避免争议，也为了与现行法律保持一致，所以不予吸收。④《民法典》第153条第1款延续了《合同法》第52条第5项和《合同法司法解释（二）》第14条的规定，但没有吸纳最高人民法院在《合同法司法解释（二）》中提出的效力性强制性规定和管理性强制性规定概念。⑤

最高人民法院民事审判第二庭、研究室负责人就《民法典合同编通

---

① 参见王利明《民法总则》，中国人民大学出版社2022年版，第342页。
② 陈甦主编《民法总则评注》，法律出版社2017年版，第1093页。
③ 陈甦主编《民法总则评注》，法律出版社2017年版，第1092页。
④ 参见李适时主编《中华人民共和国民法总则释义》，法律出版社2017年版，第447页。
⑤ 最高人民法院民法典贯彻实施工作领导小组主编《中华人民共和国民法典总则编理解与适用》，人民法院出版社2020年版，第71页。

则司法解释》答记者问时说："在本司法解释的起草过程中，考虑到效力性强制性规定的表述已被普遍接受，不少同志建议继续将效力性强制性规定作为判断合同是否因违反强制性规定而无效的标准。经过反复研究并征求各方面的意见，本司法解释没有继续采用这一表述。一是因为，虽然有的强制性规定究竟是效力性强制性规定还是管理性强制性规定十分清楚，但是有的强制性规定的性质却很难区分。问题出在区分的标准不清晰，没有形成共识，特别是没有形成简便易行、务实管用的可操作标准，导致审判实践中有时裁判尺度不统一。二是因为，在有的场合，合同有效还是无效，是裁判者根据一定的因素综合进行分析的结果，而不是其作出判决的原因。三是因为，自效力性强制性规定的概念提出以来，审判实践中出现了望文生义的现象，即大量公法上的强制性规定被认为属于管理性强制性规定，而非效力性强制性规定。根据《民法典》第 153 条第 1 款的表述，我们没有采取《合同法解释（二）》第 14 条将强制性规定区分为效力性强制性规定和管理性强制性规定的做法，而是采取了直接对《民法典》第 153 条第 1 款规定的'但书'进行解释的思路，回应广大民商事法官的现实需求。"[1] 应当说，如何区分效力性强制性规定和管理性强制性规定，确实缺乏一个清晰的标准，因此给司法实践的法律适用带来了困难和混乱，所以司法解释不再继续采用这一概念，而与《民法典》保持一致。[2]

（二）强制性规定的内涵

1. 强制性规定包括为特定行为和不为特定行为的强制性规定

强制性规定，又称强制性规范，它与任意性规范相对，包括强制性规定和禁止性规定，前者是法律规定必须为特定行为，后者是法律规定不能为特定行为，即令行禁止。两者的逻辑关系在于：所有强制性规定都隐含着一项禁止性规定，即禁止当事人约定排除该项强制性规定的适用，否

---

[1] 最高人民法院民事审判第二庭、研究室编著《最高人民法院民法典合同编通则司法解释理解与适用》，人民法院出版社 2023 年版，第 30 页。
[2] 参见王利明、朱虎主编《民法典合同编通则司法解释释评》，中国人民大学出版社 2024 年版，第 160 页。

则，约定绝对无效。① 就为特定行为的强制性规定而言，违反其规定的民事法律行为无效。例如，《招标投标法》第26条规定："投标人应当具备承担招标项目的能力；国家有关规定对投标人资格条件或者招标文件对投标人资格条件有规定的，投标人应当具备规定的资格条件。"就不为特定行为的强制性规定而言，违反其规定的民事法律行为无效。例如，《招标投标法》第4条规定："任何单位和个人不得将依法必须进行招标的项目化整为零或者以其他任何方式规避招标。"

2. 强制性规定包括民法内强制性规定和民法外强制性规定

（1）强制性规定的范围界定

有观点认为，《民法典》第153条第1款只是引致到公法规范，而不得引致到私法规范。② 上述观点并不妥当。通说认为，《民法典》第153条第1款规定的强制性规定包括民法内强制性规定和民法外强制性规定，该条款是一个引致性条款，是适用强制性规定的一般条款。根据该条款的引致功能，既可以引致到公法上的强制性规定，也可以引致到私法上的强制性规定。③ "强制性规定不以民法为限，公法上的强制性规定亦属之。由此可见，法律行为因违反强制性规定而无效之规定，具有链接公法规范与私法领域、调和公私法价值冲突之功能。"④ "应当指出，《民法典》第153条在性质上也属于引致性条款，其可以引致到如下规范：第一，私法规范。《民法典》第153条首先可以引致到私法中的强制性规范。例如，《民法典》第1007条规定：'禁止以任何形式买卖人体细胞、人体组织、人体器官、遗体。违反前款规定的买卖行为无效。'该条就属于典型的效力性强制性规定。第二，公法规范。《民法典》第153条为公法规范的适用提供了渠道，也就是说，法官可以依据该条规定选择适用某个公法规范，以认

---

① 参见谢鸿飞《合同法学的新发展》，中国社会科学出版社2014年版，第221页。
② 参见最高人民法院民事审判第二庭、研究室编著《最高人民法院民法典合同编通则司法解释理解与适用》，人民法院出版社2023年版，第229页。
③ 参见最高人民法院民事审判第二庭编著《〈全国法院民商事审判工作会议纪要〉理解与适用》，人民法院出版社2019年版，第243页。
④ 梁慧星：《民法总论》，法律出版社2021年版，第210页。

定违反公法规范行为的效力。"① "在强制性规定中，有些只是起到为当事人设定一般性义务的作用，有些纯粹是为了保护特殊场合下一方当事人的利益，有些是出于法律制度上要求的需要（如物权法定主义），有些则可能是纯粹出于民法以外的法律规范目的，如行政管理上的需要等，所以，强制性规定的违反也并不必然导致对合同效力的绝对否定。"② "对于民法上的强制性规范和各种公法规范，均应纳入'强制性规定'的范围之中作具体考察。特别是对于各种公法规范，所谓'强制性规定'具有架设公法进入私法通道的功能。"③ "强制性规范在公法中较为集中和常见，在私法中也并不少见。"④ 综上，《民法典》第153条第1款所引致的规范，既包括公法规范，也包括私法规范；既包括民法内强制性规定，也包括民法外强制性规定，即凡是关于民事法律行为无效的强制性规定都应包括在内。无论是公法上的强制性规定，还是私法上的强制性规定，只要适用该强制性规定导致民事法律行为无效的，可以直接引用该强制性规定。

《民法典》第153条第1款只是认定民事法律行为无效的一个类型，它和《民法典》第144条、第146条、第153条第2款以及第154条共同构成认定民事法律行为无效的五种类型的一般规范，而其他四种类型的规范在该条文内部即可实现规范目的，只有《民法典》第153条第1款需要引致到其他规范，它本身不能单独作为裁判依据。如果裁判认定某一具体的民事法律行为违反了强制性规定，裁判文书应当引用具体的条文。例如，认定以土地所有权为担保财产的抵押合同无效，应当引用《民法典》第399条的规定，即土地所有权不得抵押。上述强制性规定条款的适用，类似《民法典》第1165条第2款所规定的过错推定责任的适用，⑤ 它本身不能单独作为裁判依据，而应适用具体的法律条文。例如，林木折断造成

---

① 王利明：《民法总则新论》，法律出版社2023年版，第482~483页。
② 崔建远主编《合同法》，法律出版社2021年版，第77页。
③ 姚辉主编《民法总则基本理论研究》，中国人民大学出版社2019年版，第132页。
④ 王利明、朱虎主编《民法典合同编通则司法解释释评》，中国人民大学出版社2024年版，第178页。
⑤ 《民法典》第1165条第2款规定："依照法律规定推定行为人有过错，其不能证明自己没有过错的，应当承担侵权责任。"

他人损害的,依照《民法典》第1257条的规定承担过错推定责任,[①] 其裁判依据应当是《民法典》第1257条,而不是《民法典》第1165条第2款。

(2) 民法内强制性规定

民法内强制性规定一般是指《民法典》的强制性规定,即《民法典》相关条文关于民事法律行为无效的强制性规定。当民法内的强制性规定没有明确规定民事法律行为无效,但其规定旨在影响民事法律行为效力时,应当同时引用《民法典》第153条第1款和该项具体规定,判定民事法律行为无效。例如,《民法典》第680条第1款规定:"禁止高利放贷,借款的利率不得违反国家有关规定。"当民间借贷利率超过《最高人民法院关于审理民间借贷案件适用法律若干问题的规定》第25条所规定的上限时,应当同时引用《民法典》第153条第1款、第680条第1款和《最高人民法院关于审理民间借贷案件适用法律若干问题的规定》第25条的规定,判定超过上限的民间借贷合同无效。2021年实施的《最高人民法院关于审理建设工程施工合同纠纷案件适用法律问题的解释(一)》第1条规定:"建设工程施工合同具有下列情形之一的,应当依据民法典第一百五十三条第一款的规定,认定无效:(一)承包人未取得建筑业企业资质或者超越资质等级的;(二)没有资质的实际施工人借用有资质的建筑施工企业名义的;(三)建设工程必须进行招标而未招标或者中标无效的。承包人因转包、违法分包建设工程与他人签订的建设工程施工合同,应当依据民法典第一百五十三条第一款及第七百九十一条第二款、第三款的规定,认定无效。"有些强制性规定已经对民事法律行为无效予以明确规定,民事法律行为违反此类规定的,直接据此判定无效即可,无须适用《民法典》第153条第1款。例如,《民法典》第197条规定:"诉讼时效的期间、计算方法以及中止、中断的事由由法律规定,当事人约定无效。"《民法典合同编通则司法解释》第32条第4款规定:"当事人事先约定排除民法典第五百三十三条适用的,人民法院应当认定该约定无效。"

---

① 《民法典》第1257条规定:"因林木折断、倾倒或者果实坠落等造成他人损害,林木的所有人或者管理人不能证明自己没有过错的,应当承担侵权责任。"

(3) 民法外强制性规定

民法外强制性规定是指民法之外的法律、行政法规等规范性法律文件的强制性规定，包括公法的规定，也包括私法的规定。当某项具体的强制性规定已经明确规定民事法律行为无效时，裁判者即无须动用该款之授权。① 也就是说，有些民法外强制性规定明确规定了民事法律行为无效，可以直接作为判定民事法律行为无效的依据，而无须引用《民法典》第153条第1款的规定。例如，《民法典》以外的法律针对个别合同类型规定了无效原因，典型者如《保险法》第31条第3款、第34条第1款的规定。②《保险法》第31条第3款规定："订立合同时，投保人对被保险人不具有保险利益的，合同无效。"《保险法》第34条第1款规定："以死亡为给付保险金条件的合同，未经被保险人同意并认可保险金额的，合同无效。"再比如，《城乡规划法》第39条规定："规划条件未纳入国有土地使用权出让合同的，该国有土地使用权出让合同无效……"有些民法外强制性规定没有明确规定民事法律行为无效，但适用该规定导致民事法律行为无效的，应当同时引用该规定和《民法典》第153条第1款的规定，判定某一具体的民事法律行为无效。例如，《土地管理法》第63条第2款规定："前款规定的集体经营性建设用地出让、出租等，应当经本集体经济组织成员的村民会议三分之二以上成员或者三分之二以上村民代表的同意。"

(三) 关于强制性规定分类的检讨与调适

司法解释关于法律强制性规定区分为效力性强制性规定和管理性强制性规定的做法受到广泛质疑，因此，《民法典》第153条第1款所规定的法律强制性规定并没有采纳上述分类。虽然没有采纳这种分类办法，但强制性规定是客观存在的，因此，在对原有分类进行检讨的基础上，应当进一步调适强制性规定的适用规则。鉴于司法实践中出现的同案不同判现象，应当大体确定一些裁判规则。应当合理确定强制性规定对民事法律行为效力的影响，既不能忽视管理性强制性规定对民事法律行为效力的影

---

① 参见杨代雄《〈民法典〉第153条第1款评注》，载《法治研究》2020年第5期。
② 参见崔建远主编《合同法》，法律出版社2021年版，第80~81页。

响，也不能忽视法律和行政法规以外的规范性文件对民事法律行为效力的影响，尤其不能割裂法律体系的内在联系，以实现法律规则的体系化适用。

1. 关于强制性规定的分类标准的质疑

《合同法司法解释（二）》将强制性规定区分为效力性强制性规定和管理性强制性规定，违反效力性强制性规定的合同无效。上述区分引起了广泛争议。批评者认为上述区分不适当地强化了司法裁判中的自由裁量权，导致个案裁判不符合法律本意、不能自圆其说。这种区分除了提醒法官不能一味地将违反强制性规定的法律行为判定无效外，在法律适用上意义不大。①"效力性强制性规定"本身就将合同效力判断的结果作为合同效力的判断标准，有循环论证的嫌疑，无异于以"结果"证明"结果"，没有任何说服力。② 一般认为，将强制性规定区分为效力性强制性规定和管理性强制性规定这一做法本身就不妥当，不仅其区分标准模糊，而且管理性强制性规定也可能影响民事法律行为的效力。"有疑问的是，何者为效力规范，何者为纯粹管理规范，却难免存有争议。"③ "把强制性规定区分为管理性规定和效力性规定，而仅于后者违反时发生无效的结果，实际上是以问答问。"④ 关于效力性强制性规定与管理性强制性规定的区分，来源于德国民法学中的规范性质说，但该学说已非主导性学说，《合同法司法解释（二）》却依然将之作为判定民事法律行为效力的主要标准，似乎不太妥当。实践中，裁判者难免先入为主地预判系争法律行为应否生效，然后根据需要给相关的强制性规定贴上管理性强制性规定或者效力性强制性规定之标签，其弊端显而易见。⑤

2. 分类标准的模糊性导致"同案不同判"

自从《合同法司法解释（二）》区分效力性强制性规定和管理性强制性规定以来，从来没有规范性法律文件对二者的区分标准予以明确，即使

---

① 参见朱广新《合同法总则》，中国人民大学出版社2012年版，第269页。
② 参见黄忠《违法合同效力论》，法律出版社2010年版，第121页。
③ 胡长清：《中国民法总论》，中国政法大学出版社1997年版，第198页。
④ 苏永钦：《私法自治中的经济理性》，中国人民大学出版社2004年版，第43页。
⑤ 参见杨代雄《〈民法典〉第153条第1款评注》，载《法治研究》2020年第5期。

基本的列举式规定也没有,以致在司法实践中由法官根据自己的判断标准进行裁判,见仁见智,出现"同案不同判"的现象,造成法律适用的混乱,影响法律的权威。就法律规定的民主决策程序而言,有些裁判认定它们是管理性强制性规定,有些裁判认定它们是效力性强制性规定,不适当地扩张了法官的自由裁量权。例如,广东省高级人民法院(2013)粤高法审监民提字第 53 号判决认为,虽然涉案承包合同未依《农村土地承包法》第 18 条第 3 项经村民会议同意,但双方已全面履行合同义务,故该"民主决议原则"仅为"管理性"强制规范,违反该规定不影响合同效力。江苏省徐州市中级人民法院(2013)徐民终字第 293 号判决认为:"村民委员会组织法关于村民小组的经营管理等事项的办理需召开村民小组会议的规定,约束的是农村集体组织的内部管理行为,在不损害国家及社会公共利益的情况下,村委会不能以未经三分之二村民同意抗辩合同无效。"持相反观点的裁判认为,法律规定的民主决策程序是效力性强制性规定。例如,北京第二中级人民法院(2011)二中民终字第 02520 号判决认为:"(上诉人)与南关村村委会签订的租赁合同,未经村内民主议定程序,违反了法律、法规的相关规定,北京市怀柔区农村承包合同仲裁委员会以该租赁合同未经村民会议或村民代表会议民主议定为由,确认双方签订的租赁合同无效,是正确的。"陕西省高级人民法院(2013)陕民二终字第 76 号判决认为,被兼并的国有企业未经《工会法》第 19 条、《企业国有产权转让管理暂行办法》第 11 条第 2 款所定程序,而与不具兼并和安置职工能力的兼并方订立的兼并合同无效。

为了使法律行为有效,或者说为了鼓励交易,不惜曲解法律规定,将大部分效力性强制性规定解释为管理性强制性规定,用结果去说明原因,因果混淆,本末倒置。"导致的结果是,个案中,法官认为应当否定合同效力时,就说违反的规范是效力性强制规定,应肯定合同效力时,就说违反的是非效力性强制规定。这样,公式化讨论背后,遮蔽了实质性判断理路,可限制私法自治的实质理由,反而隐而不显。"[①] 为了鼓励交易而放宽

---

① 陈甦主编《民法总则评注》,法律出版社 2017 年版,第 1094 页。

法律规则，是对法律规则本质的扭曲，与其如此，不如修改法律规则，使其标准放宽，这样既能无损于法律尊严，也能实现短期目标，使法律精神与现实需要结合起来。但问题在于，在有明确的法律规定的背景下，轻易将其认定为管理性强制性规定，从而否定其对民事法律行为效力的影响，则从根本上损害法律的权威和尊严。

3.《九民纪要》力图纠偏

（1）并非所有的行政管理性质的规定都属于"管理性强制性规定"

针对强制性规定在司法适用中出现的问题，最高人民法院2019年发布的《九民纪要》力图予以矫正，进一步明确了效力性强制性规定的识别、适用原则，以求指导司法实践。《九民纪要》第30条规定："有的人民法院认为凡是行政管理性质的强制性规定都属于'管理性强制性规定'，不影响合同效力。这种望文生义的认定方法，应予纠正。"该条规定进一步界定了效力性强制性规定和管理性强制性规定的区分标准。效力性强制性规定一般包括以下几种情形：强制性规定涉及金融安全、市场秩序、国家宏观政策等公序良俗的；交易标的禁止买卖的，如禁止人体器官、毒品、枪支等买卖；违反特许经营规定的，如场外配资合同；交易方式严重违法的，如违反招投标等竞争性缔约方式订立的合同；交易场所违法的，如在批准的交易场所之外进行期货交易。管理性强制性规定一般是指关于经营范围、交易时间、交易数量等行政管理性质的强制性规定。可见，《九民纪要》将许多行政管理性质的规定纳入效力性强制性规定的范围，限缩了管理性强制性规定的范围，尽量弥补对强制性规定进行分类的缺憾，对于纠正司法实践中的不当做法具有重要指导作用。

值得注意的是，在《民法典合同编通则司法解释》起草过程中，曾在征求意见稿中规定了效力性强制性规定的基本情形。《最高人民法院关于适用〈中华人民共和国民法典〉合同编通则部分的解释》（以下简称《民法典合同编通则司法解释（征求意见稿）》）第17条第2款规定："有下列情形之一的，人民法院应当认定合同因违反效力性强制性规定无效：（一）合同主体违反法律、行政法规关于国家限制经营、特许经营以及禁止经营等强制性规定；（二）合同约定的标的物属于法律、行政法规禁止转让的财产；(三) 合同约定的内容本身违反禁止实施犯罪行为、不得实施侵权行为、不得限制个人基本权利等强制性规定；(四) 交易方式违反法律、行政法规关于应当采用公开竞价方式缔约等强制性规定；(五) 交易场所违反法律、行政法规关于应当集中交易等强制性规定；(六) 合同违反涉及公序良俗的强制性规定的其他情形。"该司法解释的正式文本没有区分效力性强制性规定和管理性强制性规定，因此，上述条款没有成为正式的司法解释文本，但可以作为认定合同效力的参考标准。"该条规定的效力性强制性规定的主要类型，在实践中仍有相当的价值。"[1]

(2) 有些行政管理性质的规定可以作为判断民事法律行为效力的依据

有些行政管理性质的规定是为了维护正常的社会经济秩序而制定的，应当作为判断民事法律行为效力的依据。例如，根据《农村土地承包法》第28条的规定，承包期内调整承包地的，必须经本集体经济组织成员的村民会议三分之二以上成员或者三分之二以上村民代表同意，并报相关主管部门批准。根据相关司法解释的规定，违反上述程序性规定的约定应当认定无效。《最高人民法院关于审理涉及农村土地承包纠纷案件适用法律问题的解释》第5条规定："承包合同中有关收回、调整承包地的约定违反农村土地承包法第二十七条、第二十八条、第三十一条规定的，应当认定该约定无效。"根据《土地管理法》第44条第1款的规定，建设占用土地，涉及农用地转为建设用地的，应当办理农用地转用审批手续。根据《城乡规划法》第38条第2款的规定，以出让方式取得国有土地使用权的建设项目，在依法定程序签订国有土地使用权出让合同后，应当向城市、县人民政府城乡规划主管部门领取建设用地规划许可证。根据《城市房地产管理法》第10条的规定，土地使用权出让，必须符合土地利用总体规划、城市规划和年度建设用地计划。

有观点认为，建筑规划许可是从国家或城市建筑布局等规划角度规定的条件，其规范目的是国家的一般管理秩序，不是合同自由赖以存在的基础，因此并不比合同自由价值位阶更高，因此应排除其对行为效力

---

[1] 曹守晔主编《民法典合同编通则司法解释适用指南》，法律出版社2024年版，第196页。

的影响。① 上述观点并不妥当。土地用途管制和规划管理是取得建设用地使用权并进行建筑活动的基础,违反土地用途管制和规划管理则不能依法取得相应的民事权利。根据《土地管理法》等公法的规定,在某一地块上进行建设应当经过下列法定程序。第一,经批准的建设项目需要使用国有建设用地的,建设单位应当依法向县级以上人民政府自然资源主管部门提出建设用地申请,经自然资源主管部门审查,报本级人民政府批准。② 第二,由城市、县人民政府城乡规划主管部门提出出让地块的位置、使用性质、开发强度等规划条件。以出让方式取得国有土地使用权的建设项目,建设单位在取得建设项目的批准、核准、备案文件和签订国有土地使用权出让合同后,依法定程序向城乡规划主管部门领取建设用地规划许可证。国有土地所有权人依法通过"招拍挂"方式出让国有建设用地使用权,签订国有土地使用权出让合同,政府规划作为土地使用权出让合同的组成部分。没有把规划条件纳入国有土地使用权出让合同的,该合同无效。未确定规划条件的地块,不得出让国有土地使用权。③ 对未取得建设用地规划许可证的建设单位批准用地的,由县级以上人民政府撤销有关批准文件。④ 第三,建设单位应当向工程所在地县级以上人民政府建

---

① 参见耿林《强制规范与合同效力——以合同法第 52 条第 5 项为中心》,中国民主法制出版社 2009 年版,第 220 页。
② 《土地管理法》第 53 条规定:"经批准的建设项目需要使用国有建设用地的,建设单位应当持法律、行政法规定的有关文件,向有批准权的县级以上人民政府自然资源主管部门提出建设用地申请,经自然资源主管部门审查,报本级人民政府批准。"
③ 《城乡规划法》第 38 条规定:"在城市、镇规划区内以出让方式提供国有土地使用权的,在国有土地使用权出让前,城市、县人民政府城乡规划主管部门应当依据控制性详细规划,提出出让地块的位置、使用性质、开发强度等规划条件,作为国有土地使用权出让合同的组成部分。未确定规划条件的地块,不得出让国有土地使用权。以出让方式取得国有土地使用权的建设项目,建设单位在取得建设项目的批准、核准、备案文件和签订国有土地使用权出让合同后,向城市、县人民政府城乡规划主管部门领取建设用地规划许可证。城市、县人民政府城乡规划主管部门不得在建设用地规划许可证中,擅自改变作为国有土地使用权出让合同组成部分的规划条件。"
④ 《城乡规划法》第 39 条规定:"规划条件未纳入国有土地使用权出让合同的,该国有土地使用权出让合同无效;对未取得建设用地规划许可证的建设单位批准用地的,由县级以上人民政府撤销有关批准文件;占用土地的,应当及时退回;给当事人造成损失的,应当依法给予赔偿。"

设行政主管部门申请领取施工许可证。① 第四，如果需要改变原批准的土地用途、建筑密度和容积率等事项，必须依法报经市、县人民政府批准，②签订土地使用权出让合同变更协议或者重新签订土地使用权出让合同，相应调整土地使用权出让金，③ 并按规定补交不同用途和容积率的土地差价，④ 补缴土地差价的标准按照批准调整时的土地市场楼面地价核定。⑤ 可见，确定土地用途和开发强度的土地开发权由土地宏观管理部门行使，其实质是行政许可，是公权力，与所有权等私权利无关。在此基础上，才有土地所有权的行使空间，才发生国有土地使用权的出让，即国有土地使用权进入土地一级市场流转。以合同自由为依据否定公法的管理性强制性规定，实为本末倒置。

（3）有些行政管理性规定不涉及民事法律行为的效力

有些行政管理性质的规定只规定了公法上的责任，并不影响民事法律

---

① 《建筑法》第7条第1款规定："建筑工程开工前，建设单位应当按照国家有关规定向工程所在地县级以上人民政府建设行政主管部门申请领取施工许可证；但是，国务院建设行政主管部门确定的限额以下的小型工程除外。"

② 《土地管理法》第56条规定："建设单位使用国有土地的，应当按照土地使用权出让等有偿使用合同的约定或者土地使用权划拨批准文件的规定使用土地；确需改变该幅土地建设用途的，应当经有关人民政府自然资源主管部门同意，报原批准用地的人民政府批准。其中，在城市规划区内改变土地用途的，在报批前，应当先经有关城市规划行政主管部门同意。"

《城乡规划法》第43条第1款规定："建设单位应当按照规划条件进行建设；确需变更的，必须向城市、县人民政府城乡规划主管部门提出申请。变更内容不符合控制性详细规划的，城乡规划主管部门不得批准。城市、县人民政府城乡规划主管部门应当及时将依法变更后的规划条件通报同级土地主管部门并公示。"

③ 《城市房地产管理法》第18条规定："土地使用者需要改变土地使用权出让合同约定的土地用途的，必须取得出让方和市、县人民政府城市规划行政主管部门的同意，签订土地使用权出让合同变更协议或者重新签订土地使用权出让合同，相应调整土地使用权出让金。"

④ 《国务院关于加强国有土地资产管理的通知》（国发〔2001〕15号）第2条规定："土地使用者需要改变原批准的土地用途、容积率等，必须依法报经市、县人民政府批准。对原划拨用地，因发生土地转让、出租或改变用途后不再符合划拨用地范围的，应依法实行出让等有偿使用方式；对出让土地，凡改变土地用途、容积率的，应按规定补交不同用途和容积率的土地差价。"

⑤ 《国土资源部关于严格落实房地产用地调控政策促进土地市场健康发展有关问题的通知》（国土资发〔2010〕204号）第4条规定："经依法批准调整容积率的，市、县国土资源主管部门应当按照批准调整时的土地市场楼面地价核定应补缴的土地出让价款。"

行为的效力，这些规定比较容易识别。例如，《中药品种保护条例》第23条规定："违反本条例第十七条的规定，擅自仿制中药保护品种的，由县级以上人民政府负责药品监督管理的部门以生产假药依法论处。伪造《中药品种保护证书》及有关证明文件进行生产、销售的，由县级以上人民政府负责药品监督管理的部门没收其全部有关药品及违法所得，并可以处以有关药品正品价格三倍以下罚款。上述行为构成犯罪的，由司法机关依法追究刑事责任。"在我国台湾地区相关学说与实务上，强行法区分为效力规定和取缔规定。违反效力规定的法律行为无效，违反取缔规定的法律行为的效力不受影响，仅使违反一方当事人负公法上的责任。①"取缔规定之强行性，谓'为某某行为者处以某某之罚'，在于其条规定之处罚，不得以当事人之意思排除之，而非在于使该行为为无效。"②违反了某些行政管理性质的规定，只产生公法上的责任，可以由有关机关对当事人实施行政处罚，但不一定宣告合同无效。③如果行政处罚能够实现规范目的，就没有必要认定合同无效，这样有利于保护合同相对人和交易安全。④例如，一家水果店出售种子，出售种子的行为属于超越经营范围的违法经营，应当依法承担相应的责任，但出于保护农户的目的，不宜认定该买卖行为无效。⑤

（四）合理合法地确定"但书条款"的适用范围

对于导致民事法律行为无效的强制性规定的范围应予从严认定，须探究规范目的，权衡法益与制裁，遵循比例原则，始能确定妥当的判断标准。⑥根据《民法典合同编通则司法解释》第16条第1款的规定，如果由行为人承担行政责任或者刑事责任能够实现强制性规定的立法目的，则无须判定民事法律行为无效。"这就在合同效力问题上确定了鼓励交易的最

---

① 参见梁慧星《民法总论》，法律出版社2021年版，第209页。
② 史尚宽：《民法总论》，中国政法大学出版社2000年版，第331页。
③ 参见王利明《论无效合同的判断标准》，载《法律适用》2012年第7期。
④ 参见韩世远《合同法总论》，法律出版社2008年版，第152页。
⑤ 参见黄薇主编《中华人民共和国民法典总则编释义》，法律出版社2020年版，第408页。
⑥ 参见梁慧星《民法总论》，法律出版社2021年版，第210页。

基本价值取向。"① 除了鼓励交易之外，这一规定还考虑了比例原则的运用。"比例原则要求目的和手段应成比例，如果对违反公法上强制性规定的行为人课以公法责任，就能够实现该强制性规定的立法目的，那么就没有必要再去将当事人之间的合同认定为无效，否则，对行为人违法行为的处理就过重，且影响了守法一方的合法权益。"② 当事人一方被追究刑事责任的，不一定影响民事法律行为的效力。例如，最高人民法院（2019）最高法民申2442号民事裁定认为，黄某辉作为担保人在借条上签名，应当清楚其可能产生的法律后果和应当承担的责任。虽然诉争借款汇入陈某峰系列诈骗所使用的账户，并且陈某峰已经因刑事诈骗犯罪被追究刑事责任，但尚无证据证明本案民间借贷法律关系的其他当事人涉嫌参与陈某峰刑事诈骗犯罪，本案借款虽涉及诈骗犯罪，但当事人之间所签订的民间借贷合同及保证合同系当事人的真实意思表示，不违反法律行政法规的强制性规定，应认定为合法有效。

《民法典合同编通则司法解释》第16条第1款规定："合同违反法律、行政法规的强制性规定，有下列情形之一，由行为人承担行政责任或者刑事责任能够实现强制性规定的立法目的的，人民法院可以依据民法典第一百五十三条第一款关于'该强制性规定不导致该民事法律行为无效的除外'的规定认定该合同不因违反强制性规定无效：（一）强制性规定虽然旨在维护社会公共秩序，但是合同的实际履行对社会公共秩序造成的影响显著轻微，认定合同无效将导致案件处理结果有失公平公正；（二）强制性规定旨在维护政府的税收、土地出让金等国家利益或者其他民事主体的合法利益而非合同当事人的民事权益，认定合同有效不会影响该规范目的的实现；（三）强制性规定旨在要求当事人一方加强风险控制、内部管理等，对方无能力或者无义务审查合同是否违反强制性规定，认定合同无效将使其承担不利后果；（四）当事人一方虽然在订立合同时违反强制性规

---

① 王利明、朱虎：《〈民法典〉合同编通则司法解释的亮点与创新》，载《法学家》2024年第1期。
② 王利明、朱虎主编《民法典合同编通则司法解释释评》，中国人民大学出版社2024年版，第182页。

定，但是在合同订立后其已经具备补正违反强制性规定的条件却违背诚信原则不予补正；（五）法律、司法解释规定的其他情形。"据此，不导致合同无效的强制性规定包括几种情形，分述如下。

1. 基于比例原则认定合同有效

《民法典合同编通则司法解释》第 16 条第 1 款第 1 项规定："强制性规定虽然旨在维护社会公共秩序，但是合同的实际履行对社会公共秩序造成的影响显著轻微，认定合同无效将导致案件处理结果有失公平公正。"上述规定是比例原则在合同无效场景的适用。"这是比例原则在民法上的适用，也与《刑法》第 13 条关于'情节显著轻微危害不大的，不认为是犯罪'的规定具有内在的一致性。"① 合同无效的均衡性是指需要综合衡量合同无效所需保护的社会利益与认定合同无效带来的不利影响，如果两者比例失当，便无须对合同效力进行限制。需要考察违反强制性规定的社会后果是否严重，以及是否应当通过否定合同效力来避免或减轻不良影响。②"比例原则完全可以扩展到公法与私法交接的领域，也可以扩展到私法领域。在认定违反强行法的法律行为是否有效时，应严格适用比例原则。因为这一领域往往涉及交易秩序和安全，而不仅仅是针对个人的利益。"③

2. 旨在维护国家利益或者第三人利益的强制性规定不影响合同效力

《民法典合同编通则司法解释》第 16 条第 1 款第 2 项规定："强制性规定旨在维护政府的税收、土地出让金等国家利益或者其他民事主体的合法利益而非合同当事人的民事权益，认定合同有效不会影响该规范目的的实现。"上述规定可以适用于特殊情形，比如就划拨的土地使用权而言，未缴纳土地使用权出让金的，不影响抵押合同的效力，也不影响抵押权的设立，但在实现抵押权时，应当优先缴纳土地使用权出让金。2019 年修正的《城市房地产管理法》第 51 条规定："设定房地产抵押权的土地使用权

---

① 最高人民法院民事审判第二庭、研究室编著《最高人民法院民法典合同编通则司法解释理解与适用》，人民法院出版社 2023 年版，第 30 页。
② 参见石佳友、付一耀主编《民法典合同编通则司法解释释评与案例指引》，中国法制出版社 2024 年版，第 115 页。
③ 谢鸿飞：《论法律行为生效的"适法规范"——公法对法律行为效力的影响及其限度》，载《中国社会科学》2007 年第 6 期。

是以划拨方式取得的，依法拍卖该房地产后，应当从拍卖所得的价款中缴纳相当于应缴纳的土地使用权出让金的款额后，抵押权人方可优先受偿。"《民法典担保制度司法解释》第50条规定："抵押人以划拨建设用地上的建筑物抵押，当事人以该建设用地使用权不能抵押或者未办理批准手续为由主张抵押合同无效或者不生效的，人民法院不予支持。抵押权依法实现时，拍卖、变卖建筑物所得的价款，应当优先用于补缴建设用地使用权出让金。当事人以划拨方式取得的建设用地使用权抵押，抵押人以未办理批准手续为由主张抵押合同无效或者不生效的，人民法院不予支持。已经依法办理抵押登记，抵押权人主张行使抵押权的，人民法院应予支持。抵押权依法实现时所得的价款，参照前款有关规定处理。"据此，无论是以划拨建设用地使用权抵押，还是以划拨建设用地上的建筑物抵押，都不能认定抵押权合同无效或者不生效，也不能认定抵押权未设立。在实现抵押权时，应当优先缴纳土地使用权出让金。

值得注意的是，《民法典合同编通则司法解释》第16条第1款第2项规定的适用范围应有所限制，应进行目的性限缩解释，即可以适用法律规定的特殊情形，在没有法律特殊规定时，应无适用空间，否则将损害国家利益或者其他民事主体合法权益。就一般情形而言，上述规定并不符合诚实信用原则。诚实信用原则涉及两重利益关系，即当事人之间的利益关系和当事人与社会之间的利益关系。诚实信用原则的目标，是要在这两重利益中实现平衡。在当事人之间的利益关系中，诚实信用原则要求尊重他人利益，不得损人利己。在当事人与社会的利益关系中，诚实信用原则要求当事人不得通过自己的活动损害国家利益、社会利益或者第三人利益，必须以符合其社会经济目的的方式行使自己的权利。[①] 诚实信用原则为君临民法全法域的帝王规则，应予遵循，除法律规定的特殊情形外，不得随意贬损诚实信用原则的指导地位。

3. 旨在要求当事人一方承担义务的强制性规定不影响合同效力

《民法典合同编通则司法解释》第16条第1款第3项规定："强制性

---

① 参见梁慧星《民法总论》，法律出版社2021年版，第283页。

规定旨在要求当事人一方加强风险控制、内部管理等，对方无能力或者无义务审查合同是否违反强制性规定，认定合同无效将使其承担不利后果。"一般来说，法律关于相关主体加强风险防控、内部管理的强制性规定，只有相关主体知道其是否违反强制性规定，与其交易的相对人一般不会知道，也无能力或者无义务审查合同是否违反强制性规定，如果认定合同无效将使其承担不利后果，则应将该强制性规定认定为不影响合同效力的强制性规定。"从当事人权利义务公平而言，此种强制性规定仅关涉合同一方当事人的内部管理，对方当事人在交易时难以审查，若认定合同无效对对方当事人而言风险过大，实际上将一方当事人的违法行为不合理地分摊至双方承担，不符合公平原则。"[1]例如，《城市房地产管理法》第45条第1款规定："商品房预售，应当符合下列条件：（一）已交付全部土地使用权出让金，取得土地使用权证书；（二）持有建设工程规划许可证；（三）按提供预售的商品房计算，投入开发建设的资金达到工程建设总投资的百分之二十五以上，并已经确定施工进度和竣工交付日期；（四）向县级以上人民政府房产管理部门办理预售登记，取得商品房预售许可证明。"上述第3项规定属于对开发商一方风险控制和内部管理的规定，对于开发商是否满足这一要求，购房人并无审查的义务和能力。因此，不能因开发商违反上述规定而认定商品房买卖合同无效，否则将严重损害购房人的合法权益，并且影响市场交易秩序。[2]

再比如，《商业银行法》第39条第1款规定："商业银行贷款，应当遵守下列资产负债比例管理的规定：（一）资本充足率不得低于百分之八；（二）流动性资产余额与流动性负债余额的比例不得低于百分之二十五；（三）对同一借款人的贷款余额与商业银行资本余额的比例不得超过百分之十；（四）国务院银行业监督管理机构对资产负债比例管理的其他规定。"《最高人民法院关于信用社违反商业银行法有关规定所签借款合同是

---

[1] 石佳友、付一耀主编《民法典合同编通则司法解释释评与案例指引》，中国法制出版社2024年版，第116页。
[2] 参见王利明、朱虎主编《民法典合同编通则司法解释释评》，中国人民大学出版社2024年版，第188页。

否有效的答复》中明确，《商业银行法》第39条是关于商业银行资产负债比例管理方面的规定。它体现了中国人民银行更有效地强化对商业银行（包括信用社）的审慎监管，商业银行（包括信用社）应当依据该条规定对自身的资产负债比例进行内部控制，以实现营利性、安全性和流动性的经营原则。商业银行（包括信用社）所进行的民事活动如违反该规定的，人民银行应按照商业银行法的规定进行处罚，但不影响其从事民事活动的主体资格，也不影响其所签订的借款合同的效力。[①]

4. 当事人一方违背诚信原则的不作为不影响合同效力

《民法典合同编通则司法解释》第16条第1款第4项规定："当事人一方虽然在订立合同时违反强制性规定，但是在合同订立后其已经具备补正违反强制性规定的条件却违背诚信原则不予补正。"据此，当事人一方在订立合同时违反强制性规定，如果合同订立后具备了补正条件，则应予补正，但是，如果具备补正条件的当事人违反诚实信用原则不予补正，却以合同违反强制性规定为由主张合同无效，人民法院不予支持。"如果一方自身违法并主张无效，此时法院需要考虑合同能否补正及合同无效的正当性，以避免当事人利用违法无效制度攫取不正当利益。特别还需要考虑，如果某一强制性规定规制的仅是一方当事人，在认定法律行为效力时要避免其通过违法无效将责任转嫁给双方当事人。"[②]

违反诚信原则，不办理审批手续，而以未办理审批手续为由，主张认定合同无效，为其典型。"开发商未取得预售许可证明即签订商品房买卖合同，但在合同订立后，其已经具备申请预售许可证明的条件，却违背诚实信用原则不向行政管理部门提交申请，而是因房价上涨受利益的驱动主张合同无效，就不应获得支持。未取得商品房预售许可证明，开发商销售房屋，应受到房产管理部门的行政处罚，但签订的预售合同，并不当然无

[①] 参见曹守晔主编《民法典合同编通则司法解释适用指南》，法律出版社2024年版，第194页。

[②] 石佳友、付一耀主编《民法典合同编通则司法解释释评与案例指引》，中国法制出版社2024年版，第117页。

效。"① 例如，陕西省西安市中级人民法院（2018）陕01民终8145号民事判决认为，闻某公司在自身合同目的已经实现的情形下，非但不积极履行合同义务，面对房地产市场出现价格上涨，反而主张合同无效的做法，显然违背诚实信用原则。闻某公司签约时未取得商品房预售许可证，虽然违反了有关法律的强制性规定，但并不必然导致其签订的购房合同无效。闻某公司以自身原因造成的法律事实为由提起诉讼，其真正目的在于获取超出合同预期的更大利益，对此行为不应予以支持。该案是人民法院弘扬社会主义核心价值观十大典型民事案例之一，明确强调对于恶意抗辩不予支持，对类似案件具有重要的参考意义。②

《最高人民法院关于审理建设工程施工合同纠纷案件适用法律问题的解释（一）》第3条第2款规定："发包人能够办理审批手续而未办理，并以未办理审批手续为由请求确认建设工程施工合同无效的，人民法院不予支持。"上述规定旨在针对当事人一方违背诚信原则的不作为的效力作出否定性评价。"发包方故意不予办理相关手续，其主观恶意明显，违背了合同法严守合同约定、全面履行合同以及诚信等基本原则……对发包人恶意反悔获利的行为作出了否定性评价，规定了不予支持发包人恶意主张合同无效的请求。"③例如，最高人民法院（2021）最高法民终695号民事判决认为，沈阳某公司主张案涉合同无效的主要理由是案涉工程未取得建设工程规划许可证。虽然案涉工程未办理建设工程规划许可证，但是办理该规划许可证是发包人沈阳某公司的法定义务，沈阳某公司以自己未履行法定义务为由主张案涉合同无效，违反诚实信用原则。因此，沈阳某公司的该项主张缺乏法律依据。

5. 法律、司法解释规定的其他不影响合同效力的情形

《民法典合同编通则司法解释》第16条第1款第5项规定："法律、

---

① 曹守晔主编《民法典合同编通则司法解释适用指南》，法律出版社2024年版，第203页。
② 参见曹守晔主编《民法典合同编通则司法解释适用指南》，法律出版社2024年版，第204页。
③ 最高人民法院民事审判第一庭编著《最高人民法院新建设工程施工合同司法解释（一）理解与适用》，人民法院出版社2021年版，第46页。

司法解释规定的其他情形。"上述规定的"法律、司法解释规定的其他情形"属于引致性规定,"其可引致至民法典等法律规定,也为将来司法解释归纳不导致合同无效的司法共识情形留下空间"。①上文指出,《民法典》第 153 条第 1 款作为引致规范,既可以引致到公法规范,也可以引致到私法规范。对于引致到公法规范,学界没有争议。对于引致到私法规范,也应当没有疑问。例如,《民法典》第 706 条规定:"当事人未依照法律、行政法规规定办理租赁合同登记备案手续的,不影响合同的效力。"《民法典担保制度司法解释》第 37 条第 2 款规定:"……抵押人以抵押权设立时财产被查封或者扣押为由主张抵押合同无效的,人民法院不予支持。"

（五）应当合理适用法律、行政法规以外的规范性文件的强制性规定

1. 排除法律、行政法规以外的规范性文件的适用不能矫枉过正

根据《民法典》第 153 条第 1 款的规定,判定民事法律行为无效的依据是法律和行政法规,从而排除了法律、行政法规以外的规范性文件的适用。之所以将行政规章与地方性法规排除在外,主要是为了防止过度的行政管制导致民事法律行为无效现象泛滥,危害交易安全。②如此限定作为裁判依据的强制性规定的范围,是否矫枉过正,不无疑问。③

我国的法律体系包括宪法、法律、行政法规、地方性法规、行政规章等综合体系,不仅法律、行政法规需要遵守,其他规范性文件也应予以遵守,否则其他规范性文件的存在价值便值得怀疑。即使对民事法律行为的效力进行评价,也不应当完全否定其他法律规范的效力。排除法律、行政法规以外的规范性文件对民事法律行为效力的影响,是基于我国行政权不当干预的现实而采取的实用主义做法,但与《立法法》存在冲突。④实践中广泛存在的闲置甚至否定法律和行政法规以外的法律规范具体规定的做法是对民事法律行为效力评价标准的矫枉过正,并不妥当。"法律、行政

---

① 石佳友、付一耀主编《民法典合同编通则司法解释释评与案例指引》,中国法制出版社 2024 年版,第 117 页。
② 参见王利明《论无效合同的判断标准》,载《法律适用》2012 年第 7 期。
③ 参见朱庆育《〈合同法〉第 52 条第 5 项评注》,载《法学家》2016 年第 3 期。
④ 参见谢鸿飞《合同法学的新发展》,中国社会科学出版社 2014 年版,第 225 页。

法规不可能强制所有需要强制的事项，地方性法规、行政规章中的强制性规定也未必都背离正义与理性，简单地'一刀切'不仅从根本上否定了地方性法规和行政规章的法源性，而且也难以使私法审判担当起匡扶社会正义的使命。"[1] 法律、行政法规以外的规范性文件一般是根据《立法法》规定的程序制定和颁布的，不仅具有一定的科学性、合理性，而且具有法律的强制性，因此应当秉持必要的敬畏和尊重，不能太随意、太任性，以一纸裁判否定其对民事法律行为效力的影响，并不具有正当性。问题的要害在于，如此裁判将使《立法法》处于尴尬境地，危及整个立法秩序。而且几个合议庭成员的合议轻易否定根据立法程序制定的规范性文件的适用，其妥当性值得怀疑。因此，应当对法律、行政法规以及其他规范性文件进行体系化解读，避免孤立、静止、片面地理解和适用法律规则。

2. 应当对规范性法律文件进行体系化解读

关于法律、行政法规以外的规范性文件对于民事法律行为效力的影响，应具体分析，不能笼统地认为违反其规定的民事法律行为有效，也就是说，不能认为该规定对民事法律行为效力没有影响，一般应区分为以下几种情形。第一，如果地方性法规等规范性文件是根据上位法制定的，但上位法规定的比较抽象，地方性法规等规范性文件作出了具体规定，可以依照上位法确认合同的效力，地方性法规等规范性文件作为确认合同效力的参考。第二，如果地方性法规等规范性文件是根据上位法授权作出的解释，那么可以认定地方性法规等规范性文件体现了上位法精神，可以将其理解为上位法，因此，可以作为确认合同效力的依据。第三，如果地方性法规等规范性文件的制定，旨在保护国家和社会公共利益，可以以损害国家和社会公共利益为由，依据合同法有关规定确认合同无效。[2] 也就是说，有些规范性文件可能是法律、行政法规相关规定的具体化，有些规范性文件可能体现了公序良俗，在此情形下，不能轻易否定该等规范性文件对民事法律行为效力的影响，而应进行合理适用。例如，根据《中华人民共和

---

[1] 孙鹏：《论违反强制性规定行为之效力——兼析〈中华人民共和国合同法〉第52条第5项的理解与适用》，载《法商研究》2006年第5期。

[2] 参见王利明《合同法新问题研究》，中国社会科学出版社2011年版，第338页。

国标准化法》（以下简称《标准化法》）第 12 条第 2 款的规定，行业标准由国务院有关行政主管部门制定，报国务院标准化行政主管部门备案。但《标准化法》第 2 条第 3 款规定："强制性标准必须执行。国家鼓励采用推荐性标准。"《标准化法》第 25 条规定："不符合强制性标准的产品、服务，不得生产、销售、进口或者提供。"据此，强制性国家标准可以与该条禁止性法律规定组合适用，违反强制性国家标准的民事法律行为也应依据《民法典》第 153 条第 1 款认定无效。①

在《民法典合同编通则司法解释》起草过程中，该司法解释征求意见稿曾经对地方性法规、行政规章的强制性规定作出相应的规定。《民法典合同编通则司法解释（征求意见稿）》第 19 条规定："合同违反地方性法规、行政规章的强制性规定，经审查，地方性法规、行政规章的强制性规定系为了实施法律、行政法规的强制性规定而制定的具体规定，人民法院应当依据民法典第一百五十三条第一款规定认定合同效力。除前款规定的情形外，当事人以合同违反地方性法规、行政规章的强制性规定为由主张合同无效的，人民法院不予支持。但是，合同违反地方性法规、行政规章的强制性规定导致违背公序良俗的，人民法院应当依据民法典第一百五十三条第二款规定认定合同无效。"对于该条没有形成足够的共识，最终该条没有成为正式的司法解释条文。上述规定具有参考意义，值得重视。

3. 个案裁判割裂了法律体系的内在联系

在适用强制性规定时，不能拘泥于法律、行政法规的字面意思，而应把握其本质内涵。有些低位阶的规范性法律文件是法律、行政法规强制性规定的具体化，可以作为判断民事法律行为效力的依据。关于同一律师事务所的律师分别代理同一案件的双方当事人是否构成双方代理存在争议。在司法实践中，许多裁判持否定观点，其理由是该种情形并没有违反法律、行政法规的强制性规定，因此其代理行为并非无效。例如，最高人民法院（2014）民申字第 898 号裁定认为，《律师法》第 39 条规定"律师不得在同一案件中为双方当事人担任代理人"，但并未对同一律师事务所不

---

① 参见杨代雄《〈民法典〉第 153 条第 1 款评注》，载《法治研究》2020 年第 5 期。

同律师的代理权限作出限制，故该代理行为并未违反法律禁止性规定。最高人民法院（2016）民申字第 3404 号裁定认为，《律师法》第 39 条仅规定了律师不得在同一案件中为双方当事人担任代理人，而并未就同一律师事务所的不同律师不得担任争议双方当事人的代理人作出禁止性规定。《律师执业行为规范》第 50 条第 5 项虽然规定在民事诉讼、行政诉讼、仲裁案件中，同一律师事务所的不同律师担任争议双方当事人的代理人的，律师事务所不得与当事人建立或维持委托关系，但该文件是全国律师协会制定的行业性规范，而不属于法律、行政法规的强制性规定，故杨某某主张双方的代理律师由同一律师事务所的不同律师担任严重违反法律规定，原审法院剥夺了当事人辩论权利的理由因缺乏事实与法律依据，不能成立。

上述裁定并不妥当，理由在于没有对法律和相关规范性文件进行体系化解读，割裂了法律规范之间的内在联系。《律师法》第 25 条第 1 款规定："律师承办业务，由律师事务所统一接受委托，与委托人签订书面委托合同，按照国家规定统一收取费用并如实入账。"据此，委托代理合同的当事人是律师事务所，具体律师并不是合同当事人，因此，同一律师事务所与同一案件的双方当事人签订委托代理合同，该律师事务所成为双方当事人的代理人，构成双方代理。不仅落入《律师执业行为规范》第 50 条第 5 项的调整范围，也落入《律师法》第 25 条第 1 款的调整范围，因此，应当认定构成双方代理。根据《民法典》第 168 条第 2 款的规定，代理人不得以被代理人的名义与自己同时代理的其他人实施民事法律行为。在此情形下，应当同时引用《民法典》第 153 条第 1 款、第 168 条第 2 款和《律师法》第 25 条第 1 款的规定，认定双方代理行为无效。其法理基础在于，如果同一律师事务所的律师可以代理同一案件的双方当事人，则可能由律师事务所协调确定本案裁判的走向，有架空裁判机构之嫌，严重损害法律权威和司法公信力。可见，想当然地排除法律和行政法规以外的规范性文件关于法律行为效力的规定是不妥当的，是对立法本意的误读，应予矫正。正确的做法是：当法律和行政法规以外的规范性文件的相关规定与其上位法没有抵触时，其规定的效力不能被否定，可以作为裁判的说理部分，以其上位法为裁判依据；当法律和行政法规以外的规范性文件的相关规定与其上位法相抵触时，裁判可以否定其效力，并且不以其为裁判依据。

五　违背公序良俗的民事法律行为无效

(一) 公序良俗条款具有兜底功能

《民法典》第 153 条第 2 款规定："违背公序良俗的民事法律行为无效。"违背公序良俗的行为包括两类，即违背公共秩序的民事法律行为和违背善良风俗的民事法律行为。《民法典》第 153 条第 2 款将公序良俗条款规定为兜底条款，提升了其在法律行为效力认定上的地位，对原《合同法》第 52 条的规定进行了实质性变革，应予足够重视。可以说，经过法律制度的演进，实现了公序良俗条款的价值回归，确立了其兜底条款的功能，对于认定民事法律行为的效力具有重要意义。"法律规定并不可能涵盖无余，因此，《民法典》第 153 条第 2 款可以发挥兜底性的作用。只要民事法律行为危害了公共秩序，即使没有现行的法律规定，也应当被宣告无效。"[1] 针对公序良俗条款的适用，理论和实务上存在不同程度的认识误区，误以为公序良俗条款具有抽象性，因此限制甚至搁置该条款，这种认识并不妥当，应当重视公序良俗条款的兜底功能，强化其适用而不是限制其适用。

公序良俗条款具有限制私法自治的功能，违背公序良俗成为决定法律行为无效的重要原因。公序良俗条款为授权性规定，遇有损害国家利益、社会公益和社会道德秩序的行为，而又缺乏相应的禁止性规定时，法院可以违背公序良俗为由判决该行为无效。[2] 在法律没有对规范的后果作出明确规定时，应当将公序良俗作为检验某一规范是否为强制性规范的重要依据。以公序良俗限制私法自治的范围，是罗马法以来公认的原则。例如，在德国法上，善良风俗能够对私法自治起到限制作用，即否认与其相悖、偏离法律共同体伦理基础的法律行为的效力，从而捍卫法律秩序的基本价值。如果某一法律强制性规范没有设定法律后果，但违反该规范将违背公

---

[1] 王利明：《民法总则》，中国人民大学出版社 2022 年版，第 343 页。
[2] 参见梁慧星：《民法总则》，法律出版社 2021 年版，第 211 页。

序良俗的话，也可认定该规范是效力性规范。①

（二）公序良俗条款的司法适用的基本标准

《民法典合同编通则司法解释》第17条第1款规定："合同虽然不违反法律、行政法规的强制性规定，但是有下列情形之一，人民法院应当依据民法典第一百五十三条第二款的规定认定合同无效：（一）合同影响政治安全、经济安全、军事安全等国家安全的；（二）合同影响社会稳定、公平竞争秩序或者损害社会公共利益等违背社会公共秩序的；（三）合同背离社会公德、家庭伦理或者有损人格尊严等违背善良风俗的。"据此，本款将《民法典》第153条第2款明确规定为兜底条款，在缺乏法律、行政法规的强制性规定时，可以援引公序良俗条款否定合同效力。也就是说，在适用《民法典》第153条时，应优先适用第1款，只有在不能适用第1款时，才根据第2款判断合同效力。②本款对公序良俗条款的适用进行了类型化规定，具体违反公序良俗条款的情形包括以下几种。第一，影响国家安全的情形。所谓国家安全主要包括政治安全、经济安全和军事安全等。第二，违背社会公共秩序的情形。所谓违背公共秩序主要是指影响社会稳定、公平竞争秩序或者损害社会公共利益等情形。第三，违背善良风俗的情形。所谓违背善良风俗主要是指背离社会公德、家庭伦理或者有损人格尊严等情形。就违背家庭伦理的行为而言，它与婚姻家庭的本质和一般观念相冲突，应认定无效。典型的情形如代孕合同，一方面颠覆关于亲子关系的伦理观，另一方面将孕母的生殖功能商业化，有损人的基本尊严。③例如，北京市第二中级人民法院（2023）京02民终2949号民事判决认为，结合款项的发生时间以及张某与关某晶之间的特殊关系，一审法院认定55500元系关某晶向张某的赠与这一事实存在高度盖然性，双方形成赠与合同关系，处理亦无不当，本院予以确认。因前述款项属于关某晶与孙某雷的夫妻共同财产，关某晶与张某于婚外情期间发生的赠与合同关系有悖公序

---

① 参见王利明《论无效合同的判断标准》，载《法律适用》2012年第7期。
② 参见王利明《论合同违背公序良俗——以〈合同编解释〉第17条为中心》，载《求是学刊》2024年第3期。
③ 参见杨代雄《民法总论》，北京大学出版社2022年版，第383页。

良俗，该合同当属无效。合同无效后，因无效合同取得的财产应予返还。

《民法典合同编司法解释》第17条第2款规定："人民法院在认定合同是否违背公序良俗时，应当以社会主义核心价值观为导向，综合考虑当事人的主观动机和交易目的、政府部门的监管强度、一定期限内当事人从事类似交易的频次、行为的社会后果等因素，并在裁判文书中充分说理。当事人确因生活需要进行交易，未给社会公共秩序造成重大影响，且不影响国家安全，也不违背善良风俗的，人民法院不应当认定合同无效。"据此，在第1款对公序良俗进行了类型化处理的基础上，本款进一步采取了动态系统论的方法，为人民法院认定公序良俗提供了指引。适用动态系统论需要考量当事人的主观动机和交易目的等因素，同时需要遵循比例原则。[①] 适用公序良俗条款时，首先应以社会主义核心价值观为导向，其次需要综合考虑当事人的主观动机、交易目的等因素，最后考虑不认定无效不会给社会公共秩序造成重大影响，也不违背善良风俗的，可以不认定无效。[②]

（三）公序良俗条款是与强制性规定并列的裁判规范

对于违反强制性规定与违反公序良俗的关系，存在一元化和二元化两种立法模式。"法国、意大利、奥地利和瑞士将两者作一元化的处理，适用时不加细分；德国、日本则奉行二元化的立场，在立法上分别规定违反强制性规定和违反公序良俗。"[③] 我国《民法典》第153条第1款规定了违反强制性规定的法律行为无效，第2款规定了违背公序良俗的民事法律行为无效，两个条款是并列关系，属于裁判规范，可见我国《民法典》属于二元化的立法模式。"当民事法律行为具有违反法律、行政法规强制性规定或者违背公序良俗情形的，法院或者仲裁机构可以依据本条规定确认该行为无效。"[④]

[①] 参见王利明《论合同违背公序良俗——以〈合同编解释〉第17条为中心》，载《求是学刊》2024年第3期。
[②] 参见石佳友、付一耀主编《民法典合同编通则司法解释释评与案例指引》，中国法制出版社2024年版，第120页。
[③] 孙鹏：《论违反强制性规定行为之效力——兼析〈中华人民共和国合同法〉第52条第5项的理解与适用》，载《法商研究》2006年第5期。
[④] 黄薇主编《中华人民共和国民法典总则编释义》，法律出版社2020年版，第407页。

第八章　民事法律行为

在适用强制性规定和公序良俗条款判断民事法律行为效力时，应对二者进行综合考量，避免厚此薄彼。在强制性规定和公序良俗条款适用的关系上，应当首先适用强制性规定，只有在不存在强制性规定时，才能适用公序良俗条款。[①] 公序良俗条款具有填补功能，既不应弃之不用，也不应限缩其适用。一般而言，违反强制性规定的民事法律行为一般都违反公序良俗，但违反公序良俗的民事法律行为并不一定违反强制性规定，因此，二者基本属于包含与被包含的关系。也就是说，公序良俗条款的范围一般大于强制性规定的范围。强制性规定和公序良俗条款都以维护国家利益、公共利益为目标，因而二者之间存在相互交融现象。一方面，大量的公序良俗内容通过强制性规定来体现，甚至绝大多数强制性规定都旨在维护公共秩序和公共利益；另一方面，广义的违法也包括违背公序良俗。[②] 有鉴于此，对于没有被强制性规定包含的那部分公序良俗应予高度重视，实际上，本来意义上的公序良俗主要指这部分内容。因此，不能忽视这部分内容的存在，应当重视公序良俗条款的适用。

在判断民事法律行为效力时，不能片面地强调强制性规定的适用，而应当同时强调公序良俗条款的适用。"同强制性规定一样，公序良俗也体现了国家对民事领域意思自治的一种限制。因此，对公序良俗的违背也构成民事法律行为无效的理由。"[③] 法律设立公序良俗条款的目的就是对意思自治进行必要的限制，因此应当注意公序良俗条款的适用，不能虚化或闲置公序良俗条款，不能使之沦为僵尸条款。"无论是公序良俗，还是强制性规定，都表现为对私法自治的干预和限制，属于当事人之间法律行为的效力评价标准。"[④] 因此，应当对《民法典》第153条进行体系化解读，不能割裂二者的关系，尤其不能以合同自由或鼓励交易为由拒绝适用公序良

[①] 参见最高人民法院民二庭编著《〈全国法院民商事审判工作会议纪要〉理解与适用》，人民法院出版社2019年版，第256页。
[②] 参见王利明《论合同违背公序良俗——以〈合同编解释〉第17条为中心》，载《求是学刊》2024年第3期。
[③] 黄薇主编《中华人民共和国民法典总则编释义》，法律出版社2020年版，第409页。
[④] 王利明：《论合同违背公序良俗——以〈合同编解释〉第17条为中心》，载《求是学刊》2024年第3期。

俗条款，合同自由原本就是法律规定和公序良俗范围内的自由，而不是绝对自由。"将公序良俗作为法律行为的一个限度，表明国家授权法官对重大道德事务的判断权，体现了国家对社会价值的尊重，是自由主义'道德中立'理念的例外。"①

有观点认为，在法律适用的关系上，强制性规定是公序良俗条款的特别法，应当对公序良俗条款予以目的性限缩，以便充分发挥强制性规定的作用。倘若把这两项规定置于同等地位看待，会导致规范上的矛盾或法律在客观上被搁置的结果，违反法律体系上的逻辑性。② 笔者认为，上述观点并不妥当，理由如次。第一，《民法典》第 153 条第 1 款和第 2 款的内容是并列关系，应当将两项规定置于同等地位对待，不能厚此薄彼，这是法律规定的题中应有之义。第二，公序良俗条款是兜底条款，是强制性规定以外的重要条款，应当充分发挥其兜底条款的功能。根据《民法典》第 153 条的规定，在判断法律行为的效力时，不仅应判断其是否违反法律的强制性规定，也应判断其是否违背公序良俗。如妻子要求丈夫承诺"今后不单独进行业务旅行或娱乐旅行"，此项承诺旨在防止丈夫实施有害婚姻的行为，以维护婚姻。也就是说，双方当事人的意图在道德上是无可厚非的。尽管如此，法院认为这一承诺是违反公序良俗的。法院认为，对丈夫的行动自由作出这样的限制，违背了婚姻的道德本质。③ "社会生活类型众多，经济往来方式繁杂，法律和行政法规的强制性规定不可能将一切有可能损害国家利益或社会公共利益的情况都罗列无遗。如果合同行为存在有其他损害国家利益或社会公共利益情形的，也应归于无效。"④

（四）法律、行政法规以外的规范性文件可能包含公序良俗的内容

法律、行政法规的强制性规定并不是判断民事法律行为效力的唯一依据，公序良俗也是判断民事法律行为效力的重要依据。一般来说，规章等

---

① 谢鸿飞：《合同法学的新发展》，中国社会科学出版社 2014 年版，第 231 页。
② 参见耿林《强制规范与合同效力——以合同法第 52 条第 5 项为中心》，中国民主法制出版社 2009 年版，第 115 页。
③ 参见〔德〕梅迪库斯《德国民法总论》，邵建东译，法律出版社 2001 年版，第 515 页。
④ 王轶：《论合同行为的一般生效条件》，载《法律适用》2012 年第 7 期。

规范性法律文件的目的在于维护公序良俗，违法行为通常违反公共秩序。[1] 行政规章也可能体现公共利益，完全排除行政规章对合同效力的影响，在实践中有架空国家管制目的的危险。[2] 当民事法律行为违反上述规范性文件的相关规定时，可以通过适用公序良俗条款认定该行为无效。[3] 所谓相关规定，一般是指其内容涉及金融安全、市场秩序、国家宏观政策等公序良俗，违反相关规定的民事法律行为，应当以违背公序良俗为由认定无效。这些相关规定一般是指强制性规定，否则不发生违背公序良俗的问题。[4] 对于法律、行政法规以外的规范性文件的强制性规定，人民法院不能一概否定，而应根据公序良俗原则予以考量——这些规定是否符合法律和行政法规的立法目的，是否有利于社会公共利益和经济秩序的维护，并以此判断违反其强制性规定的民事法律行为是否违背公序良俗。"违反地方性法规和部门规章只能作为判断法律行为是否违背公序良俗的参考因素。在考虑违反地方性法规和部门规章是否导致合同无效时，需要通过比对《合同编解释》第17条规定的三种类型，确定是否符合违背公序良俗的何种类型，且需要适用动态系统论，对法定要素进行综合考虑。"[5] 例如，根据中国人民银行发布的《境内机构对外担保管理办法》，某些对外担保无效，虽然该管理办法属于行政规章，但其立法目的在于维护国家利益和公共秩序，对于违反该管理办法而实施的对外担保行为，应当以其违背公序良俗为由认定无效。[6] 最高人民法院（2008）民提字第61号判决认为："在法律、行政法规没有规定，而相关行政主管部门制定的行政规章涉及到社会公共利益保护的情形下，可以参照适用其规定，若违反其效力性禁止性规定，可以以违反《中华人民共和国合同法》第五十二条第（四）项的规定，以

---

[1] 参见李永军《合同法》，法律出版社2010年版，第334页。
[2] 参见谢鸿飞《论法律行为生效的"适法规范"——公法对法律行为效力的影响及其限度》，载《中国社会科学》2007年第6期。
[3] 参见朱广新《合同法总则》，中国人民大学出版社2012年版，第274页。
[4] 参见最高人民法院民二庭编著《〈全国法院民商事审判工作会议纪要〉理解与适用》，人民法院出版社2019年版，第256页。
[5] 王利明：《论合同违背公序良俗——以〈合同编解释〉第17条为中心》，载《求是学刊》2024年第3期。
[6] 参见崔建远主编《合同法》，法律出版社2010年版，第107页。

损害社会公共利益为由确认合同无效。"上述观点值得赞同。

就法律、行政法规以外的规范性文件而言,有些是法律、行政法规规则的具体化,有些体现了公序良俗,属于公序良俗的"公序"部分,司法实践轻易否定其效力似乎并不妥当。也就是说,该等规范性法律文件虽然不符合法律和行政法规的规格,但符合公序良俗的规格,而公序良俗条款也是判断法律行为效力的法定依据,直接将其排除于民事法律行为的效力判断标准之外,似乎有些武断,不符合法律适用的体系性要求。"我们不能说只有高位阶的'法律、行政法规'才体现社会公共利益,才能干涉私人自治,进而影响合同效力。这一点在两大法系上是有共识的。"①《九民纪要》的规定体现了上述理念。《九民纪要》第31条规定:"违反规章一般情况下不影响合同效力,但该规章的内容涉及金融安全、市场秩序、国家宏观政策等公序良俗的,应当认定合同无效。人民法院在认定规章是否涉及公序良俗时,要在考察规范对象基础上,兼顾监管强度、交易安全保护以及社会影响等方面进行慎重考量,并在裁判文书中进行充分说理。"

(五)国家和地方政策可能包含公序良俗的内容

一般来说,国家和地方政策的制定程序不如法律、行政法规的制定程序严格,因此,一般不能作为法律渊源。② 2009年发布的《最高人民法院关于裁判文书引用法律、法规等规范性法律文件的规定》第4条规定:"民事裁判文书应当引用法律、法律解释或者司法解释。对于应当适用的行政法规、地方性法规或者自治条例和单行条例,可以直接引用。"可见,司法解释也没有将政策列为法律渊源。但是,并不能因此否定政策对裁判案件的指导作用,否则可能导致政策沦为一纸空文,这并不符合制定政策的本意,不符合治理体系和治理能力现代化的要求。国家政策影响民事司法,其本质是以国家规制的公法效果落实于民事活动之中,以期实现国家社会治理的效果,未来应坚持以私法自治为基础,建立国家政策进入民事裁判的转介机制,将国家政策通过合法且合理的渠道引

---

① 黄忠:《违法合同的效力判定路径之辨识》,载《法学家》2010年第5期。
② 参见孙宪忠《我动议——孙宪忠民法典和民法总则议案、建议文集》,北京大学出版社2018年版,第271页。

入民事司法，是实现国家调控民事生活、实现公私法融合的法治之道。[1]事实上，有些政策已经包含了公序良俗的内容，违反其规定时，应当适用《民法典》第153条第2款的规定，以违背公序良俗为由认定民事法律行为无效。

一般认为，违反中央政策和国家政策的民事法律行为因违背公序良俗而无效。"违反党中央政策、国家政策的合同，可以认定构成违背公序良俗。"[2] 例如，最高人民法院（2010）民二终字第67号民事判决书认为："'淘汰落后产能'尽管只是国家实施的一项具体的经济管理政策，但是它是国家为实现经济结构调整和经济发展方式转变而采取的关乎国家经济和社会健康发展的重大举措，直接关系到我国社会资源的合理利用和自然环境的有效保护等社会公共利益问题，亦符合《环境保护法》关于'国家采取有利于环境保护的经济、技术政策和措施'的原则规定。双方当事人所从事的租赁行为，违反了国家有关政策和法规的规定，损害了社会公共利益，租赁合同应当认定为无效。"

关于违反地方政策的民事法律行为是否无效，并没有统一标准。笔者认为，是否适用地方政策认定民事法律行为的效力，应当参照适用法律、行政法规以外的规范性文件的适用规则，具体问题具体分析。如果地方政策是对中央政策和国家政策的具体落实，则违反地方政策的民事法律行为应当适用公序良俗条款认定其无效。例如，关于商品房限购的地方政策，其依据就是国家政策。2011年，北京市人民政府办公厅发布《关于贯彻落实国务院办公厅文件精神进一步加强本市房地产市场调控工作的通知》（京政办发〔2011〕8号），对商品房采取限购政策，其依据是《国务院关于坚决遏制部分城市房价过快上涨的通知》（国发〔2010〕10号），违反其规定的民事法律行为，不仅违反了地方政策，实际上也违反了国家政策，因此，应当适用《民法典》第153条第2款的规定，以违背公序良俗为由认定其无效。"限购是政府有意追求的一种调控秩序，是法律维护的

---

[1] 参见张红《论国家政策作为民法法源》，载《中国社会科学》2015年第12期。
[2] 最高人民法院民二庭编著《〈全国法院民商事审判工作会议纪要〉理解与适用》，人民法院出版社2019年版，第258页。

社会秩序。如果随意被虚假的民事法律行为所规避，那么这些法律所维护的社会秩序就会被破坏殆尽，此类规避行为如不及时宣告无效，将可能诱发连锁反应，极不利于交易安全和交易秩序的保护。"①

司法实践中，对于违反限购政策的借名买房合同，人民法院以其违背公序良俗为由认定无效，值得赞同。例如，最高人民法院（2020）最高法民再328号民事判决认为："2010年4月17日发布的《国务院关于坚决遏制部分城市房价过快上涨的通知》（国发〔2010〕10号），是基于部分城市房价、地价出现过快上涨势头，投机性购房再度活跃，增加了金融风险，不利于经济社会协调发展的现状，为切实稳定房价、抑制不合理住房需求、严格限制各种名目的炒房和投机性购房，切实解决城镇居民住房问题而制定的维护社会公共利益和社会经济发展的国家宏观经济政策。该通知授权'地方人民政府可根据实际情况，采取临时性措施，在一定时期内限定购房套数。'北京市人民政府为贯彻落实该通知要求而提出有关具体限购措施的京政办发〔2011〕8号文件，系依据上述国务院授权所作，符合国家宏观政策精神和要求。徐某欣在当时已有两套住房的情况下仍借曾某外之名另行买房，目的在于规避国务院和北京市的限购政策，通过投机性购房获取额外不当利益。司法对于此种行为如不加限制而任其泛滥，则无异于纵容不合理住房需求和投机性购房快速增长，鼓励不诚信的当事人通过规避国家政策红线获取不当利益，不但与司法维护社会诚信和公平正义的职责不符，而且势必导致国家房地产宏观调控政策落空，阻碍国家宏观经济政策落实，影响经济社会协调发展，损害社会公共利益和社会秩序。故徐某欣与曾某外为规避国家限购政策签订的《房产代持协议》因违背公序良俗而应认定无效，徐某欣依据规避国家限购政策的借名买房合同关系，不能排除对案涉房屋的执行。"

六 恶意串通的民事法律行为无效

（一）恶意串通的民事法律行为的内涵

《民法典》第154条规定："行为人与相对人恶意串通，损害他人合法

---

① 王利明：《民法总则》，中国人民大学出版社2017年版，第324页。

权益的民事法律行为无效。"恶意串通行为既适用于单方法律行为，又适用于双方或多方法律行为，无论何种情形，民事法律行为都必须基于真实的意思表示而成立。

恶意串通的民事法律行为主体不限于当事人，对于基于单方意思表示成立的民事法律行为，意思表示的表意人（行为人）可以与受领人恶意串通；对于基于双方意思表示成立的民事法律行为，恶意串通同样可能发生于民事法律行为的一方当事人与当事人之外的其他人之间，代理人与相对人之间的恶意串通即为适例。《民法典》第154条中的"他人合法权益"也为这种理解提供了充分的解释余地。① 也就是说，《民法典》第154条旨在规制以恶意串通方式成立的损害他人合法权益的民事法律行为，至于这种民事法律行为是在当事人之间恶意串通成立的，还是在当事人一方与诸如代理人之类的人之间恶意串通成立的，并不重要。②《最高人民法院关于审理商品房买卖合同纠纷案件适用法律若干问题的解释》第7条规定："买受人以出卖人与第三人恶意串通，另行订立商品房买卖合同并将房屋交付使用，导致其无法取得房屋为由，请求确认出卖人与第三人订立的商品房买卖合同无效的，应予支持。"

恶意串通行为虽然在立法例上罕见其例，但在社会生活中很常见。"特别是改革开放以来的国有企业改制、采矿权出让、建设用地使用权出让、公共工程发包等，双方串通压低合同价的实例所在多有，已造成巨额国有资产流失的严重后果。双方串通损害集体或者第三人利益的事例亦不少见。"③

（二）虚假行为与恶意串通适用不同的法律规范

虚假行为与恶意串通的区别表现在以下几个方面。第一，是否有真实的意思表示不同。虚假行为是虚假的意思表示，属于意思表示不真实，而恶意串通是真实的意思表示。④ 第二，法律行为无效的法理基础不同。虚

---

① 参见朱广新《恶意串通行为无效规定的体系地位与规范构造》，载《法学》2018年第7期。
② 参见石宏主编《〈中华人民共和国民法总则〉条文说明、立法理由及相关规定》，北京大学出版社2017年版，第366~367页。
③ 梁慧星：《民法总则讲义》，法律出版社2021年版，第270页。
④ 参见梁慧星《民法总则讲义》，法律出版社2021年版，第270页。

假行为无效的法理基础是意思表示不真实,而恶意串通行为无效的法理基础是因为该等行为违反了法律强制性规定或公序良俗。第三,主观上是否存在恶意不同。就虚假行为而言,尽管行为人在多数情况下具有欺诈第三人的违法目的,但是并不以此为必要条件,虚假行为也可能是善意的欺骗。例如,为了避免家人不满,以买卖合同的形式掩盖实质上的赠与合同。而恶意串通要求行为人主观上存在恶意,以损害第三人利益为目的,即当事人双方通过协议的形式达成损害国家、集体或第三人利益的合意。[1]第四,客观上是否要求损害后果不同。虚假行为并不以损害他人利益为要件,即不以损害后果为客观要件,因为其规范目的在于调整意思表示不真实的情形。而恶意串通行为以损害他人合法权益为客观要件,其规范目的在于调整行为的违法性。

第九节 可撤销的民事法律行为

一 可撤销的民事法律行为概述

可撤销的民事法律行为,是指当事人在实施民事法律行为时,因意思表示不真实,法律允许撤销权人在法定期限内撤销该行为。可撤销的民事法律行为被依法撤销的,称为被撤销的民事法律行为,被撤销的民事法律行为自始无效。

可撤销的民事法律行为具有以下特征。第一,可撤销的民事法律行为主要是意思表示不真实的法律行为。例如,因欺诈、胁迫所实施的民事法律行为。第二,可撤销的民事法律行为须由撤销权人主动行使撤销权。意思表示是否真实,只有当事人自己清楚,因此,是否撤销,由当事人自己决定,充分贯彻私法自治原则。第三,可撤销的民事法律行为在被撤销以前仍然是有效的。可撤销的民事法律行为区别于无效的民事法律行为和效力待定的民事法律行为,在被撤销前,当事人应当履行义务。[2] 否则,应

---

[1] 参见朱广新《恶意串通行为无效规定的体系地位与规范构造》,载《法学》2018年第7期。
[2] 参见王利明《民法总则》,中国人民大学出版社2017年版,第330页。

当行使撤销权。"可撤销的法律行为是有效的,如果它不被撤销,它将继续有效。"①

可撤销的民事法律行为在《民法通则》中被规定为可撤销、可变更的民事法律行为,《民法典》将此类行为规定为可撤销的民事法律行为,删除了可变更的效力。"《民法总则》制定时,总结裁判实践经验,注意到当事人主张变更,很难获得法院的支持,而绝大多数当事人均选择主张撤销,而不选择主张变更。有鉴于此,《民法总则》从重大误解、欺诈、胁迫、显失公平民事法律行为的规定(第147条至第151条)中,删除'变更'效力。"②"在欺诈等情形,法院或仲裁机构进行变更,并不一定符合当事人的内心意思,反而容易形成公权力对私人权利领域的不当干涉,甚至导致自由裁量权的滥用。"③ 根据《民法典》的相关规定,可撤销的民事法律行为包括以下几种类型:基于重大误解实施的民事法律行为、因欺诈实施的民事法律行为、因胁迫实施的民事法律行为、显失公平的民事法律行为。

按照民法原理,法律行为被撤销的效力,包括对法律行为当事人的效力,及对法律行为当事人之外的第三人的效力。考虑到法律行为被撤销即成为无效的法律行为,《民法典》将法律行为的无效与法律行为被撤销合并规定为第155条,却未规定法律行为之撤销对第三人的效力,留下法律漏洞。按照民法原理及立法例,民事法律行为因胁迫被撤销,可以对抗善意第三人;民事法律行为因重大误解、欺诈、显失公平被撤销,不得对抗善意第三人。④

二 基于重大误解实施的民事法律行为

(一)重大误解制度的基本含义

重大误解的民事法律行为,是指一方因自己的过错而对民事法律行为

---

① 〔德〕拉伦茨:《德国民法通论》(下册),王晓晔等译,法律出版社2003年版,第659页。
② 梁慧星:《〈民法总则〉重要条文的理解与适用》,载《四川大学学报》(哲学社会科学版)2017年第4期。
③ 石宏主编《〈中华人民共和国民法总则〉条文说明、立法理由及相关规定》,北京大学出版社2017年版,第352页。
④ 参见梁慧星《民法总则讲义》,法律出版社2021年版,第275页。

的内容等发生误解从而实施的民事法律行为。误解可以是单方面的误解，也可以是双方的误解；既包括表意人的误解，也包括相对人的误解。[1] 误解是当事人或传达人的错误造成的，而不是外力如欺诈等因素造成的。[2]《民法典》第147条规定："基于重大误解实施的民事法律行为，行为人有权请求人民法院或者仲裁机构予以撤销。"据此，重大误解的民事法律行为可以撤销。也就是说，如果误解不构成"重大"，则不得撤销。"误解一般是可归责于误解人的，相对人对此一般无责任。既然如此，对误解人的保护应是有限度的，不能不问误解的程度一律允许误解人撤销合同。正因如此，法律只承认重大误解为可撤销的原因。"[3]

关于重大误解的认定，是否以"造成较大损失"为构成要件，前后两个司法解释存在差异。《最高人民法院关于贯彻执行〈中华人民共和国民法通则〉若干问题的意见（试行）》第71条规定："行为人因对行为的性质、对方当事人、标的物的品种、质量、规格和数量等的错误认识，使行为的后果与自己的意思相悖，并造成较大损失的，可以认定为重大误解。"据此，重大误解以"造成较大损失"为构成要件。《民法典总则编司法解释》第19条第1款规定："行为人对行为的性质、对方当事人或者标的物的品种、质量、规格、价格、数量等产生错误认识，按照通常理解如果不发生该错误认识行为人就不会作出相应意思表示的，人民法院可以认定为民法典第一百四十七条规定的重大误解。"据此，重大误解不以"造成较大损失"为构成要件。上述规定包含两方面的内容：第一，误解是指行为人对行为的性质、对方当事人等产生错误认识；第二，所谓重大是指按照通常理解不发生错误认识就不会作出相应的意思表示。这个重大的具体标准是："若不错误，绝不为之。"[4] 在解释该款本意时，起草者认为："我们经研究认为，重大误解的认定不应以造成或者可能造成较大损失为构成要

---

[1] 参见梁慧星《民法总则讲义》，法律出版社2021年版，第253页；王利明《民法总则》，中国人民大学出版社2022年版，第348页。
[2] 参见王利明《民法总则研究》，中国人民大学出版社2018年版，第570页。
[3] 崔建远主编《合同法》，法律出版社2021年版，第82页。
[4] 傅鼎生：《民法总论授课实录》，法律出版社2023年版，第314页。

件。例如，实践中卖家混淆买家想购买的纪念品颜色，弄错节日带有特定意义的花束品种，虽未造成重大损失，但合同目的已无法实现，同样构成重大误解。"①

重大误解一般是指对具体法律关系的内容发生误解，例如对行为的性质、对方当事人或者标的物品种、数量、质量和规格等内容发生误解，并不包括与法律关系内容无关的误解。离开具体的法律关系谈论是否构成重大误解则没有意义，因此，重大误解一般不包括动机错误、对条件的认识错误等情形。对条件的认识错误不属于对法律关系的重大误解。"对条件的错误认识不构成撤销的理由，这是因为，条件不构成通过对给付予以利用而进行的法律行为的标的。此外，例如某人虽然搭错有轨电车，但是他的行为仍然构成对给付的利用，因此他必须相应支付票款。"②

《民法典总则编司法解释》第 19 条第 2 款规定："行为人能够证明自己实施民事法律行为时存在重大误解，并请求撤销该民事法律行为的，人民法院依法予以支持；但是，根据交易习惯等认定行为人无权请求撤销的除外。"据此，主张适用重大误解规则的当事人应承担举证责任，其目的在于通过明确举证责任来强化对基于重大误解主张撤销的限制。考虑到古董买卖等交易习惯的特殊性，特作出但书规定。③

我国相关法律规定未采用大陆法系、英美法系以及国际示范法中通用的"错误"一词，而是采用了"误解"一词，其主要原因是 20 世纪 80 年代初期制定《民法通则》时，民法学家的知识主要来自我国 20 世纪 50 年代以来对苏联民法的学习、吸收。④ 由于苏联民法的影响，自《民法通则》到《民法典》均使用了"误解"一词。我国民事立法规定重大误解制度始于《民法通则》，从"重大误解"被使用之初，它便没有将适用主体仅局限于相对人，而是将表意人也包括在内。"所谓误解，应解释

---

① 贺荣主编《最高人民法院民法典合同编通则司法解释理解与适用》，人民法院出版 2022 年版，第 300 页。
② 〔德〕弗卢梅：《法律行为论》，迟颖译，法律出版社 2013 年版，第 116 页。
③ 参见贺荣主编《最高人民法院民法典合同编通则司法解释理解与适用》，人民法院出版 2022 年版，第 302 页。
④ 参见朱广新《合同法总则研究》，中国人民大学出版社 2018 年版，第 285 页。

为不仅包括表意人无过失的表示与意思不符（错误），也包括相对人对意思表示内容了解之错误（误解）。"① 我国民法上的"误解"实际上类似于大陆法系的"错误"。② 从法律规则和司法解释的发展来看，"重大误解"与"错误"是同一概念的不同表达。因此，在解释论上，"重大误解"与"错误"在语义及功能上宜等量齐观，不宜人为刻意区分。我国民法上的重大误解制度与大陆法系的"错误"制度相比，在规范功能上是相似的。③

（二）重大误解的类型

鉴于我国《民法典》规定的重大误解制度与大陆法系的"错误"制度没有本质区别，因此，可以借鉴和参考德国民法上的错误制度以解释重大误解制度。④ 德国民法上的"错误"包括意思表达上的错误和意思形成时的错误，其基本类型包括表示错误（内容错误）、传达错误以及动机错误（特征错误）。⑤

1. 表示错误

表示错误，也称为内容错误，是指当事人对民事法律行为的性质、对方当事人或者标的物的品种、数量、质量、规格以及价格等内容产生错误认识，以致作出与本意不一致的意思表示。表示错误一般包括下列情形。第一，性质错误。对法律行为性质产生错误认识，可以撤销。例如，误典为卖，误卖为租，误借贷为赠与，此类当然为意思表示内容之错误。⑥ 第二，对相对人的认识错误。在一些基于当事人的信任关系和注重相对人特定身份的合同中，当事人的身份对合同的订立和履行具有重要意义，此时

---

① 梁慧星：《民法总论》，法律出版社2021年版，第189页。
② 参见王利明《合同法研究》（第1卷），中国人民大学出版社2015年版，第690页；李永军《合同法》，中国人民大学出版社2021年版，第92页；朱广新《合同法总则研究》，中国人民大学出版社2018年版，第285页。
③ 参见陈甦主编《民法总则评注》，法律出版社2017年版，第1050~1051页。
④ 参见朱庆育《民法总论》，北京大学出版社2016年版，第271页；梅伟《民法中意思表示错误的构造》，载《环球法律评论》2015年第3期。
⑤ 参见〔德〕布罗克斯、瓦尔克《德国民法总论》，张艳译，中国人民大学出版社2019年版，第185~192页。
⑥ 参见梁慧星《民法总论》，法律出版社2021年版，第188页。

对当事人的错误认识可能构成重大误解。例如，在信托、委托、保管、信贷、雇佣等以信用为基础的合同中，或者在赠与合同中以及在演出、承揽等以特定人的技能为基础的合同中，对当事人的误解为重大误解。但是，在现物买卖、无记名证券让与等不具有人身性质的合同中，有时对当事人的误解不会给误解人造成较大损失，甚至不会造成损失，不构成重大误解。①第三，对标的物品种、数量、质量、规格、价格等的认识错误。当事人对标的物的品种、数量、质量、规格和价格等的认识错误，导致其所表达的意思与其本意不符。"表意人没有表达出他想表达的内容，他说错了、写错了、弄错了。"② 例如，将一幅画的价格由650元错写成65元、将500件货物错误标记为400件货物等情形。

在比较法上，《德国民法典》第119条规定了一般的表示错误和对当事人或客体的认识错误。《德国民法典》第119条第1款规定："在作出意思表示时，对意思表示的内容发生错误，或者根本不要作出该内容之表示的人，可以认为，其在知悉情事并且理性评价情况下即不会作出此项表示时，可以撤销此项表示。"一般认为，上述条款是对表示错误的规定。"表示错误的后果是：表意人实际表示的事项，并不是他想表示以及他以为表示的内容。因此，表示错误破坏的是意思的完成。"③ "表意人表达了他想表达的内容，但是他搞错了其表达的法律含义，他赋予表达不同于其实际含义的另一种意义。"④《德国民法典》第119条第2款规定："关于人或物之性质的错误，以性质在交易上被视作为重要为限，也视作为表示内容的错误。"据此，对当事人或者客体的认识错误也是错误。"如果一项意思表示涉及的客体或者指向的人，不同于表意人想涉及的客体或指向的人，即

---

① 参见郑玉波《民法总则》，中国政法大学出版社2003年版，第345页；崔建远《合同法》，北京大学出版社2021年版，第109页。
② 〔德〕布罗克斯、瓦尔克：《德国民法总论》，张艳译，中国人民大学出版社2019年版，第185页。
③ 〔德〕拉伦茨：《德国民法通论》（下册），王晓晔等译，法律出版社2003年版，第514页。
④ 〔德〕布罗克斯、瓦尔克：《德国民法总论》，张艳译，中国人民大学出版社2019年版，第185页。

存在同一性错误。"①

2. 传达错误

传达错误，是指传达人或传达机构的原因造成表示与意思不符。虽然传达错误与表意人自己造成的错误看似不同，但传达人或传达机构在法律上相当于表意人的喉舌，因此，传达错误的效力理应与表示错误相同，应当允许被误传意思的一方基于错误撤销民事法律行为。②《民法典总则编司法解释》第20条规定："行为人以其意思表示存在第三人转达错误为由请求撤销民事法律行为的，适用本解释第十九条的规定。"据此，传达错误属于意思表示错误的范畴，在误传的情形下可以撤销民事法律行为。作出上述规定的理由在于以下几点。第一，传达人与传达机构在法律上相当于表意人的喉舌，因此传达错误的效力理应与表示错误相同。第二，与国际通行规则保持一致。传统大陆法系民法一般将传达错误作为意思表示错误（重大误解）处理。近年来，《欧洲合同法原则》《欧洲示范民法典草案》等仍然坚持了这一立场。第三，传达错误适用重大误解规则后，有关善意相对人的保护问题，可以依照《民法典》第157条的规定解决。第四，意思表示的传达与代理存在区别。一方面，代理人独立为意思表示，而使者传达表意人的意思表示；另一方面，代理人须具有相应的民事行为能力，而使者无此要求。③论者认为，从根本上说，传达错误就是表示错误，理由如下：一方面，对相对人而言，误传是典型的表示错误，在误传的情况下，由于传达人或传达机关在传达过程中的意思表示错误的风险应由表意人承担，因此应当按照重大误解予以撤销，从而有利于简化当事人之间的法律关系；另一方面，在传达的情形下，传达人通常只是传达表意人已经作出的意思表示，其一般并不独立作出意思表示，而且传达人不一定具有完全民事行为能力，其与代理具有本质区别，不具有可类推性。④

---

① 〔德〕梅迪库斯：《德国民法总论》，邵建东译，法律出版社2000年版，第579页。
② 参见陈甦主编《民法总则评注》，法律出版社2017年版，第1056页。
③ 参见贺荣主编《最高人民法院民法典总则编司法解释理解与适用》，人民法院出版社2022年版，第311~312页。
④ 参见王利明《民法总则》，中国人民大学出版社2022年版，第349~350页。

在比较法上，《德国民法典》第 120 条将传达错误规定为意思表示错误。《德国民法典》第 120 条规定："意思表示被传达所使用之人或者机构不正确地传达的，可以依第 119 条撤销错误作出之意思表示同样的要件予以撤销。"据此，将传达错误与表意人自己的意思表示错误置于同样的地位，①"他使用了一个传达人或机构作为表示工具，该工具的错误运行须归责于表意人"。②"第 120 条将意思表示的不正确传达视同于表示错误。不正确传达是指表示由中间人，如传达人或邮局传递的电报传达，但传达得不正确，即没有将表意人交给传达人或邮局的表示按原样传达给受领人。"③ 表意人可以依法撤销错误的传达行为。在通过信件传达意思表示的情况下，误传的风险几乎为零，除非信件根本没有到达。在通过传达人转达口头意思表示的情况下，误传的风险相对比较大。④

3. 动机错误

动机错误，是指在意思表示前，基于错误看法而形成错误的意思决定。⑤ 动机错误一般产生于意思形成阶段，成为影响意思表示的决策因素，而不是意思表示的组成部分。"动机错误是在意志形成阶段就产生了，因此它破坏的是意思的决策。动机错误是指表意人对某些情形怀有不正确的设想，而这些情形对于他决定发出这一意义上的表示有着重要意义。"⑥ 虽然动机错误影响意思表示的形成，但它毕竟属于当事人内心活动，而没有表现于外部行为，因此，不存在表示行为与效果意思不一致的问题。表意人的动机千差万别，如使动机足以影响意思表示的效力，则会严重损及交易安全。⑦"动机错误乃意思表示缘由的错误，即表意人在其意思表示形成的过程中，对其决定为某特定内容意思表示具有重要性的事实，认识不正

---

① 参见杜景林、卢谌《德国民法典评注——总则·债法·物权》，法律出版社 2011 年版，第 45 页。
② 〔德〕布罗克斯、瓦尔克：《德国民法总论》，张艳译，中国人民大学出版社 2019 年版，第 186 页。
③ 〔德〕拉伦茨：《德国民法通论》（下册），王晓晔等译，法律出版社 2003 年版，第 513 页。
④ 参见〔德〕梅迪库斯《德国民法总论》，邵建东译，法律出版社 2000 年版，第 569 页。
⑤ 参见黄立《民法总则》，中国政法大学出版社 2002 年版，第 291 页。
⑥ 〔德〕拉伦茨：《德国民法通论》（下册），王晓晔等译，法律出版社 2003 年版，第 514 页。
⑦ 参见胡长清《中国民法总论》，中国政法大学出版社 1997 年版，第 239 页。

确。例如，误认遗失某书而另外购买；不知女友已与他人结婚而购买订婚钻戒。动机存于内心，非他人所得窥知，原则上应不许表意人主张撤销，而害及交易安全。此项意思形成上错误的风险应由表意人自己承担，自我负责。"① 例如，甲为取悦女友乙而购买一种名贵的铃兰香水，而乙无法忍受此种香味。甲购买一结婚礼物拟赠与某乙，然而婚礼并未举行，新人即告分飞。② "进行法律行为的行为人缘何认为法律行为具有可行性，特别是他缘何认为可以缔结合同，属于他自己的事情，当他基于不正确的设想而进行行为时，原则上与'另外一方'无关。"③

德国法上的通说认为，错误可以区分为意思表示中的错误和意思形成中的错误。就意思表示中的错误而言，法律后果与表意人的意思不相适应，从而不是以自我决定为基础的；在此情形下，表示处于受领人的活动区域，该活动区域直接与受领人相关，从而让受领人承担一部分表示风险，允许表意人通过撤销其意思表示免受约束是正当的。就意思形成中的错误而言，意思形成的动机不是效果意思的内容，也不属于表示的意定内容；在此情形下，受领人通常无法了解意思形成的理由与环境的整体状况，无法参与到意思形成之中，因此原则上应由错误方自己承担发生错误的风险。④

我国民法理论在解释因重大误解撤销民事法律行为时，通常将动机错误排除在外，裁判实务一般持相同立场。⑤ 一般认为，当动机表示出来，对方当事人知道此情况，动机错误已经成为法律行为的内容，构成法律行为的内容错误。⑥ 也就是说，动机错误一般不能成为判断法律行为效力的标准，除非内在动机外化为法律行为内容的组成部分，此时的错误类型已

---

① 王泽鉴：《民法总则》，北京大学出版社2022年重排版，第377页。
② 参见黄立《民法总则》，中国政法大学出版社2002年版，第305页。
③ 〔德〕弗卢梅：《法律行为论》，迟颖译，法律出版社2013年版，第514页。
④ 参见张金海等《民法上意思表示错误制度研究》，法律出版社2022年版，第94页。
⑤ 参见陈甦主编《民法总则评注》，法律出版社2017年版，第1053页。
⑥ 参见〔日〕我妻荣《新订民法总则》，于敏译，中国法制出版社2008年版，第279页；〔日〕近江幸治《民法讲义Ⅰ民法总则》（第6版补订），渠涛等译，北京大学出版社2015年版，第192页；〔日〕山本敬三《民法讲义Ⅰ总则》，解亘译，北京大学出版社2012年版，第148页；梁慧星《民法总则讲义》，法律出版社2021年版，第254页；陈甦主编《民法总则评注》，法律出版社2017年版，第1053页。

不是动机错误,而是转化为内容错误。"就原则上言,动机之错误,不影响于法律行为之效力,但有例外。当事人以合意承认动机为法律行为之条件,而构成行为之内容者,则因动机错误,法律行为失其效力。例如甲有友人将于某日来访,欲伴其游览,因向车行,承租汽车一辆,但向其言明,专供某日招待友人游览之需要,于此情形,倘其友人不能于是日前来,则租赁契约,失其效力。"① 一般而言,误解人的动机如何,在未作为合同条件提出时,外人难以了解,法律也无法作出评价。因此,动机误解原则上不视为对内容的误解。但是,如果动机作为合同条件提出来时,则构成对内容的误解,给误解人造成较大损失时,构成重大误解。②

三 因欺诈实施的民事法律行为

(一) 欺诈的内涵

欺诈,是指故意告知虚假情况,或者负有告知义务的人故意隐瞒真实情况,使他人基于错误认识并作出相应的意思表示。《民法典总则编司法解释》第21条规定:"故意告知虚假情况,或者负有告知义务的人故意隐瞒真实情况,致使当事人基于错误认识作出意思表示的,人民法院可以认定为民法典第一百四十八条、第一百四十九条规定的欺诈。"欺诈行为通常表现为积极作为,比如故意告知对方虚假情况、以次充好、以假乱真等情形。欺诈行为也可以表现为消极不作为,即负有告知义务的人故意隐瞒真实情况,比如卖方没有把货物瑕疵告知买方、卖方隐瞒房屋为凶宅的事实等情形。因欺诈而实施的民事法律行为,违背行为人真实的意思表示,是可撤销的民事法律行为。欺诈不以受害人发生财产损害为必要,因为此项规则的立法目的不是保障财产,而是保障当事人意思决定的自由。③

(二) 可撤销的欺诈行为的构成要件

1. 欺诈人实施了欺诈行为

所谓欺诈行为,是指为使相对人陷入错误判断,或加深其错误、保持

---

① 梅仲协:《民法要义》,中国政法大学出版社1998年版,第116页。
② 参见崔建远《合同法》,北京大学出版社2021年版,第109页。
③ 参见黄立《民法总则》,中国政法大学出版社2002年版,第316页。

其错误,而虚构、变更、隐匿事实的行为。依据法律规定、习惯或约定,当事人负有告知义务的,其沉默也构成欺诈行为。① 根据《民法典总则编司法解释》第 21 条的规定,故意告知虚假情况,或者负有告知义务的人故意隐瞒真实情况,致使当事人基于错误认识作出意思表示的,可以依法认定其构成欺诈。

2. 欺诈人须为故意

当事人故意实施欺诈行为,并使被欺诈人基于错误认识而作出意思表示,故有双重故意。② 民法中的欺诈,一般是指行为人故意欺骗他人,使对方陷入错误认识,并基于此错误认识作出意思表示。③ 欺诈故意,有两个意思构成:一个是使相对人陷入错误判断的意思;另一个是使相对人基于错误判断而为意思表示的意思。④ 例如,只为炫富而伪称其所藏赝品为真迹,虽使相对人陷入错误认识,但并没有使之基于该错误而为一定意思表示的故意,故不构成民法上的欺诈。⑤

3. 欺诈行为与意思表示之间须有因果关系

被欺诈人作出的意思表示与欺诈行为具有因果关系。当事人基于虚假的信息而陷入了错误的认识,并因错误的认识而作出了意思表示。⑥ "因果关系包含两个层次:一是欺诈行为与错误判断具有因果关系;二是错误判断与意思表示亦有因果关系。"⑦ 欺诈人虽有欺诈的故意及欺诈行为,但是相对人并没有因之而陷入错误认识,或虽陷入错误认识,但其错误认识并非欺诈所致,则欺诈与意思表示之间没有因果关系,因此不构成欺诈行为。⑧

---

① 参见梁慧星《民法总则讲义》,法律出版社 2021 年版,第 255 页。
② 参见郑玉波《民法总则》,中国政法大学出版社 2003 年版,第 355 页;胡长清《中国民法总论》,中国政法大学出版社 1997 年版,第 248 页;〔日〕我妻荣《新订民法总则》,于敏译,中国法制出版社 2008 年版,第 288 页。
③ 参见黄薇主编《中华人民共和国民法典总则编释义》,法律出版社 2020 年版,第 391 页。
④ 参见梁慧星《民法总则讲义》,法律出版社 2021 年版,第 255 页。
⑤ 参见陈甦主编《民法总则评注》,法律出版社 2017 年版,第 1071 页。
⑥ 参见王利明《合同法通则》,北京大学出版社 2022 年版,第 218 页。
⑦ 贺荣主编《最高人民法院民法典总则编司法解释理解与适用》,人民法院出版社 2022 年版,第 319 页。
⑧ 参见郑玉波《民法总则》,中国政法大学出版社 2003 年版,第 355 页。

(三) 可撤销的欺诈行为的类型

1. 因当事人欺诈而实施的民事法律行为可以撤销

《民法典》第 148 条规定："一方以欺诈手段，使对方在违背真实意思的情况下实施的民事法律行为，受欺诈方有权请求人民法院或者仲裁机构予以撤销。"据此，当事人因受欺诈而实施的民事法律行为可以撤销，撤销方式为诉讼方式或者仲裁方式，以限制撤销权的滥用。

虽然《民法典》第 148 条规定了因欺诈实施的民事法律行为可以撤销，但是，在法律例外规定的情形下，因欺诈实施的民事法律行为无效，此时应当适用法律的例外规定。例如，《民法典》第 1143 条第 2 款规定："遗嘱必须表示遗嘱人的真实意思，受欺诈、胁迫所立的遗嘱无效。"根据《劳动合同法》第 26 条第 1 款第 1 项的规定，下列劳动合同无效或者部分无效："以欺诈、胁迫的手段或者乘人之危，使对方在违背真实意思的情况下订立或者变更劳动合同的。"

就欺诈实施民事法律行为而言，实践中出现的凶宅买卖纠纷具有典型意义。凶宅，一般是指房屋内曾经发生过非正常死亡的事件，例如自杀、他杀等情形。当房屋中发生非正常死亡事件时，虽然房屋结构本身并未遭受损害，但基于一般人对死亡的恐惧和忌讳心理，客观上会不同程度地加重居住人的心理负担。[1] 基于社会的风俗习惯，凶宅买卖一般价格较低。然而，实践中有些人隐瞒凶宅的真相，将凶宅以正常住宅价格卖出，买方知道真相后一般要求撤销房屋买卖关系。依据诚信原则，当事人负有使对方了解交易重大情形的协作义务，并谨慎作出是否订约的决定。例如，在购买房屋时，该房屋是否被他人居住过、是否属于凶宅等，出卖人应当告知买受人。[2] 福建省厦门市中级人民法院（2019）闽 02 民终 5456 号民事判决认为，无论出卖人在售房时是否知悉涉案房屋内发生过非正常死亡事件，若买受人主张因重大误解而撤销合同，人民法院应予支持。其正当性在于，凶宅禁忌在中国民间社会经济生活中长期普遍存在且具有极强的约

---

[1] 参见李永《论"凶宅"贬值损害赔偿纠纷处理的法律适用》，载《法律适用》2019 年第 10 期。

[2] 参见王利明《民法总则》，中国人民大学出版社 2022 年版，第 352 页。

束力，司法认可不仅有利于彰显《民法典》的民族性，更能为民俗信仰提供有效的制度供给。①"若出卖人明知房屋为凶宅而故意不告知的，构成侵权责任，买受人可以根据《民法典》第1165条请求损害赔偿；且无论买受人是否撤销合同，均可向侵权人主张侵权责任。在受害人未在《民法典》第152条规定的除斥期间内撤销合同时，这种侵权责任将对其提供有效救济。"②

出卖人王某某、金某某将发生过凶杀案的房屋出售给洪某某，洪某某起诉到法院要求以欺诈为由撤销房屋买卖合同。杭州市滨江区人民法院经审理认为：当事人订立、履行合同，应当遵循诚实信用原则，尊重社会公德。房屋买卖属于生活中重大事项的交易，与房屋有关的相关信息应当予以披露。本案中，涉案房屋内曾发生过三人被杀的事实，尽管房屋本身的使用价值未因此受到影响，但按照一般的民间习俗，发生过凶杀案的房屋会被认为存在不吉利的因素，且房屋往往会因此贬值。因此，该"凶杀案"信息对洪某某是否愿意与王某某、金某某交易及以何种条件进行交易有重大影响。王某某、金某某认可在房屋交易过程中未向洪某某告知涉案房屋发生过凶杀案的事实，对是否告知中介公司也未置可否，且未提供相关证据证明向中介公司披露过该信息，表明王某某、金某某隐瞒了这一重要信息，构成欺诈，使洪某某在违背真实意思的情况下签订了房屋买卖合同并履行完毕，洪某某有权要求撤销该合同。③ 王某某、金某某不服原判，上诉于浙江省杭州市中级人民法院。二审法院认为，原审法院依据《合同法》第6条、第54条之规定，撤销双方所签订的房屋买卖合同并无不当。王某某、金某某的上诉理由不成立，其上诉请求不予采纳。原审判决认定事实清楚，实体处理和适用法律正确。依照《民事诉讼法》第153条第1款第1项之规定，判决如下：驳回上诉，维持原判。④

---

① 参见刘云生《民俗信仰价值归位与民法典权利对标——十年来凶宅交易纠纷裁判反思（2010—2019）》，载《政法论丛》2021年第4期。
② 谢鸿飞等：《中华人民共和国民法典合同编通则司法解释释义》，中国法制出版社2023年版，第66页。
③ 参见浙江省杭州市滨江区人民法院（2011）杭滨民初字第602号民事判决书。
④ 参见浙江省杭州市中级人民法院（2012）浙杭民终字第360号民事判决书。

2. 因第三人欺诈而实施的民事法律行为可以撤销

第三人欺诈，是指相对人以外的第三人实施欺诈行为，致使表意人违背真实的意思而与相对人实施民事法律行为。《民法典》第 149 条规定："第三人实施欺诈行为，使一方在违背真实意思的情况下实施的民事法律行为，对方知道或者应当知道该欺诈行为的，受欺诈方有权请求人民法院或者仲裁机构予以撤销。"

第三人欺诈，使得表意人违背了真实的意思，从而与相对人实施了民事法律行为，不符合意思自治原则，相对人知道或者应当知道该欺诈行为的，表意人可以行使撤销权。之所以以"对方知道或者应当知道该欺诈行为"为前提条件，是因为相对人也存在欺诈的故意，因此相对人的利益不应受到法律保护。例如，房屋中介故意隐瞒出售的房屋是凶宅的事实，而房屋所有权人知道或者应当知道该欺诈行为，但是没有说明事实情况的，买方可以行使撤销权。再比如，广告公司实施欺诈行为，而货物所有权人知道或者应当知道该欺诈行为的，货物买方可以行使撤销权。

在第三人提供担保的情形下，主债权人和担保人之间形成担保法律关系，主债务人是担保法律关系的第三人，当担保人因主债务人的欺诈行为而进行担保时，需要区分不同情形进行处理。如果主债权人知道或者应当知道主债务人实施了欺诈行为，则担保人可以对担保行为行使撤销权；反之，担保人无权行使撤销权，即担保关系有效，其理由在于，欺诈行为不能对抗善意第三人。该规则不仅适用于保证担保，也适用于抵押、质押等形式的担保，因为上述情形都符合《民法典》第 149 条所规定的第三人欺诈的情形。

从国外立法例来看，在第三人欺诈的情形下，只有在相对人知道或应当知道欺诈事实时，才可以撤销。《德国民法典》第 123 条第 2 款规定："第三人进行欺诈的，在应当向他人作出一个表示时，仅在该他人明知或者应知诈欺时，始可以撤销此项表示。以应当受领表示的人之外的其他人，因表示而直接取得权利为限，在该权利取得人明知或者应知诈欺时，可以向其撤销表示。"《日本民法典》第 96 条第 2 款规定："就对某人的意思表示，第三人行欺诈时，以相对人知其事实情形为限，可以撤销该意思表示。"

由第三人欺诈实施的法律行为，如果相对人恶意，即知道或应当知道第三人欺诈的情形,则受欺诈的当事人享有撤销权,但不得对抗善意第三人。有观点认为,即使针对善意第三人,当事人也可以以意思表示错误为由行使撤销权。"欺诈系由第三人所为者(例如受主债务人之骗,而与债权人订立保证契约),以相对人明知其事实或可得而知者,始得撤销之。因相对人不知情而不能以受欺诈为理由而撤销时,亦得以'民法'第八十八条的错误意思表示为理由而实施撤销。"[1]

《民法典合同编通则司法解释》第5条规定:"第三人实施欺诈、胁迫行为,使当事人在违背真实意思的情况下订立合同,受到损失的当事人请求第三人承担赔偿责任的,人民法院依法予以支持;当事人亦有违背诚信原则的行为的,人民法院应当根据各自的过错确定相应的责任。但是,法律、司法解释对当事人与第三人的民事责任另有规定的,依照其规定。"据此,第三人实施欺诈、胁迫行为的,应当承担缔约过失责任;当事人也有过错的,各自承担相应的责任。根据《民法典》第148条、第149条、第150条的规定,当事人和第三人实施欺诈、胁迫行为的,民事法律行为可撤销,当事人依据《民法典》第157条承担缔约过失责任。"《民法典》第149条和第150条分别规定了第三人欺诈和第三人胁迫两种情形下的合同效力,但未对第三人的责任问题作出明确规定。根据《民法典》第157条的规定,第三人也应对因此受到损失的当事人承担赔偿责任。在上述情形下,如果当事人也有过错,则各自根据过错程度承担相应的责任。"[2]

有观点认为,《民法典合同编通则司法解释》第5条创设了合同订立中的第三人责任,受到损失的当事人可以突破合同相对性,直接请求第三人承担责任。本条规定对缔约阶段当事人合法权益保护存在的漏洞进行了补充,在理论上完善了《民法典》的责任体系,在实践上创新回应了审判实践需要。[3] 司法解释的起草者认为,本条解释并没有突破合同相对性,

---

[1] 刘得宽:《民法总则》,中国政法大学出版社2006年版,第234页。
[2] 最高人民法院民事审判第二庭、研究室编著《最高人民法院民法典合同编通则司法解释理解与适用》,人民法院出版社2023年版,第86页。
[3] 参见曹守晔主编《民法典合同编通则司法解释适用指南》,法律出版社2024年版,第61页。

而是对法定债权债务关系的确认。"本司法解释起草讨论中,多数意见认为第三人缔约过失责任并不违背债的相对性原理。缔约过失责任为法定之债,在合同无效或被撤销后,原订立合同的双方当事人产生相互的权利义务并不是基于合同,而是法律基于民事活动的诚信原则对信赖利益的保护。同样,第三人在合同当事人缔约过程也应当遵循诚信原则。如果一方当事人受到第三人欺诈或胁迫,导致合同被撤销,第三人损害了缔约当事人的信赖利益,违反了应遵守的诚信原则,为法律所否定,那么,第三人与合同当事人也产生了债权债务关系,第三人成为债务人,这种权利义务关系并不违反债的相对性原理,而是遵循了债的相对性原理。"①

四 因胁迫实施的民事法律行为

(一)胁迫的内涵

胁迫,是指故意预告将来发生的危害,使他人产生恐惧心理,并因而为意思表示。胁迫行为可能由当事人一方实施,也可能由第三人实施。《民法典》第150条规定:"一方或者第三人以胁迫手段,使对方在违背真实意思的情况下实施的民事法律行为,受胁迫方有权请求人民法院或者仲裁机构予以撤销。"据此,因胁迫而实施的民事法律行为可以撤销。

《民法典总则编司法解释》第22条规定:"以给自然人及其近亲属等的人身权利、财产权利以及其他合法权益造成损害或者以给法人、非法人组织的名誉、荣誉、财产权益等造成损害为要挟,迫使其基于恐惧心理作出意思表示的,人民法院可以认定为民法典第一百五十条规定的胁迫。"据此,胁迫的手段包括给自然人及其近亲属等的合法权益造成损害,或者给法人、非法人组织的名誉、荣誉、财产权益等造成损害。被胁迫人基于胁迫人的要挟产生恐惧心理,并据此作出意思表示,则此类行为可以依法撤销。

《民法典婚姻家庭编司法解释(一)》第18条规定:"行为人以给另

---

① 最高人民法院民事审判第二庭、研究室编著《最高人民法院民法典合同编通则司法解释理解与适用》,人民法院出版社2023年版,第88页。

一方当事人或者其近亲属的生命、身体、健康、名誉、财产等方面造成损害为要挟，迫使另一方当事人违背真实意愿结婚的，可以认定为民法典第一千零五十二条所称的'胁迫'。因受胁迫而请求撤销婚姻的，只能是受胁迫一方的婚姻关系当事人本人。"据此，被胁迫的主体只限于另一方当事人或者其近亲属，条文中没有"等"字。

（二）可撤销的胁迫行为的构成要件

1. 胁迫人实施了胁迫行为

当事人一方或者第三方实施了胁迫行为。胁迫人对相对人或者相关人员实施了加害行为；加害的对象不限于相对人本人，还包括其近亲属等；加害的客体包括生命、身体、自由、名誉、财产等。①

2. 胁迫人有胁迫的故意

胁迫人故意胁迫他人，意在使他人陷于恐惧而为意思表示。"胁迫都是基于故意而实施的，即胁迫者意识到自己的行为将造成受胁迫者心理上的恐惧而故意进行威胁，并且希望通过胁迫行为使受胁迫者作出某种意思表示。"②

3. 具有因果关系

相对人因受胁迫而生恐惧心理，并基于恐惧心理而为意思表示。也就是说，胁迫行为与产生恐惧心理以及意思表示之间具有两层因果关系。对于因果关系的认定，应当采取主观标准。理由在于：胁迫制度的规范依据在于保护被胁迫人的意思表示自由，因果关系的判断应当着眼于胁迫行为是否妨碍了被胁迫人的意思表示自由。由于胁迫行为向特定的被胁迫人作出，只要被胁迫人因胁迫行为产生恐惧心理并因此作出相应的意思表示，即使该胁迫行为不会导致其他任何人产生恐惧，也不影响胁迫行为的成立。③

（三）可撤销的胁迫行为的类型

与《民法典》第149条所规定的第三人欺诈的条件不同，《民法典》

---

① 参见梁慧星《民法总则讲义》，法律出版社2021年版，第258页。
② 王利明：《合同法通则》，北京大学出版社2022年版，第219页。
③ 参见贺荣主编《最高人民法院民法典总则编司法解释理解与适用》，人民法院出版2022年版，第332~334页。

第150条所规定的第三人胁迫,不需要相对人知道或者应当知道该胁迫行为,受胁迫方就享有撤销权。因为胁迫比欺诈的社会危害性严重得多,法律应当禁止胁迫行为,体现了法律的鲜明价值取向。也就是说,在第三人胁迫的情形下,无论当事人是否知道胁迫的存在,受胁迫人都可以主张撤销。相较于欺诈的情形,胁迫人的恶意更大,受害人的自由意志受到的侵害更为严重,很难说受害人存在过错,因此受害人应该得到更充分的保护。①"法律坚决反对采取胁迫行为对表意人意志施加非法影响的做法;因此,即使相对人对胁迫既一无所知,亦无法知道,他也不应受到保护。"②"在胁迫的情形,即使相对人不知道胁迫的事实也允许撤销。"③

五 显失公平的民事法律行为

(一) 显失公平的民事法律行为的概念和构成要件

显失公平的民事法律行为,是指当事人一方利用对方处于危困状态、缺乏判断能力等情形,与其实施了显失公平的民事法律行为。《民法典》第151条规定:"一方利用对方处于危困状态、缺乏判断能力等情形,致使民事法律行为成立时显失公平的,受损害方有权请求人民法院或者仲裁机构予以撤销。"显失公平的民事法律行为主要适用于双务、有偿的民事法律行为。根据《民法典》第151条的规定,显失公平的民事法律行为的构成要件采取主客观要件说。④"显失公平的构成要件是:其一,须给付与对待给付之间显失均衡。学说上称为客观要件。其二,须一方利用了对方处于危困状态、缺乏判断能力等不利情势。学说上称为主观要件。"⑤

1. 客观要件

客观要件,是指给付与对待给付之间显失均衡。⑥就显失公平的民事法律行为而言,一方当事人承担更多的义务而享有极少的权利或者在经济

---

① 参见王利明《民法总则》,中国人民大学出版社2022年版,第355页。
② 〔德〕拉伦茨:《德国民法通论》(下册),王晓晔等译,法律出版社2003年版,第542页。
③ 〔日〕山本敬三:《民法讲义Ⅰ总则》,解亘译,北京大学出版社2012年版,第190页。
④ 参见王利明《民法总则新论》,法律出版社2023年版,第510页。
⑤ 梁慧星:《民法总论》,法律出版社2021年版,第215页。
⑥ 参见梁慧星《民法总则讲义》,法律出版社2021年版,第260页。

利益上遭受重大损失，而另一方则以较小的代价获得了极大的利益。这种不平衡违反了民法中的等价公平原则，也违反了自愿原则。"这种利益的失衡发生于民事法律行为成立时，如果在民事法律行为成立时不构成显失公平，而在履行阶段显失公平，则表意人不得依据《民法典》第151条主张撤销民事法律行为。"①

2. 主观要件

主观要件，是指一方故意利用对方处于危困状态、缺乏判断能力等情形而与其实施显失公平的民事法律行为。②"此种主观状态已表明行为人背离了诚实信用原则的要求。在法律上之所以要求考虑主观要件，其目的在于保障交易的公平和公正，维护商业道德，保护处于弱势地位的当事人的利益。"③

（1）利用对方处于危困状态

利用对方处于危困状态，是指行为人利用对方当事人的急迫需要或危难处境，迫使其作出违背真意的意思表示，导致对方当事人意思表示不自由。此种情形以利用对方当事人的急迫需要或危难处境为前提，而且要求对方当事人基于此被迫作出违背真意的意思表示，即当事人一方对相对方急迫需要或危难处境的利用应存在违背诚实信用原则的情形。

（2）利用对方缺乏判断能力

所谓缺乏判断能力，是指缺少基于理性考虑而实施民事法律行为或对民事法律行为的后果予以评估的能力。④比较法上也称为轻率或无经验，是指行为人欠缺一般生活经验或交易经验，但不包括对特定生活或经济领域欠缺经验，对特定行业知识的欠缺，并非无经验。例如，一个汽车购买人，对汽车的了解不如专家，却不因此称为无经验。⑤

《民法典合同编通则司法解释》第11条规定："当事人一方是自然人，

---

① 王利明：《民法总则新论》，法律出版社2023年版，第510页。
② 参见梁慧星《民法总则讲义》，法律出版社2021年版，第260页。
③ 王利明：《民法总则》，中国人民大学出版社2022年版，第356页。
④ 参见李适时主编《中华人民共和国民法总则释义》，法律出版社2017年版，第474页。
⑤ 参见黄立《民法总则》，中国政法大学出版社2002年版，第351页。

根据该当事人的年龄、智力、知识、经验并结合交易的复杂程度，能够认定其对合同的性质、合同订立的法律后果或者交易中存在的特定风险缺乏应有的认知能力的，人民法院可以认定该情形构成民法典第一百五十一条规定的'缺乏判断能力'。"据此，对于"缺乏判断能力"的认定需要具备如下几个要素。第一，缺乏判断能力针对的是自然人。如果交易发生在商事主体等法人层面，则因商事主体应当具有必要的知识和技能，不能以缺乏判断能力主张显失公平。第二，当事人缺乏判断能力的对象是民事法律行为的性质、后果或交易中存在的特定风险。第三，对于自然人缺乏判断能力的判定，需要综合考量其年龄、智力、知识、经验以及交易的复杂程度等因素。对上述因素的考量，原则上应当遵循社会生活的一般标准。对于某个特定的商业领域或行业领域的事务缺乏判断能力不构成《民法典》第151条规定的"缺乏判断能力"。[①]

（二）显失公平的民事法律行为的立法例

显失公平的法律行为，来源于《德国民法典》第138条第2款规定的"暴利行为"。《德国民法典》第138条第2款规定："一方利用对方之困境、无经验、缺乏判断能力或显著的意志薄弱，使对方对自己或第三人许诺给予或已实际给予一定财产利益，而该财产利益与其自己的给付显著失衡的，法律行为无效。"《瑞士债务法》和我国台湾地区"民法"的相关规定与《德国民法典》相似，采取主客观要件说。《瑞士债务法》第21条规定："一方利用对方之困境、无经验或轻率而导致所订立合同之给付与对待给付显著失衡的，受损害方可于一年内主张合同无效并请求已履行部分之返还。"我国台湾地区"民法"第74条第1款规定："法律行为，系乘他人之急迫、轻率或无经验，使其为财产上之给付或为给付之约定，依当时之情形显失公平者，法院得依利害关系人之声请，撤销其法律行为或减轻其给付。"

关于显失公平规则的界定，德国、瑞士等国家以及我国台湾地区都是

[①] 参见石佳友、付一耀主编《民法典合同编通则司法解释释评与案例指引》，中国法制出版社2024年版，第72~73页。

通过一个统一的暴利行为制度来解决一方乘人之危且法律行为显失公平现象的。从其规定可以看出，只有当主观上存在一方乘他方急迫、轻率、欠缺经验，且客观上法律行为所设定的给付和对待给付明显失衡时，受不利影响的一方当事人才可以否认法律行为的效力。

（三）显失公平的民事法律行为从单纯的客观要件回归主客观要件

《民法通则》将乘人之危和显失公平的情形分别规定在两个条文中，并赋予其不同的法律效力，乘人之危的民事行为无效，显失公平的民事行为可撤销。有学者认为，制定《民法通则》时参考了南斯拉夫关于债务关系法的相关立法模式，将传统民法中的明显获益行为一分为二。[①]《民法通则》之所以这样规定，是因为起草者认为两种行为的性质不同，乘人之危性质恶劣，将其规定为可撤销的行为处理太轻，而应将其规定为无效，因此，《民法通则》第58条规定乘人之危的民事行为无效。[②]《合同法》第54条沿袭了《民法通则》第59条的规定，将显失公平的合同规定为可撤销、可变更的合同。上述条文所规定的显失公平，缺乏任何前提或者限制性条件，成为对法律行为双方获利程度的一种一般性的、客观的评价，显然不符合民法上的公平观念，尤其是在我国实行民商合一立法体制的情况下，缺乏前提条件的显失公平规则，在商事活动中的适用是完全不可想象的。[③]关于显失公平规则的规定，无疑是一个大口袋原则，不仅未对显失公平的含义作出界定，对其适用的范围、主客观标准亦未予具体规定。由于调整不力，该制度难以发挥其应有的功能。在实际操作中，法官的自由裁量权过大，极易产生对这一制度的滥用。[④]

《民法典》回归民法传统，将乘人之危和显失公平规定为一个条文，客观上与《德国民法典》《瑞士债务法》和我国台湾地区"民法"比较接近。"《民法通则》制定时，将传统民法暴利行为一分为二：一为'乘人之

---

① 参见梁慧星《民法》，四川人民出版社1988年版，第137~138页。
② 参见张俊浩主编《民法学原理》，中国政法大学出版社2000年版，第290页。
③ 参见尹田《乘人之危与显失公平行为的性质及其立法安排》，载《绍兴文理学院学报》（哲学社会科学版）2009年第2期。
④ 参见徐涤宇《非常损失规则的比较研究——兼评中国民事法律行为制度中的乘人之危和显失公平》，载《法律科学（西北政法学院学报）》2001年第3期。

危'行为，其法律效果为无效（第58条）；二为'显失公平'行为，其法律效果为可撤销（第59条）。《合同法》维持这种区分，而将两者的法律效果均规定为可撤销。《民法总则》制定时，总结裁判实践的经验，注意到乘人之危的构成要件过严，而显失公平的构成要件过宽；主张乘人之危很难获得法院支持，而主张显失公平容易获得法院支持。并且，绝大多数当事人均选择主张显失公平，而不选择乘人之危。有鉴于此，民法总则遂将乘人之危与显失公平合并为一个条文，仍称显失公平。"[1]

六　撤销权的行使

可撤销的民事法律行为因被撤销而消灭，撤销权应当由因意思表示不真实而受损害的一方当事人享有，如受欺诈、胁迫的当事人。撤销权应在法律规定的期限内行使，撤销权应通过诉讼或仲裁的方式行使。被撤销的法律行为自始没有法律效力。

撤销权是形成权，适用法律关于除斥期间的规定。当事人没有在法定期限内行使撤销权的，则撤销权消灭。《民法典》第152条第1款规定："有下列情形之一的，撤销权消灭：（一）当事人自知道或者应当知道撤销事由之日起一年内、重大误解的当事人自知道或者应当知道撤销事由之日起九十日内没有行使撤销权；（二）当事人受胁迫，自胁迫行为终止之日起一年内没有行使撤销权；（三）当事人知道撤销事由后明确表示或者以自己的行为表明放弃撤销权。"据此，一般情形下行使撤销权的期限是一年，从当事人知道或者应当知道撤销事由之日起计算。但是，对于重大误解的当事人而言，行使撤销权的期限是九十日，相对于一般撤销权的期限较短。"因为在重大误解的情形下，撤销权人通常都具有过错，不应当使其享有与其他情形下的撤销权人同样的除斥期间。"[2]

《民法典》第152条第2款规定："当事人自民事法律行为发生之日起

---

[1] 梁慧星：《〈民法总则〉重要条文的理解与适用》，载《四川大学学报》（哲学社会科学版）2017年第4期。
[2] 石宏主编《〈中华人民共和国民法总则〉条文说明、立法理由及相关规定》，北京大学出版社2017年版，第362页。

五年内没有行使撤销权的，撤销权消灭。"据此，自民事法律行为发生之日起超过五年没有行使的，撤销权消灭，即使当事人不知道或者不应当知道撤销事由，也发生同样的效果。上述规定属于客观计算方法，意在弥补《民法典》第152条第1款关于主观计算方法的不足。[①] 但存在例外情形，撤销婚姻的不适用五年的规定。《民法典婚姻家庭编司法解释（一）》第19条规定："民法典第一千零五十二条规定的'一年'，不适用诉讼时效中止、中断或者延长的规定。受胁迫或者被非法限制人身自由的当事人请求撤销婚姻的，不适用民法典第一百五十二条第二款的规定。"

第十节 民事法律行为无效、被撤销、确定不发生效力及不成立的法律后果

一 民事法律行为无效、被撤销、确定不发生效力及不成立的后果概述

《民法典》第155条规定："无效的或者被撤销的民事法律行为自始没有法律约束力。"据此，民事法律行为被确认无效和被撤销以后，将溯及既往，自民事法律行为成立时就是无效的，而不是从确认无效或者被撤销之日起无效。《民法典》第157条规定："民事法律行为无效、被撤销或者确定不发生效力后，行为人因该行为取得的财产，应当予以返还；不能返还或者没有必要返还的，应当折价补偿。有过错的一方应当赔偿对方由此所受到的损失；各方都有过错的，应当各自承担相应的责任。法律另有规定的，依照其规定。"本条不是一个独立的裁判规范。本条必须与据以认定民事法律行为无效、被撤销或者确定不发生效力的法律条文一并适用。无论当事人是否请求返还，均应依职权适用本条判决相互返还财产，不能返还的折价赔偿，有损失的按照过错分担。在当事人请求返还时，不

[①] 参见王利明《民法总则》，中国人民大学出版社2022年版，第359页。

得令其变更诉讼请求或者另案起诉。①民事法律行为无效,是指民事法律行为违反法律、行政法规的强制性规定或者公序良俗而被人民法院或者仲裁机构宣告无效。民事法律行为被撤销,是指因意思表示不真实,经受害人请求而被人民法院或仲裁机构予以撤销。民事法律行为确定不发生效力,是指由于民事法律行为确定无法具备生效条件而不能生效。民事法律行为确定不发生效力包括以下三种情形:第一,法律、行政法规规定须经批准的民事法律行为,因未经批准而确定不发生效力;第二,附条件的民事法律行为条件不成就,致使民事法律行为确定不发生效力;第三,效力待定的民事法律行为无法获得权利人的追认而确定不发生效力。②

《民法典总则编司法解释》第23条规定:"民事法律行为不成立,当事人请求返还财产、折价补偿或者赔偿损失的,参照适用民法典第一百五十七条的规定。"由于民事法律行为不成立同样涉及财产返还和损害赔偿责任问题,因此司法解释有必要予以明确。经研究,本条明确民事法律行为不成立,当事人请求返还财产、折价补偿或者赔偿损失的,参照适用《民法典》第157条的规定。③

二 民事法律行为无效、被撤销、确定不发生效力及不成立的具体法律后果

(一)返还财产

1. 返还财产的内涵

返还财产,是指民事法律行为不成立、无效、被撤销或者确定不发生效力后,对已经交付给对方的财产享有返还请求权,而已经接受财产的当事人则负有返还财产的义务。返还财产旨在使财产关系恢复到民事法律行为成立以前的状态。所以,无论接受财产的一方是否具有过错,都应当负

---

① 参见梁慧星《民法总则讲义》,法律出版社2021年版,第280页。
② 参见最高人民法院民事审判第二庭、研究室编著《最高人民法院民法典合同编通则司法解释理解与适用》,人民法院出版社2023年版,第278页。
③ 参见贺荣主编《最高人民法院民法典总则编司法解释理解与适用》,人民法院出版社2022年版,第339页。

有返还财产的义务。①

我国民法学界主张区分不同情形适用物权请求权和不当得利请求权。在给付物为动产的情况下，其所有权重新复归给付人享有。在不动产给付物已经办理了过户登记手续的情形下，受领人负有先将权属登记注销的义务，给付人则享有使权属登记恢复到自己名下的权利。当原物不存在时，物上请求权则不能适用，给付人可基于不当得利请求返还。② 民事法律行为不成立、无效、被撤销或确定不发生效力，产生物权回转的效果，转让人享有的是物权请求权性质的返还原物请求权。只有在原物不能返还或者没有必要返还的情况下，返还原物请求权才转变为不当得利请求权。

区分物权请求权与不当得利请求权的意义在于以下几点。第一，是否具有优先受偿效力不同。在受领人的财产不足以清偿全部债权时，如果是物权请求权，则给付人能够根据物权的优先效力，优先于其他债权人获得财产返还；如果是不当得利请求权，则根据债权的平等性而不具有优先于其他债权的效力。在返还义务人破产的情况下，如果是物权请求权，给付人享有取回权，优先于一般债权人受偿；如果是不当得利请求权，则只能与其他债权人一起平等受偿。第二，是否具有对抗执行的效力不同。在待返还的财产被执行时，给付人可以基于物权请求权对抗一般债权人的执行，而不当得利请求权则不能对抗一般债权人。③

2. 动产和不动产的返还规则

《民法典合同编通则司法解释》第 24 条第 1 款前半句规定："合同不成立、无效、被撤销或者确定不发生效力，当事人请求返还财产，经审查财产能够返还的，人民法院应当根据案件具体情况，单独或者合并适用返还占有的标的物、更正登记簿册记载等方式。"据此，在原物存在的情形

---

① 参见王利明《合同法通则》，北京大学出版社 2022 年版，第 228 页。
② 参见王利明《合同法研究》（第 1 卷），中国人民大学出版社 2015 年版，第 726~727 页；崔建远《合同法》，北京大学出版社 2021 年版，第 116 页；龙卫球主编《中华人民共和国民法典总则编释义》，中国法制出版社 2020 年版，第 414 页。
③ 参见贺荣主编《最高人民法院民法典总则编司法解释理解与适用》，人民法院出版社 2022 年版，第 344 页；最高人民法院民事审判第二庭、研究室编著《最高人民法院民法典合同编通则司法解释理解与适用》，人民法院出版社 2023 年版，第 279 页。

下，应返还原物。如果标的物为动产，人民法院应判决返还义务人返还其占有的标的物。如果标的物为不动产，人民法院应判决更正登记簿册记载；如果返还义务人同时占有了不动产，人民法院还应判决其返还不动产。如果标的物为无记名股票、提单或其他权利证书，人民法院应判决返还相关权利凭证。

3. 价款返还规则

《民法典合同编通则司法解释》第 25 条第 1 款规定："合同不成立、无效、被撤销或者确定不发生效力，有权请求返还价款或者报酬的当事人一方请求对方支付资金占用费的，人民法院应当在当事人请求的范围内按照中国人民银行授权全国银行间同业拆借中心公布的一年期贷款市场报价利率（LPR）计算。但是，占用资金的当事人对于合同不成立、无效、被撤销或者确定不发生效力没有过错的，应当以中国人民银行公布的同期同类存款基准利率计算。"据此，应根据占有资金一方对于合同不成立、无效、被撤销或者确定不发生效力是否存在过错而采取不同标准予以返还。在其存在过错的情形下，应按市场报价利率计算利息；在其不存在过错的情形下，应按存款基准利率计算利息。

《民法典合同编通则司法解释》第 25 条第 2 款规定："双方互负返还义务，当事人主张同时履行的，人民法院应予支持；占有标的物的一方对标的物存在使用或者依法可以使用的情形，对方请求将其应支付的资金占用费与应收取的标的物使用费相互抵销的，人民法院应予支持，但是法律另有规定的除外。"据此，互负返还义务的当事人享有同时履行抗辩权，资金占用费和标的物使用费可以相互抵销。

（二）折价补偿

1. 折价补偿的内涵

所谓折价补偿，是指民事法律行为不成立、无效、被撤销或者确定不发生效力后，一方当事人基于民事法律行为而取得的对方的财产，如果不能返还或者没有必要返还的，可以对财产进行折价，以支付金钱的方式予以补偿。折价补偿是返还财产的替代方式，其性质属于不当得利返还，而不属于损害赔偿责任，其成立不以过错为要件。根据不当得利返还制度，过错在确定应返还利益范围时需要作为考虑因素，但不能作为主要考虑因素，否则就会影响折价补偿作为返还财产替代方式的功能定位。① 折价补偿的性质是不当得利返还，应以受益人获利为标准负返还责任。根据《民法典》第157条的规定，折价补偿主要适用于以下两种情形。第一，财产不能返还。财产不能返还包括事实上不能返还和法律上不能返还。所谓事实上不能返还，是指履行标的物已经发生毁损灭失或者当事人提供劳务的情形，客观上无法返还。所谓法律上不能返还，是指标的物已经被转让，受让人依法取得标的物所有权，典型者如善意取得。第二，没有必要返还。所谓没有必要返还，是指返还财产在经济上不具有合理性。例如，返还标的物的费用过高。② 就建筑安装合同而言，如果施工人已经根据合同将建筑物需要的设备全部安装到位，虽然此时要求全部拆除设备并返还给施工人在客观上可行，但对一方或者双方当事人不具有经济性，还会造成社会资源的浪费。③

2. 折价补偿的一般规则

对于折价补偿而言，关键问题是确立折价补偿的标准。目前主要存在客观标准和主观标准两种观点。客观标准认为，折价补偿应以标的物的市场价格为标准。主观标准认为，折价补偿应以当事人在合同中约定的标的物的价格为标准。《九民纪要》第33条主要采取主观标准，而《民法典合同编通则司法解释》第24条主要采取客观标准。④《九民纪要》第33条后半段规定："在标的物已经灭失、转售他人或者其他无法返还的情况下，当事人主张返还原物的，人民法院不予支持，但其主张折价补偿的，人民法院依法予以支持。折价时，应当以当事人交易时约定的价款为基础，同

---

① 参见最高人民法院民事审判第二庭、研究室编著《最高人民法院民法典合同编通则司法解释理解与适用》，人民法院出版社2023年版，第281页；王利明、朱虎主编《民法典合同编通则司法解释释评》，中国人民大学出版社2024年版，第286页。
② 参见王利明《合同法通则》，北京大学出版社2022年版，第228页。
③ 参见最高人民法院民事审判第二庭、研究室编著《最高人民法院民法典合同编通则司法解释理解与适用》，人民法院出版社2023年版，第281页。
④ 参见石佳友、付一耀主编《民法典合同编通则司法解释释评与案例指引》，中国法制出版社2024年版，第170页。

时考虑当事人在标的物灭失或者转售时的获益情况综合确定补偿标准。标的物灭失时当事人获得的保险金或者其他赔偿金，转售时取得的对价，均属于当事人因标的物而获得的利益。对获益高于或者低于价款的部分，也应当在当事人之间合理分配或者分担。"据此，折价时，应当以当事人交易时约定的价款为基础，主要采取主观标准。《民法典合同编通则司法解释》第24条第1款后半句规定："经审查财产不能返还或者没有必要返还的，人民法院应当以认定合同不成立、无效、被撤销或者确定不发生效力之日该财产的市场价值或者以其他合理方式计算的价值为基准判决折价补偿。"据此，折价时，"应当以认定合同不成立、无效、被撤销或者确定不发生效力之日该财产的市场价值"为基准，主要采取客观标准。"标的物灭失时当事人获得的保险金或者其他赔偿金、转售时取得的对价，均属于当事人因标的物而获得的利益。对获益高于或者低于价款的部分，也应当在当事人之间合理分配或者分担，以实现当事人之间的利益平衡。"①

（三）赔偿损失

1. 赔偿损失的内涵

民事法律行为不成立、无效、被撤销或者确定不发生效力的，在采取返还财产和折价补偿等措施后，当事人的财产状态仍然不能恢复到订立合同之前的状态，仍有需要弥补的损失，在此情形下，有过错的当事人应当赔偿对方当事人的该部分损失；如果双方当事人都有过错，则应当在考量相关因素后按照一定规则分担损失。此种损害赔偿责任属于缔约过失责任，以当事人的过错为前提条件，而返还财产请求权和折价补偿请求权的成立与过错无关。②民事法律行为不成立、无效、被撤销或确定不发生效力后，有过错的当事人应当赔偿对方因此所遭受的损失；如果当事人双方

---

① 最高人民法院民事审判第二庭、研究室编著《最高人民法院民法典合同编通则司法解释理解与适用》，人民法院出版社2023年版，第282页。
② 参见最高人民法院民事审判第二庭、研究室编著《最高人民法院民法典合同编通则司法解释理解与适用》，人民法院出版社2023年版，第282页。

都有过错，应当各自承担相应的责任。①

2. 赔偿损失的一般规则

根据《民法典》第157条的规定，应当赔偿"对方由此所受到的损失"，这里的损失仅指实际的财产损失，不包括可得利益损失。② 民事法律行为无效、被撤销或者确定不发生效力的，发生赔偿损失问题，有过错的一方应向无过错的一方赔偿损失。在双方都有过错的情况下，各自承担相应的责任。这种赔偿责任就是缔约过失责任，旨在弥补信赖法律行为已经有效成立的当事人所受到的损害。③ 对于合同法上信赖保护的效果，主要可划分为两种：一是值得信赖保护的人处于如同其所信赖的对象确实存在的状态；二是使值得信赖保护的人处于如同未曾信赖的状态。④ "在确定赔偿标准时，鉴于该责任性质属于缔约过失责任，故其赔偿的是信赖利益损失，原则上不能参照合同约定来确定。只有在极少数的特殊情况下，才可以参照有效合同来确定损失，如建设工程施工合同尽管被认定无效，但工程竣工验收合格，承包人请求参照合同约定支付价款的，人民法院应予支持，但要注意所支付的价款不应超出合同有效情况下的履行利益。"⑤

《民法典合同编通则司法解释》第24条第2款规定："除前款规定的情形外，当事人还请求赔偿损失的，人民法院应当结合财产返还或者折价补偿的情况，综合考虑财产增值收益和贬值损失、交易成本的支出等事实，按照双方当事人的过错程度及原因力大小，根据诚信原则和公平原则，合理确定损失赔偿额。"据此，在确定损害赔偿数额时，应当综合考虑返还财产或折价补偿的因素。不论是返还财产还是折价补偿，都已经充分考虑了财产增值或贬值的因素。在财产增值的情况下，一般不存在损害赔

---

① 参见王利明《合同法通则》，北京大学出版社2022年版，第229页。
② 参见梁慧星《民法总则讲义》，法律出版社2021年版，第280页。
③ 参见韩世远《合同法学》，高等教育出版社2022年版，第66页；谭启平主编《中国民法学》，法律出版社2021年版，第180页。
④ 参见朱广新《合同法总则研究》，中国人民大学出版社2018年版，第59~60页。
⑤ 刘贵祥：《在全国法院民商事审判工作会议上的讲话》（2019年7月3日），载最高人民法院民事审判第二庭编著《〈全国法院民商事审判工作会议纪要〉理解与适用》，人民法院出版社2019年版，第73页。

偿问题。在财产贬值的情况下，可以根据诚信原则和公平原则在当事人之间分摊财产贬值造成的损失。仅返还财产或折价补偿不足以弥补损失的，一方当事人可以请求有过错的对方当事人承担损害赔偿责任，双方当事人都有过错的，各自承担相应的责任，此时应考虑财产增值或贬值因素，避免出现双重获利或者双重受损。[①] 例如，在北京市通州区画家村"宋庄房屋买卖纠纷案"中，200多名画家买了农民房，后来由于房价上涨，有些卖方毁约，起诉到法院要求认定房屋买卖协议无效，对于此类案件，法院一般判决房屋买卖协议无效，除退还购房款外，根据卖方的过错程度，判决卖方同时支付相应补偿款。在画家李某某与马某某房屋买卖合同纠纷案中，李某某支付45000元购买马某某一处房屋和院落，法院认定合同无效，并判决李某某将房屋腾退给马某某，马某某支付给李某某9万余元补偿款。北京市通州区人民法院（2008）通民初字第02041号民事判决认为："考虑到马某某作为出卖人在出卖时即明知其所出卖的房屋及宅基地属于我国法律禁止流转范围，其在出卖房屋多年后又以违法出售房屋为由主张合同无效，故其应对合同无效承担主要责任。对于李某某作为买受人信赖利益损失的赔偿，应当全面考虑出卖人因土地升值或拆迁、补偿所获利益，以及买受人因房屋现值和原买卖价格的差异所造成损失两方面因素予以确定。"

（四）其他法律后果

民事法律行为不成立、无效、被撤销或者确定不发生效力的，当事人除应当承担民事责任外，还可能承担行政责任，甚至刑事责任。一般认为，《民法通则》针对恶意串通行为等无效法律行为规定的收缴非法财产、罚款等民事制裁措施，具有明显的行政管理和公法制裁的性质，不宜规定在民事法律规范中，因此，《民法典》删除了上述相关规定。起草《民法典合同编通则司法解释》的总的指导思想是，从能动司法理念出发，对民事审判中人民法院发现的民事违法行为达到可能承担行政责任和刑事责任

[①] 参见最高人民法院民事审判第二庭、研究室编著《最高人民法院民法典合同编通则司法解释理解与适用》，人民法院出版社2023年版，第282页。

的严重程度时,不在民事诉讼程序中主动追究行为人的公法责任,而是通过司法建议和线索移交等方式,从程序上充实和完善《民法典》对《民法通则》民事责任之外的民事制裁措施调整后的司法应对方式。比如民事合同因严重违法被宣告无效后,可能并不存在双方当事人相互返还财产的问题,而是根据相关法律、行政法规的规定对交易物品和违法所得予以没收、收缴等。[①]《民法典合同编通则司法解释》第24条第3款规定:"合同不成立、无效、被撤销或者确定不发生效力,当事人的行为涉嫌违法且未经处理,可能导致一方或者双方通过违法行为获得不当利益的,人民法院应当向有关行政管理部门提出司法建议。当事人的行为涉嫌犯罪的,应当将案件线索移送刑事侦查机关;属于刑事自诉案件的,应当告知当事人可以向有管辖权的人民法院另行提起诉讼。"

[①] 参见最高人民法院民事审判第二庭、研究室编著《最高人民法院民法典合同编通则司法解释理解与适用》,人民法院出版社2023年版,第286~290页。

第九章 代理

第一节 代理概述

一 代理的概念和特征

(一) 代理的概念

代理,是指代理人在代理权限内,以被代理人名义与第三人实施法律行为,代理行为的后果由被代理人承担。代理行为的性质是法律行为,代理人在代理权限内与第三人独立为意思表示。因代理行为产生的法律关系是代理关系。《民法典》第162条规定:"代理人在代理权限内,以被代理人名义实施的民事法律行为,对被代理人发生效力。"代理适用于法律行为,准法律行为可以类推适用代理,事实行为和侵权行为不适用代理。"代理的适用,限于为意思表示及受意思表示(法律行为)。对准法律行为(如催告、物之瑕疵的通知)得类推适用之。事实行为,如占有、无主物先占、遗失物拾得,或侵权行为,则无代理的适用,应分别适用关于占有辅助人(第942条),或雇用人侵权责任(第188条)的规定。"[1]

从主体上看,代理关系涉及三方主体,即被代理人、代理人和第三人。被代理人又称为本人,在委托代理的情形下,也称为授权人或委托人。[2] 代理制度包括三方面的法律关系:一是被代理人与代理人之间的代理关系,这是代理的基础关系,包括委托代理关系和法定代理关系;二是

---

[1] 王泽鉴:《民法总则》,北京大学出版社2022年重排版,第450页。
[2] 参见梁慧星《民法总论》,法律出版社2021年版,第227页。

代理人和第三人之间的关系,这是代理的外部关系,代理人以被代理人的名义与第三人独立实施民事法律行为;三是效果承担关系,代理行为的效果由被代理人承担。

法律行为的核心价值是私法自治,代理也是实现私法自治的手段之一,即由代理人以被代理人的名义实施法律行为,归根结底都是通过法律行为实现私法自治,殊途同归。"代理制度旨在扩张私法自治(意定代理)及补充私法自治(法定代理),系现代法律生活赖以运作的重要机制。"[1]代理是法律行为的特殊种类,一般的法律行为的效果由民事主体自己承担,而代理行为的效果不是由代理人自己承担,而是由被代理人承担,所以,代理是为了被代理人的利益而扩张意思自治的法律途径。

(二)代理的特征

1. 代理人以被代理人的名义实施民事法律行为

代理人应当以被代理人的名义实施民事法律行为,否则不构成代理。《民法典》第162条所规定的代理仅指显名代理,不包括隐名代理。隐名代理可以根据《民法典》合同编的规定,在当事人之间发生合同上的权利义务关系。代理人没有明确以他人名义作出意思表示的,其所实施的法律行为不构成代理,而应属于代理人自己的行为,由代理人作为法律行为的当事人享有权利并承担义务。该规定旨在保护相对人对意思表示内容的信赖,从而维护交易安全。[2]"代理意思的显名得为明示或默示。商店店员出售商品,通常系为商店主人的代理人,不必特别表明其系代理,相对人是否知悉谁为本人,在所不问。"[3]

2. 代理人在代理权限内独立为意思表示

在代理权限内,代理人独立为意思表示,即代理人在代理权限范围内自主决定民事权利义务关系。一般认为,在委托代理中,限制民事行为能力人可以成为代理人。[4] 在法定代理中,只有完全民事行为能力人才能担

---

[1] 王泽鉴:《民法总则》,北京大学出版社2022年重排版,第491页。
[2] 参见迟颖《〈民法总则〉无权代理法律责任体系研究》,载《清华法学》2017年第3期。
[3] 王泽鉴:《民法总则》,北京大学出版社2022年重排版,第458页。
[4] 参见汪渊智《比较法视野下的代理法律制度》,法律出版社2012年版,第128页。

任代理人。①

代理区别于中介的关键在于：代理人独立为意思表示，而中介人不能独立为意思表示，中介人只是向委托人提供缔约机会或者媒介服务。代理人应当独立为意思表示，因此代理人应当具备相应的民事行为能力。限制民事行为能力人可以实施代理行为，因为其可以实施与其年龄、智力、精神健康状况相适应的法律行为。

3. 代理人须向第三人为意思表示

代理关系涉及三方当事人，在代理人和被代理人之外，还有第三人。代理人应以被代理人名义向第三人为意思表示，禁止自己代理和双方代理。自己代理或双方代理的性质是无权代理，属于效力待定的民事法律行为，只有经过被代理人追认的，才能对被代理人发生效力。

4. 代理行为的法律效果归属于被代理人

代理行为的法律效果归属于被代理人，即因代理行为而产生的权利、义务以及由此产生的民事责任对被代理人发生效力。"代理的法律意义实质在于，代理人处于被代理人的'位置'为他进行法律行为；而就它的法律后果而言，把它视为与被代理人自己所为法律行为相同。"②

二 代理的边界

（一）代理一般是指显名代理

显名代理，是指代理人以本人名义实施法律行为，代理行为的后果由被代理人承担。"此种以本人名义代为或代受意思表示，学术上称为显名代理，或称显名主义。"③ 德国民法、法国民法、日本民法、瑞士债务法和我国台湾地区"民法"所规定的代理都是显名代理。④《民法典》第162条沿袭了大陆法系民法关于显名代理的规定。

---

① 参见陈甦主编《民法总则评注》，法律出版社2017年版，第1145页。
② 〔德〕拉伦茨：《德国民法通论》（下册），王晓晔等译，法律出版社2003年版，第815页。
③ 姚瑞光：《民法总则论》，中国政法大学出版社2011年版，第281页。
④ 参见史尚宽《民法总论》，中国政法大学出版社2000年版，第513页；梁慧星《中国民法总则的制定》，载《北方法学》2017年第1期；王利明《民法总则》，中国人民大学出版社2022年版，第380页。

一般认为，大陆法系的显名代理被直接代理所包含。根据名义标准，直接代理又可分为显名代理和隐名代理。① 直接代理，是指代理人以被代理人的名义在授权范围内实施民事法律行为，代理行为的后果由被代理人承担。② 为缓和显名原则，判例学说尚承认所谓的"隐名代理"，即代理人虽未以被代理人名义实施法律行为，但实际上有代理的意思，且为相对人所明知或可得而知者，也发生代理的效果。③ 有些大陆法系国家规定了隐名代理，④ 例如，《日本民法典》第 100 条规定："代理人未明示为本人而进行的意思表示，视为为自己所为。但是，相对人已知其为本人或可得知其为本人时，准用前条第一款的规定。"英美法系的公开代理也包括显名代理和隐名代理，这与大陆法系的直接代理没有根本差异，真正的差异在于英美法系的不公开代理和大陆法系的行纪之间。⑤ "英美法中公开本人身份的代理和隐名代理，与大陆法系中的直接代理类似，二者在功能上及其法律构造上也基本相同。"⑥

（二）隐名代理作为特殊规则

一般认为，我国《民法典》总则编只规定了显名代理，《民法典》合同编规定了隐名代理。《民法总则（草案）三审稿》第 166 条规定："代理人在代理权限内以自己的名义与第三人实施民事法律行为，第三人知道代理人与被代理人之间的代理关系的，该民事法律行为直接约束被代理人和第三人，但是有确切证据证明该民事法律行为只约束代理人和第三人的除外。"该条文内容与原《合同法》第 402 条基本相同，即规定隐名代理规则。该条从一审稿到三审稿一直保留在《民法总则（草案）》中，文字表

---

① 参见王泽鉴《民法总则》，北京大学出版社 2022 年重排版，第 458 页；尹田《民事代理之显名主义及其发展》，载《清华法学》2010 年第 4 期。
② 参见王利明《民法总则》，中国人民大学出版社 2022 年版，第 380 页。
③ 参见姚瑞光《民法总则论》，中国政法大学出版社 2011 年版，第 281 页；施启扬《民法总则》，中国法制出版社 2010 年版，第 275 页；王泽鉴《民法总则》，北京大学出版社 2022 年重排版，第 458 页。
④ 参见郑玉波《民法总则》，中国政法大学出版社 2003 年版，第 403 页。
⑤ 参见方新军《民法典编纂视野下合同法第 402 条、第 403 条的存废》，载《法学研究》2019 年第 1 期。
⑥ 汪渊智：《代理法立法研究》，知识产权出版社 2020 年版，第 18 页。

述没有任何改动,最终在《民法总则》中被删除,"表明立法者选择回归大陆法系的传统代理理论"。①

《民法典》第925条规定:"受托人以自己的名义,在委托人的授权范围内与第三人订立的合同,第三人在订立合同时知道受托人与委托人之间的代理关系的,该合同直接约束委托人和第三人;但是,有确切证据证明该合同只约束受托人和第三人的除外。"上述规定一般被称为隐名代理。②也有学者将上述规定和《民法典》第926条称为间接代理,并认为中国代理制度已突破大陆法系民法的狭义代理概念,采用了包括直接代理和间接代理的广义代理概念。③"大陆法系国家民法一般将间接代理称为行纪,但我国《民法典》区分了间接代理和行纪。《民法典》第925条和第926条分别规定了两种间接代理形式……在上述两种情形下,代理人并没有以被代理人代理人的身份行为,因而不同于直接代理。"④

(三)行纪不是代理

传统民法理论区分直接代理和间接代理,以本人名义实施法律行为并直接对本人发生效力的代理称为直接代理,以自己名义实施法律行为并间接对本人发生效力的代理称为间接代理。间接代理并不是真正的代理,只是与代理类似的制度。⑤实际上,所谓的间接代理就是行纪。"间接代理人以自己的名义做出行为;他自己依据法律行为享有权利和承担义务;然而该项法律行为却是由他人承担风险。法律上对间接代理的规定表现为《商法典》第383条及其后相关条款中规定的行纪行为这种行为类型。"⑥ "间接代理例如行纪。行纪谓以自己之名义,为他人之计算,为动产之买卖或其他商业上之交易,而受报酬之营业。间接代理,惟有间接代理人与相对

---

① 陈甦主编《民法总则评注》,法律出版社2017年版,第1149页。
② 参见徐海燕《英美代理法研究》,法律出版社2000年版,第370页;谢鸿飞、朱广新主编《民法典评注·合同编·典型合同与准合同》(4),中国法制出版社2020年版,第235页;崔建远《关于制定〈民法总则〉的建议》,载《财经法学》2015年第4期。
③ 参见梁慧星《民法总论》,法律出版社2021年版,第229页。
④ 王利明:《民法总则》,中国人民大学出版社2022年版,第380页。
⑤ 参见郑玉波《民法总则》,中国政法大学出版社2003年版,第408~409页。
⑥ 〔德〕施瓦布:《民法导论》,郑冲译,法律出版社2006年版,第527页。

人之关系,及间接代理人与本人之两面关系,与直接代理并有相对人与本人之三面关系者不同。"① "间接代理者如行纪,以代理人自己名义,为本人计算,而为法律行为,使其行为之效果,先对代理人发生,然后再由代理人转移于本人之代理。"②

主张行纪是间接代理的学者很多,姚瑞光先生的著作对其列举比较详细,并且明确表示了反对,他认为:"若以自己名义,为本人打算,为意思表示或受意思表示,以其效果移转于本人之行为,并非代理,而为行纪,学者有随日本著述称此种情形为间接代理,因其根本非代理,自不应称为间接代理。"③ 一些日本学者认为,被称为间接代理的行纪不是代理。"像批发商、买卖中介人等的行为那样的,在他人的计算下以自己之名实施的行为成为间接代理。法律效果全部归属于行为人,虽然其被称为代理,但并非代理的一种。"④ "以自己的名义,且为了他人(依他人的计算)所作出的法律行为,称为间接代理。法律效果全部归属于自己(行为人),所以严格地说,它不是代理。"⑤ "需注意的是,'民法'所称'代理',指直接代理。所谓'间接代理',乃代理的类似制度,并非代理。"⑥

(四) 日常家事代理的一般规则

1. 日常家事代理的性质是法定代理

日常家事代理,是指依据法律规定,夫妻双方在日常家庭事务中,享有相互代理的权利。这种代理权是基于夫妻之间特殊的身份关系而产生的法定代理权。⑦ 基于夫妻关系所生成的权利外观,为了保护善意相对人的信赖,由法律直接规定对于日常家务,夫妻之间可互为代理人。夫妻在日常家庭事务范围内,与第三人发生民事交往时依法享有相互代理的权

---

① 史尚宽:《民法总论》,中国政法大学出版社2000年版,第517页。
② 刘得宽:《民法总则》,中国政法大学出版社2006年版,第273页。
③ 姚瑞光:《民法总则论》,中国政法大学出版社2011年版,第281页。
④ 〔日〕我妻荣:《新订民法总则》,于敏译,中国法制出版社2008年版,第305页。
⑤ 〔日〕近江幸治:《民法讲义Ⅰ民法总则》(第6版补订),渠涛等译,北京大学出版社2015年版,第218页。
⑥ 王泽鉴:《民法总则》,北京大学出版社2022年重排版,第454页。
⑦ 参见王利明《民法总则新论》,法律出版社2023年版,第548~549页。

利；夫妻一方在日常家事范围内与第三人实施法律行为时，不必明示其代理权，可直接以自己名义、夫妻双方名义或以配偶名义为之；夫妻一方实施此类行为的法律后果，由夫妻双方共同承担。日常家事代理权是基于夫妻身份关系产生的法定代理权，其行使的效果主要表现在财产上的效益。[1]

《民法典》第1060条规定："夫妻一方因家庭日常生活需要而实施的民事法律行为，对夫妻双方发生效力，但是夫妻一方与相对人另有约定的除外。夫妻之间对一方可以实施的民事法律行为范围的限制，不得对抗善意相对人。"据此，日常家事代理制度扩张了夫妻双方的意思自治，保护了善意第三人的利益和交易安全。一般认为，《民法典》第1060条规定的家事代理权属于代理权的范畴。在家事代理的情况下，代理人的行为直接对其配偶发生效力，且代理人的代理意思已经通过配偶关系得到公开，故而，应当认为其属于代理的范畴。[2] 家事代理只适用于婚姻家庭领域，且其法律后果由夫妻双方共同承担，因此，家事代理没有规定在总则编，而是规定在婚姻家庭编。[3]

一般认为，日常家事代理的性质是法定代理。[4] 日常家事代理权，"在我民法亦可认为法定代理权之一种，非有法定之原因不得加以限制"。[5] 法定代理包括两种情形：一是日常家事代理；二是欠缺民事行为能力的民事主体的法定代理。[6] "日常家务，指夫妻及其未成年子女共同生活所必需的事项，如食物、水电、医疗保健等。"[7] 日常家事代理是夫妻基于配偶身份

---

[1] 参见最高人民法院民法典贯彻实施工作领导小组主编《中华人民共和国民法典婚姻家庭编继承编理解与适用》，人民法院出版社2020年版，第138页。

[2] 参见王利明主编《中华人民共和国民法总则详解》（下册），中国法制出版社2017年版，第719页。

[3] 参见黄薇主编《中华人民共和国民法典婚姻家庭编释义》，法律出版社2020年版，第69页。

[4] 参见王泽鉴《民法总则》，北京大学出版社2022年重排版，第466页；王利明《民法总则新论》，法律出版社2023年版，第549页。

[5] 史尚宽：《亲属法论》，中国政法大学出版社2000年版，第284页。

[6] 参见最高人民法院民法典贯彻实施工作领导小组主编《中华人民共和国民法典总则编理解与适用》，人民法院出版社2020年版，第146页。

[7] 王泽鉴：《民法总则》，北京大学出版社2022年重排版，第466页。

依法产生的相互代理。在大陆法系国家民法典中，它是亲属编的一项重要制度。《德国民法典》第 1357 条和《瑞士民法典》第 166 条第 1 款对家事代理权进行了规定。①

有观点认为，日常家事代理权的性质不是法定代理，而是法律规定的权能。"我到目前一直认为属于《德国民法典》第 1357 条规定的情况并不是夫妻一方对另一方的法定代理，而是夫妻任何一方享有法律所规定的权能，在'日常生活中'以自己的名义而无需公开声明地行使另一方享有权利和承担义务的法律行为。"② 上述观点并没有成为通说，但其与作为通说的"法定代理说"的观点是相同的，即夫妻任何一方无须公开代理权即可产生代理的效果。

日常家事代理权基于夫妻关系产生，不以夫妻一方明示为必要，具有法定代理权的性质，但与一般法定代理权也存在一定区别。第一，设置的目的不同。日常家事代理权为夫妻双方对等享有，法律设置这一权利的目的在于满足夫妻共同生活需要，保护善意第三人利益和交易安全；一般法定代理权是法律为无民事行为能力人和限制民事行为能力人所设，旨在保护上述人的合法权益。第二，权利范围不同。日常家事代理权的范围限于"日常家事"，行为的性质是法律行为；一般法定代理权的范围较广，包括法律行为和诉讼行为，不受"日常家事"范围的限制。第三，权利的行使方式不同。夫妻一方在日常家事范围内与第三人实施法律行为时，不必明示其代理权，可直接以自己名义、夫妻双方名义或者配偶名义为之；一般法定代理的代理人必须以被代理人的名义从事活动。第四，权利消灭的原因不同。日常家事代理权消灭的原因包括夫妻无正当理由分居、婚姻被依

---

① 《德国民法典》第 1357 条规定："（1）夫妻任何一方均有权处理适当满足家庭生活需要而效果也及于夫妻另一方的事务。夫妻双方均因此种事务而享有权利并负担义务，但依情形另有规定的，不在此限。（2）夫妻一方可以限制或者排除另一方处理效果也及于自己的事务的权利；无充分理由而进行限制或者排除的，监护法院应依申请予以废止。限制或者排除只依第 1412 条对第三人发生效力。（3）夫妻分居的，不适用第 1 项的规定。"《瑞士民法典》第 166 条第 1 款规定："配偶双方中任何一方，于共同生活期间，代表婚姻共同生活处理家庭日常事务。"

② 〔德〕拉伦茨：《德国民法通论》（下册），王晓晔等译，法律出版社 2003 年版，第 838 页。

法撤销、双方离婚、配偶一方死亡等；一般法定代理权因被代理人成为完全民事行为能力人或者一方当事人死亡而归于消灭。①

2. 日常家事代理的界限

一般认为，在日常家事代理权范围内，夫妻一方对外举债应视为夫妻共同债务。债权人无须举证证明，如果举债人的配偶一方主张不属于夫妻共同债务，则由其举证证明所负债务并非用于家庭日常生活。②《民法典》第 1064 条规定："夫妻双方共同签名或者夫妻一方事后追认等共同意思表示所负的债务，以及夫妻一方在婚姻关系存续期间以个人名义为家庭日常生活需要所负的债务，属于夫妻共同债务。夫妻一方在婚姻关系存续期间以个人名义超出家庭日常生活需要所负的债务，不属于夫妻共同债务；但是，债权人能够证明该债务用于夫妻共同生活、共同生产经营或者基于夫妻双方共同意思表示的除外。"

因家庭共同生活所负的债务，包括因购置生活用品、购置或修建住房所负的债务，履行抚养教育义务、赡养义务、治疗疾病所负的债务等。因共同生产经营所负的债务，包括夫妻双方共同从事工商业生产、经营活动或者从事土地承包经营活动等所负的债务。③ 夫妻之间的日常家事代理权应当设定合理的范围，过分扩大家事代理的范围，会危及家庭财产关系的稳定。故对于下列事务，不应纳入日常家事范围：第一，一方擅自处分不动产的行为；第二，一方擅自处分具有重大价值的财产的行为；第三，一方擅自处理与另一方当事人人身有密切关联的事务，如领取劳动报酬、放弃继承权等。总之，如果夫妻一方的行为超出了家事代理的范围，而与之建立债权债务关系的第三人为善意或无过失时，可以适用《民法典》第 172 条关于表见代理的原则处理。

3. 夫妻共同债务的认定规则

夫妻一方超出日常家庭生活需要所负的债务，除非债权人能够证明该

---

① 参见梁慧星主编《中国民法典草案建议稿附理由：亲属编》，法律出版社 2013 年版，第 93~94 页。
② 参见肖峰编著《民法典婚姻家庭编条文精释与案例实务》，法律出版社 2020 年版，第 138 页。
③ 参见蒋月《夫妻财产制与民事交易安全若干问题研究》，载《法学》1999 年第 5 期。

债务用于夫妻共同生活、共同生产经营或者基于夫妻双方共同意思表示，原则上应推定为举债方的个人债务。其目的在于保护举债方配偶的合法权益，将举证责任课以债权人，以倒逼债权人在建立债权债务关系时尽到审慎的注意义务，同时能够最大限度地避免夫妻一方与债权人恶意串通损害另一方合法权益的情况。①

《民法典》第1064条第1款规定："夫妻双方共同签名或者夫妻一方事后追认等共同意思表示所负的债务，以及夫妻一方在婚姻关系存续期间以个人名义为家庭日常生活需要所负的债务，属于夫妻共同债务。"据此，除基于日常家事代理产生的夫妻共同债务外，基于夫妻共同意思表示所负的债务也属于夫妻共同债务。

意思自治原则是民法的基本原则，夫妻双方可以基于共同意思表示而产生共同债务。只要夫妻双方在债务问题上达成了一致的意思表示，该债务就属于夫妻共同债务。夫妻共同意思表示，既可以是夫妻因事先协商一致而共同签字，也可以是夫妻一方事后追认。这就是所谓的"共债共签"制度。"事后追认的方式，不限于书面形式，实践中可以通过电话录音、短信、微信、邮件等方式进行判断。"②"共债共签"制度的意义表现在以下几个方面：第一，有利于保障夫妻另一方的知情权和同意权，可以从债务形成源头上尽可能杜绝夫妻一方"被负债"现象发生；第二，可以有效避免债权人因事后无法举证证明债务属于夫妻共有债务而遭受不必要的损失，对于保障交易安全和夫妻一方合法权益具有积极意义；第三，能够发挥法律的指引功能，引导债权人加强事前风险防范，在形成债务尤其是大额债务时，为避免事后引发不必要的纠纷，尽可能要求夫妻共同签名。③

认定夫妻共同债务以共同意思表示为基础，但是债权人能够证明属于夫妻共同债务的，应当认定为夫妻共同债务。《民法典》第1064条第2款

---

① 参见最高人民法院民法典贯彻实施工作领导小组主编《中华人民共和国民法典婚姻家庭编继承编理解与适用》，人民法院出版社2020年版，第168页。
② 最高人民法院民法典贯彻实施工作领导小组主编《中华人民共和国民法典婚姻家庭编继承编理解与适用》，人民法院出版社2020年版，第167页。
③ 参见肖峰编著《民法典婚姻家庭编条文精释与案例实务》，法律出版社2020年版，第138页。

规定："夫妻一方在婚姻关系存续期间以个人名义超出家庭日常生活需要所负的债务，不属于夫妻共同债务；但是，债权人能够证明该债务用于夫妻共同生活、共同生产经营或者基于夫妻双方共同意思表示的除外。"

三 代理的适用范围

（一）法律行为和准法律行为适用代理

《民法典》第161条第1款规定："民事主体可以通过代理人实施民事法律行为。"据此，代理适用于民事法律行为。民事法律行为是民事主体实现私法自治的工具，代理的对象应是民事法律行为而非其他。作为例外，法律也允许代理的对象在一定程度上扩张到准法律行为。[①]"代理人在代理权限范围内需要独立作出意思表示。代理的事项包括法律行为和准法律行为。"[②] 准法律行为也是表示行为，根据法律规定发生法律效果，因此，代理也可以适用准法律行为，但应限于意思通知和观念通知。[③] 例如，要约邀请、要约撤回、债务的承认、履行催告等。感情表示也属于准法律行为的范畴，但其属于身份行为，因此不适用代理。但是，代理不适用于事实行为和侵权行为。

代理也可以扩展到诉讼行为中。诉讼代理人在民事诉讼、行政诉讼和刑事附带民事诉讼中，作为原告、被告或者第三人的诉讼代理人参加诉讼。[④] 在诉讼代理中，代理权的授予非常明确，诉讼行为会产生特定的民事法律效果，因此诉讼活动可以准用民法上的代理规则。律师代理包括诉讼代理，也包括非诉讼代理，如果不承认诉讼代理可以适用代理规则，会导致人为地分解律师代理活动，徒增困扰。[⑤]

（二）不得代理的情形

《民法典》第161条第2款规定："依照法律规定、当事人约定或者民

[①] 参见温世扬主编《中国民法》，北京大学出版社2023年版，第163~164页。
[②] 王利明：《民法总则》，中国人民大学出版社2022年版，第372页。
[③] 参见〔日〕我妻荣《新订民法总则》，于敏译，中国法制出版社2008年版，第308页。
[④] 参见杨立新《民法总则》，法律出版社2020年版，第277页；谭启平主编《中国民法学》，法律出版社2021年版，第187页。
[⑤] 参见陈甦主编《民法总则评注》，法律出版社2017年版，第1135页。

事法律行为的性质,应当由本人亲自实施的民事法律行为,不得代理。"据此,不得代理的情形主要包括以下几种。

1. 法律规定的情形

法律规定的情形,是指法律明确规定只能由当事人自己实施的民事法律行为,不适用代理。例如,要求结婚、离婚的,应当由本人依法办理相关手续,不适用代理。《民法典》第1049条规定:"要求结婚的男女双方应当亲自到婚姻登记机关申请结婚登记。符合本法规定的,予以登记,发给结婚证。完成结婚登记,即确立婚姻关系。未办理结婚登记的,应当补办登记。"《民法典》第1076条规定:"夫妻双方自愿离婚的,应当签订书面离婚协议,并亲自到婚姻登记机关申请离婚登记。离婚协议应当载明双方自愿离婚的意思表示和对子女抚养、财产以及债务处理等事项协商一致的意见。"

2. 当事人约定的情形

当事人约定的情形,是指当事人约定由当事人实施某项民事法律行为,不适用代理。例如,当事人约定由某人演出的合同,只能由约定的当事人本人演出,而不适用代理。

3. 民事法律行为的性质决定的情形

民事法律行为的性质决定的情形,是指具有人身性质的民事法律行为不适用代理。"原则上法律行为均得为代理,包括负担行为(如买卖)及处分行为(如办理所有权移转登记)。但身份行为如结婚、离婚、遗嘱等,因须尊重本人意思,不许代理。"[1]

4. 违法行为不适用代理

代理是法律鼓励的行为,而法律当然不鼓励违法行为,因此,违法行为不适用代理。代理人不得代理违法行为,否则,被代理人和代理人应当承担连带责任。《民法典》第167条规定:"代理人知道或者应当知道代理事项违法仍然实施代理行为,或者被代理人知道或者应当知道代理人的代理行为违法未作反对表示的,被代理人和代理人应当承担连带

---

[1] 王泽鉴:《民法总则》,北京大学出版社2022年重排版,第450页。

责任。"

5. 事实行为不适用代理

代理行为是私法自治的补充或扩张,其适用范围限于意思表示,即作出意思表示与接受意思表示。事实行为不适用代理。[1] "事实行为及侵权虽可成立机关关系,但不得成立代理关系。"[2] "事实行为,如占有、无主物先占、遗失物拾得,或侵权行为,则无代理的适用。"[3] 事实行为根据法律规定直接产生法律后果,而无须当事人的意思表示,因此,事实行为不适用代理。例如,加工、先占、遗失物拾得等,不以意思表示为要素,也不以第三人知悉为必要,因此不适用代理。"在效果归属方面,法律行为可借助代理制度而使行为人和效果归属人相异,事实行为则与代理绝缘,只能借助诸如占有辅助等其他制度。"[4]

四 代理与相关概念的区别

(一) 代理与委托的区别

委托,是指委托人和受托人约定,由受托人处理委托人的事务。《民法典》第919条规定:"委托合同是委托人和受托人约定,由受托人处理委托人事务的合同。"

代理与委托的区别如下。第一,委托只涉及委托人和受托人两方关系,是当事人之间的内部合同关系。而代理涉及代理人、被代理人和第三人三方关系。第二,委托既可以产生代理关系,也可以产生其他法律关系,比如行纪、居间等法律关系。代理关系既可以通过委托方式而产生,也可以通过法定方式而产生。"委任,未必伴随代理,还有,伴随代理的对内关系,未必只限于委任。"[5] 第三,委托事务既可以是法律行为、准法律行为,也可以是事实行为。例如,代为缴纳各种税费等,就是事实行

---

[1] 参见〔日〕我妻荣:《新订民法总则》,于敏译,中国法制出版社2008年版,第307~308页。
[2] 李宜琛:《民法总则》,中国方正出版社2004年版,第214页。
[3] 王泽鉴:《民法总则》,北京大学出版社2022年重排版,第450页。
[4] 常鹏翱:《事实行为的基础理论研究》,北京大学出版社2016年版,第138页。
[5] 〔日〕我妻荣:《新订民法总则》,于敏译,中国法制出版社2008年版,第304页。

为。代理一般只适用于法律行为和准法律行为，而不适用于事实行为。①第四，代理人应以被代理人名义处理代理事务，否则不构成直接代理。委托合同的受托人既可以以委托人的名义，也可以以自己的名义处理委托事务，无论何种方式，均不影响委托合同的性质。②

（二）代理与行纪的区别

行纪，是指行纪人以自己的名义为委托人从事交易活动，委托人支付报酬。《民法典》第951条规定："行纪合同是行纪人以自己的名义为委托人从事贸易活动，委托人支付报酬的合同。"行纪关系涉及两个合同关系：一是委托人与行纪人之间的委托合同关系，如委托人委托行纪人购买货物或出售货物；二是行纪人与第三人之间的买卖合同关系，如行纪人接受委托以后，以自己的名义向第三人购买货物或向第三人出售货物。行纪合同的特点在于它是由三方当事人和两个合同关系组成的，两个合同相互结合才构成了完整的行纪关系，单纯看任何一个合同都不是行纪，如果将行纪认为是行纪人与委托人之间的委托合同，则这种关系已经由委托合同调整足矣，法律就没有规定行纪的必要。例如，甲委托乙实施一项法律行为，乙可以通过两种方式实施该行为：第一种，乙以甲的名义和相对人实施法律行为；第二种，乙为了甲的利益以自己的名义和相对人实施法律行为。前者是代理，后者是行纪。③

代理与行纪的区别如下：第一，行纪人以自己的名义从事民事活动，而代理人以被代理人的名义从事民事活动；第二，行纪行为的法律后果首先由行纪人承担，然后再按照约定将其法律后果转移给委托人，代理行为的后果直接由被代理人承担；第三，行纪人一般有资格限制，而代理人一般没有资格限制；第四，代理可以有偿，也可以无偿，而行纪一般是有偿的。

（三）代理与中介的区别

中介，又称居间，是指中介人向委托人报告订立合同的机会或者提供

---

① 参见王利明《民法总则》，中国人民大学出版社2022年版，第375页。
② 参见黄薇主编《中华人民共和国民法典合同编释义》，法律出版社2020年版，第878页。
③ 参见陈甦主编《民法总则评注》，法律出版社2017年版，第1141页。

订立合同的媒介服务，委托人支付报酬的一种制度。《民法典》第961条规定："中介合同是中介人向委托人报告订立合同的机会或者提供订立合同的媒介服务，委托人支付报酬的合同。"中介人是为委托人与第三人进行民事法律行为报告信息机会或提供媒介联系的中间人。

代理与中介的区别如下：第一，中介人只是向委托人提供缔约机会或者媒介服务，不独立为意思表示，代理人以代理权为基础，以被代理人的名义为意思表示；第二，中介通常为有偿性质的行为，代理行为既可以有偿，也可以无偿。

（四）代理与代表的区别

代表，又称法定代表人，是指根据法律或章程规定，代表法人从事民事活动的人。法定代表人从事职务活动的后果由法人承受。根据《民法典》第61条第1款的规定，我国采取单一代表制，法定代表人只能由一人担任，其他人员根据职务或劳动合同、雇佣合同等基础关系代表法人从事民事活动的，其性质是委托代理，而不是代表。

代理与代表的区别如下：第一，代表与被代表人同属一个人格，代表的行为就是被代表人的行为，因此，代表行为的后果直接由被代表人承担，而代理人与被代理人分属两个人格，代理人根据授权或法律规定从事民事活动，其行为后果归属于被代理人；[1] 第二，代表人所为的行为，无论是法律行为，还是事实行为或侵权行为，均为法人的行为，而代理行为仅适用于法律行为和准法律行为。[2]

五 代理的分类

（一）意定代理和法定代理

《民法典》第163条规定："代理包括委托代理和法定代理。委托代理人按照被代理人的委托行使代理权。法定代理人依照法律的规定行使代理权。"就代理人的民事行为能力而言，委托代理人可以是限制民事行为能

---

[1] 参见王利明《民法总则》，中国人民大学出版社2022年版，第376页。
[2] 参见施启扬《民法总则》，中国法制出版社2010年版，第278页。

力人，法定代理人应当是完全民事行为能力人。根据《民法典》第173条的规定，"代理人丧失民事行为能力"的，委托代理终止。所谓丧失民事行为能力，应当指完全丧失，即变成无民事行为能力人。"能够成为监护人从而享有法定代理权的必须是完全民事行为能力人，限制民事行为能力人不能成为法定代理人。不过，限制民事行为能力人获得授权成为意定代理人，并无不可。"①

意定代理，是指根据委托授权或职务授权而产生的代理，其基础关系是委托合同、雇佣合同等。"一般而言，意定代理授权的基础关系是委托、雇佣合同或承揽合同。然而，一般性法律关系，如合伙关系或婚姻关系作为法律关系也可能构成意定代理权的基础。"② 有观点认为，意定代理在《民法典》中被称为委托代理，所谓委托代理就是基于被代理人的委托授权而发生代理权的代理。委托授权不仅包括委托合同，还包括合伙合同、劳务合同等基础关系。委托授权揭示了代理权产生的根本原因，使用委托代理的概念更为确切。③

执行法人或者非法人组织工作任务的人员，就其职权范围内的事项，以法人或者非法人组织的名义实施法律行为，构成职务代理。在职务代理关系中，意味着法人或者非法人组织对职务代理人进行了概括授权，而无须针对具体的法律行为进行单独授权。④ 就职务代理而言，代理权是一种概括性的授予。"职务代理权不是授予代理人实施某一具体行为的权利，而是概括性授权，一经授予，代理人有权实施某项营业或某类事务。"⑤

法定代理，是指根据法律规定成立的代理。根据《民法典》的相关规定，法定代理主要包括监护人代理和日常家事代理。第一，监护人代理。《民法典》第23条规定："无民事行为能力人、限制民事行为能力人的监护人是其法定代理人。"法定代理人应当是完全民事行为能力人，限制民

---

① 杨代雄：《民法总论》，北京大学出版社2022年版，第429页。
② 〔德〕弗卢梅：《法律行为论》，迟颖译，法律出版社2013年版，第1002页。
③ 参见王利明《民法总则新论》，法律出版社2023年版，第547页。
④ 参见谭启平主编《中国民法学》，法律出版社2021年版，第191页。
⑤ 汪渊智：《代理法立法研究》，知识产权出版社2020年版，第145页。

事行为能力人不具有法定代理人资格。根据《民法典》第 175 条的规定，"被代理人取得或者恢复完全民事行为能力"的，法定代理终止。据此，限制民事行为能力人也需要法定代理人，而法定代理人应当是完全民事行为能力人。第二，日常家事代理。《民法典》第 1060 条规定："夫妻一方因家庭日常生活需要而实施的民事法律行为，对夫妻双方发生效力，但是夫妻一方与相对人另有约定的除外。夫妻之间对一方可以实施的民事法律行为范围的限制，不得对抗善意相对人。"一般认为，本条规定属于家事代理。

《民法通则》第 64 条第 2 款规定："……指定代理人按照人民法院或者指定单位的指定行使代理权。"一般认为，上述规定所称的指定代理不是单独的代理类型，它只是法定代理的一种特殊形式，因此，《民法典》第 163 条规定的法定代理包含指定代理。"经研究认为，法定代理和指定代理的分类在学理上有一定的意义，毕竟它们在代理人的确定上存在不同。但是，两者代理权的来源都是法律规定，代理人必须根据法律的规定取得代理权并行使代理职责，在法律上和实务上区别意义不大，因此，本法取消了民法通则规定的'指定代理'这一类型，将其纳入法定代理的范围中加以规范。"[1] 因此，《民法典》第 163 条关于代理类型的规定中没有指定代理。

（二）有权代理和无权代理

有权代理，是指有代理权的代理。无权代理，是指没有代理权的代理。无权代理包括狭义无权代理和表见代理。根据《民法典》第 171 条的规定，狭义无权代理效力待定；根据《民法典》第 172 条的规定，表见代理对被代理人发生法律效力。"因授权不明而实施的代理行为并非无权代理，而是有权代理行为，此种行为不构成表见代理，而应当由被代理人向相对人承担责任。"[2]

（三）单独代理和共同代理

单独代理，是指代理权属于一人的代理。共同代理，是指代理权由数

---

[1] 黄薇主编《中华人民共和国民法典总则编释义》，法律出版社 2020 年版，第 433 页。
[2] 王利明：《民法总则》，中国人民大学出版社 2022 年版，第 416 页。

人共同行使的代理。《民法典》第 166 条规定："数人为同一代理事项的代理人的,应当共同行使代理权,但是当事人另有约定的除外。"据此,除非当事人另有约定,被代理人就同一事项确定了数个代理人时,法律推定为共同代理,数个代理人应当共同行使代理权,任何一个代理人不得擅自单独实施代理行为。① 根据《民法典》第 23 条和第 27 条第 1 款的规定,父母是未成年人的监护人,因此也是未成年人的法定代理人。这种代理属于共同代理,应当类推适用《民法典》第 166 条的规定,父母应当共同行使代理权。但是,在父母一方不能行使代理权时,则由他方单独行使。②

一般认为,共同代理包括两方面的内容。一方面,除当事人另有约定外,数位代理人应当共同实施代理行为,否则不发生代理的效果。③ 共同代理中的一人或者部分代理人实施代理行为的,其性质可能是狭义的无权代理,适用《民法典》第 171 条的规定,代理行为效力待定,只有经过被代理人追认的,才能对被代理人发生法律效力;也可能构成表见代理,适用《民法典》第 172 条的规定。《民法典总则编司法解释》第 25 条规定:"数个委托代理人共同行使代理权,其中一人或者数人未与其他委托代理人协商,擅自行使代理权的,依据民法典第一百七十一条、第一百七十二条等规定处理。"另一方面,法律设置了除外条款,允许当事人另有约定,在此情形下,无须遵循"全体一致"的原则。"在所有共同代理的情形中,享有共同代理权的人可以授权其中一名共同代理人单独实施行为。"④

共同代理区别于集合代理,前者是指数个人共同享有一个代理权,后者是指数个人分别享有独立的代理权。所谓集合代理,"此指同一内容的数代理权属于数人,而各代理人均有独立的代理权。此乃单独代理的集合,各代理人均有独立的代理权,各得单独为代理行为"。⑤

---

① 参见黄薇主编《中华人民共和国民法典总则编释义》,法律出版社 2020 年版,第 437 页。
② 参见陈甦主编《民法总则评注》,法律出版社 2017 年版,第 1178 页。
③ 参见〔日〕我妻荣《新订民法总则》,于敏译,中国法制出版社 2008 年版,第 318 页。
④ 〔德〕弗卢梅:《法律行为论》,迟颖译,法律出版社 2013 年版,第 932~933 页。
⑤ 王泽鉴:《民法总则》,北京大学出版社 2022 年重排版,第 460 页。

(四) 一般代理和特别代理

一般代理，又称概括代理，是指代理权的范围无特定限制的代理。特别代理，又称部分代理，是指代理权的范围有特定限制的代理。①

(五) 本代理和复代理

本代理是相对于复代理而言的。本代理，是指产生复代理的代理，仅限于一般的委托代理。复代理，是指代理人为处理其权限内事务之全部或一部，而以自己的名义选任他人予以代理的代理。② 复代理人是被代理人的代理人，而不是代理人的代理人。

在复代理的情形下，代理人以自己的名义选任复代理人，复代理人以被代理人的名义实施民事法律行为。复代理人的代理权限等于或小于代理人的代理权限。复代理一般应当经被代理人同意或者追认，其代理行为才能对被代理人产生法律效力，紧急状况下的转委托代理除外。"复代理人直接代理本人，故本人对于复代理人得为特定行为之指示，并得直接将复代理人解任。"③

《民法典》第169条规定："代理人需要转委托第三人代理的，应当取得被代理人的同意或者追认。转委托代理经被代理人同意或者追认的，被代理人可以就代理事务直接指示转委托的第三人，代理人仅就第三人的选任以及对第三人的指示承担责任。转委托代理未经被代理人同意或者追认的，代理人应当对转委托的第三人的行为承担责任；但是，在紧急情况下代理人为了维护被代理人的利益需要转委托第三人代理的除外。"据此，复代理"应当取得被代理人的同意或者追认"，既然需要被代理人同意或追认，而法定代理中的被代理人不具备完全民事行为能力，因此，复代理应当不适用法定代理，而仅适用委托代理。有观点认为，应当允许法定代理人选任复代理人，值得探讨。④ 代理人仅就其选任和对复代理人的指示

---

① 参见施启扬《民法总则》，中国法制出版社2010年版，第280页；刘得宽《民法总则》，中国政法大学出版社2006年版，第274页。
② 参见施启扬《民法总则》，中国法制出版社2010年版，第280页。
③ 史尚宽：《民法总论》，中国政法大学出版社2000年版，第570页。
④ 参见陈甦主编《民法总则评注》，法律出版社2017年版，第1193~1194页。

承担过错责任，但代理人明知复代理人不能胜任代理事务而怠于通知被代理人的，应当承担相应的责任。①《民法典总则编司法解释》第 26 条规定："由于急病、通讯联络中断、疫情防控等特殊原因，委托代理人自己不能办理代理事项，又不能与被代理人及时取得联系，如不及时转委托第三人代理，会给被代理人的利益造成损失或者扩大损失的，人民法院应当认定为民法典第一百六十九条规定的紧急情况。"据此，紧急情况下复代理对被代理人发生效力需要具备原因条件和结果条件。②

复代理的规则包含以下内容：一是代理人以自己的名义选任复代理人；二是复代理一般应当经被代理人同意或追认，复代理人实施的法律行为后果由被代理人承担；三是紧急情况下为了维护被代理人利益，转托他人代理的，未经被代理人同意或者追认的，其法律行为后果仍然由被代理人承担。

（六）民事代理和民事诉讼代理

民事代理，是指代理人以被代理人名义实施一般民事法律行为。民事诉讼代理，是指代理人以被代理人名义参加民事诉讼活动。二者的相同点是，代理行使民事权利，其性质是私权利，要么是请求权，要么是抗辩权，代理人可以在授权范围内进行承认、变更和放弃，可以进行和解。二者的区别如下。第一，人数限制不同。民事代理一般没有人数限制，可以是一人代理，也可以是二人以上的共同代理。民事诉讼代理有人数限制，诉讼代理人最多为二人。③ 当法人或其他组织为当事人时，如果法定代表人或者主要负责人出庭参与诉讼活动，此时他的身份是当事人的代表，而不是代理人，因此可以委托二人作为诉讼代理人；如果法定代表人或者主要负责人以外的工作人员出庭参与诉讼活动，此时他的身份是职务代理，因此最多可以委托一人作为诉讼代理人。第二，资格限制不同。民事代理一般没有资格限制，凡是完全民事行为能力人都可以从事民事代理。而诉讼代理有资

---

① 参见贺荣主编《最高人民法院民法典总则编司法解释理解与适用》，人民法院出版社 2022 年版，第 390 页。
② 参见贺荣主编《最高人民法院民法典总则编司法解释理解与适用》，人民法院出版社 2022 年版，第 387~388 页。
③ 《民事诉讼法》第 61 条第 1 款规定："当事人、法定代理人可以委托一至二人作为诉讼代理人。"

格限制，并非任何完全民事行为能力人都能担任诉讼代理人。[1]

六 代理制度的沿革

从历史上看，代理制度经历了从无到有的过程。一般认为，罗马法上并不存在完整的代理制度，主要原因有二：一是罗马社会的经济生活相对简单，还不足以刺激代理制度的产生；二是基于合同相对性规则的限制，他人代理的行为效果不能直接归属于本人。直到公元11世纪西欧社会出现商业复兴，迫于商业实践的压力，注释法学家和评注法学家们通过对罗马法的解释和改造，发展出现代理理论。[2] 代理从最初的代购代销，迅猛扩张至国际贸易和代办货运等领域。可见，代理源于商业交易中分工的细密化和交易的复杂化。其间，职业代理商的兴起最终催生了代理制度。既然商事代理早于民事代理，后者必然烙下前者的印迹。[3] 在现代法上，两者又存在公认的重要差异，这既体现为民商关系的一般差异，如商事关系具有营利性、营业性，而民事关系则未必；也体现为在代理领域内的特殊差异，如商事代理权源的单一性、代理形式的灵活性、代理责任承担的严格性等，而民事代理通常没有这些特征。

根据学者的考证，大陆法系是由格劳秀斯第一次提出了完整的代理概念：如果一个人根据他人的同意并以他人的名义进行行为，则该行为拘束其被代理人。据此，格劳秀斯确立了现在大陆法系代理制度仍然沿用的关于直接代理的两个条件：代理人应当享有代理权，且其应当以被代理人的名义行为。这一观点为大陆法各主要民法典所采纳。无论各国民法对代理权的来源如何认识，其均肯认了显名代理。[4]

英美法系的代理包括显名代理和隐名代理。"英美法的隐名代理中，一方面，在交易中，在代理人明示其将不披露被代理人具体身份的情况

---

[1] 《民事诉讼法》第61条第2款规定："下列人员可以被委托为诉讼代理人：（一）律师、基层法律服务工作者；（二）当事人的近亲属或者工作人员；（三）当事人所在社区、单位以及有关社会团体推荐的公民。"
[2] 参见陈甦主编《民法总则评注》，法律出版社2017年版，第1131页。
[3] 参见陈自强《代理权与经理权之间》，北京大学出版社2008年版，第59页。
[4] 参见尹飞《代理：体系整合与概念梳理》，载《法学家》2011年第2期。

下，相对人与之缔约，这一行为本身就应当默示了相对人的同意；另一方面，在法律效果直接归属于被代理人的情况下，显然代理人在缔约后合同履行时也负有此种披露的义务。如果不披露，其也要与'保留被代理人'中的代理人一样，自己承担代理行为的法律效果。"[1] 在英美法系，没有区分代理和委托。代理与委托都是代理人与被代理人之间的合意，代理人代表被代理人进行活动，被代理人承担其法律后果。"按照这一理解，代理与委托就没有必要进行区分，代理是委托的当然结果，代理行为的实施就是委托行为的履行，二者之间没有区分的必要。"[2]

第二节 代理权

一 代理权的性质

（一）通说认为，代理权不是权利

关于代理权的性质的界定，焦点在于它是否属于权利的范畴。"代理权谓得因代理行为直接对于本人发生效力之地位。关于其性质，有谓之为权利，有称为资格或地位，以后者为通说。"[3] 通说认为，代理权不是权利，而是一种权限、资格或地位。"代理权在法律上的性质应为一定的资格和地位。"[4]

主张代理权不是权利的观点认为，权利是法律保护的利益，而代理人行使代理权并不是为了自己的利益，而是为了被代理人的利益。其代表性观点如下："它之所以不是权利，是因为它的赋予并不是为了代理人，而是为了被代理人，代理人只起着辅助作用。"[5] "代理权不是纯粹意义上的权利，将其视为法律上的地位或者资格是正当的。因为代理人的地位不过

---

[1] 尹飞：《代理：体系整合与概念梳理》，载《法学家》2011年第2期。
[2] 汪渊智：《代理法论》，北京大学出版社2015年版，第34页。
[3] 史尚宽：《民法总论》，中国政法大学出版社2000年版，第529页。
[4] 王利明：《民法总则》，中国人民大学出版社2022年版，第384页。
[5] 〔德〕拉伦茨：《德国民法通论》（下册），王晓晔等译，法律出版社2003年版，第827页。

是一种具有潜势内容的、与权利能力等同一的地位。"① "此法律上权能本质上系一种资格或地位,虽为独立的法律之力,但非属所谓的权利或能力。其所以非属权利,因代理权非为代理人的利益而存在,而是为本人的利益而赋予。"② "故学者通说,认代理权为类似行为能力之一种法律上地位。既非权利,亦非义务。"③ "所谓权利,以利益为基本要素。代理权并不包含利益,其行为之效果,直接归属于本人,于代理人并无所谓利益或不利益之可言,故非权利。"④ "代理权对代理人无利益可言,因而与权利的本质相悖。"⑤

(二) 代理权的性质是权利

关于代理权是否为权利的争议,其根源在于如何界定权利。就权利的概念而言,存在权利理论的"利益说"和"自由说"之争。本书在"民事法律关系"一章指出,利益包括财产利益和非财产利益,自由也是一种利益,其本质是非财产利益。人格自由就是人格利益,其本质是人格权。循此思路,则代理权的性质就是权利,是在代理权限内实施民事法律行为的自由,这种自由的性质是人格利益,即代理人独立为意思表示。代理权是一种独立的民事权利,在性质上与其他民事权利没有区别。理由在于,代理权的产生基础是当事人意思自治,当事人可以在不违背法律的前提下,根据自己的需要创设权利。代理权的行使,在代理人、被代理人和第三人之间形成三方民事主体的民事代理关系。⑥

通说存在一些弊端,探讨如下。第一,通说认为,权利是法律保护的利益,而代理人不能通过代理权取得利益。"代理权系以代理人名义所为法律行为的效力,得直接归属于本人的法律上权能。此法律上权能本质上系一种资格或地位,虽为独立的法律之力,但非属所谓的权利或能力。其所以非属权利,因代理权非为代理人的利益而存在,而是为本人的利益而

---

① 〔日〕我妻荣:《新订民法总则》,于敏译,中国法制出版社 2008 年版,第 305 页。
② 王泽鉴:《民法总则》,北京大学出版社 2022 年重排版,第 459~460 页。
③ 杨与龄编著《民法概要》,中国政法大学出版社 2002 年版,第 65 页。
④ 梁慧星:《民法总论》,法律出版社 2021 年版,第 239 页。
⑤ 汪渊智:《代理法论》,北京大学出版社 2015 年版,第 93 页。
⑥ 参见江帆《代理法律制度研究》,中国法制出版社 2000 年版,第 73 页。

赋予。"① 上述观点值得商榷。从根本上说，利益包括财产利益和非财产利益。就有偿代理而言，代理人能够取得财产利益，应无疑问；就无偿代理而言，代理人取得代理权后，有权以被代理人的名义与第三人独立为意思表示，这种自由就是一种利益，其性质是非财产利益。可以说，代理不仅为了被代理人利益，而且为了代理人利益，否则难以解释职业代理人现象。第二，通说认为，代理人的利益是通过基础关系取得的，而不是通过代理权取得的。"在代理关系中，代理人只负有义务，而不享有权利。即使在有偿代理，代理人获得报酬的权利和请求本人偿还垫付费用的权利，也不是基于代理关系，而是基于委托合同或其他基础关系。"② 上述观点值得商榷。虽然代理权与基础关系是相互区分的，但这种区分理论的本质在于保护代理关系相对人的利益，以维护交易安全，并不否认代理人的利益。无论是法定代理，还是意定代理，代理权的产生都是有根据的，无论哪种方式产生的代理权，都应符合法律规定，并因此产生财产利益或非财产利益。例如，诉讼代理应有律师身份或者符合法律规定的条件，因此，代理行为本身就是利益。第三，通说认为，权利可以转让、继承和抛弃，而代理权不具备上述特征。"代理人不得擅自转让其代理权，代理人也不得继承。在许多情况下，特别是在法定代理的情况下，代理人也不得抛弃其代理权。"③ 上述观点值得商榷。权利能否转让、继承或抛弃，取决于权利的性质。一般而言，权利是可以转让、继承或抛弃的，但有些权利则不可以转让、继承或抛弃。例如，生命权、身体权、健康权等物质性人格权不得转让、继承或抛弃，但并不能否认其权利属性。

二 代理权的行使

（一）代理权行使的一般原则

代理人在代理权限内以被代理人名义实施法律行为。代理人行使代理权应当遵循以下原则。第一，代理人应当在代理权限内实施代理行为。不

---

① 王泽鉴：《民法总则》，北京大学出版社2022年重排版，第459~460页。
② 梁慧星：《民法总论》，法律出版社2021年版，第239页。
③ 王利明：《民法总则》，中国人民大学出版社2022年版，第384页。

得擅自超越代理权限，否则被代理人不承担其法律效果，除非被代理人同意或追认。第二，代理人应当亲自实施代理行为。委托代理关系具有浓厚的人身信赖色彩，因此，代理人应当亲自实施法律行为。需要转托他人代理的，一般应当经被代理人同意或追认，紧急状况下为了被代理人的利益转委托的除外。第三，代理人应当正当行使代理权。代理人实施代理行为时，应当根据法律规定或合同约定行使其代理权，不得滥用代理权，不得从事自己代理、双方代理、恶意串通等损害被代理人利益的行为。代理人滥用代理权造成被代理人损失的，应当承担民事责任。《民法典》第164条第1款规定："代理人不履行或者不完全履行职责，造成被代理人损害的，应当承担民事责任。"

（二）滥用代理权及其后果

1. 自己代理和双方代理

自己代理，是指代理人以被代理人的名义与自己实施民事法律行为。双方代理，是指代理人同时代理两个被代理人实施同一民事法律行为。自己代理和双方代理在德国法上被称为自我行为。"当某人作为代理人以被代理人的名义与自己以自己的名义或以第三人的名义（多方代理）实施法律行为时，其行为构成自我行为。"① 自我行为的效力包括有效和效力待定。

自我行为有效的情形，主要是指符合交易习惯的自我行为。"通说认为，人们可以按照交易惯例来判断是否获得准许，例如，收银员与自己换钱、邮政官员为自己作出邮递指示、剧院收银员为自己购买剧票的情形。"②

在比较法上，自我行为的性质是无权代理，效力待定。经过被代理人同意或追认的则为有效，被代理人不同意或不予追认的则无效。《德国民法典》第181条规定："代理人无特别许可，不得以本人名义与自己为法律行为，亦不得为第三人之代理人与本人为法律行为；但法律行为系专以履行义务为目的者，不在此限。"可见，除专门履行义务的行为外，自我

---

① 〔德〕弗卢梅：《法律行为论》，迟颖译，法律出版社2013年版，第965页。
② 〔德〕弗卢梅：《法律行为论》，迟颖译，法律出版社2013年版，第980页。

行为的效力待定。"代理人原则上无权实施对己行为，无论涉及代理人与自己订立行为（自行订约），还是涉及与由其所代理之第三人订立行为（双重代理），均为如此。与字义不同的是，本规范不构成禁止性规范，而应当被理解为对法律上之能权的限制。如此，在代理人逾越代理权限而实施对己行为的情形，行为非为无效，而为效力不确定。"① 《日本民法典》第108条第1款规定："就同一法律行为而作为相对人之代理人或作为当事人双方之代理人所作之行为，视为无权代理人所作之行为。但就债务之履行或本人事先允诺之行为，不在此限。"据此，如果法律行为违反本条规定，并非全然无效，而是构成无权代理行为。无权代理行为对本人不发生效力，但是本人事后予以追认的，成为有权代理行为。本人预先对自我行为予以许诺的，则成立有权代理。②

自己代理和双方代理的后果一般不能由被代理人承担，除非被代理人同意或者追认。《民法典》第168条规定："代理人不得以被代理人的名义与自己实施民事法律行为，但是被代理人同意或者追认的除外。代理人不得以被代理人的名义与自己同时代理的其他人实施民事法律行为，但是被代理的双方同意或者追认的除外。"一般认为，自我行为的性质属于无权代理行为，③是效力待定的法律行为。

自己代理和双方代理不再是本来意义上的代理，因为它们脱离了代理人与第三人独立为意思表示的核心内容，实质上是代理人自己为意思表示，所以容易损害被代理人的利益，一般为法律所禁止。但是，如果被代理人认为该项代理行为对自己有利，也可以同意或追认，使该项代理行为发生法律效力。在被代理人同意或追认前，该项代理行为是效力待定的法律行为。被代理人没有同意或追认的，该项代理行为对被代理人不发生法律效力。

---

① 杜景林、卢谌：《德国民法典评注——总则·债法·物权》，法律出版社2011年版，第67页。
② 参见〔日〕我妻荣《新订民法总则》，于敏译，中国法制出版社2008年版，第320~321页。
③ 参见汪渊智《代理法立法研究》，知识产权出版社2020年版，第122页。

2. 代理人与相对人恶意串通，损害被代理人的利益

《民法典》第 164 条第 2 款规定："代理人和相对人恶意串通，损害被代理人合法权益的，代理人和相对人应当承担连带责任。"上述规定是滥用代理权的情形之一，其后果是代理人和相对人承担连带责任。关于代理人与相对人恶意串通的性质，存在争议，大体可以分为无效说和效力待定说。无效说认为，代理人与相对人恶意串通属于《民法典》第 154 条规定的行为人与相对人恶意串通的子类型，根据《民法典》第 154 条的规定，其性质为无效法律行为。① 效力待定说认为，代理人与相对人恶意串通与《民法典》第 154 条规定的行为人与相对人恶意串通不存在种属关系。代理人与相对人恶意串通是典型的滥用代理权情形，其性质是无权代理，其效果是效力待定。②《民法典合同编通则司法解释》采纳了效力待定说。

《民法典合同编通则司法解释》第 23 条第 1 款规定："法定代表人、负责人或者代理人与相对人恶意串通，以法人、非法人组织的名义订立合同，损害法人、非法人组织的合法权益，法人、非法人组织主张不承担民事责任的，人民法院应予支持……"据此，法人、非法人组织对法定代表人、负责人或者代理人与相对人的恶意串通可以追认，也可以拒绝追认。"法人、非法人组织不仅可以表示愿意承担民事责任，也可以主张不承担民事责任。因此，这一条款实质上赋予法人、非法人组织追认权。由此可以推知，《合同编通则司法解释》第 23 条第 1 款规定了代理人与相对人恶意串通订立的合同应当被评价为效力待定。"③ 司法解释的起草者认为，该款规定采纳了效力待定说。"我们认为，法定代表人或者代理人与相

---

① 参见韩世远《合同法总论》，法律出版社 2018 年版，第 223 页；李适时主编《中华人民共和国民法总则释义》，法律出版社 2017 年版，第 483 页；陈甦主编《民法总则评注》，法律出版社 2017 年版，第 1157 页；王利明《民法总则》，中国人民大学出版社 2022 年版，第 399 页。

② 参见胡东海《论恶意串通代理权滥用》，载《法商研究》2019 年第 5 期；殷秋实《论代理人和相对人恶意串通》，载《法商研究》2020 年第 3 期；迟颖《德国法上的禁止代理权滥用理论及其对我国代理法的启示——兼评〈民法典〉第 164 条》，载《河北法学》2020 年第 11 期。

③ 王利明、朱虎主编《民法典合同编通则司法解释释评》，中国人民大学出版社 2024 年版，第 271 页。

对人恶意串通损害法人或非法人组织的合法利益，是代表权或者代理权滥用的典型表现，其订立合同的行为自应构成越权代表或者无权代理，因而应根据《民法典》关于越权代表或者无权代理的规定认定合同效力：法人、非法人组织如果对该行为不予追认，则不发生有效代理或者代表的效果，法人、非法人组织不承担任何责任；予以追认的，构成有权代表或有权代理。"①

根据《民法典》第164条的规定，在代理人与相对人恶意串通的情形下，如果被代理人不予追认，则被代理人有权要求代理人和相对人承担连带责任。《民法典合同编通则司法解释》第23条第1款规定："……法人、非法人组织请求法定代表人、负责人或者代理人与相对人对因此受到的损失承担连带赔偿责任的，人民法院应予支持。"一般认为，上述连带责任属于法定连带责任，与共同侵权的连带责任没有牵连关系。②

《民法典合同编通则司法解释》第23条第2款规定："根据法人、非法人组织的举证，综合考虑当事人之间的交易习惯、合同在订立时是否显失公平、相关人员是否获取了不正当利益、合同的履行情况等因素，人民法院能够认定法定代表人、负责人或者代理人与相对人存在恶意串通的高度可能性的，可以要求前述人员就合同订立、履行的过程等相关事实作出陈述或者提供相应的证据。其无正当理由拒绝作出陈述，或者所作陈述不具合理性又不能提供相应证据的，人民法院可以认定恶意串通的事实成立。"据此，本款对恶意串通的证明责任作了进一步规定。《最高人民法院关于适用〈中华人民共和国民事诉讼法〉的解释》第109条规定："当事人对欺诈、胁迫、恶意串通事实的证明，以及对口头遗嘱或者赠与事实的证明，人民法院确信该待证事实存在的可能性能够排除合理怀疑的，应当认定该事实存在。"据此，当事人对恶意串通的证明标准应为排除合理怀疑。③

---

① 最高人民法院民事审判第二庭、研究室编著《最高人民法院民法典合同编通则司法解释理解与适用》，人民法院出版社2023年版，第274页。
② 参见王利明、朱虎主编《民法典合同编通则司法解释释评》，中国人民大学出版社2024年版，第273页。
③ 参见最高人民法院民事审判第二庭、研究室编著《最高人民法院民法典合同编通则司法解释理解与适用》，人民法院出版社2023年版，第271页。

（三）代理权的撤回

意定代理权产生于委托人的授权，该授权行为是单独行为，因此，委托人可以撤回代理权，这是意思自治的当然要求。但是，如果当事人约定禁止撤回，或者撤回代理权会对代理人或第三人造成损害时，则不能撤回。代理权的撤回应当给对方必要的准备时间。代理权撤回后，代理人有权要求委托人赔偿本应获得的但因代理权的撤回而无法获得的报酬，以及撤回代理权之前代理人为完成代理任务所支出的合理费用。[①]

本人撤回代理权，在外部关系上的法律后果，主要是能否对抗善意第三人。大陆法系国家普遍确认，代理权终止，只有在第三人知晓代理权撤回时，方可对第三人产生消灭代理权的效力，否则本人不得以代理权撤回为由对抗第三人。英美法系国家基本采取同样的规则，即必须将撤回代理权的事实通知第三人，否则将会根据不容否认代理的法理，要求被代理人就代理人在代理权撤回后的代理行为对第三人负责。因为被代理人固然可以撤销代理权限，但不能撤销代理人的表见代理权限。[②]

第三节　委托代理

一　委托代理的概念

委托代理，是指代理人根据被代理人的委托而以被代理人名义实施民事法律行为。在委托代理中，存在委托合同和代理权授予行为。一般认为，委托合同是双方法律行为，代理权授予行为是单方法律行为，即单独行为。"中国民法思想亦严格区别代理与委托，认为代理权之发生非基于委托合同，而是基于本人之授权行为。委托合同为双方行为，而授权行为属于单方行为。"[③]《民法典》第165条规定："委托代理授权采用书面形式的，授权委托书应当载明代理人的姓名或者名称、代理事项、权限和期

[①] 参见汪渊智《论代理权的撤回》，载《山西大学学报》（哲学社会科学版）2019年第1期。
[②] 参见汪渊智《论代理权的撤回》，载《山西大学学报》（哲学社会科学版）2019年第1期。
[③] 梁慧星：《民法总论》，法律出版社2021年版，第244页。

限，并由被代理人签名或者盖章。"据此，代理权授予行为只需被代理人签名或者盖章，而无须代理人的意思表示即可完成授权行为。因此，可以认为我国民法确认代理权授予行为为单独行为。

代理权授予行为分为内部授权和外部授权，向代理人表示授权为内部授权，向相对人表示授权为外部授权。例如，《德国民法典》第167条第2款规定："代理权的授予，应向代理人或向其为代理行为的第三人以意思表示为之。"我国台湾地区"民法"第167条规定："代理权系以法律行为授予者，其授予应向代理人或向代理人对之为法律行为之第三人以意思表示为之。"

委托代理产生的基础在于委托授权，但委托代理的基础关系除委托合同之外，还包括劳动合同、劳务合同等基础关系。① 某些情形中的契约关系同时含有代理授权的意思表示，例如，在委任、雇佣或承揽等契约可解释为成立契约关系时，委任人、雇佣人或定作人同时即向受任人、受雇人或承揽人为授权行为，使其能完成约定的事务、劳务或工作。②

二 特殊委托代理：职务代理

（一）职务代理的内涵

职务代理，是指基于代理人的职务而产生的代理。法人或非法人组织的工作人员在其职权范围内实施的民事法律行为，其法律效果应由法人或非法人组织承担。职务代理区别于法定代表人的代表行为。根据《民法典》的规定，法人或非法人组织采取单一代表制，法定代表人或负责人的职务行为是代表行为。法人或非法人组织的其他工作人员在职务范围内的行为是代理行为。

一般认为，职务代理的性质实质上是委托代理。"委托代理产生的基础在于委托授权，但并不意味着委托合同是委托代理唯一的基础关系，在实践中，除了委托合同之外，基于合伙合同、劳务合同等基础关系也能产

---

① 参见王利明《民法总则》，中国人民大学出版社2022年版，第378页。
② 参见施启扬《民法总则》，中国法制出版社2010年版，第287页。

生委托代理。"① "基于法人、非法人组织之内部组织关系和劳动合同关系之代理，依通常习惯，代理权之授予，并不采用签发授权委托书的形式，而是与特定职务结合在一起：担任该特定职务即在其职权范围内拥有代理权。"② 相比于一般委托代理，在职务代理情形下，职务代理人可以经由法人或非法人组织的一次职位任命行为，就与其职位相适应的对外交易事项，获得一种持久的代理权。为减少代理权行使所可能产生的重大交易风险，法人或非法人组织一般会以对代理权施加某种限制的方法，将某些重大交易的实施交由法人的权力机构或执行机构予以控制，职务代理人只有取得权力机构或执行机构的同意之后，才能对外实施交易。在此情况下，职务代理人就其职权范围内受到某种限制的交易事项与相对人订立合同时，应像一般委托代理那样，取得法人或非法人组织的明示授权，这种明示授权应当采取书面或口头形式。③

（二）职务代理行为的后果由法人或者非法人组织承担

《民法典》第170条第1款规定："执行法人或者非法人组织工作任务的人员，就其职权范围内的事项，以法人或者非法人组织的名义实施的民事法律行为，对法人或者非法人组织发生效力。"据此，法人或非法人组织的工作人员的职务代理行为对法人或者非法人组织发生效力。法人或者非法人组织的职务所对应的权利范围一般来源于法人或非法人组织的授权，其实质是法人或非法人组织的委托。法人或非法人组织工作人员的授权，可以是适用于一次法律行为的特别授权，也可以是适用于工作范围内的多次法律行为的概括授权，实践中以概括授权为主。"法人工作人员的职权应该根据公司章程或者具体的内部决议行为进行判断；非法人组织工作人员的职权应该根据合伙协议或者具体的内部决议行为进行判断。如果不存在上述判断标准的，可以根据习惯进行判断，如商店里的营业员，即

---

① 王利明：《民法总则》，中国人民大学出版社2022年版，第378页。
② 梁慧星：《〈民法总则〉重要条文的理解与适用》，载《四川大学学报》（哲学社会科学版）2017年第4期。
③ 参见朱广新《职务代理权行使超越职权限制的效果归属》，载《环球法律评论》2024年第4期。

使没有任何明确的授权，也可以认为其对商店里的商品有代理销售的权利。"[1] 为了维护交易安全，概括授权适用于日常交易的情形，对于非日常的重大交易，职务代理人需要取得法人或者非法人组织的特别授权，否则就是越权代理行为。[2]

（三）对职务代理人职权范围的意定限制规则

对职务代理人职权范围的意定限制，又称内部限制，是指法人、非法人组织的章程或其他文件对其工作人员的职权范围的限制。公司章程、董事会决议、合伙协议、决议行为以及法人、非法人组织与其工作人员签订的劳动合同、聘用合同等都可能对其工作人员的职权范围作出限制。为了保护相对人的合理信赖，对职务代理人职权范围的意定限制不得对抗善意第三人。[3]《民法典》第170条第2款规定："法人或者非法人组织对执行其工作任务的人员职权范围的限制，不得对抗善意相对人。"据此，法人或非法人组织对其工作人员职权范围的意定限制，不得对抗善意第三人。首先，"不得对抗"是相对于法人或非法人组织而言的，即对于其工作人员因执行工作任务而与相对人实施的民事法律行为，相对人依据该民事法律行为请求法人、非法人组织履行相应义务时，法人或非法人组织不得以其工作人员的职权范围受到限制为由，否认代理行为对其发生效力。其次，可以对与职务代理人实施民事法律行为的恶意相对人提出对抗。恶意相对人是指知道或应当知道职务代理人在实施法律行为时超越代理权限制的交易相对人。《民法典》第170条第2款是针对第1款内容作出的补充性规定，其规范意义之一为，职务代理权行使即使超越了职权范围的限制，代理行为仍对法人或非法人组织发生效力（原则）；其规范意义之二为，法人或非法人组织能够举证证明相对人知道或应当知道职务代理权行使超越职权范围限制的，代理行为不对法人或

---

[1] 陈甦主编《民法总则评注》，法律出版社2017年版，第1207页。
[2] 参见最高人民法院民事审判第二庭、研究室编著《最高人民法院民法典合同编通则司法解释理解与适用》，人民法院出版社2023年版，第255页；曹守晔主编《民法典合同编通则司法解释适用指南》，法律出版社2024年版，第270页。
[3] 参见王利明、朱虎主编《民法典合同编通则司法解释释评》，中国人民大学出版社2024年版，第252~253页。

非法人组织发生效力（例外）。①

《民法典合同编通则司法解释》第 21 条第 3 款第 2 句规定："但是，法人、非法人组织举证证明相对人知道或者应当知道该限制的除外。"这一规定是从举证责任分配角度对法人或者非法人组织"得对抗恶意相对人"作出的规定。也就是说，相对人是否善意的举证责任由法人或者非法人组织承担，而根据《民法典合同编通则司法解释》第 28 条的规定，在表见代理中，相对人是否善意的举证责任由相对人承担，因此，《民法典》第 170 条第 2 款与第 172 条不构成请求权竞合，是一项独立的请求权基础。②

《民法典合同编通则司法解释》第 21 条第 3 款规定："合同所涉事项未超越依据前款确定的职权范围，但是超越法人、非法人组织对工作人员职权范围的限制，相对人主张该合同对法人、非法人组织发生效力并由其承担违约责任的，人民法院应予支持。但是，法人、非法人组织举证证明相对人知道或者应当知道该限制的除外。"据此，法人、非法人组织对职务代理人职权的意定限制，相对人一般没有义务知道，职务代理人超越意定限制的越权代理，原则上对法人、非法人组织发生效力，除非相对人知道或者应当知道该限制。"由于职权范围的意定限制通常不为相对人所知悉，并且要求相对人对此进行审查将会极大地增加交易成本，因此应当推定相对人为善意，即不知道工作人员职权范围意定限制的存在。"③

（四）对职务代理人职权范围的法定限制规则

对职务代理人职权范围的法定限制，是指法律、行政法规对法人、非法人组织工作人员的职权范围的限制。法律、行政法规通常规定由权力机构、决策机构、执行机构、法定代表人或者非法人组织的负责人专门处理

---

① 参见朱广新《职务代理权行使超越职权限制的效果归属》，载《环球法律评论》2024 年第 4 期。

② 参见杨秋宇《融贯民商：职务代理的构造逻辑与规范表达——〈民法总则〉第 170 条释评》载《法律科学》2020 年第 1 期；朱广新《职务代理权行使超越职权限制的效果归属》，载《环球法律评论》2024 年第 4 期。

③ 王利明、朱虎主编《民法典合同编通则司法解释释评》，中国人民大学出版社 2024 年版，第 259 页。

的事项，法人、非法人组织的一般工作人员不得越权实施上述法律行为。① 在一般情形下，如果法人、非法人组织的工作人员超越对职务代理人职权范围的法定限制，相对人一般并非善意相对人，因其未尽合理的注意义务，被代理人可以对抗相对人，该代理行为的后果不能归属于被代理人。在特殊情形下，如果被代理人有过错，则可能适用表见代理规则，或者被代理人承担缔约过失责任。对职务代理人职权范围的法定限制规则不属于《民法典》第170条第2款的调整范围，而是《民法典合同编通则司法解释》第21条第1、2款单独规定的规则。"《合同编通则解释》第21条第1、2款关于职务代理权行使超越法律、行政法规限制的规定，不是对《民法典》第170条第2款的解释。"②

《民法典合同编通则司法解释》第21条第2款规定："合同所涉事项有下列情形之一的，人民法院应当认定法人、非法人组织的工作人员在订立合同时超越其职权范围：（一）依法应当由法人、非法人组织的权力机构或者决策机构决议的事项；（二）依法应当由法人、非法人组织的执行机构决定的事项；（三）依法应当由法定代表人、负责人代表法人、非法人组织实施的事项；（四）不属于通常情形下依其职权可以处理的事项。"据此，超越对职务代理人权限的法定限制构成越权代理，结合《民法典合同编通则司法解释》第21条第1款的规定，上述越权代理行为的后果一般不能由被代理人承担。超越法定限制的越权代理行为主要包括以下内容：应由法人、非法人组织的权力机构或者决策机构、执行机构和法定代表人、负责人处理的事项，以及不属于通常情形下依职务代理人的职权可以处理的事项。上述规定采取了"列举+兜底"的方式，所列举的交易属于重大交易，应当由法人、非法人组织进行特别授权，职务代理人未经特别授权所为的行为构成越权代理。之所以作此规定，是因为职务代理人的代理权以职权范围内的日常交易为限，对于非日常的重大交易，仍须特别授

---

① 参见王利明、朱虎主编《民法典合同编通则司法解释释评》，中国人民大学出版社2024年版，第250页。
② 朱广新：《职务代理权行使超越职权限制的效果归属》，载《环球法律评论》2024年第4期。

权。它与法定代表人的概括授权具有显著区别。①

《民法典合同编通则司法解释》第21条第1款规定："法人、非法人组织的工作人员就超越其职权范围的事项以法人、非法人组织的名义订立合同，相对人主张该合同对法人、非法人组织发生效力并由其承担违约责任的，人民法院不予支持。但是，法人、非法人组织有过错的，人民法院可以参照民法典第一百五十七条的规定判决其承担相应的赔偿责任。前述情形，构成表见代理的，人民法院应当依据民法典第一百七十二条的规定处理。"据此，职务代理人超越对职权范围的法定限制的越权代理行为原则上对被代理人不发生效力，但是，被代理人有过错的，应当依照《民法典》第157条的规定承担缔约过失责任，构成表见代理的依照《民法典》第172条的规定处理。"不构成表见代理的，法人、非法人组织仍应承担缔约过失责任，此点有别于无权委托代理情况下被代理人不承担任何责任的规则。"②

在曾某、上海某城投公司民间借贷纠纷再审案中，最高人民法院（2020）最高法民申2588号民事裁定认为，王某仅系上海某城投公司的中层管理人员，其职务不具有足以使相对人相信其有代表公司对外借款权限的外观。本案借款合同及董事会决议、股东决议均系双方当事人在王某办公室盖章形成，曾某作为从事典当和小贷工作多年的商事主体，应当知道上述合同及文件的形成过程明显不符合常理，凭常识即可以判断，作为大型国企的城投公司不可能将公司的公章和法人章交给公司的一名中层管理者，用以在涉及公司重大经营行为的借款合同及董事会决议上加盖，据此也可以认定曾某明知借款合同及董事会决议并非城投公司的真实意思表示。

（五）法人、非法人组织的追偿权

一般来说，法人、非法人组织承担越权代理行为的后果之后，有权依据其与职务代理人的内部基础关系或者侵权关系向职务代理人追偿。有约

---

① 参见最高人民法院民事审判第二庭、研究室编著《最高人民法院民法典合同编通则司法解释理解与适用》，人民法院出版社2023年版，第253页。
② 最高人民法院民事审判第二庭、研究室编著《最高人民法院民法典合同编通则司法解释理解与适用》，人民法院出版社2023年版，第251页。

定的根据约定处理，没有约定的，应当适用"故意或者重大过失"的构成要件。①《民法典合同编通则司法解释》第21条第4款规定："法人、非法人组织承担民事责任后，向故意或者有重大过失的工作人员追偿的，人民法院依法予以支持。"

三 委托代理关系中授权行为与基础关系之间的关系

（一）从同一到分离

关于委托代理关系中授权行为（代理权授予）与基础关系之间的关系，立法上经历了从同一到分离的发展过程。

罗马法没有区分授权行为和代理的基础关系。"在德国普通法，于19世纪之后，代理制度虽然已为习惯法所承认，惟当时学说认为代理系其基础法律关系的外部层面，应受规律此一基础关系规定的支配。依此见解，代理权授与及内部执行职务权限乃同其范围，同其期间。意定代理通常亦被认为是委任关系的外部行为。因此，依昔日的学说，代理、代理权授予及委任契约殆属同一意义，认为代理权的授与恒以委任契约为其基础，与之同时成立或消灭，普鲁士邦法、奥地利民法及法国民法都采此传统的见解。"② "盖昔罗马，不认委任与代理之区别，法民法亦然，故在此等法制，代理权常依委任契约而成立。其以代理与委任为各别之法律关系，则自德国学说及德国民法始。即委任之成立，须有契约，而代理权为不伴法律上义务之法律上地位，故无须代理人之同意，常依本人之意思而成立。"③ 例如，《法国民法典》第1984条规定："委托或代理，为一方授权他方以委托人的名义，为委托人完成某种事务的契约。"上述规定将委托合同作为代理权的来源。

耶林认识到委任与代理的区别，受任人无代理权者有之，代理人未受委任者亦有之。耶林虽然有此认识，但仍认为委任是意定代理唯一可想象

---

① 参见王利明、朱虎主编《民法典合同编通则司法解释释评》，中国人民大学出版社2024年版，第260页。
② 王泽鉴：《民法学说与判例研究》（第4册），中国政法大学出版社1998年版，第5页。
③ 史尚宽：《民法总论》，中国政法大学出版社2000年版，第531页。

的发生原因，没有摆脱代理权授予和委任是一物两面的传统观念。德国商法典制定后，德国学者认识到，必须放弃将授权行为与基础关系视为一体的理论。拉邦德于1866年发表《代理权授予同其基础关系的区别》一文，主张严格区别代理权授予行为与委托合同。他认为，委托与代理属于不同的范畴，代理权的产生与委托并无必然联系，代理权授予不以基础关系为前提条件。可见，耶林首先阐明了代理与委任的区别，拉邦德则强调了二者间的独立性。[1] 根据拉邦德的观点，"委托代理权的授予需要一区别于设立这种内部关系的行为的专门的行为，即授权行为。内部关系本身并不会产生委托代理权"。[2] "拉邦德使代理权独立于代理人义务关系的构想是一项杰出的贡献。代理权的独立使人们得以形成具有普遍性和统一性的代理制度。"[3] 德国民法理论一般认为代理权授予为单独行为，因此，代理权授予行为可以向代理人为之，也可以向相对人为之。《德国民法典》第167条第1款规定："代理权的授予应向代理人或向代理人对之为代理行为的第三人以意思表示为之。"

代理权授予与基础关系相区分的理论，不仅被德国民法和瑞士民法所采纳，日本、瑞典、丹麦、挪威、芬兰、波兰、意大利、希腊、捷克的民法和我国台湾地区"民法"以及英国法和美国法也采纳了该理论。大陆法系国家或地区，例如法国和奥地利，在立法上虽受传统"一体说"的影响，但判例及学说均致力于扬弃传统见解，采取于法典实施后新创设的代理权授予与基础关系相区分的理论。[4] "法国民法虽在立法上仍维持原有规定，但判例及学说均致力于改采区分原则。英美法上，代理权亦区别于合同。"[5]

（二）代理权授予行为与基础关系的区别

代理权授予行为与基础关系相区分的理论认为，在委托代理关系中，

---

[1] 参见王泽鉴《民法学说与判例研究》（第4册），中国政法大学出版社1998年版，第5~7页。
[2] 〔德〕拉伦茨：《德国民法通论》（下册），王晓晔等译，法律出版社2003年版，第855页。
[3] 〔德〕弗卢梅：《法律行为论》，迟颖译，法律出版社2013年版，第939页。
[4] 参见王泽鉴《民法学说与判例研究》（第4册），中国政法大学出版社1998年版，第7~8页。
[5] 梁慧星：《民法总论》，法律出版社2021年版，第244页。

存在两个方面的法律关系，即基础关系和代理权授予行为，二者应加以区别。① "依通说，代理权之授予，并非契约，乃单独行为，不必得代理人的承诺即可成立。"② 第一，基础关系，又称基本关系。它是本人与代理人签订的关于代理事务的合同，对内发生效力。它调整本人与代理人之间的关系，是代理关系的内部关系。"在通过法律行为授予代理权，即委托代理权的情况下，内部关系通常是一种合同关系，如委任关系、劳务或承揽合同关系或者合伙合同关系。"③ 这种内部关系并不产生代理权，产生代理权的依据是代理权授予行为。"代理人必须对本人负责，那是委任义务违反及其他内部的关系，不是代理关系。"④ 基于内部关系常常产生代理人的请求权，如费用偿还请求权、行为之报酬请求权等。⑤ 第二，代理权授予行为。代理权因被代理人的单独授权行为而产生，使代理权对外发生效力。它调整本人与第三人之间的法律关系，是代理关系的外部关系。"授与代理权的行为（授权行为），不是发生对内关系的行为（委任、雇佣、组合等契约）本身，而是独立地以代理权的发生为目的的行为。"⑥ 代理权授权行为具有独立性，它与基础关系相互独立存在，授权行为对外发生效力，基础关系对内发生效力。"意定代理权相对于其基础法律关系的独立性，不仅为我国法律秩序，而且为许多国家的法律秩序所采纳。鉴于意定代理权的独立性，法律秩序也将意定代理授权行为在前提条件和效力上视为独立的法律行为，它不仅独立于其基础法律关系，而且独立于形成该法律关系的法律行为。"⑦ "代理权之授予，仅确定对外关系，且为单独行为，无须得相对人之承诺，而代理人只享受代理之权利，并不负担任何义务。而其基本的法律关系则不然。此项法律关系，系规定当事人间内部之权利与

---

① 参见梅仲协《民法要义》，中国政法大学出版社1998年版，第140页。
② 梁慧星：《民法总论》，法律出版社2021年版，第244页。
③ 〔德〕拉伦茨：《德国民法通论》（下册），王晓晔等译，法律出版社2003年版，第855页。
④ 〔日〕我妻荣：《新订民法总则》，于敏译，中国法制出版社2008年版，第318页。
⑤ 参见黄立《民法总则》，中国政法大学出版社2002年版，第396页。
⑥ 〔日〕我妻荣：《新订民法总则》，于敏译，中国法制出版社2008年版，第312页。
⑦ 〔德〕弗卢梅：《法律行为论》，迟颖译，法律出版社2013年版，第1002~1003页。

义务，必须以契约订定，而始发生债权债务之关系也。"①

一般认为，基础关系是合同关系，具有合同相对性，在委托人和受托人之间产生约束力，对第三人不产生法律效力。代理权授予行为是独立于基础关系的授权行为，对第三人产生法律效力。授予代理权的意思表示既可以向受托人作出，也可以向相对人作出。"基本关系因契约行为而发生，代理权则因授权行为而发生，基本关系对内发生效力，主要在规律本人与代理人间的法律关系，代理权则对外发生效力，主要规律本人与相对人间的法律关系。"②

当代理权授予行为与委托合同约定的代理权限不一致时，应以代理权授予行为为准。因为代理权授予行为是代理关系的外部关系，对第三人发生效力，而委托合同是代理关系的内部关系，只对本人和代理人发生效力，为了保护善意第三人的利益，应当以代理权授予行为为依据。《民法典》第170条第2款规定："法人或者非法人组织对执行其工作任务的人员职权范围的限制，不得对抗善意相对人。"据此，法人对其工作人员职权范围的限制属于基础关系，只具有内部效力，不能对抗善意第三人。"无论是内部授权，还是外部授权，都有可能出现在代理权授予行为中确立的代理权范围和基础关系中的约定不一致的情况。此时基础关系中的内部约定不得对抗外部的第三人，而代理人和相对人（外部关系的第三人）之间法律关系的效力和内容，仍然应该根据代理权授予行为中的代理权范围予以确定。"③ 一般来说，授权委托书是被代理人向第三人证明代理人拥有代理权的文件，第三人无须知道是否存在委托合同等基础关系，第三人基于授权委托书而产生的信赖关系受法律保护。

（三）代理权授予行为是单方法律行为

一般而言，代理权授予行为常以内部关系为基础，但有些代理权授予行为不存在内部关系，称为"孤立代理权"。例如，甲给予乙以概括授权，

---

① 梅仲协：《民法要义》，中国政法大学出版社1998年版，第140~141页。
② 施启扬：《民法总则》，中国法制出版社2010年版，第288页。
③ 陈甦主编《民法总则评注》，法律出版社2017年版，第1143页。

在有实施法律行为的必要时,乙随时引据代理权。① "若授权行为之成立,伴有委任等之基本法律关系者固多,而不伴有斯等基本法律关系者,亦非乌有,加以虽有委任等之基本法律关系,但未必尽行授与代理权,故二者在成立上,实非必然发生牵连关系,此不可不注意者也。"②

通说认为,代理权授予行为是一种有相对人的单独行为,在相对人了解其意思表示或者意思表示到达相对人时发生效力,不以相对人承诺为必要。③《德国民法典》第167条规定:"(1)授予代理权,以向拟被授权之人或者向应当对其进行代理的第三人作出表示的方式进行。(2)此项表示无须采取为代理权涉及之法律行为所规定的方式。"根据上述规定,代理权授予行为是单独行为,"其依单方需要受领之意思表示成立。授权无需承诺,并且原则上无方式要求"。④"代理权之授予不过给予代理人以一种法律上之资格,并不使代理人负有何等义务,自无取得代理人承诺之必要。因此,因本人之单独行为而授予代理权,于理论上原无不合。"⑤ 在存在基础关系的代理权授予情形下,之所以无须考虑代理人的意志,是因为代理人的意志已经体现在基础关系中。在基础关系中,被代理人委托或指派代理人与第三人实施民事法律行为,代理人已经接受此种委托或指派。对代理人而言,不存在其是否接受代理权的问题,而只发生其是否行使代理权的问题。如果代理人不行使代理权,将在基础关系层面对被代理人负担不利法律后果。⑥

虽然代理权授予行为无须征得相对人同意即可生效,但相对人享有拒绝权。"依照法律规定(《德国民法典》第167条第1款),只要有委托代理权的授予人的意思表示就够了,因而代理权限的产生并不取决于委托代理权人的同意。但是,人们必须承认他却享有推掉他所不希望有的委托代

---

① 参见黄立《民法总则》,中国政法大学出版社2002年版,第397页。
② 郑玉波:《民法总则》,中国政法大学出版社2003年版,第415页。
③ 参见王泽鉴:《债法原理》,北京大学出版社2022年重排版,第249页。
④ 杜景林、卢谌:《德国民法典评注——总则·债法·物权》,法律出版社2011年版,第62页。
⑤ 李宜琛:《民法总则》,中国方正出版社2004年版,第222页。
⑥ 参见谭启平主编《中国民法学》,法律出版社2021年版,第193页。

理权的权利。"①

我国《民法典》第165条规定："委托代理授权采用书面形式的,授权委托书应当载明代理人的姓名或者名称、代理事项、权限和期限,并由被代理人签名或者盖章。"据此,授权行为是委托人的单独行为,并不要求受托人的同意,授权行为是独立于委托合同的单独行为。②

一般认为,虽然授权行为是单独行为,但代理人的义务并非来源于被代理人的授权,理由在于任何人无权为他人设定义务。被代理人的授权行为并非债的发生原因,委托合同等基础关系才是债的发生原因,代理人的义务也来源于基础关系。王泽鉴先生认为,虽然本人对代理人授予代理权,但代理人并不因此对本人负有为代理行为的义务。使代理人负有此项义务者,乃本人与代理人之间的委任、雇佣等基本法律关系,而非代理权授予行为。代理权授予行为在当事人之间不产生债权债务关系,故非为债之发生原因。例如,甲授权乙出租某房屋,乙虽然因此取得代理权,但并不负有实施代理行为(出租房屋)的义务。如果甲因乙怠于实施代理行为而受到损害,也没有向乙主张损害赔偿的请求权基础。其理由至为明显,即任何人不能以单方的意思,而使他人在法律上负有某种作为的义务。为使乙负有处理一定事务之义务,甲须与乙订立委任契约,乙因可归责之事由致债务不履行时,甲得请求损害赔偿。③

（四）基础关系与代理权授予行为采有因说比较妥当

在基础关系无效时,代理权授予行为是否一并无效存在争议,即存在无因说和有因说。无因说认为,代理权的授予行为和基础关系是相互分离的,因此,基础关系的无效或可撤销并不必然导致代理授权行为的无效或可撤销。德国学者一般采无因说。④ 无因说认为："委托代理权的产生并不依赖于有关的内部关系是否有效。委托代理权不受内部关系的拘束是'抽

---

① 〔德〕拉伦茨:《德国民法通论》(下册),王晓晔等译,法律出版社2003年版,第860~861页。
② 参见梁慧星《民法总论》,法律出版社2021年版,第245页。
③ 参见王泽鉴《民法总则》,北京大学出版社2022年重排版,第468页。
④ 参见〔德〕施瓦布《民法导论》,郑冲译,法律出版社2006年版,第541页。

象的'."① 意定代理权的存续和内容不依赖于其基础关系,仅由本人和第三人之间的关系决定。因此,其基础关系无效或被撤销不会对外部关系产生影响。② "除当事人另有意思表示外,原则上应肯定代理权授与行为的无因性。"③ 采纳无因说有利于保护善意第三人的利益,有利于防止有关代理纠纷的发生,有利于保障代理权的正常行使。④ 有因说认为,授权行为之效力取决于基础法律关系的效力,即基础法律关系无效、不成立或被撤销,代理权之授予行为也因之而无效、不成立或被撤销。⑤ 若采有因说,相对人可以通过表见代理制度获得保护。无因说之优点,有因说同样具备;无因说之缺点,有因说却可克服。因此,除当事人有相反的意思表示外,应坚持授权行为的有因性。⑥ 关于有因性和无因性的争议,各有其利弊。从保护相对人利益及交易安全考虑,似应采无因说。从保护被代理人利益及法律关系简化考虑,似应采有因说。

综合各种学说,采有因说更为妥当。若采无因说,则可能保护恶意相对人,有违法律公正,对本人过于苛刻,在利益衡量上显失平衡。若采有因说,既可以保护本人的利益,也可以通过表见代理制度保护善意相对人。相比较而言,有因说更具合理性。因此,除当事人有相反的意思表示外,应坚持授权行为的有因性。⑦ "当下人们普遍认为,意定代理权是抽象的,正如债权合同构成所有权移转的原因那样,意定代理授权行为的基础法律关系构成代理权授予的原因。然而,意定代理权与其基础法律关系之间的关系,与抽象给予和原因之间的关系相比具有根本性不同。在给予的情形中,原因关系使给予行为具有正当性。而意定代理权甚至就其存续而言只能从其基础法律关系中获得意义。"⑧ 关于授权行为与其基本法律关

---

① 〔德〕拉伦茨:《德国民法通论》(下册),王晓晔等译,法律出版社2003年版,第856页。
② 参见〔德〕弗卢梅《法律行为论》,迟颖译,法律出版社2013年版,第1004~1006页。
③ 王泽鉴:《民法总则》,北京大学出版社2022年重排版,第472页。
④ 参见王利明《民法总则》,中国人民大学出版社2022年版,第386页。
⑤ 参见郑玉波《民法总则》,中国政法大学出版社2003年版,第415页。
⑥ 参见梁慧星《民法总论》,法律出版社2021年版,第246页。
⑦ 参见梁慧星《民法总论》,法律出版社2017年版,第246页。
⑧ 〔德〕弗卢梅:《法律行为论》,迟颖译,法律出版社2013年版,第1003页。

系,"通说采有因说,认授权行为系由基本法律关系(例如委任,雇佣)而生,应从属于其基本法律关系。基本法律关系无效或撤销时,授权行为亦即消灭"。[①] 晚近我国学者多主张将代理领域中相对人合理信赖的保护,均交由表见代理制度解决,因为授权行为无因性无法排除对恶意及有过失的相对人的保护。表见代理制度则同时参酌相对人信赖合理性和被代理人归责性,更好地平衡了各方主体利益。通过对表见代理作扩大解释,基本囊括了无因性适用的范围,如基础合同被撤销和无效的情形等,所以《民法典》没必要确认代理授权行为的无因性。[②] 尽管代理权的授予行为和基础关系是相互分离的,但这并不必然能够推出代理权授予具有无因性。尽管涉及第三人动态交易安全的保护,但可以通过表见代理制度予以解决。如果承认无因性,可能无法将恶意或者有过失的第三人排除在代理制度的保护范围之外,是对相对人的过度保护,也是对交易安全的不适当保护。[③]

第四节 无权代理

一 无权代理的内涵

无权代理,是指行为人没有代理权、超越代理权或者代理权终止后以本人名义实施民事法律行为。从根本上说,无权代理人无权以被代理人名义实施民事法律行为。无权代理具备代理的表面特征,也就是说,无权代理人以被代理人的名义实施民事法律行为,无权代理与有权代理的区别仅在于行为人有无代理权。如果行为人没有以被代理人名义从事活动,即不具备代理的表面特征,则不是任何性质的代理,与代理没有任何关系。

[①] 杨与龄编著《民法概要》,中国政法大学出版社2002年版,第65页。
[②] 参见谢鸿飞《代理部分立法的基本理念和重要制度》,载《华东政法大学学报》2016年第5期。
[③] 参见叶金强《论代理权授予行为的有因性构造》,载《政法论坛》2010年第1期;汪渊智《代理法论》,北京大学出版社2015年版,第132页。

无权代理包括以下几种情形：第一，行为人自始没有代理权，包括被代理人没有做出代理授权行为，代理授权行为本身无效或被撤销具有溯及自始的效力、被代理人和行为人之间的基础关系无效或被撤销等情形；第二，行为人超越代理权，即行为人有代理权但超越了代理权限；第三，行为人代理权终止后继续实施代理行为，即行为人此前享有代理权，但代理权终止后仍然实施代理行为。

无权代理包括狭义的无权代理和表见代理。狭义的无权代理只有经本人追认才能对本人发生效力，表见代理直接对本人发生效力。"无权代理，可分为发生本人责任之无权代理，与不发生本人责任之无权代理。前者谓本人就无权代理人之无权代理行为，应负授权人之责任，通称为表见代理或表示代理。后者谓本人就无权代理人之行为，不负任何责任，惟依其承认而始对于本人发生效力，通称为狭义的无权代理。此时无权代理行为，亦非绝对无效，得依本人之承认使为有效。本人不肯承认时，由无权代理人负担损害赔偿之责。"[1]

在无权代理的情形下，本人对行为人的无权代理行为并不知情，不能体现本人的意思自治，若使本人承担无权代理的法律后果，则违反了意思自治原则。因此，无权代理的法律后果一般应由行为人承担，除非经过被代理人追认或者构成表见代理。此时，保护本人的意思自治与保护相对人的信赖利益发生冲突，在此冲突中，本人更为无辜，他甚至都不知道具体的法律关系的发生，而相对人至少参与了该具体法律关系的发生过程。因此，以保护相对人的信赖利益为由，而使本人承担无权代理的法律后果，并无充足的理由，甚至违背了意思自治原则。"在代理制度中，私法自治与信赖保护的价值冲突较法律行为制度更为剧烈。其根源在于，从自由意志的角度看，代理恰好是用来丰富和扩张自由意志的，被代理人并未与第三人从事法律行为，但却要承接他人之间法律行为的效力，若信赖保护的程度过高，必然减损自由意志的深度，甚至侵害自由意志。"[2]

---

[1] 史尚宽：《民法总论》，中国政法大学出版社 2000 年版，第 545 页。
[2] 谢鸿飞：《代理部分立法的基本理念和重要制度》，载《华东政法大学学报》2016 年第 5 期。

二 狭义无权代理的效力

（一）狭义无权代理效力待定

狭义无权代理并非不产生任何效力，其性质是效力待定。狭义无权代理可能对被代理人有利，因此，被代理人享有追认权，一经被代理人追认，狭义无权代理转化为有权代理。被代理人没有追认的，该无权代理行为对被代理人不发生效力，依法由无权代理人向善意相对人承担无过错责任或者由无权代理人和恶意相对人分担民事责任。《民法典》第171条第1款规定："行为人没有代理权、超越代理权或者代理权终止后，仍然实施代理行为，未经被代理人追认的，对被代理人不发生效力。"据此，无权代理行为是效力待定的民事法律行为。被代理人可以追认该行为，使之确定地发生法律效力，也可以拒绝追认使之确定地不发生法律效力；善意相对人可以在被代理人追认前行使撤销权使之确定地不发生效力。[1] 如果相对人希望尽早确定其效力，可以催告被代理人予以追认，被代理人未作表示的，视为拒绝追认，被代理人对无权代理行为不承担民事责任。即使无权代理行为未被追认，该行为也不是归于无效，而仅是对被代理人不发生效力，该行为同样可以在代理人与相对人之间产生相应的法律效力。[2]

（二）被代理人的追认权

《民法典》第171条第2款规定："相对人可以催告被代理人自收到通知之日起三十日内予以追认。被代理人未作表示的，视为拒绝追认。行为人实施的行为被追认前，善意相对人有撤销的权利。撤销应当以通知的方式作出。"据此，被代理人对狭义的无权代理行为享有追认权。追认，是指当事人事后同意的单方法律行为，不以行为人和相对人的同意为必要。追认权是形成权，根据权利人自己的意思发生、变更或终止民事法律关系。"是否作出追认，乃是本人的自由，无权代理人或第三人不得强迫其

---

[1] 参见黄薇主编《中华人民共和国民法典总则编释义》，法律出版社2020年版，第452页。
[2] 参见最高人民法院民法典贯彻实施工作领导小组主编《中华人民共和国民法典总则编理解与适用》，人民法院出版社2020年版，第857页。

追认或不追认,因而追认为本人的一项权利,在性质上为形成权。"① 追认,须就意思表示之全部为之。其就一部分为追认,或加以变更而为追认,如未经相对人同意,应为无效。但意思表示的内容可分时,可以认为相对人就其一部分也想成立法律行为的,无须相对人同意。② 行使追认权,应有一定的时间限制,否则不利于保护相对人的利益。《民法典》第171条第2款规定"相对人可以催告被代理人自收到通知之日起三十日内予以追认"。同时,应当在善意相对人行使撤销权之前行使追认权,否则不产生相应的法律效力。在被代理人拒绝追认后,被代理人能否基于新的考虑再进行追认?日本的判例认为此时被代理人不得再进行追认。有观点认为,被代理人仍然可以追认,只是不产生单方意思表示的效力,该追认类似于要约,只有在相对人同意的情况下才发生法律效力。③ 可以认为,此种情形的"追认"性质已发生变化,其性质不再是单方法律行为,也不再是法条意义上的追认。

追认包括以下内容。第一,依据《民法典》第140条的规定,追认的意思表示可以是明示,也可以是默示。当事人的积极作为可以推定追认的意思表示。例如,《民法典》第503条规定:"无权代理人以被代理人的名义订立合同,被代理人已经开始履行合同义务或者接受相对人履行的,视为对合同的追认。"本条是关于无权代理合同默示追认的规定,是无权代理追认的特别规定。因此,本条在法律适用上应当以《民法典》第171条的一般规定为前提,也可以视作对《民法典》第171条规定的追认类型的补充和具体化。④ 但是,沉默视为拒绝追认。沉默也就是被代理人未作表示,依法视为拒绝追认。第二,追认的意思表示应当向相对人作出。如果仅向无权代理人作出此种表示,则必须使相对人知晓才能产生追认的法律后果。⑤

---

① 汪渊智:《论无权代理的追认》,载《江淮论坛》2013年第2期。
② 参见史尚宽《债法总论》,中国政法大学出版社2000年版,第54页。
③ 参见陈甦主编《民法总则评注》,法律出版社2017年版,第1218页。
④ 参见朱广新、谢鸿飞主编《民法典评注·合同编·通则》(1),中国法制出版社2020年版,第328页。
⑤ 参见王利明《民法总则》,中国人民大学出版社2022年版,第410页;黄薇主编《中华人民共和国民法典总则编释义》,法律出版社2020年版,第452页。

如果只向无权代理人作出追认的意思表示，则只产生内部效力，不能对第三人产生法律效力。应当在相对人知悉追认行为的情形下，才能对其产生法律效力。如果被代理人的追认未向相对人表示，"相对人并无法知悉，若表意人有意不将同意之事实告知相对人，仍无法产生法律上的效力"。[1]《民法典总则编司法解释》第29条规定："法定代理人、被代理人依据民法典第一百四十五条、第一百七十一条的规定向相对人作出追认的意思表示的，人民法院应当依据民法典第一百三十七条的规定确认其追认意思表示的生效时间。"据此，被代理人应当向相对人作出追认的意思表示。被代理人的追认行为应区分不同方式适用不同规则。如果以对话方式作出意思表示，则追认的意思表示从相对人知道其内容时生效；如果以非对话方式作出意思表示，则追认的意思表示必须到达相对人才能生效。第三，追认生效的条件。一方面，如果相对人进行了催告，追认的意思表示需要在相对人催告期限尚未届满前作出，超过期限未作表示视为拒绝追认；另一方面，追认的生效以善意相对人未行使撤销权为前提。[2]

在夫妻一方单独出卖夫妻共有房屋一案中，丈夫周某伪造妻子吴某签名的授权委托书，出卖夫妻共有房屋，妻子吴某不予追认，法院认定周某的行为是无权代理，而且不构成表见代理，驳回买方贾某要求办理房屋产权过户手续的诉讼请求。上海市第一中级人民法院（2022）沪01民终3249号民事判决认为，由于贾某并未提供有效的证据证明吴某本人在场或者作出同意出售涉案房屋的意思表示，且在周某出具的委托书上的签字并非吴某所签的情形下，周某对涉案房屋无处分权，在未征得吴某同意或者授权的情形下，代表吴某对外签订房屋买卖合同构成无权代理。本案中，无证据证明吴某事后通过明示或者默示的行为追认周某的房屋买卖行为，故无权代理的后果由周某承担。贾某未审核或者核实周某出具的委托书上的签字是否系吴某所签或者周某是否享有代理权限，仅凭周某个人出具的承诺书就与周某签订涉案房屋买卖合同，未尽到谨慎的注意义务，自身存

---

[1] 黄立：《民法总则》，中国政法大学出版社2002年版，第440页。
[2] 参见贺荣主编《最高人民法院民法典总则编司法解释理解与适用》，人民法院出版社2022年版，第428页。

在重大过失，不构成善意无过失的情形，不符合表见代理的构成要件，故周某与贾某签订房屋买卖合同，因周某属无权代理、周某的行为也不构成表见代理，属于无权处分涉案房屋，在吴某拒绝追认的情形下，该房屋买卖合同对吴某不发生法律效力。

（三）相对人的催告权和撤销权

《民法典》第 171 条第 2 款规定："相对人可以催告被代理人自收到通知之日起三十日内予以追认。被代理人未作表示的，视为拒绝追认。行为人实施的行为被追认前，善意相对人有撤销的权利。撤销应当以通知的方式作出。"据此，在无权代理的情形下，相对人享有催告权和撤销权。

1. 催告权

相对人有权催告被代理人自收到通知之日起三十日内对无权代理行为进行追认。"30 日的期限属于除斥期间，如果被代理人在 30 日内拒不作出答复，则视为拒绝追认。"[1] 相对人的催告是准法律行为，属于意思通知的范畴，其法律效果根据法律规定而发生。催告并不能使法律行为生效或不生效，而是为被代理人作出相应的意思表示准备条件，是否追认，取决于被代理人的意思表示。

2. 撤销权

在被代理人追认前，善意相对人有权撤销其与无权代理人实施的法律行为。"如果明知对方是无权代理而仍与对方共同实施民事法律行为，那么相对人就无权撤销其意思表示。"[2] 善意相对人的撤销权应当以通知方式作出，这意味着撤销权的意思表示应是明示的。撤销权既可以向被代理人行使，也可以向无权代理人行使。与追认权的要求一致，撤销权的客体应及于无权代理行为的全部，不得只撤销不利的部分。一般认为，撤销权的目的在于保护善意相对人，因此，恶意相对人不得享有撤销权，但恶意相对人仍享有催告权。[3]

---

[1] 王利明：《民法总则》，中国人民大学出版社 2022 年版，第 411 页。
[2] 黄薇主编《中华人民共和国民法典总则编释义》，法律出版社 2020 年版，第 453 页。
[3] 参见王泽鉴《债法原理》，北京大学出版社 2022 年重排版，第 266 页；王利明《民法总则》，中国人民大学出版社 2022 年版，第 412 页。

三 无权代理人对善意相对人承担的民事责任的性质

（一）德国民法学说将其解释为法定担保责任

《德国民法典》第179条第1款规定："作为代理人已经订立合同的人，以其不证明自己的代理权为限，在被代理人拒绝承认合同时，依另一方当事人的选择，对另一方当事人负有履行或者损害赔偿的义务。"一般认为，该责任的性质是法定担保责任。代理人为法律行为时未表明他不享有代理权的，以他人名义为法律行为显然意味着他享有代理权，因此代理人必须作为担保人，对其在以代理人身份为行为时所作出的关于代理权存续的声明承担责任，该责任属于法定担保责任。[①]"规范意旨在于，成立非由过错决定的法定担保责任。系基于下述理念：无权代理人引起了信赖，并且使所引起的信赖落空。其适用于一切种类的合同，包括处分行为。责任要件为被代理人拒绝承认。"[②]

（二）我国台湾地区民法学说存在争议

我国台湾地区"民法"第110条规定："无代理权人，以他人之代理人名义所为之法律行为，对于善意之相对人，负损害赔偿之责。"关于本条的解释，学说上存在争议：一种观点将其解释为法定担保责任，无代理权人的责任，性质上属于法定担保责任，不以无代理权人的过失为要件；[③] 另一种观点将其解释为无过失责任，但不是法定担保责任。"无权代理人之责任，不必有故意或过失，而其负责之根据，则可称为原因责任或结果责任，亦可谓为维持代理制之信用，法律所规定之责任，故又可称为信用责任。"[④]"故余以为无权代理人之损害赔偿责任，系基于民法上之直接规定而发生，为法律上之特别责任，且其责任之发生，不以故意过失为要件，故为结果责任（无过失之损害赔偿责任）之一种也。"[⑤]"谓该项责

[①] 参见〔德〕弗卢梅《法律行为论》，迟颖译，法律出版社2013年版，第956页。
[②] 杜景林、卢谌：《德国民法典评注——总则·债法·物权》，法律出版社2011年版，第66页。
[③] 参见王泽鉴《民法总则》，北京大学出版社2022年重排版，第483页。
[④] 史尚宽：《民法总论》，中国政法大学出版社2000年版，第557页。
[⑤] 李宜琛：《民法总则》，中国方正出版社2004年版，第234页。

任，系由法律规定直接发生，可谓一种特别责任，此种责任既不以故意过失为要件，自系一种无过失责任（即结果责任）。"①

（三）我国《民法典》规定的无权代理人的责任属于无过失责任

我国《民法典》第171条第3款规定："行为人实施的行为未被追认的，善意相对人有权请求行为人履行债务或者就其受到的损害请求行为人赔偿。但是，赔偿的范围不得超过被代理人追认时相对人所能获得的利益。"据此，善意相对人有权请求无权代理人履行债务或者赔偿损失。着眼于《民法典》第171条第3款与第4款的体系关联，应将第3款中的善意相对人解释为不知道且不应当知道代理人欠缺代理权，所谓"不应当知道"是指不存在一般过失。②《民法典》所规定的无权代理人对善意相对人的责任性质，是一种法律特别规定的无过失责任。无权代理法律关系的形成，是由无权代理人的行为引起的，因此，无权代理法律关系所产生的风险理应由无权代理人承担，无权代理人应当承担无过失责任。"此无权代理人的责任，系由法律规定直接发生的一种特别责任，不以无权代理人有故意过失为要件，属于一种无过失责任。"③"只要代理人承担无过错责任，无论是否构成表见代理，善意相对人的合同利益都能得到保护，无非合同的相对方（代理人或被代理人）不同而已。只要无权代理人承担无过错责任，表见代理是否要求'本人与因'，对相对人的利益都没有实质影响。而无权代理最终可归因于或归责于代理人的积极作为，代理人应承担严格责任；本人若无可归因的情事，不承接代理行为的效力，均无违法律归责原理。"④

根据《民法典》第171条第3款的规定，无权代理未被追认的，无权代理人应当承担由此产生的法律后果，以保护善意相对人的利益，善意相对人享有选择权，有权请求行为人履行债务或者赔偿损失。其立法理由在

---

① 郑玉波：《民法总则》，中国政法大学出版社2003年版，第436页。
② 参见方新军《〈民法总则〉第七章"代理"制度的成功与不足》，载《华东政法大学学报》2017年第3期。
③ 梁慧星：《民法总论》，法律出版社2021年版，第249页。
④ 谢鸿飞：《代理部分立法的基本理念和重要制度》，载《华东政法大学学报》2016年第5期。

于："在立法过程中，有的意见认为，让行为人承担行为后果不太妥当，善意相对人并无与行为人发生法律关系的意思，而且行为人一般不具备履行相应民事法律义务的能力，让行为人承担行为后果，既不现实，也无必要。但是经研究认为，为了更好地保护善意相对人的合法权益，赋予其更多的选择权未尝不可，由善意相对人根据实际情况自己判断采取何种方式更符合自己的利益。"[1]

无权代理人应当对善意相对人承担无过失责任，具体表现在以下两方面。第一，履行债务。如果善意相对人请求无权代理人履行债务，则在相对人和无权代理人之间形成法定的债之关系，如同代理行为有效一样，无权代理人负有其有权代理时被代理人所应负有的履行债务义务。第二，损害赔偿。当无权代理未经被代理人追认时，善意相对人有权要求无权代理人赔偿损失。《民法典》第171条第3款对赔偿责任的范围作了一定的限制，即"赔偿的范围不得超过被代理人追认时相对人所能获得的利益"。

关于无权代理人对善意第三人的赔偿范围应是履行利益还是信赖利益存在争议。主张赔偿信赖利益的观点认为，无权代理人承担责任的性质是缔约过失责任，其本质是无权代理人导致合同无效所产生的责任。因此，无权代理人应当赔偿善意相对人信赖利益损失，即由于合同不成立或无效所遭受的不利益。[2] 主张赔偿履行利益的观点认为，"如果承认善意相对人有权请求行为人履行债务，相对应地，其当然有权请求行为人承担履行利益的赔偿，代理行为中所约定的违约金、定金等约定条款也应予以适用，如同代理行为对行为人发生了效力"。[3] 笔者赞同后者观点。根据《民法典》第171条第3款的规定，善意第三人享有选择权，既可以要求无权代理人履行债务，也可以要求其承担损害赔偿责任，两种责任方式用"或者"二字连接，表明两种责任可以等量齐观；又因为履行债务是违约责任的承担方式，不履行债务的，应当赔偿履行利益，所以"或者"二字连接

---

[1] 黄薇主编《中华人民共和国民法典总则编释义》，法律出版社2020年版，第454页。
[2] 参见王利明《民法总则》，中国人民大学出版社2022年版，第413页。
[3] 王利明主编《中国民法典释评·总则编》，中国人民大学出版社2020年版，第428页。

的赔偿损失的范围也应当是履行利益。

在比较法上，《日本民法典》第117条第1款规定："作为他人之代理人而订立合同者，除已证明自己之代理权时，或已得本人之追认时，依相对人之选择，对相对人负履行或损害赔偿责任。"在解释该条文所规定的无权代理人的责任时，学者一般认为，无权代理人所承担的损害赔偿的范围是履行利益。其理由在于，原本应当发生在本人与相对人之间的法律关系，需要原封不动地发生在无权代理人与相对人之间。相对人有权选择要求无权代理人履行或承担损害赔偿责任，在无权代理人履行不能的情形下，履行责任转换为损害赔偿责任。这种情形下的损害赔偿责任，因为是履行责任的代替，所以不是信赖利益，而是履行利益的赔偿，即如同契约履行将会得到的利益，包括标的物的转卖利益。[①]

《民法典总则编司法解释》第27条规定："无权代理行为未被追认，相对人请求行为人履行债务或者赔偿损失的，由行为人就相对人知道或者应当知道行为人无权代理承担举证责任。行为人不能证明的，人民法院依法支持相对人的相应诉讼请求；行为人能够证明的，人民法院应当按照各自的过错认定行为人与相对人的责任。"据此，本条采取善意推定规则，明确由行为人就相对人非善意承担举证责任，以贯彻善意保护理念。[②] 无权代理未被追认的，则对被代理人不发生法律效力，而对相对人和行为人发生相应的法律效力。当相对人请求无权代理人履行债务或者赔偿损失时，应由无权代理人对相对人的恶意承担举证责任。行为人不能证明相对人恶意的，人民法院应当支持相对人相应的诉讼请求；行为人能够证明相对人恶意的，则应当根据《民法典》第171条第4款的规定，按照双方各自过错认定行为人与相对人的责任。

---

① 参见〔日〕我妻荣《新订民法总则》，于敏译，中国法制出版社2008年版，第356页；〔日〕近江幸治《民法讲义Ⅰ民法总则》（第6版补订），渠涛等译，北京大学出版社2015年版，第248~249页；〔日〕山本敬三《民法讲义Ⅰ总则》，解亘译，北京大学出版社2012年版，第308页。

② 参见贺荣主编《最高人民法院民法典总则编司法解释理解与适用》，人民法院出版社2022年版，第397页。

四 无权代理人与恶意相对人分担损失

《民法典》第 171 条第 4 款规定："相对人知道或者应当知道行为人无权代理的，相对人和行为人按照各自的过错承担责任。"据此，如果相对人知道或者应当知道行为人没有代理权而实施法律行为，则属于恶意相对人。"在相对人为恶意的情形下，该合同既不能约束被代理人，也不能约束代理人，该合同应当属于无效合同，代理人与相对人对损害的分担应当是对因合同无效而给当事人造成的损害的分担，属于信赖利益损失的分担问题。"[1] 恶意相对人和无权代理人都有过错，因此，应当根据各自的过错承担责任。恶意相对人的行为属于自甘冒险，当然不应享有请求无权代理人履行债务的请求权和损害赔偿请求权。但从立法政策考虑，无权代理行为不被追认的损害后果全部由恶意相对人承受，亦有悖于民法公平原则，且无权代理人与恶意相对人对于该损害结果之发生均有因果关系，故《民法典》第 171 条第 4 款规定，在此情形下，由恶意相对人和无权代理人按照各自过错承担责任。[2]

关于恶意相对人的责任，《德国民法典》的规定不同于《民法典》的规定。《德国民法典》第 179 条第 3 款规定："另一方当事人明知或者应知欠缺代理权的，代理人不负责任。代理人在行为能力上受限制的，其亦不负责任，但其系经自己法定代理人的同意实施行为的，不在此限。"

第五节 表见代理

一 表见代理的概念

表见代理，是指行为人虽无代理权，但行为人具有代理权外观，使得善意相对人有理由相信行为人具有代理权，而与其实施民事法律行为，该民事法律行为的后果直接由本人承担。《民法典》第 172 条规定："行为人

---

[1] 王利明：《民法总则》，中国人民大学出版社 2022 年版，第 414 页。
[2] 参见梁慧星《民法总论》，法律出版社 2021 年版，第 249~250 页。

没有代理权、超越代理权或者代理权终止后，仍然实施代理行为，相对人有理由相信行为人有代理权的，代理行为有效。"

一般代理的性质是法律行为，而表见代理的性质是事实行为，是根据法律规定产生法律效果的行为，它不符合意思自治原则，属于法律的例外规定，其目的侧重于根据权利外观理论以维护交易安全和交易秩序。"当某人仅无意识地因违反注意义务而没有消除并非自己基于法律行为之行为所形成的代理权表象时，他没有基于意思自治形成法律关系，所以不能对其适用有关法律行为的规定。"[①]

一般来说，无权代理不应对本人发生法律效力，否则便违反了当事人意思自治原则，使本人承担意志以外的法律后果，并不公平。狭义无权代理的后果不应由本人承担。严格地说，广义的无权代理都涉及善意第三人的利益，二者的区别在于，在狭义的无权代理情形下，相对人信任代理权的存在是由代理人的行为引起的；而在表见代理情形下，相对人信任代理权的存在是由被代理人的行为引起的。在狭义的无权代理情形下，除被代理人追认外，应由无权代理人承担责任。在表见代理情形下，一般由被代理人承担责任。

表见代理与狭义无权代理的性质相同，都属于无权代理。在满足表见代理构成要件的情形下，相对人享有选择权，既可以选择适用表见代理制度，也可以选择适用狭义无权代理制度。但是，相对人的选择权并不构成竞合关系，在相对人选择适用表见代理制度没有得到裁判机构认可的情形，仍然有权主张适用狭义无权代理制度，依法行使撤销权或者催告被代理人对无权代理行为予以追认，或者要求无权代理人履行义务或者承担损害赔偿责任。[②]

表见代理制度肇始于1900年生效的《德国民法典》，该法第170条规定："代理权以意思表示通知第三人者，在授权人向第三人通知代理权消灭前，其代理权对第三人仍然有效。"如果无权代理对于本人并不产生法律效果，势必对善意第三人造成一定损害，这样就将善意第三人置于一种非常不利的地位，有损交易安全。善意第三人在实施民事法律行为时，只

[①] 〔德〕弗卢梅：《法律行为论》，迟颖译，法律出版社2013年版，第996页。
[②] 参见梁慧星《民法总则讲义》，法律出版社2021年版，第315页。

需对行为人的意思表示尽到注意义务，从而在客观情形上对行为人的代理身份和代理权限进行判断，以确立其意思表示的真实性，即构成表见代理。也就是说，在具备一定条件时，使无权代理产生有权代理的法律后果。需要强调的是，表见代理制度的目的在于保护善意相对人，而不在于保护表见代理人，因此，只有善意相对人有权要求被代理人承担表见代理的责任，而表见代理人不享有此种权利。[1]

二　表见代理的类型

（一）授权型表见代理

授权型表见代理，是指被代理人以自己的行为表示授予他人代理权，但实际上并没有授予，例如将加盖公章的空白合同书交与他人，或者明知他人以自己的名义实施民事法律行为而不作否认表示，造成相对人（第三人）误以为行为人有代理权，则构成表见代理，由本人承担其法律后果。大体包括以下两种情形。

1. 被代理人表示授予他人代理权，事实上并未授予

被代理人向相对人表示已经授予他人代理权，事实上并未授予，代理人的代理行为构成无权代理，但为了保护相对人的信赖，将这种情形纳入表见代理的范围。[2]"一般来说，如果无权代理人持有单位的公章、介绍信、空白合同书等证明材料和文件时，都可能使第三人有理由相信其具有代理权。"[3]

有观点认为，以通知或公告方式告知授予他人代理权，而实际上并没有授权的情形，其性质不是表见代理，而是有权代理。"按照法律行为理论，无论在相对于第三人作出授予他人代理权意思表示而实际并未授权的情形，还是在以通知或公告形式告知已经授予他人代理权而实际并未授予的情形中，被代理人的行为都可以被解释为授权表示，因此代理人的行为构成有权

---

[1] 参见黄立《民法总则》，中国政法大学出版社 2002 年版，第 412 页。
[2] 参见梁慧星《民法总则》，法律出版社 2021 年版，第 252 页。
[3] 王利明：《民法总则》，中国人民大学出版社 2022 年版，第 417 页。

代理。"[1] 弗卢梅认为，通知或公告形式与《德国民法典》第170条所规定的外部授权行为都是授予意定代理权的法律行为。[2] 反对观点认为，在我国《民法典》语境中，此等行为构成表见代理。"被代理人曾明示或默示授予代理权而实际上并未授予代理权，称为因本人明示或默示的表见代理。"[3]

2. 容忍代理的性质是表见代理

容忍代理，是指明知他人以自己的名义实施民事法律行为而不作否认表示，造成善意第三人误以为行为人有代理权，本人应负授权之责。[4] 关于容忍代理的性质，学说存在争议。"对于容忍代理权的性质，德国学界主要存在两种观点，通说认为此系基于外观保护的表见代理之一种，少数学者则将其归诸通过推知的意思表示所作默示授权。"[5] 第一，有权代理说。《德国民法典》虽然没有明确规定容忍代理的情形，但有观点认为，被代理人明知他人以自己名义实施法律行为而不作否认表示的，可以类推适用《德国民法典》第171条和第172条的相关规定，承认其为有权代理，发生有权代理的法律后果。[6] "所谓的容忍代理属于通过法律行为进行的授权行为。在容忍代理的情形中，被代理人有意识地赋予代理人与典型代理权相关联的特定地位，或有意识地允许代理人实施行为并以其行为对外宣示该代理人处于代理的地位且享有代理权。"[7] 第二，表见代理说。我国台湾地区"民法"第169条规定："由自己之行为表示以代理权授予他人，或知他人表示为其代理人而不为反对之表示者，对于第三人应负授权人之责任。"通说认为，上述容忍代理的性质是表见代理。[8]

---

[1] 迟颖：《〈民法总则〉表见代理的类型化分析》，载《比较法研究》2018年第2期。
[2] 参见〔德〕弗卢梅《法律行为论》，迟颖译，法律出版社2013年版，第982页。
[3] 梁慧星：《民法总论》，法律出版社2021年版，第252页。
[4] 参见朱庆育《民法总论》，北京大学出版社2016年版，第365页。
[5] 朱庆育：《民法总论》，北京大学出版社2016年版，第365页。
[6] 参见〔德〕拉伦茨《德国民法通论》（下册），王晓晔等译，法律出版社2003年版，第892页。
[7] 〔德〕弗卢梅：《法律行为论》，迟颖译，法律出版社2013年版，第994页。
[8] 参见李宜琛《民法总则》，中国方正出版社2004年版，第229页；王泽鉴《民法总则》，北京大学出版社2022年重排版，第487页；黄立《民法总则》，中国政法大学出版社2002年版，第410页。

我国《民法典》没有规定容忍代理，一般认为，容忍代理的性质不是狭义的无权代理，而是表见代理。[1]容忍代理符合《民法典》第172条所规定的表见代理的情形。容忍代理具备表见代理的构成要件：具有权利外观；本人没有对内部的无授权关系进行外部告知；在第三人不知道内部真实关系的情况下，本人的容忍足以使第三人认定行为人具有代理权。[2]

（二）越权型表见代理

越权型表见代理，也就是超越代理权的表见代理。代理人的代理权，通常都有一定的限制，但这一限制不一定为相对人所知，如果表现在外的客观情况能使善意相对人有理由相信行为人有代理权，与其实施民事法律行为，则构成表见代理，由本人承担其法律后果。例如，无权代理人持有证明代理权的证书，而从该证书内容无法判定所订立的合同超越了代理权范围，相对人有理由相信其有代理权。[3]例如，《民法典》第170条第2款规定："法人或者非法人组织对执行其工作任务的人员职权范围的限制，不得对抗善意相对人。"一般认为，"本条第2款规定了表见代理中超越代理权类型中的一种，属于表见代理的特殊规定"。[4]

（三）权限延续型表见代理

权限延续型表见代理，是指本人与行为人曾有代理关系，但代理权已经终止或撤回后，本人未及时向外部公示，相对人并不知情，因此与无权代理人实施民事法律行为，则构成表见代理，由本人承担其法律后果。

从比较法上看，一些国家或地区规定了权利延续型表见代理。例如，《日本民法典》第112条规定："代理权消灭，不得以之对抗善意第三人。但是，第三人因过失不知其事实的，不在此限。"我国台湾地区"民法"第107条规定："代理权之限制及撤回，不得以之对抗善意第三人。但第三人因过失不知其事实者，不在此限。"

---

[1] 参见王利明《民法总则》，中国人民大学出版社2022年版，第417页；杨代雄《民法总论》，北京大学出版社2022年版，第478页。
[2] 参见徐涤宇《代理制度如何贯彻私法自治》，载《中外法学》2017年第3期；周清林《合理类型下的无权型表见代理确定》，载《政法论坛》2018年第1期。
[3] 参见梁慧星《民法总论》，法律出版社2021年版，第252页。
[4] 王利明主编《中国民法典释评·总则编》，中国人民大学出版社2020年版，第421页。

三　表见代理的法律效力

表见代理是对本人产生法律效果的无权代理，但是，表见代理并不是完全意义上的有权代理。在外部关系上，根据善意第三人的主张，表见代理发生有权代理的效果，即由本人（被代理人）承担代理行为的法律后果。在内部关系上，本人与行为人并不产生代理关系，本人向善意第三人承担责任后，有权向行为人追偿。也就是说，行为人实施无权代理行为的后果最终由他自己承担，而不是像有权代理那样，代理行为的后果最终由被代理人承担。

（一）表见代理的外部关系

在表见代理的外部关系上，根据善意第三人的主张，表见代理发生与有权代理相同的法律效果。虽然行为人无权代理本人实施民事法律行为，但是，行为人具有代理权的外观，善意第三人基于合理信赖认为行为人有代理权，因此主张代理行为有效，则构成表见代理，其行为后果由本人承担。需注意的是，表见代理并不是无条件地发生有权代理的效果，而是根据善意第三人的主张而发生有权代理的效果。本人和无权代理人都无权主张表见代理发生有权代理的效果。[1]

（二）表见代理的内部关系

在表见代理的内部关系上，行为人与本人之间并不存在代理权的授权行为，因此，他们之间并不存在有权代理的基础关系，即没有代理权的授权行为和委托代理关系。也就是说，本人之所以承担表见代理的法律后果，是因为行为人的无权代理行为。在本人承担了表见代理的法律后果之后，他可以根据侵权责任法的规则追究行为人的民事责任，使无权代理人成为终局责任人，因此，本人有权要求无权代理人承担损害赔偿的责任。一般认为，本人在向善意第三人承担了表见代理行为产生的责任后，对于因此而遭受损失，本人对无权代理人享有损害赔偿请求权。责任的承担应有过错的存在，因此，应根据本人和无权代理人各自的过错程度来决定责

---

[1] 参见汪渊智《代理法立法研究》，知识产权出版社2020年版，第155页。

任的承担。当然，如果表见代理行为的后果对本人有利，本人也可以接受这样的法律后果，对无权代理人的行为予以追认。究竟如何选择，是本人的权利，既可以行使，也可以放弃。

代理权授权不明的情形构成有权代理，而非表见代理。如果纯粹是本人的过错，代理人善意且无过失，比如在本人授权不明确的情况下，代理人以合理方式善意地进行代理活动，即使其超越代理权而造成本人损失的，本人不得向无权代理人请求损害赔偿。"因授权不明而实施的代理行为并非无权代理，而是有权代理行为，此种行为不构成表见代理，而应当由被代理人向相对人承担责任。"①

（三）善意相对人享有选择权

表见代理的后果应归本人承受，其内容是对于善意且无过失的相对人履行代理行为所生的义务和享有代理行为所生的权利。当然，如果被代理人因此而蒙受损失的，可根据无权代理人过错的大小请求其补救或追偿。就相对人而言，相对人既可主张狭义无权代理，向无权代理人追究责任；也可以主张成立表见代理，向被代理人追究责任。

四 表见代理的构成要件

（一）表见代理应符合代理的表面特征

行为人没有代理权，但以本人的名义实施民事法律行为，与相对人形成民事法律关系。也就是说，表见代理作为代理的一种，它应当符合代理的表面特征，否则，就不称其为代理。如果行为人以自己名义与他人实施法律行为，则该行为不是任何意义上的代理行为。例如，在一起广告合同纠纷案中，甲公司曾与乙公司签订广告发布合同，委托乙公司定期发布产品广告。后乙公司转产，不再从事广告业务，乙公司向甲公司推荐丙公司承接广告业务，甲公司要求乙公司出具证明，乙公司出具了乙公司是丙公司的子公司的虚假证明。在此基础上，甲公司和丙公司签订了广告发布合同，丙公司按照合同约定履行了广告发布义务，但甲公司没有按照约定给

---

① 王利明：《民法总则》，中国人民大学出版社2022年版，第416页。

付广告费。丙公司向甲公司催款，甲公司回复说，已经按照乙公司法定代表人要求，将合同约定的广告费交付乙公司，因为乙丙公司是母子公司，乙公司向甲公司开具了相关发票。在仲裁过程中，甲公司主张乙公司的收款行为构成表见代理，故其已经履行合同，不承担违约责任。丙公司否认乙公司的收款行为构成表见代理，因为乙公司并没有以丙公司的名义收款，而且是以乙公司的名义开具相关发票，所以，其收款行为不是任何意义上的代理，更不是表见代理，故甲公司应向丙公司承担违约责任。北京市仲裁委员会（2017）京仲裁字第 2040 号裁决书否定了甲公司关于构成表见代理的主张，支持了丙公司的仲裁请求，裁决甲公司向丙公司承担违约责任。

（二）具有代理权外观

表见代理的性质是无权代理，之所以使其发生有权代理的法律后果，是因为代理人具有被授权的表象。客观上须有使相对人相信表见代理人具有代理权的外观，并能使相对人在主观上形成该代理人不容怀疑地具有代理权的认识，如本人的口头表示、借用的合同章、介绍信等，尽管行为人没有被实际授权，但任何一个正常的交易人能根据客观表象判断出行为人具有代理权，该等行为具备权利外观，属于授权行为。"受空白委任状之代理人，违背委任，以空白委任状为其他目之利用时，此时因消费借贷委任状或空白委任状之利用，就权限外之事项，使其有代理权存在之外观。"① 此外，被代理人方面存在的使人误以为授予行为人以代理权的言词或行为，也构成代理权外观。例如，公开声明授予行为人代理权，而实际上并未授予；或者明知行为人以其名义订立合同而不表示反对，使人产生默示授权的误解。从这个角度来看，明知他人以自己名义实施民事法律行为而不表示反对的，其实质是表见代理。

（三）相对人须为善意且无过失

法律承认表见代理对被代理人发生效力，是为了保护善意相对人的利益和交易安全。因此，表见代理的成立，要求相对人必须是善意且无过失

---

① 史尚宽：《民法总论》，中国政法大学出版社 2000 年版，第 547 页。

的。所谓善意，是指相对人不知道或者不应当知道行为人实际上无代理权；所谓无过失，是指相对人的这种不知道不是其大意造成的，没有主观上的过失。"相对人无过失是指无重大或一般的过失，也就是说，是指相对人的不知情不是因为其疏忽大意所造成的。"[1] 表见代理要求相对人在客观上必须表现为善意且无过失，以便更好地保护交易中处于弱势地位的本人的合法权益。也就是说，相对人对代理权外观具有合理信赖，否则便不构成表见代理。在相对人明知代理人无权代理、相对人与代理人串通的情形下，以及相对人尽到合理注意义务就能够知道代理人没有代理权等情形下，相对人不是善意相对人，因此，不构成表见代理。所谓合理的注意义务，一般是指相对人能够通过公开信息渠道知道无权代理状态时，因其懈怠或疏忽而没有查询，则构成对注意义务的违反，不构成善意且无过失。"当存在登记系统或者法定限制时，相对人理应通过查询登记、章程以及相应决议等来确定代理人的权限，相对人怠于查询的，构成重大过失，不能主张表见代理。"[2] 在上述情形下，如果赋予相对人向本人主张代理行为的法律效果的权利，则会在一定程度上损害本人的利益，有损人利己之嫌，有违法律的公正。

《民法典总则编司法解释》第28条规定："同时符合下列条件的，人民法院可以认定为民法典第一百七十二条规定的相对人有理由相信行为人有代理权：（一）存在代理权的外观；（二）相对人不知道行为人行为时没有代理权，且无过失。因是否构成表见代理发生争议的，相对人应当就无权代理符合前款第一项规定的条件承担举证责任；被代理人应当就相对人不符合前款第二项规定的条件承担举证责任。"据此，相对人应当是善意且无过失的，被代理人否定上述条件的，应当承担举证责任。本条规定与《民法典物权编司法解释（一）》第14条所规定的善意取得构成要件不同，这里所说的过失，不仅包括重大过失，而且包括一般过失，而构成善意取得需要相对人不具有重大过失。理由在于：在善意取得情形下，具有

---

[1] 王利明：《民法总则研究》，中国人民大学出版社2018年版，第675页。
[2] 殷秋实：《论无权代理人的赔偿责任》，载《法律适用》2016年第1期。

所有权等物权表征，如不动产登记、动产占有等情形，相对人不易知晓真正物权人，因此否定构成善意取得的，要求以相对人具有重大过失为标准。"较之善意取得中善意相对人无法得知原所有权人的存在，而在表见代理中，行为人必须以被代理人的名义作出代理行为，因此，相对人至少知道被代理人的存在，获知行为人无权代理的信息成本要低一些，因此，表见代理中相对人善意的要求程度更高一些。相对人不仅主观上不能有重大过失，一般过失也不能被允许，否则将会导致表见代理构成门槛过低，甚至引发滥用而损害被代理人的利益。"[1]

（四）代理行为合法

如果行为人所为的行为属于违法行为，则相对人无论以何种证据予以证明，行为人均不能构成表见代理。因为违反法律的行为是不能授权的，即使法人或非法人组织有授权，也没有法律效力，何况行为人确属无权代理，没有代理权。

如果行为人所为的行为违反交易习惯，相对人与行为人订立合同违反交易双方惯常做法的，不构成表见代理。比如，甲、乙两公司章程均规定提供担保必须经董事会决议，两公司也建立有互保关系，而且相互为对方提供过担保，知晓对方公司在担保方面的规定。但某一次甲公司仅通过乙公司某执行董事，即取得乙公司在担保合同上盖章。该董事未经乙公司董事会授权，甲公司也违反交易习惯，该董事的行为不能构成表见代理。

（五）被代理人具有可归责性

从民法体系解释的角度来看，依据权利外观追究责任，使本人承担相应法律后果，乃基于衡平观念，为维护交易安全而牺牲本人的特殊法律处置。这种衡平观念应以一定条件为前提，不能漫无边际，因此，为达到衡平效果，同时要求本人具有可归责性，应是题中应有之义。若不考虑本人具有可归责性，则法律的天平是倾斜的，也就是说，只关注对善意相对人的保护，而忽视甚至漠视本人的利益，以交易安全之名剥夺本人的权利，

---

[1] 贺荣主编《最高人民法院民法典总则编司法解释理解与适用》，人民法院出版社2022年版，第408页。

不当侵害其利益,显然有悖私法自治精神。"在表见代理的认定中完全不考虑被代理人的因素,只从相对人是否有理由相信无权代理人有代理权这一个角度进行衡量,确实不符合民法的公平原则……如果被代理人对无权代理的产生没有任何过错,仍然让其承担责任,是对私法自治原则的极大冲击。"[1] "在判断权利外观时,应当考虑权利外观的形成是否与被代理人有关。只要被代理人的行为与权利外观的形成具有一定的可归责性,被代理人就应当承受表见代理的后果。反之,如果被代理人对权利外观的形成不具有任何可归责性,则不构成表见代理。"[2]

被代理人是否具有可归责性应综合具体情形予以考量,在如下情形中,被代理人具有可归责性。第一,在被代理人向相对人发出了授权表示、通知或公告的情形中,被代理人具有可归责性。也就是说,本人必须有引起权利外观的行为。"本人表达了足以使第三人信其有授权意义的意思,或实施了足以使第三人信其有授权意义的行为,发生了外观授权的事实,换言之,本人应当预见自己的行为会使第三人误信行为人有代理权而未能预见,或虽已预见但未采取措施加以避免。"[3] "例如以本人之信纸、店章等提供某人使用,或曾多次委请某人担任代理人处理其他事务,而此种权利外观现象,必须于缔结法律行为时存在。"[4] 第二,在被代理人明知无权代理而不予以阻止的情形中,被代理人具有可归责性。典型者如容忍代理,即被代理人明知他人以自己名义实施法律行为而不作否认表示,相对人相信无权代理人有代理权。"问题恰恰就在于被代理人在行为或者语言上有可指责之处,如撤回授权未通知相对第三人、解除了雇佣关系而没有通知相对人等,才导致了无权代理向有权代理结果的转化。因此,其行为因有可归责性才能使其承担责任。"[5] 第三,被代理人违反一般注意义务。就行为人以被代理人名义实施法律行为而言,被代理人违反一

---

[1] 陈甦主编《民法总则评注》,法律出版社2017年版,第1228页。
[2] 王利明:《民法总则新论》,法律出版社2023年版,第621页。
[3] 刘凯湘:《民法总论》,北京大学出版社2011年版,第366页。
[4] 黄立:《民法总则》,中国政法大学出版社2002年版,第411页。
[5] 李永军:《民法总则》,中国法制出版社2018年版,第830页。

般注意义务。"以可得而知及不防止为已足。注意义务之标准依交易利益而定。"①

五 关于被代理人可归责性是否为表见代理构成要件的探讨

《民法典》第172条关于表见代理的规定沿袭了原《合同法》第49条关于表见代理的一般性规定。因此，关于被代理人可归责性是否为表见代理构成要件的争论并没有终结。具体来说，关于本人具有可归责性是否为表见代理的特别构成要件存在争议，即"单一要件说"和"双重要件说"。

（一）"单一要件说"认为本人具有可归责性不是表见代理的特别构成要件

"单一要件说"认为，第三人客观上相信行为人有代理权就能够成立表见代理，并不需要本人具有可归责性作为表见代理的特别构成要件，因为法律条文并没有作出这样的规定。"表见代理的成立，不以被代理人主观上具有过失为必要条件。即使被代理人没有过失，只要客观上有使相对人对于代理权存在与否陷于错误认识的客观情形，即可成立表见代理。亦即相对人对无权代理的发生无过错是构成表见代理的唯一特别要件，其具体表现有二：一是客观上具有使相对人相信无权代理人具有代理权的情况；二是相对人为善意且无过错。"② 在解释《民法典》规定的表见代理制度时，立法机关的人士认为："设立表见代理制度的目的是保护交易的安全性，不至于使没有过失的相对人劳而无获。因此，相对人只要证明自己和无权代理人订立合同时没有过失，至于本人在无权代理人订立合同问题上是否有过失，相对人有时难以证明。故在本条的规定中，对于行为人没有代理权、超越代理权或者代理权终止后仍然以本人名义实施代理行为的情况下，只要相对人有理由相信行为人有代理权的，代理行为就有效。"③

（二）"双重要件说"认为本人具有可归责性是表见代理的特别构成要件

反对"单一要件说"的观点认为："立法上此种弹性规定的适用效果，

---

① 黄立：《民法总则》，中国政法大学出版社2002年版，第411页。
② 章戈：《表见代理及其适用》，载《法学研究》1987年第6期。
③ 黄薇主编《中华人民共和国民法典总则编释义》，法律出版社2020年版，第456页。

不得不取决于法官正确的公平观念及对立法意图的把握，适用上难免导致偏差。"① 因此，主张以"双重要件说"取代"单一要件说"。

"双重要件说"又可以分为不同发展阶段。传统"双重要件说"认为，构成表见代理，不仅需要相对人善意且无过失，而且需要本人具有过失。表见代理的成立必须同时具备两个条件：第一，须本人以自己的过失行为使相对人确信代理人有代理权；第二，相对人不知也不应知代理人无代理权。相对人须为善意，即有充分理由相信代理人有代理权。② 此后，"双重要件说"的本人过错又发展为本人具有可归责性，该观点认为："表见代理的构成不应以本人的过失为要件，以防止本人以自己无过失为由拒绝向第三人承担责任。但是，表见代理的后果是由被代理人对无权代理人的行为向第三人承担授权人的责任，而这一责任的承担除了具有代理权的外部表象和第三人的合理信赖之外，还应当是被代理人对于造成这一表象具有可归责性。"③ "在衡平规定的法律适用中，法官对于不确定概念的具体化享有一定的自由裁量权。因此，在'相对人有理由相信'的具体涵义方面，应认为'本人可归责性'乃其题中之义。"④

（三）本人具有可归责性是表见代理的特别构成要件

"单一要件说"片面强调保护第三人的利益，而忽视了本人的利益。如果仅考虑善意相对人的利益而忽视甚至漠视本人的利益，则有违法律的公平正义。"单纯依据相对人有正当信赖这一事实就判定应当由被代理人承受无权代理行为的法律效果，不论此种信赖的产生与被代理人之间是否存在关联性，在某些情形中将使无辜的被代理人承受不应有的不利益。"⑤ 有鉴于此，构成表见代理，不仅需要相对人善意且无过失作为构成要件，而且需要本人具有可归责性作为构成要件，否则，便会造成法律天平的倾斜，使无辜者承担了本来不属于他的责任。表见代理制度旨在寻求保护第

---

① 尹田：《我国新合同法中的表见代理制度评析》，载《现代法学》2000 年第 5 期。
② 参见尹田《我国新合同法中的表见代理制度评析》，载《现代法学》2000 年第 5 期。
③ 汪渊智：《我国〈合同法〉第四十九条的解释论》，载《政法论丛》2012 年第 5 期。
④ 王建文、李磊：《表见代理适用标准重构》，载《法学评论》2011 年第 5 期。
⑤ 杨代雄：《民法总论》，北京大学出版社 2022 年版，第 473 页。

三人利益和保护被代理人利益之间的平衡，而平衡参数就在于被代理人对于无权代理人代理权外观的形成是否具有可归责性。如果非因被代理人具有可归责性而形成代理权外观，则认定其构成表见代理对被代理人过于严苛。① 问题的要害在于，表见代理制度旨在保护善意第三人，而这种保护需要一定的前提条件，即善意第三人相信本人授予他人代理权，从而与无权代理人实施法律行为。② 这种相信的基础在于本人具有可归责性，否则，没有适用表见代理制度的事实基础。"本人因其行为（作为或不作为）创造了代理权存在的表征（权利外观），引起善意相对人的信赖时，为维护交易安全，自应使本人负其责任，因而产生表见代理制度。"③

就典型形态而言，无权代理人私刻本人公章，与第三人实施法律行为，本人没有可归责性，甚至可以说本人也是违法行为的受害者，让一个受害者对另一个受害者承担民事责任，不具有正当性。进一步说，作为受害者的本人根本不知道无权代理人以自己的名义与第三人实施了法律行为，因此其注意义务根本无从谈起，而第三人至少参与了相关的民事法律行为，其应当承担相应的注意义务。让没有注意义务的本人对负有注意义务的第三人承担民事责任，违反生活常识，甚至产生嫁祸于人、祸从天降的严重后果。"与代理人所有代理权全无关系，伪造关于他事项之本人委任状，而以之提示于第三人，纵第三人就该事项信其有代理权，亦不使本人负授权人之责。"④ "具体而言，在如下情形下无权代理的发生，与被代理人无关：第一，行为人假冒他人的名义与第三人订约，被代理人对此毫不知情也无法加以防范；第二，第三人盗窃他人的公章以及盖有公章的空白合同书，或者私刻他人公章签订合同，骗取财物。在上述情形下，如果被代理人确有证据证明其对权利外观的形成不具有可归责性，则不应当构成表见代理。"⑤ "在与本人无任何关系者伪造本人授权的证书，进而和相

---

① 参见谭启平主编《中国民法学》，法律出版社 2021 年版，第 196 页。
② 参见王泽鉴《民法总则》，北京大学出版社 2022 年重排版，第 490 页。
③ 王泽鉴：《债法原理》，北京大学出版社 2022 年重排版，第 273 页。
④ 史尚宽：《民法总论》，中国政法大学出版社 2000 年版，第 547 页。
⑤ 王利明：《民法总则新论》，法律出版社 2023 年版，第 621 页。

对人订立契约的场合,代理权外观非本人所创造,也不存在未消除此外观的问题,盖本人可能根本不知道该虚假外观的存在,这样,依诱因原则找不到归责的基础。"[1] 也就是说,无权代理人私刻公章、伪造营业执照或合同书等行为,被代理人对此毫不知情,也无法加以防范。一言以蔽之,在无权代理人因违法犯罪行为而取得代理权外观等情形下,其行为与本人的行为无关,本人不具有可归责性,不能适用表见代理制度。从创设表见代理制度的本意来看,根本在于被代理人的行为创造了代理权的外观,因此需要保护善意相对人的信赖利益。最高人民法院(2020)最高法民再358号民事判决认为,案涉借款发生时,刘某某作为实际施工人并未获得龙某公司的正式授权,虽然刘某某承认其是案涉工程的实际施工人,所借款项系用于案涉项目工程,但借款合同与施工合同代表的是两个不同的法律关系,实际施工人对外借款不是对案涉项目工程施工合同的履行,结合刘某某承认项目部印章是其自行刻制并大部分时间自行保管的事实,在未经龙某公司追认的情况下,不能将借款协议、还款协议上加盖项目部印章的行为视为龙某公司的真实意思表示。上述观点值得赞同。

被代理人不具有可归责性还包括一种情形,在债的关系终止后,或者在被代理人的印章、合同书等丢失或被盗以后,被代理人已经在指定的报刊上以合理的方式作出了公告,但无权代理人仍然以这些证明或者文件与第三人订约,第三人因未见到这些公告而相信无权代理人有代理权。[2]

(四)表见代理需要本人具有可归责性已成为立法趋势

1. 比较法的考察:被代理人可归责性是表见代理的特别构成要件

比较法上,将本人具有可归责性作为表见代理的构成要件,基本已经成为立法趋势。《德国民法典》第172条第2款规定:"在授权书应当交还授权人或者宣告无效之前,代理权继续存在。在上述规定下,表见代理的成立需要本人对权力表象的成立具有一定的原因,本人与无权代理的产生应当具有一定的关联性。"《欧洲合同法原则》第3:201条规定:"如被代

---

[1] 叶金强:《表见代理构成中的本人归责性要件》,载《法律科学(西北政法大学学报)》2010年第5期。

[2] 参见王利明《民法总则》,中国人民大学出版社2022年版,第417页。

691

理人的陈述或行为诱使第三人合理、善意地相信，表见代理人已经获得实施某一行为的授权，那么被代理人应当被视为已经向表见代理人授权。"《日本民法典》第 109 第 1 款规定："对第三人表示已授予他人代理权之意思者，于其代理权限范围内，就该他人与第三人间所作之行为，负其责任。但第三人知道该他人未被授予代理权，或因过失而不知时，不在此限。"《日本民法典》第 110 条规定："代理人作出权限外行为之情形，第三人有正当理由相信代理人有代理权时，准用前条第一款正文之规定。"《澳门民法典》第 261 条规定："一、无代理权之人以他人名义订立之法律行为，如未经该人追认，不对该人产生效力。二、然而，如基于考虑有关具体情况而断定在客观上存在应予考虑之理由，以致善意第三人信任该无代理权之人具有作出上述法律行为之正当性，且被代理人曾有意识促使此第三人对该无代理权之人产生信任，则由该无代理权之人作出之法律行为，不论是否经被代理人追认，均对被代理人产生效力……"综上，可以认为表见代理以被代理人具有归责性为构成要件已经成为立法趋势。"从比较法上看，各国或地区在借助表见代理制度保护交易安全的同时，并非无限度地牺牲被代理人的利益，而是尽量在本人可控制的范围内寻求最优的利益平衡。"[1]

德国法学界明确将本人具有可归责性纳入表见代理的构成要件，并为解决代理权外观与真实授权之间的错位设立了权利表见责任。一般认为，构成表见代理的前提是："（1）被代理人虽然不知道代理人的无授权代理权的行为，但他如果尽到可合理期待的注意本来可以知道或预见。（2）被代理人本来可以通过可合理期待的措施阻止代理人以此身份出面或者澄清代理权欠缺的情况。（3）被代理人没有采取这些可合理期待的措施。（4）法律行为的对方当事人对代理权的存在予以信赖并根据所有可为其所知的情况也得对此予以信赖。"[2] "在有些情形下，法律还保护另一种信赖，即对于那种在正常情况下由法律行为而发生的有效的拘束或授权（如意定代

---

[1] 贺荣主编《最高人民法院民法典总则编司法解释理解与适用》，人民法院出版社 2022 年版，第 417 页。
[2] 〔德〕施瓦布：《民法导论》，郑冲译，法律出版社 2006 年版，第 546 页。

理）的发生或存续的信赖，这种信赖的根据并不是或不仅仅是某项可归责的意思表示，其所根据的只是由其他方式产生的、存在某种相应的权利状态的表象。在这种情况下，那个必须承认这个既存的权利状态的表象之存在（并对之负责）的人通常是以可归责于他自己的方式引发了这一权利表象的人，或者是具有消除这一表象的能力而未去消除这一表象的人。"[1] 晚近以来，日本民法学也肯定本人的可归责性是构成表见代理的要件。"最近，这样一种观点颇具说服力：在表见代理制度的根基，存在着表见法理——以作出违反真实的外观这种归责性为前提，保护有正当理由信赖该外观之人。"[2] 尽管代理权授予行为并不存在，但具有向第三人表示代理权已经授予的意思，这种表示应当认为本人具有可归责性，因此本人应当承担责任。[3]

2. 《民法典总则编司法解释》没有规定被代理人可归责性

根据《民法典总则编司法解释》第28条的规定，被代理人具有可归责性并不是表见代理的构成要件。关于本条规定的来龙去脉，司法解释的起草者作了如下说明："在中国人民大学论证会上，与会专家就这一问题基本形成共识，认为应当确立'可归责性'规则。这主要是考虑到表见代理本质上系在衡平被代理人与善意相对人的利益保护和风险分配，如被代理人对有代理权外观的形成不具有可归责性，科以被代理人承担无权代理行为的法律后果未免过于严苛。并且《民法典》有关遗失物和盗赃物不适用善意取得的规则亦有此法理基础，故对可规则性予以明确。""在起草本条的过程中，我们曾在解释稿中采纳'可归责性'的意见……在本解释征求意见过程中，有关方面认为'被代理人对有代理权外观的形成具有可归责性'与《民法典》的立法本意不符，建议删除。我们认为，鉴于这一问题还存有争议，涉及表见代理中被代理人利益保护与相对人利益保护的平衡问题，在此先暂不规定，留作实践中作进一步探索积累经验。"[4]

---

[1] 〔德〕拉伦茨：《德国民法通论》（下册），王晓晔等译，法律出版社2003年版，第886页。
[2] 〔日〕山本敬三：《民法讲义Ⅰ总则》，解亘译，北京大学出版社2012年版，第338页。
[3] 参见〔日〕近江幸治《民法讲义Ⅰ民法总则》（第6版补订），渠涛等译，北京大学出版社2015年版，第263~264页。
[4] 贺荣主编《最高人民法院民法典总则编司法解释理解与适用》，人民法院出版社2022年出版，第415~416页。

值得注意的是，最高人民法院的相关答复肯定了被代理人的可归责性是表见代理的特别构成要件。2023年1月9日发布的最高人民法院对《关于对金融机构适用表见代理作出特别规定的建议》的答复（最高人民法院对十三届全国人大五次会议第4254号建议的答复）提出："非基于被代理人自主意思，行为人占有空白授权书等代理权外观证据的（盗窃、盗用、拾得遗失的授权委托书），被代理人不具有可归责性……需要注意的是，因被代理人不具有可归责性，不构成表见代理时，被代理人不对相对人承担责任。但是被代理人如对于造成授予代理权的外观有过错，并导致相对人受到损失的，相对人有权依据侵权责任请求被代理人承担赔偿责任。无权代理人依照《民法典》第171条第三款所承担的责任，与被代理人承担侵权责任并不矛盾。例如行为人私刻或者拾到被代理人印章，并伪造授权委托书而与相对人签订合同。此种情形下，不构成表见代理，但如相对人相信授权委托书是真的，因此被诈取财物，被代理人对于公章被私刻或者遗失有过错的，该过错与相对人所受损失有因果关系，仍应承担相应的赔偿责任。相对人也有过错的，适用过错相抵规则。"

第六节 代理终止

一 委托代理终止

（一）委托代理终止的原因

委托代理的终止，是指委托代理权的消灭。委托代理权源于被代理人授权行为，目的在于完成被代理人的委托事务，实施具体的民事法律行为。如果出现法律规定的情形，则委托代理权消灭，委托代理终止。《民法典》第173条规定："有下列情形之一的，委托代理终止：（一）代理期限届满或者代理事务完成；（二）被代理人取消委托或者代理人辞去委托；（三）代理人丧失民事行为能力；（四）代理人或者被代理人死亡；（五）作为代理人或者被代理人的法人、非法人组织终止。"

（二）委托代理终止的例外

根据《民法典》第173条的规定，作为自然人的被代理人死亡或者作为法人、非法人组织的被代理人死亡的，一般情形下代理权消灭，但出现法律规定的特殊情形时，代理权并不消灭，委托代理人实施的代理行为有效。《民法典》第174条规定："被代理人死亡后，有下列情形之一的，委托代理人实施的代理行为有效：（一）代理人不知道且不应当知道被代理人死亡；（二）被代理人的继承人予以承认；（三）授权中明确代理权在代理事务完成时终止；（四）被代理人死亡前已经实施，为了被代理人的继承人的利益继续代理。作为被代理人的法人、非法人组织终止的，参照适用前款规定。"

二 法定代理终止

法定代理一般基于监护关系产生，因此，监护关系终止导致法定代理终止。《民法典》第175条规定："有下列情形之一的，法定代理终止：（一）被代理人取得或者恢复完全民事行为能力；（二）代理人丧失民事行为能力；（三）代理人或者被代理人死亡；（四）法律规定的其他情形。"

第十章 民事责任

第一节 民事责任的一般原理

一 民事责任的概念

(一) 民事责任是违反民事义务的法律后果

在罗马法上，没有区分债务与责任。"法锁"之义，"不仅意味着债务人应履行给付的义务，债权人有权接受此给付而获得一定的利益；而且意味着当债务人不履行债务时，债权人可以拘押债务人，加以奴役、买卖甚至将其杀死"。[1] 可见，罗马法没有将债务与责任严格区分，而是将责任融入债的范畴，作为债的内容而统一规定在债的概念中。确立债务与责任区分的观念是日耳曼法的贡献，该法认为债务属于法的"当为"，不包含法的强制性，而责任是债务人当为而不为给付时，应服从债权人的强制取得的关系，其性质上是一种给付代价。只有这种强制取得的给付关系附加于债务，债务才有拘束力，从而实现债的目的，责任乃具有担保的作用。[2]

责任在法律上有多种含义。第一种含义为职责，第二种含义为义务，第三种含义为法律责任或民事责任等，其意指不履行法律义务而应受某种制裁。罗马法中不区分民事义务与民事责任。日耳曼法确立了与民事义务概念相区别的民事责任概念。现代大陆法系民法严格区分民事义务和民事

---

[1] 周枏：《罗马法原论》（下册），商务印书馆2004年版，第1008~1009页。
[2] 参见林诚二《民法债编总论》，中国政法大学出版社2003年版，第216页。

第十章 民事责任

责任。中国民法继受大陆法系民法思想，严格区分民事义务和民事责任两个概念。我国《民法典》对民事义务和民事责任严格予以区分，《民法典》总则编第八章的规定使民事责任成为一项统一的民法制度。[1]

通说认为，民事责任是指民事主体因违反民事义务应当承担的法律后果。[2]也就是说，民事义务是承担民事责任的前提条件，没有民事义务就没有民事责任，只有违反了民事义务才可能承担民事责任。"法律责任是由于违反法定义务而引起的、由专门国家机关认定并归结于有责主体的、带有强制性的义务，即由于违反第一性法定义务而招致的第二性义务。法律责任的实质不在于制裁，而是国家对违反法定义务的行为所作出的否定性评价，是国家强制违法者履行应为而未为的义务。"[3] 民事责任是不履行民事义务的法律后果。"民事责任作为一种特殊的债，必以有效的法律义务的存在为前提。这种法律义务可以出于合同约定，也可以是法律直接规定。"[4] "诚然，责任以义务的存在为前提，但是，责任本身不是义务，而是义务人违反义务所应承担的后果。"[5] "民事责任以民事义务为前提，有民事义务而又不履行义务时，才发生民事责任。无民事义务即无民事责任。"[6]

《民法典》第176条规定："民事主体依照法律规定或者按照当事人约定，履行民事义务，承担民事责任。"在解释该条文内容时，通说认为，违反民事义务是产生民事责任的前提。"这意味着立法在民事责任构成论上，采纳了'义务违反说'，义务之违反成为所有民事责任类型归责的必要条件，证立违约责任、侵权责任、缔约过失责任及违反其他义务责任等民事责任，不再需要考虑权益侵害的维度，形成了统摄性的'义务—责

---

[1] 参见梁慧星：《民法总论》，法律出版社2021年版，第86~88页。
[2] 参见佟柔主编：《民法原理》，法律出版社1986年版，第42页；梁慧星：《民法总论》，法律出版社2021年版，第88页；王利明：《民法总则》，中国人民大学出版社2022年版，第420页；郭明瑞主编：《民法学》，北京大学出版社2001年版，第38页；王卫国主编：《民法》，中国政法大学出版社2007年版，第47页。
[3] 张文显：《权利与人权》，法律出版社2011年版，第50页。
[4] 梁慧星：《民法总论》，法律出版社2021年版，第89页。
[5] 王利明：《民法总则》，中国人民大学出版社2022年版，第421页。
[6] 郭明瑞：《民法总则通义》，商务印书馆2018年版，第305页。

任'的立法格局。"① 民事责任是民事主体违反民事义务应承担的法律后果,是保障民事权利实现的措施,也是对不履行义务行为的一种制裁。②

(二) 民事责任的历史演进:从结合到分离

1. 罗马法上的民事责任属于债的范畴

传统大陆法系国家一般不对民事责任进行单独规定,而将其与债务联系在一起。据考证,古代西亚地区国家和古代中国债的产生是基于买卖契约和借贷契约的欠物或者欠钱,不履行买卖契约和借贷契约的,保证人、人质、债务人的妻子或者子女会沦为债奴,其实质是民事责任方式。因此,责任是不履行债务的后果,责任与债务是联系在一起的。③

一般认为,罗马法没有区分债务与责任,二者没有分离。"债务与责任合而成为债务之概念,责任常随债务而生,二者有不可分离之关系。"④"在罗马法上,债务与责任相伴而生,不可分离,责任内含于债务而成为债务之当然内容。"⑤

《德国民法典》将债和责任结合在一起进行规定,将责任作为一种债规定于债编。德国民法上的责任是损害赔偿,有时指损害赔偿义务,有时指损害赔偿责任,有时指损害赔偿之债,并不严格区分债与责任。德国民法将责任严格限于债的关系范畴,其他民事关系中实质上没有责任问题。⑥《德国民法典》采用"绝对请求权和损害赔偿"的立法模式,绝对请求权是绝对权自身固有的请求权,民事责任仅为损害赔偿,并归属于损害赔偿之债。⑦"责任概念在运用时有两个不同的意思:(1)责任指承担损害赔偿义务。(2)责任指必须以人或以财产去担当义务。这一

---

① 陈甦主编《民法总则评注》,法律出版社2017年版,第1256页。
② 参见黄薇主编《中华人民共和国民法典总则编释义》,法律出版社2020年版,第462页;最高人民法院民法典贯彻实施工作领导小组主编《中华人民共和国民法典总则编理解与适用》,人民法院出版社2020年版,第877页;王利明主编《中国民法典释评·总则编》,中国人民大学出版社2020年版,第448页。
③ 参见魏振瀛《民事责任与债分离研究》,北京大学出版社2013年版,第11页。
④ 李宜琛:《日耳曼法概说》,中国政法大学出版社2003年版,第102页。
⑤ 谢鸿飞等:《债法总则:历史、体系与功能》,社会科学文献出版社2021年版,第34页。
⑥ 参见魏振瀛《民事责任与债分离研究》,北京大学出版社2013年版,第23页。
⑦ 参见陈甦主编《民法总则评注》,法律出版社2017年版,第1255页。

责任概念所指的并不是义务,而是以之为前提,它所涉及的是义务人由于该义务而要受强制执行的财产范围。"① "对于此项损害赔偿义务(债务),债务人应以全部财产为其担保、债权人得强制执行之,即属吾人于此所谓之'责任'。"②

2. 日耳曼法上的责任与债务相区分

公元5世纪,日耳曼人在西罗马领土上建立了一系列日耳曼王国,日耳曼人替代了罗马人在欧洲的统治地位。日耳曼法是继罗马法之后在西欧形成的一种重要的法律体系。日耳曼法区分债务与责任。债务的内容,即为当为状态,而非由外部强制。而责任具有强制性,得以强制手段实现债务,责任系为担保债务而存在。责任概念在日耳曼法上首次得到确认。③ 日耳曼法不仅区分债务与责任两个概念,而且事实上区分了债务关系与责任关系。在先设定质权或保证的情况下,将来债务关系可能不发生,但其保证实权等责任关系已经成立。④ 日耳曼法上的债务仅仅意味着"当为",不具有强制给付力。因此必须附加具有权力内容的另一种法律关系类型,以赋予债法完全的效力,这就需要责任关系的加入。在债务人不履行"当为"的给付时,责任导致其对强制力的服从。责任作为债的一种拘束状态显现,因其确保债的目的的实现,又被称为债务的担保。通过责任关系的介入,不具有强制力的"当为"得以受法律强制力的保障。⑤

3. 民事责任从债中分离出来

我国民事立法确立的民事责任体系不同于大陆法系关于民事责任的立法例。《民法通则》制定时,主要借鉴了苏联学者关于民事责任的学说。在20世纪,苏联民法学者对民事责任的研究突破了传统民法将民事责任限于违反债的责任的概念。教材中没有按照1964年《苏俄民法典》第19章

---

① 〔德〕施瓦布:《民法导论》,郑冲译,法律出版社2006年版,第168~169页。
② 王泽鉴:《民法学说与判例研究》(4),中国政法大学出版社1998年版,第123页。
③ 参见魏振瀛《民事责任与债分离研究》,北京大学出版社2013年版,第18页。
④ 参见李宜琛《日耳曼法概说》,中国政法大学出版社2003年版,第106页。
⑤ 参见谢鸿飞等《债法总则:历史、体系与功能》,社会科学文献出版社2021年版,第39页。

题目称为"违反债的责任",而是设"苏联民法中的责任"专章或者直接称为"民事法律责任"。《民法通则》专章规定民事责任是对苏联立法学的借鉴和超越。[1] 1986年颁布的《民法通则》确立了独立的民事责任体系,民事责任从债中分离出来,民事责任不再是债的一部分内容,而成为民法总则的组成部分,从而确立了"义务+责任"的民事责任体系。2020年颁布的《民法典》沿袭了《民法通则》的规定,确立了独立的民事责任体系。从性质上看,债务是法律和合同规定的义务,它是债务人应当履行的行为。责任以债务的存在为前提,但责任本身不是债务,而是债务人违反债务所应承担的后果。[2] 中国《民法典》继受现代民法思想,严格区分民事权利、民事义务和民事责任。首先,《民法典》总则编的立法体例,对债权、债务与民事责任分别规定。其次,《民法典》在定义上将债权、债务与责任严加区别。最后,《民法典》专章规定民事责任,这是中国《民法典》编纂体例的一个特点。[3]

《民法典》总则编专设一章规定民事责任的主要理由如下。第一,基于总则和分则的关系,专章规定民事责任,建立"民事责任"这一上位概念,对分则和民事单行法中的具体民事责任制度具有统领、指引作用。第二,《民法典》总则编对民事责任进行专章规定,在国际上创立了民事权利、义务和责任"三位一体"的立法模式。这种立法模式进一步完善了民事权利受到侵害后的救济渠道和方式,已为广大人民群众和法律工作者普遍接受和熟悉。[4]《民法典》关于民事责任的规定,实现了责任法的统一。"首先正面规定民事主体应当履行义务,确立主体必须遵守的行为模式,其次规定违反法定行为模式的责任,以义务之违反为归责的必要条件,统摄侵权责任、违约责任、缔约过失责任等民事责任,形成了'义务—责任'的立法格局。"[5]

---

[1] 参见魏振瀛《民事责任与债分离研究》,北京大学出版社2013年版,第390页。
[2] 参见王利明《民法总则新论》,法律出版社2023年版,第633~634页。
[3] 参见梁慧星《民法总则讲义》,法律出版社2021年版,第324页。
[4] 参见黄薇主编《中华人民共和国民法典总则编释义》,法律出版社2020年版,第462页。
[5] 陈甦主编《民法总则评注》,法律出版社2017年版,第1257页。

二　民事责任的承担方式

（一）民事责任的承担方式概述

民事责任的承担方式，是指行为人承担法律上不利后果的具体方法。[1]《民法典》第 179 条规定："承担民事责任的方式主要有：（一）停止侵害；（二）排除妨碍；（三）消除危险；（四）返还财产；（五）恢复原状；（六）修理、重作、更换；（七）继续履行；（八）赔偿损失；（九）支付违约金；（十）消除影响、恢复名誉；（十一）赔礼道歉。法律规定惩罚性赔偿的，依照其规定。本条规定的承担民事责任的方式，可以单独适用，也可以合并适用。"本条总括性规定了各种民事责任的承担方式，包括侵权责任、违约责任、缔约过失责任等各种类型的民事责任，同时肯定了相关法律已经规定的惩罚性赔偿。关于上述民事责任的承担方式，基本沿袭了《民法通则》第 134 条的规定，只增加了一种责任方式，即继续履行；增加了关于惩罚性赔偿的规定，其本质上属于赔偿损失的范畴。"我国民事责任有形式多样性、开放性的特点，有其自身的优势，其不仅强调了对财产权的保护，也强调对人身权的保护，满足了现阶段人们对权利保护的需求。而且作为我国立法模式的理论支撑'权利—义务—责任'体系，也得到学界的认可，在司法实践中亦未见不良的后果。"[2]

（二）民事责任的具体承担方式

1. 停止侵害、排除妨碍和消除危险

《民法典》第 1167 条规定："侵权行为危及他人人身、财产安全的，被侵权人有权请求侵权人承担停止侵害、排除妨碍、消除危险等侵权责任。"本条规定了防御性请求权，其性质属于特殊侵权责任，不以损害为要件，也不以过错为要件，因此区别于一般侵权责任。[3] 基于物权、人格权、知识产权等绝对权而享有的防御性请求权不以过错为要件，区别于作

---

[1] 参见王利明《民法总则》，中国人民大学出版社 2022 年版，第 427 页。
[2] 陈甦主编《民法总则评注》，法律出版社 2017 年版，第 1274 页。
[3] 参见梁慧星《侵权责任法讲义》，法律出版社 2023 年版，第 19 页。

为债权请求权的侵权请求权，一般侵权责任以过错为要件。① 本条中的"等"字，应当指停止侵害、排除妨碍、消除危险之外的责任形式，如赔礼道歉、赔偿损失。② "这些侵权责任方式具有十分重要的预防功能，有利于预防和减少损害的发生，发挥侵权责任法的积极规范和调整功能。"③ 根据《民法典》第196条和第995条的规定，停止侵害、排除妨碍、消除危险请求权不适用诉讼时效的规定。

停止侵害，是指受害人在面临即将发生的损害或正在发生的损害的情况下，有权要求加害人停止其实施的侵害行为。现代侵权法不仅注重对损害的填补，也注重对损害后果的预防，尤其是在网络侵害人格权的情形下，损害后果一旦发生，往往具有不可逆转性，因此，更应当强调对损害后果的预防。停止侵害作为一种请求权，权利人既可以向法院提起诉讼，也可以直接向行为人提出请求。停止侵害请求权的适用应当符合以下条件：第一，侵害行为正在进行中；第二，侵害行为必须是可以确定的；第三，损害的发生具有可能性；第四，停止侵害的适用，不以侵害人具有故意或者过失为要件。④

排除妨碍，是指行为人实施了侵权行为，妨碍了当事人的人身权或者财产权，当事人有权要求行为人排除妨碍或者诉请法院责令行为人排除妨碍。排除妨碍请求权针对的是正在进行的妨碍行为，一般来说，该行为已经造成了损害后果。就物权被妨碍而言，排除妨碍请求权的行使应当符合以下条件：第一，被妨碍的标的物仍然存在且由物权人占有；第二，妨碍人以占有以外的方法妨碍物权人行使权利，例如，在他人的房屋边挖洞危及房屋的安全、在他人使用的土地上堆放垃圾、在他人门前停放车辆等；第三，妨碍是不合法的或者超越了正常的容忍限度。⑤

消除危险，是指行为人实施的侵权行为导致他人的合法民事权益面临

---

① 参见傅鼎生《民法总论授课实录》，法律出版社2023年版，第474页。
② 参见梁慧星《侵权责任法讲义》，法律出版社2023年版，第29页。
③ 张新宝：《侵权责任法》，人民法院出版社2024年版，第9页。
④ 参见王利明《人格权法》，中国人民大学出版社2022年版，第135页。
⑤ 参见王利明《物权法》，中国人民大学出版社2021年版，第29页。

现实危险,当事人有权要求行为人消除危险或者诉请法院责令行为人消除危险。与停止侵害和排除妨碍针对的现实侵害不同,消除危险针对的是一种可能的侵害,而不是现实侵害。就物权保护而言,通过行使消除危险请求权,可以预防将来发生对物权的现实危害。消除危险请求权权利人可以请求对方为一定行为,比如设置防止泥石坍塌的石墙,也可以请求对方不为一定行为,比如请求对方不进行危险的工程。① "消除危险实际上消除了损害的发生来源,从而防患于未然,如果侵权行为已经实际发生,则权利人只能请求行为人停止侵害,或者请求行为人承担损害赔偿责任。"②

2. 返还财产

返还财产,是指行为人没有法律根据或者合同依据而占有他人财产,侵害了他人财产权益,当事人有权要求其返还财产。《民法典》第235条规定:"无权占有不动产或者动产的,权利人可以请求返还原物。"返还财产请求权是物权效力的直接体现,只要他人无权占有或侵夺权利人的财产,权利人都可以通过行使返还财产请求权而恢复物权的圆满状态。有权行使返还财产请求权的主体仅指物权人,而不包括债权人或其他占有人。《民法典》第235条规定的请求权是物权请求权,因此,该条所说的"权利人"应当仅指物权人,物权请求权是以物权为基础的,应无异议。"请求权人必须是物权人,既包括所有权人也包括他物权人。"③当债权人和其他占有人所占有的物被他人侵害时,其返还财产请求权应适用关于占有保护请求权的规定,例如,《民法典》第460条规定:"不动产或者动产被占有人占有的,权利人可以请求返还原物及其孳息;但是,应当支付善意占有人因维护该不动产或者动产支出的必要费用。"

3. 恢复原状

恢复原状,是指有体物被破坏之后,行为人通过修理等手段使财产恢复到被破坏前的状态。

一般认为,没有必要将"修复生态环境"作为独立的民事责任方式,而

---

① 参见〔日〕田山辉明《物权法》(增订本),陆庆胜译,法律出版社2001年版,第22页。
② 王利明:《人格权法》,中国人民大学出版社2022年版,第136页。
③ 王利明:《物权法》,中国人民大学出版社2021年版,第26页。

将"恢复原状"扩展适用于污染环境、破坏生态以及荒废地域的复原。司法实践也遵循了"恢复原状"涵盖"治理污染和恢复生态"的司法立场。①

4. 修理、重作、更换

修理、重作、更换，是指当事人交付的标的物存在质量瑕疵，当事人承担对标的物进行修理、重作或者更换的责任。修理，是指交付的合同标的物不合格，有修复可能并为债权人所需要时，债务人应债权人的请求而消除标的物的缺陷的补救措施；更换，是指交付的合同标的物不合格，无修理可能，或修理所需要的费用过高，或修理所需要的时间过长，违反债务的本旨的场合，债务人应债权人的请求而另行交付同种类同质量同数量的标的物的补救措施；重作，是指在承揽、建设工程等合同中，债务人交付的工作成果不合格，不能修理或修理所需要的费用过高，债务人应债权人的请求而重新制作工作成果的补救措施。修理、更换、重作属于《民法典》第577条规定的"采取补救措施"的一个组成部分，并属于强制履行的范畴。②《民法典》第582条规定："履行不符合约定的，应当按照当事人的约定承担违约责任。对违约责任没有约定或者约定不明确，依据本法第五百一十条的规定仍不能确定的，受损害方根据标的的性质以及损失的大小，可以合理选择请求对方承担修理、重作、更换、退货、减少价款或者报酬等违约责任。"

5. 继续履行

继续履行，是指在一方当事人没有履行合同义务的情形下，另一方当事人可以要求其根据合同约定继续履行自己的义务。虽然继续履行的依据是合同约定，属于合同义务的范畴，但是，继续履行是合同权利救济的一种方式，具有民事责任性质。"继续履行尽管并未增加债务人的债务，但是其目的是通过法律的强制手段，迫使债务人履行义务，具有救济权利和惩罚违约行为的功能，不失为违约责任的一种形式。"③《民法典》第577条规定："当事人一方不履行合同义务或者履行合同义务不符合约定的，

---

① 参见陈甦主编《民法总则评注》，法律出版社2017年版，第1276页。
② 参见崔建远主编《合同法》，法律出版社2021年版，第237页。
③ 陈甦主编《民法总则评注》，法律出版社2017年版，第1280页。

应当承担继续履行、采取补救措施或者赔偿损失等违约责任。"在符合法律规定的情形下,当事人不得请求继续履行。《民法典》第580条第1款规定:"当事人一方不履行非金钱债务或者履行非金钱债务不符合约定的,对方可以请求履行,但是有下列情形之一的除外:(一)法律上或者事实上不能履行;(二)债务的标的不适于强制履行或者履行费用过高;(三)债权人在合理期限内未请求履行。"

6. 赔偿损失

赔偿损失,是指行为人因侵权或违约等行为造成对方损害,应以其财产赔偿受害人所受的损害的一种责任方式。赔偿损失具有如下特点。第一,赔偿损失以损害的发生为前提,损害既包括财产损害,也包括精神损害。因此它区别于停止侵害、排除妨碍、消除危险请求权。第二,赔偿损失主要具有补偿性,一般不具有惩罚性。第三,赔偿损失以赔偿权利人实际遭受的全部损害为原则。在赔偿财产损失时,应当坚持完全赔偿原则。[①]

7. 支付违约金

支付违约金,是指按照合同约定或者法律规定,违约方向合同相对方支付一定数额的金钱,以弥补其损失。《民法典》第585条第1款规定:"当事人可以约定一方违约时应当根据违约情况向对方支付一定数额的违约金,也可以约定因违约产生的损失赔偿额的计算方法。"据此,当事人可以约定违约金,也可以约定违约损失赔偿的计算方法。约定违约金是当事人通过协议达成的私人制裁,当一方当事人不履行合同义务或者履行合同义务不符合约定时,其要向另一方当事人支付一定数额的金钱或其他给付。本款前半句是违约金请求权的基础。[②]

《民法典》第577条规定:"当事人一方不履行合同义务或者履行合同义务不符合约定的,应当承担继续履行、采取补救措施或者赔偿损失等违约责任。"从民法典体系解释来看,支付违约金当然属于违约责任的范围,

---

[①] 参见王利明《民法总则》,中国人民大学出版社2022年版,第431页。
[②] 参见朱广新、谢鸿飞主编《民法典评注·合同编·通则》(2),中国法制出版社2020年版,第406~407页。

应当为"等"字所包含。"支付违约金在性质上属于违约责任的承担方式，它是当事人通过协商预先确定的责任。一旦发生争议后，可以免除受害人证明损害的负担，迅速地解决违约纠纷。"①《民法典》第577条所规定的"等违约责任"中的"等"字更是意味深长，"由'违约责任'一章的规范体系看，它至少可以将《民法典》第585条规定的违约金、第586条至第588条规定的'定金'统摄起来"。②

然而，实践中有些裁判割裂了《民法典》的内在体系，误以为支付违约金不属于违约责任范围。例如，浙江省绍兴市上虞区人民法院（2013）绍虞民初字第1532号民事判决认为："被告的行为已构成根本违约，根据合同法第九十四条的相关规定，原告有权解除合同……合同解除的法律效果是使合同关系归于消灭，解除合同的后果，违约方的责任承担方式也不表现为支付违约金，故对于原告要求被告支付违约金的主张，依据不足，本院不予支持。"笔者认为，该判决认定被告的行为构成根本违约，并据此判决解除合同是正确的，但是，不支持上诉人要求支付违约金的诉讼请求，则是错误的。理由如次。第一，支付违约金是违约损害赔偿的一种方式。根据原《合同法》第97条（《民法典》第566条）的规定，合同解除后，当事人有权要求赔偿损失。赔偿损失内在地包含支付违约金，支付违约金是损害赔偿的一种方式，换句话说，违约金是损害赔偿的预定，因此，当事人有权要求赔偿损失包括当事人有权要求支付违约金。在认定被告根本违约的情况下，否定原告支付违约金的诉讼请求，属于适用法律不当。第二，违约金和解除合同可以并用。在一方违约导致合同解除的情况下，不能免除有过错的一方支付违约金的责任。对同一违约行为来说，违约金和解除合同是可以并用的。因为违约金的主要作用就在于制裁违法行为以担保债务履行。尽管合同因一方的违约而宣告解除，但是合同的解除是由一方过错产生的，对此过错行为应当通过支付违约金的方法来加以制裁。所以，在一方违约导致合同解除的情况下，不能免除有过错的一方支

---

① 王利明：《民法总则》，中国人民大学出版社2022年版，第432页。
② 朱广新、谢鸿飞主编《民法典评注·合同编·通则》（2），中国法制出版社2020年版，第287页。

付违约金的责任。"合同约定有违约金条款，合同解除无溯及力时，该违约金条款不因解除而受影响，不言自明；即使合同解除有溯及力，违约金条款也不应受到影响。"①《最高人民法院关于审理买卖合同纠纷案件适用法律问题的解释》第20条规定："买卖合同因违约而解除后，守约方主张继续适用违约金条款的，人民法院应予支持……"第三，合同解除的，不影响清理条款的效力。根据原《合同法》第98条（《民法典》第567条）的规定，合同的权利义务终止，不影响合同中结算和清理条款的效力。和合同约定的解决争议方法的条款一样，合同中结算和清理条款都不因合同的终止而影响其效力。因为这些条款包含的是合同中相对独立的内容，对于包含几个相对独立内容的合同，可以依据法定的条件，解除或者终止其中一部分的效力而保留其余部分的效力。结算和清理条款就是其中可以保留的部分，合同解除后，它们不因合同的解除而失去效力。关于约定违约金的条款属于清理条款，因此，约定违约金的条款不因合同解除而失去效力。

8. 消除影响、恢复名誉

消除影响、恢复名誉，是指行为人的行为侵害了他人人格权利，当事人可以请求行为人采取适当方式消除不利影响，使其名誉得以恢复，或者诉请法院采取相应措施，以消除影响、恢复名誉。"消除影响、恢复名誉主要适用于侵害名誉权等情形，一般不适用于侵犯隐私权的情形，因为消除影响、恢复名誉一般是公开进行的，如果适用于隐私权的保护，有可能进一步披露受害人的隐私，造成进一步的影响。"②

9. 赔礼道歉

赔礼道歉，是指当事人一方因自己的侵权行为向受害人表示歉意，以取得谅解。赔礼道歉主要适用于侵害人格权益的情形。赔礼道歉可以采取口头形式，也可以采取书面形式；可以公开进行，也可以私下进行。"赔礼道歉的责任方式通常是作为一种辅助的形式而与损害赔偿、恢复名誉等

---

① 崔建远主编《合同法》，法律出版社2021年版，第187页。
② 黄薇主编《中华人民共和国民法典总则编释义》，法律出版社2020年版，第473页。

责任方式并用的,但赔礼道歉也可以单独采用,原告通常只要求赔礼道歉而不要求被告采取其他任何责任方式,则可以单独适用赔礼道歉方式。"①"行为人不赔礼道歉的,人民法院可以判决按照确定的方式进行,产生的费用由行为人承担。"②

有观点认为,将赔礼道歉作为一种承担民事责任的方式明文规定,乃是基于传统观念和当前社会需要的考虑。传统的中国社会崇尚礼制,"以礼入法""出法入礼"构成了传统中国社会治理的一项基本特征。因此当出现"失礼"之时,便需"服礼",而"服礼"的主要途径就是赔礼道歉。赔礼道歉制度可以说是古已有之,赔礼道歉的法律化是因袭中国传统文化的当然结果,而非某一个特定历史时期的应急反应。赔礼道歉有利于修复受害人所受到的精神性、人格性损害,在修复人格尊严损害方面具有不可替代的功能作用。纠纷的实质是权利的冲突,其起因于自己的权利受到了伤害。当一个非正义的行为给自己的权利造成伤害时,受害者会感到愤恨,进而产生所谓的"气"。赔礼道歉则恰好为受害人发泄愤恨这一情感提供了途径,有利于其化解怨气,疏导矛盾。心理学研究证实,即使是一个违心的、并不真诚的道歉,也能减少受害人的怨恨,所以说,赔礼道歉对于抚慰、平复受害人的感情创伤具有特殊的作用。③有观点认为,赔礼道歉作为一种民事责任,是总结革命老区司法经验制定的,且效果良好。④

虽然赔礼道歉作为民事责任受到质疑,⑤ 但其正当性不容忽视。如果加害行为构成侮辱,则证明加害人主观上存在恶意,系专为贬损他人人格而为,法律上自应命其向受害人表示歉意,以使受害人得到抚慰。这并非完全的道德义务,而是一项法律责任,符合侵权法的损害填补原理。赔礼

---

① 王利明:《人格权法》,中国人民大学出版社 2022 年版,第 138 页。
② 黄薇主编《中华人民共和国民法典总则编释义》,法律出版社 2020 年版,第 473 页。
③ 参见周青松、谢天宇《赔礼道歉的强制执行规则》,载《人民司法》2024 年第 2 期。
④ 参见顾昂然等《中华人民共和国民法通则讲座》,中国法制出版社 2000 年版,第 245 页;魏振瀛《论请求权的性质与体系》,载《中外法学》2003 年第 4 期。
⑤ 参见姚辉、段睿《"赔礼道歉"的异化与回归》,载《中国人民大学学报》2012 年第 2 期;柳经纬《我国民法典应设立债法总则的几个问题》,载《中国法学》2007 年第 4 期;周友军《我国侵权责任形式的反思》,载《法学杂志》2009 年第 3 期。

道歉责任条款存在的意义在于告诫人们，错了就应该悔过并道歉，以求得他人宽恕与内心安宁。强制道歉责任的存在，虽构成对内心自由的强制，但由于其目的系恢复名誉及保障人格权，且手段适中，因此其存在并不违宪。①"赔礼道歉主要适用于侵害名誉权、隐私权、姓名权、肖像权等人格利益。同时，赔礼道歉的方式，既可以公开，也可以私下；既可以书面，也可以口头。司法实践中一般以公开和书面方式为主。"②

赔礼道歉制度广泛存在于我国法律规范之中，是一种在我国公法、私法领域广泛存在的责任方式。首先，赔礼道歉广泛存在于私法规范之中。《民法通则》第 120 条规定了赔礼道歉，《民法典》沿袭了《民法通则》的规定。《食品安全法》第 141 条、《著作权法》第 52 条、《消费者权益保护法》第 50 条等都规定了赔礼道歉责任。其次，赔礼道歉还存在于公法之中。《国家赔偿法》第 35 条、《治安管理处罚法》第 117 条等诸多公法中，也规定了赔礼道歉责任。

早在 1993 年，《最高人民法院关于审理名誉权案件若干问题的解答》规定，人民法院可以采取公告、刊登判决的方式恢复名誉和消除影响，但该司法解释并未指出这些措施同时也是赔礼道歉的执行方式。消除影响、恢复名誉是一种澄清事实行为，针对的是不实陈述，消除影响、恢复名誉与赔礼道歉是两种不同的民事责任。2014 年《最高人民法院关于审理利用信息网络侵害人身权益民事纠纷案件适用法律若干问题的规定》第 16 条则明确了赔礼道歉可以采取在网络上发布公告或者公布裁判文书等合理的方式。《民法典》沿袭了这一规定。《民法典》第 1000 条规定："行为人因侵害人格权承担消除影响、恢复名誉、赔礼道歉等民事责任的，应当与行为的具体方式和造成的影响范围相当。行为人拒不承担前款规定的民事责任的，人民法院可以采取在报刊、网络等媒体上发布公告或者公布生效裁判文书等方式执行，产生的费用由行为人负担。"据此，行为人侵害人格权的，应当承担消除影响、恢复名誉、赔礼道歉等民事责任。承担民事责

---

① 参见张红《人格权总论》，法律出版社 2022 年版，第 272~273 页。
② 陈甦主编《民法总则评注》，法律出版社 2017 年版，第 1282 页。

任的范围取决于行为人实施侵权行为的范围，行为人在多大范围内实施人格权侵权行为，就应当在多大范围内承担上述侵权责任。行为人拒不承担上述侵权责任的，由人民法院采取发布公告或公布生效裁判文书等方式执行，产生的费用由行为人负担。从学理上看，对于赔礼道歉的替代执行方式有以下三种：法院公布判决书内容、法院公布道歉声明、受害人发布谴责声明。由于《民法典》并未细化公告内容，而且还有"等"作为兜底，执行实践中可以探索出一些更加符合个案情况、恢复受害人心理健康的执行方式。[1]

10. 惩罚性赔偿

（1）惩罚性赔偿的内涵

惩罚性赔偿，是指赔偿的数额超过实际损失的范围。惩罚性赔偿的目的在于制裁违法行为人，使其承担较重的责任。与惩罚性赔偿相对应的是补偿性赔偿，补偿性赔偿以弥补受害人的实际损失为原则，其目的在于补偿，而不是惩罚。惩罚性赔偿以补偿性赔偿为基础，在弥补实际损失的基础上，由违法行为人承担超过实际损失数额的赔偿责任。由于惩罚性赔偿具有制裁性，因此，惩罚性赔偿一般由法律直接规定。

惩罚性赔偿的制度价值不仅在于个案的利益平衡，更重要的在于通过制裁手段实现法律的威慑作用，通过个案的加重责任，预防和阻止违法行为人的铤而走险，维护社会秩序，实现法律关系的均衡发展。"惩罚性赔偿金，顾名思义，旨在以一定数额或倍数的赔偿额处罚行为人，吓阻行为人或其他之人从事侵害行为。"[2] 惩罚性赔偿制度发源于侵权法领域，主要是英美法系国家采用的一项法律制度，惩罚性赔偿由补偿性赔偿部分加惩罚性赔偿部分组成。随着消费者权益保护特殊性的逐渐凸显，一些国家或地区专门规定了消费者权益保护的法律，并引入了惩罚性赔偿制度，从而使惩罚性赔偿的适用范围扩展到合同法领域。"惩罚性赔偿实质上是公法私法二分体制下以私法机制执行由公法担当的惩罚与威慑功能的特殊惩

---

[1] 参见周青松、谢天宇《赔礼道歉的强制执行规则》，载《人民司法》2024年第2期。
[2] 王泽鉴：《损害赔偿》，北京大学出版社2017年版，第39页。

制度。其适用应以公法上惩罚制度秉执的理念与原则为指导，无法奉行传统损害赔偿法的基本原则。"①

与补偿性的赔偿相比较，惩罚性赔偿具有如下特点。第一，从目的和功能来看，惩罚性赔偿的功能不仅在于弥补受害人的损害，而且在于惩罚和制裁严重过错行为。"惩罚性赔偿不以损失的补偿为前提，更不应当以损失的实际发生为条件，这正是惩罚性赔偿制度与补偿性赔偿制度的区别所在，更是惩罚性赔偿制度的价值所在。"② 第二，从赔偿责任的构成要件来看，惩罚性赔偿虽然也要以实际损害的发生为适用的前提，但赔偿的数额主要不以实际的损害为标准，而要特别考虑加害人的主观过错程度、主观动机、赔偿能力等多种因素。第三，从赔偿范围来看，惩罚性赔偿并不以实际的损害为限，其数额均高于补偿性损害赔偿。第四，从能否约定来看，惩罚性赔偿不能由当事人约定。惩罚性赔偿的数额可能是由法律规定的，也可能是由法官决定的，但不可能由当事人约定。③ 第五，从适用情形来看，补偿性赔偿适用于过错责任、无过错责任等情形，而惩罚性赔偿只适用于过错责任情形。第六，从发展趋势来看，惩罚性赔偿主要适用于故意侵权（殴打、侵辱等）、诽谤以及一些涉及金融侵权的案件，如保险、消费者买卖等。④

（2）我国惩罚性赔偿制度最初适用于消费者权益保护领域

我国1993年颁布的《消费者权益保护法》的第49条首次规定了产品欺诈和服务欺诈适用惩罚性赔偿，即如果经营者欺诈消费者，消费者有权要求欺诈的经营者对其所购买的商品或服务的价款进行双倍赔偿。2013年修正的《消费者权益保护法》第55条对原《消费者权益保护法》第49条改动较大。第55条第1款规定了合同领域的惩罚性赔偿，第55条第2款规定了侵权领域的惩罚性赔偿。

---

① 朱广新：《惩罚性赔偿制度的演进与适用》，载《中国社会科学》2014年第3期。
② 马强：《消费者权益保护法惩罚性赔偿条款适用中引发问题之探讨》，载《政治与法律》2016年第3期。
③ 王利明：《惩罚性赔偿研究》，载《中国社会科学》2000年第4期。
④ 参见王泽鉴《损害赔偿》，北京大学出版社2017年版，第371页。

《消费者权益保护法》第55条第1款规定："经营者提供商品或者服务有欺诈行为的，应当按照消费者的要求增加赔偿其受到的损失，增加赔偿的金额为消费者购买商品的价款或者接受服务的费用的三倍；增加赔偿的金额不足五百元的，为五百元。法律另有规定的，依照其规定。"该款规定包含以下两方面的内容。第一，惩罚性赔偿适用于欺诈行为。欺诈是严重违反诚信原则的行为，对社会危害极大，且有愈演愈烈之势，应予严惩。第二，惩罚性赔偿的数额是在补偿损失的基础上再增加赔偿商品或服务价款的三倍。也就是说，在赔偿商品价款或服务费用的基础上，再增加赔偿三倍的数额。

知假买假，是指明知是假冒伪劣商品，为了追求惩罚性赔偿后果，而予以购买的行为。关于知假买假者是否属于消费者的范畴，曾经存在争议，现在看来，知假买假者一般也属于消费者的范畴。消费者首先是与制造者相区别的。而在商品交易领域，消费者则是与商人相区别的概念。消费者购买或者接受某种商品或者服务不是为了交易，而是为了自己利用。"由于在市场中，消费者只是与生产者和商人相对立的，那么，即使是明知商品有一定的瑕疵而购买的人，只要其购买商品不是为了销售，不是为了再次将其投入市场交易，我们就不应当否认其为消费者。所以，知假买假者，不管其主观上在购买商品时是否真正知道该商品是假冒伪劣商品，只要其购买该商品不是为再次投入市场销售，或者说，只要他不是一个商人或者为交易而购买的人，就应当认为他是消费者。"[①] 2013年12月通过的《最高人民法院关于审理食品药品纠纷案件适用法律若干问题的规定》第3条（2020年12月修正时保留原文）规定："因食品、药品质量问题发生纠纷，购买者向生产者、销售者主张权利，生产者、销售者以购买者明知食品、药品存在质量问题而仍然购买为由进行抗辩的，人民法院不予支持。"据此，知假买假者有向生产者和销售者主张惩罚性赔偿的权利。换句话说，该条款规定了在食品、药品领域知假买假者仍然能够依据《消费者权益保护法》维护自身权益。鉴于上述司法解释仅适用于食品和药品两

[①] 王利明：《也谈王海现象与惩罚性赔偿的运用》，载《判解研究》2000年第1期。

个领域有其局限性，因此应循此路径，将知假买假者一般也属于消费者范畴的规则适用于一切商品和服务领域。①

实践中，一些判例认定知假买假者适用消费者保护制度，值得重视。例如，在上诉人刘某某与被上诉人北京某展览展示有限公司、大连某海珍品有限公司、李某某产品责任纠纷一案中，北京市第三中级人民法院（2018）京民终13980号民事判决认为，消费者是相对于生产经营者即生产者和销售者的概念，只要在市场交易中购买、使用商品是为了个人、家庭生活需要，而不是为了生产经营需要的，就应当认定为消费者，法律并没有对消费者的主观购买动机作出限制性规定，其合法权益应当受《消费者权益保护法》《食品安全法》的保护。本案中，虽然李某某、大连某海珍品有限公司主张刘某某为职业打假人，具有主观恶意，并非真正的消费者，但不能据此否定刘某某的消费者身份，其合法权益应依法予以保护。据此，该判决适用了惩罚性赔偿的规定。再比如，在上诉人韩某坤和被上诉人李沧区某某批发超市产品责任纠纷一案中，山东省青岛市中级人民法院（2019）鲁02民终263号民事判决认为，消费者的判断不是以购买主体的主观状态而是以标的物的性质为标准。即使是社会公认的职业打假者购买生活资料时，也改变不了其消费者的身份。打假是好事不是坏事，当所有的消费者都觉醒了，都成为潜在的打假者了，那么制假、售假的行为也就失去了市场。没有了制假、售假行为，打假现象自然而然就消失了。打假也需要专业，如果多次打假者可以定义为职业打假者的话，那么职业打假者就是消费者的先驱，自然受《消费者权益保护法》的保护。如果不准知情的消费者打假，就会造成这样的结果：不知情的消费者不可能打假，而知情的消费者又不准打假，则制假售假行为可以堂而皇之大行其道了，如果这种荒谬的观点能够成立，那么《消费者权益保护法》的立法宗旨可以改为制假售假的护身符了。

制售假冒伪劣行为，本应由公权力机关查处，但因该现象比较普遍，

---

① 参见李仁玉、陈超《知假买假惩罚性赔偿法律适用探析》，载《法学杂志》2015年第1期。

以致公权力机关无力全部查处。有观点认为，完全由公权力机关担任执行者并不适合，原因主要包括以下几点。一是资源短缺。某些地区市场监督管理部门人手严重短缺，指望他们主动出击并不现实。二是动机不足。企业与政府往往有共同的目标和利益，如增加财政税收等，某些行政不作为或者滥用行政权力行为导致消费者利益受到损害。而由知假买假者进行打假更具有优势。其一，知假买假者为了查明欺诈行为，会主动投入一定的社会资源进行调查，而且投入的社会资源往往具有规模效应，降低了平均调查成本；其二，通过多次对不同经营者提起类似的诉讼，知假买假者的总净收益很大，从而有动机提起诉讼，才能构成对贩卖假货的经营者的威慑。这些优势已被学者的实证定量研究数据证实。[1] 上述观点值得赞同。值得注意的是，相关司法解释在合理范围内支持知假买假者惩罚性赔偿的诉讼请求。2024年8月21日发布的《最高人民法院关于审理食品药品惩罚性赔偿纠纷案件适用法律若干问题的解释》第13条规定："购买者明知食品不符合食品安全标准，在短时间内多次购买，并依照食品安全法第一百四十八条第二款规定起诉请求同一生产者或者经营者按每次购买金额分别计算惩罚性赔偿金的，人民法院应当根据购买者多次购买相同食品的总数，在合理生活消费需要范围内依法支持其诉讼请求。"

《消费者权益保护法》第55条第2款规定："经营者明知商品或者服务存在缺陷，仍然向消费者提供，造成消费者或者其他受害人死亡或者健康严重损害的，受害人有权要求经营者依照本法第四十九条、第五十一条等法律规定赔偿损失，并有权要求所受损失二倍以下的惩罚性赔偿。"据此，受害人有权要求经营者承担所受损失二倍以下的惩罚性赔偿。不法经营者所承担的是恶意商品致害和恶意服务致害的侵权的惩罚性赔偿。[2] 适用上述规定需要具备以下两个条件。第一，经营者的行为属于故意损害消费者权益的不当行为。经营者是直接故意还是间接故意侵权，不影响惩罚性赔偿责任的成立，仅可能影响惩罚性赔偿的数额。第二，经营者的侵权

---

[1] 参见葛江虬《"知假买假"：基于功能主义的评价标准构建与实践应用》，载《法学家》2020年第1期。

[2] 参见杨立新《我国消费者保护惩罚性赔偿的新发展》，载《法学家》2014年第2期。

行为必须产生"造成消费者或者其他受害人死亡或者健康严重损害的"后果。也就是说，对于侵害生命、严重损害健康的故意侵权行为，才可请求惩罚性赔偿。

(3) 惩罚性赔偿制度的适用范围扩展到其他领域

惩罚性赔偿制度最初适用于消费者权益保护法领域，后来逐渐扩大到旅游法、知识产权法、侵权责任法等领域。例如，《旅游法》第70条第1款规定："旅行社不履行包价旅游合同义务或者履行合同义务不符合约定的，应当依法承担继续履行、采取补救措施或者赔偿损失等违约责任；造成旅游者人身损害、财产损失的，应当依法承担赔偿责任。旅行社具备履行条件，经旅游者要求仍拒绝履行合同，造成旅游者人身损害、滞留等严重后果的，旅游者还可以要求旅行社支付旅游费用一倍以上三倍以下的赔偿金。"据此，旅游合同可以适用惩罚性赔偿。对居于合同弱势地位的旅游者来说，通过法律明定的惩罚性赔偿更能对旅行社加以制裁。旅行社拒绝履行自己的义务，导致"旅游者人身损害、滞留等严重后果的"，可以适用惩罚性赔偿。再比如，《商标法》第63条第1款规定："侵犯商标专用权的赔偿数额，按照权利人因被侵权所受到的实际损失确定；实际损失难以确定的，可以按照侵权人因侵权所获得的利益确定；权利人的损失或者侵权人获得的利益难以确定的，参照该商标许可使用费的倍数合理确定。对恶意侵犯商标专用权，情节严重的，可以在按照上述方法确定数额的一倍以上五倍以下确定赔偿数额。赔偿数额应当包括权利人为制止侵权行为所支付的合理开支。"据此，对他人的商标专用权进行恶意侵权，应当适用惩罚性赔偿。在商标专用权遭到侵犯的案件中，一些企业面对过高的维权成本和过低的赔偿数额，只能无奈地放弃索赔。这在一定程度上纵容了商标侵权行为，导致商标侵权愈演愈烈。在商标恶意侵权中适用惩罚性赔偿有利于调动企业维权的积极性，打击和遏制侵犯商标专用权的不法行为，规范商标专用的正常秩序。

《民法典》用三个条文规定了惩罚性赔偿。《民法典》第1185条规定："故意侵害他人知识产权，情节严重的，被侵权人有权请求相应的惩罚性赔偿。"《民法典》第1207条规定："明知产品存在缺陷仍然生产、销售，或者没有依据前条规定采取有效补救措施,造成他人死亡或者健康严重损害的,被侵权人有权请求相应的惩罚性赔偿。"《民法典》第1232条规定:"侵权人违反法律规定故意污染环境、破坏生态造成严重后果的,被侵权人有权请求相应的惩罚性赔偿。"可见,《民法典》将惩罚性赔偿适用于产品责任、侵害知识产权和破坏生态的责任。上述规定有效地与单行法衔接,并确定对单行法的兜底适用。例如,对于侵害知识产权的情形,在单行法缺乏规定的情况下,就可以适用《民法典》关于侵害知识产权惩罚性赔偿制度。原则上说,惩罚性赔偿仅适用于法律明确规定的情形,在法律没有明确规定时,不得适用。惩罚性赔偿的具体数额由法官综合考量行为人的过错程度、损害后果的严重性、行为人实施侵害行为的情节等各种因素,予以具体确定。①

第二节 民事责任的分类

一 违约责任、侵权责任和其他责任

(一)违约责任

违约责任,是指不履行合同义务或者履行合同义务不符合约定时产生的民事责任。《民法典》第577条规定:"当事人一方不履行合同义务或履行合同义务不符合约定的,应当承担继续履行、采取补救措施或者赔偿损失等违约责任。"本条沿袭了原《合同法》第107条的规定,无任何改动。通说认为,该条确立了严格责任或无过错责任的违约归责原则。② 就违约责任的归责原则而言,一般情形采取严格责任,法律有特殊规定的情形采取过错责任,即严格责任和过错责任并列的二元论。③ 在确定违约方的赔偿范围时,违约责任受到可预见性规则、减轻损失规则等制度的限

---

① 参见王利明《民法总则》,中国人民大学出版社2022年版,第433页。
② 参见梁慧星《合同通则讲义》,法律出版社2021年版,第346页;王利明《合同法通则》,北京大学出版社2022年版,第453页;崔建远主编《合同法》,法律出版社2021年版,第217页;韩世远《合同法学》,高等教育出版社2022年版,第267页。
③ 参见谢鸿飞《合同法学的新发展》,中国社会科学出版社2014年版,第441页。

制，这些制度均体现了过错责任的精神。

《民法典》合同编分则部分特别规定了部分类型合同采用过错责任，涉及赠与合同、租赁合同、保管合同、仓储合同、客运合同、委托合同等。[1] 例如，就赠与合同而言，赠与人因其故意或者重大过失造成赠与财产毁损、灭失的，赠与人应当承担赔偿责任。《民法典》第660条规定："经过公证的赠与合同或者依法不得撤销的具有救灾、扶贫、助残等公益、道德义务性质的赠与合同，赠与人不交付赠与财产的，受赠人可以请求交付。依据前款规定应当交付的赠与财产因赠与人故意或者重大过失致使毁损、灭失的，赠与人应当承担赔偿责任。"就保管合同而言，《民法典》第897条规定："保管期内，因保管人保管不善造成保管物毁损、灭失的，保管人应当承担赔偿责任。但是，无偿保管人证明自己没有故意或者重大过失的，不承担赔偿责任。"一般认为，违反保管合同的责任，在归责原则上具有特殊性，即原则上应采过错责任，在例外情况下采严格责任。就有偿保管而言，保管人要对其过错负责，即使仅具有一般过失，也应当承担责任。就无偿保管而言，保管人仅对其故意或重大过失导致的损害负赔偿责任。[2] 就委托合同而言，有偿委托合同的受托人承担过错责任，无偿委托合同的受托人对其故意或者重大过失造成的损失承担赔偿责任。《民法典》第929条规定："有偿的委托合同，因受托人的过错造成委托人损失的，委托人可以请求赔偿损失。无偿的委托合同，因受托人的故意或者重大过失造成委托人损失的，委托人可以请求赔偿损失。受托人超越权限造成委托人损失的，应当赔偿损失。"

（二）侵权责任

侵权责任，是指侵权人对自己的侵权行为或者准侵权行为造成的损害等后果依法承担相应的民事责任。[3] 侵权责任包括行为人因过错侵害他人

---

[1] 参见谢鸿飞、朱广新主编《民法典评注·合同编·典型合同与准合同》（4），中国法制出版社2020年版，第99页。

[2] 参见谢鸿飞、朱广新主编《民法典评注·合同编·典型合同与准合同》（4），中国法制出版社2020年版，第59页。

[3] 参见张新宝《侵权责任法》，人民法院出版社2024年版，第6页。

财产、人身权益，依法应当承担的责任，以及没有过错，在造成损害以后，依法应当承担的责任。①

(三) 其他民事责任

其他民事责任，是指违约责任与侵权责任之外的其他民事责任，如缔约过失责任和因不当得利、无因管理等产生的民事责任等。关于因不当得利、无因管理产生的民事责任已在本书第七章"民事权利的法定类型"部分阐述，此处不再赘述。

缔约过失责任，是指因违反基于诚实信用原则而产生的注意义务等民事义务，依法应当承担相应的民事责任。缔约过失责任的性质是法定责任。缔约过失责任包括以下四种类型。② 第一，合同未成立型。此种类型包括未将通常的缔约过程进行完毕，也包括虽然进行完毕，但因欠缺其他要件而不成立。例如，《民法典》第 500 条第 1 项所规定的"假借订立合同，恶意进行磋商"的情形为其典型。第二，合同成立型。此种类型特指合同已经符合成立要件但尚未生效，一方当事人悖于诚信，不使合同生效的情形。例如，《民法典》第 500 条第 3 项所规定的"有其他违背诚信原则的行为"可归入此种类型。第三，合同无效、被撤销、不成立或确定不生效力型。《民法典》第 157 条规定："民事法律行为无效、被撤销或者确定不发生效力后，行为人因该行为取得的财产，应当予以返还；不能返还或者没有必要返还的，应当折价补偿。有过错的一方应当赔偿对方由此所受到的损失；各方都有过错的，应当各自承担相应的责任。法律另有规定的，依照其规定。"《民法典总则编司法解释》第 23 条规定："民事法律行为不成立，当事人请求返还财产、折价补偿或者赔偿损失的，参照适用民法典第一百五十七条的规定。"例如，保证合同无效的，产生缔约过失责任。《最高人民法院民事审判第二庭第七次法官会议纪要》认为："保证合同无效，保证人承担的是因缔约过失而产生的损害赔偿责任，并非保证责任。因此，保证责任不适用担保法有关保证期间的规定，债权人未在保证期间内向保证

---

① 参见王利明《民法总则》，中国人民大学出版社 2022 年版，第 423 页。
② 参见韩世远《合同法学》，高等教育出版社 2022 年版，第 64~66 页。

人主张赔偿损失的,只要该请求权未过诉讼时效期间,保证人仍应承担保证责任。"① 第四,合同有效型。《民法典》第 500 条第 2 款虽未言及合同成立与否,其实已经为合同有效型缔约上过失责任留有了法律上空间。主要包括违反情报提供义务的情形和因撤销权消灭而变为完全有效合同的情形。前者如故意隐瞒与订立合同有关的真实情形,给对方造成损失的,应当承担赔偿责任。后者如受欺诈人未在除斥期间内行使撤销权,其损害赔偿请求权并不因撤销权消灭而消灭,应当适用三年的诉讼时效期间。

二 按份责任、连带责任、不真正连带责任、补充责任和补偿责任

(一) 按份责任

1. 按份责任的内涵

按份责任,是指多数当事人按照法律规定或者合同约定各自承担一定份额的民事责任,各责任人之间没有连带关系。如果法律没有规定或者当事人没有明确约定份额时,应当推定责任人平均承担责任。②《民法典》第 177 条规定:"二人以上依法承担按份责任,能够确定责任大小的,各自承担相应的责任;难以确定责任大小的,平均承担责任。"上述规定包括以下内容。第一,就约定按份责任而言,应当按照约定的份额承担责任。例如,合伙人根据合伙协议的约定,对内按照一定份额享有民事权利、承担民事义务和民事责任。第二,就法定按份责任而言,能够确定责任大小的,各自承担相应的责任。一般认为,应当根据过失大小或者原因力比例确定责任大小。③"原因力是指在构成不履行义务的多个原因中,每一个原因对于结果的发生或者扩大所起的作用。"④ 第三,难以确定责任大小的,平均承担责任。如果根据过失大小或者原因力比例,仍然难以确定责任大小,则由相关当事人平均承担责任。"责任分配的尺度很难有一个可以量

---

① 贺小荣主编《最高人民法院民事审判第二庭法官会议纪要》,人民法院出版社 2018 年版,第 235 页。
② 参见王利明《民法总则》,中国人民大学出版社 2022 年版,第 425 页。
③ 参见陈甦主编《民法总则评注》,法律出版社 2017 年版,第 1264 页。
④ 黄薇主编《中华人民共和国民法典总则编释义》,法律出版社 2020 年版,第 467 页。

化的标准，在某些情形下，由于案情复杂，很难分清每个侵权行为对损害后果的作用力究竟有多大。我们可以借鉴其他国家和地区在确定各个连带责任人内部份额时的做法……推定所有人的责任相同。"① 例如，《民法典》第1172条规定："二人以上分别实施侵权行为造成同一损害，能够确定责任大小的，各自承担相应的责任；难以确定责任大小的，平均承担责任。"

2. 相应的责任本质上是按份责任

《民法典》第1189条规定："无民事行为能力人、限制民事行为能力人造成他人损害，监护人将监护职责委托给他人的，监护人应当承担侵权责任；受托人有过错的，承担相应的责任。"据此，在委托监护的情形下，监护人仍然承担监护人责任，其性质是完全责任、替代责任、无过错责任，而受托人只承担自己责任、过错责任。受托人承担的过错责任根据其过错大小、过错与损害结果之间的原因力予以认定，其性质是按份责任，而不是连带责任，否则，会加重受托人的责任，不利于委托监护制度的功能发挥。②"受托人承担的'相应的责任'在责任性质上应为与过错程度相适应的按份责任，是一种过错责任、自己责任，这一点不同于监护人的责任。"③"这里'相应的责任'指的是与监护人不履行监护职责的过错程度、被监护人行为的致害程度相对应。"④

《民法典》第1191条第2款、第1193条等条款也规定了"相应的责任"。例如，《民法典》第1191条第2款规定："劳务派遣期间，被派遣的工作人员因执行工作任务造成他人损害的，由接受劳务派遣的用工单位承担侵权责任；劳务派遣单位有过错的，承担相应的责任。"据此，劳务派遣单位承担过错责任，并依据其过错承担相应的责任。所谓相应的责任，是与其过错相适应的责任份额，即有百分之多少的过错，就承担多少份额

---

① 王胜明主编《中华人民共和国侵权责任法释义》，法律出版社2013年版，第76~77页。
② 参见最高人民法院民法典贯彻实施工作领导小组主编《中华人民共和国民法典侵权责任编理解与适用》，人民法院出版社2020年版，第228页。
③ 陈龙业：《民法典侵权责任编的创新发展与规则适用》，人民法院出版社2023年版，第170页。
④ 张新宝：《侵权责任法讲义》，人民法院出版社2024年版，第197页。

的责任。①《民法典》第 1193 条规定:"承揽人在完成工作过程中造成第三人损害或者自己损害的,定作人不承担侵权责任。但是,定作人对定作、指示或者选任有过错的,应当承担相应的责任。"据此,定作人承担过错责任是指定作人对定作、指示或者选任存在过错,导致承揽人在执行承揽事务中造成第三人或承揽人自身损害,定作人承担与其过错相适应的侵权责任。②

(二) 连带责任

1. 连带责任的内涵

连带责任,是指因违反连带债务或者共同实施侵权行为而产生的责任,各个责任人之间具有连带关系。所谓连带,就是各责任人都有义务代负其他责任人应负担的责任份额,在权利人提出请求时,各个责任人不得以超过自己应承担的部分为由而拒绝。承担超过自己份额的责任人有权向其他责任人请求予以补偿,亦即在连带责任人内部是有份额的。也就是说,在连带责任人之间,对外承担连带责任,对内承担按份责任。《民法典》第 178 条第 1 款规定:"二人以上依法承担连带责任的,权利人有权请求部分或者全部连带责任人承担责任。"据此,连带责任规则赋予了权利人选择权,可以请求一个或者数个责任人承担部分或者全部责任。

《民法典》第 178 条第 3 款规定:"连带责任,由法律规定或者当事人约定。"据此,只有在法律直接规定或者当事人约定时才能产生连带责任。这种连带关系可能基于约定产生,如连带保证责任;也可能基于法定产生,如共同危险行为。无论是基于合同关系,还是侵权关系,连带责任都是一种法定责任,连带责任人不能约定改变责任的性质,对于内部责任份额的约定对外不发生效力。③

2. 连带责任的内部分摊

《民法典》第 178 条第 2 款规定:"连带责任人的责任份额根据各自责

---

① 参见杨立新《侵权责任法》,法律出版社 2021 年版,第 305 页。
② 参见最高人民法院民法典贯彻实施工作领导小组主编《中华人民共和国民法典侵权责任编理解与适用》,人民法院出版社 2020 年版,第 259 页。
③ 参见陈甦主编《民法总则评注》,法律出版社 2017 年版,第 1270 页。

任大小确定；难以确定责任大小的，平均承担责任。实际承担责任超过自己责任份额的连带责任人，有权向其他连带责任人追偿。"据此，以比较分摊为原则，以平均分摊为例外。在此基础上，明确了连带责任主体内部的追偿关系。

在比较法上，连带债务以平均分摊为原则。《德国民法典》第426条规定："连带债务人相互间无特别规定者，应平均分摊债务。"《瑞士债务法》第148条规定："只要从法律关系就连带债务人之间的关系推断不出其他意思的，各债务人对应向债权人作出的给付负担相同份额。"我国台湾地区"民法"第280条规定："连带债务人相互间，除法律另有规定或契约另有订定外，应平均分担义务。"

3. 连带责任与连带债务的关系

从历史的发展脉络来看，罗马法与英美法一般不区分义务与责任，二者通常被作为同一概念使用。受日耳曼法影响，大陆法系民法理论开始区分义务与责任，但在立法上并没有严格区分，而是将违约责任和侵权责任规定在民法典债编之中，如侵权行为之债、损害赔偿之债等。因此，连带义务和连带责任一般被称为"连带之债"。根据《德国民法典》第840条第1款的规定，数人对因不法行为产生的同一损害负有责任时，作为连带债务人承担责任。对违反其监护义务的父母与加害人一起，也作为连带债务人对受伤的孩子承担责任。根据《德国产品责任法》第5条之规定，造成产品瑕疵的生产者和配件供应商，应作为连带债务人承担责任。[①] 可见，在上述语境中，连带责任就是连带债务。"作为连带债务人承担责任"的表述联通了"连带债务"与"连带责任"。

一般认为，连带之债，是以同一给付为标的，债务人或者债权人之间具有连带关系的多数当事人之债。连带之债区分为连带债务与连带债权。连带债务，是指债务人为二人以上，"数个债务人对同一内容的给付，各自独立地负全部给付债务，且其中一人给付时，其他债务人同样被免除债

---

① 参见张定军《连带债务研究》，中国社会科学出版社2010年版，第263~264页。

务的多数当事人的债务"。① 由于连带之债的特征在于其复数主体之间的连带关系，故就其发生要求"由法律规定或者当事人约定"。② 由于"债务"和"责任"是两个不同的概念，连带债务和连带责任的含义也有所不同，前者属于"当为"，后者属于违反债务的法律上的强制。因此应严格区分二者，以免造成不必要的混乱。③ 从法律关系的角度来看，连带债务属于义务的范畴，即应当为一定行为或不为一定行为；而连带责任属于责任的范畴，即违反义务而应当承担相应的法律后果。例如，共同侵权人负有不侵害他人健康的义务，如果数人共同故意加害他人，根据《民法典》第1168条的规定，数个加害人应当对被侵权人承担连带责任。

（三）不真正连带责任

1. 不真正连带责任的内涵

不真正连带责任，是指数个责任人基于不同的原因而依法对同一被侵权人承担全部的赔偿责任，某一责任人在承担责任之后，有权向终局责任人全部追偿。④ 不真正连带责任由不真正连带之债转化而来。一般认为，不真正连带之债具有如下特征：第一，不真正连带之债的发生系基于不同的法律关系，债权人对债务人分别享有独立的请求权；第二，不真正连带债务人之间缺乏共同的意思联络；第三，各债务人承担的是同一给付；第四，各债务人之间的求偿权基于终局责任的承担。⑤ "不真正连带债务人主要在对同一损害数人以各自角度负填补义务的情形中发生。基于烧毁他人房屋的不法行为的赔偿义务和基于与保险公司间契约的填补义务；基于因不注意寄托物被盗而产生的受托人债务不履行的赔偿义务和基于偷窃人不法行为的赔偿义务……"⑥

不真正连带责任具有如下特征：第一，不真正连带责任的数个责任人

---

① 〔日〕我妻荣：《新订债权总论》，王燚译，中国法制出版社2008年版，第355页。
② 参见韩世远《合同法学》，高等教育出版社2022年版，第90~91页。
③ 参见孔祥俊《论连带责任》，载《法学研究》1992年第4期。
④ 参见王利明《侵权责任法》，中国人民大学出版社2021年版，第16页。
⑤ 参见谢鸿飞等《债法总则：历史、体系与功能》，社会科学文献出版社2021年版，第248页。
⑥ 〔日〕我妻荣：《新订债权总论》，王燚译，中国法制出版社2008年版，第393页。

基于不同原因而依法承担责任；第二，每个责任人对被侵权人承担的都是全部赔偿责任；第三，被侵权人享有选择权，可以要求任何一个人承担责任；第四，在此种责任形态中，非终局责任人在承担全部赔偿责任后，有权向终局责任人追偿。

一般认为，《民法典》第1203条、第1223条、第1233条和第1250条规定了不真正连带责任。[①] 例如，《民法典》第1203条规定："因产品存在缺陷造成他人损害的，被侵权人可以向产品的生产者请求赔偿，也可以向产品的销售者请求赔偿。产品缺陷由生产者造成的，销售者赔偿后，有权向生产者追偿。因销售者的过错使产品存在缺陷的，生产者赔偿后，有权向销售者追偿。"《民法典》第1223条规定："因药品、消毒产品、医疗器械的缺陷，或者输入不合格的血液造成患者损害的，患者可以向药品上市许可持有人、生产者、血液提供机构请求赔偿，也可以向医疗机构请求赔偿。患者向医疗机构请求赔偿的，医疗机构赔偿后，有权向负有责任的药品上市许可持有人、生产者、血液提供机构追偿。"

2. 连带责任与不真正连带责任的区别

连带责任和不真正连带责任区别如下。第一，有无责任份额不同。连带责任人之间内部有责任份额的区别，对外承担全部责任的责任人有权向其他责任人追偿。不真正连带责任人之间没有责任份额的区别，每个责任人都应承担全部责任，但最终由终局责任人承担。[②] 第二，产生的原因不同。连带责任是基于同一事实产生的，一般是由于共同侵权行为或是同一合同不履行行为，债务人的连带关系存在于债务履行期间，并且贯穿始终。不真正连带责任则是基于不同原因产生的，每个责任都是独立存在的，在债务履行过程中没有连带关系，仅基于偶然因素各债务人联系到一起。不真正连带责任不可能依合同发生。[③] "区分不真正连带债务与普通连带债务的标准是，对后者有在债务人之间为共同目的的主观关联，而前者

[①] 参见王利明《民法总则》，中国人民大学出版社2022年版，第427页。
[②] 参见杨立新《民法总则》，法律出版社2020年版，第297页。
[③] 参见张广兴《债法总论》，法律出版社1997年版，第155页。

则缺少这样关系性。"① 第三，存在的目的不同。"连带责任有共同目的，不真正连带责任只是偶然的标的同一，这是连带责任和不真正连带责任的根本区别。"②

(四) 补充责任

1. 补充责任的内涵

所谓补充责任，是指在不能确定实际加害人或加害人不能够承担全部责任的情况下，由补充责任人在一定范围内对加害人承担赔偿责任的责任形态。③ 责任人为两人或者两人以上的，责任人处于依次递补关系。第一责任人是实施加害行为的人，其违反的是法律禁止损害他人的不作为义务，属于积极侵权行为；第二责任人并未实施任何加害行为，其违反的是法律要求其履行的作为义务，属于消极侵权行为。但在第一责任人实施加害行为造成他人损害、第二责任人未履行法律要求的作为义务案型中，毕竟是第一责任人实施加害行为造成他人损害，其积极侵权行为与损害结果之间存在直接因果关系，应当由第一责任人独立承担侵权责任。第二责任人并未实施任何加害行为，其消极侵权行为与受害人所受损害之间属于间接因果关系，因此法律使第二责任人居于递补顺位，于第一责任人不能承担责任或者不能承担全部责任时，由第二责任人承担补充责任。如果第一责任人对受害人承担或者能够承担全部责任，则不发生补充责任问题，第二责任人不承担任何责任。④ 造成损害的第一顺序责任人按照第一顺序承担责任，承担补充责任的人只有在第一顺序的责任人无力赔偿、赔偿不足或者下落不明的情况下才承担责任，并且可以向第一顺序的责任人请求追偿。⑤ 如果第一顺序责任人已经承担了全部责任，则第二顺序责任人不必承担责任。⑥ 从第一顺序责任人和第二顺序责任人的责任分配角度观察，

---

① 〔日〕我妻荣：《新订债权总论》，王燚译，中国法制出版社2008年版，第394页。
② 王利明主编《中华人民共和国民法总则详解》（下册），中国法制出版社2017年版，第819页。
③ 参见王利明《侵权责任法》，中国人民大学出版社2021年版，第13页。
④ 参见梁慧星《侵权责任法讲义》，法律出版社2023年版，第149页。
⑤ 参见杨立新《侵权责任形态研究》，载《河南省政法管理干部学院学报》2004年第1期。
⑥ 参见郭明瑞《民法总则通义》，商务印书馆2018年版，第309页。

"可以看出补充责任具有'垫付'的功能,在本质上应是一种承担清偿不能风险的责任"。① 补充责任实现了对侵权责任扩张的限制与当事人利益的平衡,以及对权利人赔偿的合理限制,符合我国司法现状,具有分担损失的功能。②

补充责任分为两种形式,即完全的补充责任和相应的补充责任。第一,完全的补充责任,是指补充责任人对全部损害都要承担补充责任。也就是说,无论加害人承担多少,剩下的都应当由补充责任人承担。例如,《民法典》第1188条第2款规定:"有财产的无民事行为能力人、限制民事行为能力人造成他人损害的,从本人财产中支付赔偿费用;不足部分,由监护人赔偿。"一般认为,该款确立了监护人的完全的补充责任,即在被监护人有自己的财产时,应当由被监护人承担首位的责任。只有被监护人财产不足时,才由监护人承担补充责任。③ 这种补充责任是"缺多少补多少"的完全补充责任,不同于"相应的补充责任"。④ 第二,相应的补充责任,是指补充责任人仅在一定限度内对损害承担赔偿责任。所谓相应,通常是根据过错程度和原因力比例而定。侵权责任编中的补充责任大多是相应的补充责任,补充责任人的责任范围一般是根据补充责任人的过错程度和原因力比例来确定的。⑤ 相应的,"补充责任"这个概念最早出现在司法解释关于安全保障义务人、学校、幼儿园等教育机构侵权责任的规定中。⑥ "立法者设计相应的补充责任,同时考虑受害人的损害赔偿请求和补充责任人的责任限度。"⑦

---

① 陈龙业:《民法典侵权责任编的创新发展与规则适用》,人民法院出版社2023年版,第234页。
② 参见王竹《侵权责任法疑难问题专题研究》,中国人民大学出版社2018年版,第286~287页。
③ 参见王利明、周友军、高圣平《中国侵权责任法教程》,人民法院出版社2010年版,第446页。
④ 参见张新宝《中国民法典释评侵权责任编》,中国人民大学出版社2020年版,第89页。
⑤ 参见王利明《侵权责任法》,中国人民大学出版社2021年版,第15页。
⑥ 参见郭明瑞《补充责任、相应的补充责任与责任人的追偿权》,载《烟台大学学报》(哲学社会科学版)2011年第1期。
⑦ 谢鸿飞等:《债法总则:历史、体系与功能》,社会科学文献出版社2021年版,第298页。

2. 补充责任的分类

（1）相应补充责任

《民法典》第1198条规定："宾馆、商场、银行、车站、机场、体育场馆、娱乐场所等经营场所、公共场所的经营者、管理者或者群众性活动的组织者，未尽到安全保障义务，造成他人损害的，应当承担侵权责任。因第三人的行为造成他人损害的，由第三人承担侵权责任；经营者、管理者或者组织者未尽到安全保障义务的，承担相应的补充责任。经营者、管理者或者组织者承担补充责任后，可以向第三人追偿。"《民法典》第1201条规定："无民事行为能力人或者限制民事行为能力人在幼儿园、学校或者其他教育机构学习、生活期间，受到幼儿园、学校或者其他教育机构以外的第三人人身损害的，由第三人承担侵权责任；幼儿园、学校或者其他教育机构未尽到管理职责的，承担相应的补充责任。幼儿园、学校或者其他教育机构承担补充责任后，可以向第三人追偿。"《民法典》第1198条和第1201条仅规定"相应的补充责任"，未规定"完全补充责任"，其理由在于，补充责任人并不是实施加害行为的积极侵权行为人，其未履行法律要求的作为义务的消极侵权行为与受害人所受损害之间只是间接因果关系，如果在加害人不能承担赔偿责任时，使补充责任人承担全部赔偿责任，不符合民法比例原则。[1] 例如，20世纪90年代，某地一家银行营业部发生一位储户被抢劫银行的凶犯杀害的案件，法院认定该银行营业部未尽到安全保障义务，最后判决该银行营业部赔偿死者家属30万元（相当于补充百分之六七十），即是管理人承担相应的补充责任之适例。[2] "安全保障义务人相应的补充责任的范围，应是被侵权人未能得到的相应的赔偿，但不能是全部责任。"[3] 安全保障义务人承担补充责任后，享有追偿权。如此规定的理由在于："我们研究认为，增加追偿权的规定，一是符合不真正连带责任的法理。借鉴德国通说见解，不真正连带责任的认定以'阶层区分说'为标准。第三人因为距离损害更近，属于终局责任人，安全保障

---

[1] 参见梁慧星《侵权责任法讲义》，法律出版社2023年版，第163页。
[2] 参见梁慧星《侵权责任法讲义》，法律出版社2023年版，第151页。
[3] 郭明瑞：《侵权责任法通义》，商务印书馆2023年版，第195页。

义务人可以向其追偿。二是有利于避免司法中的争议，为实践中出现的具体案例提供法律依据。"①

再比如，《担保制度司法解释》第 17 条规定："主合同有效而第三人提供的担保合同无效，人民法院应当区分不同情形确定担保人的赔偿责任：（一）债权人与担保人均有过错的，担保人承担的赔偿责任不应超过债务人不能清偿部分的二分之一；（二）担保人有过错而债权人无过错的，担保人对债务人不能清偿的部分承担赔偿责任；（三）债权人有过错而担保人无过错的，担保人不承担赔偿责任。主合同无效导致第三人提供的担保合同无效，担保人无过错的，不承担赔偿责任；担保人有过错的，其承担的赔偿责任不应超过债务人不能清偿部分的三分之一。"据此，担保人所承担的赔偿责任是部分补充责任。

(2) 完全补充责任

《民法典》第 1188 条第 2 款规定："有财产的无民事行为能力人、限制民事行为能力人造成他人损害的，从本人财产中支付赔偿费用；不足部分，由监护人赔偿。"据此，监护人承担完全补充责任。②

《民法典》第 1256 条规定："在公共道路上堆放、倾倒、遗撒妨碍通行的物品造成他人损害的，由行为人承担侵权责任。公共道路管理人不能证明已经尽到清理、防护、警示等义务的，应当承担相应的责任。"有观点认为，本条规定的"相应的责任"应当解释为完全补充责任。"于'行为人'（堆放人、倾倒人、遗撒人）难于确定情形，受害人起诉公共道路'管理人'的，法庭应当判决'管理人''予以补充'、承担全部赔偿责任；'管理人''承担补充责任'（全部赔偿责任）后，有权向'行为人'（堆放人、倾倒人、遗撒人）追偿。"③ 本条规定的"相应的责任"与《民法典》第 1198 条规定的"相应的补充责任"属于不同的规定。"此不同规定，体现立法者的以下考量：公共道路管理人为隶属于政府的行政机关（特别法人），而'经营场所、公共场所的经营者、管理者或者群众性活动

---

① 黄薇主编《中华人民共和国民法典侵权责任编释义》，法律出版社 2020 年版，第 109 页。
② 参见张新宝《侵权责任法讲义》，人民法院出版社 2024 年版，第 194 页。
③ 梁慧星：《侵权责任法讲义》，法律出版社 2023 年版，第 357~358 页。

组织者'往往是一般民事主体，隶属于政府的行政机关（特别法人）所承担的责任应当比一般民事主体稍重。因此，难于确定'行为人'时，'管理人'承担补充责任，应当全额补充，即承担全额赔偿责任；难于确定'第三人'或者'第三人'无赔偿能力情形，安全保障义务人承担'相应的补充责任'，不是补充全额。"①

（五）补偿责任

1. 补偿责任的内涵

补偿责任，是指在侵权人没有过错的情况下，基于公平考虑依法由其向受害人作出适当的补偿。②"补偿不是赔偿，赔偿一般是填平原则，即损失多少赔偿多少，而补偿仅是其中的一部分，要根据受害人的受损情况和受益人的受益情况确定补偿的数额。"③

2. 补偿责任的适用

《民法典》第182条规定："因紧急避险造成损害的，由引起险情发生的人承担民事责任。危险由自然原因引起的，紧急避险人不承担民事责任，可以给予适当补偿。紧急避险采取措施不当或者超过必要的限度，造成不应有的损害的，紧急避险人应当承担适当的民事责任。"根据本条第2款的规定，如果危险是由自然原因引起的，紧急避险人不承担民事责任，如果给他人造成了损害，可以给予适当补偿。所谓自然原因引起的，是指该危险不是由人的行为引起的，而是由非人力所能控制的自然原因引起的，不存在应当承担责任的行为人。例如，台风来临，行为人为了尽快躲避台风，骑摩托车穿过某公司的足球场，造成该足球场的损坏。在此情形下，避险人为了自己的利益而避险，毕竟给他人造成了损害，可以给予适当补偿。适当补偿在性质上属于公平责任，法院在衡量补偿数额时，应当考虑避险人和受害人的经济状况、受害人所遭受的损失等因素。④"如果避险人是为了避免他人或公共财产所遭遇的危险，则避险人不应承担责任或

---

① 梁慧星：《侵权责任法讲义》，法律出版社2023年版，第365~366页。
② 参见王利明《侵权责任法》，中国人民大学出版社2021年版，第17页。
③ 黄薇主编《中华人民共和国民法典总则编释义》，法律出版社2020年版，第485页。
④ 参见王利明《民法总则新论》，法律出版社2023年版，第664~665页。

给予补偿，这种情形应由享受避险利益的'他人'或'公共财产'的管理人对于避险行为所造成的实际损害给予补偿。"①《民法典》的其他条文也规定了补偿责任。例如，《民法典》第 183 条规定："因保护他人民事权益使自己受到损害的，由侵权人承担民事责任，受益人可以给予适当补偿。没有侵权人、侵权人逃逸或者无力承担民事责任，受害人请求补偿的，受益人应当给予适当补偿。"《民法典》第 1192 条第 2 款规定："提供劳务期间，因第三人的行为造成提供劳务一方损害的，提供劳务一方有权请求第三人承担侵权责任，也有权请求接受劳务一方给予补偿。接受劳务一方补偿后，可以向第三人追偿。"

三　过错责任、过错推定责任和无过错责任

（一）过错责任

过错责任，是指在一方违反民事义务并造成他人损害时，应将过错作为确定责任的要件和确定责任范围的依据。若当事人没有过错，即使有损害发生，行为人也不负责任。② 例如，《民法典》第 1165 条第 1 款规定："行为人因过错侵害他人民事权益造成损害的，应当承担侵权责任。"

（二）过错推定责任

过错推定责任，是指行为人因过错侵害他人民事权益，依据法律的规定，推定行为人具有过错，如行为人不能证明自己没有过错的，应当承担侵权责任。③ 过错推定责任属于过错责任的范畴，它与一般过错责任的不同之处在于诉讼中由原告证明自己无过错，否则推定其有过错，即采取举证责任倒置的规则。例如，《民法典》第 1165 条第 2 款规定："依照法律规定推定行为人有过错，其不能证明自己没有过错的，应当承担侵权责任。"《民法典》第 1255 条规定："堆放物倒塌、滚落或者滑落造成他人损害，堆放人不能证明自己没有过错的，应当承担侵权责任。"

---

① 梁慧星：《民法总则讲义》，法律出版社 2021 年版，第 335~336 页。
② 参见王利明《民法总则新论》，法律出版社 2023 年版，第 436 页。
③ 参见王利明《侵权责任法》，中国人民大学出版社 2021 年版，第 49 页。

（三）无过错责任

无过错责任，也称严格责任，[1] 是指依据法律的特别规定，无论行为人是否有过错，只要不存在法定免责事由，都应当承担责任。严格责任主要适用于违约责任和法定的特殊侵权责任。[2] 例如，《民法典》第1166条规定："行为人造成他人民事权益损害，不论行为人有无过错，法律规定应当承担侵权责任的，依照其规定。"《民法典》第1229条规定："因污染环境、破坏生态造成他人损害的，侵权人应当承担侵权责任。"

第三节 损害赔偿

一 损害概述

损害赔偿法上的损害，可以分为财产损害（物质损害）和非财产损害（精神损害）。"财产上之损害指损害与财产权变动有关，表现为财产之减少或应增加而未增加；非财产上之损害指损害与财产权变动无关，表现为生理上或心理上（精神上）之痛苦，故又称之为精神损害。"[3] "财产上损害，指具有财产价值，得以金钱计算的损害。非财产上损害，指精神、肉体痛苦等不具有财产价值、难以用金钱计算的损害。"[4]

一般来说，损害的种类可分为履行利益、信赖利益、维持利益和纯粹财产损害。第一，履行利益，也称为期待利益，是指有效成立的合同正常履行使债权人获得的利益，不包括为交易付出的成本。债务人不履行合同义务而发生的损失，就是履行利益的损失。履行利益赔偿的结果是合同如同被履行。第二，信赖利益，也称为消极利益，是指合同不成立、无效、被撤销或确定不发生效力，相对人因信赖其为有效而蒙受的不利益。例如，依据房屋买卖合同，买受人在调查出卖人的房屋及其权属方面支出了

---

[1] 参见梁慧星《民法解释学》，法律出版社2022年版，第183页。
[2] 参见王利明《民法总则新论》，法律出版社2023年版，第636~637页。
[3] 曾世雄：《损害赔偿法原理》，中国政法大学出版社2001年版，第293页。
[4] 王泽鉴：《损害赔偿》，北京大学出版社2017年版，第75页。

费用或错过了订立其他类似合同的机会，应当使买受人恢复到合同成立前的处境。第三，固有利益，又称维持利益，是指因违反保护义务，侵害相对人的人身权或物权所造成的损害。侵权人或违约方应赔偿所造成的一切损害。[1] 第四，纯粹财产损害，又称纯粹经济损失，是指非因人身或物权等受到侵害而发生的财产上的损失。[2] 一般认为，在故意以悖于善良风俗的方法加以损害的情形下，可以要求赔偿信赖利益损失，在其他情形下，不得请求损害赔偿。例如，甲开掘地道，挖断乙电力公司的电缆，致丙餐厅不能营业，受有损失。在此情形下，对乙而言，甲是过失侵害其所有权；对丙而言，其被侵害的不是权利，而是纯粹财产损失，甲不是故意以悖于善良风俗加害于丙，故丙不得对甲请求损害赔偿。再比如，甲因球赛搭档乙遭丙驾车撞伤，致不能参赛，其所受不能参赛、领取补助金及奖金等损失，非属权利受侵害，乃纯粹经济损失，不得请求损害赔偿。[3] 又比如，装修工人在施工过程中在业主房屋内自杀身亡，致使该房屋成为凶宅，难以出售或出租，导致经济价值减少，该损失是纯粹经济损失，而非房屋所有权受到侵害，该自杀行为并不是故意以悖于善良风俗的方法加损害于他人，故不负损害赔偿责任。[4] 在讨论纯粹经济损失的时候，如果缺乏现行法的依据，当行为人仅为过失时，德国法院的做法是直接驳回诉讼请求，但行为人主观上故意的除外。对此，英美法亦无本质区别。[5]

二 损害赔偿概述

（一）损害赔偿的内涵

违反法定义务或约定义务均可能造成他人损害，对于此种损害应予赔偿，称为损害赔偿。"民事损害赔偿，指因违反法令或约定义务，致他人受损害，应予赔偿，以恢复原状，包括侵权行为及债务不履行损害

---

[1] 参见崔建远主编《合同法》，法律出版社 2021 年版，第 244~245 页。
[2] 参见王泽鉴《侵权行为》，北京大学出版社 2016 年版，第 115 页。
[3] 参见王泽鉴《侵权行为》，北京大学出版社 2016 年版，第 98 页。
[4] 参见王泽鉴《损害赔偿》，北京大学出版社 2017 年版，第 172 页。
[5] 参见葛云松《纯粹经济损失的赔偿与一般侵权行为条款》，载《中外法学》2009 年第 5 期。

赔偿责任。"① "损害赔偿之最高指导原则在于赔偿被害人所受之损害,俾于损害之结果,有如损害事故未曾发生者然。"② 物权、人格权等绝对权受到侵害的,除发生绝对权请求权之外,还可能发生损害赔偿请求权。例如,当物权受到侵害时,物权人有权要求侵权人停止侵害、排除妨害、返还财产,如果行使上述物权请求权不足以弥补其损害,还可以要求侵权人赔偿损失。损害赔偿请求权也可用于救济债权,在某些条件下还可以用于保护占有及纯粹经济损失。据此,损害赔偿请求权包括两种基本类型:侵权损害赔偿请求权和债务不履行损害赔偿请求权。③ 限于体系结构,本书主要探讨侵权损害赔偿和违约损害赔偿。因违约或侵权等行为造成他人损害,不仅包括物质损害,而且包括精神损害。在一般情形下应当赔偿物质损害,在特殊情形下应当赔偿精神损害。

(二) 损害赔偿的分类

1. 违约损害赔偿和侵权损害赔偿

根据违反义务的性质不同,损害赔偿大体可以分为违约损害赔偿和侵权损害赔偿,前者是违反了约定义务而产生的民事责任,后者是违反了法定义务而产生的民事责任。传统民法上的损害赔偿是一种债的关系。"损害赔偿之债可分为约定及法定两种。约定损害赔偿之债系由当事人所约定,例如保险契约、担保契约等。法定损害赔偿之债系因法律规定而发生。"④ 违约损害赔偿,是指当事人因违反合同约定造成对方损害,应依法予以赔偿。侵权损害赔偿,是指侵权人实施侵权行为造成被侵权人损害,在侵权人和被侵权人之间产生请求赔偿权利和给付赔偿责任的法律关系。⑤

2. 财产损害赔偿(物质损害赔偿)和精神损害赔偿

根据损害是否包含财产内容,损害赔偿可分为财产损害赔偿(物质损害赔偿)和精神损害赔偿。对财产损害进行赔偿称为财产损害赔偿,对非

---

① 王泽鉴:《损害赔偿》,北京大学出版社2017年版,第10页。
② 曾世雄:《损害赔偿法原理》,中国政法大学出版社2001年版,第16页。
③ 参见杨代雄《民法总论》,北京大学出版社2022年版,第494页。
④ 王泽鉴:《损害赔偿》,北京大学出版社2017年版,第50页。
⑤ 参见王利明等《民法学》,法律出版社2020年版,第1089页。

财产损害进行赔偿称为精神损害赔偿。

所谓财产损害赔偿，是指因侵权行为或者债务不履行而对受害人造成财产损害时应当补偿对方损失的民事责任。① 侵权财产损害赔偿主要是指侵害物权、人身权、知识产权等绝对权而产生的财产损害赔偿。在第三人积极侵害债权的情形下，也可以适用于侵权财产损害赔偿责任。② 债务不履行损害赔偿，主要是指违约财产损害赔偿。

所谓精神损害赔偿，是指自然人人身权益受到不法侵害导致精神痛苦，受害人因此可以就其精神痛苦要求金钱上的赔偿，以对受害人予以抚慰并制裁不法行为人。③ 在自然人的人格利益和身份利益受到损害或遭受精神痛苦等无形损害的情形下，自然人有权要求侵权人通过财产赔偿的方式进行救济和保护。④ "精神损害赔偿分为违约精神损害赔偿和侵权精神损害赔偿两种类型。前者是指主体基于违约导致的精神损害主张合同法上的赔偿救济措施；后者是指主体对基于侵权导致的精神损害要求侵权责任法上的赔偿救济。两者在损害产生原因和救济途径上都有着根本区别。"⑤

三 违约损害赔偿

（一）违约财产损害赔偿

1. 违约财产损害赔偿的一般规则

根据《民法典》第179条的规定，违约责任的承担方式主要有修理、重作、更换，继续履行，赔偿损失，以及支付违约金。⑥ 违约财产损害赔偿，是指在当事人违约的情形下，违约方应当赔偿违约造成的对方当事人的财产损害，包括支付违约金、适用定金罚则以及支付赔偿金。《民法典》

---

① 参见陈龙业《民法典侵权责任编的创新发展与规则适用》，人民法院出版社2023年版，第110页。
② 参见黄薇主编《中华人民共和国民法典侵权责任编释义》，法律出版社2020年版，第3页。
③ 参见王利明《人格权法》，中国人民大学出版社2022年版，第161页。
④ 参见杨立新《侵权责任法》，法律出版社2021年版，第237页。
⑤ 陆青：《违约精神损害赔偿问题研究》，载《清华法学》2011年第5期。
⑥ 参见朱广新、谢鸿飞主编《民法典评注·合同编·通则》（2），中国法制出版社2020年版，第335页。

第577条规定："当事人一方不履行合同义务或者履行合同义务不符合约定的，应当承担继续履行、采取补救措施或者赔偿损失等违约责任。"据此，本条确立了与继续履行和采取补救措施并存的损失赔偿责任，这是一种履行之外另作的损失赔偿。[1]《民法典》第583条规定："当事人一方不履行合同义务或者履行合同义务不符合约定的，在履行义务或者采取补救措施后，对方还有其他损失的，应当赔偿损失。"据此，本条确立了实际履行情形下的损失赔偿责任，区别于合同解除后的损害赔偿和替代履行的损害赔偿，体现了损害赔偿法的损失填补原则。[2]《民法典》第587条规定："债务人履行债务的，定金应当抵作价款或者收回。给付定金的一方不履行债务或者履行债务不符合约定，致使不能实现合同目的的，无权请求返还定金；收受定金的一方不履行债务或者履行债务不符合约定，致使不能实现合同目的的，应当双倍返还定金。"据此，定金罚则也是承担违约责任的一种方式。当事人约定了定金条款的，一般应当适用定金罚则。

2. 违约金、定金和赔偿金之间的关系

（1）是否约定不同

一般来说，违约金和定金是当事人约定的，在当事人违约的情形下，适用违约金条款或定金罚则。而赔偿金一般是法定的，当事人一方应当赔偿违约造成的对方的实际损失。

（2）是否并用不同

第一，在当事人同时约定了违约金条款和定金条款的情形下，定金和违约金不能并用，当事人依法享有选择权。《民法典》第588条第1款规定："当事人既约定违约金，又约定定金的，一方违约时，对方可以选择适用违约金或者定金条款。"但定金和赔偿金可以并用。《民法典》第588条第2款规定："定金不足以弥补一方违约造成的损失的，对方可以请求赔偿超过定金数额的损失。"据此，适用定金罚则后仍然不能弥补一方违约造成的损失的，对方可以请求支付赔偿金，以弥补损失，也就是说，定

---

[1] 参见朱广新《合同法总则研究》，中国人民大学出版社2018年版，第702页。
[2] 参见朱广新、谢鸿飞主编《民法典评注·合同编·通则》（2），中国法制出版社2020年版，第378页。

金和赔偿金可以并用。

第二，违约金和赔偿金可以并用。违约金不足以弥补对方当事人损失的，应当支付一定数额的金钱以弥补对方当事人损失，这部分金钱的性质就是赔偿金。"当事人因全部或部分不履行或不适当履行合同，致使对方遭受损失，按约定交付的违约金尚不能弥补其损失时，尚应补偿其不足部分，此种补偿其不足部分的款项称为赔偿金。"[1] 约定的违约金的支付若不足以弥补实际损失，受害人可以再要求损害赔偿，因此违约金可与损害赔偿并用。[2] 此时的赔偿金在于弥补违约金数额之不足。《民法典》第584条规定："当事人一方不履行合同义务或者履行合同义务不符合约定，造成对方损失的，损失赔偿额应当相当于因违约所造成的损失，包括合同履行后可以获得的利益；但是，不得超过违约一方订立合同时预见到或者应当预见到的因违约可能造成的损失。"据此，违约损害赔偿包括可得利益，其目的在于弥补对方损失，此时违约金和赔偿金可以并用，但受可预见性规则限制。如果支付补偿性违约金不足以补偿受害人所遭受的损失，债务人还要承担损害赔偿责任以弥补违约金的不足部分，即违约金可与赔偿金并用。在二者并用的情况下，应该将实际损失作为责任的最高限额，即受害人不得获得超过实际损失的赔偿。[3] 在一般情况下，损害赔偿和赔偿金是同一概念，即损害多少，赔偿多少。但在特殊情况下，损害赔偿除赔偿金外，还可能包括违约金或者定金等。例如，在支付违约金以后不足以弥补受害人损失的，受害人仍然可以要求赔偿损失，在这种情况下，赔偿金和应当赔偿的损害的范围就不一致。[4] 也就是说，损害赔偿等于违约金加赔偿金。

（3）功能不同

违约金兼有补偿性和惩罚性，支付违约金不以实际损失为前提条件；

---

[1] 柴振国：《民法典常见实务问题辨析》，人民法院出版社2021年版，第208页。
[2] 参见王利明《合同解除与违约责任》，载王利明主编《民商法前沿论坛》，人民法院出版社2004年版，第304页。
[3] 参见王利明、崔建远《合同法新论·总则》，中国政法大学出版社2000年版，第645页；王利明《合同法新问题研究》，中国社会科学出版社2011年版，第636页。
[4] 参见王利明《合同法通则》，北京大学出版社2022年版，第495页。

而赔偿金只具有补偿性，支付赔偿金应以造成实际损失为前提条件。违约定金的功能与违约金相同。损害赔偿与支付违约金，二者都是合同责任的主要形式。损害赔偿主要是一种补偿性的责任形式，而违约金则具有补偿和惩罚双重属性。所以，损害赔偿通常要与实际损害相符合，而违约金数额与实际损失之间并无必然联系，即使在没有损害的情况下，也应支付违约金。[1]

(4) 违约金司法酌增与支付赔偿金属于竞合关系

当事人违约造成对方损失的，如果约定了违约金条款，但违约金不足以弥补对方损失的，对方当事人可以请求予以增加。《民法典》第585条第2款规定："约定的违约金低于造成的损失的，人民法院或者仲裁机构可以根据当事人的请求予以增加；约定的违约金过分高于造成的损失的，人民法院或者仲裁机构可以根据当事人的请求予以适当减少。"据此，增加违约金数额旨在弥补对方当事人的损失。在违约金不能弥补对方当事人损失时，非违约方也有权请求违约方支付赔偿金，其目的也是弥补对方当事人损失。在此情形下，违约金司法酌增请求权与支付赔偿金请求权发生权利竞合，当事人可以选择行使其中一个请求权。违约金与法定的违约损害赔偿均指向对非违约方损害的救济，只是路径不同，都应遵循"填平"原则的要求。违约金的司法酌增与违约金之外另行主张损害赔偿在本质上是一致的，都旨在对非违约方能够证明的违约金不能涵盖的损害部分予以赔偿。进一步引申，在法律没有明确限制当事人选择权且当事人对此也没有特别约定的情形下，非违约方在违约金数额的基础上另行请求违约损害赔偿和违约金的差额，从而达到救济的目的，也符合损害救济的"填平"原则的要求，似也无过度干预的必要，而且这在实质意义上也就是对约定违约金的司法酌增。[2]

(二) 违约精神损害赔偿

《民法典》第996条规定："因当事人一方的违约行为，损害对方人格

---

[1] 参见王利明、崔建远《合同法新论·总则》，中国政法大学出版社2000年版，第645页；王利明《合同法新问题研究》，中国社会科学出版社2011年版，第636页。

[2] 参见陈龙业《违约金调整的规则体系——以〈合同编通则解释〉第65条为切入点》，载《环球法律评论》2024年第2期。

权并造成严重精神损害，受损害方选择请求其承担违约责任的，不影响受损害方请求精神损害赔偿。"据此，在当事人一方的违约行为损害对方人格权并造成严重损害的情况下，受害人请求其承担违约责任的，可以同时请求其承担精神损害赔偿责任。① 对违约行为请求精神损害赔偿的要件如下：第一，双方当事人存在合法有效的合同关系；第二，一方当事人违反合同约定构成违约；第三，该违约行为损害了对方的人格权并造成严重精神损害。也就是说，在违约精神损害赔偿的情形下，发生违约责任与侵权责任竞合。"精神损害赔偿仅适用于违约责任与侵权责任竞合的情形，即违约方的违约行为同时构成对非违约方人格权益的侵害。"② 从体系上讲，《民法典》第 996 条与第 1183 条是特别规定与一般规定的关系，第 996 条作为特别规定，在违约责任领域具有优先适用的效力。③

违约精神损害赔偿制度的确立，经历了理论和实务上的激烈争论。在《民法典》颁布前，虽然理论上抵制甚至否定违约精神损害赔偿，立法上也存在相应的缺陷，但是，我国司法实务界对违约精神损害赔偿显示出了难得的开明与务实状态，在一些典型的违约损害赔偿案件中，法院支持了当事人关于违约精神损害赔偿的诉讼请求。例如，马某涛诉鞍山市某美容院美容损害赔偿纠纷案，④ 肖某、刘某伟诉某彩色扩印服务部丢失交付冲印的结婚活动照胶卷赔偿纠纷案，⑤ 艾某民诉某殡仪馆丢失寄存的骨灰盒损害赔偿纠纷案，⑥ 王某云诉某摄影有限公司丢失其送扩的父母生前照片赔偿案。⑦

上述典型案件的案情大致如下。第一，美容损害赔偿纠纷案。原告去美容院美容，扫除雀斑，可这个美容院没给原告扫除掉雀斑，却造成了原告的面部损害，原告起诉要求退还原来的治疗费用，并要求精神损

---

① 参见王利明《人格权法》，中国人民大学出版社 2022 年版，第 163 页。
② 王利明：《合同法通则》，北京大学出版社 2022 年版，第 498 页。
③ 参见杨立新《侵权责任法》，法律出版社 2021 年版，第 248 页。
④ 参见《人民法院案例选》（总第 7 辑），人民法院出版社 1994 年版，第 89~90 页。
⑤ 参见《人民法院案例选》（总第 11 辑），人民法院出版社 1994 年版，第 74 页。
⑥ 参见《人民法院案例选》（总第 5 辑），人民法院出版社 1993 年版，第 83~86 页。
⑦ 参见《人民法院案例选》（总第 26 辑），时事出版社 1994 年版，第 82~86 页。

害赔偿。这个案件是以调解方式结案的,调解时美容院给予的赔偿数额远远超过了当初做美容的支出,实际上是对于原告要求的精神损害赔偿持一种支持的态度。第二,婚庆照胶卷丢失损害赔偿纠纷案。一对新婚夫妇把他们结婚期间照的胶卷送去冲洗,后来彩扩部把胶卷丢失了,原告要求赔偿,其中包括要求精神损害赔偿。法院认为,原告遭受的最大的损失在于非财产上的损害,因此支持了原告精神损害赔偿的诉讼请求。第三,保存的骨灰盒丢失损害赔偿纠纷案。原告把他哥哥的骨灰盒存放在殡仪馆,每年的祭日前去祭拜,支付了相应的费用。后来他们再去祭拜的时候,发现骨灰盒找不到了,原告起诉殡仪馆,要求赔偿损失,其中包括精神损害赔偿。殡仪馆说,骨灰盒是有价值的,可以给予赔偿;骨灰是没有价值的,没法给予赔偿。法院最终支持了原告精神损害赔偿的诉讼请求。第四,父母生前照片丢失损害赔偿纠纷案。原告是当年唐山大地震的幸存者,地震时才3岁多一点儿,父母在地震中死亡了,就留下这么一个孤儿,这个孤儿长大成人后,四处寻找当年他父母留下来的照片,最后找到了两张一寸的照片,然后就送去扩大了,后来这个彩扩中心把照片丢了,原告起诉要求彩扩中心赔偿精神损害,法院判决支持原告的诉讼请求。

无论英美法系,还是大陆法系,都从过去绝对不承认违约精神损害赔偿,发展到有条件地适用违约精神损害赔偿的状态。美国《合同法重述》第353条规定:"精神损害应予排除,除非违约同时导致了身体伤害,以及合同或者违约属于易于产生严重的精神损害后果的类型。"学者在对该条的评论中列举了旅游住宿合同、运送或处理尸体的合同、交付有关死亡信息的合同等合同类型。英美法的类型化处理对建立我国的违约精神损害赔偿制度具有借鉴意义。"在法国,民法长期不愿意承认对精神损害准以金钱赔偿,有些学者至今仍然坚持在违约诉讼中仅仅赔偿财产损失。但是现在,法国民法已经允许对违约造成的精神损害予以金钱赔偿,并且其适用范围比英美的普通法允许的还要广泛。作为一般原则,德国民法不允许对违约造成的非财产损害予以金钱赔偿,但特别规定剥夺女士的自由,使其人格或者健康受到伤害,可以就非财产损害裁判金钱赔偿。"①

四 侵权损害赔偿

(一) 侵权财产损害赔偿

1. 侵害物权的财产损害赔偿

物权受到侵害的，物权人基于物权请求权有权要求侵权人返还财产、排除妨碍、消除危险。《民法典》第235条规定："无权占有不动产或者动产的，权利人可以请求返还原物。"《民法典》第236条规定："妨害物权或者可能妨害物权的，权利人可以请求排除妨害或者消除危险。"上述物权请求权的行使，不属于侵权财产损害赔偿的范畴，而属于独立的民事责任范畴。除行使物权请求权外，物权人还可以通过行使损害赔偿请求权等债权请求权的方式弥补其损失。

(1) 修理、重作、更换或者恢复原状请求权

《民法典》第137条规定："造成不动产或者动产毁损的，权利人可以依法请求修理、重作、更换或者恢复原状。"据此，侵权行为造成物权客体毁损的，权利人依法请求侵权人承担"修理、重作、更换或者恢复原状"的侵权责任。所谓"依法"，是指依据《民法典》侵权责任编的规定。承担"修理、重作、更换或者恢复原状"的民事责任，应当符合《民法典》侵权责任编关于侵权责任构成要件的规定。② 修理、重作、更换或者恢复原状请求权作为物权保护方法在大陆法系其他国家或地区的立法上并不多见。修理、重作、更换、退货在大陆法系其他国家或地区民事立法上主要适用于债法上的债务不履行或者不适当履行行为，属于典型的债法上的请求权。造成不动产或者动产毁损之行为，主要属于侵权行为。③

(2) 损害赔偿请求权

损害赔偿请求权，是指在无法恢复物的原状的情况下，由物权人、占

---

① 崔建远：《论违约的精神损害赔偿》，载《河南省政法管理干部学院学报》2008年第1期。
② 参见梁慧星《民法物权讲义》，法律出版社2022年版，第88~89页。
③ 参见孙宪忠、朱广新主编《民法典评注·物权编》(1)，中国法制出版社2020年版，第235页。

有人向侵害人所提出的以货币的方式赔偿尚不能弥补损害的请求权。损害赔偿请求权的性质是债权请求权，是物权的保护方法之一。《民法典》第238条规定："侵害物权，造成权利人损害的，权利人可以依法请求损害赔偿，也可以依法请求承担其他民事责任。"本条是关于在侵害物权致权利人受损害的情形下，追究加害人损害赔偿侵权责任的原则规定。"在民法典编纂过程中，不少意见提出，返还原物请求权、排除妨害请求权、消除危险请求权属于物权请求权。而物权法第37条规定的损害赔偿请求权，在性质上不属于物权法律制度上的物权请求权，而属于债权请求权。本条吸收这一意见，增加'依法'二字，以示区分。"[1] 至于如何追究损害赔偿侵权责任，均需依据《民法典》侵权责任编的相应规定。本条属于指引性条文，不具有裁判规范的功能。[2]《民法典》第1184条规定："侵害他人财产的，财产损失按照损失发生时的市场价格或者其他合理方式计算。"据此，侵权导致财产损失的，一般按照财产损失发生时的市场价格计算。该财产完全毁损、灭失的，要按照该物在市场上所对应的标准全价计算；如果该财产已经使用多年的，其全价应当是市场相应的折旧价格。财产权益包括物权、知识产权、股权和其他投资性权利、网络虚拟财产等具有财产性质的权益。[3]

2. 侵害物质性人格权的财产损害赔偿

（1）侵害物质性人格权的财产损害赔偿的一般规则

《民法典》第1179条规定："侵害他人造成人身损害的，应当赔偿医疗费、护理费、交通费、营养费、住院伙食补助费等为治疗和康复支出的合理费用，以及因误工减少的收入。造成残疾的，还应当赔偿辅助器具费和残疾赔偿金；造成死亡的，还应当赔偿丧葬费和死亡赔偿金。"本条是关于人身损害赔偿范围的规定。人身损害，是指民事主体的生命权、身体权、健康权受到不法侵害，造成受害人致伤、致残、致死的损害后果，依

---

[1] 黄薇主编《中华人民共和国民法典物权编释义》，法律出版社2020年版，第53页。
[2] 参见梁慧星《民法物权讲义》，法律出版社2022年版，第90页。
[3] 参见黄薇主编《中华人民共和国民法典侵权责任编释义》，法律出版社2020年版，第62~63页。

法应当予以赔偿的情形。①"依据《民法典》第1179条的规定，造成死亡的应当赔偿丧葬费与死亡赔偿金。这些损害赔偿被称为法定的损害赔偿。法官对侵害物质性人格权的情形，应当适用构成要件说，直接适用法定赔偿金，而一般不再考虑行为人和受害人的职业、影响范围、过错程度等因素，以严格限制和减少法官在认定侵害物质性人格权中的自由裁量。"②本条规定了关于人身损害导致的财产损害予以赔偿的范围，关于非财产上的损害（精神损害）的赔偿救济，根据《民法典》第1183条予以确定。③本条第2句所规定的残疾赔偿金和死亡赔偿金的性质是财产损害赔偿，而不是精神损害赔偿。

关于残疾赔偿金和死亡赔偿金的性质界定存在一个发展过程，即由司法解释将其定性为精神损害赔偿金，发展到现行法将其界定为财产损害赔偿金或物质损害赔偿金。最高人民法院2001年颁布的《精神损害赔偿司法解释》第9条将残疾赔偿金、死亡赔偿金定性为精神损害抚慰金。1994年颁布的《国家赔偿法》第27条第1款将残疾赔偿金、死亡赔偿金定性为财产损害赔偿金，而不是精神损害赔偿金。2003年颁布的《最高人民法院关于审理人身损害赔偿案件适用法律若干问题的解释》（法释〔2003〕20号）（以下简称《人身损害赔偿司法解释》）以《国家赔偿法》的规定为依据，确定残疾赔偿金、死亡赔偿金的性质是财产损害赔偿或物质损害赔偿。据此，《精神损害赔偿司法解释》第9条关于残疾赔偿金、死亡赔偿金的规定，实际上已经废止。2020年颁布的《民法典》第1179条沿袭了《国家赔偿法》关于残疾赔偿金、死亡赔偿金性质的规定。④《民法典》颁布后，最高人民法院修改了《精神损害赔偿司法解释》，删除了第9条的规定，其修改理由是："关于删除残疾赔偿金、死亡赔偿金相关规定的原因是，《民法典》第1179条将残疾赔偿金、死亡

---

① 参见杨立新《侵权责任法》，高等教育出版社2021年版，第331页。
② 王利明：《人格权法》，中国人民大学出版社2022年版，第151页。
③ 参见邹海林、朱广新主编《民法典评注·侵权责任编》（1），中国法制出版社2020年版，第164页。
④ 参见最高人民法院民事审判第一庭编《民事审判实务问答》，法律出版社2021年版，第188～191页。

赔偿金作为财产损失的具体项目予以明确,《民法典》第1183条关于精神损害赔偿是独立于财产损失的赔偿类目,精神损害赔偿中不涉及适用残疾赔偿金、死亡赔偿金。"①《人身损害赔偿司法解释》实质上摒弃了《精神损害赔偿司法解释》所采取的"精神损害赔偿金"的立场,将死亡赔偿金解释为财产损害赔偿金。②"《民法典》第1179条中规定的残疾赔偿金或死亡赔偿金,属于独立于精神损害抚慰金的赔偿项目。原第9条与《民法典》第1179条、第1183条规定精神不一致,应予废止。"③《人身损害赔偿司法解释》第16条规定:"被扶养人生活费计入残疾赔偿金或者死亡赔偿金。"

(2) 死亡赔偿金的性质不是遗产

《民法典》第1181条第1款第1句规定:"被侵权人死亡的,其近亲属有权请求侵权人承担侵权责任。"据此,有权要求侵权人承担侵权责任的主体是死者的近亲属。"死亡赔偿金,是指被侵权人因侵权人的侵权行为而死亡,侵权人应当支付给被侵权人近亲属的金钱赔偿。死亡赔偿金的意义在于维持近亲属与被侵权人死亡前大致相当的物质生活水平。死亡赔偿,是财产性质的损害赔偿而非精神损害赔偿;是对近亲属自身利益受损进行的救济,而不是对生命本身的赔偿,所以不存在'同命同价'或者'同命不同价'的问题;是近亲属自身享有的损害赔偿请求权,而不是从死者处继承来的损害赔偿请求权。"④ 根据《民法典》第1179条和第1181条的规定,"被侵权人死亡的,其近亲属有权要求赔偿丧葬费和死亡赔偿金。可见,死亡赔偿金是基于死者死亡而对死者近亲属所支付的赔偿,而并非死者死亡时即已经存在并遗留的合法财产。获得死亡赔偿金的权利人是死者近亲属,而非死者本人"。⑤ 因此,"死亡赔偿金"不是遗产,不能

---

① 最高人民法院民法典贯彻实施工作领导小组办公室编著《最高人民法院实施民法典清理司法解释修改条文(111件)理解与适用》(上册),人民法院出版社2022年版,第306页。
② 参见最高人民法院民事审判第一庭编《民事审判实务问答》,法律出版社2021年版,第165页。
③ 最高人民法院民法典贯彻实施工作领导小组办公室编著《最高人民法院实施民法典清理司法解释修改条文(111件)理解与适用》(上册),人民法院出版社2022年版,第309页。
④ 张新宝:《侵权责任法讲义》,人民法院出版社2024年版,第154页。
⑤ 最高人民法院民法典贯彻实施工作领导小组主编《中华人民共和国民法典婚姻家庭编继承编理解与适用》,人民法院出版社2020年版,第146页。

被继承，也不能用于偿还生前债务。"死亡赔偿金虽源于被继承人之死亡，但该赔偿金真正的产生时间是被继承人死亡后，其本质是对死者近亲属的抚恤或赔偿，因此，不属于被继承人遗留的财产范围。"① 从赔偿请求权的角度分析，"死亡赔偿金"既然是对受害人家庭未来收入损失的赔偿，其前提当然是受害人因侵权事件而死亡。受害人一旦死亡，其权利能力即终止，不再享有民事权利、承担民事义务，当然也不能以主体资格行使损害赔偿请求权。通俗地说，"死亡赔偿金"并非"赔命钱"，也不是赔给死者的，死者在法律上和事实上都不能享有或者行使此项损害赔偿请求权。"死亡赔偿金"在内容上是对受害人近亲属未来收入损失的赔偿，其法律性质为财产损害赔偿，其赔偿请求权人为死者的近亲属，是受害人近亲属具有人身专属性质的法定赔偿金。因此，"死亡赔偿金"不是遗产，不能作为遗产被继承，死亡受害人的债权人也不能主张受害人近亲属在获赔死亡赔偿金的范围内清偿受害人生前所欠债务。②

(3) 关于死亡赔偿金的赔偿标准的确定

死亡赔偿金的计算标准是什么？理论上存在两种观点：一是赔偿预期收入损失，即继承人可获得之利益；二是赔偿被抚养人之抚养费。实际上，前者是无法成立的。人死之后，权利能力丧失，无法再取得财产，也无法再成为诉讼主体，因此不会再有继承问题。从侵权责任成立的因果关系的角度来看，也不能得出继承人对加害人享有此种请求权的结论。相较而言，后者更有说服力。因为被抚养人之损失是最为直接的，而且这也是比较法上通行的做法。允许被抚养人向加害人请求抚养费之赔偿。③ "在形式法律方面，'民法'设有尚称周全的制度；尤其在死亡情形，不采死者生存利益继承说，而规定法定扶养赔偿责任……"④

---

① 最高人民法院民法典贯彻实施工作领导小组主编《中华人民共和国民法典婚姻家庭编继承编理解与适用》，人民法院出版社 2020 年版，第 501 页。
② 参见最高人民法院民事审判第一庭编《民事审判实务问答》，法律出版社 2021 年版，第 166~167 页。
③ 参见张新宝《侵权死亡赔偿研究》，载《法学研究》2008 年第 4 期；张红《人格权总论》，法律出版社 2022 年版，第 122 页。
④ 王泽鉴：《损害赔偿》，北京大学出版社 2017 年版，第 151 页。

《人身损害赔偿司法解释》第 15 条规定："死亡赔偿金按照受诉法院所在地上一年度城镇居民人均可支配收入标准，按二十年计算。但六十周岁以上的，年龄每增加一岁减少一年；七十五周岁以上的，按五年计算。"据此，死亡赔偿金以受诉法院所在地上一年度城镇居民人均可支配收入为标准计算，一般不以户口所在地的人均可支配收入为标准，除非有《人身损害赔偿司法解释》第 18 条规定的情形。将没有城镇户口但在城镇工作、生活、学习的人认定为城镇居民，[1]"这一计算方法既与《民法典》第 1179 条有机衔接，又立足经济社会发展的客观情况，在总结审判实践经验的基础上，取消了城乡二元化的赔偿标准，彰显了对权利的救济尤其是对生命权的尊重与保护"。[2]《人身损害赔偿司法解释》第 18 条第 1 款规定："赔偿权利人举证证明其住所地或者经常居住地城镇居民人均可支配收入高于受诉法院所在地标准的，残疾赔偿金或者死亡赔偿金可以按照其住所地或者经常居住地的相关标准计算。"据此，大致统一了城乡残疾赔偿金和死亡赔偿金的计算标准。

（4）财产损害赔偿可以提起附带民事诉讼

《刑事诉讼法》第 101 条第 1 款规定："被害人由于被告人的犯罪行为而遭受物质损失的，在刑事诉讼过程中，有权提起附带民事诉讼。被害人死亡或者丧失行为能力的，被害人的法定代理人、近亲属有权提起附带民事诉讼。"通说认为，该款中的"物质损失"就是财产损失，即可以用金钱加以计算的损失，不包括作为非物质损害的精神损害。[3]《最高人民法院关于适用〈中华人民共和国刑事诉讼法〉的解释》（以下简称《刑事诉讼法司法解释》）第 175 条第 1 款规定："被害人因人身权利受到犯罪侵犯或者财物被犯罪分子毁坏而遭受物质损失的，有权在刑事诉讼过程中提起附带民事诉讼；被害人死亡或者丧失行为能力的，其

---

[1] 参见张新宝《侵权责任法讲义》，人民法院出版社 2024 年版，第 154 页。
[2] 陈龙业：《民法典侵权责任编的创新发展与规则适用》，人民法院出版社 2023 年版，第 116 页。
[3] 参见陈光中主编《刑事诉讼法》，北京大学出版社、高等教育出版社 2021 年版，第 269 页。

法定代理人、近亲属有权提起附带民事诉讼。"根据《民法典》第1179条的规定，残疾赔偿金和死亡赔偿金的性质是物质损害赔偿，而非精神损害赔偿，因此，请求赔偿残疾赔偿金和死亡赔偿金的，可以提起刑事附带民事诉讼。

《刑事诉讼法司法解释》第192条第2款规定："犯罪行为造成被害人人身损害的，应当赔偿医疗费、护理费、交通费等为治疗和康复支付的合理费用，以及因误工减少的收入。造成被害人残疾的，还应当赔偿残疾生活辅助器具费等费用；造成被害人死亡的，还应当赔偿丧葬费等费用。"上述规定所列的赔偿范围与《民法典》第1179条所列的侵害他人造成人身损害的赔偿范围相比可以发现，缺少了两项，即"残疾赔偿金"与"死亡赔偿金"。据此，在我国司法实践中，刑事法官在处理刑事附带民事诉讼包括单独提起的民事诉讼案件中，一律不判给刑事被害人以残疾赔偿金与死亡赔偿金，例外的是道路交通事故犯罪的情形。《刑事诉讼法司法解释》第192条第3款规定："驾驶机动车致人伤亡或者造成公私财产重大损失，构成犯罪的，依照《中华人民共和国道路交通安全法》第七十六条的规定确定赔偿责任。"

对于"残疾赔偿金"和"死亡赔偿金"不予赔偿的理由在于以下几点。第一，被告人普遍无力赔偿，如果判给赔偿残疾赔偿金和死亡赔偿金，就会出现判决无法落实即"空判"；如果超过被告人的赔偿能力，则会导致不少案件中原本愿意代替被告人赔偿的亲属不再代赔，进而引发一系列问题。因此，务实的选择是不判给赔偿残疾赔偿金和死亡赔偿金。第二，在单纯的民事案件中，责令被告人赔偿是对被害人进行抚慰和救济的唯一手段，故此有理由要求被告人承担更重的赔偿责任，但是在刑事附带民事诉讼中，判决被告人承担刑事责任，既是对犯罪的惩处，也是对被害人的抚慰、救济的主要方式。以故意杀人案件为例，如果判处被告人死刑，实已让其"以命抵命"，显然不应再要求其作出与单纯民事案件相同的精神损害赔偿，否则势必存在双重处罚的问题。传统上"打了不罚，罚了不打"的观念、做法，正是源于此。第三，从2012年的《刑事诉讼法司法解释》到现在，司法实践中不判赔死亡赔偿金和残疾赔偿金已经施行了多年，还没有发现重大的、突出的问题，因此应当继续维持。①

依据《刑事诉讼法》第101条第1款第1句的规定："被害人由于被告人的犯罪行为而遭受物质损失的，在刑事诉讼过程中，有权提起附带民事诉讼。"显然，《刑事诉讼法》并未剥夺犯罪行为的被害人获得残疾赔偿金和死亡赔偿金的权利。我国《立法法》第11条第8项规定"民事基本制度"只能制定法律，人身损害中受害人的残疾赔偿金和死亡赔偿金涉及公民的人身权益的保护，毫无疑问属于民事基本制度，在没有法律依据的情况下，司法解释无权对此作出规定。此外，《立法法》第91条第2款明确规定："部门规章规定的事项应当属于执行法律或者国务院的行政法规、决定、命令的事项。没有法律或者国务院的行政法规、决定、命令的依据，部门规章不得设定减损公民、法人和其他组织权利或者增加其义务的规范，不得增加本部门的权力或者减少本部门的法定职责。"《立法法》第93条第6款规定："没有法律、行政法规、地方性法规的依据，地方政府规章不得设定减损公民、法人和其他组织权利或者增加其义务的规范。"司法解释只能就法律适用中的具体问题作出解释，不得设定减损公民、法人和其他组织权利或者增加其义务的规范。《刑事诉讼法司法解释》第192条第2款不规定"残疾赔偿金""死亡赔偿金"就属于减损公民的权利的规定。

3. 侵害精神性人格权的财产损害赔偿

《民法典》第1182条规定："侵害他人人身权益造成财产损失的，按照被侵权人因此受到的损失或者侵权人因此获得的利益赔偿；被侵权人因此受到的损失以及侵权人因此获得的利益难以确定，被侵权人和侵权人就赔偿数额协商不一致，向人民法院提起诉讼的，由人民法院根据实际情况确定赔偿数额。"据此，侵害他人精神性人格权造成财产损失的，应当依法承担损害赔偿责任。一般来说，只有能够被商业化利用的精神性人格权遭受侵害后，才可能造成被侵权人的财产损失。能够被商业化利用的精神性人格权主要是指姓名权、名称权、肖像权等，这种人格权不仅包含精神

---

① 参见李少平主编《最高人民法院关于适用中华人民共和国刑事诉讼法的解释理解与适用》，人民法院出版社2021年版，第285~287页。

利益,也包括财产利益,《民法典》对上述两种利益进行一体保护,形成"一元论"的救济模式。①

《民法典》第1182条明确规定了三种损害赔偿计算方法,即被侵权人因此受到的损失、侵权人因此获得的利益以及协商确定或人民法院根据实际情况确定赔偿数额。前两种损害赔偿的计算方法为并列关系,被侵权人享有选择权。这样规定的理由如下:"一是,这样便于被侵权人选择对自己有利的赔偿方案,从而有利于保护受害人的权益。二是,这样规定便于案件争议迅速有效的解决。三是,从理论上讲,这构成了侵权损害赔偿和不当得利损害赔偿的竞合。既然是竞合,显然是选择赔偿的问题。"②

根据《民法典》第1182条的规定,在侵权人没有获利或者获利难以计算的情况下,由人民法院根据实际情况确定赔偿数额。该规定主要针对损人不利己等获利难以计算的情况。例如,有的侵权人将别人的隐私放在网络上造成很坏的影响,他自己并没有获利,如果按照"所受到的损失或者所获得的利益"的标准进行赔偿,就不能很好地保障被侵权人的权益,侵权人也得不到惩罚。在此情形下,被侵权人与侵权人可以就赔偿数额进行协商,协商不一致的,被侵权人可以向人民法院提起诉讼。人民法院根据侵权人的过错程度、具体侵权行为和方式、造成的后果及影响等因素确定赔偿数额。③

(二)侵权精神损害赔偿

《民法典》第1183条第1款规定:"侵害自然人人身权益造成严重精神损害的,被侵权人有权请求精神损害赔偿。"本款规定包含以下内容。第一,本款所谓"人身权益"包括生命权、身体权、健康权。④ 侵害财产权益不在精神损害赔偿的范围之内。第二,需要造成严重精神损害。"偶尔的痛苦和不高兴不能认为是严重精神损害。之所以强调'严重'的精神

---

① 参见陈现杰《〈民法典〉第1182条(侵害他人人身权益造成财产损失的赔偿)评注》,载《中国应用法学》2023年第3期。
② 黄薇主编《中华人民共和国民法典侵权责任编释义》,法律出版社2020年版,第57页。
③ 参见黄薇主编《中华人民共和国民法典侵权责任编释义》,法律出版社2020年版,第57页。
④ 参见梁慧星《侵权责任法讲义》,法律出版社2023年版,第76页。

损害，是为了防止精神损害赔偿被滥用。对'严重'的解释，应当采取容忍限度理论，即超出了一般人的容忍限度，就认为是'严重'。"[1] 第三，被侵权人有权请求精神损害赔偿。被侵权人限于自然人，而不包括法人和非法人组织。一般来说，请求精神损害赔偿的主体应当是直接遭受人身侵害的本人。被侵权人因侵权行为死亡而导致近亲属受到严重精神损害的，其近亲属是本款规定的请求权主体，因为死亡的事实给其近亲属造成了严重精神损害。[2]《民法典》第1181条第1款第1句规定："被侵权人死亡的，其近亲属有权请求侵权人承担侵权责任。"据此，死者近亲属是损害赔偿请求权的主体，这种损害赔偿包括财产损害赔偿和精神损害赔偿。

《民法典》第1183条第2款规定："因故意或者重大过失侵害自然人具有人身意义的特定物造成严重精神损害的，被侵权人有权请求精神损害赔偿。"据此，本款规定侵权行为的主观要件是故意或者重大过失。这里的被侵权人是指被侵害的具有人身意义的特定物的所有人或者管理人。[3] "具有人身意义的特定物"主要包括以下类型：第一，与近亲属死者相关的特定纪念物品，如遗像、墓碑、骨灰盒、遗物等；第二，与结婚礼仪相关的特定纪念物品，如录像、照片等；第三，与家族祖先相关的特定纪念物品，如祖坟、族谱、祠堂等。[4]

第四节　民事责任的减免事由

一　不可抗力

（一）不可抗力的内涵

《民法典》第180条第2款规定："不可抗力是不能预见、不能避免且

---

[1] 黄薇主编《中华人民共和国民法典侵权责任编释义》，法律出版社2020年版，第61页。
[2] 参见黄薇主编《中华人民共和国民法典侵权责任编释义》，法律出版社2020年版，第61页。
[3] 参见程啸《侵权责任法》，法律出版社2021年版，第864页。
[4] 参见黄薇主编《中华人民共和国民法典侵权责任编释义》，法律出版社2020年版，第62页。

不能克服的客观情况。"有观点认为,不可抗力不必同时具备"三个不能"要素,即不宜再强求不可抗力同时具备不能预见、不能避免和不能克服三项因素,宜视个案变通处理,如在有的情况下仅仅具备两项要素即可构成不可抗力。① 并非所有的不可抗力都具备"三个不能"的条件,例如,目前的气象预报基本能够比较准确地预测台风登陆时间,即不属于"不能预见"的要素,但因台风造成合同迟延履行,仍应适用不可抗力免责条款。

（二）不可抗力免责及例外

《民法典》第180条第1款规定:"因不可抗力不能履行民事义务的,不承担民事责任。法律另有规定的,依照其规定。"《民法典》第590条规定:"当事人一方因不可抗力不能履行合同的,根据不可抗力的影响,部分或者全部免除责任,但是法律另有规定的除外。因不可抗力不能履行合同的,应当及时通知对方,以减轻可能给对方造成的损失,并应当在合理期限内提供证明。当事人迟延履行后发生不可抗力的,不免除其违约责任。"据此,不可抗力成为法定免责事由。将不可抗力作为免责事由,一方面,有利于保护无过错当事人的利益,维护过错原则作为民事责任制度中的基本归责原则,体现民法的意思自治理念;另一方面,可以促使人们在从事交易时,充分预测未来可能发生的风险,并在风险发生后合理地解决风险损失的分担问题,从而达到合理规避风险、鼓励交易的目的。②

法律另有规定的,不可抗力不能作为免责事由,这种例外情形主要是针对部分特殊侵权的民事责任。例如,《民法典》第1237条规定:"民用核设施或者运入运出核设施的核材料发生核事故造成他人损害的,民用核设施的营运单位应当承担侵权责任;但是,能够证明损害是因战争、武装冲突、暴乱等情形或者受害人故意造成的,不承担责任。"据此,民用核设施造成的侵权责任的免责条件包括战争等情形以及受害人故意,不包括不可抗力。《民法典》第1238条规定:"民用航空器造成他人损害的,民用航空器的经

---

① 参见崔建远《民法总则应如何设计民事责任制度》,载《法学杂志》2016年第11期。
② 参见刘凯湘、张海峡《论不可抗力》,载《法学研究》2000年第6期。

营者应当承担侵权责任；但是，能够证明损害是因受害人故意造成的，不承担责任。"据此，民用航空器造成的侵权责任的免责事由是受害人故意，不包括不可抗力。其理由在于，特殊侵权的免责事由具有法定性，法律没有规定不可抗力作为免责事由的，不可抗力不是免责事由。[1]

（三）不可抗力与情势变更的区别

1. 情势变更的内涵

情势变更，是指合同有效成立后，当事人不可预见的事情发生导致合同的基础动摇或丧失，如果继续维持合同的效力，将会对当事人一方显失公平，因此允许当事人通过协商、诉讼或者仲裁方式变更或解除该合同。[2]《民法典》第 533 条规定："合同成立后，合同的基础条件发生了当事人在订立合同时无法预见的、不属于商业风险的重大变化，继续履行合同对于当事人一方明显不公平的，受不利影响的当事人可以与对方重新协商；在合理期限内协商不成的，当事人可以请求人民法院或者仲裁机构变更或者解除合同。人民法院或者仲裁机构应当结合案件的实际情况，根据公平原则变更或者解除合同。"《民法典合同编通则司法解释》第 32 条规定："合同成立后，因政策调整或者市场供求关系异常变动等原因导致价格发生当事人在订立合同时无法预见的、不属于商业风险的涨跌，继续履行合同对于当事人一方明显不公平的，人民法院应当认定合同的基础条件发生了民法典第五百三十三条第一款规定的'重大变化'。但是，合同涉及市场属性活跃、长期以来价格波动较大的大宗商品以及股票、期货等风险投资型金融产品的除外。合同的基础条件发生了民法典第五百三十三条第一款规定的重大变化，当事人请求变更合同的，人民法院不得解除合同；当事人一方请求变更合同，对方请求解除合同的，或者当事人一方请求解除合同，对方请求变更合同的，人民法院应当结合案件的实际情况，根据公平原则判决变更或者解除合同。人民法院依据民法典第五百三十三条的规定判决变更或者解除合同的，应当综合考虑合同基础条件发生重大变化的时

---

[1] 参见王利明《民法总则》，中国人民大学出版社 2022 年版，第 436 页。
[2] 参见梁慧星《中国民法经济法诸问题》，中国法制出版社 1999 年版，第 170 页。

间、当事人重新协商的情况以及因合同变更或者解除给当事人造成的损失等因素，在判项中明确合同变更或者解除的时间。当事人事先约定排除民法典第五百三十三条适用的，人民法院应当认定该约定无效。"

情势变更的构成要件如下。第一，须有情势重大变化的事实。情势变更首先要求合同的基础条件发生重大变化，如果是轻微的情势变化，推定为受不利影响的当事人所应承担的商业风险，对于合同的约束力不产生任何影响。第二，情势变更的事实应发生在合同成立后，合同义务履行完毕之前。如果情势变更的事实发生在合同订立之前或者订立当时既已发生，而当事人并不知道，导致对当事人一方显失公平的，可以适用有关重大误解的规定，请求人民法院或仲裁机构撤销合同。第三，发生情势变更具有不可归责性。首先，情势变更不属于受不利影响方所能控制的事情。其次，情势变更不属于受不利影响方所应负担的商业风险。当事人在通常情况下应当预见而没有预见，或者是在能力范围内可以预见却由于疏忽大意没有预见，都不能构成情势变更，而应属于商业风险的范畴。第四，情势变更是当事人订立合同时无法预见的。如果当事人在缔约时能够预见情势变更，则表明其自愿承担情势变更的风险，不再适用情势变更制度。第五，继续履行合同对于当事人一方明显不公平。[1]

2. 不可抗力与情势变更的区别

一般认为，不可抗力与情势变更的区别有如下几点。第一，无论在比较法上，还是在我国《民法典》确立的体系上，不可抗力规则与情势变更规则的规范目的并不相同。不可抗力指向不履行义务的免责事由，解决是否承担民事责任问题；而情势变更指向合同变更或解除事由，解决合同是否应当遵守问题。第二，不可抗力是适用情势变更规则的原因之一，也可能导致履行不能规则的适用，且履行不能规则优先于情势变更规则的适用。在新冠疫情背景下，存在适用两种规则的可能性。一方面，对于不能履行合同的当事人而言，疫情属于不可抗力，部分或全部免除责任；另一方面，如果疫情对履行合同有重大影响，继续履行合同对一方当事人明显

---

[1] 参见韩世远《合同法学》，高等教育出版社2022年版，第165~167页。

不公平，则可以适用情势变更规则。①

3. 情势变更与商业风险的区别

情势变更与商业风险的区别如下。第一，是否具有可预见性不同。对于情势变更制度，客观情势发生变更不具有可预见性。这里的无法预见仅指当事人订立合同时无法预见。如果当事人在订立合同时已预见到情势会有变更但仍订立合同，则表明其自愿承担情势变更的风险，或者其已经在合同权利义务安排中考虑了情势变更的因素，则不适用情势变更制度。商业风险具有可预见性，是从事商业活动的固有风险，作为合同基础的客观情况的变化未达到异常的程度，并非当事人不可预见、不能承受。一般的市场供求变化、价格涨落等属于此类。第二，对合同履行的影响程度不同。情势变更是订立合同时的客观情况发生了重大变化，达到异常的程度，如果继续履行合同，将导致显失公平的后果。商业风险是在商业活动过程中，交易双方应当承担的市场变化所带来的合理的、正常的可能损失，作为合同基础的客观情况的变化未达到异常的程度。第三，法律后果不同。情势变更导致当事人权益失衡，根据公平原则，法律规定了当事人的再协商义务以及请求变更或者解除合同的权利。而商业风险是与市场交易行为相伴而生的。风险自负是市场主体从事交易时必须遵循的一项基本准则，故发生商业风险后，由当事人承担该风险责任并不会产生不公平的后果。总之，区分情势变更和商业风险需综合考量风险的类型和程度、正常人的合理预期、风险的防范和控制、交易性质以及市场情况等因素，在个案中作出识别。

二　正当防卫

（一）正当防卫的一般规则

正当防卫，是指为保护自己或他人权利免受正在进行的不法侵害而进行的正当行为。自己或他人的权利包括公权和私权。正当防卫"性质上属适法行为，可阻却违法，不负赔偿责任"。② 正当防卫不能超过必要限度，

---

① 参见谢鸿飞、朱广新主编《民法典评注·合同编·通则》（2），中国法制出版社2020年版，第465~466页。

② 王泽鉴：《民法总则》，北京大学出版社2022年重排版，第583页。

超过必要限度的，应负损害赔偿责任。"如孩童闯入果园，驱逐即可，不必殴打；他人擅在自己屋前摆设摊位，可将之拆除搬离，无须加以毁损。"①《民法典》第 181 条第 1 款规定："因正当防卫造成损害的，不承担民事责任。"《民法典总则编司法解释》第 30 条规定："为了使国家利益、社会公共利益、本人或者他人的人身权利、财产权利以及其他合法权益免受正在进行的不法侵害，而针对实施侵害行为的人采取的制止不法侵害的行为，应当认定为民法典第一百八十一条规定的正当防卫。"

正当防卫的构成的要件如下。第一，不法侵害现实存在。正当防卫的起因必须是具有客观存在的不法侵害。第二，不法侵害正在进行。不法侵害正在进行，才能对合法权益造成威胁性和紧迫性，因此才可以使防卫行为具有合法性。第三，须以合法防卫为目的。实施正当防卫的目的是保护公共利益、本人或他人的合法权益。第四，针对侵害人防卫。正当防卫只能针对侵害人本人防卫。第五，防卫行为不能超过必要限度，否则就构成防卫过当。②

（二）防卫过当的民事责任

《民法典》第 181 条第 2 款规定："正当防卫超过必要的限度，造成不应有的损害的，正当防卫人应当承担适当的民事责任。"据此，构成防卫过当一般应具备两个条件：一是正当防卫超过必要的限度；二是造成了不应有的损害。《民法典总则编司法解释》第 31 条第 1 款规定："对于正当防卫是否超过必要的限度，人民法院应当综合不法侵害的性质、手段、强度、危害程度和防卫的时机、手段、强度、损害后果等因素判断。"据此，对于防卫过当的认定采用动态系统论的思维，列出参考因素，指引法官进行综合判断。一般认为，防卫行为须具备两个要件，即必要性和相当性。判断防卫行为是否超过必要限度，也应当遵循必要性和相当性的原理。③

---

① 王泽鉴：《民法总则》，北京大学出版社 2022 年重排版，第 584 页。
② 参见郭明瑞《民法总则通义》，商务印书馆 2018 年版，第 321 页；杨立新《侵权损害赔偿》，法律出版社 2010 年版，第 123 页。
③ 参见贺荣主编《最高人民法院民法典总则编司法解释理解与适用》，人民法院出版社 2022 年版，第 451 页。

《民法典总则编司法解释》第31条第2款规定："经审理，正当防卫没有超过必要限度的，人民法院应当认定正当防卫人不承担责任。正当防卫超过必要限度的，人民法院应当认定正当防卫人在造成不应有的损害范围内承担部分责任；实施侵害行为的人请求正当防卫人承担全部责任的，人民法院不予支持。"据此，正当防卫不承担民事责任。防卫过当的，防卫人只在造成不应有的损害范围内承担责任，而不是在造成损害的范围内承担责任，即在损害范围内承担部分责任，而非全部责任。[1]

《民法典总则编司法解释》第31条第3款规定："实施侵害行为的人不能证明防卫行为造成不应有的损害，仅以正当防卫人采取的反击方式和强度与不法侵害不相当为由主张防卫过当的，人民法院不予支持。"本款进一步强调了防卫过当的举证责任问题。"本款的实质在于，通过规定举证责任的方式，明确认定防卫过当的核心在于是否造成不应有的损害。"[2]

（三）关于正当防卫与见义勇为的关系

《民法典》第181条规定了正当防卫，第183条规定了见义勇为，一般认为，两者之间存在交叉关系，为保护国家、集体或者他人合法权益而实施防卫行为的，同时也属于见义勇为行为。正当防卫既包括保护自己权益的行为，也包括保护他人权益的行为，后者也属于见义勇为。《民法典》第181条关于正当防卫的规定旨在确立防卫人的免责事由，第183条关于见义勇为的规定旨在解决见义勇为人遭受损害时的救济问题。两者具有不同的功能使命。保护他人合法权益实施防卫行为致使侵害人损害的，依照《民法典》第181条的规定办理；防卫人受侵害人损害的，依照《民法典》第183条的规定处理。[3]

---

[1] 参见贺荣主编《最高人民法院民法典总则编司法解释理解与适用》，人民法院出版社2022年版，第452~453页。

[2] 贺荣主编《最高人民法院民法典总则编司法解释理解与适用》，人民法院出版社2022年版，第453页。

[3] 参见贺荣主编《最高人民法院民法典总则编司法解释理解与适用》，人民法院出版社2022年版，第442~443页。

三　紧急避险

1. 紧急避险的一般规则

紧急避险，是指为了避免公共利益、本人或者他人的合法权益免遭正在发生的危险，不得已而采取的损害另一种利益的行为。紧急避险，是指为保护合法权益，在紧急情形牺牲较小利益，以保护较大利益。紧急避险应考虑必要性和比例原则，尚有"法益权衡原则"的适用，即须以避免危险所必要，并未逾越危险所能致之损害程度，否则仍应负赔偿责任。[1]《民法典》第 182 条第 1 款、第 2 款规定："因紧急避险造成损害的，由引起险情发生的人承担民事责任。危险由自然原因引起的，紧急避险人不承担民事责任，可以给予适当补偿。"《民法典总则编司法解释》第 32 条规定："为了使国家利益、社会公共利益、本人或者他人的人身权利、财产权利以及其他合法权益免受正在发生的急迫危险，不得已而采取紧急措施的，应当认定为民法典第一百八十二条规定的紧急避险。"

构成紧急避险，应当符合以下条件：第一，必须有威胁合法利益的危险正在发生，这是紧急避险的前提条件；第二，必须是为了使合法权益免受正在发生的危险，这是紧急避险的主观条件；第三，避险行为只能是在不得已的情况下实施，这是紧急避险的客观限制条件，紧急避险是为了保护更大合法权益免受损害而牺牲较小合法权益的一种权宜措施；第四，避险行为不能超过必要限度造成不应有的损害，这是紧急避险的限度条件。[2]

2. 避险过当承担适当民事责任

《民法典》第 182 条第 3 款规定："紧急避险采取措施不当或者超过必要的限度，造成不应有的损害的，紧急避险人应当承担适当的民事责任。"《民法典总则编司法解释》第 33 条第 1 款规定："对于紧急避险是否采取措施不当或者超过必要的限度，人民法院应当综合危险的性质、急迫程度、避险行为所保护的权益以及造成的损害后果等因素判断。"据此，对

---

[1] 参见王泽鉴《民法总则》，北京大学出版社 2022 年重排版，第 587 页。
[2] 参见郭明瑞《民法总则通义》，商务印书馆 2018 年版，第 322~323 页。

于紧急避险不能超过必要限度的要求，人民法院应当按照一般人的判断能力，根据危险的性质和程度，结合避险行为的保护结果和损害后果等因素进行认定。也就是说，应当像一个合理的、谨慎的人那样行为。[1]

《民法典总则编司法解释》第 33 条第 2 款规定："经审理，紧急避险采取措施并无不当且没有超过必要限度的，人民法院应当认定紧急避险人不承担责任。紧急避险采取措施不当或者超过必要限度的，人民法院应当根据紧急避险人的过错程度、避险措施造成不应有的损害的原因力大小、紧急避险人是否为受益人等因素认定紧急避险人在造成的不应有的损害范围内承担相应的责任。"据此，紧急避险不承担责任。立法对避险过当采取了动态系统论的思路，明确了人民法院应当综合危险的性质、急迫程度、避险行为所保护的权益以及造成的损害后果等因素判断。避险过当的，紧急避险人在造成的不应有的损害范围内承担相应的责任。[2]

四　见义勇为

（一）见义勇为一般免除民事责任

见义勇为，是指为保护他人合法权益免受侵害而实施的帮助行为。见义勇为可能构成正当防卫，也可能构成紧急避险，因此，因见义勇为给他人造成损害的，行为人不承担民事责任。[3] 助人为乐、见义勇为是人类社会的美好品德，法律应予支持和鼓励，并尽量保护其民事权益，在符合法律规定时免除其民事责任。

（二）见义勇为者享有损害赔偿请求权和补偿请求权

《民法典》第 183 条规定："因保护他人民事权益使自己受到损害的，由侵权人承担民事责任，受益人可以给予适当补偿。没有侵权人、侵权人逃逸或者无力承担民事责任，受害人请求补偿的，受益人应当给予适当补

---

[1] 参见贺荣主编《最高人民法院民法典总则编司法解释理解与适用》，人民法院出版社 2022 年版，第 470 页。

[2] 参见贺荣主编《最高人民法院民法典总则编司法解释理解与适用》，人民法院出版社 2022 年版，第 470~472 页。

[3] 参见郭明瑞《民法总则通义》，商务印书馆 2018 年版，第 324 页。

偿。"《民法典总则编司法解释》第34条规定:"因保护他人民事权益使自己受到损害,受害人依据民法典第一百八十三条的规定请求受益人适当补偿的,人民法院可以根据受害人所受损失和已获赔偿的情况、受益人受益的多少及其经济条件等因素确定受益人承担的补偿数额。"据此,见义勇为者对侵权人享有损害赔偿请求权,对受益人享有补偿请求权。"补偿不是赔偿,赔偿一般是填平原则,即损失多少赔偿多少,而补偿仅是其中的一部分,要根据受害人的受损情况和受益人的受益情况确定补偿的数额。"[1]法律规定见义勇为者对受益人享有补偿请求权,具有十分重要的意义,是对受益人权益与受害人权益的合理平衡,符合民法所倡导的公平正义理念。[2] 受益人应当对见义勇为者给予适当补偿,这种补偿的性质是公平责任,法律赋予法官一定的自由裁量权。[3] "如果见义勇为行为的受益人为国家或者见义勇为人保护的是社会公共利益,则其遭受损害时,也应当通过政府奖励、补助等获得救济。"[4] 将见义勇为者的受损情况和受益人的受益情况并列,主要是综合考虑到受益人补偿责任的基础之一是见义勇为行为,受益人受益与见义勇为者受损之间具有因果关系,这不仅包括责任成立上的因果关系,而且包括影响责任承担的原因力大小。[5]

见义勇为者的损害赔偿请求权和补偿请求权的内容如下。第一,见义勇为者享有损害赔偿请求权。由侵权人造成的损害,首先应由侵权人承担民事责任。侵权人逃逸或者无力承担民事责任,受害人请求补偿的,受益人应当给予适当补偿,这就具备了强制性要求,属于责任的范畴。受益人承担补充责任后,可以向侵权人追偿。[6] 侵权人的损害赔偿责任与受益人的补偿责任不应有先后顺序,受益人补偿也可以优先。理由在于,通过诉

---

[1] 黄薇主编《中华人民共和国民法典总则编释义》,法律出版社2020年版,第485页。
[2] 参见陈甦主编《民法总则评注》,法律出版社2017年版,第1310页。
[3] 参见王利明《民法总则》,中国人民大学出版社2022年版,第443页。
[4] 张新宝:《〈中华人民共和国民法典·总则〉释义》,中国人民大学出版社2020年版,第393页。
[5] 参见黄薇主编《中华人民共和国民法典总则编释义》,法律出版社2020年版,第485页。
[6] 参见贺荣主编《最高人民法院民法典总则编司法解释理解与适用》,人民法院出版社2022年版,第485页。

讼程序行使损害赔偿请求权,即使胜诉了,也不一定能够执行到位并实现权利。第二,见义勇为者享有补偿请求权。在没有侵权人时,受益人也应对见义勇为者给予适当补偿。例如,自然灾害造成他人损害,见义勇为者进行保护而受到伤害,此时没有加害人,只有保护者和受益人,若不进行适当补偿,则见义勇为者的损失只能由自己承担,这不仅损害个人利益,也会阻碍风清气正的社会秩序和社会风尚的形成,其危害程度不可等闲视之。

2023年8月2日,最高人民法院发布人民法院抓实公正与效率践行社会主义核心价值观典型案例,在王某某诉梅河口市某热电公司健康权纠纷案中,王某某因救助梅河口市某热电公司正在阀井作业的职工陈某某而负伤,王某某构成伤残,陈某某因窒息死亡,梅河口市人民政府事故调查组将此次事故认定为安全生产责任事故。王某某诉至梅河口市人民法院,要求某热电公司承担医疗费、护理费等。梅河口市人民法院认为,王某某为救助某热电公司职工,导致自己受到缺氧窒息的侵害,其行为构成见义勇为。王某某因此受到的损害应由侵权人承担赔偿责任。据此,判决某热电公司赔偿王某某经济损失4万余元。该案回应了救人未果但受损亦应得到赔偿的司法理念,是弘扬社会主义核心价值观的典型体现。本案中,王某某在没有法定或约定救助义务的前提下,面对他人危难,勇于施救,虽然未能使他人转危为安,但法律应当鼓励这种见义勇为行为,救助成功与否不影响其损害赔偿请求权的行使。

(三)见义勇为与无因管理的关系

一般认为,见义勇为属于广义的无因管理范畴。[1] 见义勇为的性质是无因管理,见义勇为是无因管理的下位概念。[2]可以说,见义勇为是特殊的无因管理,以区别于一般的无因管理。"就其法律性质而言,见义勇为行为属于无因管理的范围,但它是一种特殊的无因管理。除若干特定的制度特殊性外,在其他问题的处理上有无因管理相关规定之适用空间。作为其特殊性之

---

[1] 参见王家福主编《中国民法学·民法债权》,法律出版社1991年版,第587页。

[2] 参见叶知年《无因管理制度研究》,法律出版社2015年版,第127页;王连合《无因管理制度论》,知识产权出版社2020年版,第182页。

一,见义勇为者的财产或人身损害具有社会救济性。"① 国家和社会对见义勇为者负相应的救济责任,而对一般的无因管理者则没有此种责任。

在比较法上,存在以无因管理统摄见义勇为的一元立法模式,也存在对无因管理与见义勇为分别设置规则的二元立法模式。就大陆法系的通行做法而言,一般采取无因管理制度规范,即采取一元立法模式。我国《民法典》采取二元立法模式,见义勇为属于无因管理的特殊形式,《民法典》第183条关于见义勇为的规定与《民法典》第121条等关于无因管理的规定,具有特别规定和一般规定的关系。② 在见义勇为情形下,不应适用《民法典》第121条作为裁判依据,否则将构成向一般条款逃逸。③

虽然见义勇为符合无因管理的构成要件,但见义勇为仍然体现了其特殊性,具体表现如下。第一,是否存在侵权人不同。在见义勇为情形下,一般都存在侵权人,法律关系涉及见义勇为者、侵权人和受益人之间的关系。在无因管理情形下,一般不存在侵权人,法律关系只涉及本人与管理人之间的关系。第二,是否存在人身损害不同。在见义勇为情形下,一般存在人身损害和财产损害,见义勇为者可以要求对人身损害和财产损害进行赔偿或者补偿。在无因管理情形下,一般不涉及人身损害赔偿。

五 紧急救助

《民法典》第184条规定:"因自愿实施紧急救助行为造成受助人损害的,救助人不承担民事责任。"据此,紧急救助行为人享有豁免权须具备以下条件。第一,自愿施救,即主动实施救助行为。如果基于法定义务或者约定义务而进行施救,不适用本条规定,例如,根据《执业医师法》第24条的规定,医疗机构及其医务人员对患者有紧急救治的职责。第二,紧急状况下无偿施救。在他人处于危难之时,行为人采取了紧急救助措施,

---

① 最高人民法院民法典贯彻实施工作领导小组主编《中华人民共和国民法典总则编理解与适用》,人民法院出版社2020年版,第922页。
② 参见贺荣主编《最高人民法院民法典总则编司法解释理解与适用》,人民法院出版社2022年版,第484页。
③ 参见陈甦主编《民法总则评注》,法律出版社2017年版,第1313页。

实施了救助行为。第三，救助者出于善意。救助者施救的目的是保护被救助者的合法权益。

本条规定也称为"好人条款""撒玛利亚人法"。"在美国和加拿大，它是给伤者、病人的自愿救助者免除责任的法律，目的在于使人做好事时无后顾之忧，不用担心因过失造成损害而遭受追究，从而鼓励旁观者对伤病人士施以救助。"[1]"好人条款"的根本宗旨在于，即使紧急救助行为给被救助者造成一定损害，也要豁免其责任。

在《民法总则（草案）三审稿》中，本条的第2句规定："受助人能够证明救助人有重大过失造成自己不应有的重大损害的，救助人承担适当的民事责任。"最后审议时删除了这一规定。第十二届全国人民代表大会法律委员会在关于《民法总则（草案修改稿）》审议结果的报告中提出的理由是："草案修改稿第一百八十四条规定，因自愿实施紧急救助行为造成受助人损害的，救助人不承担民事责任。受助人能够证明救助人有重大过失造成自己不应有的重大损害的，救助人承担适当的民事责任。一些代表提出，草案修改稿的后一句规定虽作了进一步严格限定，针对的是在实践中可能出现的特殊情况，但仍难以免除见义勇为者的后顾之忧，不利于倡导培育见义勇为、乐于助人的良好社会风尚，建议删除。法律委员会经研究，赞成这一意见，建议删除这一内容。"[2]

2023年8月2日，最高人民法院发布人民法院抓实公正与效率践行社会主义核心价值观典型案例。在齐某某诉孙某某健康权纠纷案中，齐某某在孙某某经营的药店购买硝酸甘油药片并当场服用后，出现心脏骤停现象，孙某某立即实施心肺复苏进行抢救。齐某某恢复意识后，由120救护车送往康平县人民医院住院治疗，被诊断为双侧多发肋骨骨折、右肺挫伤、低钾血症，共计住院18天。齐某某提起诉讼，请求孙某某赔偿医疗

---

[1] 张新宝：《〈中华人民共和国民法典·总则〉释义》，中国人民大学出版社2020年版，第393页。
[2] 《第十二届全国人民代表大会法律委员会关于〈中华人民共和国民法总则（草案修改稿）〉审议结果的报告》，2017年3月12日第十二届全国人民代表大会第五次会议主席团第三次会议通过，载《民法总则立法背景与观点全集》编写组编《民法总则立法背景与观点全集》，法律出版社2017年版，第35页。

费、护理费、交通费、住院伙食补助费共计9000余元。辽宁省康平县人民法院认为，孙某某自愿实施紧急救助行为，虽然救助过程中导致齐某某身体损害，但没有证据证明齐某某心脏骤停与服用的硝酸甘油药物有关。且孙某某具有医学从业资质，给老人进行心肺复苏造成肋骨骨折及肺挫伤无法完全避免，其救助行为没有过错，不违反诊疗规范，故孙某某作为救助人对齐某某的损害不承担民事责任。

第五节　侵害英雄烈士等人格利益的民事责任

一　侵害英雄烈士等人格利益的思想根源是历史虚无主义

历史虚无主义以所谓"重新评价"为名，或者歪曲近现代中国革命历史、党的历史和中华人民共和国历史，或者否定、抹黑党的领袖人物和英雄模范，或者割裂党的历史，极尽攻击、丑化、污蔑之能事。历史虚无主义的本质，是从根本上否定马克思主义指导地位和中国走向社会主义的历史必然性，否定中国共产党的领导。历史虚无主义的惯用手法，无非用历史的支流、片段、表面现象和细枝末节，来否定历史的主题和主线、主流和本质，看似有理，实则荒谬；看似揭示了所谓历史真相，实则掩盖了历史真实；看似要说出什么真理，实则歪曲了正确的历史认知。我们应当树立正确历史观，深入揭示历史虚无主义的政治本质。一方面，坚持用唯物史观来认识和记述历史，把历史结论建立在翔实准确的史料支撑和深入细致的研究分析的基础之上，让历史说话，用史实发言，用令人信服的高质量研究成果消除历史虚无主义的影响，让历史的天空日月昭昭、乾坤朗朗。另一方面，面对错误言论，不能做和平绅士，不要爱惜自己的羽毛，要敢于发声、勇于亮剑，做敢于斗争、敢于担当的斗士。①

在考证荀彧之死时，裴松之写道："臣松之案《献帝春秋》云或欲发伏后事而求使至邺，而方诬太祖云'昔已尝言'。言既无证，回托以官渡

---

① 参见中国历史研究院《用正确历史观看百年党史》，载《求是》2021年第3期。

之虞，俯仰之间，辞情顿屈，虽在庸人，犹不至此，何以玷累贤哲哉！凡诸云云，皆出自鄙俚，可谓以吾侪之言而厚诬君子者矣。"[1]李白有诗曰："魏帝营八极，蚁观一祢衡。"深刻揭示了伟人与俗人的天壤之别。韩愈有诗曰："李杜文章在，光焰万丈长。不知群儿愚，那用故谤伤。蚍蜉撼大树，可笑不自量。伊我生其后，举颈遥相望。"

在《民法典》颁布前，我国司法实践中出现了一些侵害英雄烈士人格利益的纠纷，如"狼牙山五壮士案""邱少云案"。[2]在"狼牙山五壮士案"中，"有人在网上写了两篇文章，他们以所谓细节研究的手法追问当年狼牙山五壮士在何处跳崖，跳崖之前是否拔了老百姓的萝卜充饥。他们追问这些微小的细节，以贬损狼牙山五壮士早就根植于我们国人心目中的光辉伟岸的形象。'邱少云烈士案'更使我等痛心无比，有人在网上发言说'由于邱少云趴在火堆里一动不动，最终食客们拒绝为半面熟买单，他们纷纷表示还是赖宁的烤肉较好'。我真不知道他们说这些话的时候良心何在?!"[3]上述侮辱英雄烈士的行为不仅损害了广大人民群众的民族情感，也不利于凝聚民族精神。[4]为了有效避免此类行为，保护英雄烈士等的人格利益，《民法典》第185条对侵害英雄烈士等人格利益的民事责任作出了规定，具有重要的现实意义。[5]

二 英雄烈士等人格利益受法律保护

《民法典》第185条规定："侵害英雄烈士等的姓名、肖像、名誉、荣誉，损害社会公共利益的，应当承担民事责任。"第十二届全国人民代表大会法律委员会提出的立法理由是："有的代表提出，现实生活中，一些

---

[1] （晋）陈寿：《三国志》，中华书局2000年版，第239页。
[2] 参见"洪某某诉葛某某名誉权纠纷案"，北京市第二中级人民法院（2016）京02民终6272号民事判决书；"邱某某与孙某等一般人格权纠纷案"，北京市大兴区人民法院（2015）大民初10012号民事判决书。
[3] 孙鹏：《〈民法总则〉的精神与理性》，载赵万一主编《〈民法总则〉十二讲》，华中科技大学出版社2018年版，第92页。
[4] 参见陈甦主编《民法总则评注》，法律出版社2017年版，第1324页。
[5] 参见王利明《民法总则》，中国人民大学出版社2022年版，第445页。

人利用歪曲事实、诽谤抹黑等方式恶意诋毁侮辱英烈的名誉、荣誉等，损害了社会公共利益，社会影响很恶劣，应对此予以规范。法律委员会经研究认为，英雄和烈士是一个国家和民族精神的体现，是引领社会风尚的标杆，加强对英烈姓名、名誉、荣誉等的法律保护，对于促进社会尊崇英烈，扬善抑恶，弘扬社会主义核心价值观意义重大。据此，建议增加一条规定：侵害英雄烈士的姓名、肖像、名誉、荣誉等，损害社会公共利益的，应当承担民事责任。"①

2018年4月27日，立法机关通过了《英雄烈士保护法》，进一步规定了对英雄烈士的保护措施。《英雄烈士保护法》第2条规定："国家和人民永远尊崇、铭记英雄烈士为国家、人民和民族作出的牺牲和贡献。近代以来，为了争取民族独立和人民解放，实现国家富强和人民幸福，促进世界和平和人类进步而毕生奋斗、英勇献身的英雄烈士，功勋彪炳史册，精神永垂不朽。"据此，英雄烈士是指近代以来的英雄烈士。可以说，关于认定英雄烈士的时间起点，向前推至1840年是可行的。毛泽东同志起草的、周恩来同志书写的《人民英雄纪念碑碑文》可作为基本依据："三年以来，在人民解放战争和人民革命中牺牲的人民英雄们永垂不朽！三十年以来，在人民解放战争和人民革命中牺牲的人民英雄们永垂不朽！由此上溯到一千八百四十年，从那时起，为了反对内外敌人，争取民族独立和人民自由幸福，在历次斗争中牺牲的人民英雄们永垂不朽！"《英雄烈士保护法》第3条规定："英雄烈士事迹和精神是中华民族的共同历史记忆和社会主义核心价值观的重要体现。国家保护英雄烈士，对英雄烈士予以褒扬、纪念，加强对英雄烈士事迹和精神的宣传、教育，维护英雄烈士尊严和合法权益。全社会都应当崇尚、学习、捍卫英雄烈士。"《英雄烈士保护法》第22条规定："禁止歪曲、丑化、亵渎、否定英雄烈士事迹和精神。英雄烈士的姓名、肖像、名誉、荣誉受法律保护。任何组织和个人不得在公共场

---

① 《第十二届全国人民代表大会法律委员会关于〈中华人民共和国民法总则（草案）〉审议结果的报告》，2017年3月12日第十二届全国人民代表大会第五次会议主席团第二次会议通过，载《民法总则立法背景与观点全集》编写组编《民法总则立法背景与观点全集》，法律出版社2017年版，第32~33页。

所、互联网或者利用广播电视、电影、出版物等，以侮辱、诽谤或者其他方式侵害英雄烈士的姓名、肖像、名誉、荣誉。任何组织和个人不得将英雄烈士的姓名、肖像用于或者变相用于商标、商业广告，损害英雄烈士的名誉、荣誉。公安、文化、新闻出版、广播电视、电影、网信、市场监督管理、负责英雄烈士保护工作的部门发现前款规定行为的，应当依法及时处理。"

三 侵害英雄烈士等人格利益民事责任的构成要件

（一）侵害英雄烈士等的人格利益

根据《民法典》第185条的规定，行为人承担侵权责任必须是侵害了英雄烈士等的人格利益。从该条规定来看，"英雄烈士应该都是已故的死者，而不是生存的自然人"。① 对仍然健在的英雄的法律保护，应当适用自然人的民事权利保护，而不应适用死者的人格利益保护，前者属于直接保护模式，后者属于间接保护模式。也就是说，健在的英雄的人格权益的保护，由其本人直接行使人格权请求权，而无须由其近亲属行使人格权请求权。需要明确的是，《英雄烈士保护法》在规定英雄烈士人格利益保护时，并没有继续使用《民法典》第185条的"英雄烈士等"这一表述，表明其保护范围限于英雄烈士，而不包括一般的死者人格利益。②

（二）侵害英雄烈士等姓名、肖像、名誉、荣誉四项人格利益

《民法典》第185条和《英雄烈士保护法》第22条列举了英雄烈士人格利益的保护范围，即仅限于姓名、肖像、名誉、荣誉四项人格利益。"英雄烈士等因其生前突出的表现和对国家、民族的杰出贡献，其人格和精神已经凝聚为民族精神，成为国家和民族认同的基本元素，社会公众可以从其人格中汲取精神力量，因此，其生前人格利益可能已上升为社会公共利益，具有双重法益，在此场合，对'英雄烈士等的姓名、肖像、名誉、荣誉'实施倾斜保护，并未违反民事主体法律地位平等原则。"③

---

① 杨立新：《民法总则》，法律出版社2020年版，第317页。
② 参见王利明《民法总则》，中国人民大学出版社2022年版，第446页。
③ 陈甦主编《民法总则评注》，法律出版社2017年版，第1328页。

(三) 损害社会公共利益

英雄烈士的人格利益通常与社会公共利益联系在一起，因此，侵害英雄烈士的人格利益的，一般都损害社会公共利益。"英烈的事迹成为社会公众追随的榜样，其与我国的社会共识和主流价值观密切关联，在某种程度上已经成为中华民族共同记忆和民族感情的重要组成部分，正是从这个意义上说，侵害英雄烈士等的人格利益，同时也会伤害社会公众的民族感情，损害社会公共利益。"① 历史虚无主义者丑化英雄烈士的光辉形象，歪曲、篡改历史，侮辱、诽谤英雄烈士，应当引起人们的警惕。清代龚自珍在《定庵续集》里写道："欲知大道，必先为史。灭人之国，必先去其史。"了解历史，就了解了世间大道；把握史学，才能把握住社会规律。曾几何时，面对历史虚无主义者的居心叵测和杀气腾腾，有些人竟然采取宋襄公的仁义道德，② 无原则地妥协退让，险些使正义力量遭受灭顶之灾，幸有历史唯物主义的星星之火，使得正义力量渐成燎原之势。毛泽东同志在《论持久战》中指出："我们不是宋襄公，不要那种蠢猪式的仁义道德。"③ 历史上与宋襄公相似的人物是隋文帝杨坚。"然天性沉猜，素无学术，好为小数，不达大体，故忠臣义士莫得尽心竭辞。"④ 习近平总书记指出："古人说：'灭人之国，必先去其史。'国内外敌对势力往往就是拿中国革命史、新中国历史来做文章，竭尽攻击、丑化、污蔑之能事，根本目的就是要搞乱人心，煽动推翻中国共产党的领导和我国社会主义制度。"⑤ 郭沫若先生的诗句可为注解："赖有晴空霹雳雷，不叫白骨聚成堆。九天

---

① 王利明：《民法总则》，中国人民大学出版社2022年版，第448页。
② 宋襄公是公元前7世纪春秋时期宋国的国君。公元前638年宋国与强大的楚国作战，宋兵已经排列成阵，楚兵正在渡河。宋国有一个官员认为楚兵多宋兵少，主张利用楚兵渡河未毕的时机出击。但宋襄公说：不可，因为君子不乘别人困难的时候去攻打人家。楚兵渡河以后，还未排列成阵，宋国官员又请求出击。宋襄公又说：不可，因为君子不攻击不成阵势的队伍。一直等到楚兵准备好了以后，宋襄公才下令出击。结果宋国大败，宋襄公自己也受了伤。参见《毛泽东选集》（第2卷），人民出版社1991年版，第519页。
③ 《毛泽东选集》（第2卷），人民出版社1991年版，第492页。
④ （唐）魏徵：《隋书》，中华书局2000年版，第37页。
⑤ 习近平：《关于坚持和发展中国特色社会主义的几个问题》，载《十八大以来重要文献选编》（上），中央文献出版社2014年版，第113页。

四海澄迷雾，八十一番弭大灾。僧受折磨知悔恨，猪期振奋报涓埃。金睛火眼无容赦，哪怕妖精亿度来。"①

四 侵害英雄烈士等人格利益的起诉

（一）英雄烈士的近亲属起诉

侵害英雄烈士人格利益的，其近亲属可以提起诉讼。《英雄烈士保护法》第25条第1款规定："对侵害英雄烈士的姓名、肖像、名誉、荣誉的行为，英雄烈士的近亲属可以依法向人民法院提起诉讼。"根据该款规定，在英雄烈士人格利益遭受侵害时，由英雄烈士的近亲属提起诉讼，只有在英雄烈士没有近亲属或者近亲属不提起诉讼时，才能根据该条第2款的规定，由检察机关提起公益诉讼，这实际上是将英雄烈士的近亲属作为第一顺位的请求权主体。其理由在于，在英雄烈士人格利益遭受侵害的情形下，遭受损害的主要是英雄烈士的近亲属，首先由其提出请求，符合民法的私法自治原则。英雄烈士的近亲属起诉，并不以侵害英雄烈士人格利益的行为损害社会公共利益为条件，因此应由其自主选择是否提起诉讼。②

（二）英雄烈士人格保护的公益诉讼

侵害英雄烈士等的人格利益，同时也会伤害社会公众的民族感情，损害社会公共利益，因此，可以作为公益诉讼案件，在受害人没有近亲属或者受害人的近亲属未提起诉讼的情形下，检察机关以及有关公益组织应当提起诉讼，请求行为人承担相应的民事责任。构成犯罪的，依法追究刑事责任。《英雄烈士保护法》第25条第2款规定："英雄烈士没有近亲属或者近亲属不提起诉讼的，检察机关依法对侵害英雄烈士的姓名、肖像、名誉、荣誉，损害社会公共利益的行为向人民法院提起诉讼。"根据法律规定，目前应由各级人民检察院行使诉权，将来开放纳税人公益诉讼之后，凡不属于英雄烈士近亲属的普通公民均有权以纳税人身份依据《民法典》

---

① 田秉锷编著《毛泽东诗词鉴赏》（第2版），上海三联书店2018年版，第142页。
② 参见王利明《民法总则》，中国人民大学出版社2022年版，第448页。

第 185 条提起公益诉讼。① 《民法典》第 185 条为英雄烈士的人格利益提供了无限期的保护,即使数百年后,英雄烈士的人格利益被侵犯,仍可通过公益诉讼获得救济。

第六节　民事责任竞合

一　民事责任竞合的概念

所谓民事责任竞合,是指同一事实符合数个责任的构成要件,同时产生数个责任。从请求权角度看,同一事实出现后可能发生多项请求权,称为请求权竞合。"就同一利益之满足,有二个以上请求权可以行使者,是之谓请求权之竞合。"② 民法上的请求权竞合时有发生,从权利人的角度观察,它被称为请求权竞合;从义务人的角度观察,它被称为责任竞合。所以,请求权竞合和责任竞合是同一问题的两个方面。③

请求权竞合,是指权利人对于同一义务人,就同一标的发生数个请求权的情形。在此情形下,每个请求权彼此独立,其中一个请求权因罹于时效而消灭,对于其他请求权并无影响。因一个请求权得到满足,其余请求权归于消灭。④ "所谓请求权竞合,是指权利人对于同一义务人,就同一标的,发生数个请求权的情形。在发生请求权竞合的情形,其中一个请求权得到满足,其余请求权均归于消灭。但在消灭之前,各请求权彼此独立,不相关联。尤其诉讼时效各别进行,纵然其中一请求权因时效届满而消灭,其余请求权也不因此受影响。"⑤ 当同一事实符合数个请求权的条件时,当事人只能主张其中一个请求权,而不能同时主张数个请求权,否则,可能导致利益失衡,有违公平原则。

---

① 参见梁慧星《民法总则讲义》,法律出版社 2021 年版,第 339 页。
② 梅仲协:《民法要义》,中国政法大学出版社 1998 年版,第 38 页。
③ 参见王利明《民法总则》,中国人民大学出版社 2022 年版,第 449~450 页。
④ 参见梅仲协《民法要义》,中国政法大学出版社 1998 年版,第 38 页;郑玉波《民法总则》,中国政法大学出版社 2003 年版,第 72 页。
⑤ 梁慧星:《民法总论》,法律出版社 2021 年版,第 81 页。

民事责任竞合的情形主要是违约责任与侵权责任的竞合,还包括不当得利责任与无因管理责任的竞合、无因管理责任与侵权责任的竞合、不当得利责任与违约责任的竞合等情形。所谓违约责任与侵权责任的竞合,是指当事人实施的违法行为,既符合违约责任的构成要件,又符合侵权责任的构成要件,受害人可以选择主张违约责任或侵权责任。[1]《民法典》第186条规定:"因当事人一方的违约行为,损害对方人身权益、财产权益的,受损害方有权选择请求其承担违约责任或者侵权责任。"据此,当违约责任与侵权责任竞合时,受损害方可以选择违约责任请求权或者侵权责任请求权,但不允许受损害方同时行使两种请求权。我国立法坚持违约责任与侵权责任的诸多区分,并只允许受害人选择一种请求权,不允许当事人就同一事实依照不同请求权主张权利。[2]

在具体解释《民法典》第186条的内容时,立法部门认为:"在两种请求权同时存在的情况下,如果允许受损害方同时行使双重请求权,则使违约方承受双重责任,这对违约方来说显失公平;从受损害方来说,受损害方获得双重补偿,又构成受损害方不当得利,也不合理。因此,根据公平原则,本条规定,受损害方可以在两种请求权中选择行使一种请求权,如果受损害方选择行使一种请求权并得到实现,那么另一种请求权即告消灭。但是,如果受损害方行使一种请求权未果,而另一种请求权并未因时效而消灭,则受损害方仍可行使另一种请求权。"[3] 从上述解释来看,《民法典》第186条采取请求权竞合说。

《民法典》第186条的规定允许受害人选择适用民事责任,充分贯彻了意思自治原则,有利于保护当事人的合法权益。"有些法院在处理责任竞合案件时,过于僵硬,并不符合责任竞合的处理精神。例如,对交通事故、医疗事故以及产品责任案件,均按侵权责任案件处理,不允许受害人主张违约责任。这些都不符合利益衡量的要求,应予修正,改采竞合理论。"[4]

---

[1] 参见王利明《民法总则》,中国人民大学出版社2022年版,第450页。
[2] 参见陈甦主编《民法总则评注》,法律出版社2017年版,第1331页。
[3] 黄薇主编《中华人民共和国民法典总则编释义》,法律出版社2020年版,第495页。
[4] 崔建远主编《合同法》,法律出版社2021年版,第235页。

二 民事责任竞合的法理基础

(一) 关于民事责任竞合的不同学说

据学者考证，关于侵权责任与违约责任的关系，有不承认竞合和承认竞合两种立法例，前者的理论依据是法条竞合说，后者的理论依据包括请求权竞合说和请求权规范竞合说。①

1. 法条竞合说

法条竞合，是指同一生活事实符合一般法和特别法的规定，应当优先适用特别法。在此情形下，当事人没有选择权。"所谓'法规竞合'者，乃同一生活事实可以合乎数种法规所定之法律要件，而其中一法规属于特别法，应优先适用之情形是也，此际并不发生数个请求权，因而与上述之权利竞合，有所不同。"②"法条竞合说"认为，债务不履行是侵权行为的特别形态，侵权行为违反权利不可侵这一一般义务，而债务不履行违反基于合同而产生的特别义务。因此，同一事实具备侵权行为和债务不履行的要件时，依特别法优先于普通法的原则，只能适用债务不履行的规定，因而仅发生合同上的请求权，没有主张侵权行为请求权的余地。法国的判例与学说倾向于法条竞合说。③

2. 请求权竞合说

"请求权竞合说"认为，在发生侵权责任与违约责任竞合的情形下，存在两个相互独立的请求权（违约责任请求权与侵权责任请求权），权利人有权选择其一行使，选择任一请求权达到目的，则另一请求权因而消灭。④"就此两个请求权，债权人不妨择一行使，其中一个请求权若因达到目的以外的原因而不能行使（例如因时效而消灭），则另一个请求权（时效较长者），仍犹存续。"⑤"在某种意义上，请求权竞合可谓是消灭时效竞

---

① 参见梁慧星《民法总则讲义》，法律出版社2021年版，第340页。
② 郑玉波：《民法总则》，中国政法大学出版社2003年版，第73页。
③ 参见王泽鉴《民法学说与判例研究》（第1册），中国政法大学出版社1998年版，第377页。
④ 参见梁慧星《民法总则讲义》，法律出版社2021年版，第340~341页。
⑤ 王泽鉴：《侵权行为》，北京大学出版社2016年版，第76页。

合的问题,某一请求权虽因时效而消灭时,仍得行使另一请求权,此在诉讼上甚属重要,应请注意。"①

3. 请求权规范竞合说

"请求权规范竞合说"认为,在发生侵权责任与违约责任竞合的情形下,并不产生两个独立的请求权,而仅产生一个请求权,但具有两个法律基础,一为契约关系,二为侵权关系,其内容应结合两个基础规范加以决定,当事人得就对其有利之部分主张请求权。② 如案件事实同时符合违约责任和侵权责任的构成要件时,只存在一个损害赔偿请求权,权利人可以选择合同法关于违约责任的规定作为请求权基础,也可以选择侵权法关于侵权责任的规定作为请求权基础。选择其一请求权基础之后,不得再选择另一个请求权基础。③ 其理由在于:不得侵害他人权益的一般义务与合同上的特别义务具有同一内容时,不得侵害他人权益的一般义务因合同上的特别义务而被强化、具体化,但绝非双重化。因此,债务人基于违约或侵权所违反者,不是两个义务,而是一个义务,只能产生一个请求权,只能一次请求、一次起诉、一次让与。④

(二) 上述三种学说的区别

法条竞合说的本质在于不允许竞合,采取特别法优于一般法的原则。当出现合同法和侵权法的法条竞合时,当事人只能依据合同法主张权利。请求权竞合说和请求权规范竞合说都允许竞合,其本质区别在于:请求权竞合说承认产生两个独立的请求权,当一个请求权因时效等原因而消灭时,当事人可以主张另一个请求权;请求权规范竞合说不承认产生两个独立的请求权,而只产生一个请求权,当事人可以选择对其有利的请求权主张权利,"在选择其一请求权基础之后,不得再选择另一个请求权基础"。⑤

---

① 王泽鉴:《民法总则》,北京大学出版社 2009 年版,第 109 页。
② 参见王泽鉴《侵权行为》,北京大学出版社 2016 年版,第 76 页。
③ 参见梁慧星《民法总则讲义》,法律出版社 2021 年版,第 340~341 页。
④ 参见王泽鉴《民法学说与判例研究》(第 1 册),中国政法大学出版社 1998 年版,第 379~380 页;朱广新《合同法总则》,中国人民大学出版社 2012 年版,第 641 页。
⑤ 梁慧星:《民法总则讲义》,法律出版社 2021 年版,第 341 页。

关于民事责任竞合的上述三种学说，不同立法例会采纳不同学说。我国台湾地区在 20 世纪 50 年代至 80 年代初，基本采纳法条竞合说，80 年代后期，开始采纳请求权竞合说。其理由在于：在当事人因医疗服务合同等契约关系导致死亡时，相对人仅负债务不履行的损害赔偿责任，而死者近亲属的相关权益不能得到裁判支持，导致若干保护人身权之规定，必将受限制而无法发挥作用，为求符合立法意旨及平衡当事人之利益起见，应认为债权人得就其有利之法律基础为主张，故采纳请求权竞合说。[1] "法条竞合说的扬弃，请求权竞合说的肯定，尤其是人格权受到侵害时，得成立侵权行为及债务不履行两个独立请求权基础，可以说是台湾民法学长达数十年累积发展的里程碑。"[2]

第七节 责任聚合和民事责任优位规则

一 责任聚合

请求权聚合，是指权利人对于同一义务人，就不同标的，发生数个请求权的情形。[3] 从法律责任的角度来看，请求权聚合也就是责任聚合，包括民事责任聚合和法律责任聚合。法律责任聚合包含以下内容。

第一，根据法律规定，可以同时产生数种民事责任，称为民事责任聚合。例如，《民法典》第 179 条第 3 款规定："本条规定的承担民事责任的方式，可以单独适用，也可以合并适用。"据此，在当事人违约的情形下，强制履行、支付违约金乃至赔偿损失三种责任方式可以并用，这就确立了民事责任聚合的一般原则。[4] 第二，根据法律规定，可以同时产生刑事责任、行政责任和民事责任，称为法律责任聚合，也是请求权聚合的一种方式。法律责任聚合，"是指同一民事主体实施的一个行为同时符合民事责

---

[1] 参见王泽鉴《侵权行为》，北京大学出版社 2016 年版，第 77~79 页。
[2] 王泽鉴：《侵权行为》，北京大学出版社 2016 年版，第 80 页。
[3] 参见梁慧星《民法总论》，法律出版社 2021 年版，第 81 页。
[4] 参见崔建远主编《合同法》，法律出版社 2021 年版，第 230 页。

任、行政责任和刑事责任的构成要件，产生多种不同性质的法律责任聚集的现象"。①

在民事责任聚合情形下，有的存在请求权的先后顺序，劳动者不享有选择权。例如，工伤职工享有工伤保险赔付请求权，同时，工伤职工享有民事赔偿请求权，此时构成民事责任聚合，两种请求权存在先后顺序，劳动者不享有选择权。《安全生产法》第56条第2款规定："因生产安全事故受到损害的从业人员，除依法享有工伤保险外，依照有关民事法律尚有获得赔偿的权利的，有权提出赔偿要求。"《职业病防治法》第58条规定："职业病病人除依法享有工伤保险外，依照有关民事法律，尚有获得赔偿的权利的，有权向用人单位提出赔偿要求。"

二　民事责任优位规则

民事责任优位规则，也称为民事责任独立性和优先性规则、民事权利保护优先规则，是指同一行为同时引起民事责任和刑事责任、行政责任等其他法律责任时，行为人的财产应当优先用于承担民事责任。②《民法典》第187条规定："民事主体因同一行为应当承担民事责任、行政责任和刑事责任的，承担行政责任或者刑事责任不影响承担民事责任；民事主体的财产不足以支付的，优先用于承担民事责任。"本条规定是将《公司法》、《证券法》、《消费者权益保护法》以及《刑法》等散见于各处的有关民事权利保护优先的规定，通过一个基本的条文固定下来。例如，《刑法》第36条第2款规定："承担民事赔偿责任的犯罪分子，同时被判处罚金，其财产不足以全部支付的，或者被判处没收财产的，应当先承担对被害人的民事赔偿责任。"《消费者权益保护法》第58条规定："经营者违反本法规定，应当承担民事赔偿责任和缴纳罚款、罚金，其财产不足以同时支付的，先承担民事赔偿责任。"法律之所以规定民事责任优先，是因为相应数额的金钱赔偿对于民事上的被侵权人具有重大利益，是对其损害的填

---

① 张新宝：《侵权责任法》，人民法院出版社2024年版，第12页。
② 参见王利明《民法总则》，中国人民大学出版社2022年版，第422页。

补；但是行政处罚或者刑法罚金对于国库收入而言意义甚微。将有限的资源配置到最需要的地方，体现了国家保护个人财产权、立法为民和司法为民的理念。① 在行为人的财产不足以同时承担两种以上责任时，不缴纳罚款、罚金等行政、刑事责任，不会使国家发生经济上的困难，但如果不履行民事赔偿责任可能使个体陷入极大的困难。② "考虑到我国保险和社会救助制度的不完善，在受害人遭受损害之后，特别是遭受人身损害之后，难以通过保险或社会救助等制度获得救济，从而也有必要优先承担民事责任。"③

有观点认为，这样做还很不够，还有进一步提升的必要。应当把民事权利保护优先规则上升为民事权利优先原则，只有这样才能真正打破民事依附于刑事、民事依附于行政的传统思维。④ "各级司法机关在处理民法典与其他部门法律的关系上，也应重视民法典的基础性法律地位，尊重民法典在权利保护、国家治理等方面的独特价值。例如，民法典第187条明确确立了民事责任的独立性和优先性原则。在此情况下，司法机关不能延续'以刑代民'的做法，也不应否定刑事附带民事诉讼中原告人的死亡赔偿金、伤残赔偿金和精神损害赔偿金等请求，更不能过度介入民事活动，随意将民事纠纷刑事化。"⑤

有观点认为，有些司法解释的规定违反了《民法典》第187条规定的民事责任优位规则。例如，《刑事诉讼法司法解释》第175条第2款规定："因受到犯罪侵犯，提起附带民事诉讼或者单独提起民事诉讼要求赔偿精神损失的，人民法院一般不予受理。"该观点认为上述规定与《民法典》第187条所规定的民事责任优位规则相抵触，应予废止。⑥ 亦有观点认为，

---

① 参见张新宝《〈中华人民共和国民法典·总则〉释义》，中国人民大学出版社2020年版，第400页。
② 参见黄薇主编《中华人民共和国民法典总则编释义》，法律出版社2020年版，第497页。
③ 王利明：《民法总则》，中国人民大学出版社2022年版，第423页。
④ 参见赵万一《〈民法总则〉与中国商事审判的独立化》，载赵万一主编《〈民法总则〉十二讲》，华中科技大学出版社2018年版，第229页。
⑤ 参见谭启平《不断深化习近平法治思想研究 努力推动民法典基础性法律地位的落实》，载《民主与法制》2023年第48期。
⑥ 参见梁慧星《侵权责任法讲义》，法律出版社2023年版，第69页；张新宝《〈中华人民共和国民法典·总则〉释义》，中国人民大学出版社2020年版，第399页。

无论从尊重和保护广大人民人格权的角度来看,还是遵循最基本的"同等事物同等对待"的法理,抑或从《民法典》第1183条第1款的规定出发,在侵权行为也构成犯罪的场合,不赔偿受害人或其近亲属的精神损害的规定,显然是非常不妥的。① 根据确认法律等级效力的规则,作为基本法律的《民法典》应优先于司法解释予以适用,应无异议。

---

① 参见程啸《侵权责任法》,法律出版社2021年版,第857~858页。

第十一章 诉讼时效

第一节 诉讼时效概述

一 时效和诉讼时效的概念

（一）时效的概念

所谓时效，是指一定的事实状态持续一定的期间，产生一定法律效果的法律制度。时效可以分为取得时效和消灭时效两种，消灭时效也称为诉讼时效。[1] 取得时效，又称为占有时效，是指无权占有人以行使所有权或其他财产权的意思公然、和平和持续占有他人的物达到一定期间，而取得所占有物的所有权或其他权利的制度。[2] "性质上属于事实行为，而非法律行为，故不适用行为能力的规定，以具有事实上行为的意识为已足。"[3] 罗马法上的取得时效，是指"在法定期间内，继续占有他人的物件而取得所有权的制度"。[4]

取得时效与消灭时效均缘于罗马法，取得时效发生在前，消灭时效发生在后，惟此二者，仅为后世注释家创造，罗马法正文则无。至中世纪注释法学派与教会法，始将消灭时效与取得时效混合为一，影响所及近代民法之立法例，有从罗马法之旧惯，将二者分别规定，将取得时效规定于物权编，将

---

[1] 参见梁慧星《民法总论》，法律出版社2021年版，第254页；温世扬主编《中国民法》，北京大学出版社2023年版，第178页。
[2] 参见梁慧星、陈华彬《物权法》，法律出版社2007年版，第140页。
[3] 王泽鉴：《民法物权》，北京大学出版社2009年版，第133页。
[4] 陈朝璧：《罗马法原理》，商务印书馆1979年版，第323页。

消灭时效规定于总则编，如德国民法以及我国台湾地区"民法"；反之，有将二者统一规定于总则编者，如奥地利、日本民法。[①] 日本民法第一编"总则"第六章规定了取得时效和消灭时效。德国、瑞士、韩国及我国台湾地区等则分别规定了消灭时效和取得时效。《德国民法典》把消灭时效规定于"总则编"，把取得时效作为取得物权的一种方法规定于"物权编"。瑞士民法、韩国民法和我国台湾地区"民法"基本参考德国民法的经验而定。[②] 我国《民法典》仅在总则编规定诉讼时效，物权编未规定取得时效。

(二) 诉讼时效的概念

所谓诉讼时效，又称消灭时效，[③] 是指权利人在法定期间内不行使权利，产生权利消灭或权利效力减损的法律效果的法律制度。[④] 具体产生何种效力，则根据不同国家的立法例而有所区别。根据我国《民法典》的规定，诉讼时效期间届满的效力采取抗辩权发生主义。所谓诉讼时效，是指权利人在法定期间内不行使权利，导致义务人取得拒绝履行抗辩权的法律制度。[⑤]

诉讼时效具有强制性，诉讼时效的相关制度只能由法律规定，不允许当事人约定。《民法典》第197条规定："诉讼时效的期间、计算方法以及中止、中断的事由由法律规定，当事人约定无效。当事人对诉讼时效利益的预先放弃无效。"采取诉讼时效强制性的理由在于：诉讼时效制度的目的是维护交易秩序，平衡当事人之间的利益。若允许任意延长，将危及财产秩序，有害于公益；若允许任意缩短，则对权利人保护不利。时效利益不可预先放弃，否则无异于允许权利人无限期地怠于主张权利，不利于维护稳定的市场秩序，背离了诉讼时效制度的设定宗旨。[⑥]

[①] 参见李太正《取得时效与消灭时效》，载苏永钦主编《民法物权争议问题研究》，清华大学出版社2004年版，第74页。
[②] 参见马俊驹、余延满《民法原论》，法律出版社1998年版，第312页。
[③] 参见梁慧星《民法总论》，法律出版社2021年版，第256页。
[④] 参见温世扬主编《中国民法》，北京大学出版社2023年版，第180页。
[⑤] 参见王利明《民法总则》，中国人民大学出版社2022年版，第458页。
[⑥] 参见最高人民法院民二庭编著《最高人民法院关于民事案件诉讼时效司法解释理解与适用》，人民法院出版社2015年版，第62页。

二　诉讼时效制度的功能

诉讼时效制度适用的目的在于督促权利人积极行使权利，及时清结民事法律关系，使社会关系处于稳定运行的理想状态，因此，它不保护权利上之睡眠者。在诉讼时效期间届满后，义务人可以针对请求权的行使提出抗辩。此外，诉讼时效制度有利于证据的收集和判断，以及时解决法律纠纷。通说认为，诉讼时效制度的价值主要表现为以下几点：第一，保护债务人，避免因时日久远，举证困难，遭受不利益；第二，尊重现存秩序，维护法律平和；第三，权利上之睡眠者，不值保护；第四，简化法律关系，减轻法院负担，降低交易成本。[①]

虽然诉讼时效制度具备许多优点，但其不足之处也是显而易见的。只是因为时间的流逝就消灭了当事人之间的权利义务关系，未免使一些不太了解法律规则的人吃哑巴亏，客观上也默许了投机主义的赖账行为，难谓公允。尤其当标的数额比较大时，权利人的损失更增加了悲剧色彩，因此，法律应保持适当的谦抑性。《民法典》第193条规定："人民法院不得主动适用诉讼时效的规定。"上述规定符合私法自治的精神，有利于保护民事主体的合法权益，有利于维护司法公正。

三　诉讼时效的效力

（一）比较法上的考察

诉讼时效的效力，是指诉讼时效期间届满后的法律效果。一般认为，比较法上有四种立法模式。[②]

1. 实体权消灭主义

在此种模式下，诉讼时效期间届满，将直接消灭权利人的实体权利。[③]

[①] 参见王泽鉴《民法总则》，北京大学出版社2022年重排版，第533~534页。

[②] 参见佟柔主编《中国民法学·民法总则》，中国人民公安大学出版社1990年版，第317页；王利明《民法总则》，中国人民大学出版社2022年版，第487页；温世扬主编《中国民法》，北京大学出版社2023年版，第193页。

[③] 参见梁慧星《民法总则讲义》，法律出版社2021年版，第356页。

例如,《日本民法典》第 167 条规定:"债权因 10 年间不行使而消灭;债权或所有权以外的财产权,因 20 年间不行使而消灭。"

2. 诉权消灭主义

在此种模式下,诉讼时效期间届满,实体权利并不消灭,只是诉权归于消灭。① "时效届满后的权利,因诉权消灭不能请求法院为强制执行,即成为所谓自然债。"② 例如,《法国民法典》第 2262 条规定:"一切物权或债权的诉权,均经 30 年的时效而消灭。"

3. 胜诉权消灭主义

在此种模式下,诉讼时效期间届满,权利人的胜诉权消灭,其起诉权和实体权利则不消灭。如果诉讼时效期间已经届满,又没有应予保护或延长时效期间的特殊情况,就应判决对其权利不予保护。这种做法,由苏联首先实行,并为其他社会主义国家所采纳。③

4. 抗辩权发生主义

在此种模式下,诉讼时效期间届满,权利人的实体权利和诉权均未消灭,但义务人有拒绝履行的抗辩权。④ 例如,《德国民法典》第 222 条第 1 款规定:"消灭时效完成后,义务人有权拒绝给付。"我国《民法典》采取抗辩权发生主义。《民法典》第 192 条第 1 款规定:"诉讼时效期间届满的,义务人可以提出不履行义务的抗辩。"

(二)我国《民法典》上的抗辩权发生主义的内涵

1. 义务人取得时效抗辩权

通说认为,我国《民法通则》采取胜诉权消灭主义。⑤ 2020 年修正的《最高人民法院关于审理民事案件适用诉讼时效制度若干问题的规定》(以下简称《诉讼时效司法解释》)第 1 条规定:"当事人可以对债权请求权

---

① 参见郑玉波《民法总则》,中国政法大学出版社 2003 年版,第 536 页。
② 梁慧星:《民法总则讲义》,法律出版社 2021 年版,第 356 页。
③ 参见佟柔主编《中国民法学·民法总则》,中国人民公安大学出版社 1990 年版,第 317 页。
④ 参见郑玉波《民法总则》,中国政法大学出版社 2003 年版,第 536 页。
⑤ 参见佟柔主编《中国民法学·民法总则》,中国人民公安大学出版社 1990 年版,第 317 页。

提出诉讼时效抗辩……"第 2 条规定："当事人未提出诉讼时效抗辩，人民法院不应对诉讼时效问题进行释明。"至此，我国民法学说和司法实践采取抗辩权发生主义。① 《民法典》第 192 条第 1 款规定："诉讼时效期间届满的，义务人可以提出不履行义务的抗辩。"我国《民法典》第 192 条第 1 款采取了抗辩权发生主义的立场，该规定是借鉴了比较法的有益经验、总结我国司法实践经验的结果，既符合诉讼时效制度的目的，也体现了私法自治的精神。② 抗辩权发生主义认为，时效完成后，只是发生抗辩权产生的效果，即义务人仅取得拒绝履行的抗辩权，权利人的实体权利与诉权均不消灭。"诉讼时效期间的经过，并不妨碍当事人向人民法院提起诉讼以保护自己的权利，除非对方当事人援引时效予以抗辩始得阻碍权利的行使。"③

关于时效抗辩权的行使时间阶段，《民法典》并未进行限制。时效抗辩权既可以在诉讼程序内行使，也可以在诉讼程序外行使。④ 《诉讼时效司法解释》第 3 条规定："当事人在一审期间未提出诉讼时效抗辩，在二审期间提出的，人民法院不予支持，但其基于新的证据能够证明对方当事人的请求权已过诉讼时效期间的情形除外。当事人未按照前款规定提出诉讼时效抗辩，以诉讼时效期间届满为由申请再审或者提出再审抗辩的，人民法院不予支持。"据此，当事人应当在一审期间提出诉讼时效抗辩，否则将承担不利后果，除非在二审期间提交足以支持其抗辩权的新证据。

2. 人民法院不得主动适用诉讼时效规定

罗马法的时效制度有一个重要规则，即时效只能由当事人主张而不能由法庭援用。大陆法系中许多国家或地区的民法均继承了这一原则，禁止法庭主动适用诉讼时效。⑤ 行使抗辩权，可于诉讼外或诉讼内为之，但不

---

① 参见梁慧星《民法总则讲义》，法律出版社 2021 年版，第 357 页。
② 参见王利明《民法总则》，中国人民大学出版社 2022 年版，第 488 页。
③ 陈甦主编《民法总则评注》，法律出版社 2017 年版，第 1348 页。
④ 参见最高人民法院民法典贯彻实施工作领导小组主编《中华人民共和国民法典总则编理解与适用》，人民法院出版社 2020 年版，第 969 页。
⑤ 对此可参阅《法国民法典》第 2223 条、《日本民法典》第 145 条、《中国澳门地区民法典》第 296 条、《意大利民法典》第 2938 条之规定。参见苏号鹏《民法总论》，法律出版社 2006 年版，第 375 页。

得迟于最后事实审言词辩论终结前。如债务人不行使其抗辩权，法院不得认定请求权已消灭。法官不得以职权斟酌，债务人未行使时效抗辩权的，法官应判决其履行债务。[①]《民法典》第193条规定："人民法院不得主动适用诉讼时效的规定。"本条规定了职权禁用规则，即在当事人未主张时效事项的情形下，法院不得主动依职权适用时效规定。本条规定的职权禁用规则与《民法典》第192条规定的抗辩权发生主义实为同一规则依不同角度所作规定，因为既然时效届满仅直接产生抗辩权，则该抗辩权当然只能由当事人享有和行使，法院自无权援引。[②]

一般认为，法官不应主动适用法律关于诉讼时效的规定，按照意思自治原则，完全应由义务人自行决断。主要理由是：第一，法官依职权主动审查违背了私法自治的精神；第二，法官依职权主动审查不利于对债权人的保护；第三，法官依职权主动审查不利于使法官保持中立；第四，法官依职权主动审查与职权主义的诉讼模式有关。在我国审判方式改革以后，主要采取当事人主义模式，努力减少法官对当事人民事权利行使的不适当干预。[③]

（三）诉讼时效期间届满的法律后果

1. 由于义务人行使时效抗辩权，法定之债转化为自然之债

根据《民法典》第192条第1款的规定，诉讼时效期间届满的，义务人享有时效抗辩权，可以提出不履行义务的抗辩。债务人在诉讼时效期间届满后有权拒绝给付，这是一种技术意义上的抗辩权。债务人一旦提出诉讼时效期间届满的抗辩，就永久性地排除了权利人的请求权的行使。[④] 由于义务人行使时效抗辩权，原有的法定之债转化为自然之债，自然债权不具有强制执行力。"此种罹于消灭时效的债权，系属所谓不完全债权（或称自然债务），债权人请求力虽因债务人之抗辩权而减弱，但仍具可履行

---

① 参见黄立《民法总则》，中国政法大学出版社2002年版，第494页。
② 参见杨巍《〈民法典〉第192条、第193条（诉讼时效届满效力、职权禁用规则）评注》，载《法学家》2020年第6期。
③ 参见王利明《民法总则研究》，中国人民大学出版社2003年版，第714页。
④ 参见〔德〕梅迪库斯《德国民法总论》，邵建东译，法律出版社2001年版，第102页。

性，其受领给付的权能（债权之保持力），不因此而受影响。"① "所谓自然债，如时效经过之债，债务人自愿履行后不得以不知时效已过而要求返还，对债权人而言显然属于受法律保护的利益，但因其不具备诉请法院强制执行的效力，难谓为法律上的权利。"② 时效完成之后的债权，已失去法律上之力的保护，同时亦失去法律救济的基础，故已非完全法律意义上的债权。与之相对应的债务，已失去法律上之力的约束，属于可以履行也可以不履行的义务，不具有强制执行力。自然之债缺乏法定之债的债因，不产生法定义务，故不能经由诉讼获得满足，但债务人自愿履行的，不得请求不当得利返还。③ 可见，时效完成之后的债务履行，虽然具有债务履行的形式要件，如履行主体与受领主体均系特定之人，履行标的也为特定之物或者行为，履行之后不得请求返还等，但其并非属于受法律约束的必须行为，因此，已缺乏债务履行的本质特征。④ 但诉讼时效期间届满后，债务人自愿履行的，不得以诉讼时效期间届满为由请求返还。

2. 履行时效期间届满后的债务不为不当得利

在抗辩权发生主义模式下，义务人有权拒绝履行义务，当然，如果义务人自愿履行诉讼时效届满后的义务，法律也不作限制。之所以不作限制，是因为当事人之间确实存在实体的权利义务关系，本着诚实信用原则，义务人应当履行自己的义务，只是因法律规定了诉讼时效制度，而权利人又没有在法定期间内行使权利，法律程序上认定其承担不利的后果，义务人取得时效利益，如果义务人不行使诉讼时效抗辩权，则意味着其放弃时效利益。如果法律不许义务人放弃时效利益，则会发生法律与道德的紧张关系。因此，时效利益抛弃规则既是维护权利人利益的一项规则，又是缓和诉讼时效期间届满引发的法律与道德的紧张关系的一项规则。⑤ "罹于时效之请求权，并非其本体消灭，唯于义务人主张抗辩时，失其力量耳。

---

① 王泽鉴：《民法总则》，北京大学出版社2022年重排版，第559页。
② 梁慧星：《民法总论》，法律出版社2021年版，第73页。
③ 参见李永军《自然之债论纲》，中国政法大学出版社2019年版，第52页。
④ 参见王家福主编《民法债权》，法律出版社1991年版，第12页。
⑤ 参见李开国《民法总则研究》，法律出版社2003年版，第446页。

请求权罹于时效以后,具有效力较强之自然债务之性质,亦有受领给付之能力,故债务人不主张抗辩权,而仍为给付者,不得以不知时效为理由,请求返还。其以契约承认其债务,或提出担保(即抵押权质权或保证)者,请求权仍回复其力量。"① "请求权虽经时效消灭,然权利本身并未消灭,故债务人为履行之给付,非无法律上之原因,乃为债之清偿,故不得以不当得利为理由,请求返还,虽不知时效之完成而为给付,仍不失为债之清偿,故仍不得请求返还。"②

《民法典》第 192 条第 2 款规定:"诉讼时效期间届满后,义务人同意履行的,不得以诉讼时效期间届满为由抗辩;义务人已经自愿履行的,不得请求返还。"所谓义务人的自愿履行,是指无论义务人是否知道诉讼时效期间届满的事实,只要其自愿履行该项债务,就应认定该履行行为有效,其不得以诉讼时效期间届满为由主张撤销其履行行为。义务人自愿履行的构成要件如下:第一,需为义务人本人或其代理人自愿履行;第二,需以义务人本人或其代理人以实际履行义务且权利人接受为要件;第三,不以义务人知道或应当知道其享有诉讼时效抗辩权为要件;第四,该履行行为应为义务人的自愿行为。诉讼时效并不消灭请求权,故义务人在诉讼时效期间届满后,仍向权利人履行义务的,权利人能以请求权实体存在为正当理由来保有该权利实现的结果。③ 许多国家或地区的法律作出了相应的规定。④ "如果履行给付以后仍可以请求返还,则诉讼时效维护安全的宗旨势必难以达成。"⑤

---

① 梅仲协:《民法要义》,中国政法大学出版社 1998 年版,第 160 页。
② 史尚宽:《民法总论》,中国政法大学出版社 2000 年版,第 708 页。
③ 参见孙宪忠主编《民法总论》,社会科学文献出版社 2004 年版,第 282 页。
④ 《德国民法典》第 214 条规定:"(1)消灭时效完成后,债务人有拒绝给付的权利。(2)为满足已经完成消灭时效的请求权而给付的一切,即使是在不知道请求权已经完成消灭时效的情况下给付的,也不得请求返还。债务人的符合合同规定的承认以及提供的担保,亦同。"《瑞士债务法》第 63 条规定:"对已过诉讼时效的债务的清偿或者基于道德义务的债务履行,不得请求返还。"我国台湾地区"民法"第 144 条规定:"时效完成后,债务人得拒绝给付。请求权已经时效消灭,债务人仍为履行之给付者,不得以不知时效为理由,请求返还;其以契约承认该债务或提出担保者亦同。"
⑤ 〔德〕梅迪库斯:《德国民法总论》,邵建东译,法律出版社 2001 年版,第 102 页。

3. 义务人抛弃时效利益的一般规则

诉讼时效期间届满后，债务人可以主动抛弃时效利益。关于时效期间的规定是强制性规定，所以，时效利益不得预先抛弃。但时效期间届满后，时效利益可以抛弃。诉讼时效期间届满后，义务人抛弃诉讼时效利益的，其实质为义务人放弃诉讼时效抗辩权。"时效利益之抛弃，为抛弃人不欲享受时效利益之意思表示，系属单独行为，并为处分行为，债务人一旦表示抛弃其时效利益，即生效力，不必得债权人之同意，债务人明知时效完成之事实而为承认者，其承认可认为系抛弃时效利益之默示意思表示。"① "如果双方通过签署协议的方式放弃时效利益，亦无不可。"② "时效利益之抛弃，系属处分行为，须依意思表示为之，故因时效受利益之人如属多数，除有明文规定外，一人抛弃，其影响不及于他人。共同共有人中一人未得全体共有人同意，向他人为抛弃时效利益之意思表示者，依法即非有效。"③ 义务人抛弃时效利益的方式包括同意履行义务或者已经自愿履行义务、双方达成履行债务的协议，以及在催款通知单上签字或盖章。

（1）同意履行义务或者已经自愿履行义务

《诉讼时效司法解释》第19条第1款规定："诉讼时效期间届满，当事人一方向对方当事人作出同意履行义务的意思表示或者自愿履行义务后，又以诉讼时效期间届满为由进行抗辩的，人民法院不予支持。"据此，在诉讼时效期间届满后，义务人同意履行义务的或者已经自愿履行义务的，不得再主张时效利益。第一，所谓同意履行义务，是指义务人承认并同意履行义务。义务人同意履行义务既可以是义务人的单方意思表示，也可以是双方通过协议方式约定，主要包括以下形式：义务人向债权人出具还款计划或达成还款协议；义务人请求延期履行；义务人委托第三人代为履行；义务人或第三人为债务提供担保。第二，义务人已经自愿履行的，

---

① 王泽鉴：《民法总则》，北京大学出版社2022年重排版，第560页。
② 最高人民法院民法典贯彻实施工作领导小组主编《中华人民共和国民法典总则编理解与适用》，人民法院出版社2020年版，第970页。
③ 王泽鉴：《民法总则》，北京大学出版社2022年重排版，第561页。

不能再请求债权人返还。① 如果义务人已经自愿履行了部分债务，但剩余债务不愿履行，而行使时效抗辩权，此时应支持其时效抗辩权。也就是说，债务人不愿意抛弃时效利益，其行为不违反法律和公序良俗，应予允许，只是已经履行的部分不得请求返还。

（2）双方达成履行债务的协议

《诉讼时效司法解释》第19条第2款规定："当事人双方就原债务达成新的协议，债权人主张义务人放弃诉讼时效抗辩权的，人民法院应予支持。"据此，当事人可以通过协议的方式放弃诉讼时效抗辩权。以合同方式承认债务，如双方达成协议，由债务人继续履行全部或部分债务。此项合同的性质属于和解协议，其实质在当事人之间产生新的债权债务关系。"虽然时效届满以后，此债务已转化为自然债务，但不能否认债务纠纷的存在。通过双方达成协议，由债务人继续承担全部或一部分债务，此项债务已非自然债务，乃是一种新债务。既然该协议属于另外一个合同，则与其他合同一样发生法律约束力，如果债务人不履行其债务，法院可以强制执行。"②

（3）在催款通知单上签字或盖章

《诉讼时效司法解释》第19条第3款规定："超过诉讼时效期间，贷款人向借款人发出催收到期贷款通知单，债务人在通知单上签字或者盖章，能够认定借款人同意履行诉讼时效期间已经届满的义务的，对于贷款人关于借款人放弃诉讼时效抗辩权的主张，人民法院应予支持。"诉讼时效期间届满后，义务人同意履行的，比如在债权人的催款通知单上签字、盖章等，应当作为对债权债务关系承认的意思表示，具有法律效力，义务人不得以诉讼时效期间届满为由进行抗辩。

4. 诉讼时效期间届满的债权不得作为主动债权抵销

诉讼时效期间届满的主动债权抵销，是指提出抵销的一方在其债权已经罹于失效后主张抵销，并要求发生抵销的效果。一般认为，罗马法承认

---

① 参见最高人民法院民法典贯彻实施工作领导小组主编《中华人民共和国民法典总则编理解与适用》，人民法院出版社2020年版，第970~971页。

② 王利明：《民法总则》，中国人民大学出版社2021年版，第493页。

自然债权（包括罹于时效的债权）可以抵销。受罗马法的影响，法国法和德国法也均认可诉讼时效期间届满的债权作为主动债权抵销。此外，日本民法和我国台湾地区"民法"也作了类似的规定。[1] 关于我国法律是否认可诉讼时效期间届满的债权作为主动债权抵销，在理论和实务上存在争议。《九民纪要》第43条规定："……抵销一经生效，其效力溯及自抵销条件成就之时，双方互负的债务在同等数额内消灭。双方互负的债务数额，是截至抵销条件成就之时各自负有的包括主债务、利息、违约金、赔偿金等在内的全部债务数额……"据此，诉讼时效期间届满的债权可以作为主动债权进行抵销。《民法典合同编通则司法解释》第58条改变了《九民纪要》第43条的规定，即诉讼时效期间届满的债权不得作为主动债权进行抵销，除非对方当事人不行使抗辩权。

《民法典合同编通则司法解释》第58条规定："当事人互负债务，一方以其诉讼时效期间已经届满的债权通知对方主张抵销，对方提出诉讼时效抗辩的，人民法院对该抗辩应予支持。一方的债权诉讼时效期间已经届满，对方主张抵销的，人民法院应予支持。"上述规定包含以下两个方面的内容。第一，当事人一方以诉讼时效期间届满的债权主张抵销的，对方当事人可以提出时效抗辩，人民法院对该抗辩应予支持。也就是说，诉讼时效期间届满的债权不得作为主动债权抵销，否则相当于剥夺了对方当事人的时效抗辩权，这与《民法典》第192条第1款规定的时效抗辩权规则一致。"附有抗辩权的债权，也不得被作为主动债权用以抵销，否则即为剥夺相对人的抗辩权。"[2] "罹于时效的主动债权不能抵销，但抗辩权人主张抵销的，视为其放弃抗辩权，应予允许。"[3] 最高人民法院（2017）最高法民申854号民事裁定认为："如果允许以超过诉讼时效的债权行使抵销权，无异于赋予超出诉讼时效债权法律强制力，不符合抵销权和诉讼时效制度的法律精神。"第二，诉讼时效期间届满的债权可以作为被动债权抵

---

[1] 参见王利明《罹于时效的主动债权可否抵销？》载《现代法学》2023年第1期。
[2] 黄薇主编《中华人民共和国民法典合同编释义》，法律出版社2020年版，第246页。
[3] 王利明、朱虎主编《民法典合同编通则司法解释释评》，中国人民大学出版社2024年版，第564页。

销。也就是说，当对方当事人主张以自己享有的诉讼时效期间未届满的债权与诉讼时效期间届满的债权抵销时，人民法院应予支持。"在一方债权的诉讼时效已经届满的情形下，如果对方当事人主张抵销，则表明其放弃了时效利益，法律上应当允许。"[1]

一般认为，作出上述规定的主要理由在于，允许诉讼时效期间届满的债权作为主动债权抵销，不符合相关法律规则。第一，不符合诉讼时效的规则。允许诉讼时效期间届满的债权作为主动债权抵销，将损害债权人利益。一方面，它剥夺了债务人所享有的拒绝履行抗辩权，不当剥夺了债务人的时效利益；另一方面，抵销是单方法律行为，具有强制性，而罹于时效的债权属于自然之债，不具有强制性。而且诉讼时效制度旨在督促债权人及时行使权利，避免不必要的拖延，并在债权人怠于行使权利时给予债务人时效抗辩权。因此，如果允许罹于时效的债权作为主动债权抵销，将与诉讼时效制度的立法目的相违背，导致法律体系内部发生冲突。第二，与"抵销无溯及力"规则相悖。从我国《民法典》的规定来看，我国《民法典》并未承认抵销的溯及力。《民法典》第568条第2款规定："当事人主张抵销的，应当通知对方。通知自到达对方时生效。抵销不得附条件或者附期限。"据此，通知生效时间为"到达对方时"，也就是说，"到达对方时"发生抵销的效果。可见，我国《民法典》并未采纳抵销溯及力规则。[2]《民法典合同编通则司法解释》第55条规定："当事人一方依据民法典第五百六十八条的规定主张抵销，人民法院经审理认为抵销权成立的，应当认定通知到达对方时双方互负的主债务、利息、违约金或者损害赔偿金等债务在同等数额内消灭。"据此，抵销权的行使在通知到达对方时发生效力，并且不具有溯及力。本条规定具有合理性，"该规定依据《民法典》第568条的规定，采纳通知到达主义，能够避免抵销具有溯及力所产生的问题，也有利于使合同关系确定地归于消灭。而且当事人还可以对抵销权的行使及时提出异议，可以避免或减少

---

[1] 王利明、朱虎主编《民法典合同编通则司法解释释评》，中国人民大学出版社2024年版，第567页。
[2] 参见王利明《罹于时效的主动债权可否抵销？》，载《现代法学》2023年第1期。

纠纷的发生"。①第三，不符合公平原则。由于抵销的效果类似于优先受偿，如果允许诉讼时效期间届满的债权作为主动债权抵销，将会使得怠于行使权利的债务人不仅免于时效抗辩，而且比其他没有超过诉讼时效期间的债权人优先获得保护，将导致抵销权人与债务人的其他债权人之间受偿的不平等，不符合公平原则。②

第二节　诉讼时效的客体

一　诉讼时效客体的不同立法例

诉讼时效的客体，又称诉讼时效的适用范围，是指哪些类型的权利受到诉讼时效的限制。诉讼时效适用哪些类型的权利，比较法上有不同规定。有的立法以债权及其他非所有权的财产权为诉讼时效客体者，如《日本民法典》第167条规定："债权因十年间不行使而消灭。债权或所有权以外的财产权，因二十年间不行使而消灭。"有的立法以请求权为诉讼时效的客体。德国民法、瑞士民法和我国台湾地区"民法"采用此种模式。如我国台湾地区"民法"第125条规定："请求权，因十五年间不行使而消灭。但法律所定期间较短者，依其规定。"③一般认为，形成权不适用诉讼时效，而适用除斥期间。"形成权，例如撤销权及契约解除权，非请求权，其消灭为权利之本身，故其法定之消灭期间，应解释为除斥期间。"④

我国《民法典》没有明确适用诉讼时效的权利性质，但根据《民法典》的相关规定，适用诉讼时效的权利应为请求权。"中国《民法典》总则编虽然未明文规定以请求权为诉讼时效的客体，但通观第九章诉讼时效的全部条文，应当肯定，诉讼时效客体为请求权。请求权以外的权

---

① 王利明、朱虎主编《民法典合同编通则司法解释释评》，中国人民大学出版社2024年版，第551页。
② 参见石佳友、付一耀主编《民法典合同编通则司法解释释评与案例指引》，中国法制出版社2024年版，第409页。
③ 王泽鉴：《民法总则》，北京大学出版社2022年重排版，第538页。
④ 史尚宽：《民法总论》，中国政法大学出版社2000年版，第629页。

利，如物权、知识产权、人格权，因其性质为支配权，故不适用诉讼时效制度。"[1] 也就是说，我国《民法典》上的诉讼时效制度适用于请求权，而不适用于形成权。《诉讼时效司法解释》第5条规定："享有撤销权的当事人一方请求撤销合同的，应适用民法典关于除斥期间的规定。对方当事人对撤销合同请求权提出诉讼时效抗辩的，人民法院不予支持。合同被撤销，返还财产、赔偿损失请求权的诉讼时效期间从合同被撤销之日起计算。"请求权包括人格权保护请求权、身份关系上的请求权、物权请求权和债权请求权，诉讼时效是否适用各种类型的请求权，学说尚有争论。一般认为，《民法典》规定的诉讼时效制度"应当主要适用于债权请求权"。[2]

二 不适用诉讼时效的情形

（一）《民法典》第196条规定的不适用诉讼时效的情形

《民法典》第196条规定："下列请求权不适用诉讼时效的规定：（一）请求停止侵害、排除妨碍、消除危险；（二）不动产物权和登记的动产物权的权利人请求返还财产；（三）请求支付抚养费、赡养费或者扶养费；（四）依法不适用诉讼时效的其他请求权。"

1. 防御性请求权不适用诉讼时效

停止侵害、排除妨碍、消除危险请求权是防御性请求权，主要适用于侵害物权和人格权等绝对权的情形，该类请求权不以过错为要件，也不以损害后果为要件，只要存在侵权行为，权利人随时可以行使防御性请求权，而不受诉讼时效期间的限制。《民法典》第1167条规定："侵权行为危及他人人身、财产安全的，被侵权人有权请求侵权人承担停止侵害、排除妨碍、消除危险等侵权责任。"就物权请求权而言，其本质在于维持物权的圆满状态。在物权受到侵害或者可能受到侵害时，物权人有权要求加害人停止侵害、排除妨碍、消除危险。没有物权请求权，物权无法得到保障。只要物权存在，则无论侵害物权的时间持续多久，物权人都可以行使

---

[1] 梁慧星：《民法总论》，法律出版社2021年版，第262页。
[2] 王利明：《民法总则》，中国人民大学出版社2022年版，第461页。

物权请求权，以维持物权的圆满状态，因此，物权请求权不受诉讼时效期间的限制。如果物已经不存在，则物权请求权转化为损害赔偿性质的债权请求权，此时受诉讼时效期间的限制。

2. 不动产物权和登记的动产物权权利人的返还财产请求权不适用诉讼时效

对于已经公示的物权返还请求权，许多国家立法一般规定不适用诉讼时效，即不动产物权和登记的动产物权的返还请求权不适用诉讼时效。例如，《德国民法典》第902条规定："（1）由已经登记之权利产生的请求权，不受时效的限制。对于以拖欠的定期给付或者以损害赔偿为内容的请求权，不适用此种规定。（2）因一项权利而对土地登记簿的正确性登记异议的，此项权利等同于已经登记的权利。"不动产物权和登记的动产物权公示效力较强，因此不动产物权和登记的动产物权的返还请求权不适用诉讼时效的规定。而未登记的动产物权公示效力比较弱，因此未登记的动产物权的返还请求权适用诉讼时效。

关于《民法典》第196条第2项规定的立法理由是："草案第二百条第二项规定，登记的物权人请求返还财产不适用诉讼时效。有的代表提出，目前，不少农村地区的房屋尚未办理不动产登记，为更好地保护农民的房屋产权，建议将不适用诉讼时效的范围扩大至所有不动产物权的返还请求权。法律委员会经研究，建议对这一项作出修改，明确不动产物权和登记的动产物权的权利人请求返还财产不适用诉讼时效。"[①]

3. 请求支付抚养费、赡养费或者扶养费

请求支付抚养费、赡养费或者扶养费的权利属于请求权，但该上述请求权涉及人的基本生存问题，对应的法定义务具有较高的道德性。因此，法律规定其不适用诉讼时效。"法律上规定此种请求权不适用诉讼时效，也是基于特殊的法政策考虑，尤其是基于对弘扬社会主义核心价值观的考

[①] 《第十二届全国人民代表大会法律委员会关于〈中华人民共和国民法总则（草案）〉审议结果的报告》，2017年3月12日第十二届全国人民代表大会第五次会议主席团第二次会议通过，载《民法总则立法背景与观点全集》编写组编《民法总则立法背景与观点全集》，法律出版社2017年版，第33页。

量而作出的规定。"①

(二) 基于人格权产生的防御性请求权不适用诉讼时效

《民法典》第995条规定:"人格权受到侵害的,受害人有权依照本法和其他法律的规定请求行为人承担民事责任。受害人的停止侵害、排除妨碍、消除危险、消除影响、恢复名誉、赔礼道歉请求权,不适用诉讼时效的规定。"之所以规定基于人格权产生的防御性请求权不适用诉讼时效,是因为其与人格密切联系且不具有直接的财产利益。"这六项请求权,关系到人格存续、生存利益和伦理道德,不带有直接的财产利益,故不适用诉讼时效制度。"② 人格权请求权作为一项附随于人格权产生的权利,本身不应受到诉讼时效的限制。在人格权受到妨害或者可能受到妨害的情形下,权利人有权随时提出请求,以恢复权利人对其人格利益的圆满支配状态。③ 人格权请求权的功能在于保护民事主体对其人格利益的圆满支配,只要该圆满支配状态受到不利影响,权利人即可以主张人格权请求权。如果对人格权的侵害仍处于持续状态,则诉讼时效无法确定起算点,因此,不应当适用诉讼时效。④

(三)《诉讼时效司法解释》规定的不适用诉讼时效的情形

《诉讼时效司法解释》第1条规定:"当事人可以对债权请求权提出诉讼时效抗辩,但对下列债权请求权提出诉讼时效抗辩的,人民法院不予支持:(一)支付存款本金及利息请求权;(二)兑付国债、金融债券以及向不特定对象发行的企业债券本息请求权;(三)基于投资关系产生的缴付出资请求权;(四)其他依法不适用诉讼时效规定的债权请求权。"

1. 支付存款本金及利息请求权

存款是为了将钱款进行储备,留待以后使用,并不一定在短期内行使这种债权,即使经过三年没有支取,银行也不能以时效届满为由而不返还

---

① 王利明:《民法总则》,中国人民大学出版社2022年版,第465页。
② 最高人民法院民法典贯彻实施工作领导小组主编《中华人民共和国民法典人格权编理解与适用》,人民法院出版社2020年版,第10页。
③ 参见王泽鉴《人格权法:法释义学、比较法、案例研究》,北京大学出版社2013年版,第387页。
④ 参见王利明《民法总则》,中国人民大学出版社2022年版,第462页。

本金和利息，否则会严重侵害个人财产权。

2. 兑付国债、金融债券以及向不特定对象发行的企业债券本息请求权

所谓国债，是指国家为筹措资金而向投资者出具的、承诺在一定期限内还本付息的借款凭证。偿还债务是国债发行机构的一项正常业务活动，不会因为债权人超过特定时间不行使权利而受影响，因此没有必要适用诉讼时效。所谓金融债券，是指银行及非银行金融机构依照法定程序发行并约定在一定期限内还本付息的有价证券。所谓企业债券，通常称为公司债券，是指企业依照法定程序发行并约定在一定期限内还本付息的债券。为了保护投资者利益，对金融债券及向不特定对象发行的企业债券本息请求权给予特别保护，从而不应当适用诉讼时效。[1]

3. 基于投资关系产生的缴付出资请求权

投资关系与储蓄关系一样，都形成继续性法律关系，只要这种法律关系存续，其派生的请求权也因之存续，不应受诉讼时效限制。[2]

4. 其他依法不适用诉讼时效规定的债权请求权

除上述请求权之外，法律对不适用诉讼时效的债权请求权有特别规定的，依照其规定。一般认为，基于财产共有关系的请求权不适用诉讼时效。在共有人请求分割共有财产的情形下，其名为请求权，实质上属于形成权，故不应适用诉讼时效。[3]"鉴于财产共有关系的性质，只要财产共有关系存在，基于财产共有关系的共有物分割请求权就不消灭。因此，分割合伙财产请求权、分割家庭共有财产请求权，应不适用诉讼时效。但共有人订立分割共有物的协议后，基于该协议的移转分得部分所有权的请求权，属于债权请求权，应当适用诉讼时效。"[4]

三 担保物权原则上适用诉讼时效

（一）抵押权原则上适用诉讼时效

《民法典》第419条规定："抵押权人应当在主债权诉讼时效期间行使

---

[1] 参见王利明《民法总则》，中国人民大学出版社2022年版，第466页。
[2] 参见王利明《民法总则》，中国人民大学出版社2022年版，第466页。
[3] 参见梁慧星《民法总则讲义》，法律出版社2021年版，第366页。
[4] 梁慧星：《民法总论》，法律出版社2021年版，第264页。

抵押权；未行使的，人民法院不予保护。"据此，"抵押权在实际上与所担保债权同受诉讼时效期间的限制。"① 抵押权期间受制于主债权诉讼时效，随着主债权诉讼时效中止、中断、延长等发生变化，并非不变期间。主债权诉讼时效期间届满，债权人在诉讼时效期间届满前没有行使抵押权的，人民法院不予保护。也就是说，抵押权人在主债权诉讼时效期间内没有行使抵押权的，抵押权消灭。"这样规定的主要考虑是，随着市场经济的快速运转，如果允许抵押权一直存续，可能会使抵押权人怠于行使抵押权，不利于发挥抵押财产的经济效用，制约经济的发展。因此，规定抵押权的存续期间，能够促使抵押权人积极行使权利，促进经济发展。"②

《民法典担保制度司法解释》第 44 条第 1 款第 1 句规定："主债权诉讼时效期间届满后，抵押权人主张行使抵押权的，人民法院不予支持；抵押人以主债权诉讼时效期间届满为由，主张不承担担保责任的，人民法院应予支持。"据此，可以认为立法和司法解释采取了抵押权消灭说。"在主债权诉讼时效期间届满后，不论抵押人是否提出抗辩，抵押权均不受法律保护，即抵押权将因此消灭，抵押人也有权请求注销抵押权登记。"③《九民纪要》第 59 条第 1 款规定："抵押权人应当在主债权的诉讼时效期间内行使抵押权。抵押权人在主债权诉讼时效届满前未行使抵押权，抵押人在主债权诉讼时效届满后请求涂销抵押权登记的，人民法院依法予以支持。"关于抵押人能否请求抵押权人协助办理注销登记的问题，可继续沿用《九民纪要》的相关规定。④ 如果主债权罹于时效，而抵押权却不消灭，将不正当地限制抵押人对其财产的利用，还会影响其他债权人的合法权益，尤其是在同一标的物上享有抵押权的其他债权人对法律关系确定性的期待。一方面，在抵押权没有强制执行能力的情况下却依然不消灭，会导致抵押财产受让人不敢受让抵押财产，从而限制抵押财产的流通；另一

---

① 梁慧星：《民法总论》，法律出版社 2021 年版，第 262 页。
② 黄薇主编《中华人民共和国民法典物权编释义》，法律出版社 2020 年版，第 546 页。
③ 王利明：《物权法》，中国人民大学出版社 2021 年版，第 353 页。
④ 参见最高人民法院民事审判第二庭《最高人民法院民法典担保制度司法解释理解与适用》，人民法院出版社 2021 年版，第 395 页。

方面，如果抵押权不消灭，则会影响后顺位的抵押权的正常实现。一个没有强制执行能力的抵押权不应影响后顺位的抵押权实现，因此，抵押权消灭说有助于简化法律关系，更为合理。① 抵押权消灭说有助于督促抵押权人积极行使权利。在主债权诉讼时效期间届满后，如果允许抵押权一直存续，可能会使抵押权人怠于行使抵押权，不利于发挥抵押财产的经济效用。即使抵押人未提出抗辩，法院也应主动查明主债权的诉讼时效期间是否届满。②

《民法典担保制度司法解释》第 44 条第 1 款第 2 句规定："主债权诉讼时效期间届满前，债权人仅对债务人提起诉讼，经人民法院判决或者调解后未在民事诉讼法规定的申请执行时效期间内对债务人申请强制执行，其向抵押人主张行使抵押权的，人民法院不予支持。"据此，如果债权人在诉讼时效期间内对债务人提起诉讼，但未在法定期间内对债务人申请强制执行，则债权人向抵押人主张行使抵押权的，人民法院不予支持。"如果抵押权人未在《民事诉讼法》规定的申请执行时效期间内申请对债务人强制执行，即使该债权已经人民法院确认，也将因申请执行时效期间经过而不受人民法院的保护。既然主债权不再受人民法院的保护，从属于主债权的担保物权自然也就不再受人民法院的保护。"③ 其理由在于：对债务人申请执行期间届满后，债权人已经无法对债务人通过强制执行程序实现债权。如果抵押人是债务人之外的第三人，也应遵循同样的法理，否则就等于债权人将自己的过错导致的无法强制执行的风险转嫁给作为抵押人的第三人。④

债权人起诉债务人，未起诉抵押人，判决后债权人申请执行未果，现债权人另行起诉抵押人，请求对抵押财产优先受偿，人民法院应否支持？

---

① 参见程啸、高圣平、谢鸿飞《最高人民法院新担保司法解释理解与适用》，法律出版社 2021 年版，第 274 页。
② 参见王利明《物权法》，中国人民大学出版社 2021 年版，第 413 页。
③ 最高人民法院民事审判第二庭：《最高人民法院民法典担保制度司法解释理解与适用》，人民法院出版社 2021 年版，第 398 页。
④ 参见程啸、高圣平、谢鸿飞《最高人民法院新担保司法解释理解与适用》，法律出版社 2021 年版，第 276 页。

只要主债权的诉讼时效没有经过，债权人的请求都应当得到支持。判决生效执行未果后，诉讼时效期间应当重新计算。审判实践中，能否支持抵押人的唯一标准是主债权诉讼时效期间是否经过。只要主债权诉讼时效期间没有经过，就应当支持债权人的请求。当然，主债权诉讼时效期间届满，债权人主张行使抵押权的，人民法院不应支持。[①]

(二) 质权和留置权应区分不同情形确定是否适用诉讼时效

《民法典》对抵押权的诉讼时效作了明确规定，但是对质权、留置权的诉讼时效没有规定。其理由在于：抵押权人没有占有抵押物，往往积极行使抵押权，以保证债权实现，所以规定抵押权超过诉讼时效法院不予保护并无不妥；而质权人占有质押财产，往往不急于行使质权，如果规定质权超过诉讼时效不予保护则有失公允。根据抵押权与质权的不同，《民法典》只规定了抵押权的诉讼时效，而没有规定质权的诉讼时效。[②] 留置权与质权相似，留置物由留置权人占有，因此《民法典》也没有规定留置权的诉讼时效。关于质权和留置权是否适用诉讼时效，《民法典担保制度司法解释》作出了明确规定。根据《民法典担保制度司法解释》第44条的规定，应当区分不同情况适用不同的处理规则。

1. 占有标的物的质权和留置权不受诉讼时效限制

在以交付为公示方式的担保物权中，《民法典》规定了督促担保物权人行使担保物权的方式。例如，《民法典》第437条规定："出质人可以请求质权人在债务履行期限届满后及时行使质权；质权人不行使的，出质人可以请求人民法院拍卖、变卖质押财产。出质人请求质权人及时行使质权，因质权人怠于行使权利造成出质人损害的，由质权人承担赔偿责任。"《民法典》第454条规定："债务人可以请求留置权人在债务履行期限届满后行使留置权；留置权人不行使的，债务人可以请求人民法院拍卖、变卖

---

① 参见最高人民法院民事审判第二庭《最高人民法院民法典担保制度司法解释理解与适用》，人民法院出版社2021年版，第401页。
② 参见黄薇主编《中华人民共和国民法典物权编释义》，法律出版社2020年版，第578页；最高人民法院民法典贯彻实施工作领导小组主编《中华人民共和国民法典物权编理解与适用》(下)，人民法院出版社2020年版，第1221页。

留置财产。"据此，当动产质权人不行使质权时，出质人有权请求质权人及时行使质权，而且可以请求质权人对因此造成的损害承担赔偿责任。当留置权人在债务履行期限届满后不行使留置权时，债务人可以请求留置权人行使留置权。既然《民法典》第 437 条、第 454 条的规定已经能够督促担保物权人行使权利，则无须再通过消灭担保物权实现督促权利行使的功能。① "质权、留置权属于占有型担保物权，因担保物（动产、债权凭证）在债权人占有之下，虽债权因诉讼时效期间届满而不能强制执行，并不妨碍债权人就其担保物取偿，其理自明。"② 对于动产质权、采取交付权利凭证公示方式的权利质权和留置权而言，只能依据《民法典》第 437 条、第 454 条的规定，请求质权人、留置权人在债务履行期间届满后及时行使权利，其不行使权利的，可请求人民法院拍卖、变卖担保标的物。同时，担保权人不及时行使权利造成损失的，还可以请求损害赔偿。③

（1）留置权不受诉讼时效限制

就留置权而言，往往是在债务人到期不履行债务，债权人对合法占有的标的物进行留置，通过行使留置权实现自己的债权。因为债权人持续占有留置物，其留置权没有受到侵害，因此诉讼时效没有开始计算，其本质是不适用诉讼时效。《民法典担保制度司法解释》第 44 条第 2 款规定："主债权诉讼时效期间届满后，财产被留置的债务人或者对留置财产享有所有权的第三人请求债权人返还留置财产的，人民法院不予支持；债务人或者第三人请求拍卖、变卖留置财产并以所得价款清偿债务的，人民法院应予支持。"

（2）占有动产或者权利凭证的质权不受诉讼时效限制

就动产质权而言，因公示方式是交付，亦即质权人占有动产，实际控制动产，只要占有状态没有发生变化，即便主债务过了诉讼时效，其质权亦应受到保护。以交付权利凭证为公示方式的权利质权与动产质权属于同

---

① 参见王利明《物权法》，中国人民大学出版社 2021 年版，第 414 页。
② 梁慧星：《民法总论》，法律出版社 2021 年版，第 262 页。
③ 参见刘贵祥《民法典关于担保的几个重大问题》，载《法律适用》2021 年第 1 期。

等情况，应同样对待。①《民法典担保制度司法解释》第 44 条第 3 款后半句规定："动产质权、以交付权利凭证作为公示方式的权利质权，参照适用第二款的规定。"

2. 未占有标的物的质权应类推适用抵押权的行使期限

就以登记为公示方式的权利质权而言，与抵押权无实质差别，应类推适用《民法典》第 419 条关于抵押权保护期间的规定，质权人在主债务诉讼时效期间内不行使权利的，人民法院不予保护。②《民法典担保制度司法解释》第 44 条第 3 款前半句规定："主债权诉讼时效期间届满的法律后果，以登记作为公示方式的权利质权，参照适用第一款的规定。"

第三节 诉讼时效期间

一 诉讼时效期间的分类

（一）普通诉讼时效期间、特殊诉讼时效期间和最长诉讼时效期间

1. 普通诉讼时效期间

普通诉讼时效期间，是指法律规定的一般情形适用的诉讼时效期间。《民法典》第 188 条第 1 款规定："向人民法院请求保护民事权利的诉讼时效期间为三年。法律另有规定的，依照其规定。"据此，普通诉讼时效期间为三年。法律另有规定的诉讼时效期间是特殊诉讼时效期间，期间可以长于或短于三年。《民法典总则编司法解释》第 35 条第 1 句规定："民法典第一百八十八条第一款规定的三年诉讼时效期间，可以适用民法典有关诉讼时效中止、中断的规定，不适用延长的规定。"

2. 特殊诉讼时效期间

特殊诉讼时效期间，是指法律规定的特殊情形适用的诉讼时效期间。《民法典》第 594 条规定："因国际货物买卖合同和技术进出口合同争议提起诉讼或者申请仲裁的时效期间为四年。"《劳动争议调解仲裁法》第 27

---

① 参见刘贵祥《民法典关于担保的几个重大问题》，载《法律适用》2021 年第 1 期。
② 参见刘贵祥《民法典关于担保的几个重大问题》，载《法律适用》2021 年第 1 期。

条规定:"劳动争议申请仲裁的时效期间为一年。仲裁时效期间从当事人知道或者应当知道其权利被侵害之日起计算。前款规定的仲裁时效,因当事人一方向对方当事人主张权利,或者向有关部门请求权利救济,或者对方当事人同意履行义务而中断。从中断时起,仲裁时效期间重新计算。因不可抗力或者有其他正当理由,当事人不能在本条第一款规定的仲裁时效期间申请仲裁的,仲裁时效中止。从中止时效的原因消除之日起,仲裁时效期间继续计算。劳动关系存续期间因拖欠劳动报酬发生争议的,劳动者申请仲裁不受本条第一款规定的仲裁时效期间的限制;但是,劳动关系终止的,应当自劳动关系终止之日起一年内提出。"

3. 最长诉讼时效期间

最长诉讼时效期间,是指法律规定的最长的诉讼时效期间。《民法典》第188条第2款规定:"……自权利受到损害之日起超过二十年的,人民法院不予保护,有特殊情况的,人民法院可以根据权利人的申请决定延长。"据此,最长诉讼时效期间为二十年,自权利受到损害之日起计算,采取客观标准进行计算。有特殊情况的,人民法院可以根据当事人的申请决定延长诉讼时效期间,但人民法院不能依职权决定延长。《民法典总则编司法解释》第35条第2句规定:"该条第二款规定的二十年期间不适用中止、中断的规定。"

(二) 主观诉讼时效期间和客观诉讼时效期间

主观诉讼时效期间,自权利人知道或应当知道权利受到侵害以及义务人之日起算。客观诉讼时效期间,自权利成立之日起算。[1] 根据《民法典》第188条的规定,三年的普通诉讼时效期间是主观诉讼时效期间,二十年的最长诉讼时效期间是客观诉讼时效期间。

(三) 诉讼时效与仲裁时效

《民法典》第198条规定:"法律对仲裁时效有规定的,依照其规定;没有规定的,适用诉讼时效的规定。"据此,如果法律对仲裁时效有规定,则适用该规定。如果法律没有对仲裁时效作出规定,则适用《民法典》关

---

[1] 参见梁慧星《民法总则》,法律出版社2021年版,第266页。

于诉讼时效的规定。

二　诉讼时效期间的起算

（一）诉讼时效期间起算的一般规定

《民法典》第188条规定："向人民法院请求保护民事权利的诉讼时效期间为三年。法律另有规定的，依照其规定。诉讼时效期间自权利人知道或者应当知道权利受到损害以及义务人之日起计算。法律另有规定的，依照其规定。但是，自权利受到损害之日起超过二十年的，人民法院不予保护，有特殊情况的，人民法院可以根据权利人的申请决定延长。"据此，普通诉讼时效期间自权利人知道或者应当知道权利受到损害以及义务人之日起计算，最长诉讼时效自权利受到损害之日起计算。

《民法典总则编司法解释》第36条规定："无民事行为能力人或者限制民事行为能力人的权利受到损害的，诉讼时效期间自其法定代理人知道或者应当知道权利受到损害以及义务人之日起计算，但是法律另有规定的除外。"之所以作出上述规定，是因为根据《民法典》第188条第2款的规定，诉讼时效期间自权利人知道或者应当知道权利受到损害以及义务人之日起计算，该规定也应适用于无民事行为能力人、限制民事行为能力人的法定代理人。本条但书规定"但是法律另有规定的除外"，一是考虑到《民法典》第188条第2款规定了但书条款，该条款也适用于无民事行为能力人、限制民事行为能力人的法定代理人；二是为了实现与《民法典》第190条的衔接，根据该条的规定，无民事行为能力人、限制民事行为能力人受到法定代理人侵害的，请求权非由法定代理人行使。[1]

（二）《民法典》关于诉讼时效期间起算的特别规定

1. 债务分期履行的诉讼时效期间的起算

债务分期履行的，诉讼时效期间自最后一期履行期限届满之日起计算。《民法典》第189条规定："当事人约定同一债务分期履行的，诉讼时

---

[1] 参见贺荣主编《最高人民法院民法典总则编司法解释理解与适用》，人民法院出版社2022年版，第504页。

效期间自最后一期履行期限届满之日起计算。"一般认为,如果把一个债务分成若干期清偿,则是分期履行债务。例如,分期付款买卖的付款义务,应当在最后一期债务清偿期限届满时开始计算诉讼时效期间,而不能将每一期的给付单独计算诉讼时效。① 分期给付合同与继续性供用合同存在区别,分期给付合同自始有一个确定的总给付,只不过分期履行,每期的给付仅为部分给付。例如,甲方应向乙方支付 100 万元货款,分五次支付,每次支付 20 万元,诉讼时效期间自最后一次支付 20 万元之日起计算。而继续性供用合同自始没有一个确定的总给付,每一次单独的给付都具有独立性,是在履行当时所负债务。② 例如,水电煤气供用合同,每一次收取的费用,都是独立存在的债务,与下一次债务不发生牵连关系。

2. 针对法定代理人的请求权的诉讼时效期间的起算

无民事行为能力人或者限制民事行为能力人的法定代理人代理其进行民事活动,如果法定代理人侵害其民事权益,无民事行为能力人或者限制民事行为能力人一般不能正常行使其民事权利,因此,诉讼时效期间自该法定代理终止之日起计算。《民法典》第 190 条规定:"无民事行为能力人或者限制民事行为能力人对其法定代理人的请求权的诉讼时效期间,自该法定代理终止之日起计算。"上述规定是针对法定代理人损害无民事行为能力人、限制民事行为能力人合法权益这一特殊情形作出的特殊安排,旨在保障无民事行为能力人、限制民事行为能力人对其法定代理人行使请求权。③ 本条规定与《民法典》第 188 条第 2 款的实质并无不同,均是要表达自权利人得自行使权利时开始计算诉讼时效期间。④

《民法典总则编司法解释》第 37 条规定:"无民事行为能力人、限制民事行为能力人的权利受到原法定代理人损害,且在取得、恢复完全民事行为能力或者在原法定代理终止并确定新的法定代理人后,相应民事主体才知道或者应当知道权利受到损害的,有关请求权诉讼时效期间的计算适

---

① 参见杨立新《民法总则》,法律出版社 2020 年版,第 322 页。
② 参见崔建远《合同法》,北京大学出版社 2021 年版,第 29 页。
③ 参见黄薇主编《中华人民共和国民法典总则编释义》,法律出版社 2020 年版,第 507 页。
④ 参见陈甦主编《民法总则评注》,法律出版社 2017 年版,第 1369 页。

用民法典第一百八十八条第二款、本解释第三十六条的规定。"本条规定属于对《民法典》有关诉讼时效规定的补充细化规定，是对《民法典》第188条、第190条作体系解释得出的结论，强化了对无民事行为能力人、限制民事行为能力人利益的保护，旨在避免法官机械理解《民法典》第190条的规定。①

3. 未成年人遭受性侵害的请求权的诉讼时效期间的起算

在未成年人遭受性侵害的案件中，受害人本身为无民事行为能力人或限制民事行为能力人，其通常不能独立寻求法律保护，在监护人疏于或基于社会传统观念而不履行监护职责，或者监护人本身就是加害人的情况下，受害人受侵害的权利很难得到法律的保护。在未成年人年满十八周岁，可以独立寻求法律帮助之时，却有可能因超过诉讼时效而得不到法院的支持。因此，《民法总则》特别规定了该种损害赔偿请求权的诉讼时效特别起算点，即自受害人年满十八周岁之日起计算。②《民法典》第191条规定："未成年人遭受性侵害的损害赔偿请求权的诉讼时效期间，自受害人年满十八周岁之日起计算。"

4. 履行期限不明确的合同纠纷的诉讼时效期间的起算

《民法典》第511条第4项规定："履行期限不明确的，债务人可以随时履行，债权人也可以随时请求履行，但是应当给对方必要的准备时间。"《诉讼时效司法解释》第4条规定："未约定履行期限的合同，依照民法典第五百一十条、第五百一十一条的规定，可以确定履行期限的，诉讼时效期间从履行期限届满之日起计算；不能确定履行期限的，诉讼时效期间从债权人要求债务人履行义务的宽限期届满之日起计算，但债务人在债权人第一次向其主张权利之时明确表示不履行义务的，诉讼时效期间从债务人明确表示不履行义务之日起计算。"据此，对未约定履行期限的合同而言，首先需要依据《民法典》第510条、第511条明确其履行期限，如果可以

---

① 参见贺荣主编《最高人民法院民法典总则编司法解释理解与适用》，人民法院出版社2022年版，第511页。
② 参见王利明主编《中华人民共和国民法总则详解》（下册），中国法制出版社2017年版，第900页。

确定履行期限，则该合同债权的诉讼时效自履行期限届满之日起计算。如果无法确定履行期限，则债权人可以随时要求债务人履行债务，基于诚信原则，通常需要给债务人一定的宽限期，自该宽限期届满之日起，开始起算该合同债权的诉讼时效。如果债务人明确拒绝履行债务，则从债务人拒绝履行之日起计算该合同债权的诉讼时效。①

（三）其他法律的关于诉讼时效期间起算的特别规定

关于诉讼时效期间的起算，其他法律有特别规定的，依照其规定。例如，《海商法》第257条第1款规定："就海上货物运输向承运人要求赔偿的请求权，时效期间为一年，自承运人交付或者应当交付货物之日起计算；在时效期间内或者时效期间届满后，被认定为负有责任的人向第三人提起追偿请求的，时效期间为九十日，自追偿请求人解决原赔偿请求之日起或者收到受理对其本人提起诉讼的法院的起诉状副本之日起计算。"《保险法》第26条第2款规定："人寿保险的被保险人或者受益人向保险人请求给付保险金的诉讼时效期间为五年，自其知道或者应当知道保险事故发生之日起计算。"

（四）《诉讼时效司法解释》关于诉讼时效期间起算的特别规定

1. 不当得利请求权诉讼时效期间的起算

《诉讼时效司法解释》第6条规定："返还不当得利请求权的诉讼时效期间，从当事人一方知道或者应当知道不当得利事实及对方当事人之日起计算。"据此，返还不当得利请求权的诉讼时效起算需要具备两个条件：第一，当事人一方知道或者应当知道不当得利的事实；第二，知道对方当事人。

2. 无因管理请求权诉讼时效期间的起算

《诉讼时效司法解释》第7条规定："管理人因无因管理行为产生的给付必要管理费用、赔偿损失请求权的诉讼时效期间，从无因管理行为结束并且管理人知道或者应当知道本人之日起计算。本人因不当无因管理行为产生的赔偿损失请求权的诉讼时效期间，从其知道或者应当知道管理人及

---

① 参见王利明《民法总则》，中国人民大学出版社2022年版，第475页。

损害事实之日起计算。"根据本条第 1 款的规定，管理人请求给付管理费用、赔偿损失的，从无因管理行为结束并且管理人知道或者应当知道本人之日起计算。根据本条第 2 款的规定，本人要求管理人赔偿损失的请求权，从其知道或者应当知道管理人及损害事实之日起计算。

第四节 诉讼时效的中止、中断和延长

一 诉讼时效的中止

（一）诉讼时效中止的概念

诉讼时效的中止，是指在诉讼时效期间的最后六个月内，因发生法定事由，权利人不能行使请求权，从而暂时停止诉讼时效期间的计算，待法定事由消除之日起，诉讼时效期间再计算六个月。《民法典》第 194 条规定："在诉讼时效期间的最后六个月内，因下列障碍，不能行使请求权的，诉讼时效中止：（一）不可抗力；（二）无民事行为能力人或者限制民事行为能力人没有法定代理人，或者法定代理人死亡、丧失民事行为能力、丧失代理权；（三）继承开始后未确定继承人或者遗产管理人；（四）权利人被义务人或者其他人控制；（五）其他导致权利人不能行使请求权的障碍。自中止时效的原因消除之日起满六个月，诉讼时效期间届满。"

《民法典》关于诉讼时效中止的规定改变了《民法通则》的相关规定，将诉讼时效"继续计算"修改为"延期届满"，并且对不可抗力以外的"其他障碍"进行了概括式列举。据此，诉讼时效中止的要件如下：第一，诉讼时效中止发生在诉讼时效期间最后六个月内；第二，因法定事由而中止；第三，自中止时效的原因消除之日起再计算六个月，诉讼时效期间届满。

（二）诉讼时效中止的原因

1. 不可抗力

不可抗力，是指不能预见、不能避免并不能克服的客观情况。不可抗力包括地震、洪水等自然灾害，也包括战争等人为事件。

2. 无民事行为能力人或者限制民事行为能力人没有法定代理人

无民事行为能力人或者限制民事行为能力人没有法定代理人，或者法定代理人死亡、丧失民事行为能力、丧失代理权。也就是说，无民事行为能力人或者限制民事行为能力人没有法定代理人的，无法行使请求权。

3. 继承开始后未确定继承人或者遗产管理人

继承开始后，继承人或者遗产管理人尚未确定，被继承人生前所享有的权利无法行使，所负担的义务也无法履行，在诉讼时效期间最后六个月内，应当中止诉讼时效期间的计算。

4. 权利人被义务人或者其他人控制

权利人被义务人或者其他人控制，主要是指权利人的人身自由或独立意思被义务人或其他人控制。

5. 其他导致权利人不能行使请求权的障碍

除法律明确规定的不可抗力等原因外，还可能有其他原因引起诉讼时效中止，因此，法律规定的"其他导致权利人不能行使请求权的障碍"属于兜底条款。其目的在于保持诉讼时效中止事由的开放性，赋予法官自由裁量权。

（三）诉讼时效中止的法律后果

关于诉讼时效中止的法律后果，有不同的立法例。一种做法是在中止事由消除以后，时效期间继续计算。我国《民法通则》采取此种做法。另一种做法是中止事由消除以后的时效期间由法律作出规定，例如，根据《俄罗斯联邦民法典》的规定，剩余期限如果不足六个月，则延长至六个月。[1]《民法典》第194条第2款规定："自中止时效的原因消除之日起满六个月，诉讼时效期间届满。"也就是说，诉讼时效中止的后果是时效期间再计算六个月。可见，《民法典》的上述规定改变了《民法通则》的相应规定。"从比较法上来看，该条规定实际上是借鉴了比较法上的诉讼时效不完成制度，改造了我国的诉讼时效中止制度。"[2]

---

[1] 参见王利明主编《中华人民共和国民法总则详解》（下册），中国法制出版社2017年版，第921页。

[2] 王利明：《民法总则》，中国人民大学出版社2022年版，第486页。

二 诉讼时效的中断

（一）诉讼时效中断的概念

诉讼时效中断，是指在诉讼时效期间，因法定事由的发生，经过的诉讼时效期间归于消灭，诉讼时效期间重新计算。《民法典》第195条规定："有下列情形之一的，诉讼时效中断，从中断、有关程序终结时起，诉讼时效期间重新计算：（一）权利人向义务人提出履行请求；（二）义务人同意履行义务；（三）权利人提起诉讼或者申请仲裁；（四）与提起诉讼或申请仲裁具有同等效力的其他情形。"就连带之债而言，对连带权利中的一人发生诉讼时效中断效力的事由，应当认定对其他连带权利人也发生诉讼时效中断的效力。《民法典总则编司法解释》第38条第1款规定："诉讼时效依据民法典第一百九十五条的规定中断后，在新的诉讼时效期间内，再次出现第一百九十五条规定的中断事由，可以认定为诉讼时效再次中断。"

（二）诉讼时效中断的原因

1. 权利人向义务人提出履行请求

权利人向义务人提出履行请求，表明权利人在积极行使自己的权利，从而使得时效失去了适用的基础，诉讼时效由此中断。"请求之相对人除义务人外，权利人若向主债务之保证人、债务人的代理人及财产代管人提出请求的，亦发生请求的效果。"[①]

《诉讼时效司法解释》第8条规定："具有下列情形之一的，应当认定为民法典第一百九十五条规定的'权利人向义务人提出履行请求'，产生诉讼时效中断的效力：（一）当事人一方直接向对方当事人送交主张权利文书，对方当事人在文书上签名、盖章、按指印或者虽未签名、盖章、按指印但能够以其他方式证明该文书到达对方当事人的；（二）当事人一方以发送信件或者数据电文方式主张权利，信件或者数据电文到达或者应当到达对方当事人的；（三）当事人一方为金融机构，依照法律规定或者当

[①] 王利明主编《中华人民共和国民法总则详解》（下册），中国法制出版社2017年版，第927页。

事人约定从对方当事人账户中扣收欠款本息的；（四）当事人一方下落不明，对方当事人在国家级或者下落不明的当事人一方住所地的省级有影响的媒体上刊登具有主张权利内容的公告的，但法律和司法解释另有特别规定的，适用其规定。前款第（一）项情形中，对方当事人为法人或者其他组织的，签收人可以是其法定代表人、主要负责人、负责收发信件的部门或者被授权主体；对方当事人为自然人的，签收人可以是自然人本人、同住的具有完全行为能力的亲属或者被授权主体。"最高人民法院（2021）最高法民申2434号民事裁定认为，原告（债权人）提供的手机录音内容证明，原告与被告（债务人）就双方借款清偿问题商谈时，曾向被告的手机拨打电话，即使接电话的人并非被告本人，但亦足以证明原告主张债权的事实，据此应认定案涉借款诉讼时效于此时中断并应从次日起重新起算，具有事实和法律依据。

《诉讼时效司法解释》第9条规定："权利人对同一债权中的部分债权主张权利，诉讼时效中断的效力及于剩余债权，但权利人明确表示放弃剩余债权的情形除外。"据此，权利人对部分权利的主张及于剩余债权。一般来说，只要权利人没有明确表示放弃的权利，就应当确认该项权利存在，而不能以所谓没有提出权利主张为由，而认为权利人行使了处分权。根据《民法典》第140条第2款的规定，消极沉默行为只有在法律规定、当事人约定或者符合当事人之间的交易习惯时，才可以视为意思表示。

2. 义务人同意履行义务

义务人同意履行义务，是指义务人向权利人表示同意履行义务的意思。同意履行的方式可以是口头形式、书面形式等法律允许的方式。《诉讼时效司法解释》第14条规定："义务人作出分期履行、部分履行、提供担保、请求延期履行、制定清偿债务计划等承诺或者行为的，应当认定为民法典第一百九十五条规定的'义务人同意履行义务'。"

3. 权利人提起诉讼或者申请仲裁

权利人提起诉讼或者申请仲裁，都表明权利人在积极行使自己的权利，产生诉讼时效中断的法律后果。《诉讼时效司法解释》第10条规定："当事人一方向人民法院提交起诉状或者口头起诉的，诉讼时效从提交起诉状或者口头起诉之日起中断。"

4. 与提起诉讼或者申请仲裁具有同等效力的其他情形

申请调解、向有关国家机关报案等情形，也表明权利人在积极行使自己的权利，因此诉讼时效应当中断。《诉讼时效司法解释》第11条规定："下列事项之一，人民法院应当认定与提起诉讼具有同等诉讼时效中断的效力：（一）申请支付令；（二）申请破产、申报破产债权；（三）为主张权利而申请宣告义务人失踪或死亡；（四）申请诉前财产保全、诉前临时禁令等诉前措施；（五）申请强制执行；（六）申请追加当事人或者被通知参加诉讼；（七）在诉讼中主张抵销；（八）其他与提起诉讼具有同等诉讼时效中断效力的事项。"《民法典总则编司法解释》第38条第2款规定："权利人向义务人的代理人、财产代管人或者遗产管理人等提出履行请求的，可以认定为民法典第一百九十五条规定的诉讼时效中断。"

《诉讼时效司法解释》第12条规定："权利人向人民调解委员会以及其他依法有权解决相关民事纠纷的国家机关、事业单位、社会团体等社会组织提出保护相应民事权利的请求，诉讼时效从提出请求之日起中断。"《诉讼时效司法解释》第13条规定："权利人向公安机关、人民检察院、人民法院报案或者控告，请求保护其民事权利的，诉讼时效从其报案或者控告之日起中断。上述机关决定不立案、撤销案件、不起诉的，诉讼时效期间从权利人知道或者应当知道不立案、撤销案件或者不起诉之日起重新计算；刑事案件进入审理阶段，诉讼时效期间从刑事裁判文书生效之日起重新计算。"上述情形表明权利人在行使权利，因此诉讼时效中断。

5. 其他特别规定

（1）连带之债的时效中断

《诉讼时效司法解释》第15条规定："对于连带债权人中的一人发生诉讼时效中断效力的事由，应当认定对其他连带债权人也发生诉讼时效中断的效力。对于连带债务人中的一人发生诉讼时效中断效力的事由，应当认定对其他连带债务人也发生诉讼时效中断的效力。"据此，无论是连带债权，还是连带债务，只要对一个债权人或债务人发生诉讼时效中断的效力，则应当认定对其他债权人或债务人发生诉讼时效中断的效力。

(2) 代位权诉讼中的时效中断

《诉讼时效司法解释》第 16 条规定："债权人提起代位权诉讼的，应当认定对债权人的债权和债务人的债权均发生诉讼时效中断的效力。"据此，债权人提起代位权诉讼的，债权人与债务人的债权债务关系发生诉讼时效中断的效果，债务人与次债务人的债权债务关系也发生诉讼时效中断的效果。

(3) 债权转让、债务承担中的时效中断

《诉讼时效司法解释》第 17 条规定："债权转让的，应当认定诉讼时效从债权转让通知到达债务人之日起中断。债务承担情形下，构成原债务人对债务承认的，应当认定诉讼时效从债务承担意思表示到达债权人之日起中断。"据此，在债权转让的情形下，债权转让通知到达债务人时，诉讼时效中断。在债务承担的情形下，债务人作出债务承担的意思表示到达债权人时，诉讼时效中断。

(三) 诉讼时效中断的法律后果

诉讼时效中断，将产生如下法律后果：第一，经过的诉讼时效期间归于消灭；第二，诉讼时效期间重新计算。

(四) 诉讼时效中止和诉讼时效中断的区别

诉讼时效中止和诉讼时效中断的主要区别如下。第一，发生的时间不同。诉讼时效中止只能发生在诉讼时效期间的最后六个月内。诉讼时效中断可发生在诉讼时效期间的任何阶段。第二，法定事由不同。诉讼时效中止的法定事由一般是当事人主观意志不能左右的事实，如不可抗力、债务人失踪等。诉讼时效中断的法定事由一般是当事人主观意志可以决定的事实，如当事人提起诉讼、当事人一方提出要求等。第三，法律后果不同。诉讼时效中止的法律后果是，诉讼时效期间停止计算，待法定中止事由消除后，再计算六个月的诉讼时效期间。诉讼时效中断的法律后果是，从法定事由发生之日起，诉讼时效期间重新开始计算。

三　诉讼时效的延长

所谓诉讼时效的延长，是指在最长诉讼时效期间届满后，根据当事人的申请，由人民法院决定延长诉讼时效期间的制度。《民法典》第 188 条第 2 款规定："……自权利受到损害之日起超过二十年的，人民法院不予保护，有特殊情况的，人民法院可以根据权利人的申请决定延长。"

第五节　诉讼时效与除斥期间的关系

一　除斥期间的概念

除斥期间，是指法律规定或者当事人约定某种权利固定的存续期间，期间一经届满，不问事由如何，权利即告消灭。《民法典》第 199 条规定："法律规定或者当事人约定的撤销权、解除权等权利的存续期间，除法律另有规定外，自权利人知道或者应当知道权利产生之日起计算，不适用有关诉讼时效中止、中断和延长的规定。存续期间届满，撤销权、解除权等权利消灭。"

根据上述规定，除斥期间包括以下五点内容。第一，除斥期间既可以法定，也可以约定。传统民法理论认为，除斥期间是法定期间，随着时代的发展，法律允许当事人约定除斥期间，因此除斥期间可以是约定的。例如，《民法典》第 564 条第 1 款规定："法律规定或者当事人约定解除权行使期限，期限届满当事人不行使的，该权利消灭。"第二，除斥期间的适用对象主要是形成权。"从性质上看，撤销权、解除权等权利都是形成权，按照同类解释规则，该条中的'等权利'应当指的是形成权，因而除斥期间的适用对象主要为形成权。"[①] 除形成权外，还包括其他性质的权利。第三，除斥期间的起算点采主观标准。除斥期间不是自权利产生之日起算，而是"自权利人知道或应当知道权利产生之日起计算"。第四，除斥期间是不变期间。学理上通常认为除斥期间是不变期间，不适用中止、中断和延长的规定。第五，除斥期间届满，当事人不行使权利的，该权利消灭。《民法典》第 564 条规定："法律规定或者当事人约定解除权行使期限，期

---

① 王利明：《民法总则》，中国人民大学出版社 2017 年版，第 497~498 页。

限届满当事人不行使的，该权利消灭。法律没有规定或者当事人没有约定解除权行使期限，自解除权人知道或者应当知道解除事由之日起一年内不行使，或者经对方催告后在合理期限内不行使的，该权利消灭。"

二 诉讼时效与除斥期间的区别

二者的区别如下。第一，适用对象不同。诉讼时效适用于请求权，主要适用于债权请求权。除斥期间适用于形成权。① 第二，能否由当事人约定不同。诉讼时效期间只能由法律规定，而不允许当事人约定。除斥期间既可以法定，也可以约定。第三，法律效力不同。诉讼时效期间届满，义务人产生抗辩权，实体权利并不消灭。除斥期间届满，实体权利消灭。② 第四，期间是否可变不同。诉讼时效期间是可变期间，可以中止、中断、延长。除斥期间为不变期间，不能中止、中断、延长。第五，法院是否可依职权主动审查不同。诉讼时效期间经过，法院不得主动依职权审查。除斥期间是否经过，法院应依职权审查。③ "除斥期间之已否经过，受诉法院，应依职权调查之。而消灭时效之抗辩权，必须经享受时效利益之人为主张以后，始得予以采用。"④ "除斥期间经过后，权利当然消灭，当事人纵不援用，法院亦应依职权加以调查。请求权罹于消灭时效者，请求权仍得行使，惟权利人行使请求权时，义务人得主张拒绝给付之抗辩权，故消灭时效非经当事人援用，法院不得依职权以之作为裁判之资料。"⑤

---

① 参见梁慧星《民法总论》，法律出版社2021年版，第256页；王利明《民法总则》，中国人民大学出版社2022年版，第499页。
② 参见梁慧星《民法总论》，法律出版社2021年版，第256~257页；王利明《民法总则》，中国人民大学出版社2022年版，第499页。
③ 参见王利明《民法总则》，中国人民大学出版社2022年版，第499页。
④ 梅仲协：《民法要义》，中国政法大学出版社1998年版，第155页。
⑤ 王泽鉴：《民法总则》，北京大学出版社2022年重排版，第536页。

后　记

批判的武器当然不能代替武器的批判

一般认为,事实判断与价值判断存在区别,若以价值判断代替事实判断,则游离了问题本身,其本质是以主观认识代替客观存在。马克思在《〈黑格尔法哲学批判〉导言》中指出:"批判的武器当然不能代替武器的批判,物质力量只能用物质力量来摧毁;但是理论一经掌握群众,也会变成物质力量。理论只要说服人,就能掌握群众;而理论只要彻底,就能说服人。所谓彻底,就是抓住事物的根本。"

人类历史的发展昭示了亘古至今的铁律:治国就是治吏。贾谊在《治安策》中明确提出了人是政治得失、是非成败的关键。"夫人之所设,不为不立,不植则僵,不修则坏。《管子》曰:'礼义廉耻,是谓四维;四维不张,国乃灭亡。'"司马光在《资治通鉴》中写道:"明王之政,谨择忠贤而任之,凡中外之臣,有功则赏,有罪则诛,无所阿私,法制不烦而天下大治。所以然者何哉?执其本故也。及其衰也,百官之任不能择人,而禁令益多,防闲益密,有功者以阁文不赏,为奸者以巧法免诛,上下劳扰而天下大乱。所以然者何哉?逐其末故也。"毛泽东同志在《中国共产党在民族战争中的地位》中指出:"政治路线确定之后,干部就是决定的因素。"

观今宜鉴古,无古不成今。司马迁在《史记·李斯列传》中记载了李斯自悔的故事,留给历史深刻的启示。"二世二年七月,具斯五刑,论腰斩咸阳市。斯出狱，与其中子俱执，顾谓其中子曰：'吾欲与若复牵黄犬俱出上蔡东门逐狡兔，岂可得乎？'遂父子相哭，而夷三族。"宋人秦观有诗曰："试问李斯长叹后，谁牵黄犬出东门。"宋人苏洞有诗曰："君看上蔡牵黄犬，悔杀人间万户侯。"范晔在《后汉书·班彪列传》中评价班彪、班固父子时写道："二班怀文，裁成帝坟。比良迁、董，兼丽卿、云。彪识皇命，固迷世纷。"

崔文星

2024 年 8 月 22 日客京华

图书在版编目(CIP)数据

民法总则 / 崔文星著. -- 北京：社会科学文献出版社, 2025.3. -- ISBN 978-7-5228-4786-3

Ⅰ.D923.1

中国国家版本馆 CIP 数据核字第 20256CV407 号

民法总则

著　　　者 / 崔文星

出 版 人 / 冀祥德
组稿编辑 / 刘骁军
责任编辑 / 孙　航　易　卉
责任印制 / 岳　阳

出　　版 / 社会科学文献出版社·法治分社（010）59367161
　　　　　 地址：北京市北三环中路甲 29 号院华龙大厦　邮编：100029
　　　　　 网址：www.ssap.com.cn
发　　行 / 社会科学文献出版社（010）59367028
印　　装 / 北京联兴盛业印刷股份有限公司

规　　格 / 开　本：787mm×1092mm　1/16
　　　　　 印　张：51.25　字　数：786 千字
版　　次 / 2025 年 3 月第 1 版　2025 年 3 月第 1 次印刷
书　　号 / ISBN 978-7-5228-4786-3
定　　价 / 198.00 元

读者服务电话：4008918866

版权所有 翻印必究